Smooth — Rim Shape, Gold Trim (continued)

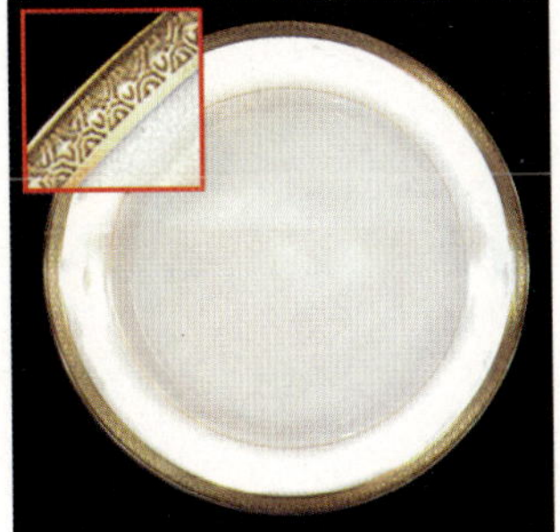

BWD 244
Salad Plate Shown
Gold Trim

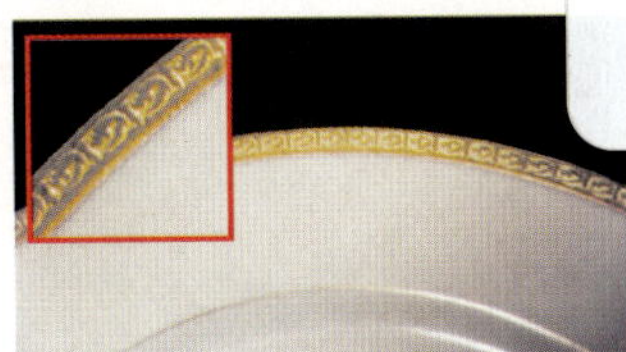

BWD 54
Gold Trim

BWD 41
Gold Trim

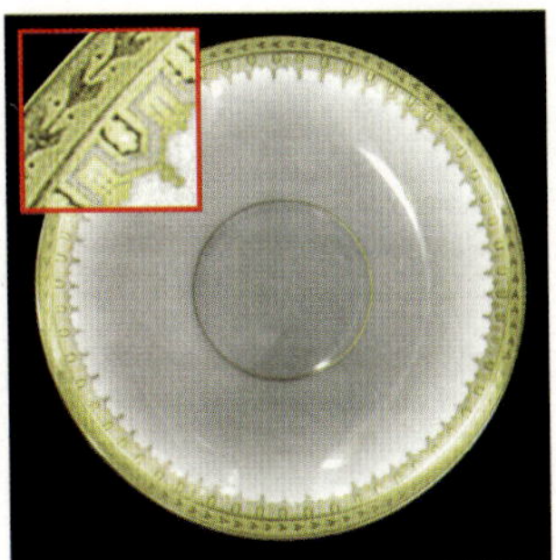

BWD 213
Saucer Shown
Gold Trim

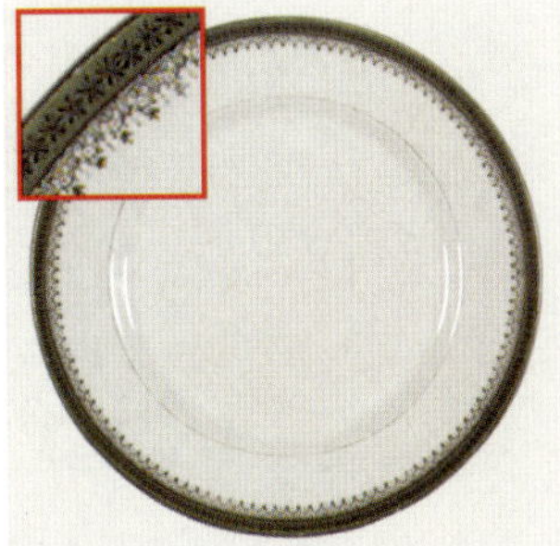

BWD 3
Green Band
Gold Trim

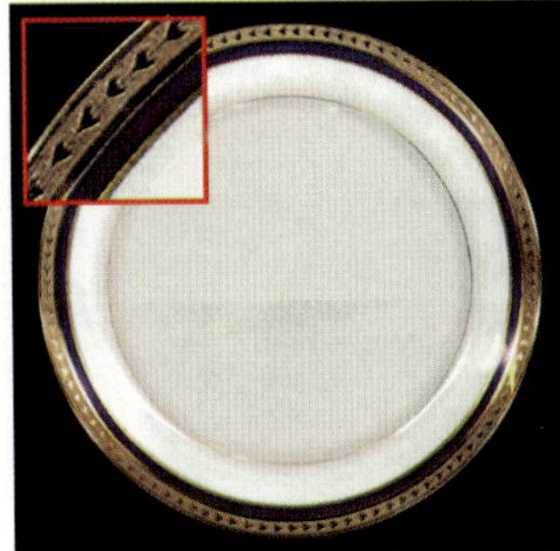

BWD 37
Gold Trim

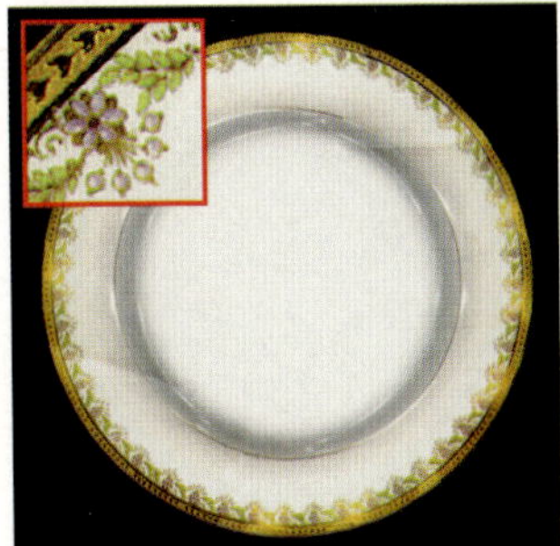

BWD 129
Gold Trim

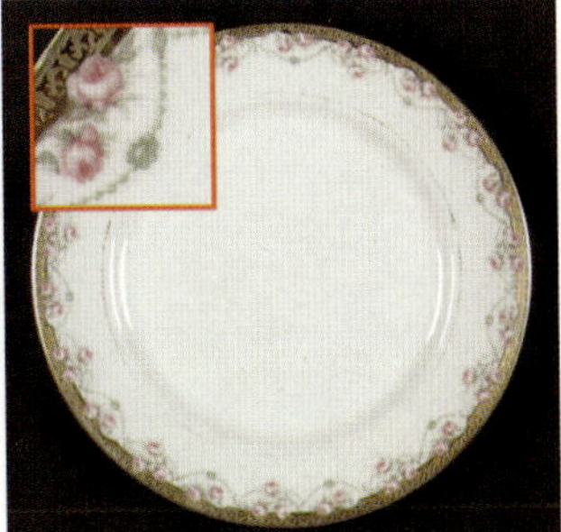

BWD 200
Gold Trim

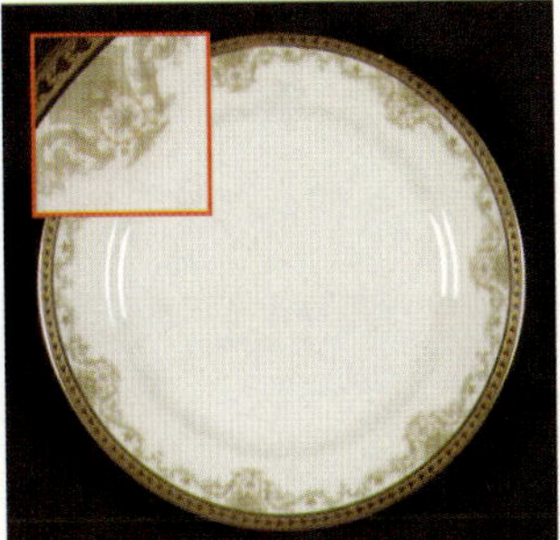

BWD 222
Salad Plate Shown
Gold Trim

Smooth — Rim Shape, Gold Trim (continued)

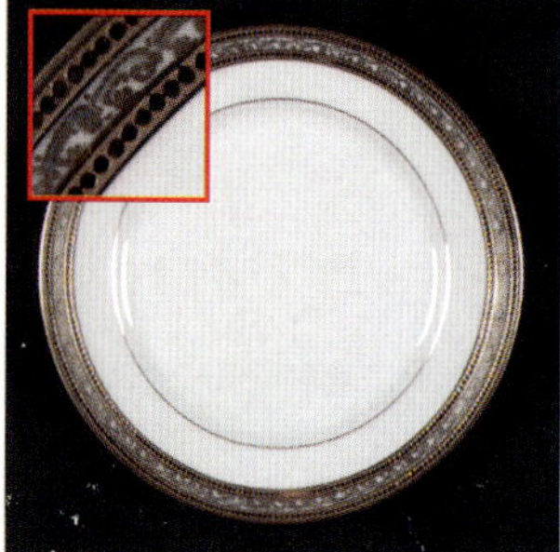

BWD 184
Bread & Butter Plate Shown
Gold Trim

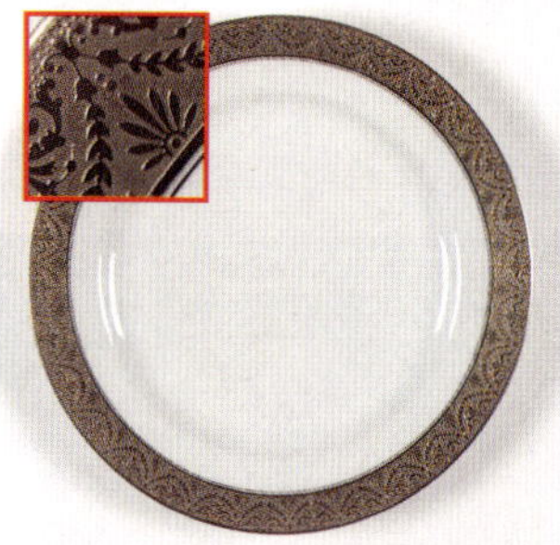

BWD 243
Gold Trim

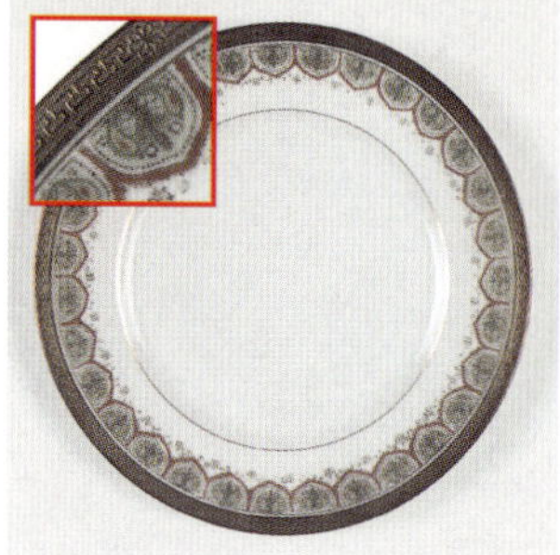

BWD 170
Luncheon Plate Shown
Gold Trim

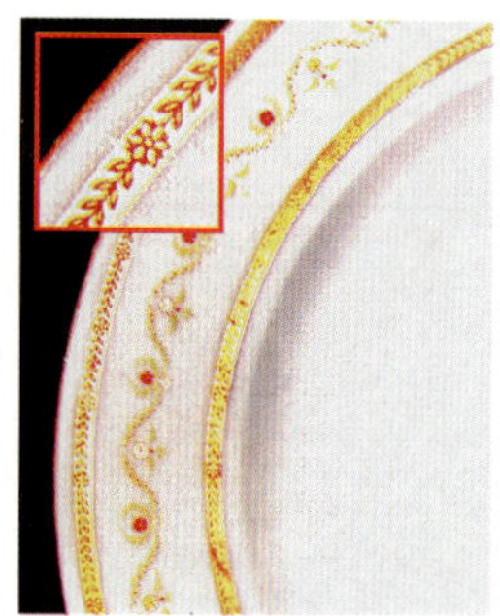

BWD 72
Gold Trim

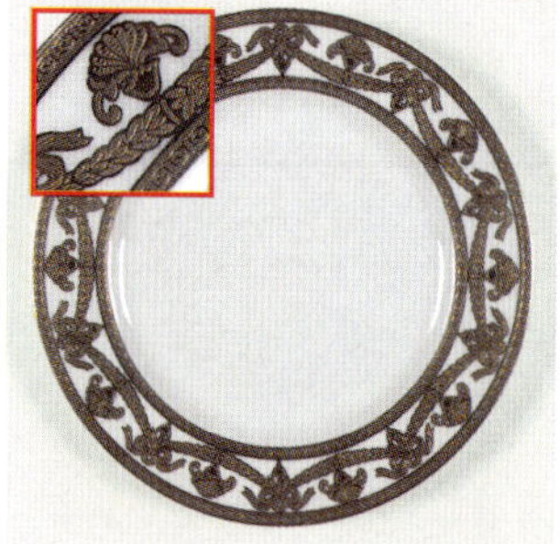

BWD 193
Gold Trim

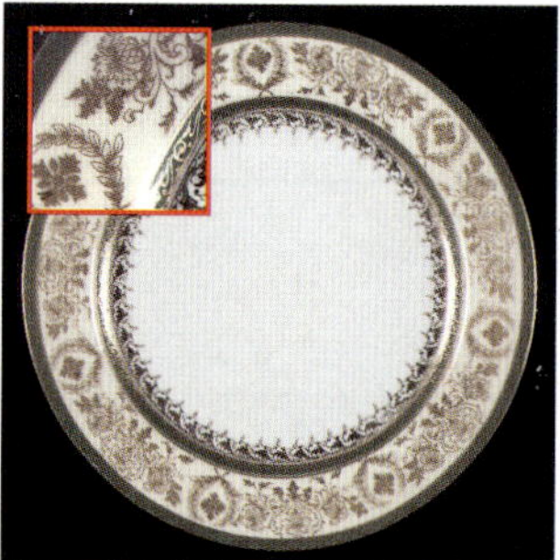

BWD 137
Green Bands
Gold Trim

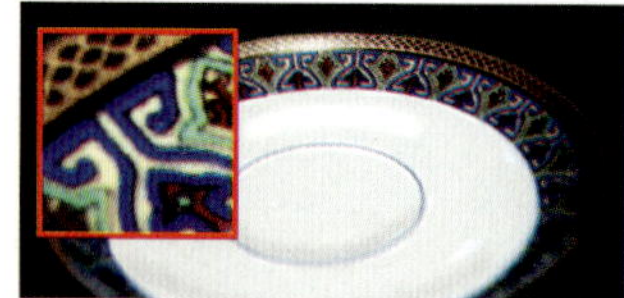

BWD 111
Saucer Shown
Gold Trim

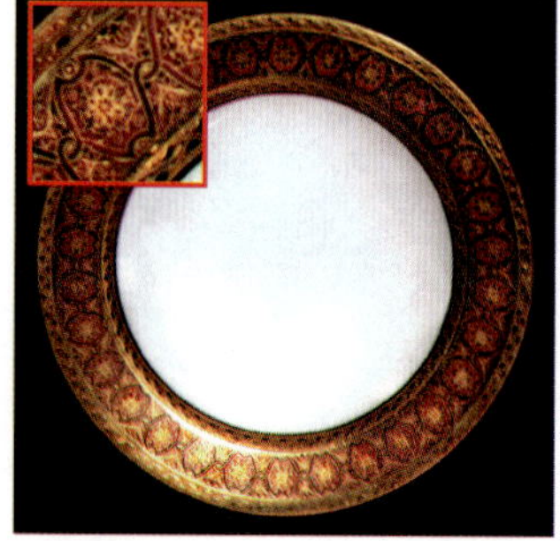

BWD 69
Gold Trim

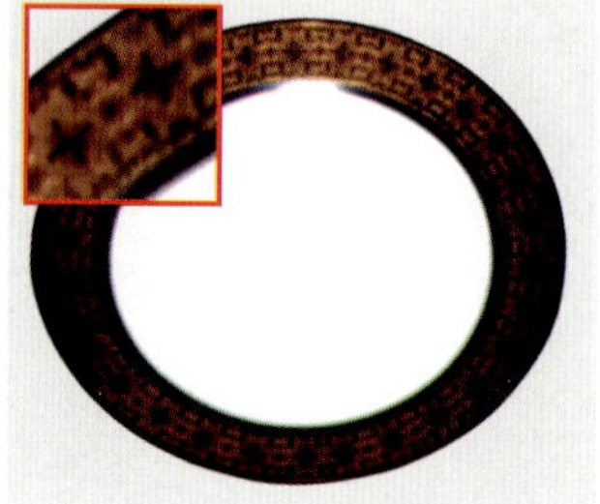

BWD 109
Gold Trim

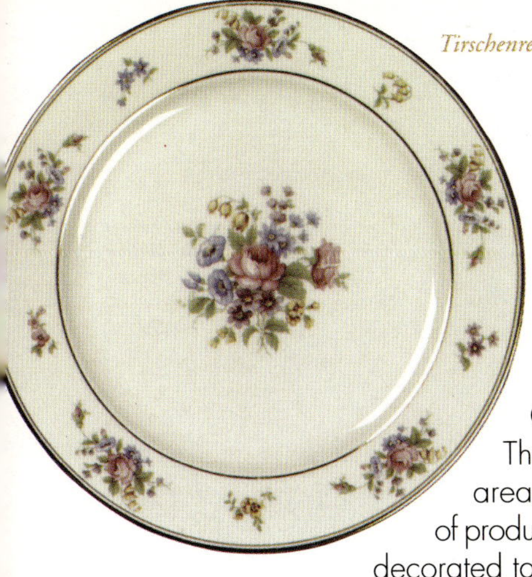
Tirschenreuth's Queen's Rose

Hello and WELCOME

to the fifth in a series of *China Identification Guides* from **Replacements, Ltd.**, the world's largest retailer of old and new china, crystal, silver and collectibles. The manufacturers included in this guide are Bawo & Dotter, Charles Ahrenfeldt, Tirschenreuth and Tressemann & Vogt. These manufacturers, creating designs and patterns from areas of strong porcelain traditions, represent a wide range of products. From basic white shapes to very formal and elaborately decorated tableware, these companies are great examples of some of the fine dinnerware manufacturers of Europe. We have also included brief histories of each manufacturer with interesting tidbits about how they were started and the dinnerware they produced. Here at **Replacements, Ltd.**, we stock millions of pieces of product in thousands of patterns and currently serve over three million customers from around the world. If you should have any questions, comments or suggestions on how we can improve our Guides, please call us at ***1-800-REPLACE***.

How to use this GUIDE

Each manufacturer's patterns are listed in a *visual* order. Typically, if you are trying to identify a pattern you probably don't know its name so an alphabetical listing is of little help. This guide is arranged by the appearance of the pattern, from rim to coupe shapes, from simple to intricate designs. You can start by matching up your piece to the section of the guide that best represents it visually. Then, proceed to narrow the search down by the individual characteristics of your particular pattern. Some manufacturers may have Replacements' assigned numbers. These are patterns we know exist but are unable to verify the name. In order to properly track and inventory that pattern, we have assigned it a number.

Guides in the WORKS

We continue to add to our library of guides to help our customers and suppliers with pattern identification. You can help us to help you by providing any new or additional information about these or other patterns you come across.

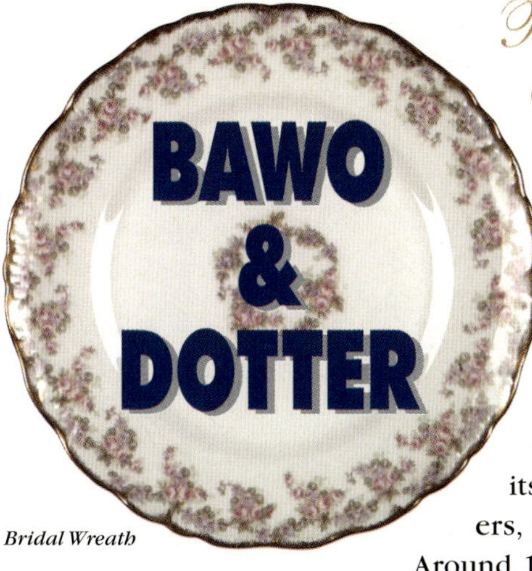

Bridal Wreath

Bawo & Dotter began in New York in the 1860's as an importer of Limoges china for the American market.

In the 1870's the company opened a decorating shop in Limoges, France called The Elite Works. The shop decorated white wares manufactured by other companies through the 1890's, and in 1896 began manufacturing its own china. As with many other manufacturers, production was interrupted by World War I. Around 1924, Bawo and Dotter purchased the William Guerin firm, which had earlier purchased the Pouyat company. The expanded company became Guerin-Pouyat-Elite, Ltd., with the backstamps continuing to bear the marks of the individual factories until 1932 when the business closed.

This manufacturer is divided in order to help you research patterns as quickly as possible. As a first step, try looking in the first section that fits the shape and/or trim color of the pattern you are trying to find.

Smooth — Rim Shape, Gold Trim

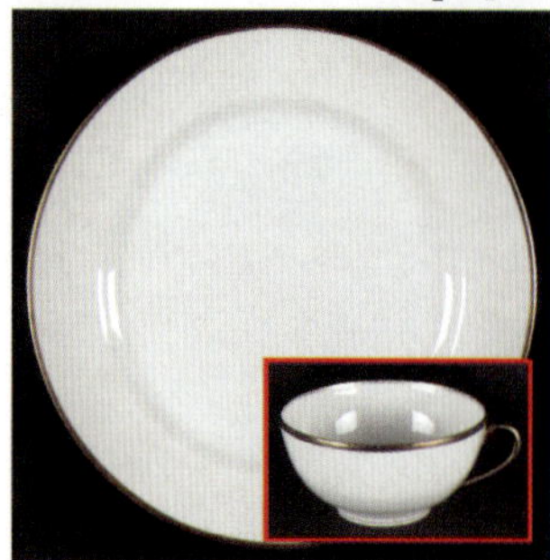
BWD 49
Gold Trim

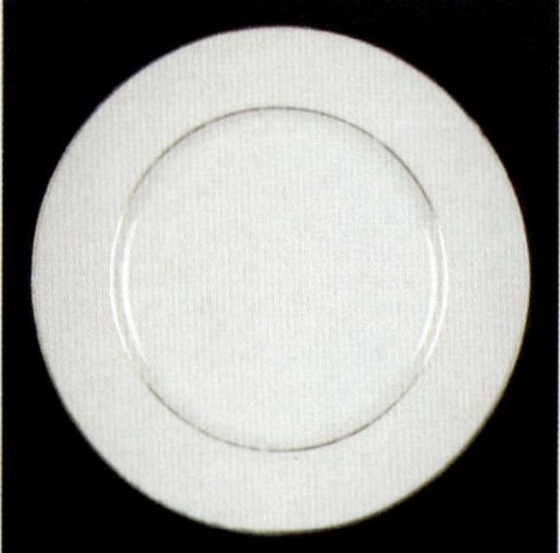
BWD 146
Salad Plate Shown
Gold Trim

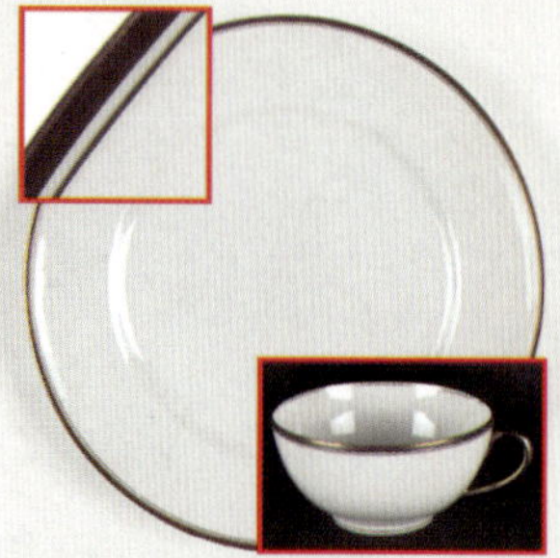
BWD 134
White Background
Gold Trim

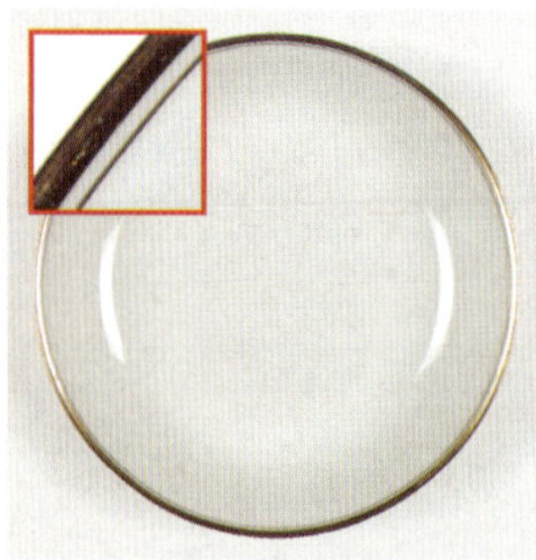
BWD 60
Fruit Bowl Shown
Cream Background
Gold Trim

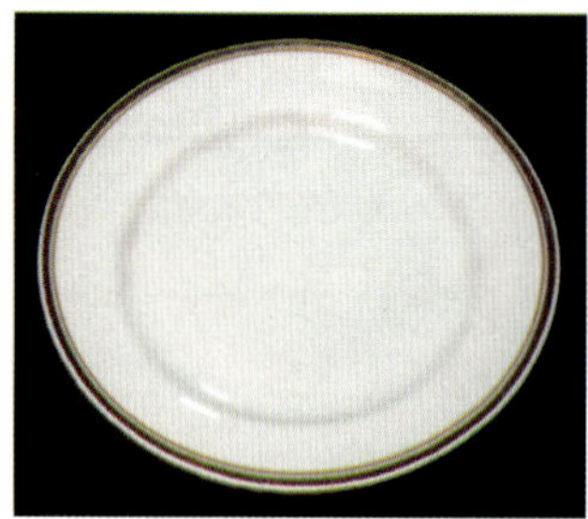
BWD 120
Gold Trim

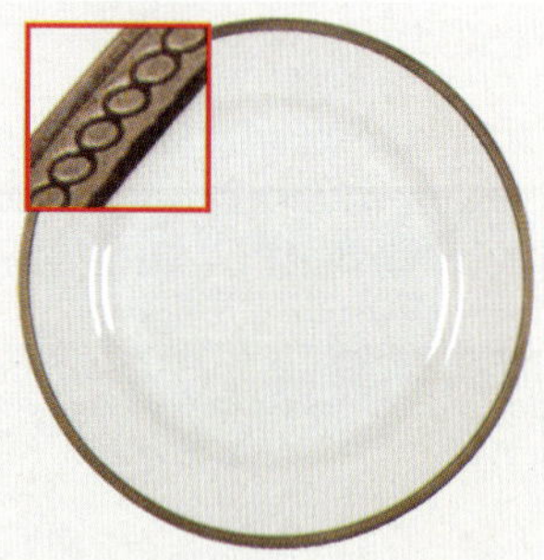
BWD 187
Gold Trim

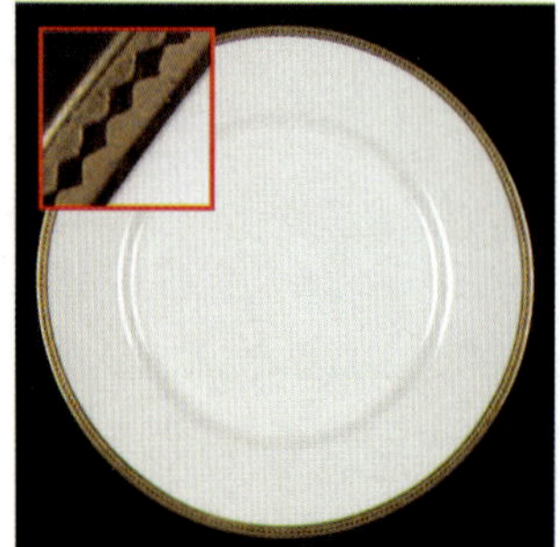
BWD 7
Salad Plate Shown
Gold Trim

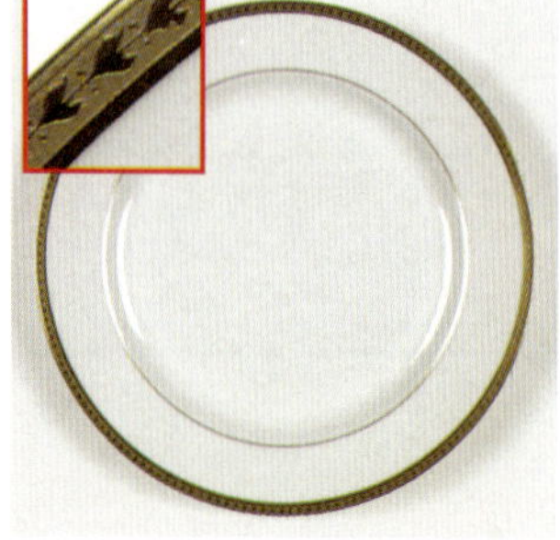
BWD 25
Gold Trim

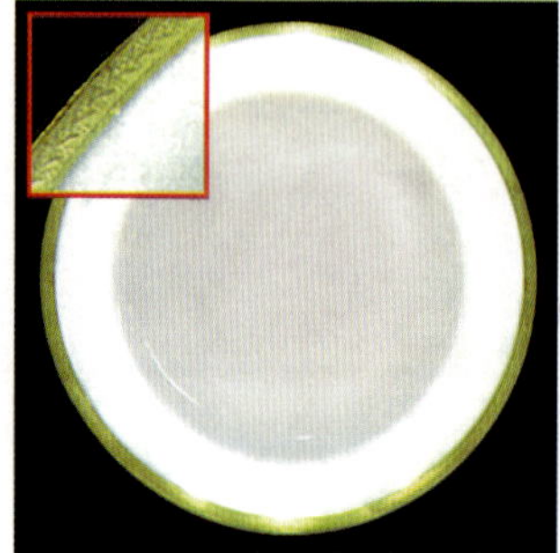
BWD 136
Gold Trim

Smooth — Rim Shape, Gold Trim (continued)

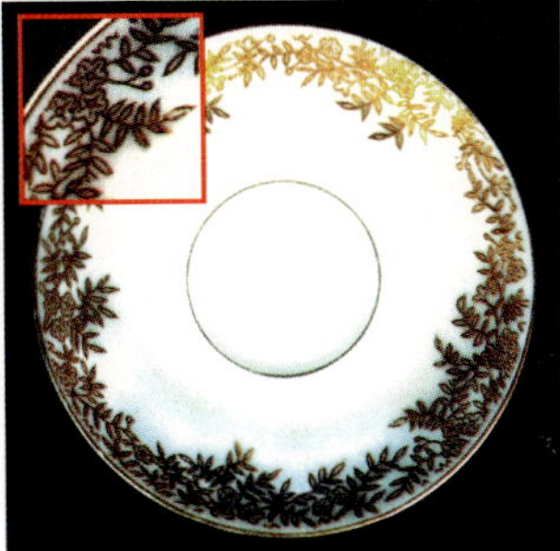

BWD 77
Saucer Shown
Gold Trim

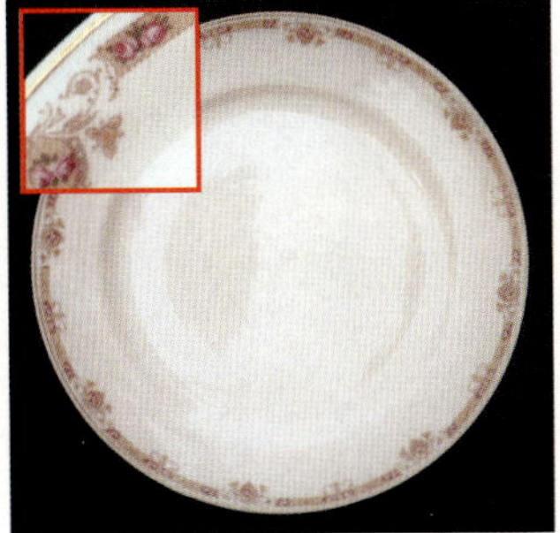

BWD 235
Gold Trim

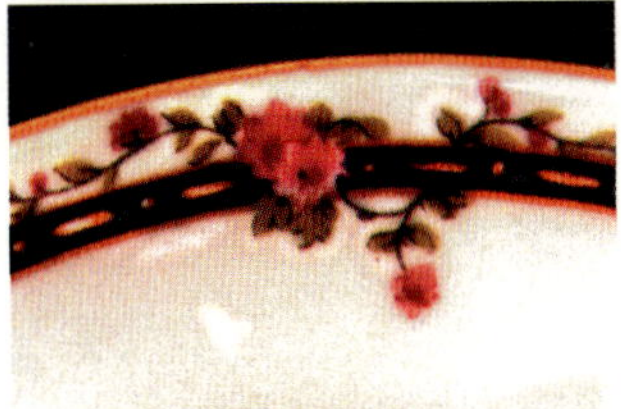

BWD 79
Gold Trim

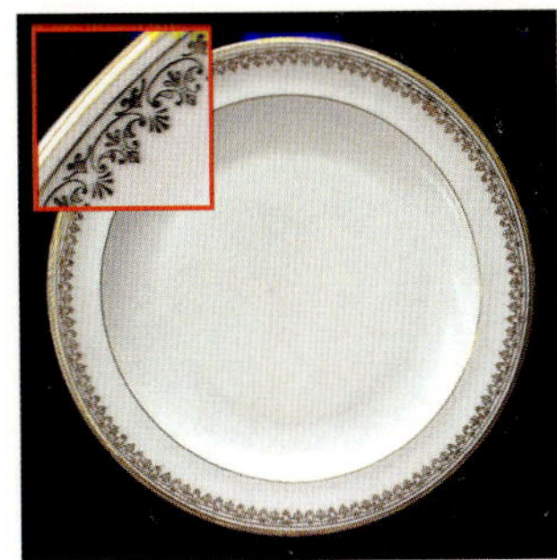

BWD 240
Gold Trim

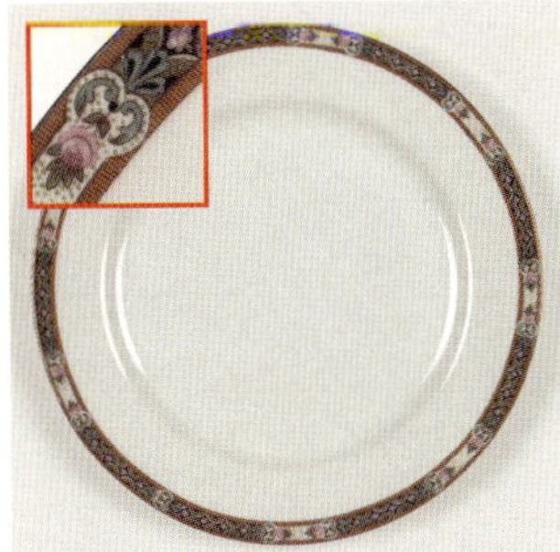

BWD 8
Gold Trim

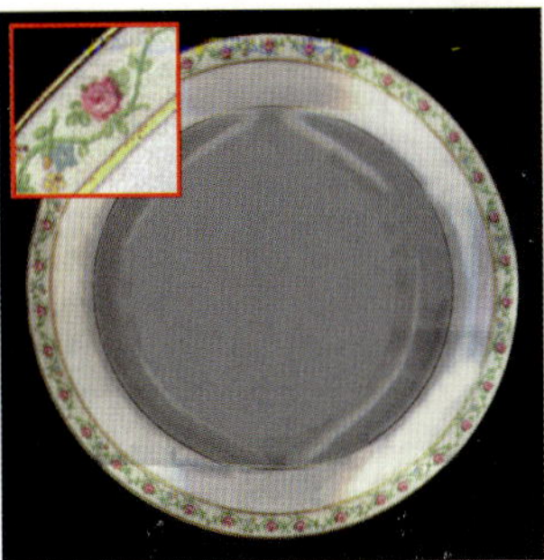

BWD 210
Gold Trim

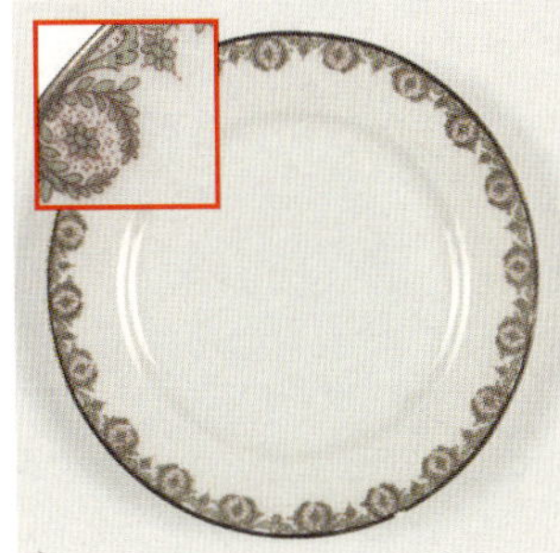

BWD 172
Bread & Butter Plate Shown
Gold Trim

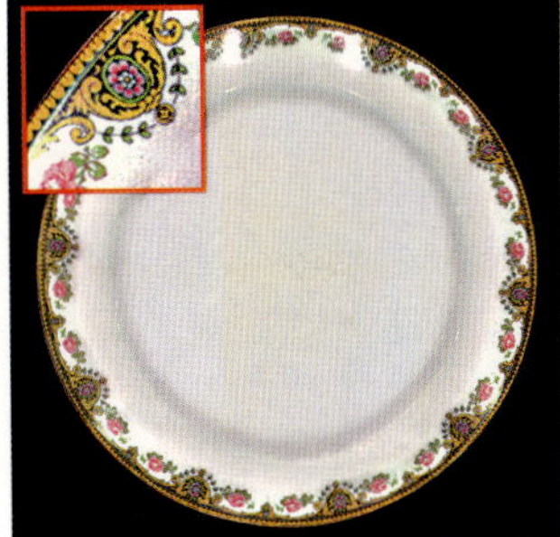

BWD 153
Gold Trim

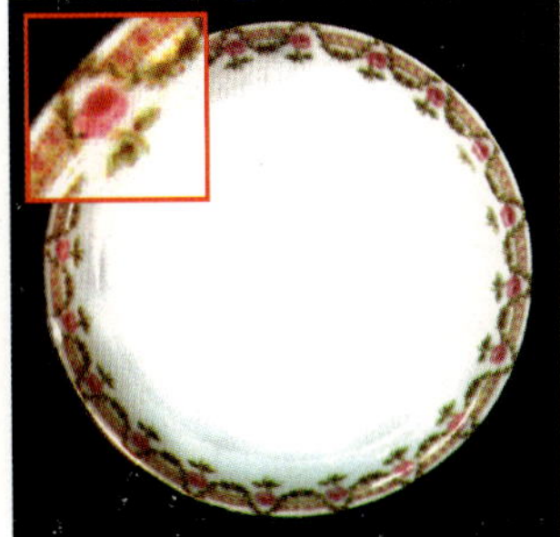

BWD 90
Gold Trim

Smooth — Rim Shape, Gold Trim (continued)

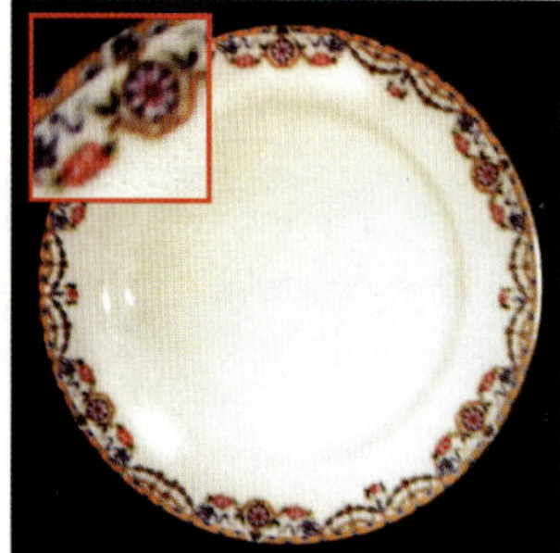

BWD 76
Gold Trim

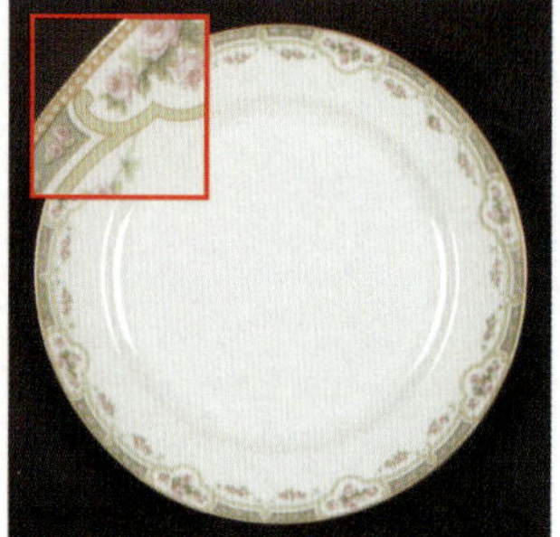

BWD 87
Gold Trim

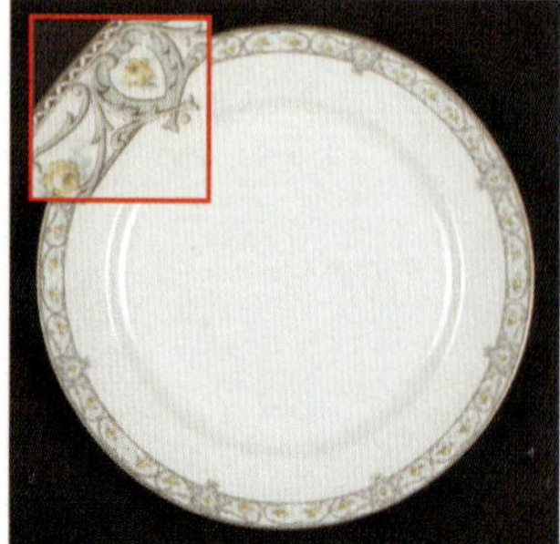

BWD 73
Gold Trim

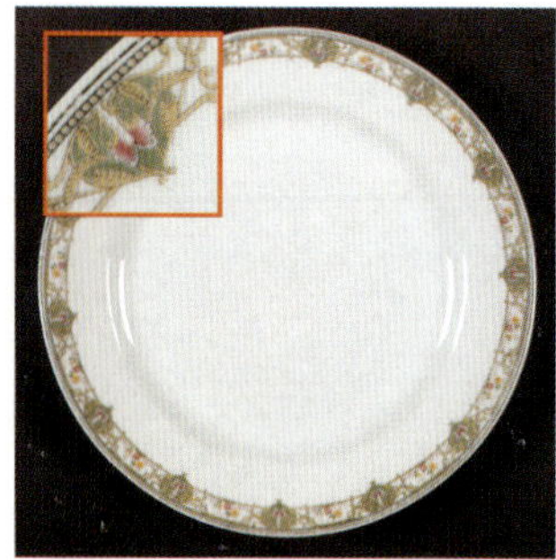

BWD 61
Off-White Background
Gold Trim

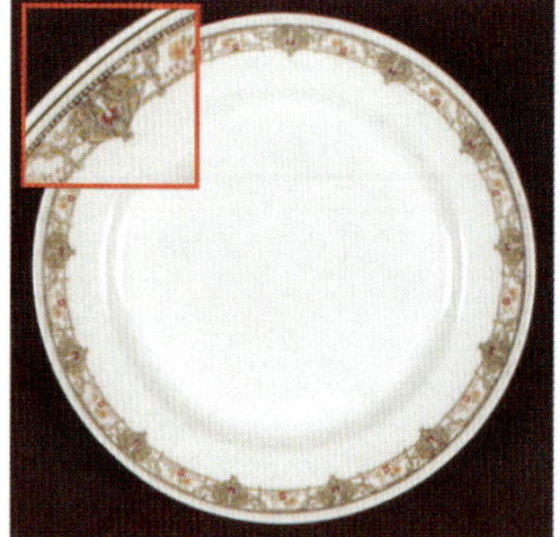

BWD 12
White Background
Gold Trim

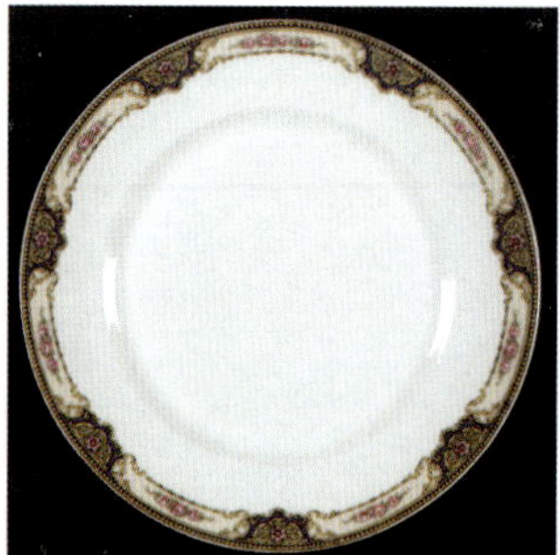

BWD 23
Gold Trim

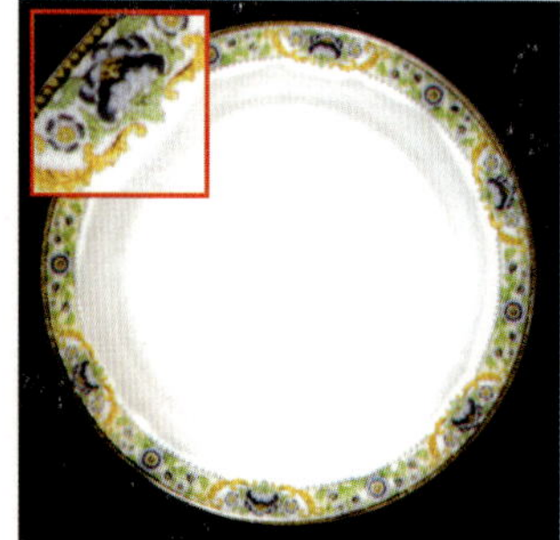

BWD 68
Gold Trim

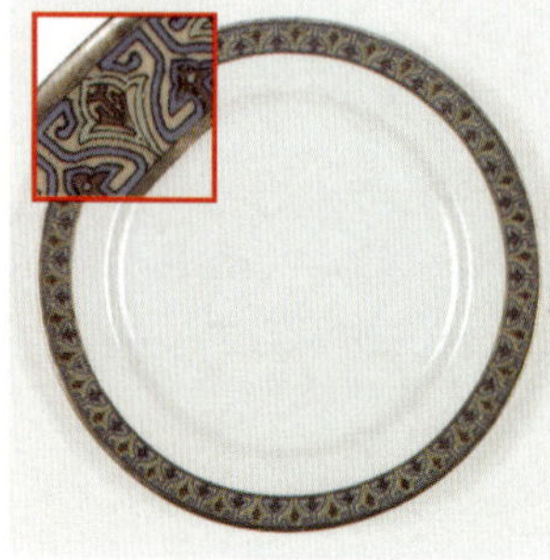

BWD 116
Gold Trim

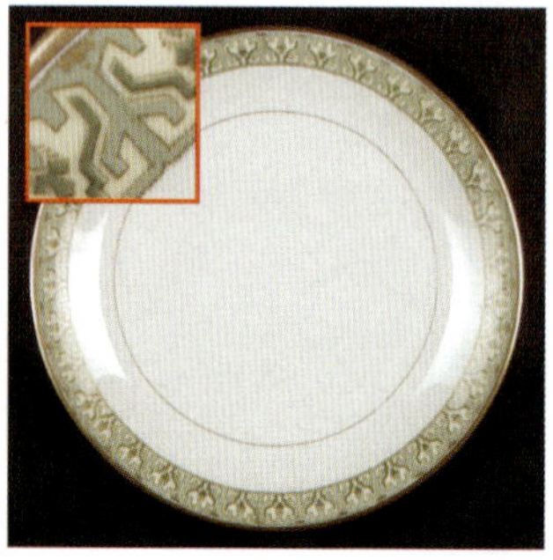

BWD 40
Chop Plate Shown
Gold Trim

Smooth — Rim Shape, Gold Trim (continued)

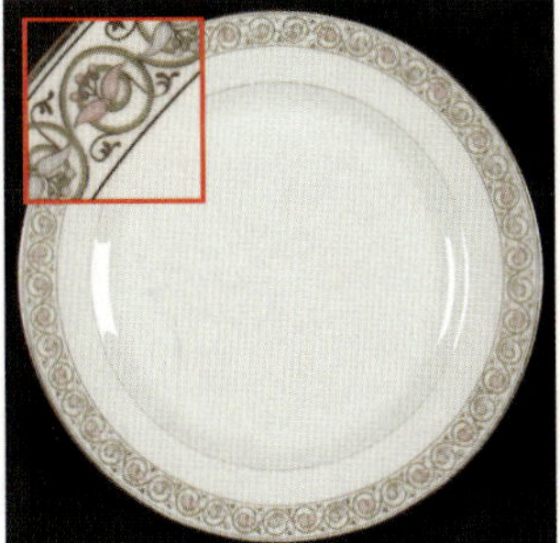
BWD 35
Gold Trim

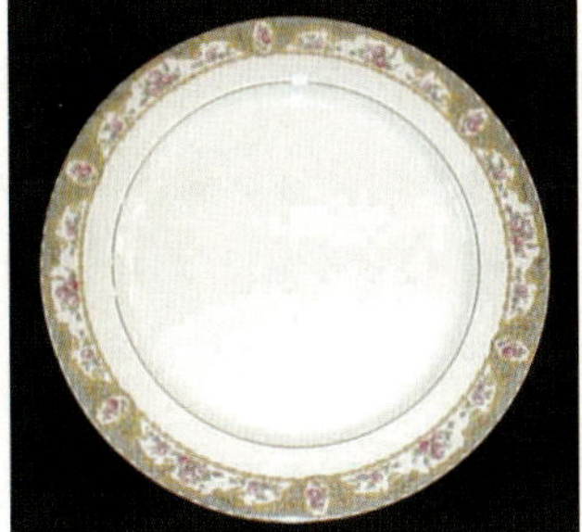
BWD 197
Gold Trim

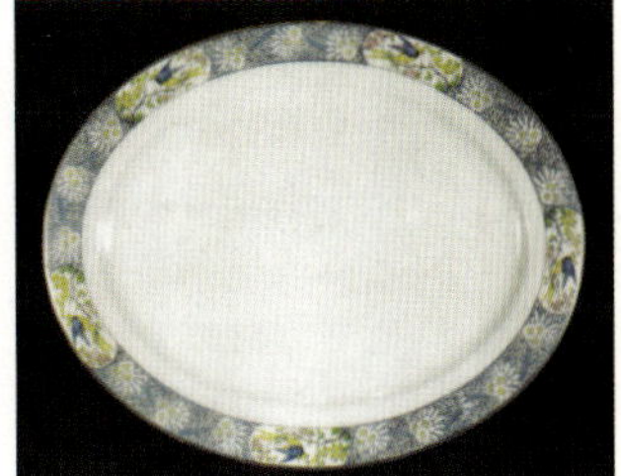
BWD 122
Platter Shown
Gold Trim

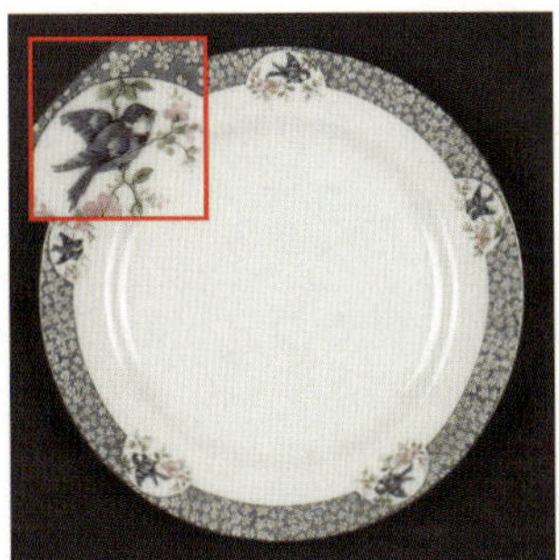
BWD 175
Salad Plate Shown
Gold Trim

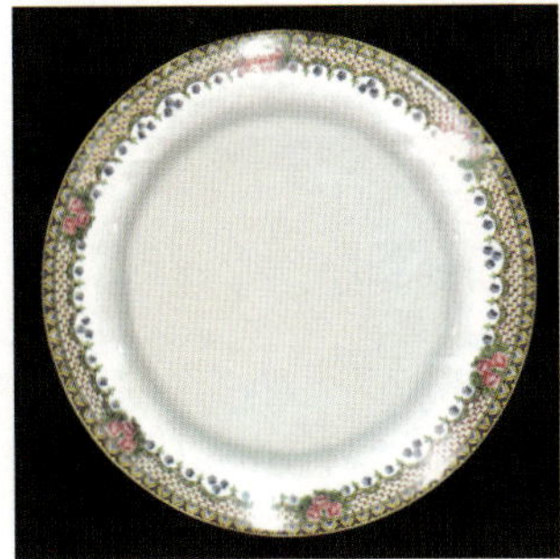
BWD 214
Gold Trim

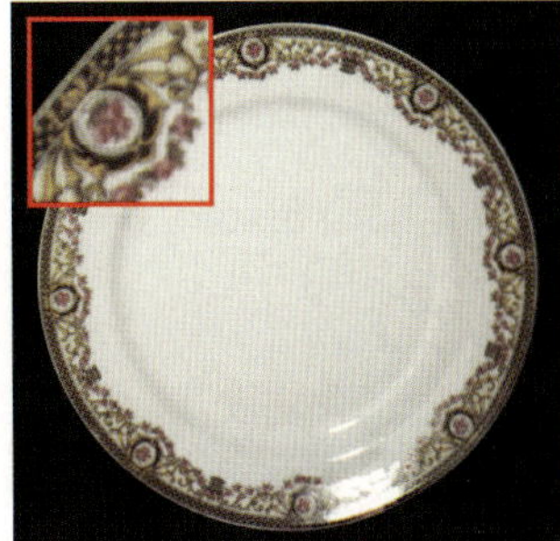
BWD 55
Gold Trim

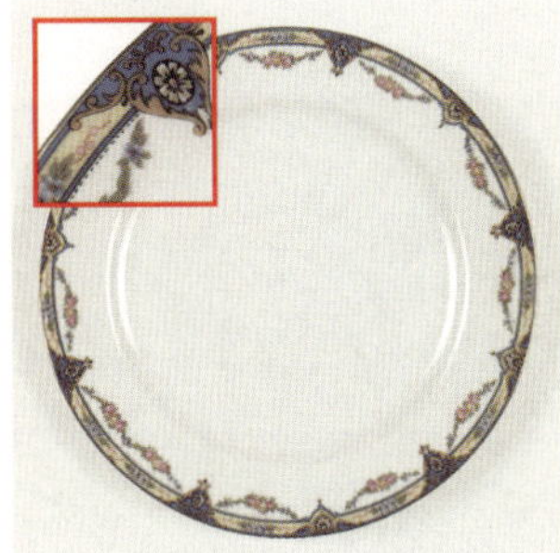
BWD 75
Gold Trim

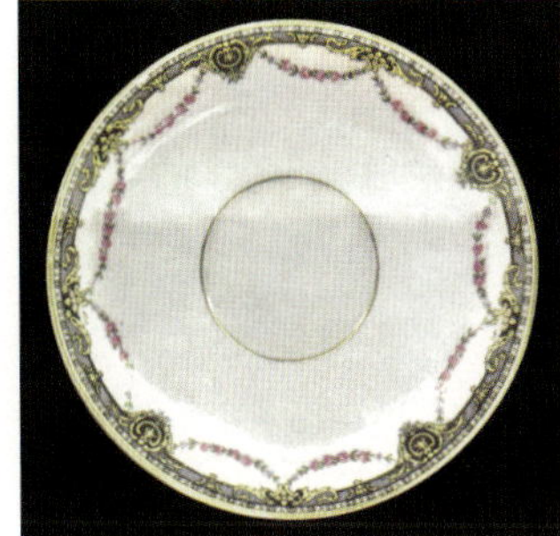
BWD 202
Saucer Shown
Gold Trim

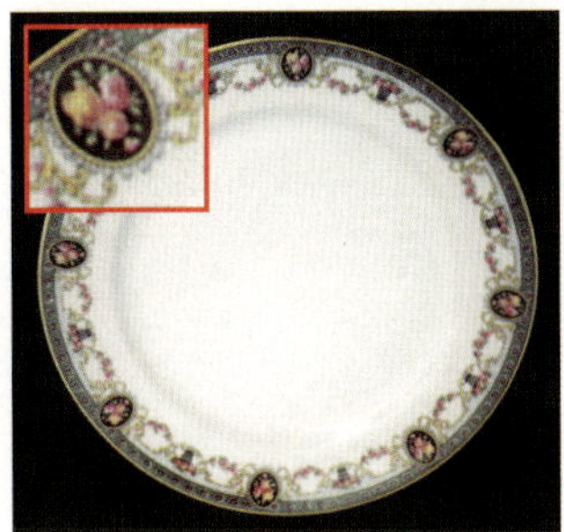
BWD 177
Gold Trim

Smooth — Rim Shape, Gold Trim (continued)

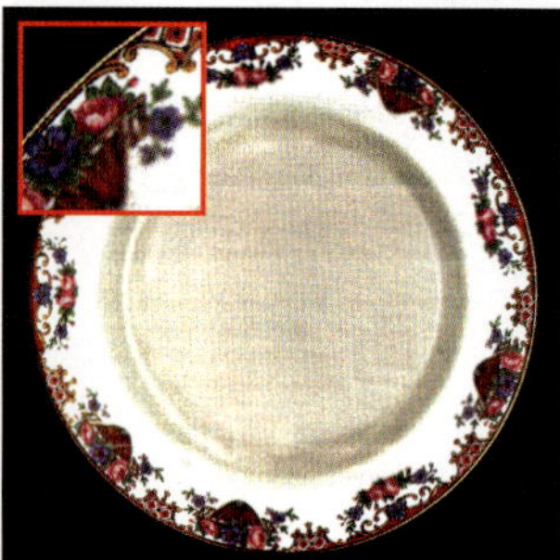

BWD 82
Salad Plate Shown
Gold Trim

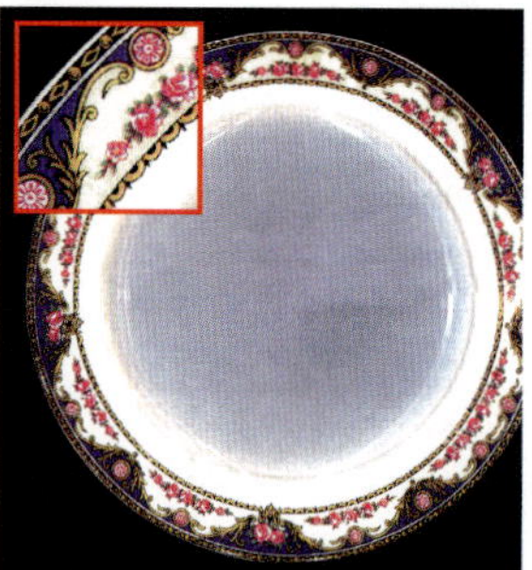

BWD 66
Bread & Butter Plate Shown
Gold Trim

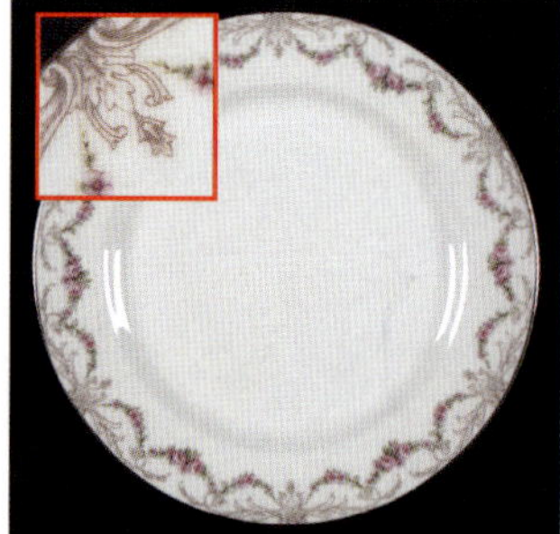

BWD 45
Gold Trim

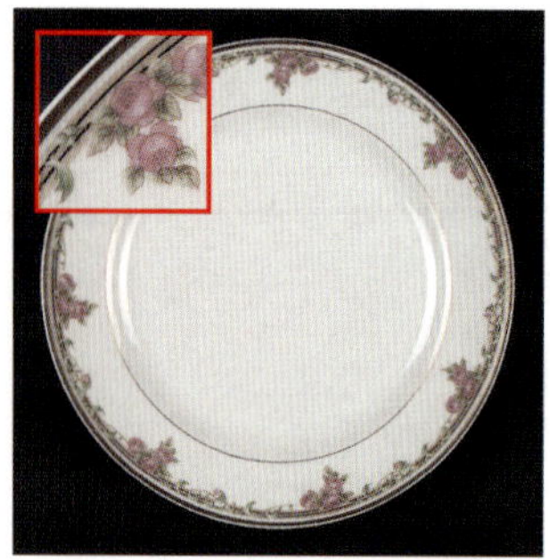

BWD 114
Luncheon Plate Shown
Gold Trim

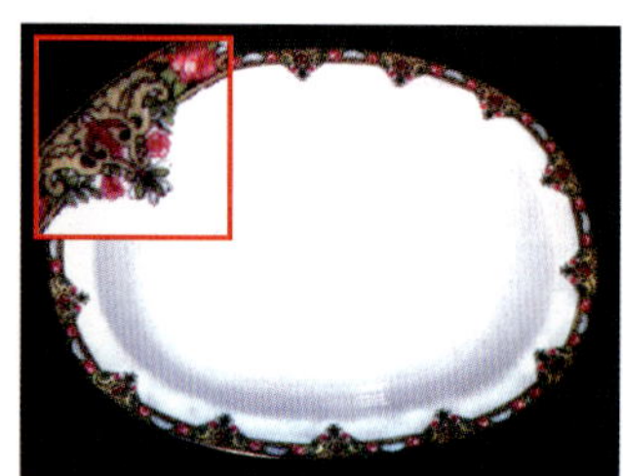

BWD 30
Oval Vegetable Bowl Shown
Gold Trim

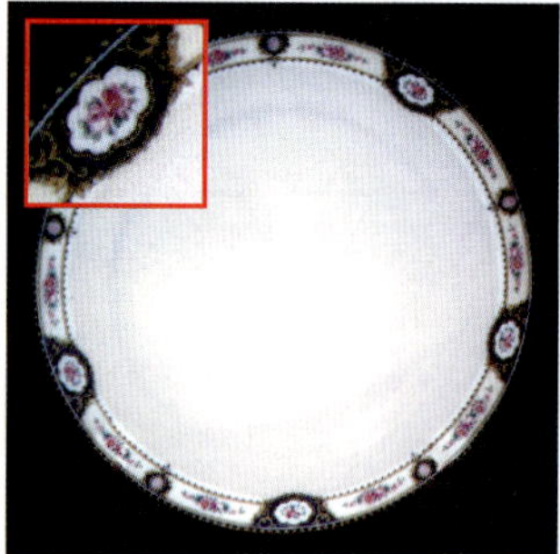

BWD 67
Gold Trim

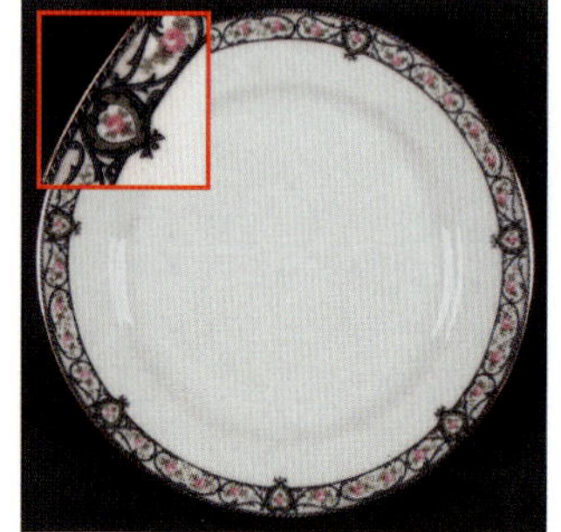

BWD 10
Gold Trim

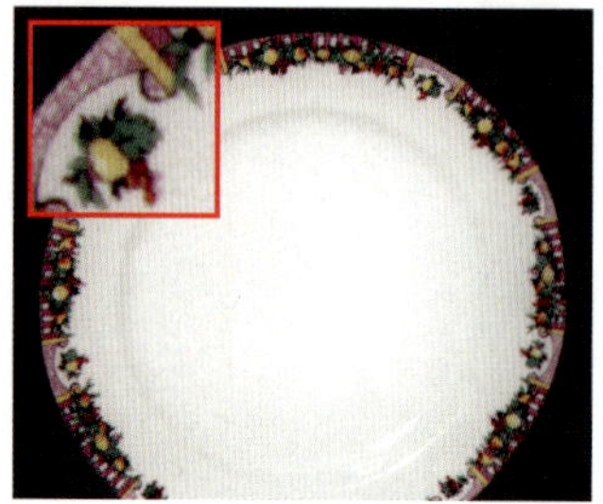

BWD 83
Gold Trim

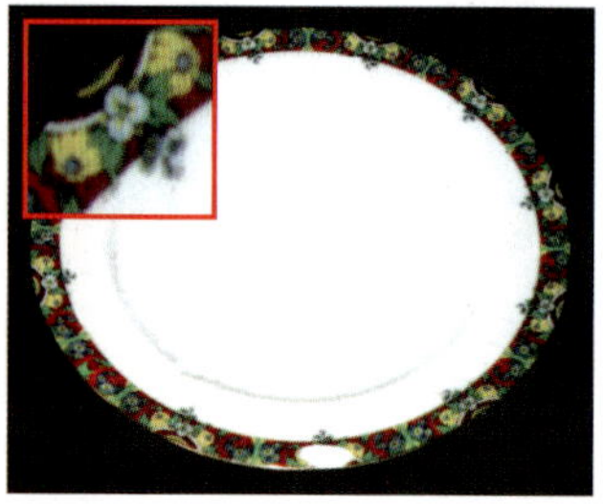

BWD 108
Gold Trim

Smooth — Rim Shape, Gold Trim (continued)

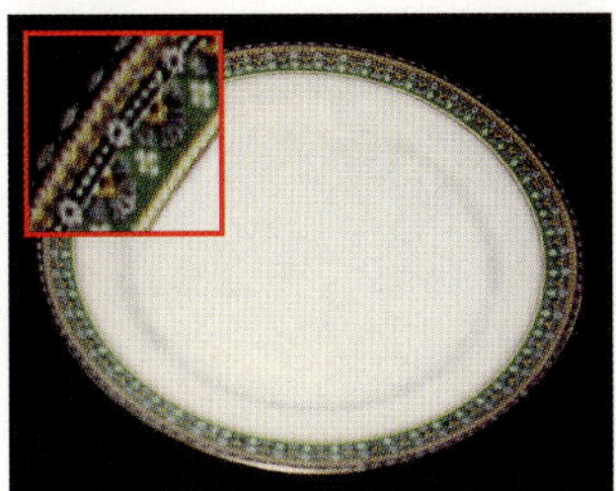

BWD 119
Gold Trim

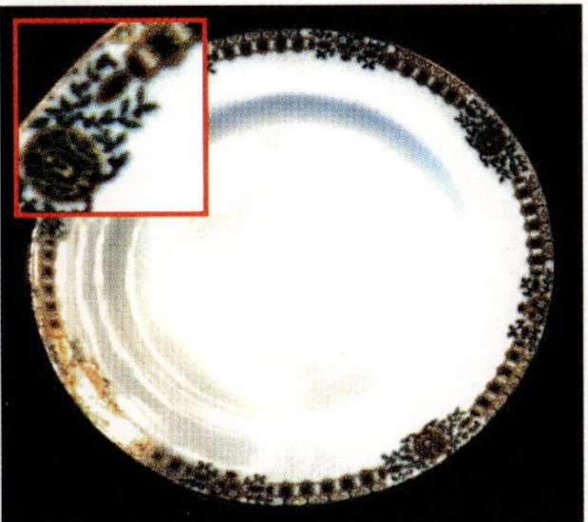

BWD 85
Gold Trim

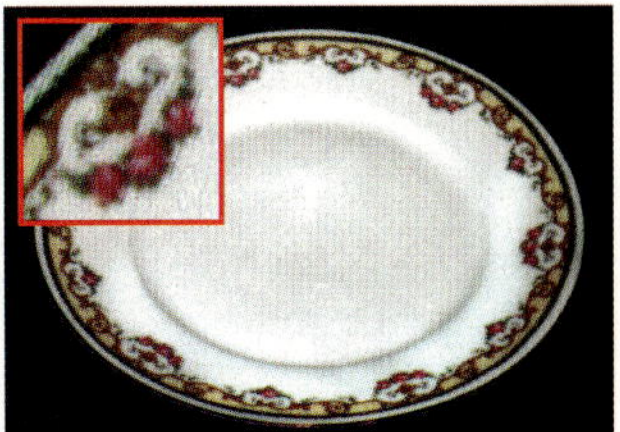

BWD 81
Salad Plate Shown
Gold Trim

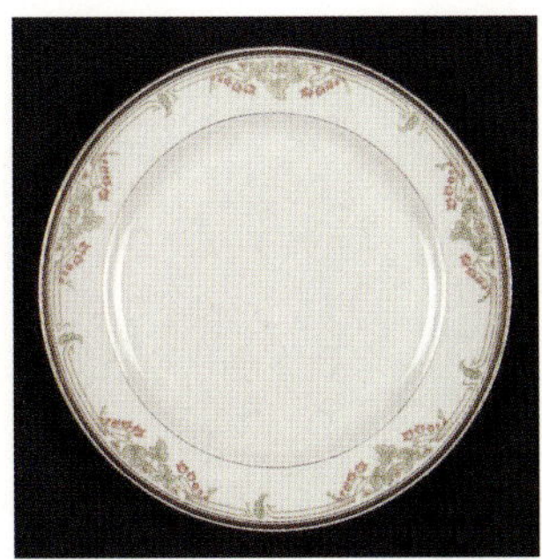

BWD 225
Gold Trim

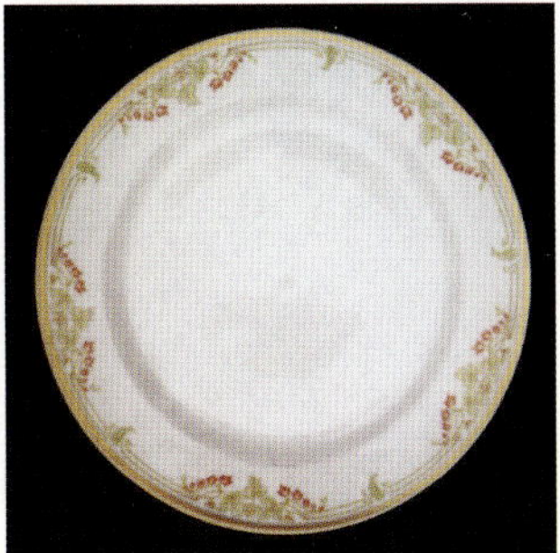

BWD 242
Gold Trim

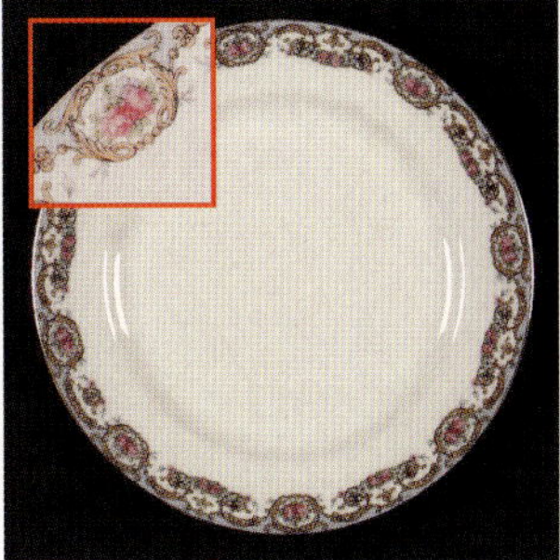

BWD 226
Gold Trim

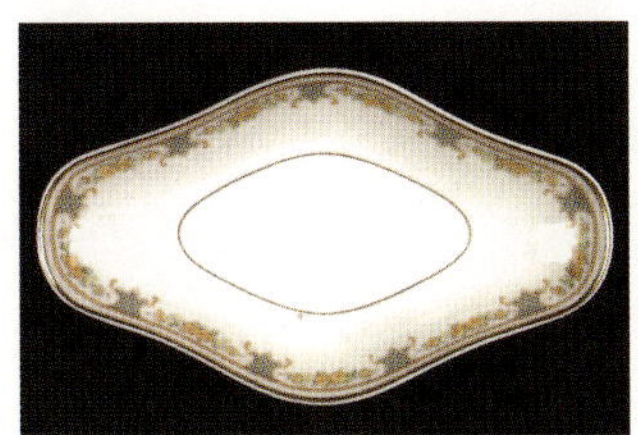

BWD 57
Relish Shown
Gold Trim

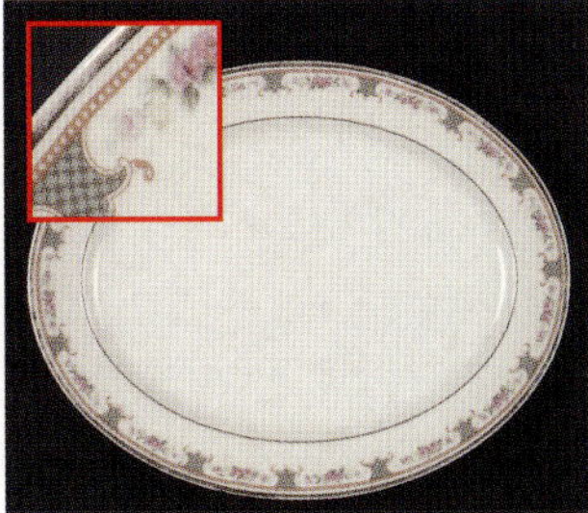

BWD 71
Platter Shown
Gold Trim

BWD 84
Gold Trim

Smooth — Rim Shape, Gold Trim (continued)

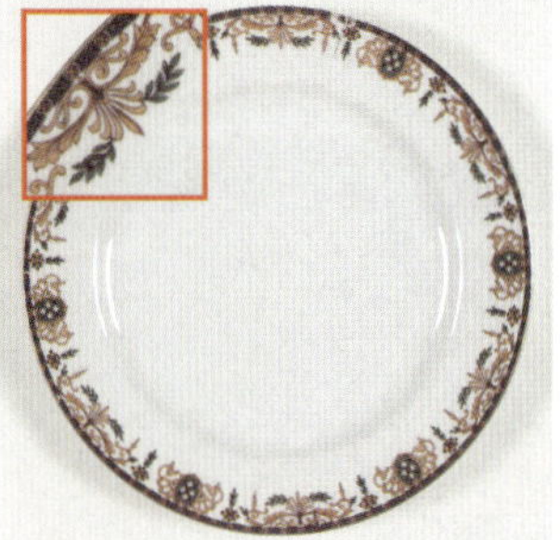
BWD 198
Gold Trim

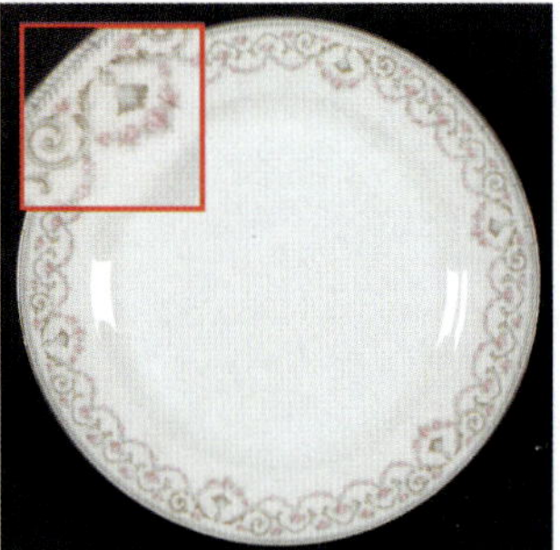
BWD 34
Gold Trim

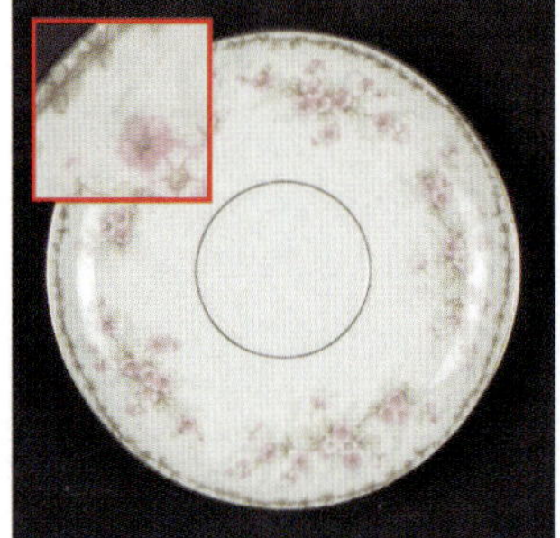
BWD 4S
Saucer Shown
Gold Trim

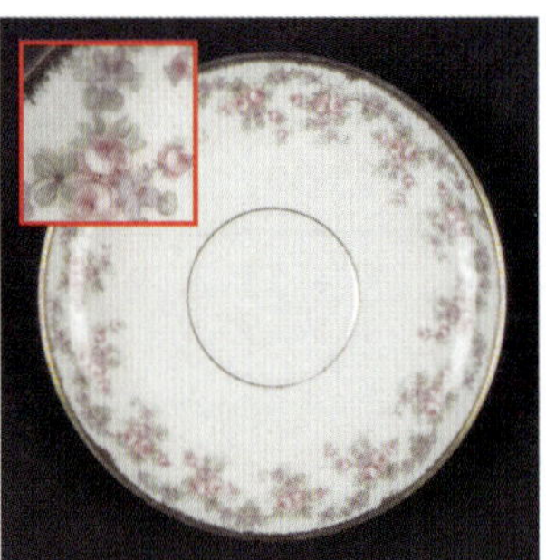
BWD 185
Saucer Shown
Gold Trim

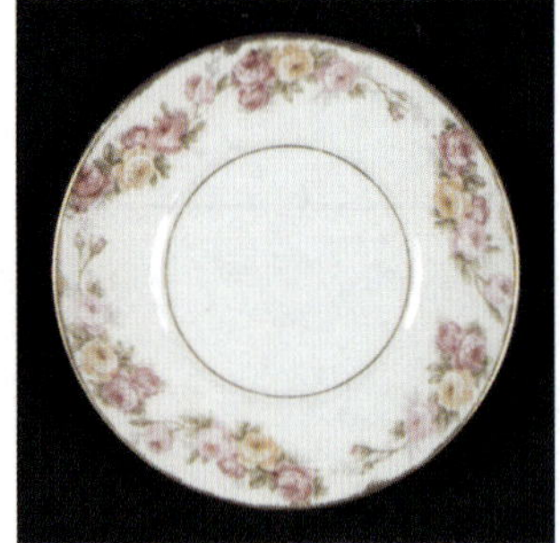
BWD 156
Ramekin Saucer Shown
Gold Trim

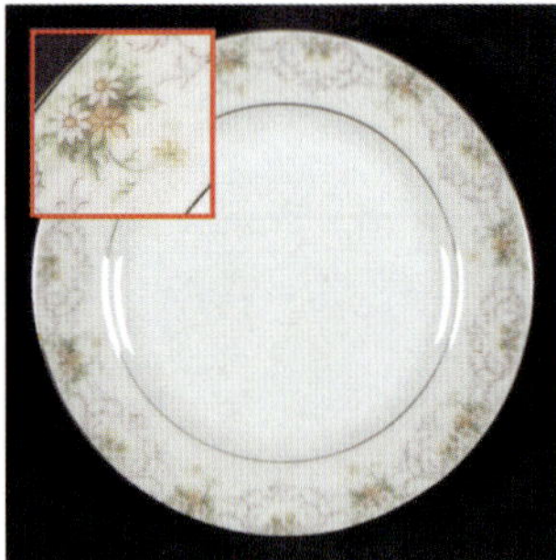
BWD 110
Bread & Butter Plate Shown
Gold Trim

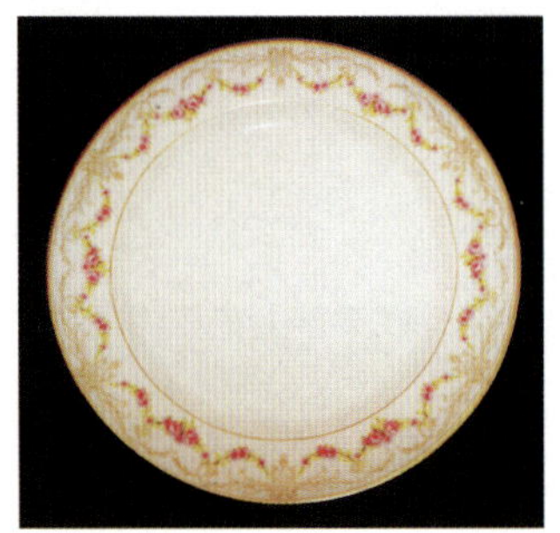
BWD 133
Gold Trim

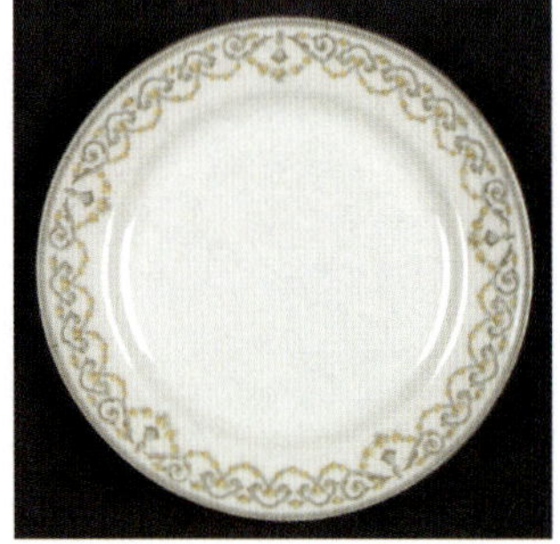
BWD 13
Salad Plate Shown
Gold Trim

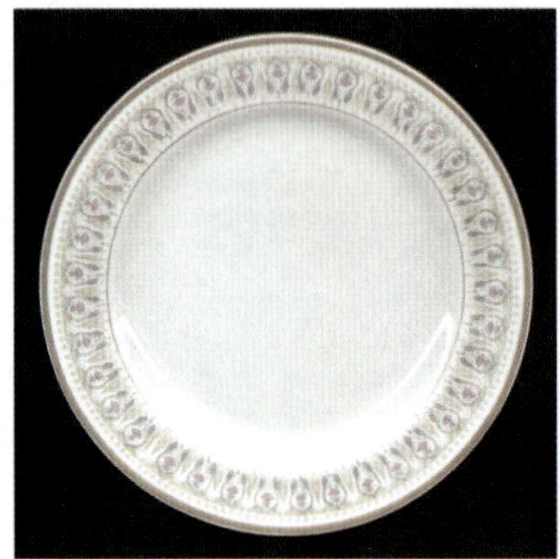
BWD 247
Gold Trim

Smooth — Rim Shape, Gold Trim (continued)

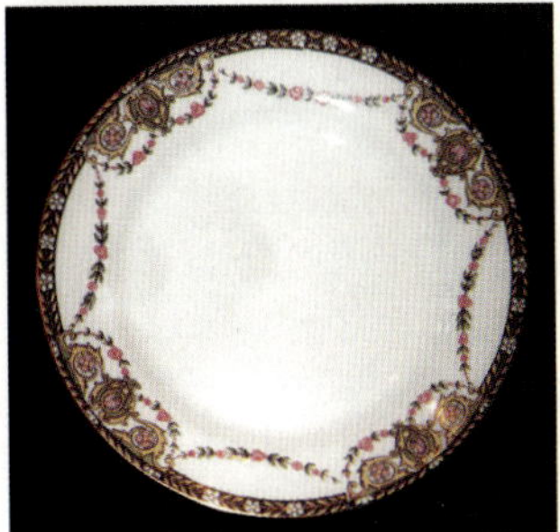

BWD 152
Gold Trim

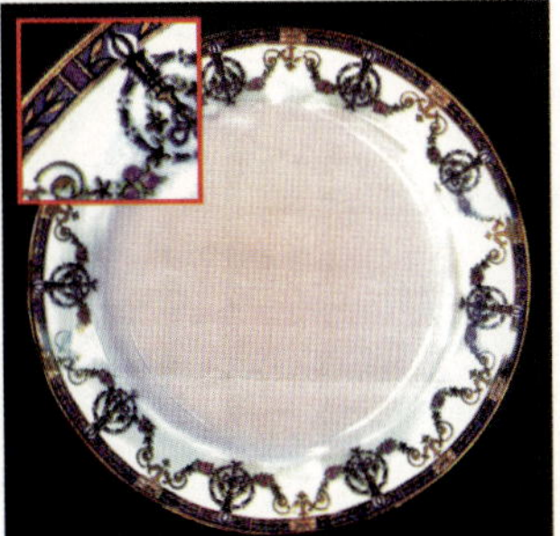

BWD 80
Gold Trim

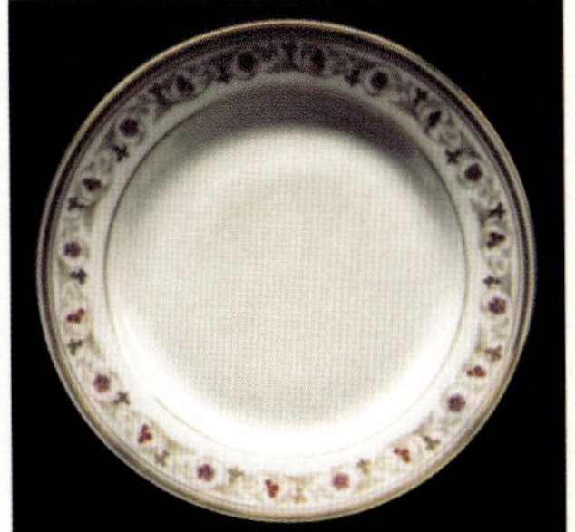

BWD 238
Gold Trim

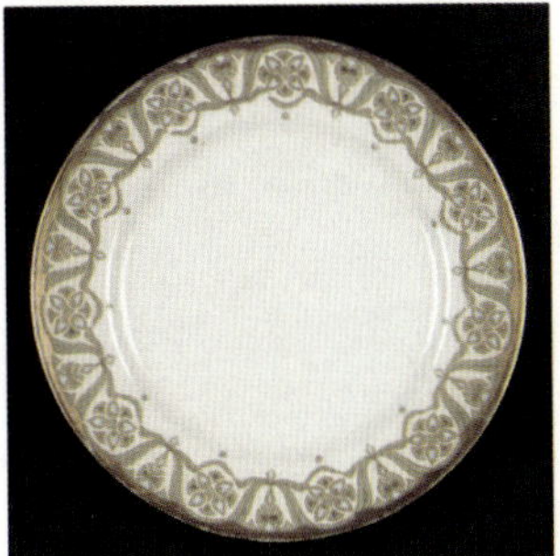

BWD 145
Gold Trim

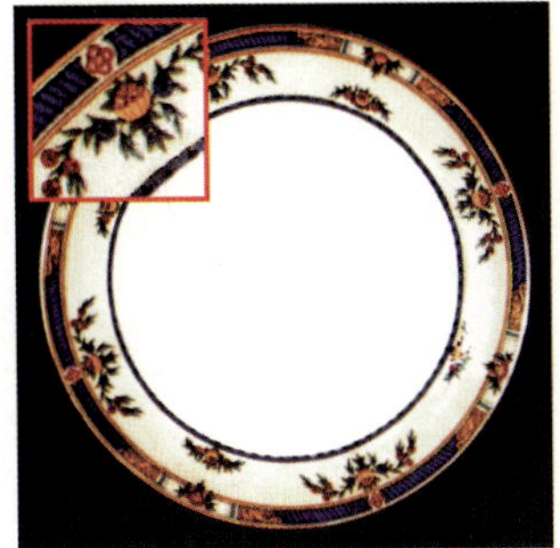

BWD 70
Gold Trim

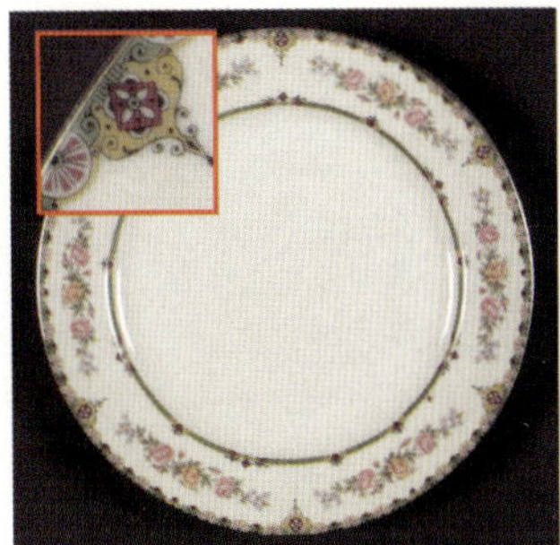

BWD 212
Gold Trim

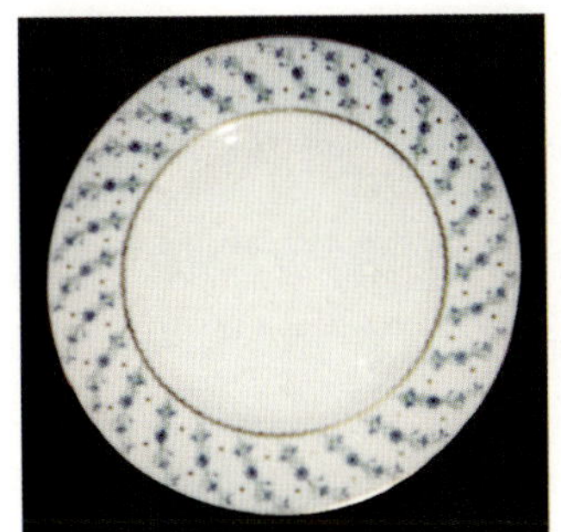

BWD 121
Gold Trim

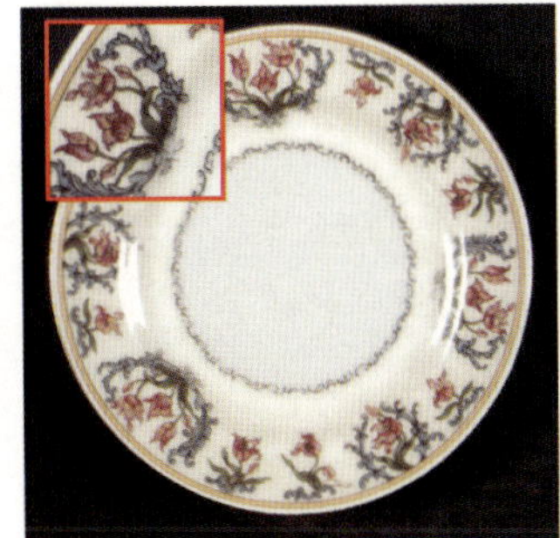

BWD 160
Bread & Butter Plate Shown
Gold Trim

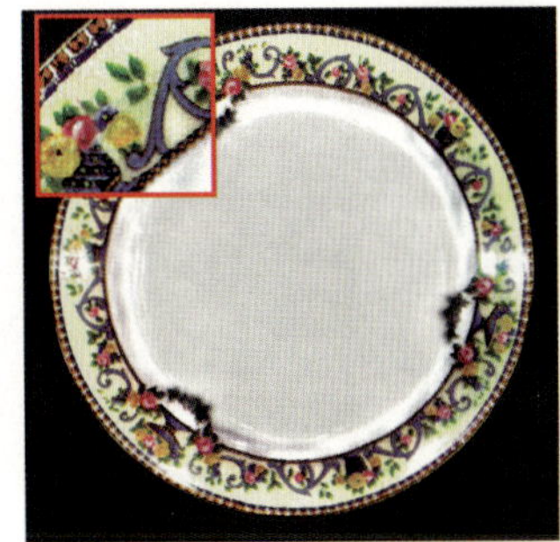

BWD 78
Bread & Butter Plate Shown
Gold Trim

Smooth — Rim Shape, Gold Trim (continued)

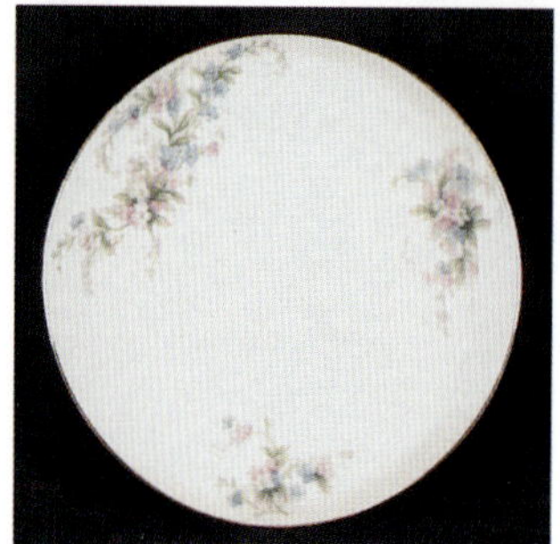

BWD 51
Saucer Shown
Gold Trim

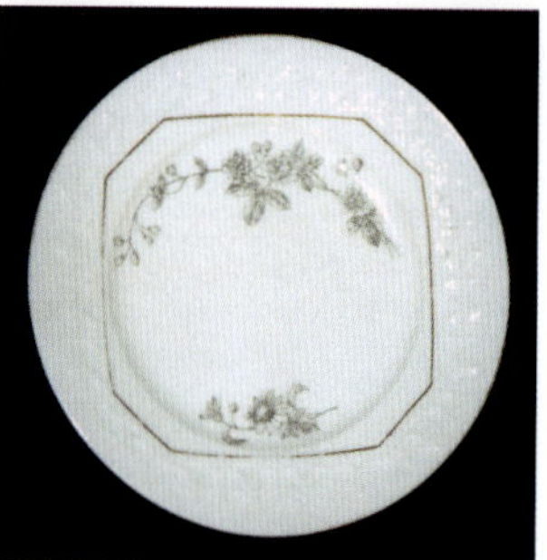

BWD 232
Gold Trim

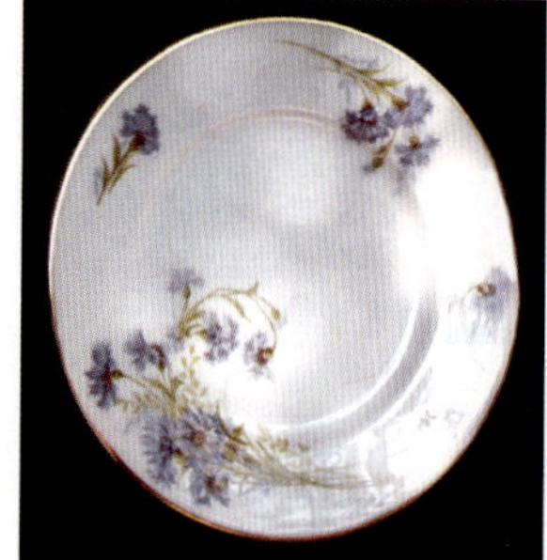

BWD 216
Gold Trim

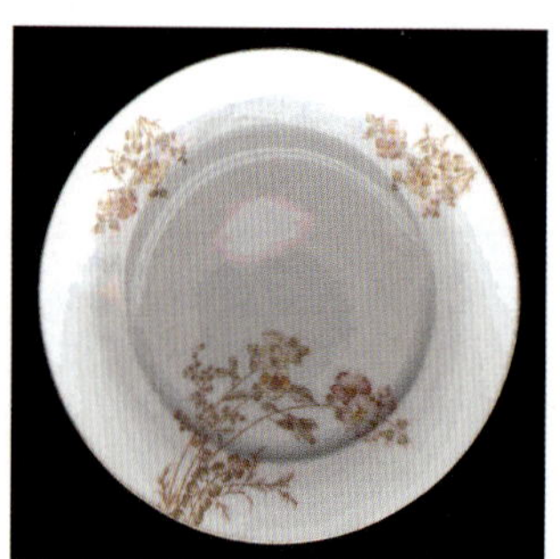

BWD 209
Salad Plate Shown
Gold Trim

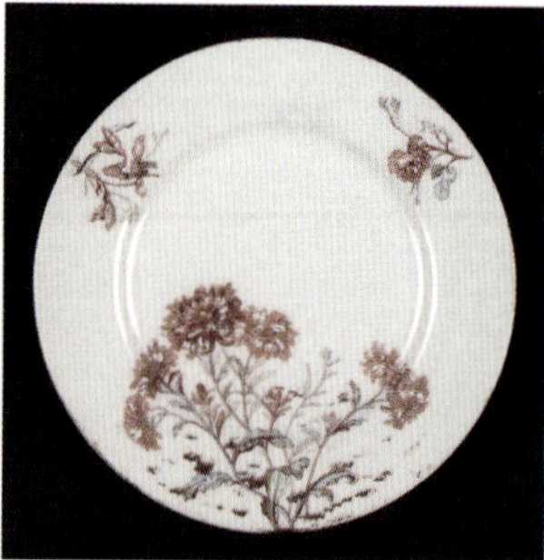

BWD 203
Salad Plate Shown
Gold Trim

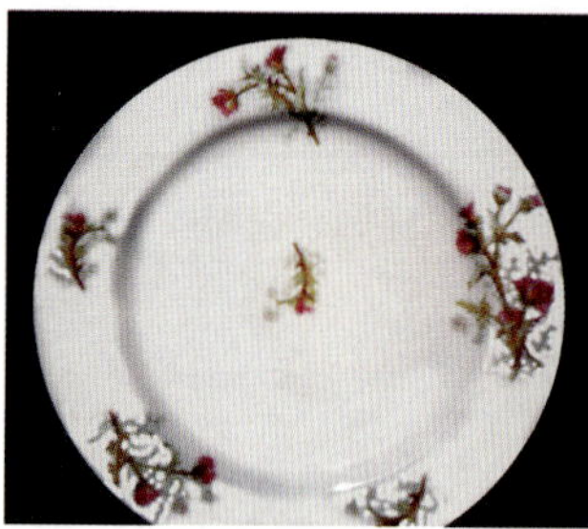

BWD 115
Gold Trim

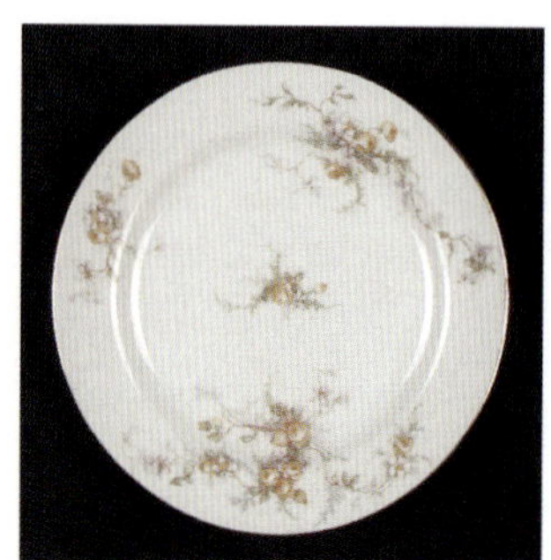

BWD 123
Bread & Butter Plate Shown
Gold Trim

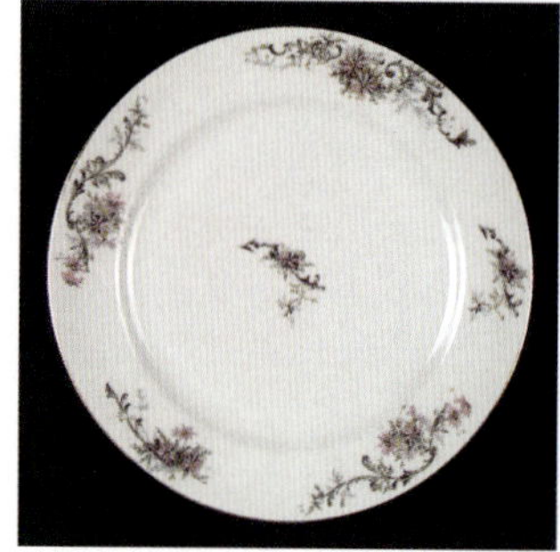

BWD 86
Gold Trim

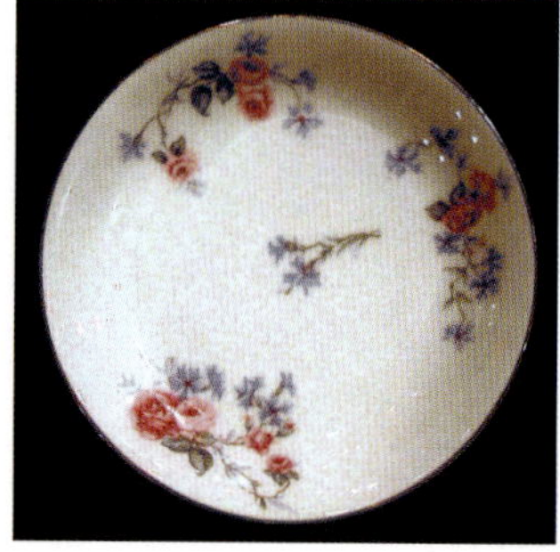

BWD 250
Fruit Bowl Shown
Gold Trim

Smooth — Rim Shape, Gold Trim (continued)

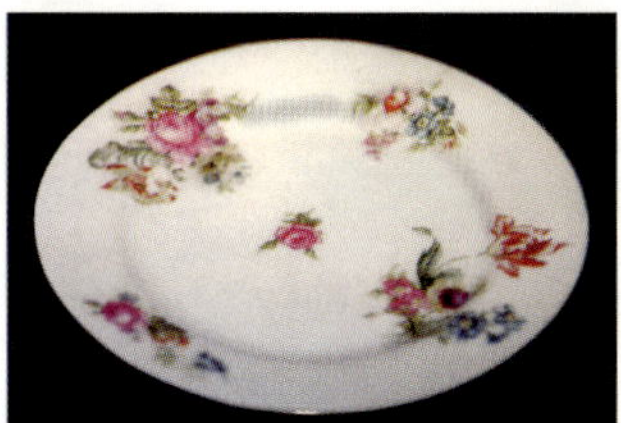

BWD 117
Bread & Butter Plate Shown
Gold Trim

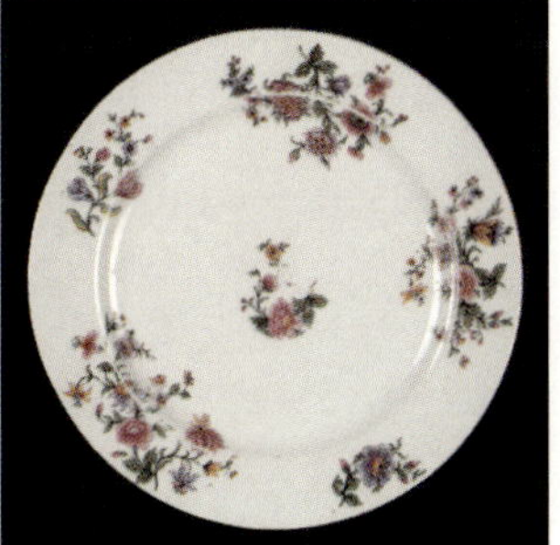

BWD 44
Gold Trim

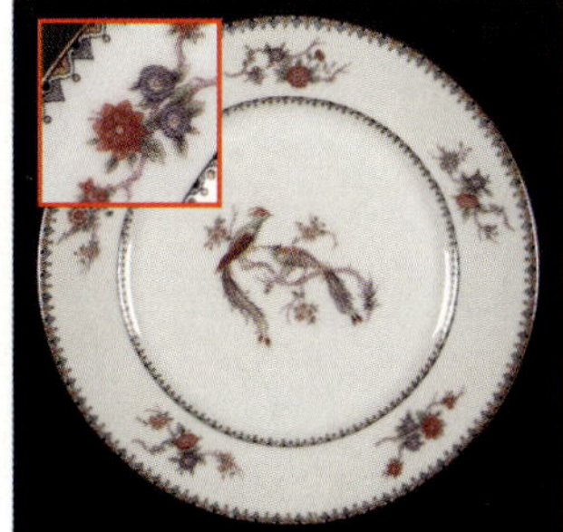

BWD 5
Gold Trim

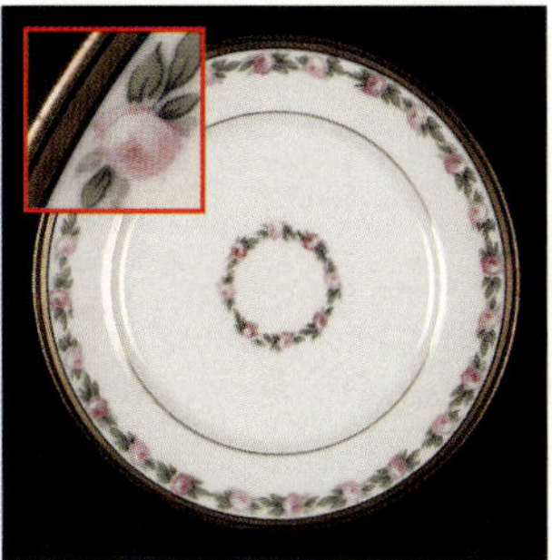

BWD 148
Bread & Butter Plate Shown
Gold Trim

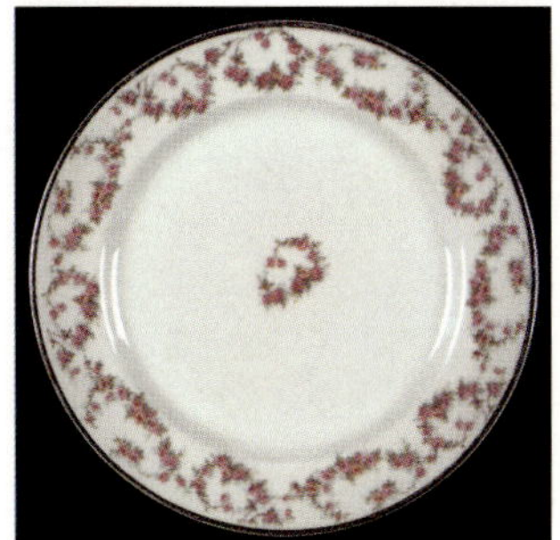

BWD 52
Gold Trim

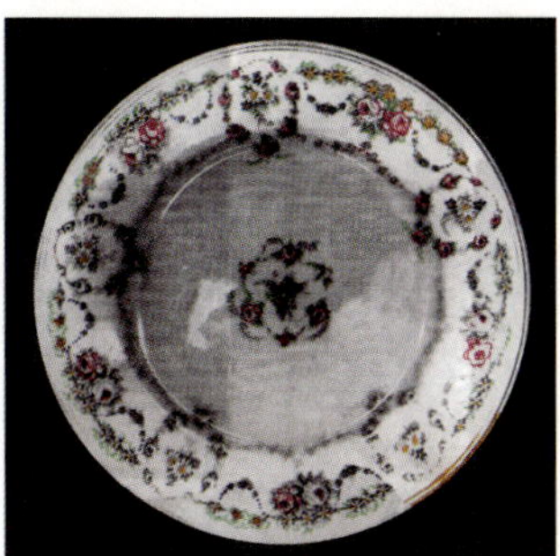

BWD 141
Gold Trim

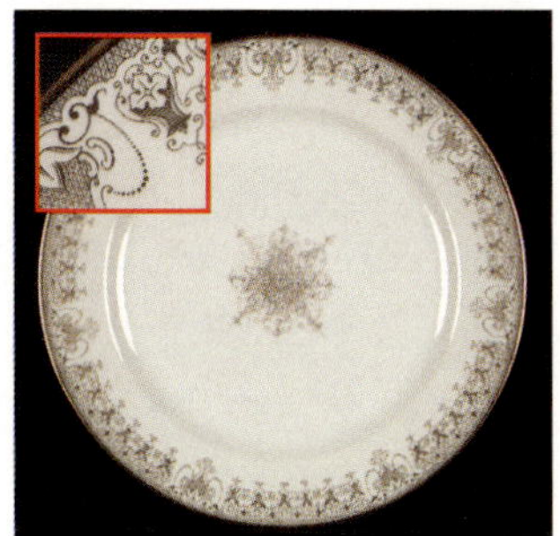

BWD 58
Gold Trim

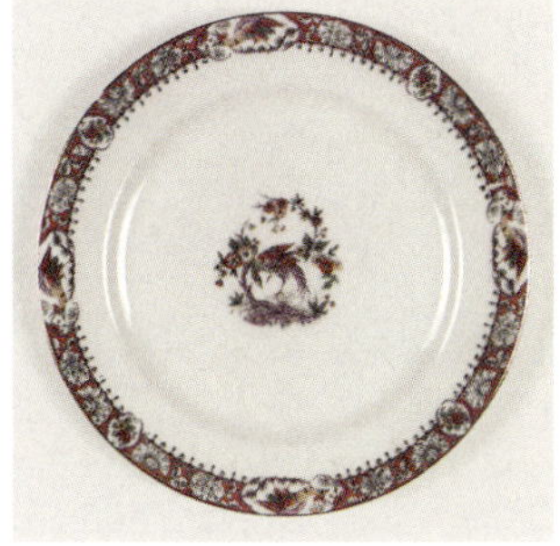

BWD 161
Gold Trim

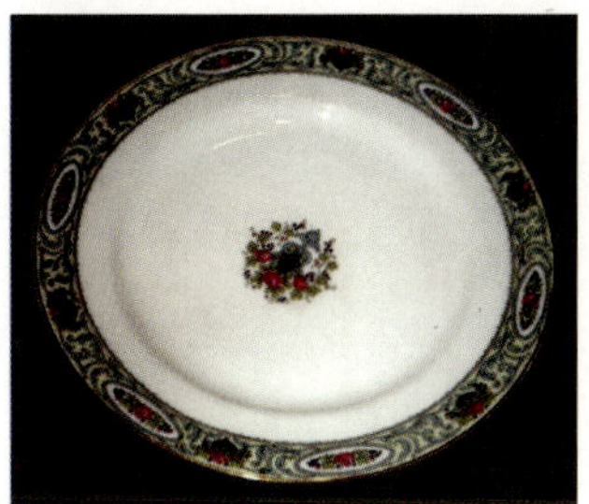

BWD 50
Gold Trim

Smooth — Rim Shape, Gold Trim (continued)

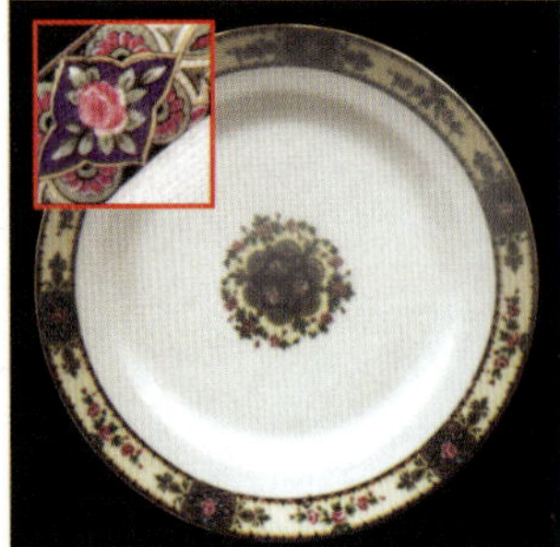

BWD 183
Gold Trim

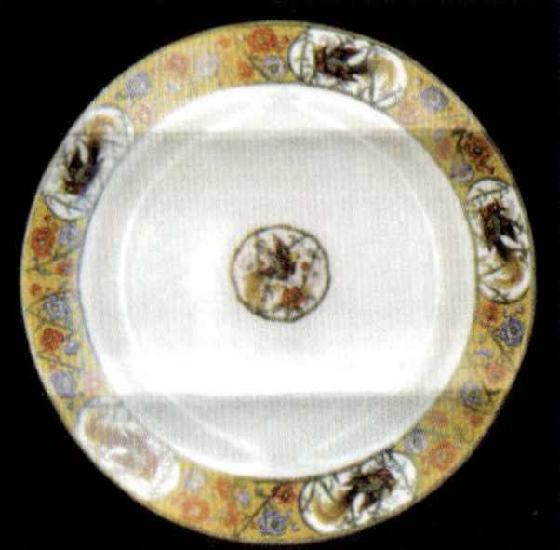

BWD 230
Salad Plate Shown
Gold Trim

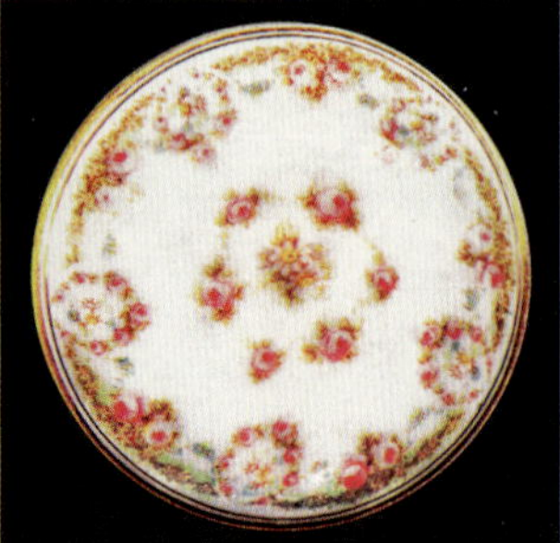

BWD 89
Bread & Butter Plate Shown
Gold Trim

Smooth — Rim Shape, Colored Trim or No Trim

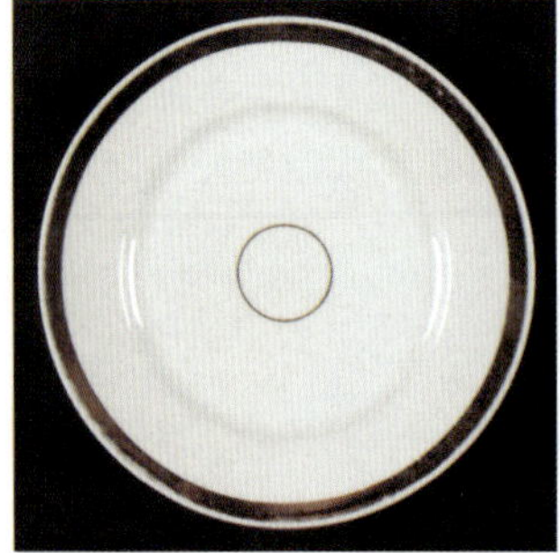

BWD 140
Salad Plate Shown
Gold Band
No Trim

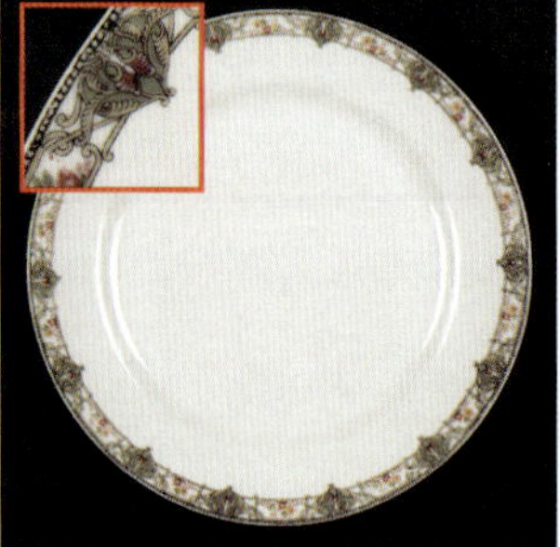

BWD 144
No Trim

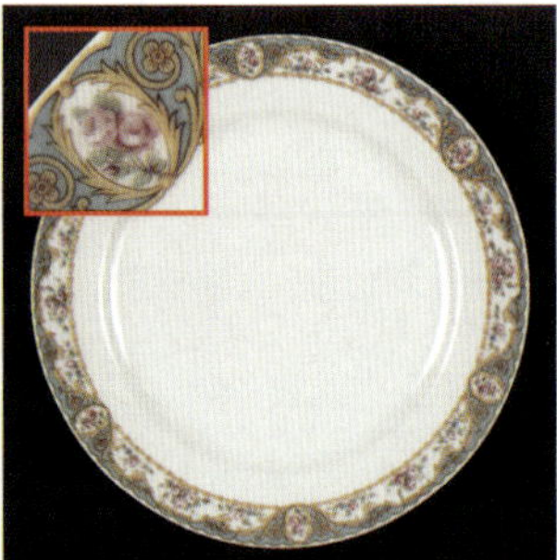

BWD 16
No Trim

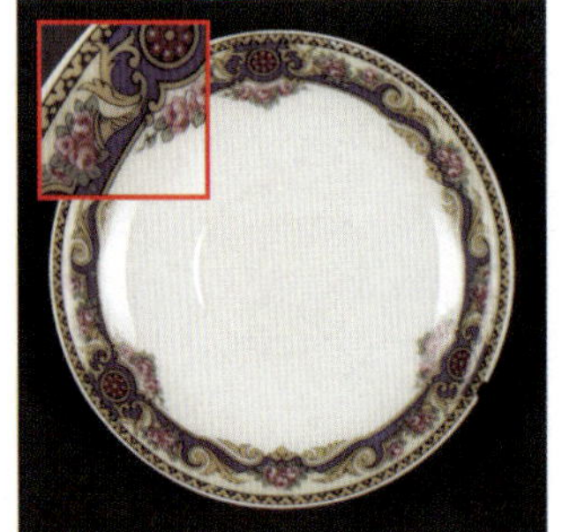

BWD 154
Saucer Shown
No Trim

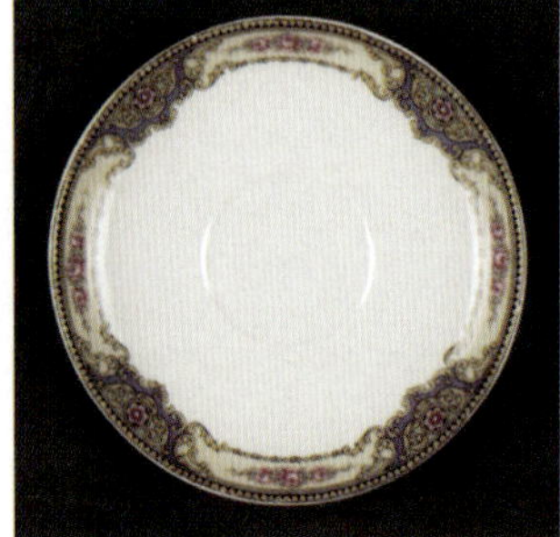

BWD 165
Saucer Shown
No Trim

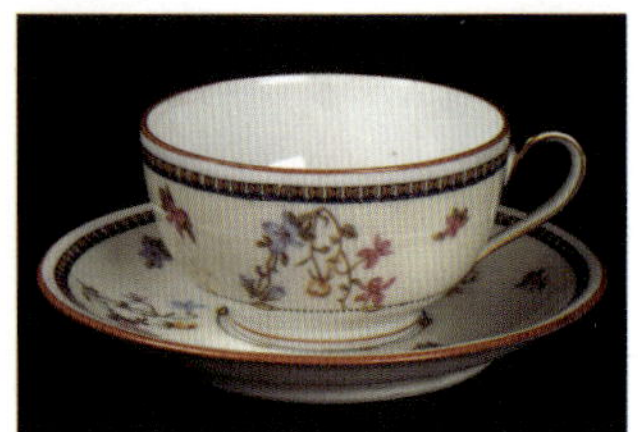

Vincennes
Cup & Saucer Shown
Rust Trim

Smooth — Rim Shape, Colored Trim or No Trim (continued)

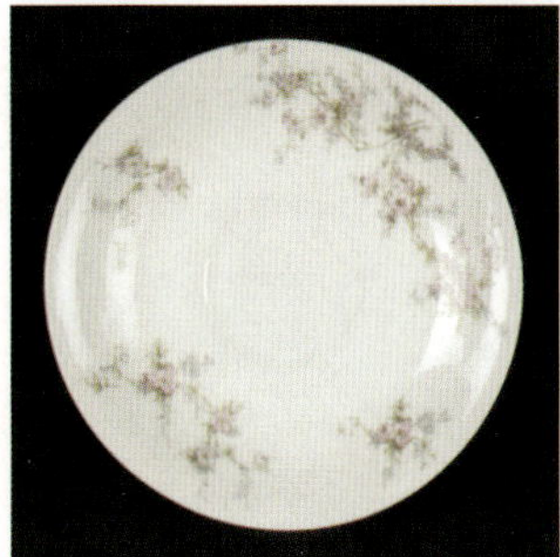

BWD 164
Saucer Shown
No Trim

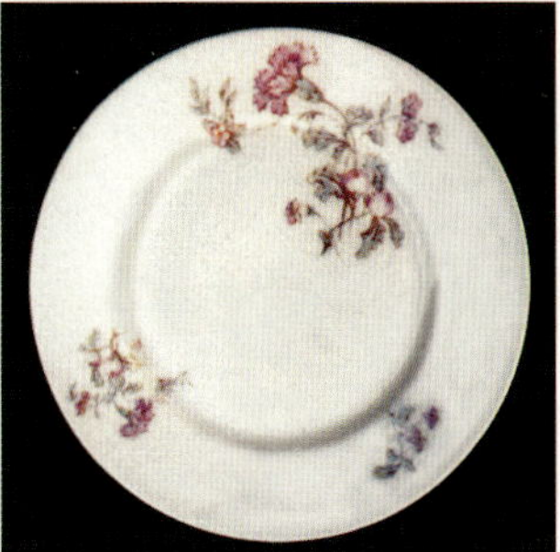

BWD 124
No Trim

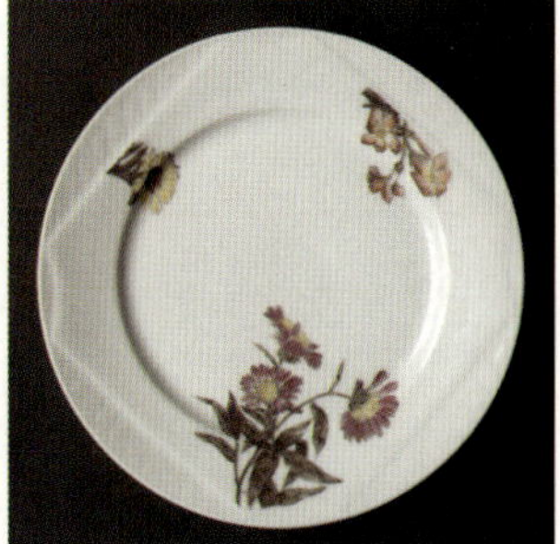

BWD 181
Salad Plate Shown
No Trim

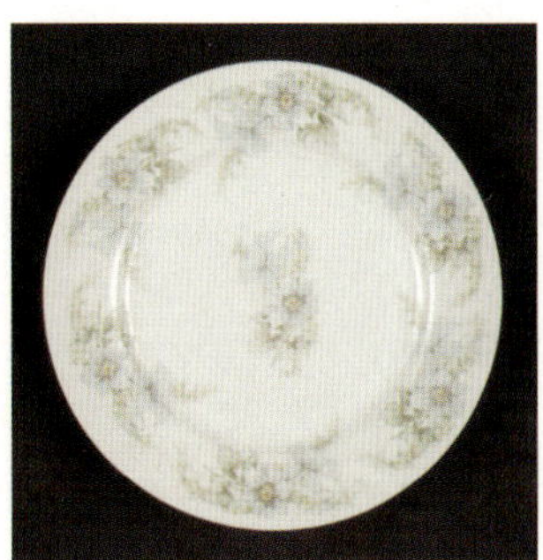

BWD 192
Bread & Butter Plate Shown
No Trim

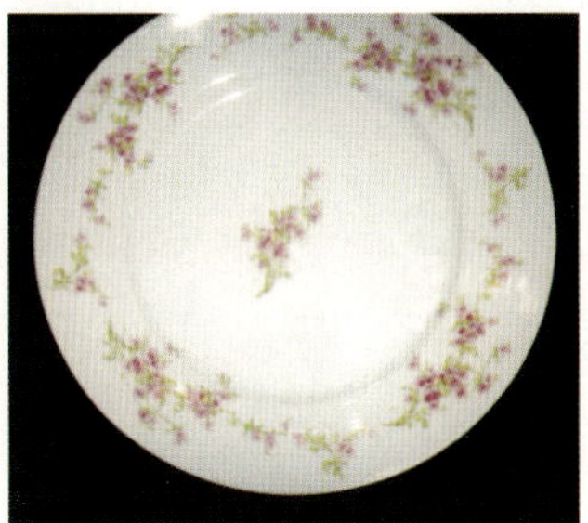

BWD 219
No Trim

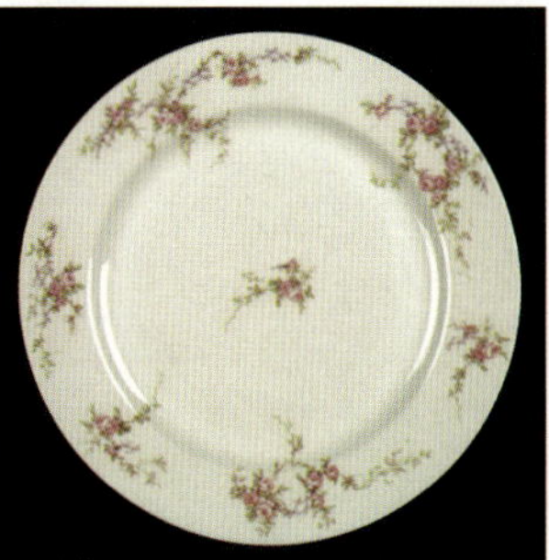

BWD 6
No Trim

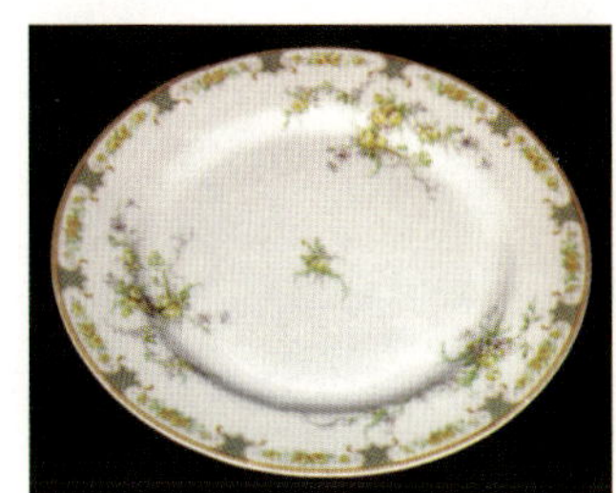

BWD 125
No Trim

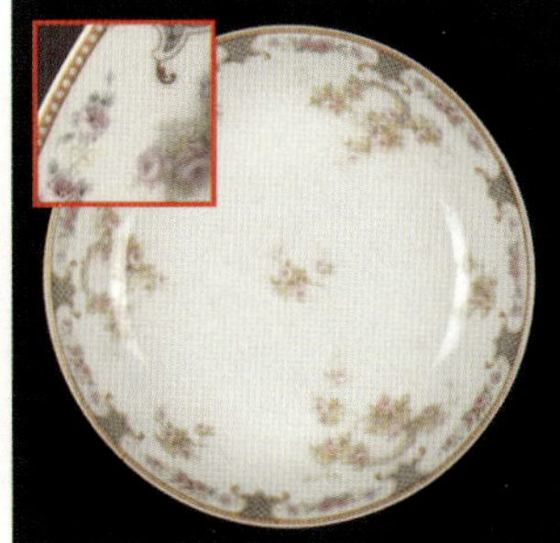

BWD 132
No Trim

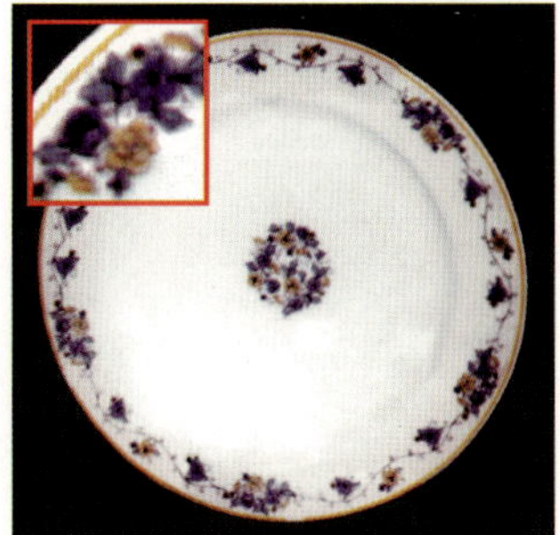

BWD 91
Yellow Trim

Smooth — Rim Shape, Colored Trim or No Trim (continued)

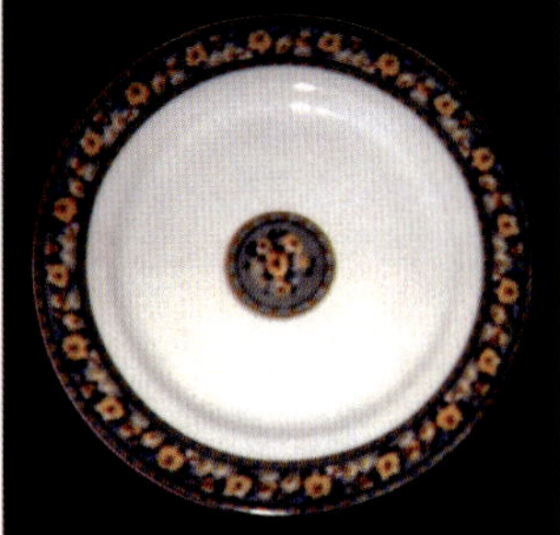

BWD 167
No Trim

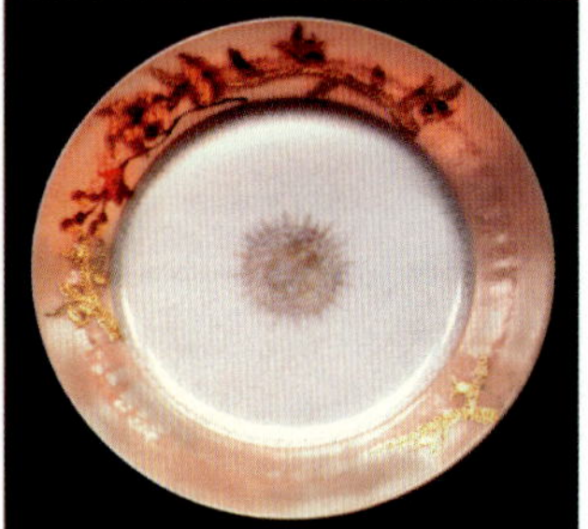

BWD 131
No Trim

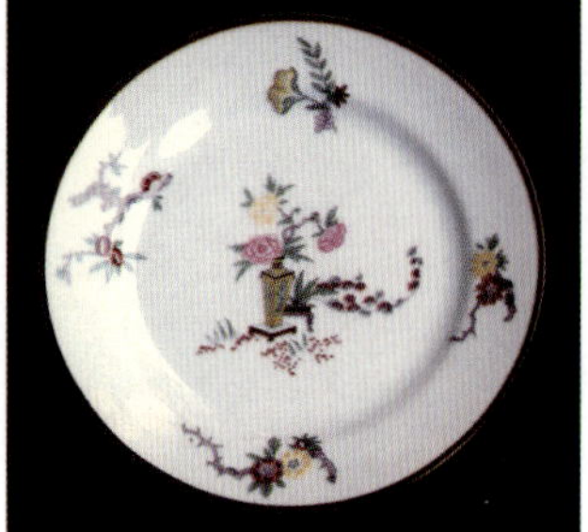

BWD 234
Red Trim

Scalloped — Rim Shape, Gold Trim

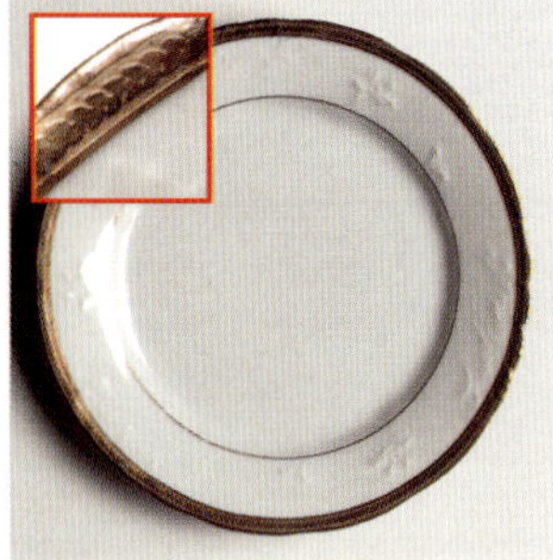

BWD 106
Salad Plate Shown
Gold Trim

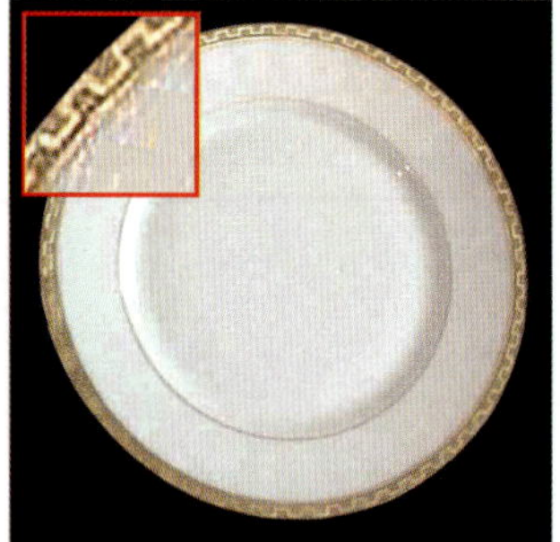

BWD 233
Gold Trim

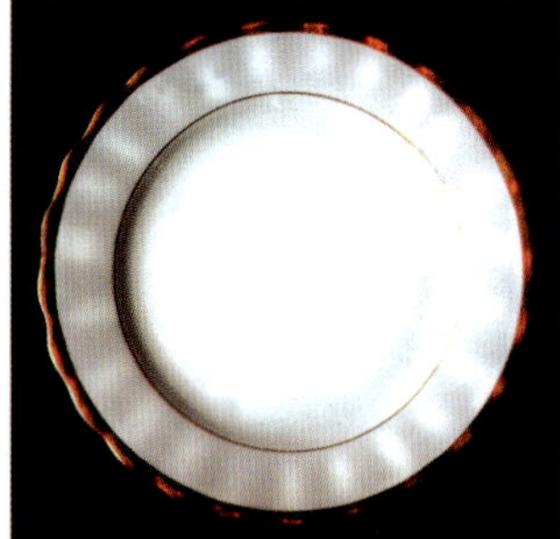

BWD 27
Gold Trim

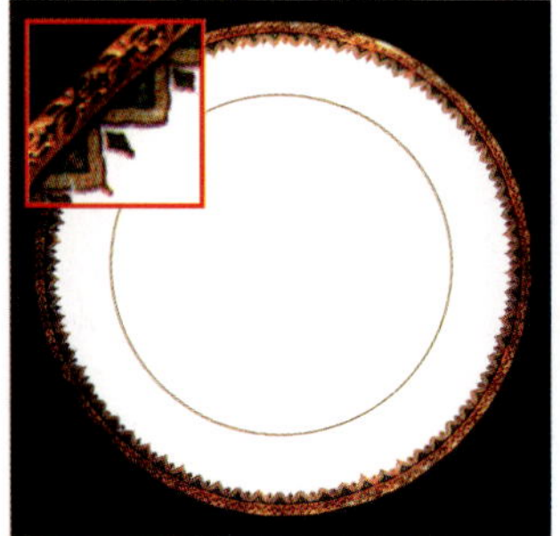

BWD 74
Gold Trim

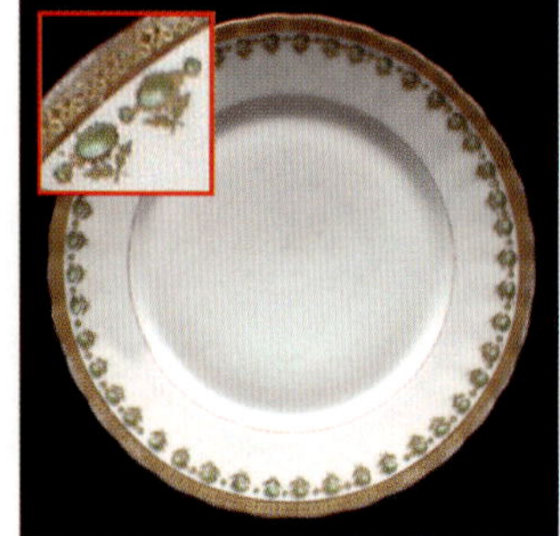

BWD 237
Gold Trim

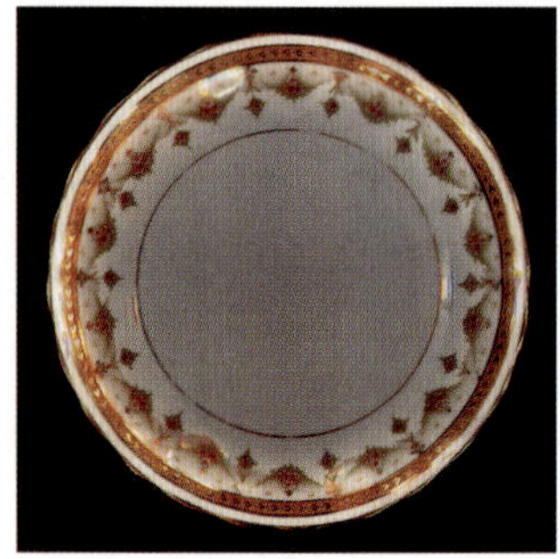

BWD 248
Bread & Butter Plate Shown
Gold Trim

Scalloped — Rim Shape, Gold Trim (continued)

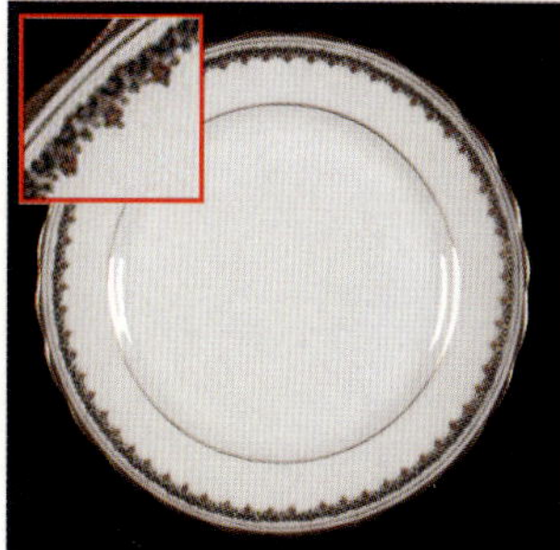

BWD 206
Bread & Butter Plate Shown
Gold Trim

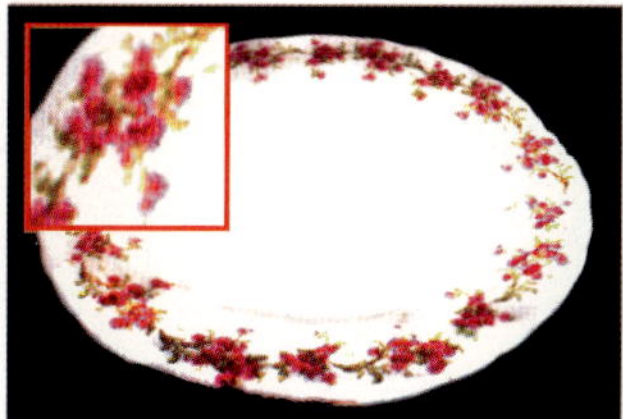

BWD 100
Gold Trim

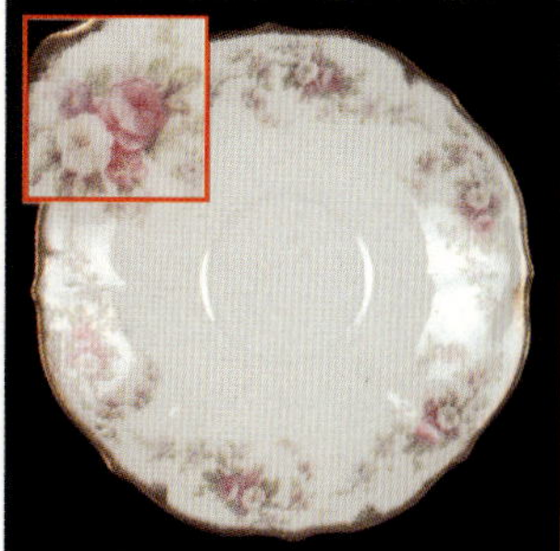

BWD 56
Saucer Shown
Gold Trim

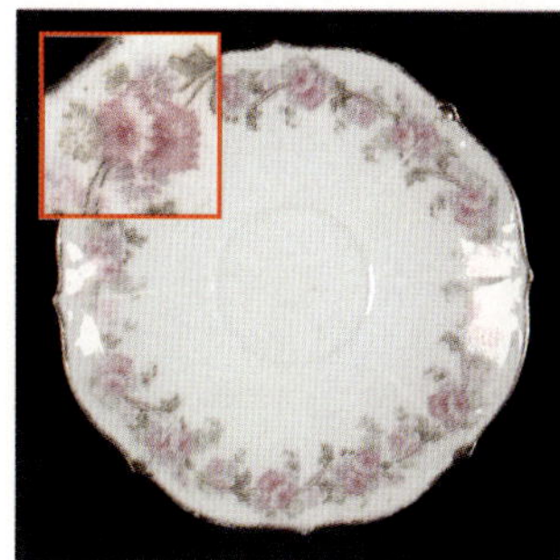

BWD 201
Saucer Shown
Gold Trim

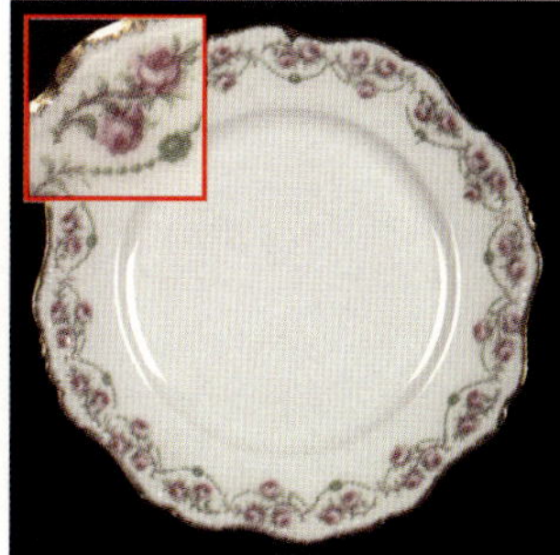

BWD 36
Salad Plate Shown
Gold Trim

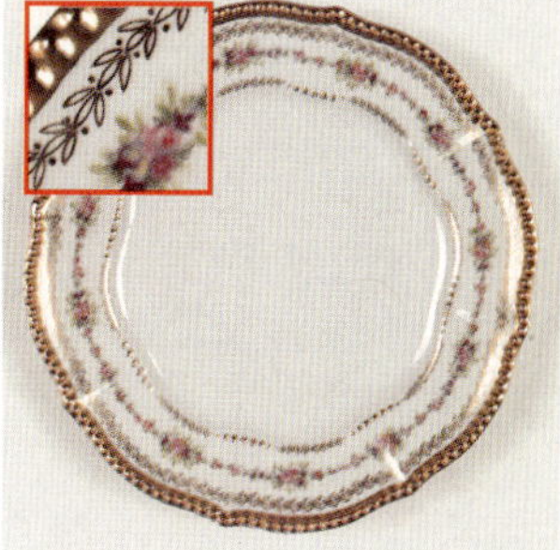

BWD 113
Gold Trim

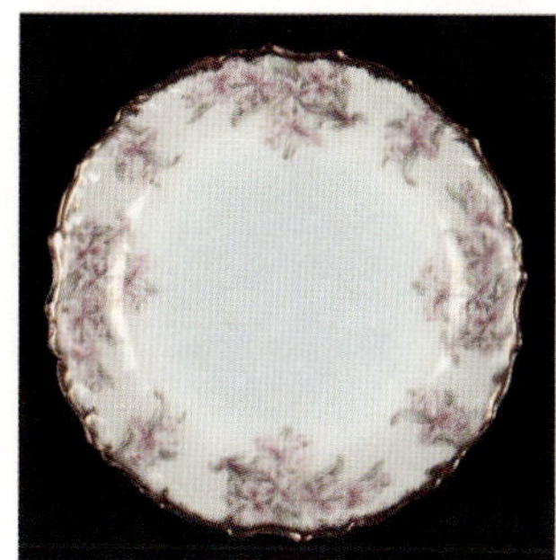

BWD 190
Saucer Shown
Gold Trim

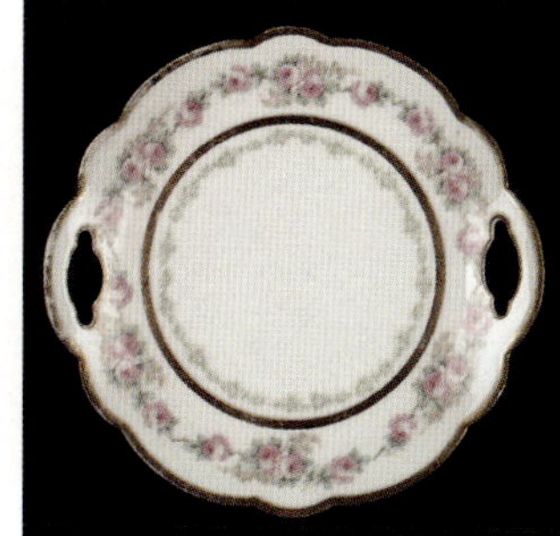

BWD 162
Cake Plate Shown
Gold Trim

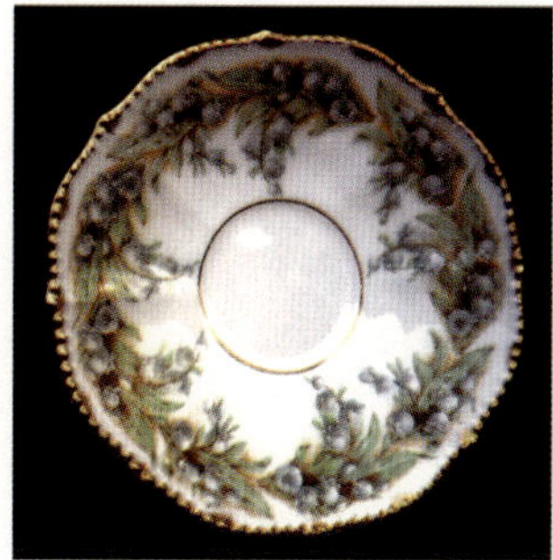

BWD 251
Saucer Shown
Gold Trim

Scalloped — Rim Shape, Gold Trim (continued)

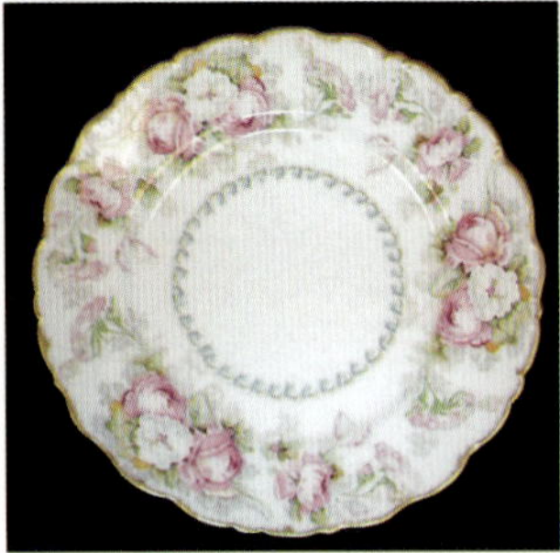

BWD 227
Gold Trim

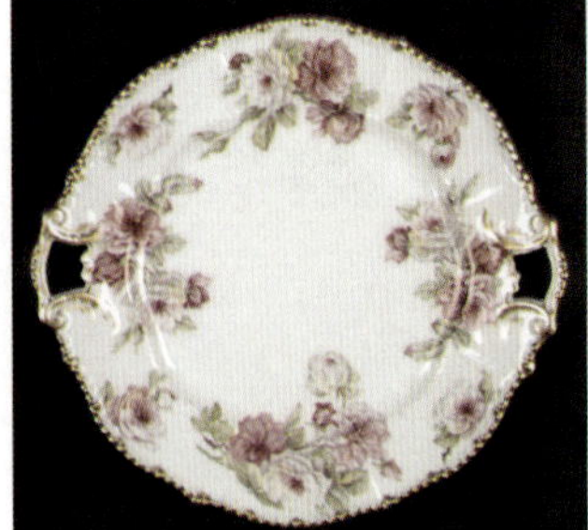

BWD 9
Cake Plate Shown
Gold Trim

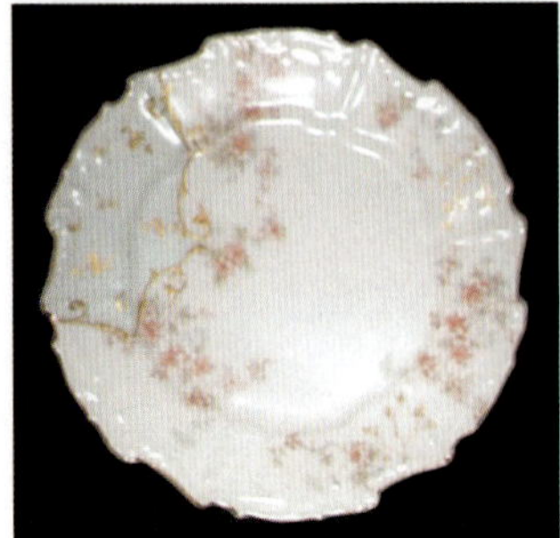

BWD 221
Gold Trim

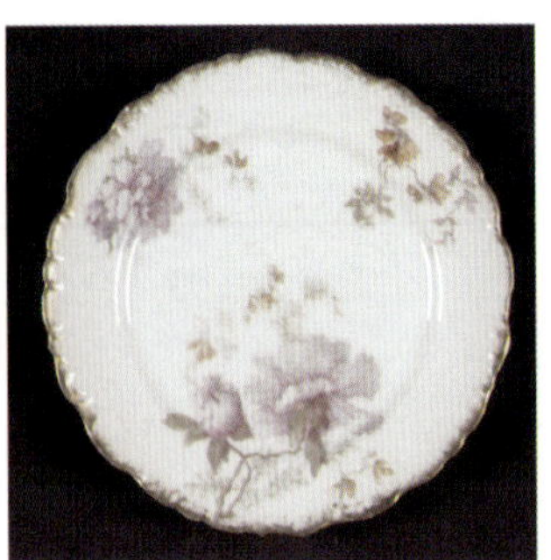

BWD 191
Gold Trim

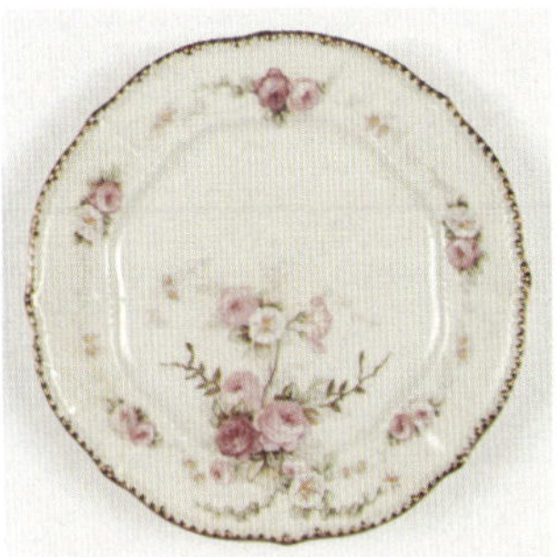

BWD 59
Gold Trim

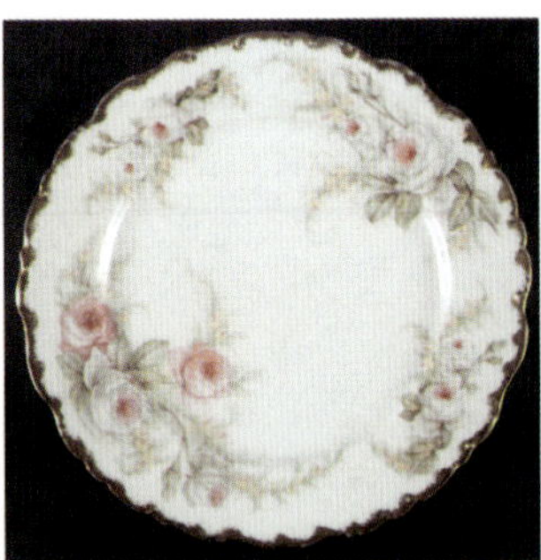

BWD 43
Bread & Butter Plate Shown
Gold Trim

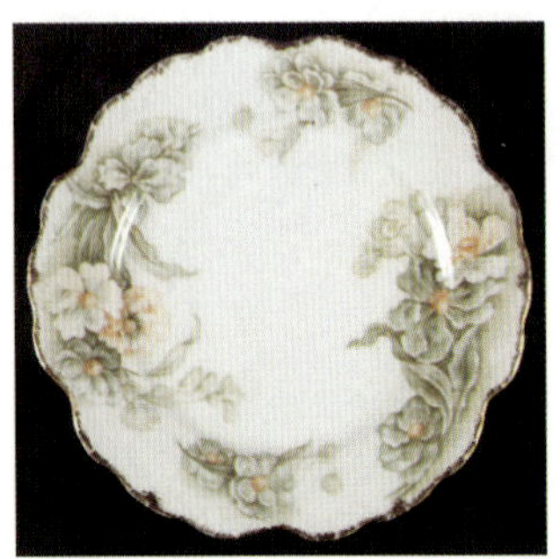

BWD 42
Bread & Butter Plate Shown
Gold Trim

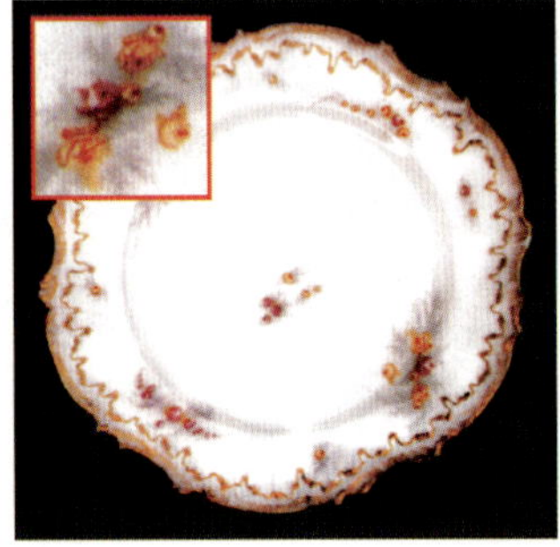

BWD 98
Gold Trim

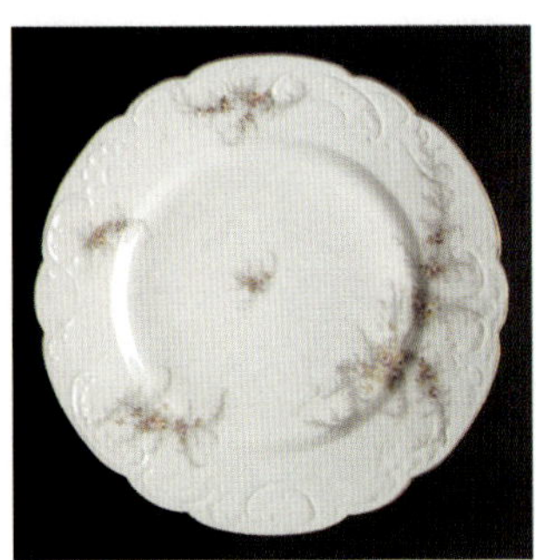

BWD 147
Gold Trim

Scalloped — Rim Shape, Gold Trim (continued)

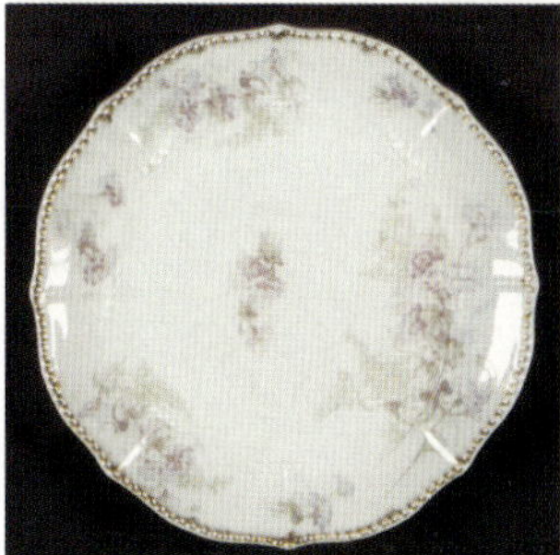
BWD 169
Salad Plate Shown
Gold Trim

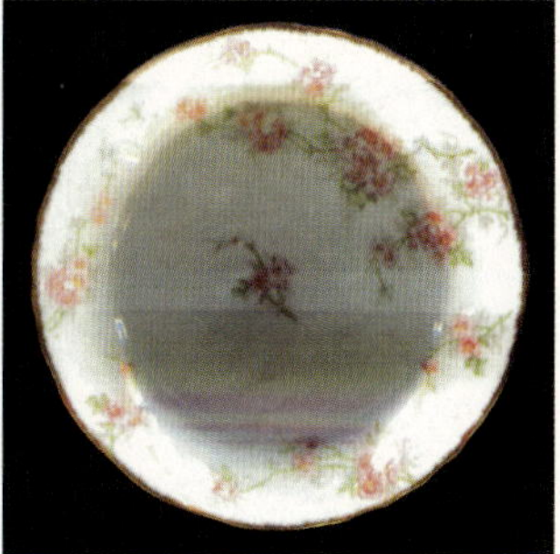
BWD 218
Bread & Butter Plate Shown
Gold Trim

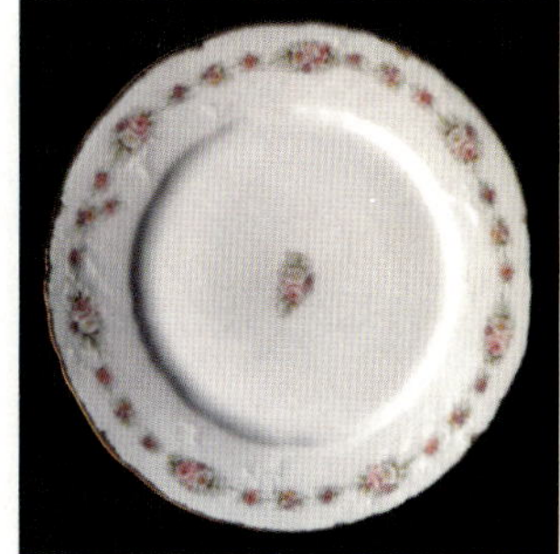
BWD 31
Gold Trim

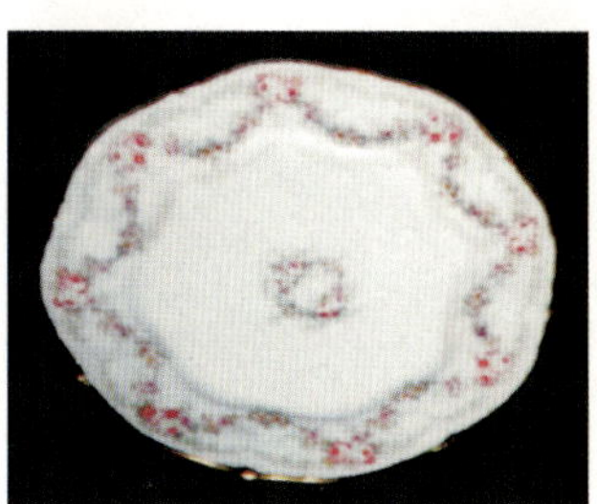
BWD 126
Gold Trim

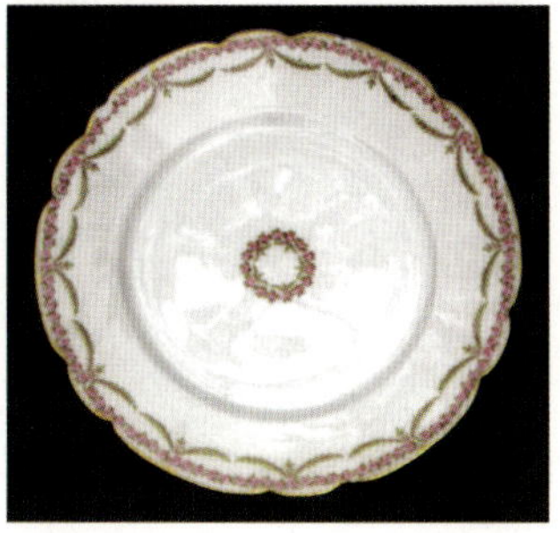
BWD 101
Gold Trim

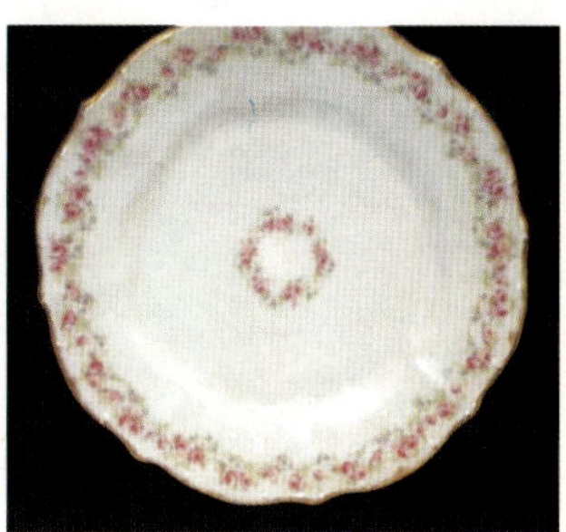
BWD 195
Gold Trim

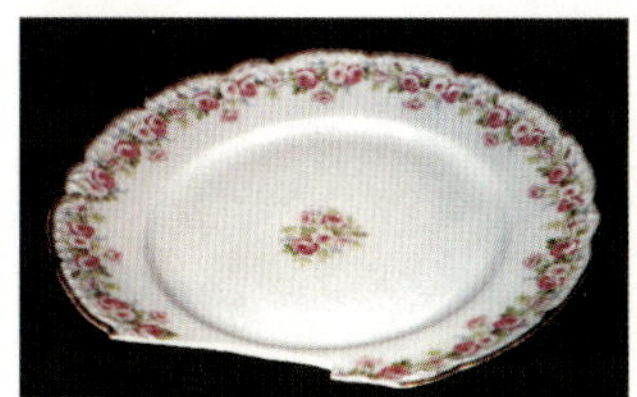
BWD 158
Gold Trim

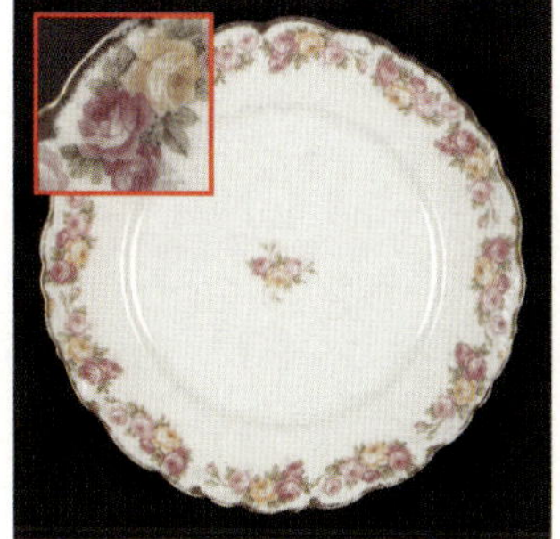
BWD 96
Gold Trim

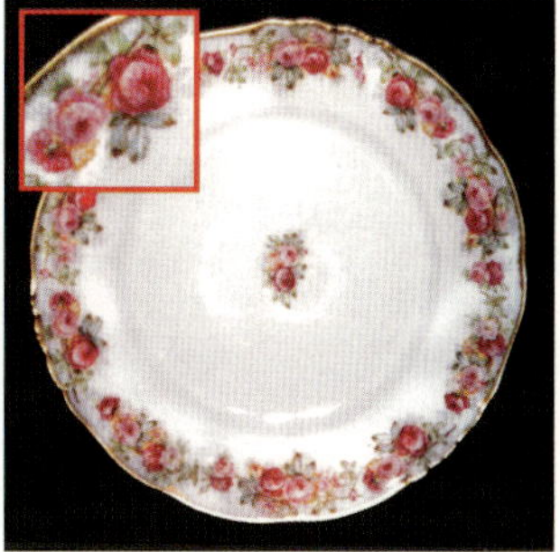
BWD 65
Gold Trim

Scalloped — Rim Shape, Gold Trim (continued)

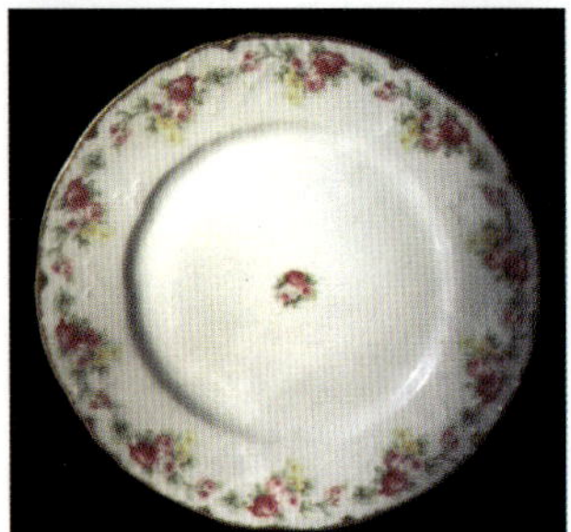

BWD 204
Gold Trim

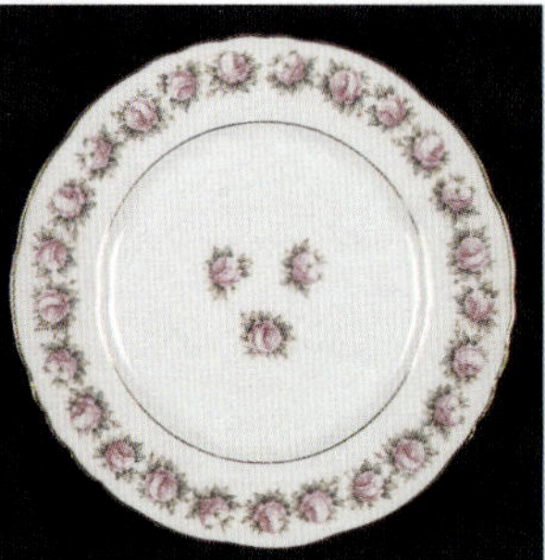

BWD 176
Salad Plate Shown
Gold Trim

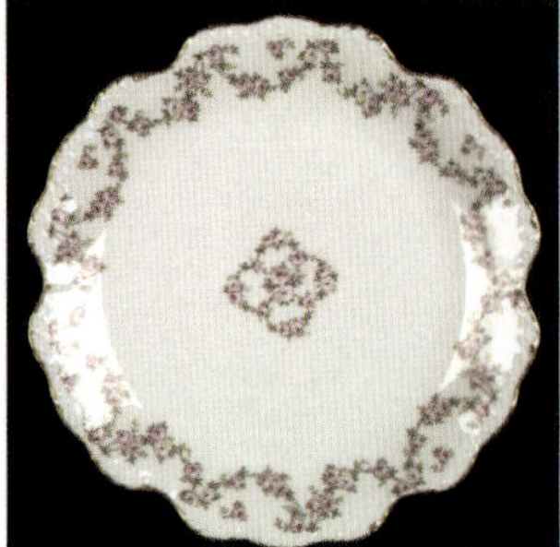

BWD 14
Chop Plate Shown
Gold Trim

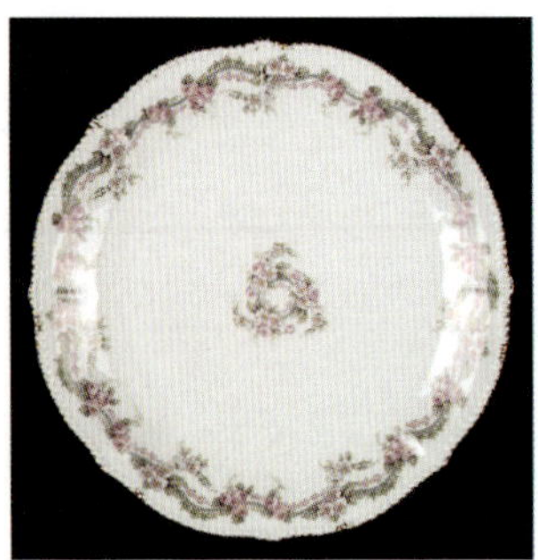

BWD 149
Chop Plate Shown
Gold Trim

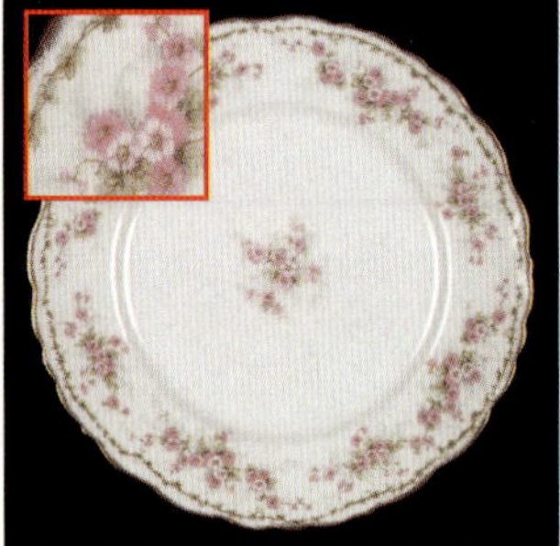

BWD 4
Gold Trim

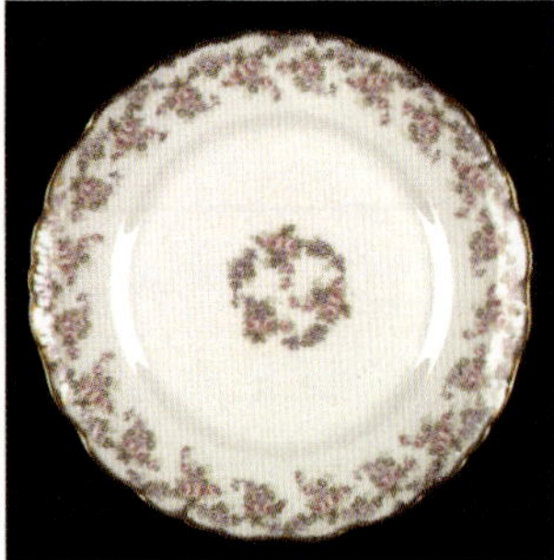

Bridal Wreath
Gold Trim

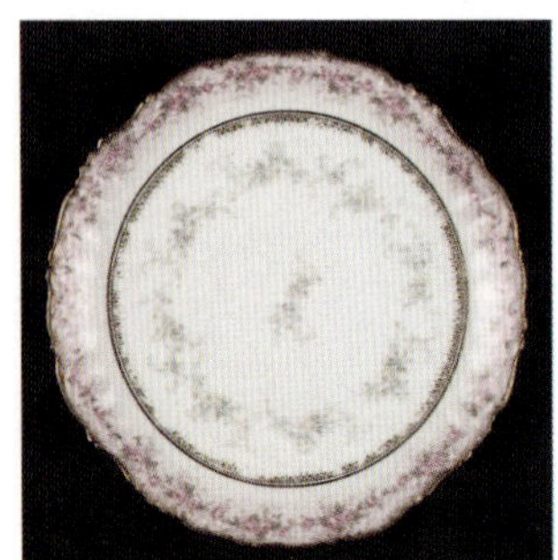

BWD 215
Luncheon Plate Shown
Gold Trim

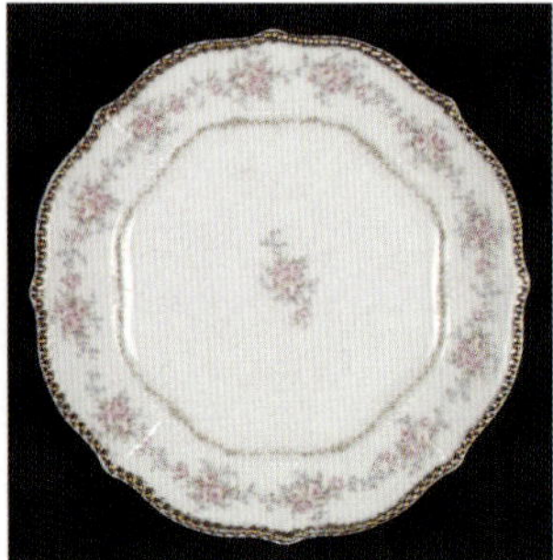

BWD 171
Luncheon Plate Shown
Gold Trim

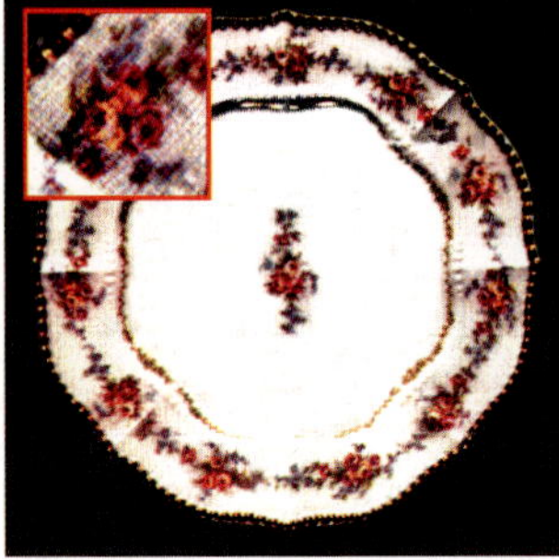

BWD 92
Salad Plate Shown
Gold Trim

Scalloped — Rim Shape, Gold Trim (continued)

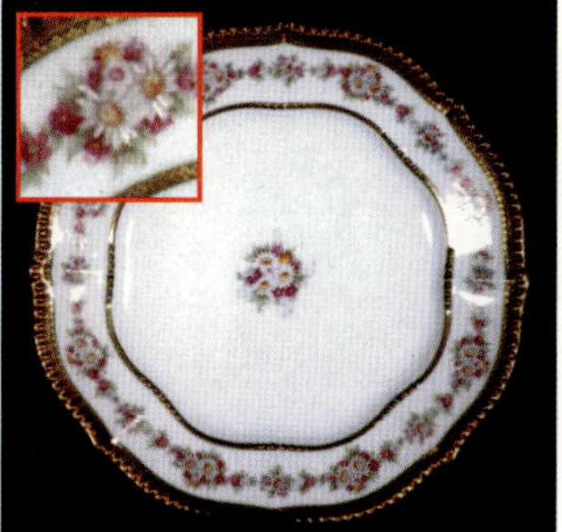

BWD 102
Gold Trim

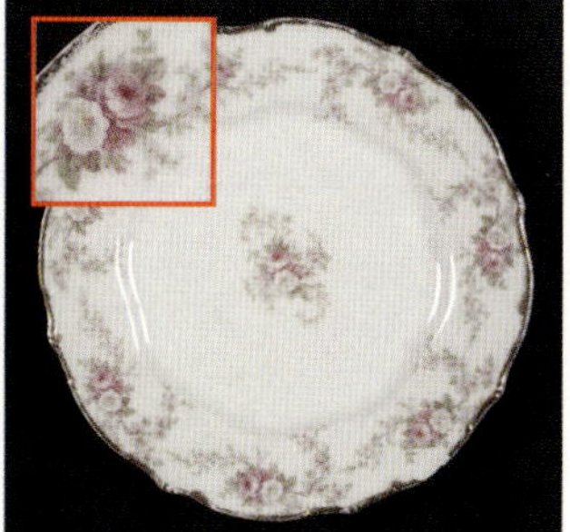

BWD 196
Salad Plate Shown
Gold Trim

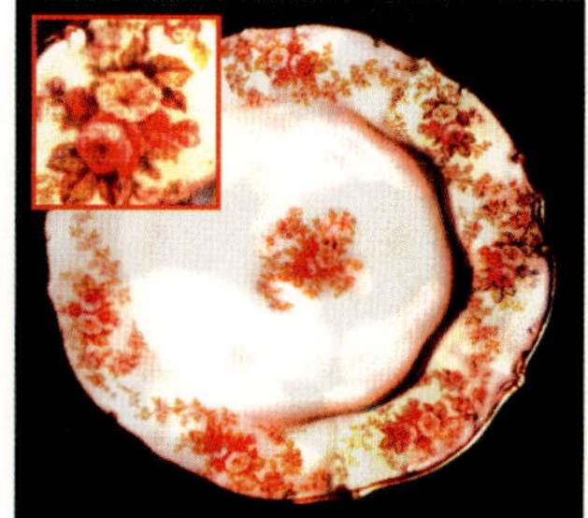

BWD 94
Gold Trim

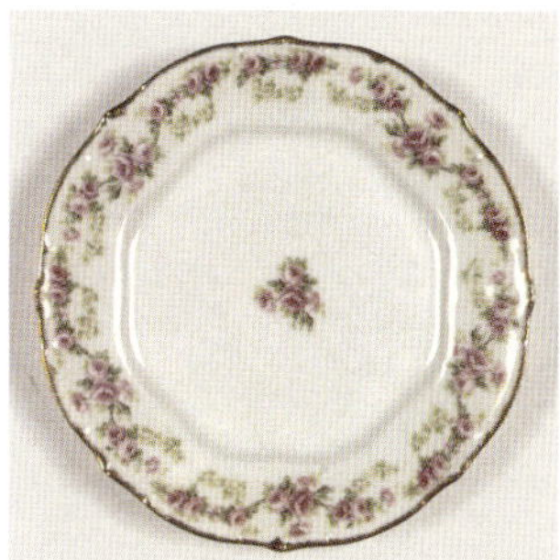

BWD 18
Gold Trim

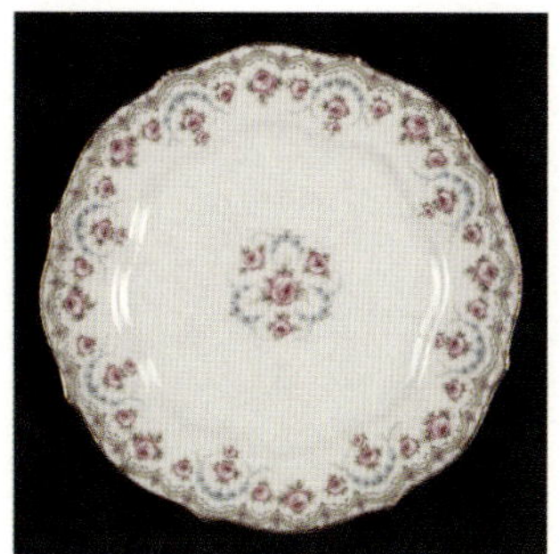

BWD 180
Salad Plate Shown
Gold Trim

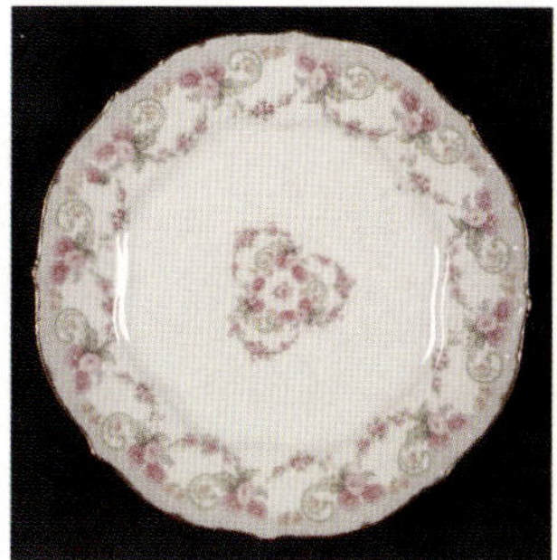

BWD 186
Gold Trim

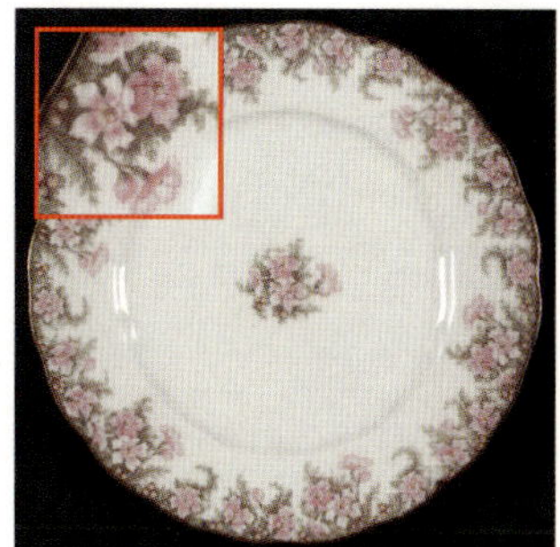

BWD 48
Gold Trim

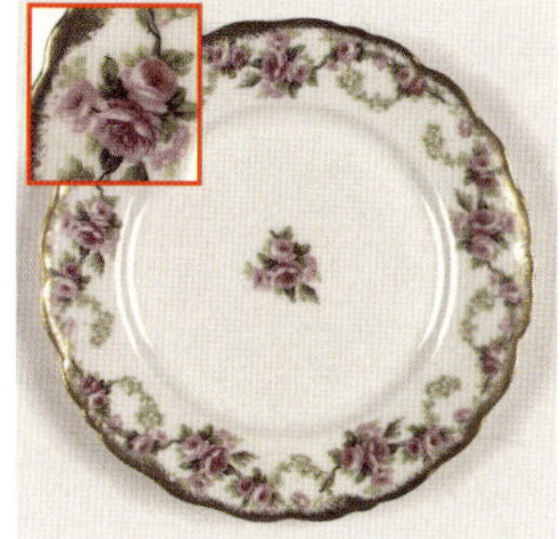

BWD 19
Gold Trim

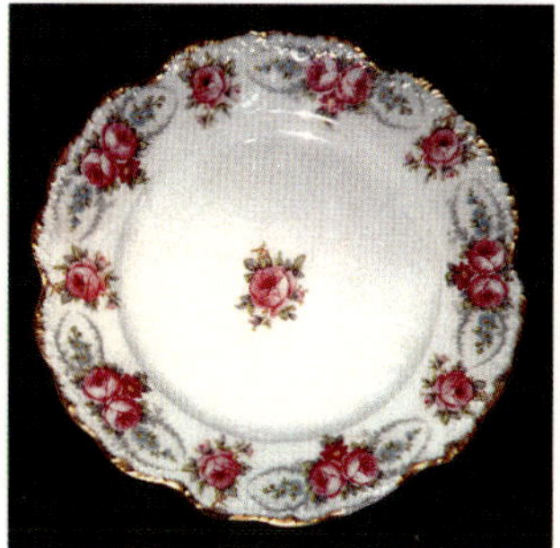

BWD 155
Gold Trim

Scalloped — Rim Shape, Gold Trim (continued)

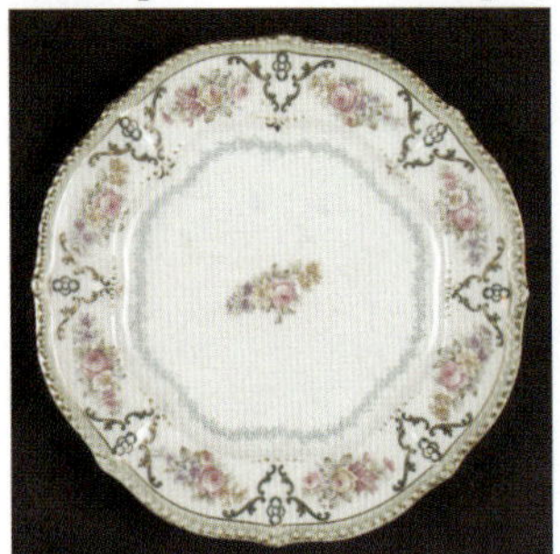

BWD 194
Gold Trim

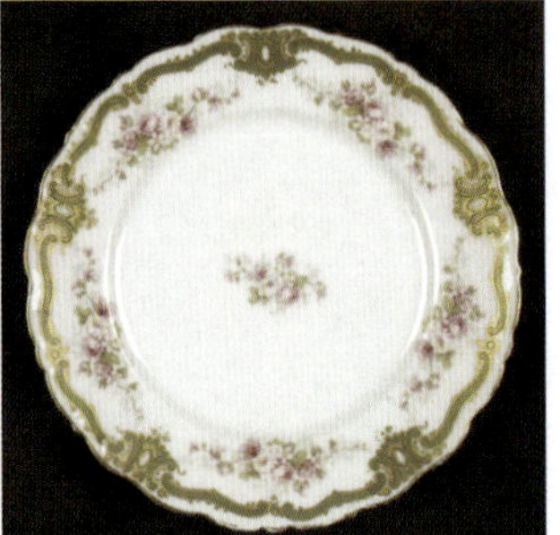

BWD 15
Salad Plate Shown
Gold Trim

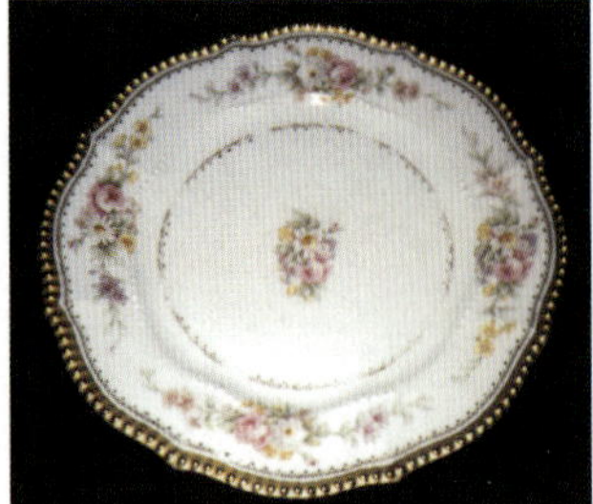

BWD 231
Gold Trim

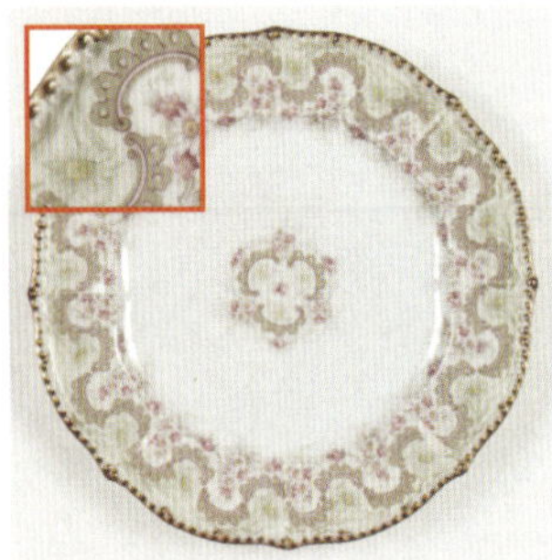

BWD 39
Gold Trim

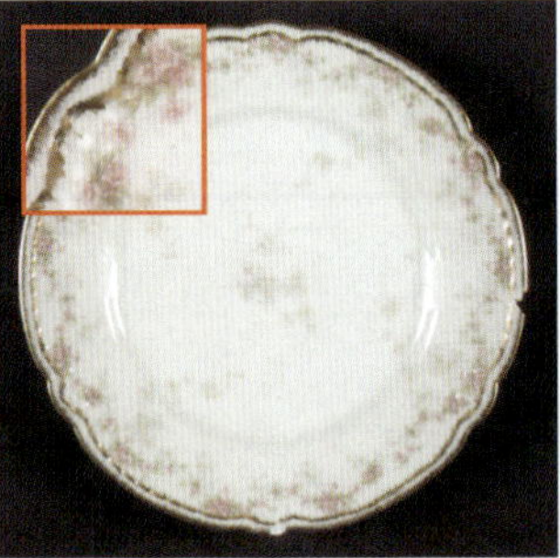

BWD 168
Salad Plate Shown
Gold Trim

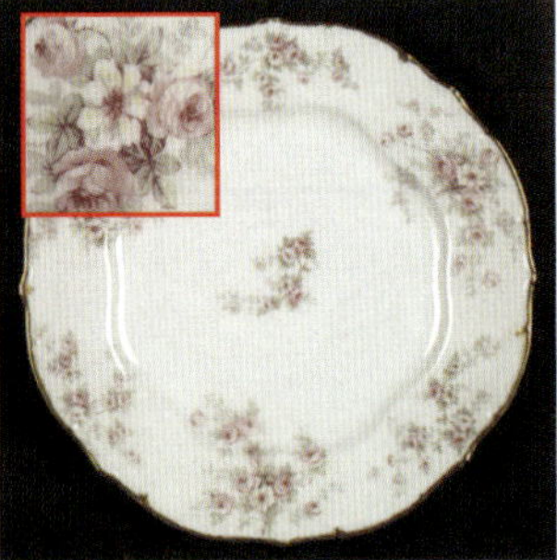

BWD 28
Gold Trim

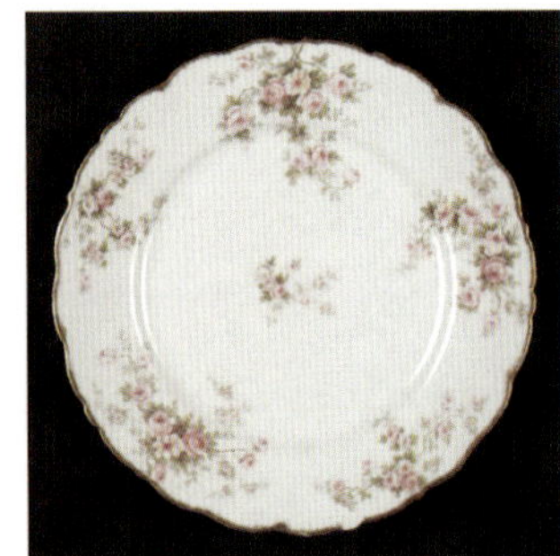

BWD 138
Luncheon Plate Shown
Gold Trim

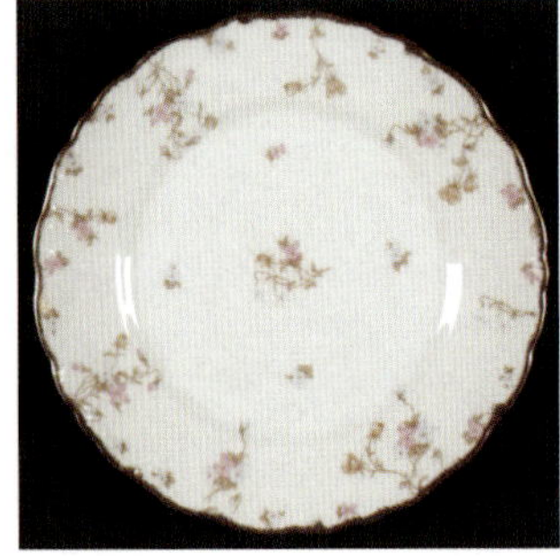

BWD 29
Gold Trim

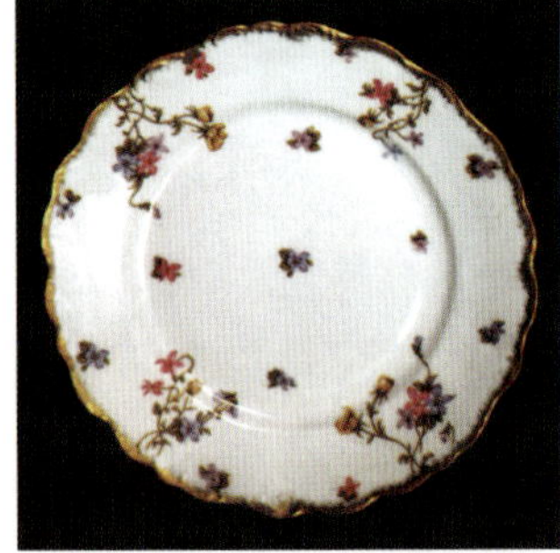

BWD 103
Gold Trim

Scalloped — Rim Shape, Gold Trim (continued)

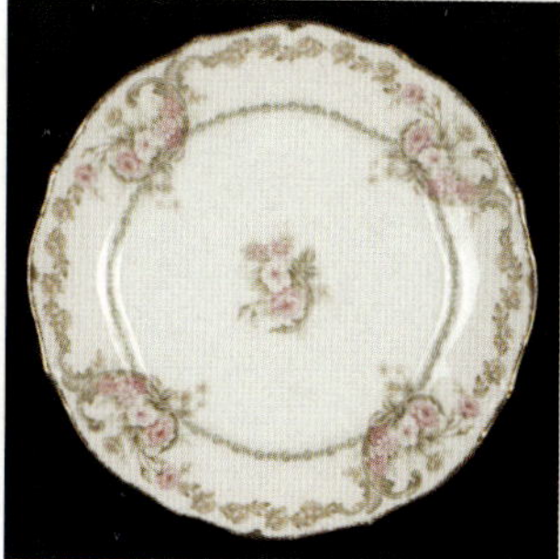
BWD 130
Salad Plate Shown
Gold Trim

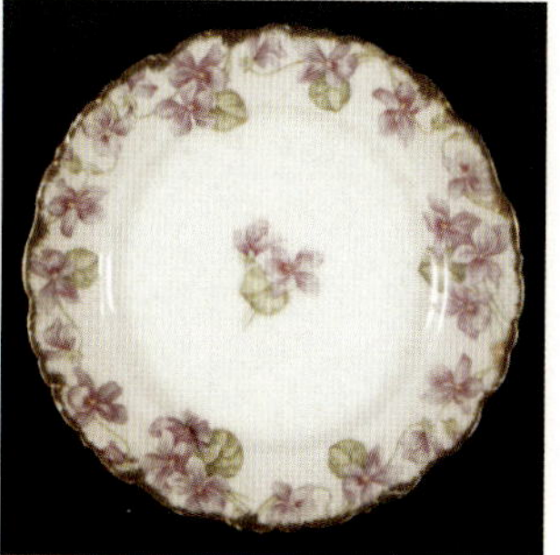
BWD 11
Bread & Butter Plate Shown
Gold Trim

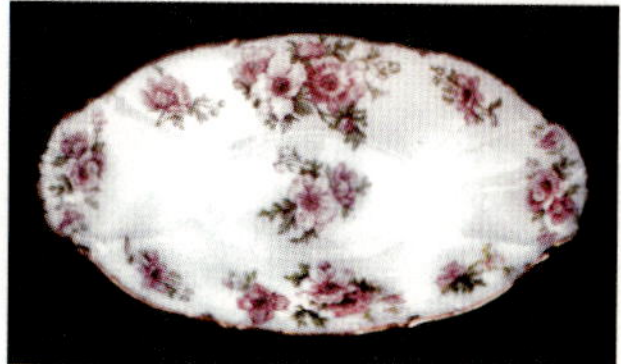
BWD 95
Gravy Underplate Shown
Gold Trim

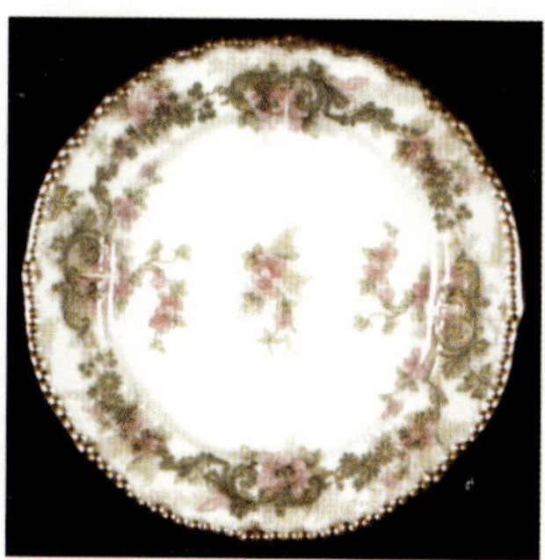
BWD 26
Bread & Butter Plate Shown
Gold Trim

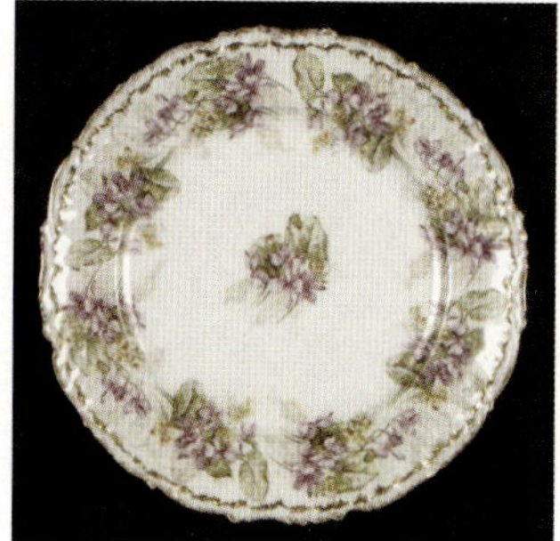
BWD 33
Gold Trim

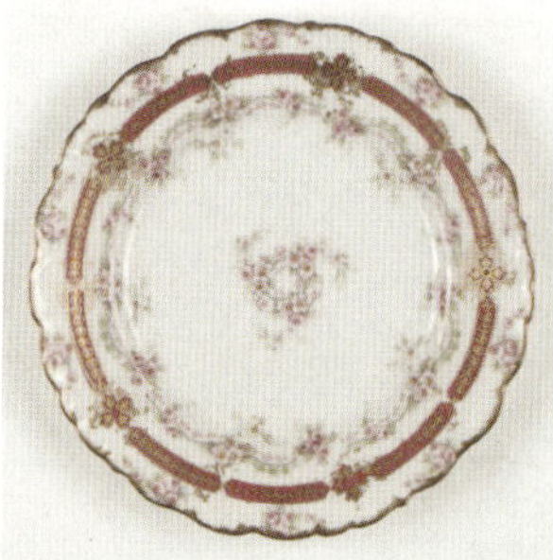
BWD 224
Salad Plate Shown
Gold Trim

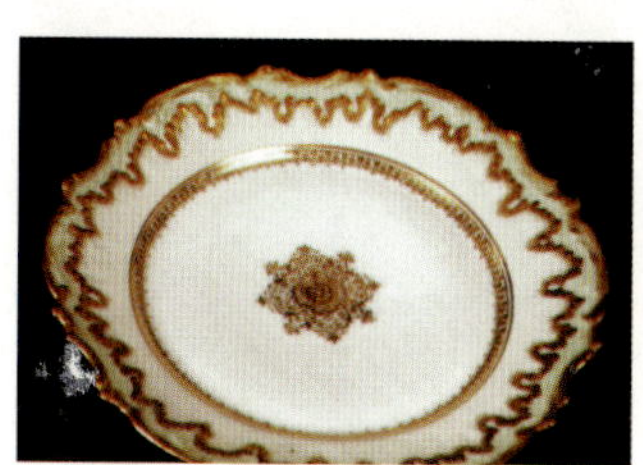
BWD 47
Gold Trim

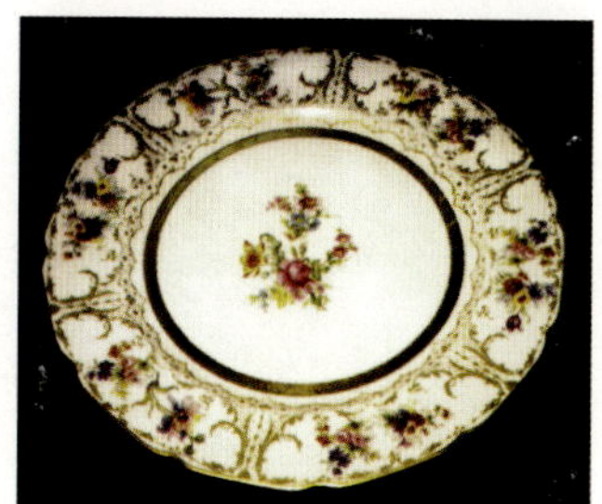
BWD 104
Gold Trim

Scalloped — Rim Shape; Gold Daubs, Colored Trim or No Trim

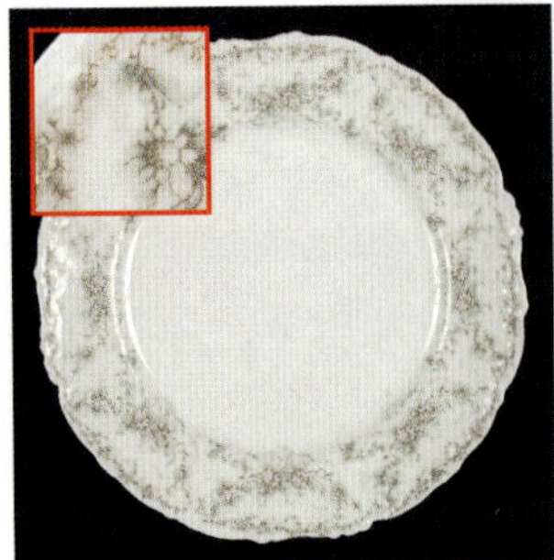

BWD 2
No Trim

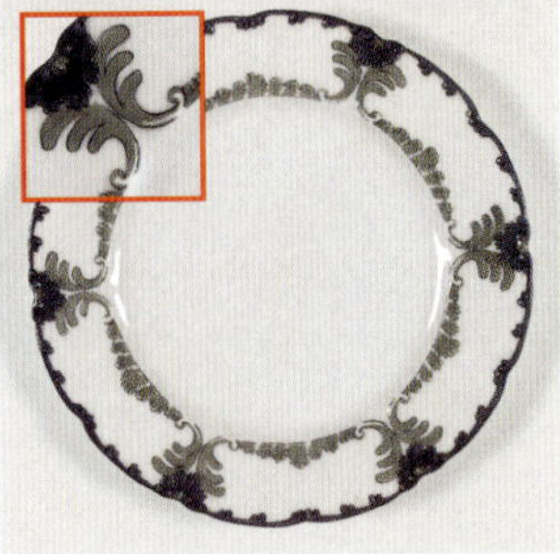

BWD 217
Blue Trim

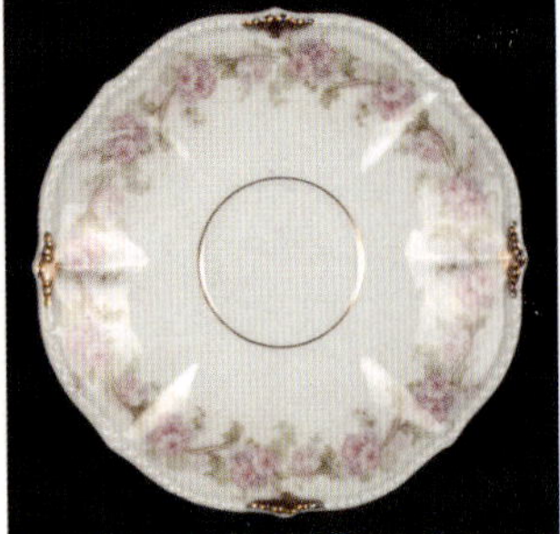

BWD 63
Saucer Shown
Gold Daubs

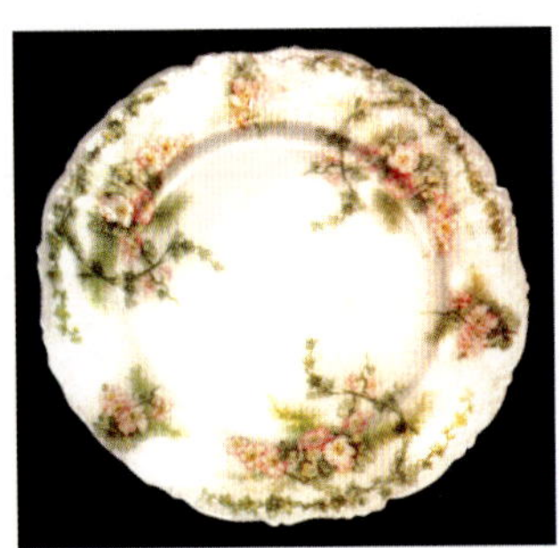

BWD 99
No Trim

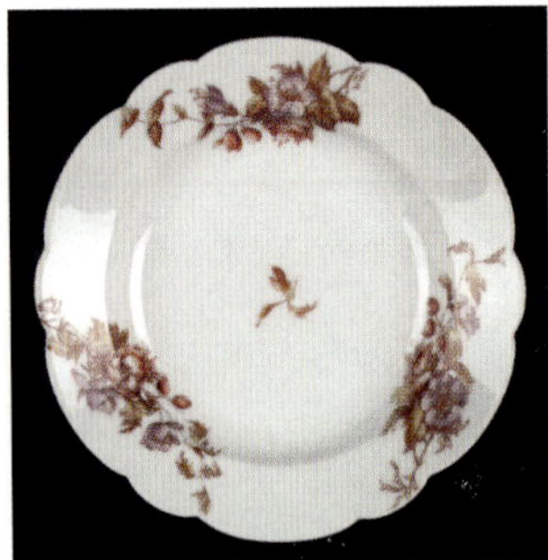

BWD 135
Soup Bowl Shown
No Trim

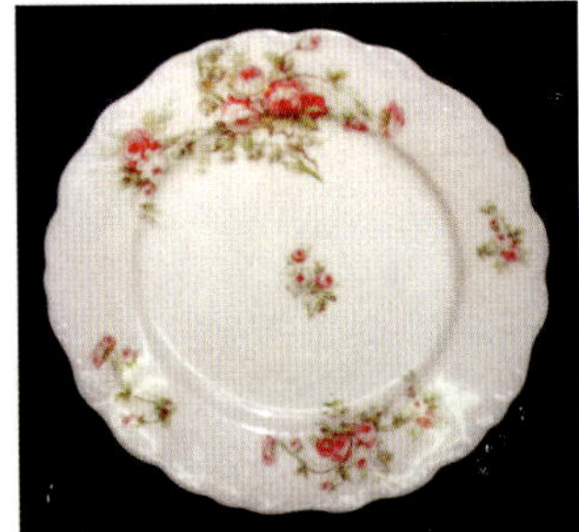

BWD 112
No Trim

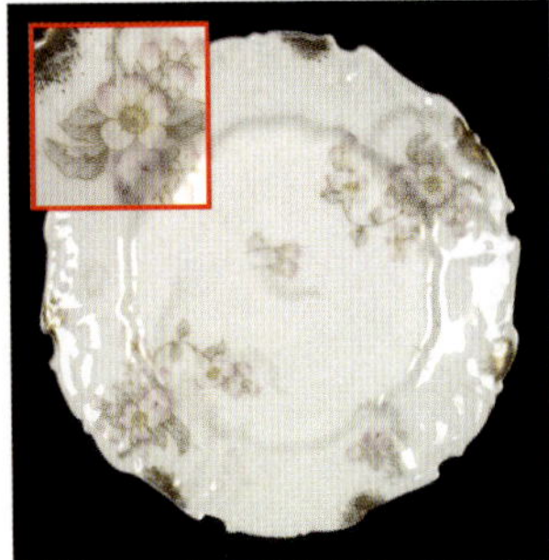

BWD 32
Bread & Butter Plate Shown
Gold Daubs

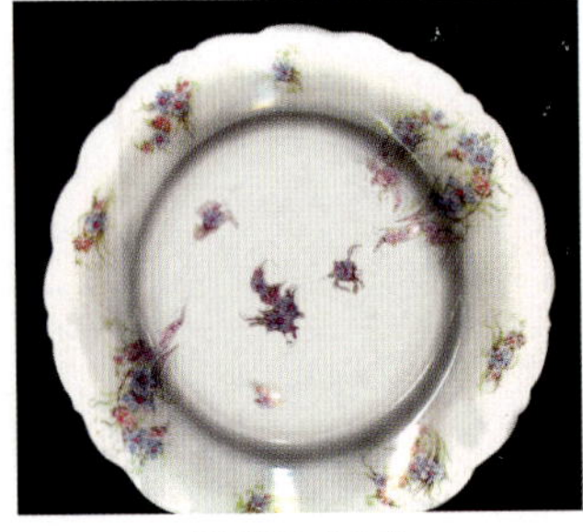

BWD 118
Luncheon Plate Shown
No Trim

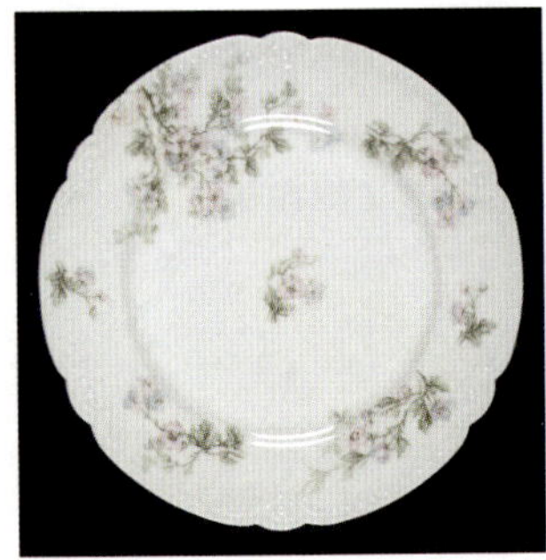

BWD 151
No Trim

Scalloped — Rim Shape; Gold Daubs, Colored Trim or No Trim (continued)

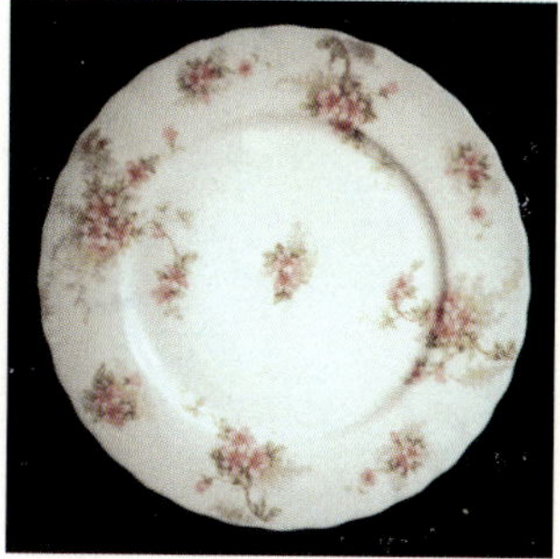
BWD 223
No Trim

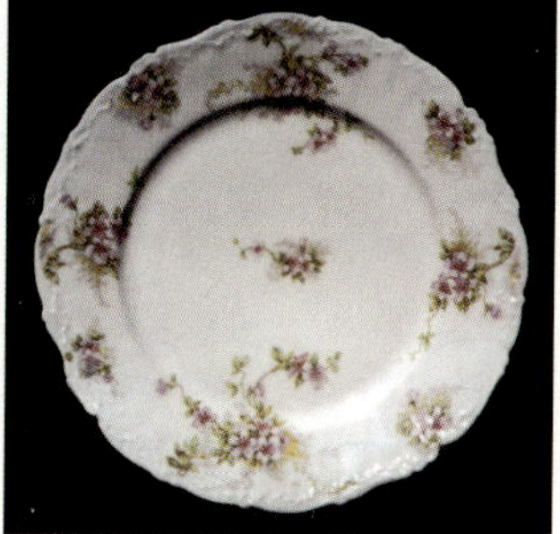
BWD 93
No Trim

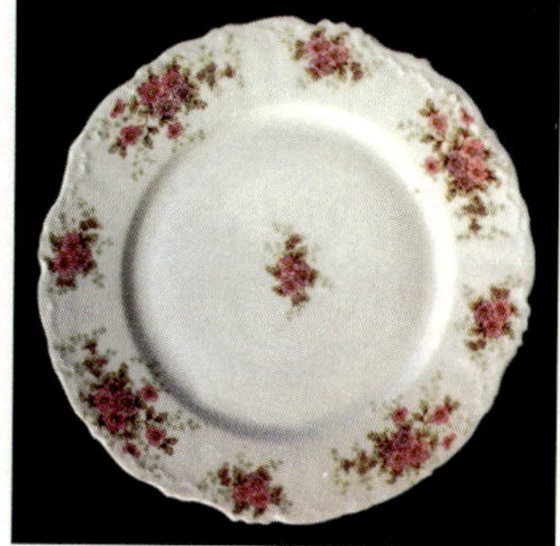
BWD 188
No Trim

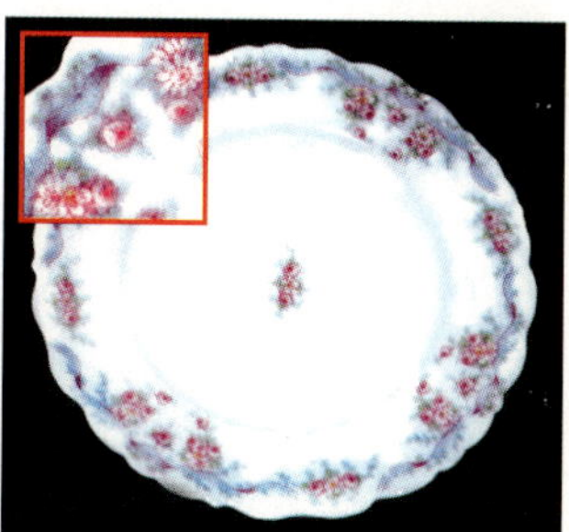
BWD 97
No Trim

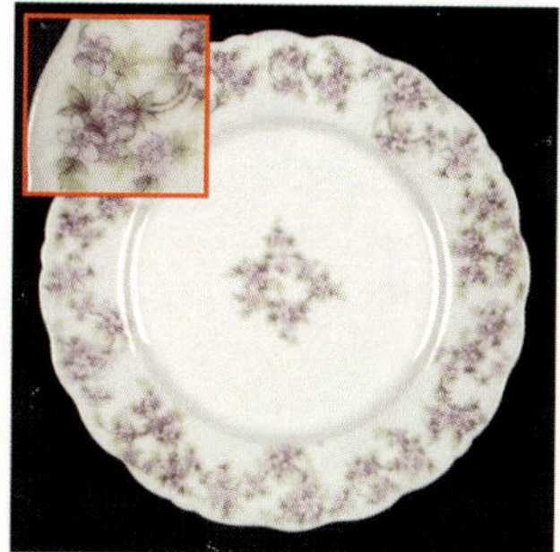
BWD 20
Salad Plate Shown
No Trim

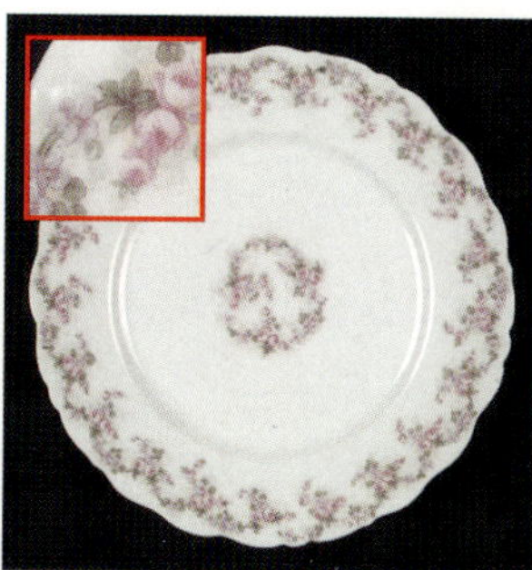
BWD 1
Luncheon Plate Shown
No Trim

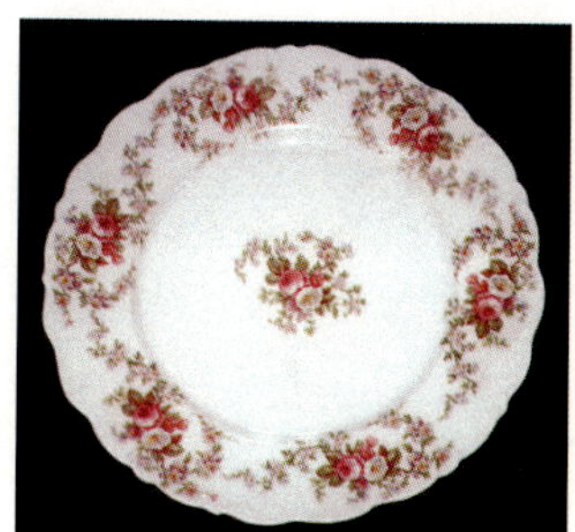
BWD 163
No Trim

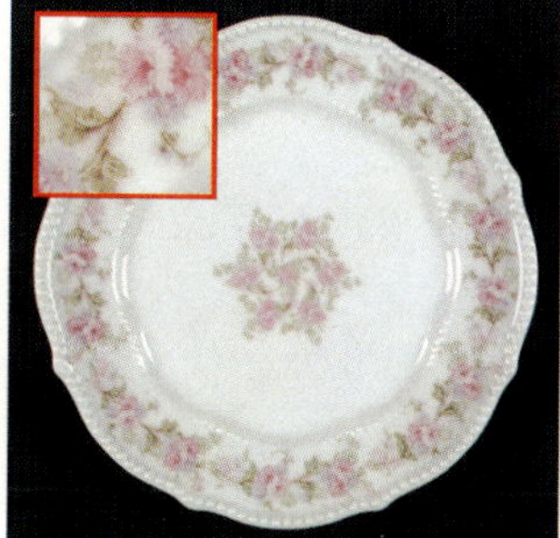
BWD 178
No Trim

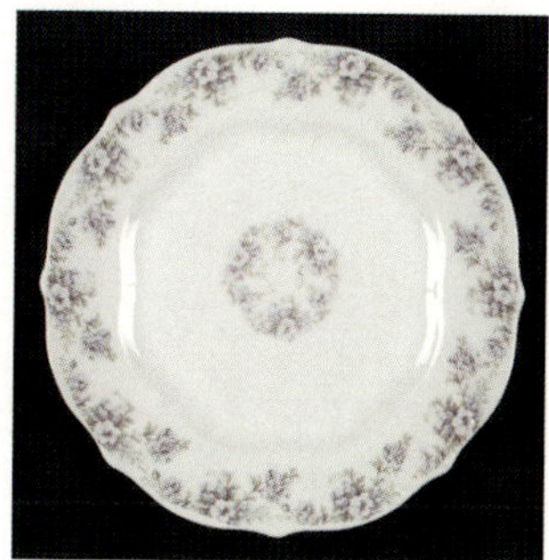
BWD 182
Luncheon Plate Shown
No Trim

Scalloped — Rim Shape; Gold Daubs, Colored Trim or No Trim (continued)

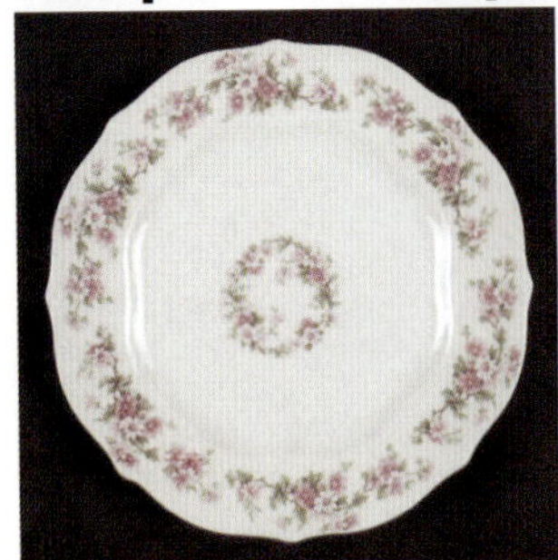
BWD 241
Salad Plate Shown
No Trim

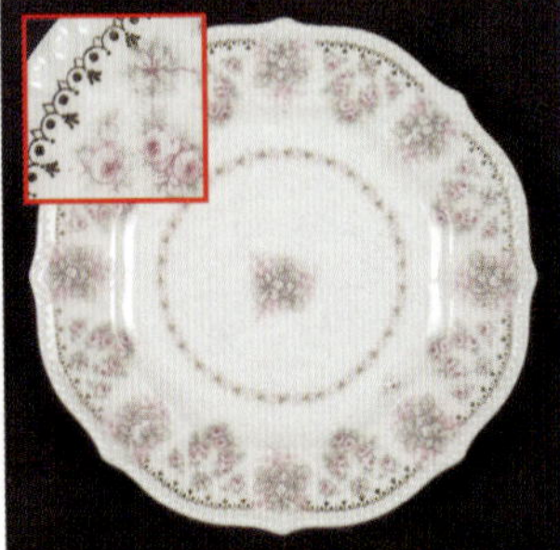
BWD 205
Luncheon Plate Shown
No Trim

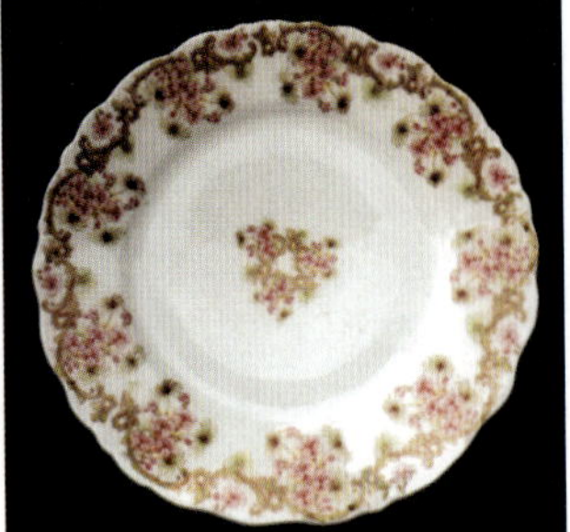
BWD 239
No Trim

Coupe Shape

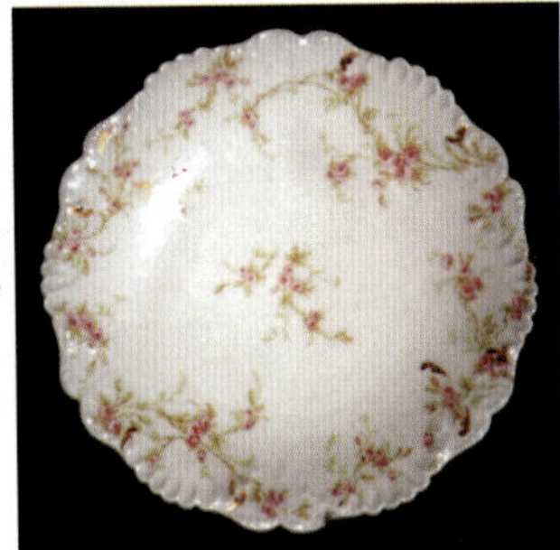
BWD 236
No Trim

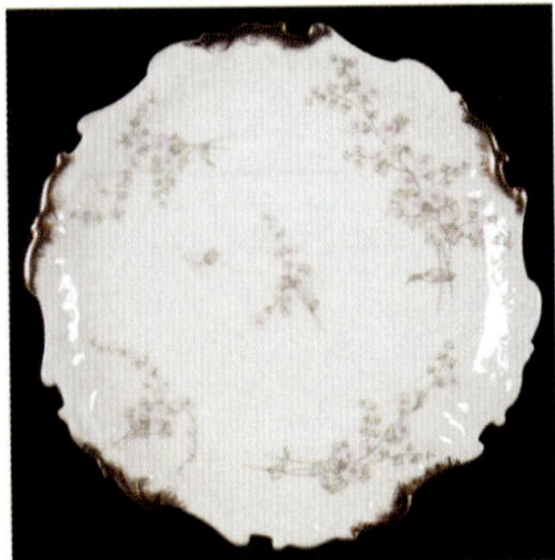
BWD 105
Gold Daubs

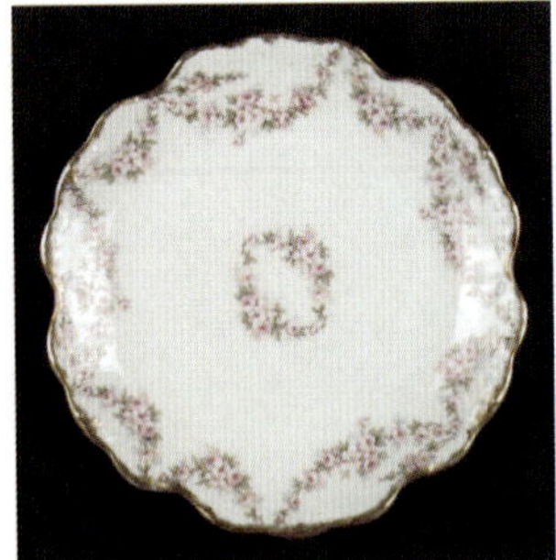
BWD 174
Salad Plate Shown
Gold Trim

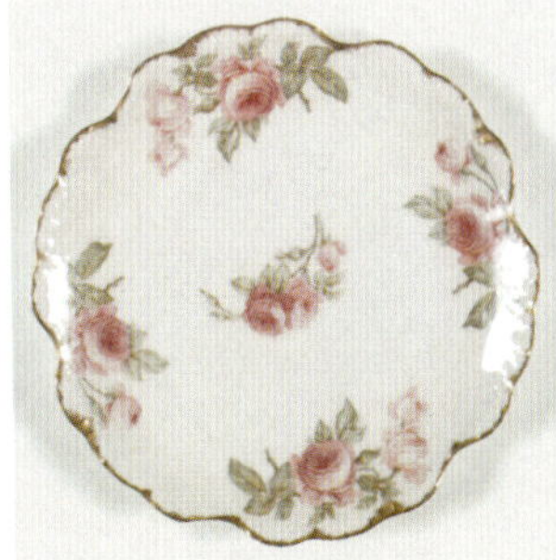
BWD 173
Luncheon Plate Shown
Gold Trim

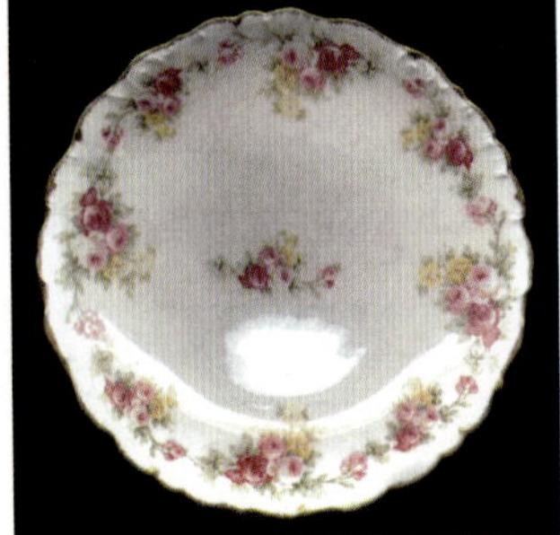
BWD 189
Gold Trim

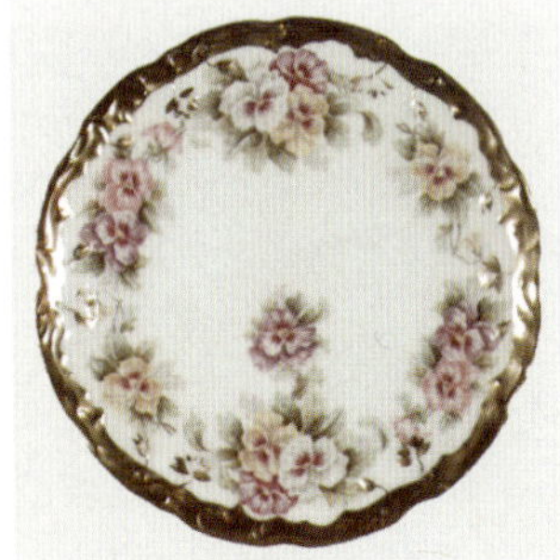
BWD 142
Salad Plate Shown
Gold Trim

Coupe Shape (continued)

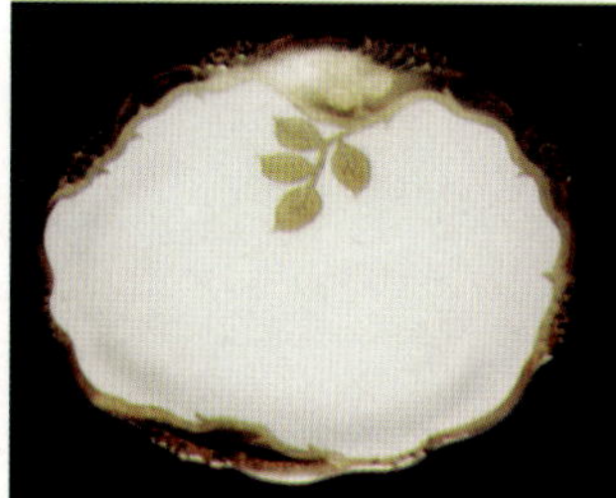

BWD 128
Gold Trim

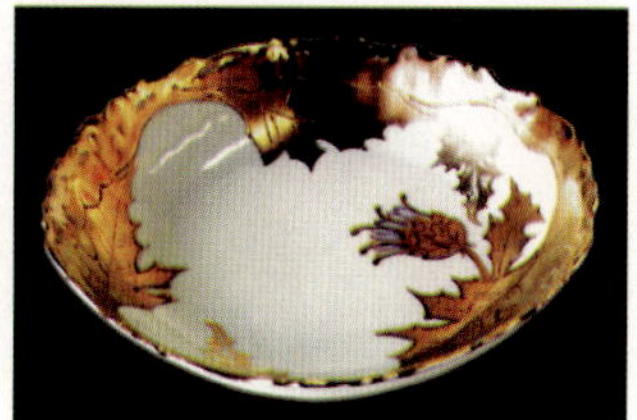

BWD 127
Soup Bowl shown
Gold Trim

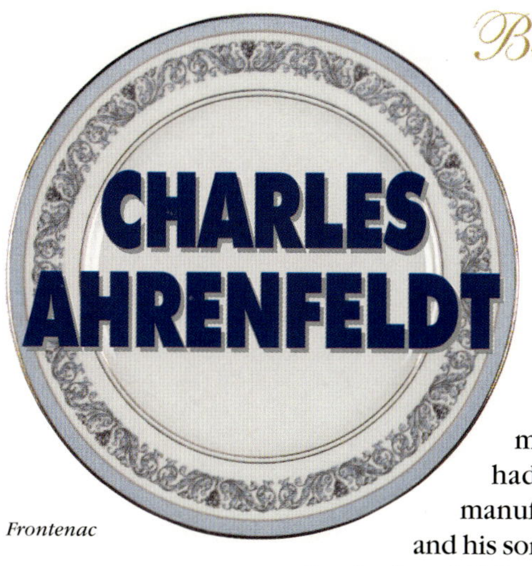

Frontenac

Born in Germany in 1807, Charles Ahrenfeldt started out in the china business in the 1830's as an importer.

In the 1840's he moved from New York to Paris where he had a china decorating studio. Sometime in the 1860's he relocated to Limoges, France where he exported china made by other companies. Around 1884, he had a decorating studio and then later began manufacturing his own porcelain. He died in 1893, and his son, Charles J. Ahrenfeldt, continued the business. By the late 1890's, the Ahrenfeldt company was exporting both white ware for others to decorate as well as their own decorated wares. Decorated wares bear two marks, one which denotes the origins of the white ware and the other references the decoration. Backstamps are often a monogram of the letters C and A or the name spelled out. Excluding interruptions imposed by wars, Charles Ahrenfeldt operated until 1969.

This manufacturer is divided in order to help you research patterns as quickly as possible. As a first step, try looking in the first section that fits the shape and/or trim color of the pattern you are trying to find.

Smooth — Rim Shape, Gold Encrusted

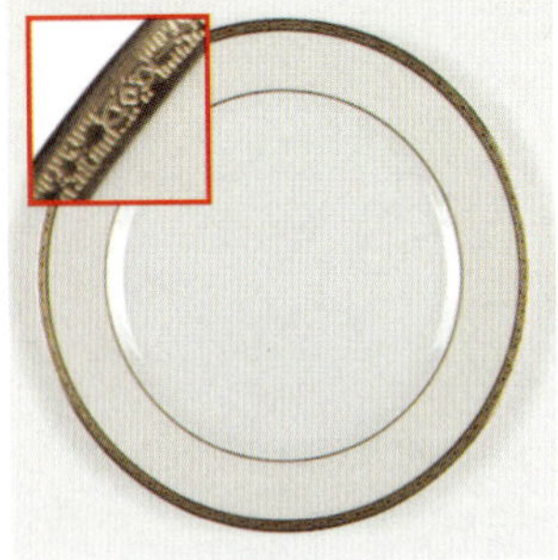
AHR 132
Salad Plate Shown
Gold Trim

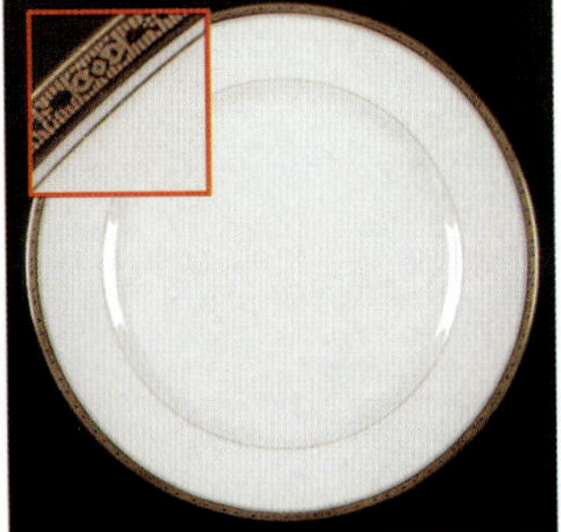
AHR 133
Gold Trim

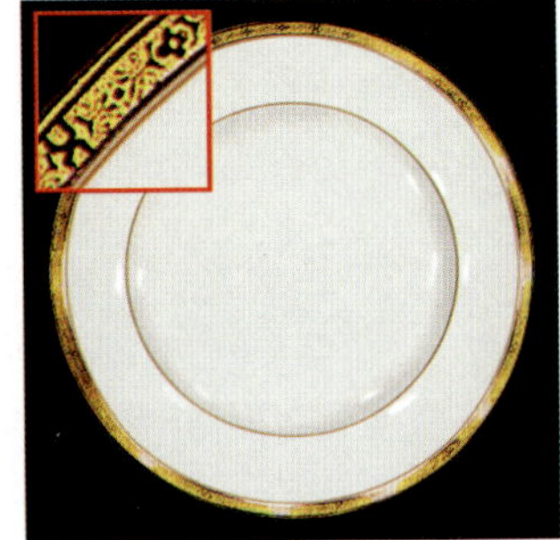
AHR 201
Luncheon Plate Shown
Gold Trim

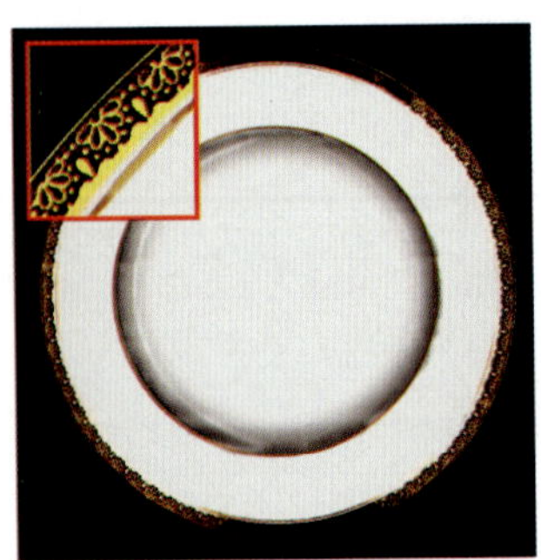
AHR 198
Gold Trim

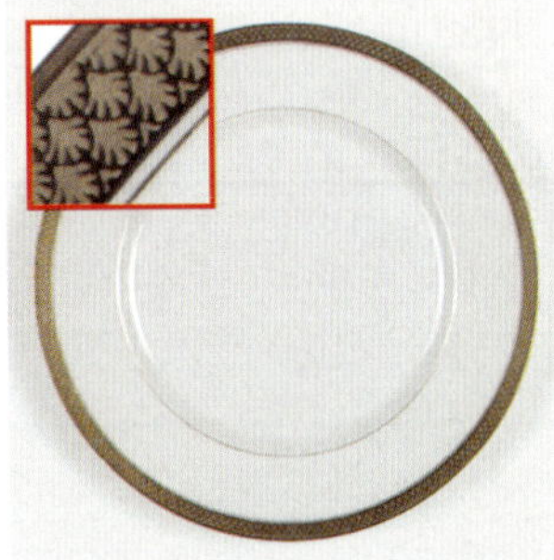
AHR 283
Gold Trim

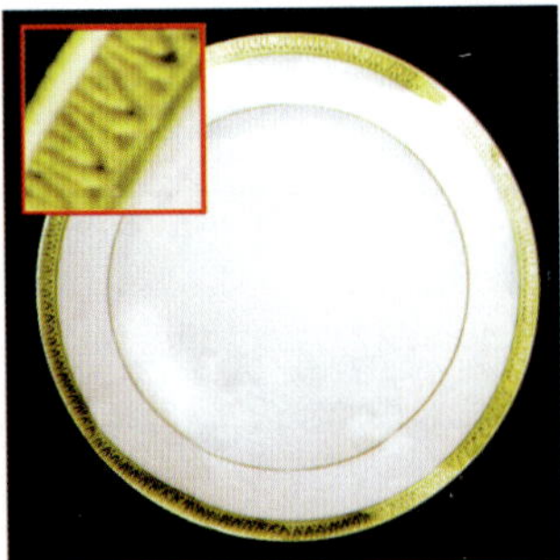
AHR 28
Gold Trim

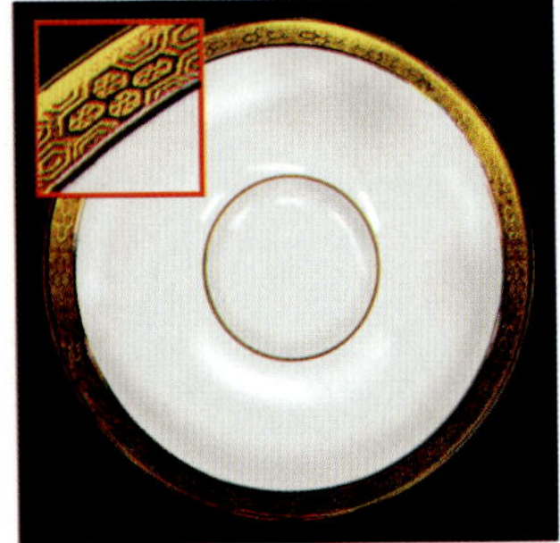
AHR 200
Saucer Shown
Gold Trim

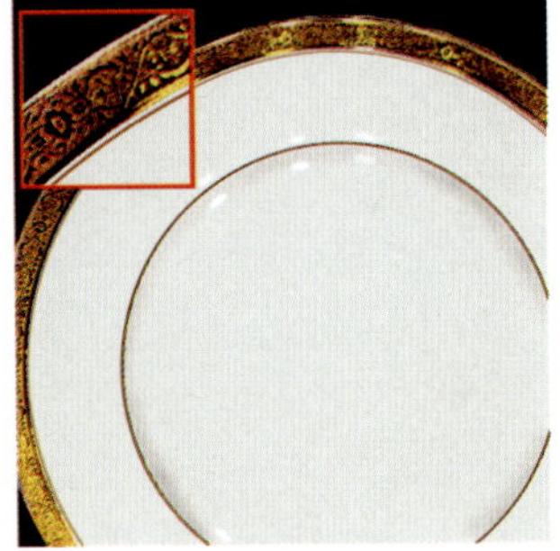
AHR 204
Gold Trim

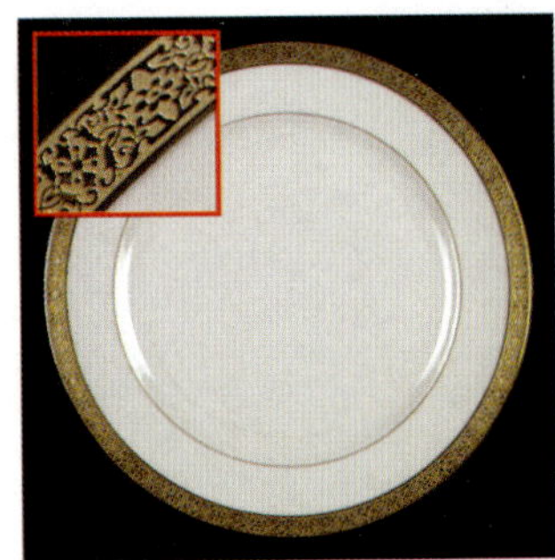
Nancy
Gold Trim

Smooth — Rim Shape, Gold Encrusted (continued)

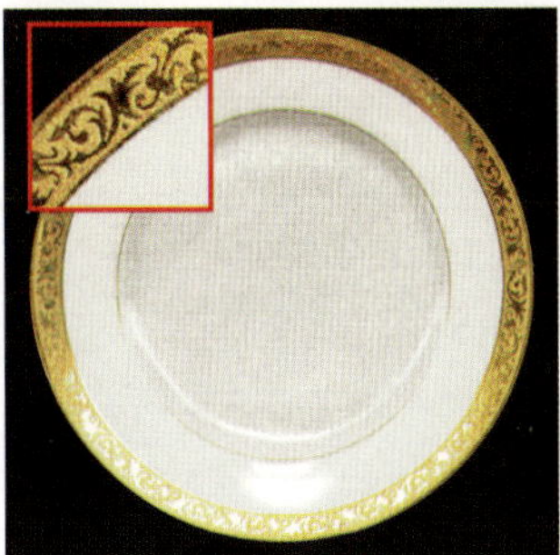
AHR 225
Bread & Butter Plate Shown
Gold Trim

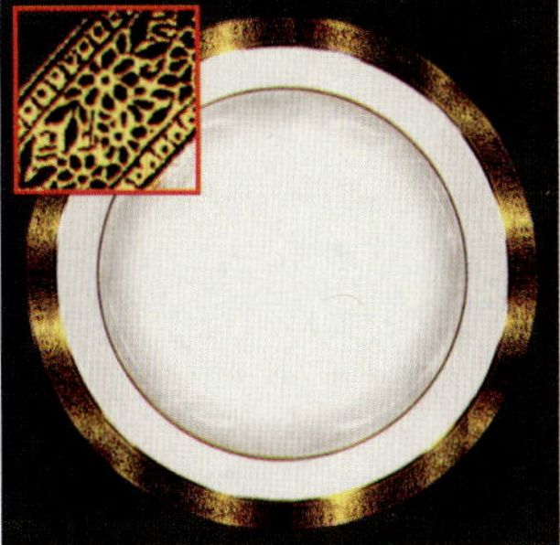
AHR 205
Gold Trim

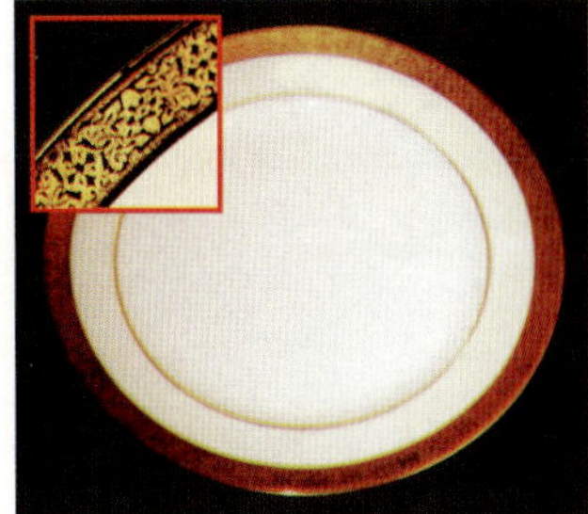
AHR 202
Gold Trim

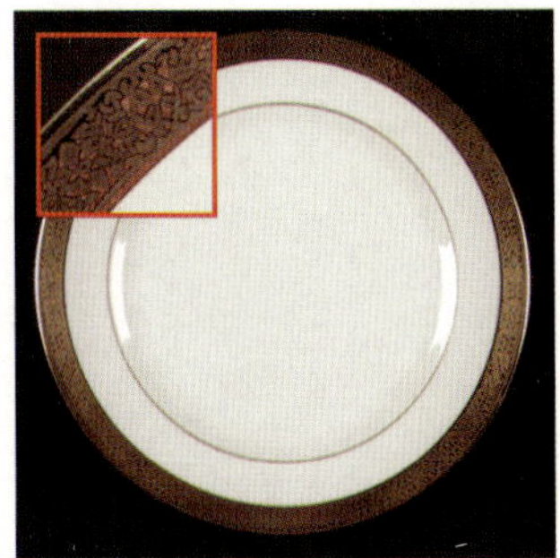
AHR 236
Gold Trim

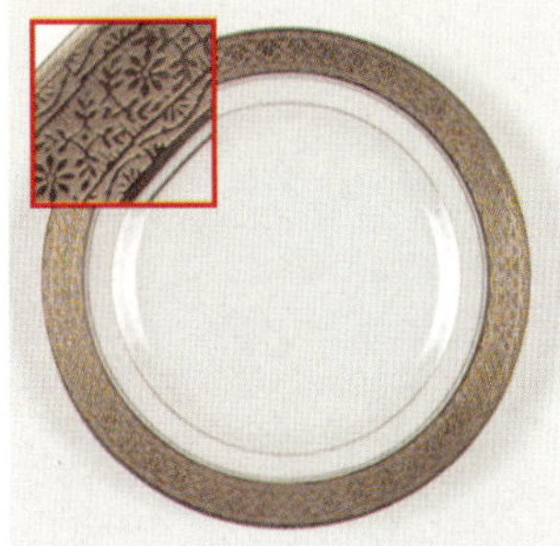
AHR 295
Bread & Butter Plate Shown
Gold Trim

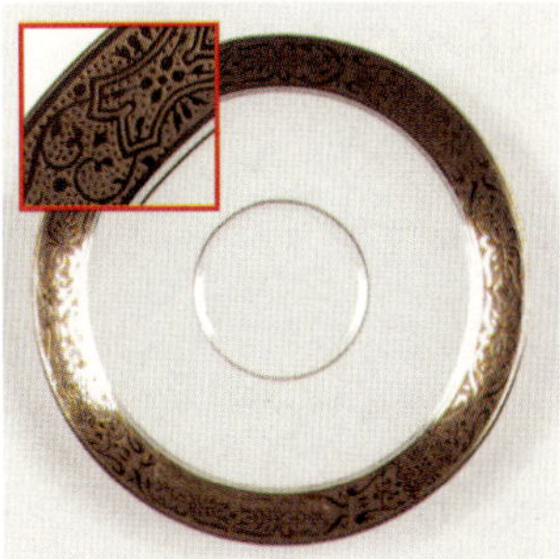
AHR 64
Saucer Shown
Gold Trim

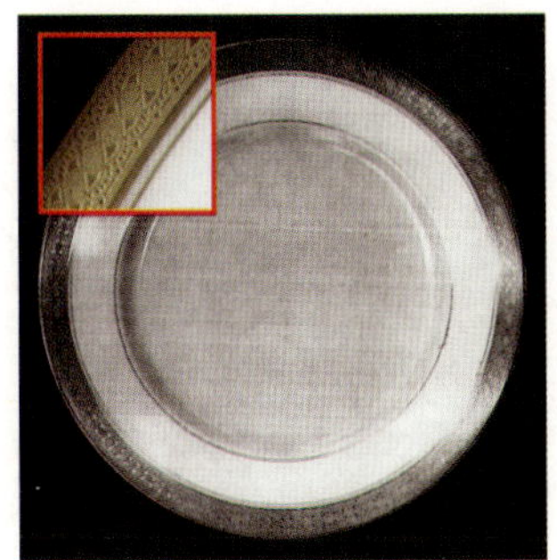
AHR 81
Gold Trim

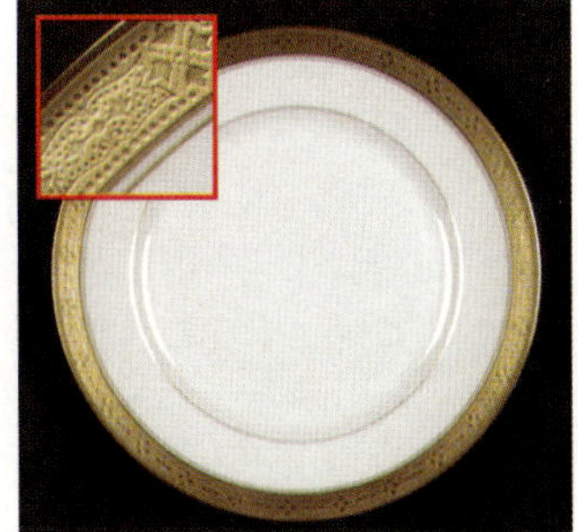
AHR 29
Salad Plate Shown
Gold Trim

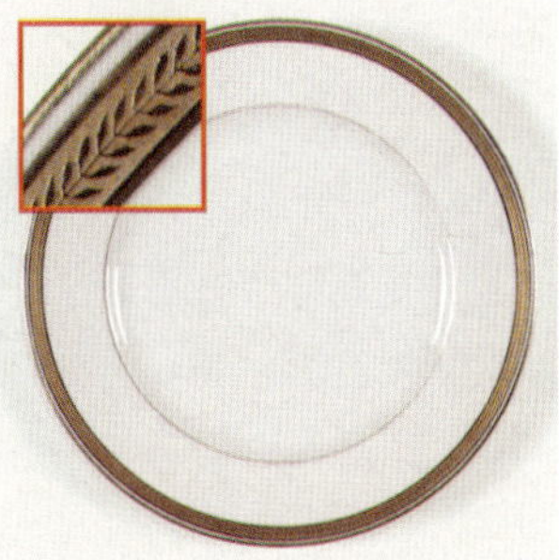
AHR 328
Gold Trim

Smooth — Rim Shape, Gold Encrusted (continued)

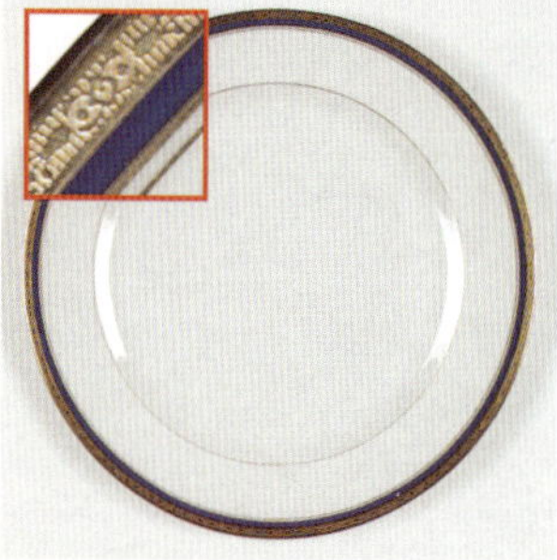
AHR 175
Gold Trim

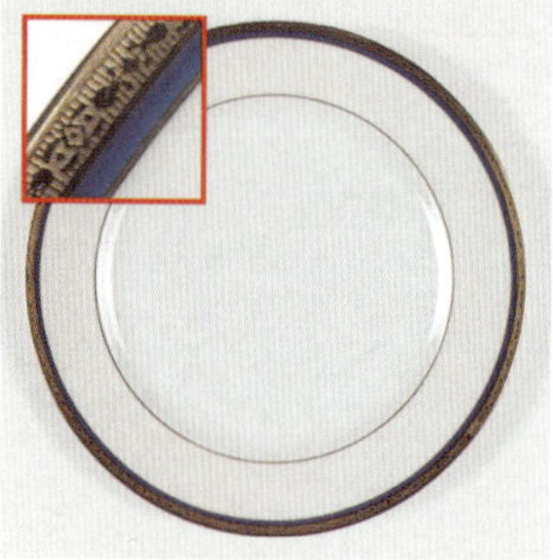
Crouville
Gold Trim

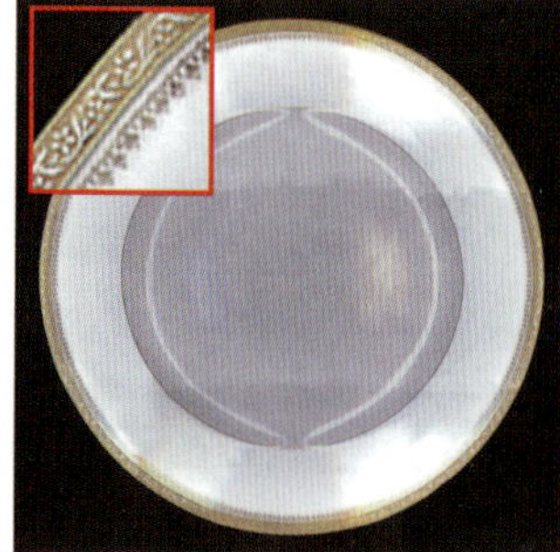
AHR 297
Gold Trim

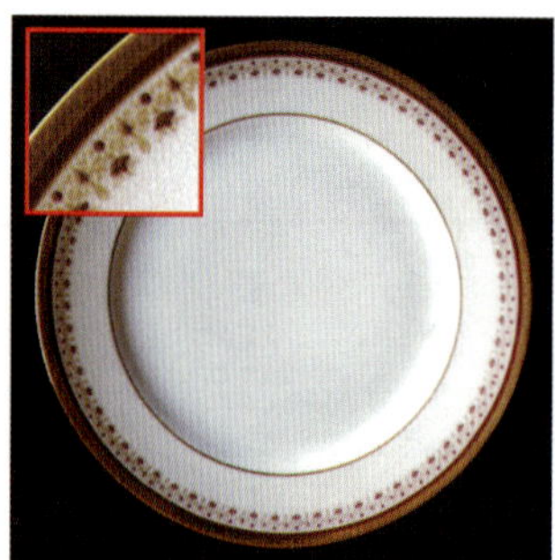
Beauvais
Gold Trim

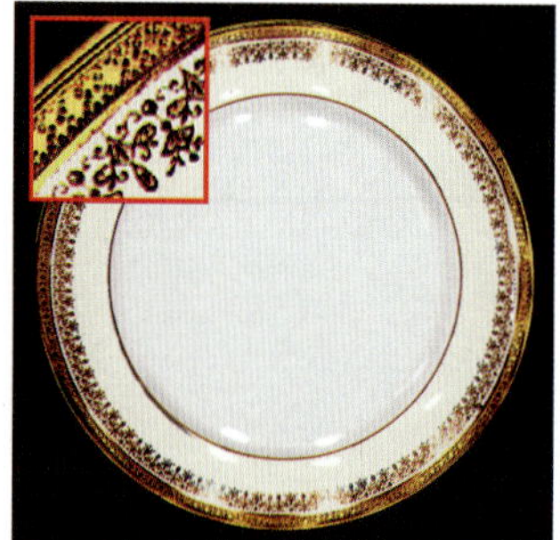
Valence
Gold Trim

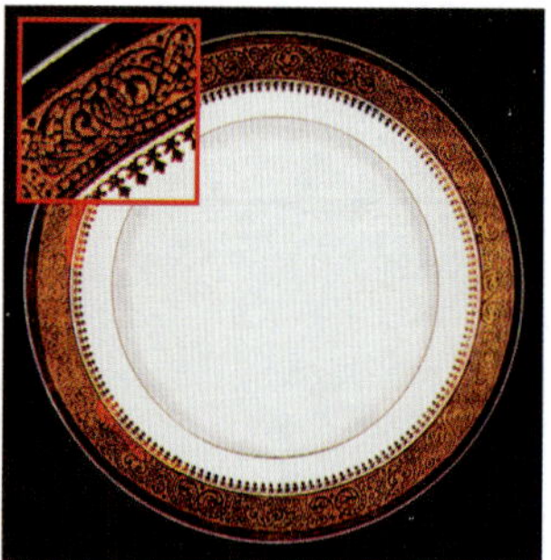
AHR 199
Luncheon Plate Shown
Gold Trim

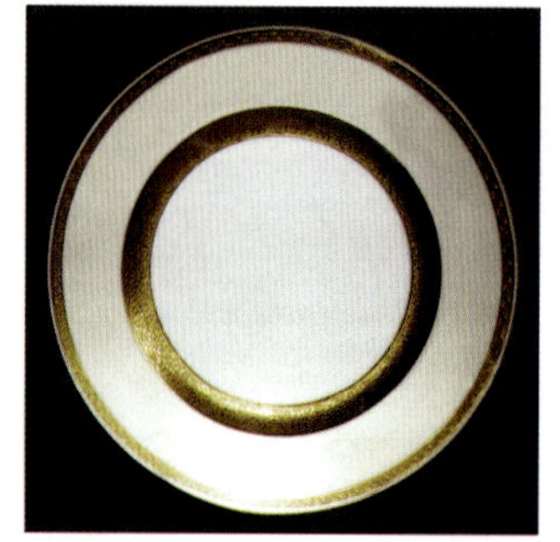
AHR 79
Gold Trim

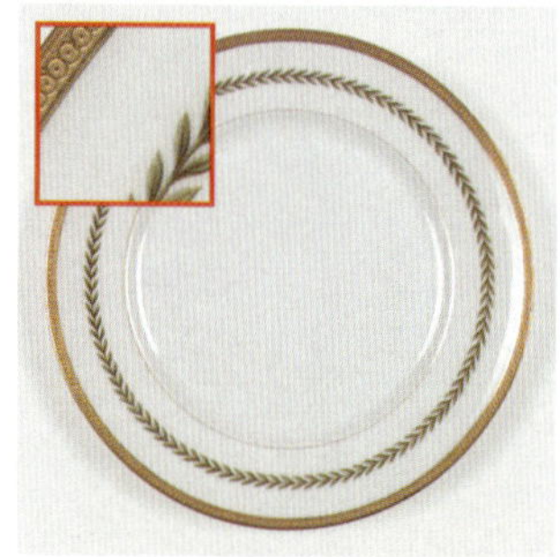
AHR 121
Salad Plate Shown
Gold Trim

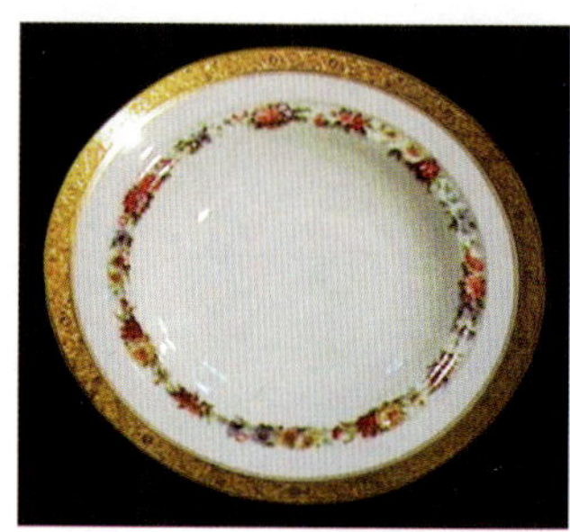
AHR 275
Gold Trim

Smooth — Rim Shape, Gold Encrusted (continued)

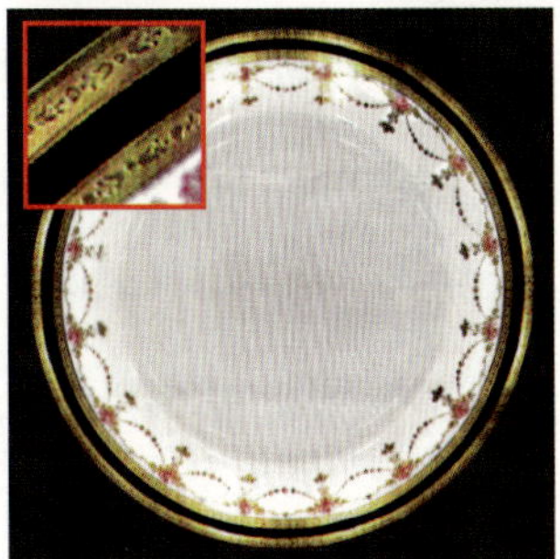
AHR 163
Cobalt Band
Gold Trim

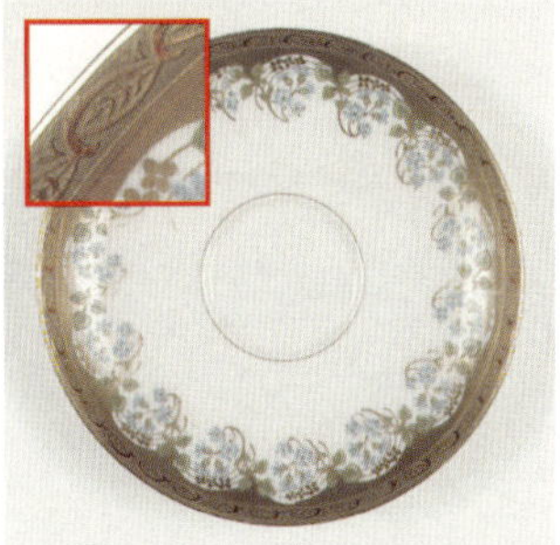
AHR 289
Saucer Shown
Gold Trim

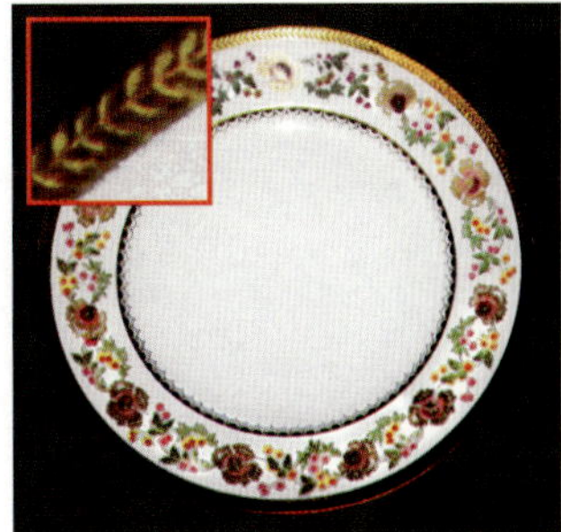
AHR 172
Gold Trim

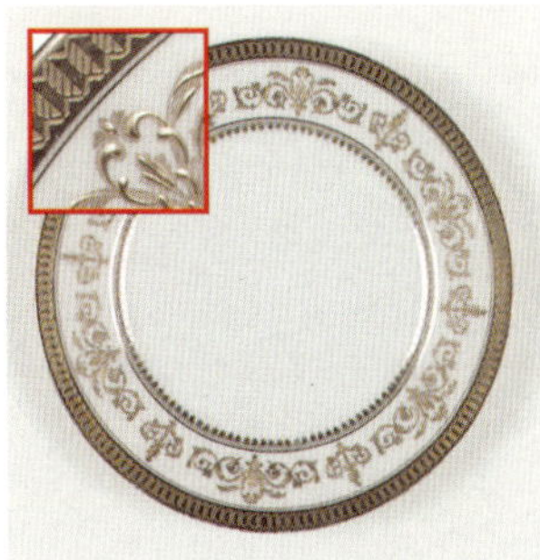
AHR 306
Salad Plate Shown
Gold Trim

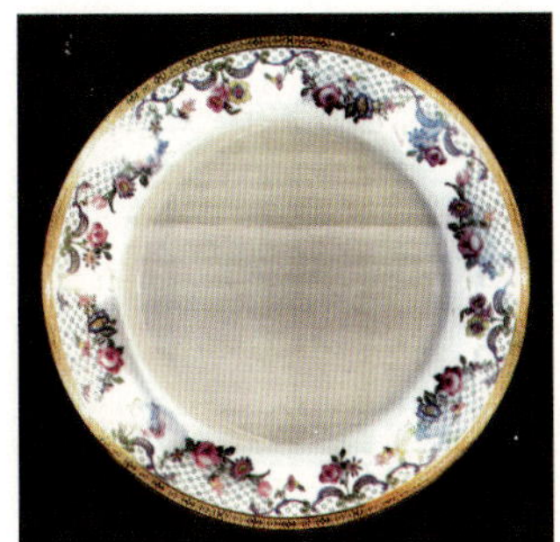
AHR 271
Salad Plate Shown
Gold Trim

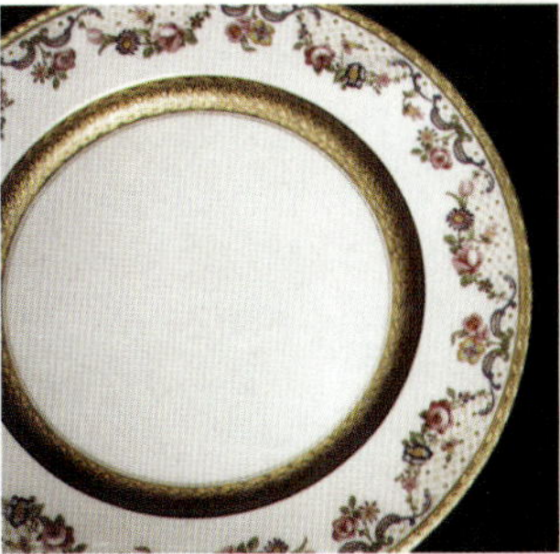
AHR 76
Gold Trim

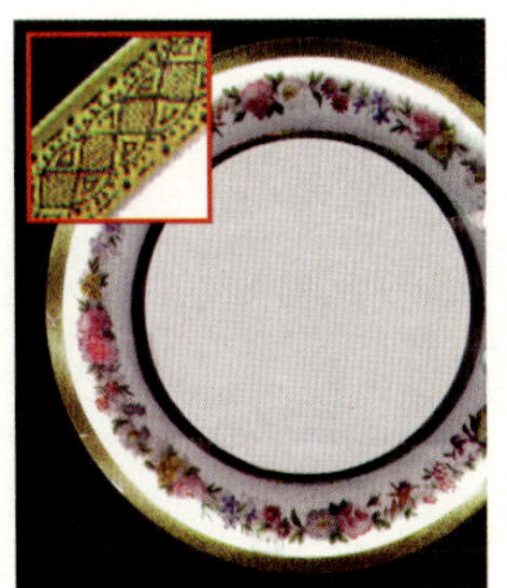
AHR 157
Gold Trim

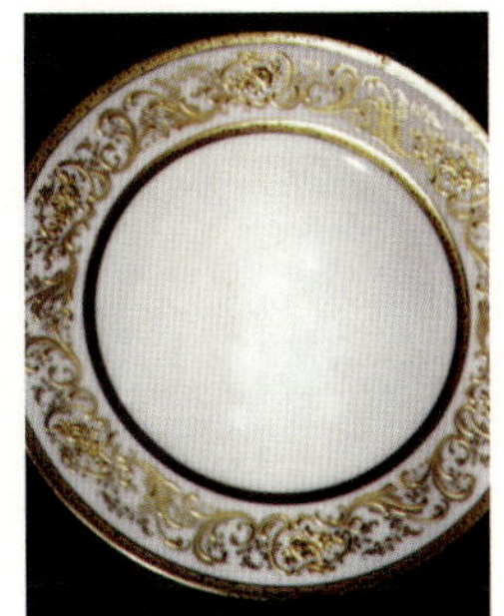
AHR 307
Gold Trim

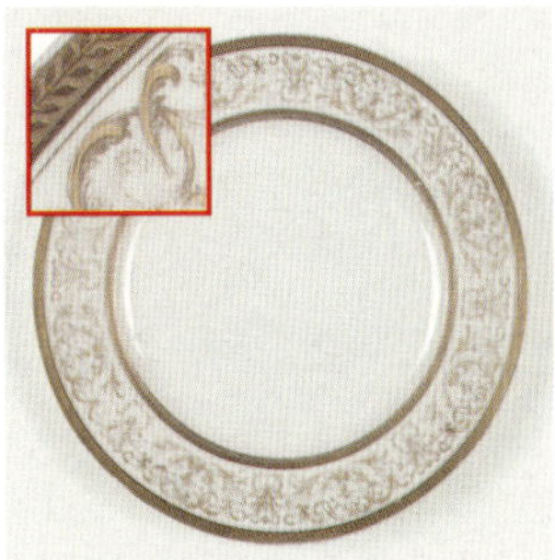
AHR 315
Luncheon Plate Shown
Gold Trim

Smooth — Rim Shape, Gold Encrusted (continued)

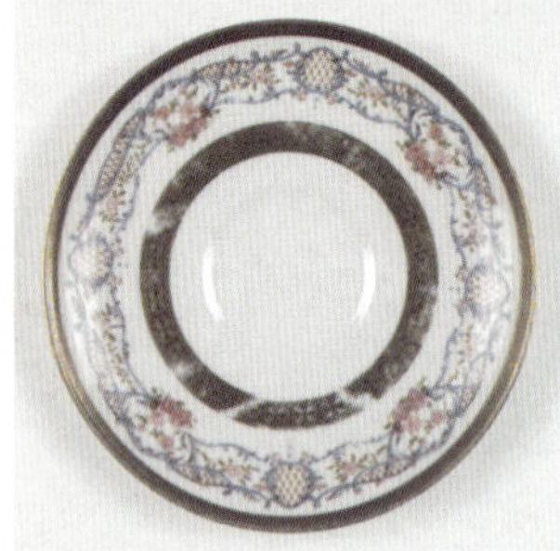

AHR 97
Saucer Shown
Gold Trim

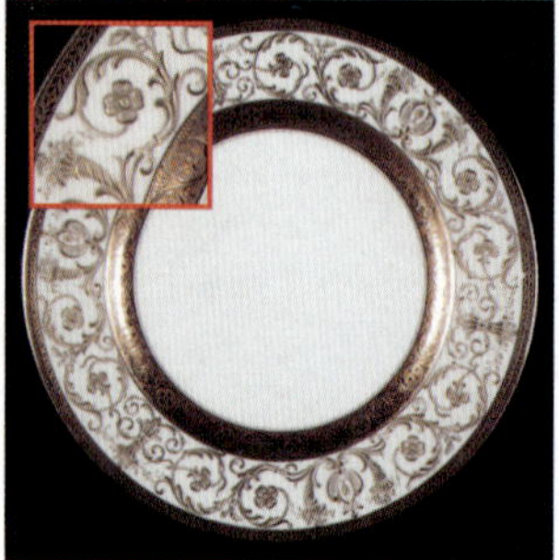

AHR 113
Gold Trim

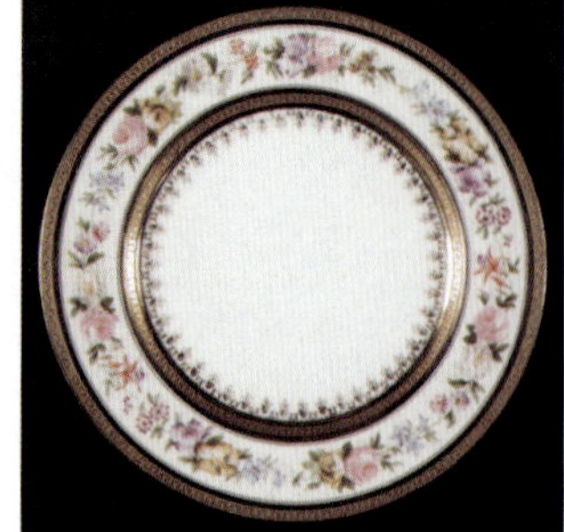

AHR 23
Salad Plate Shown
Gold Trim

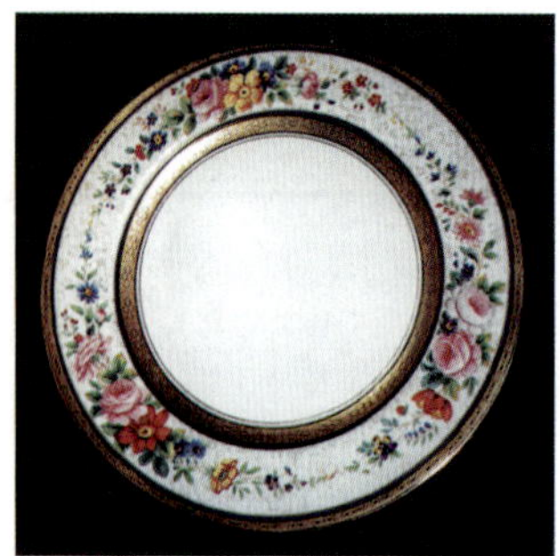

AHR 261
Gold Trim

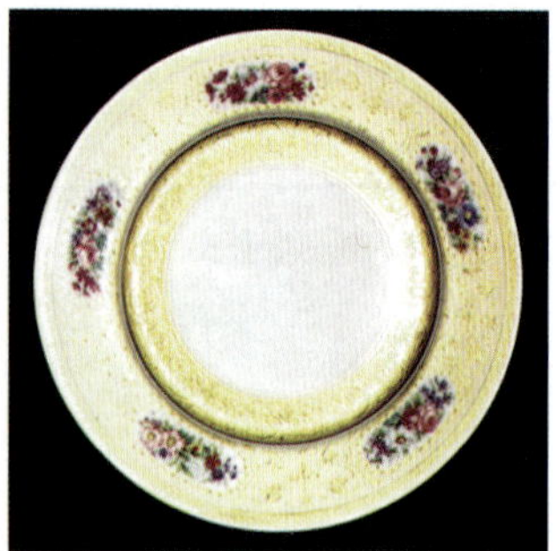

AHR 263
Gold Trim

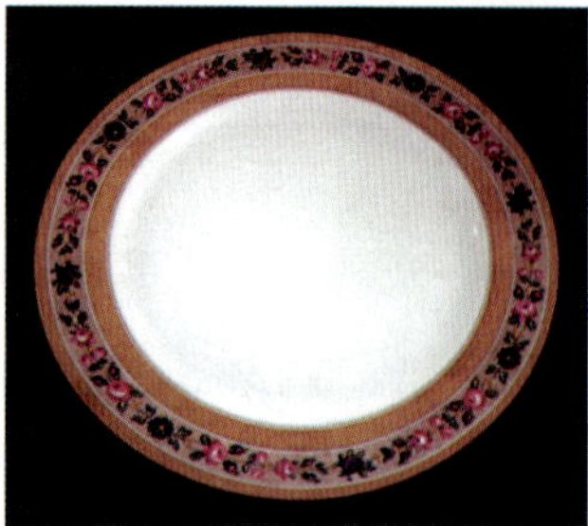

AHR 266
Gold Trim

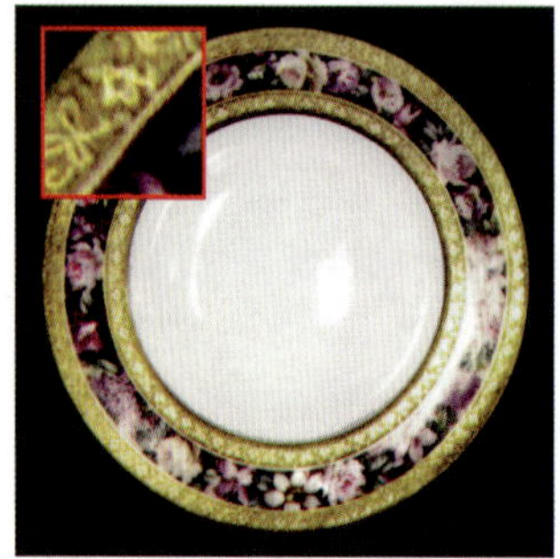

AHR 152
Gold Trim

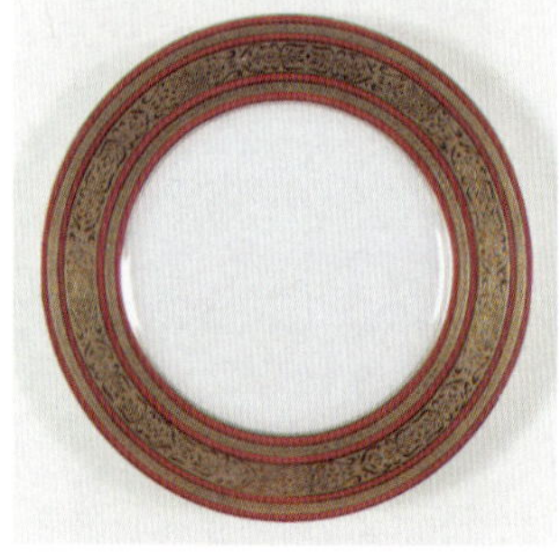

AHR 339
Gold Trim

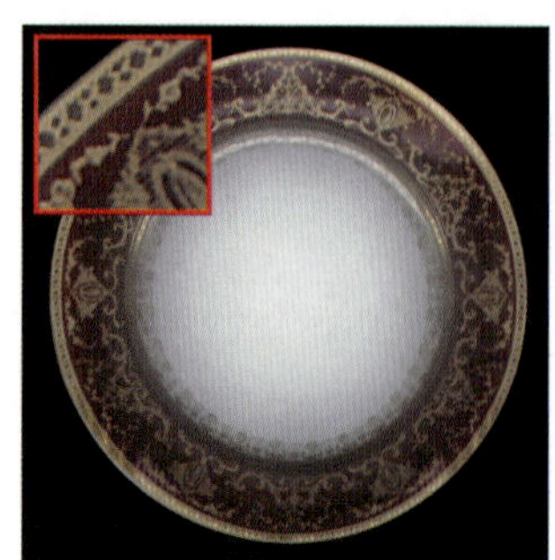

AHR 343
Maroon Band
Gold Trim

Smooth — Rim Shape, Gold Encrusted (continued)

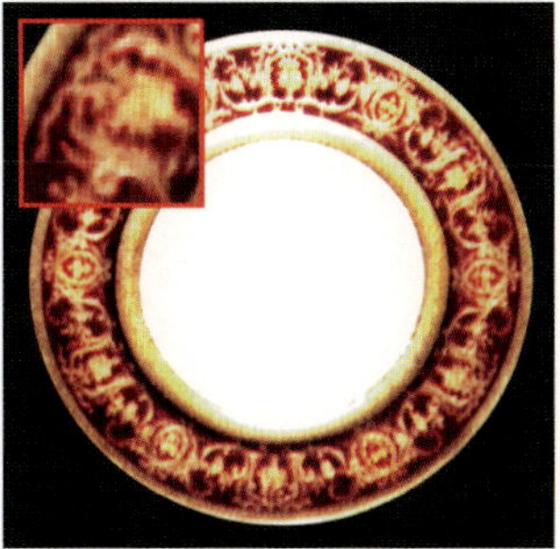
AHR 124
Gold Trim

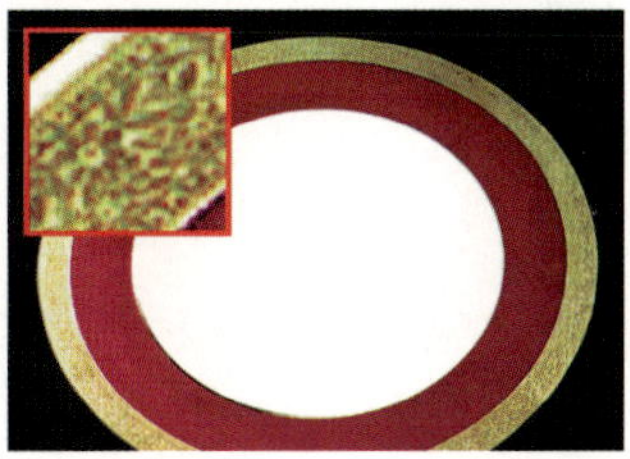
AHR 154
Gold Trim

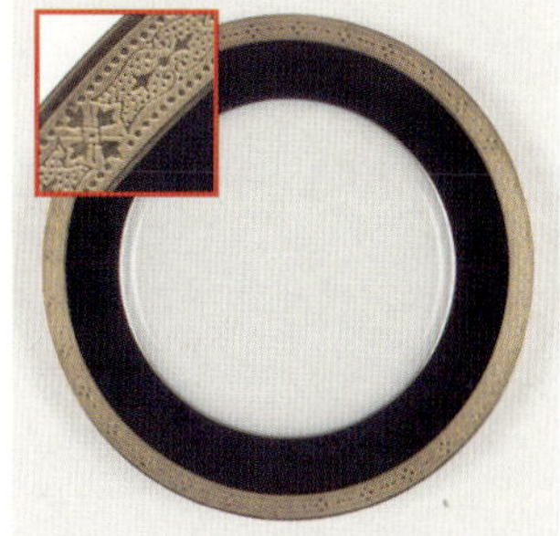
AHR 224
Salad Plate Shown
Cobalt Band
Gold Trim

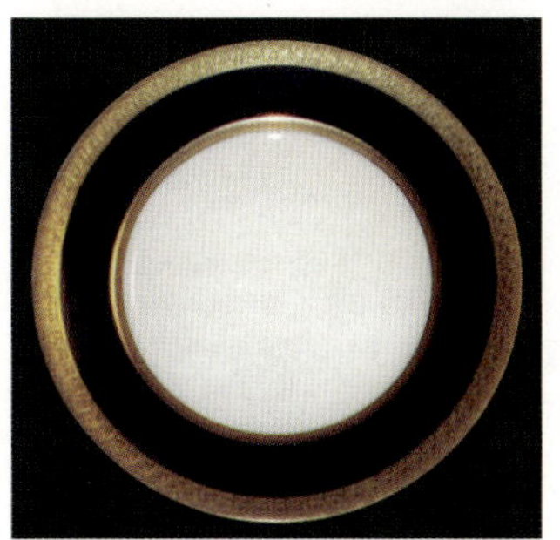
AHR 313
Cobalt Band
Gold Trim

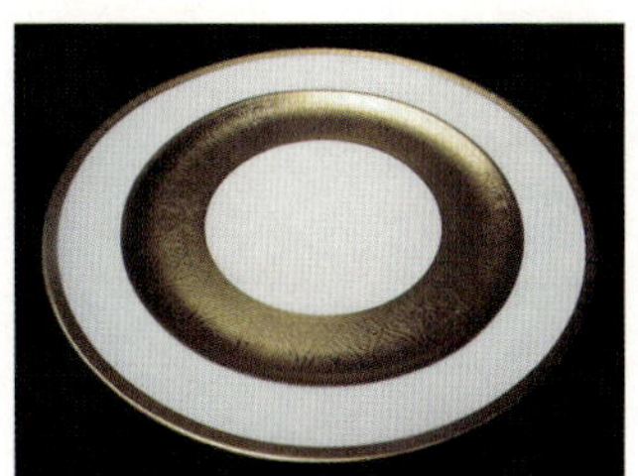
AHR 359
Gold Trim

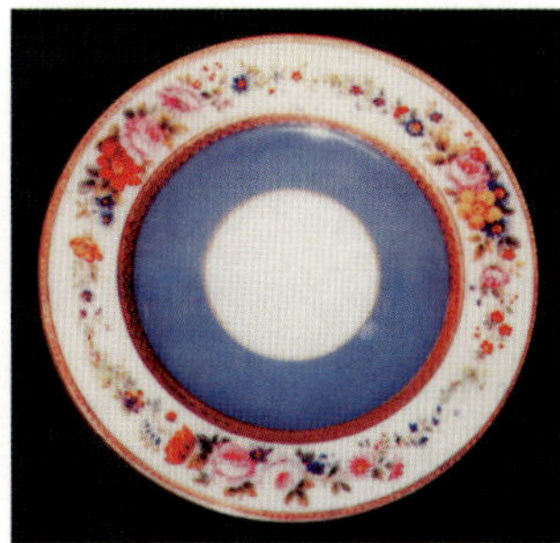
AHR 208
Gold Trim

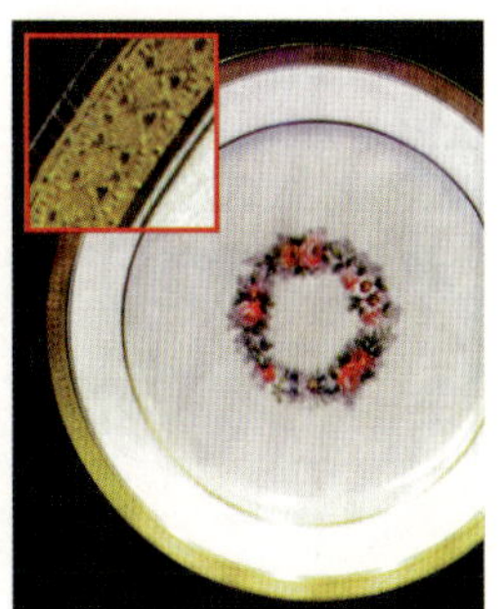
AHR 153
Gold Trim

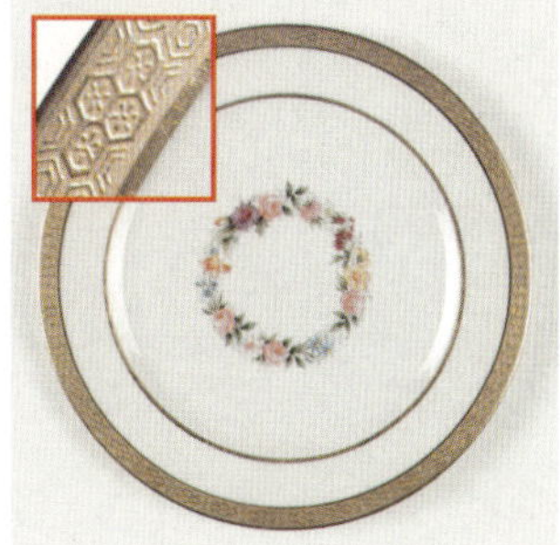
AHR 251
Salad Plate Shown
Gold Trim

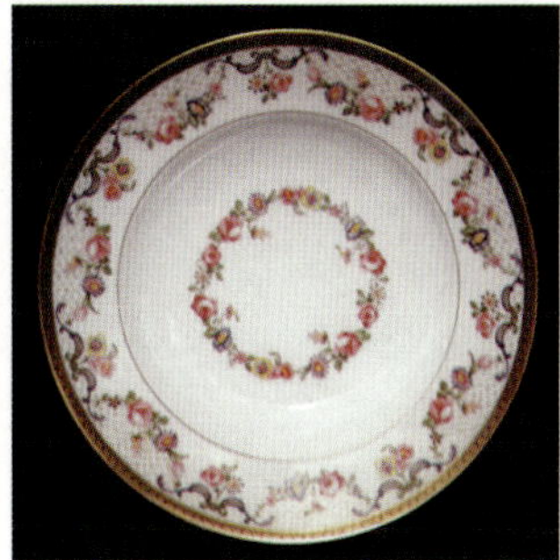
AHR 77
Gold Trim

Smooth — Rim Shape, Gold Encrusted (continued)

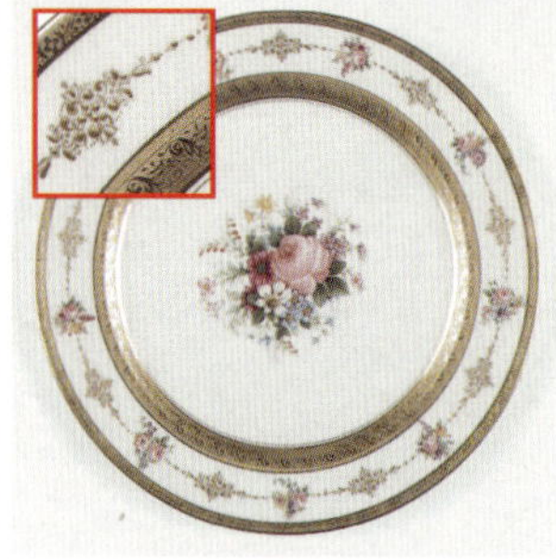
AHR 290
Gold Trim

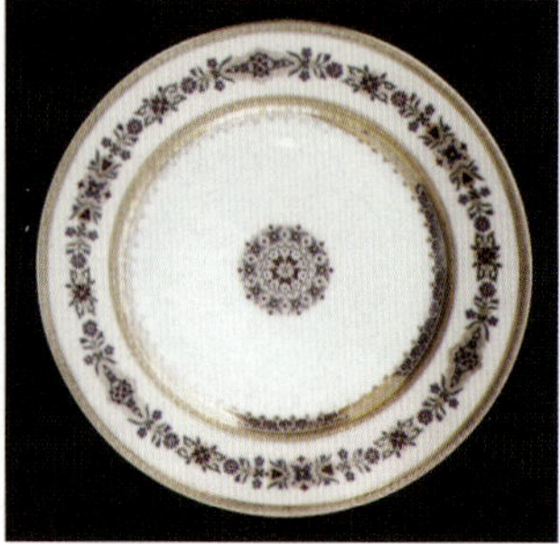
AHR 80
Gold Trim

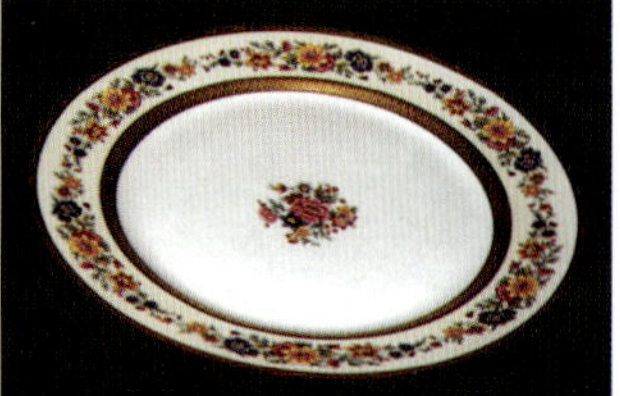
AHR 270
Gold Trim

Smooth — Rim Shape, Gold Trim

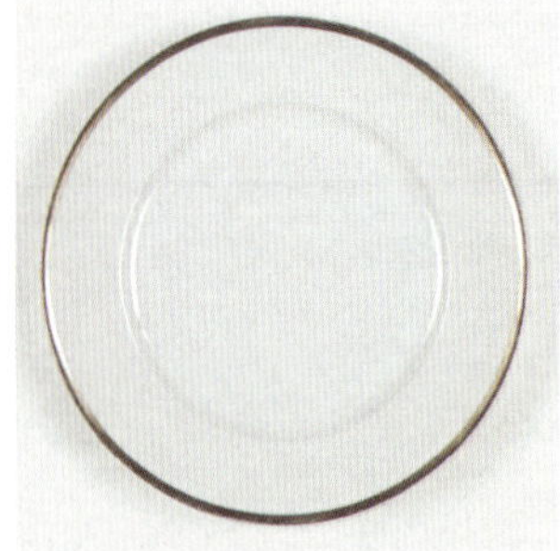
AHR 331
Gold Trim

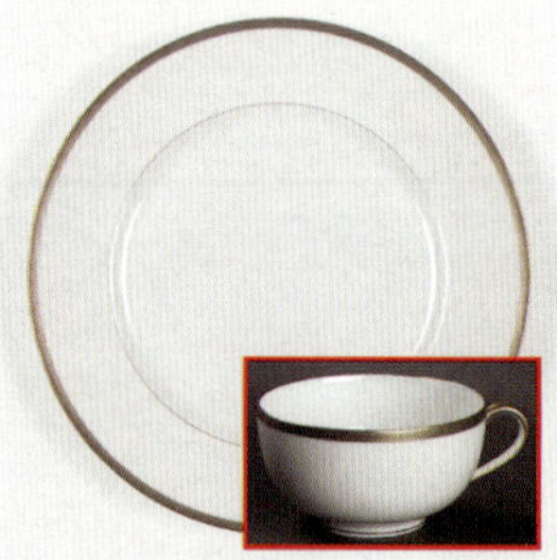
AHR 43
Gold Trim

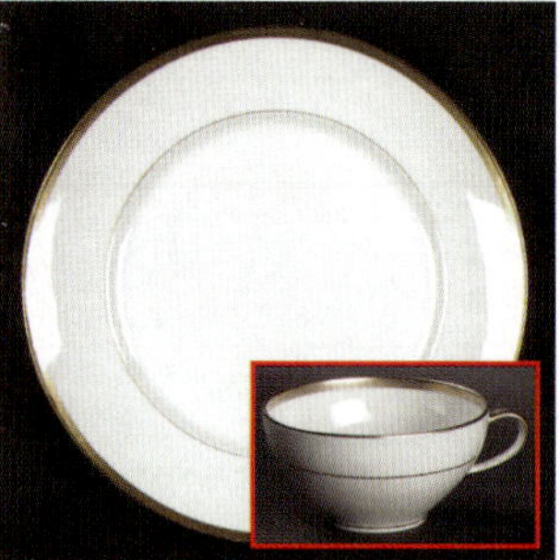
AHR 34
Gold Trim

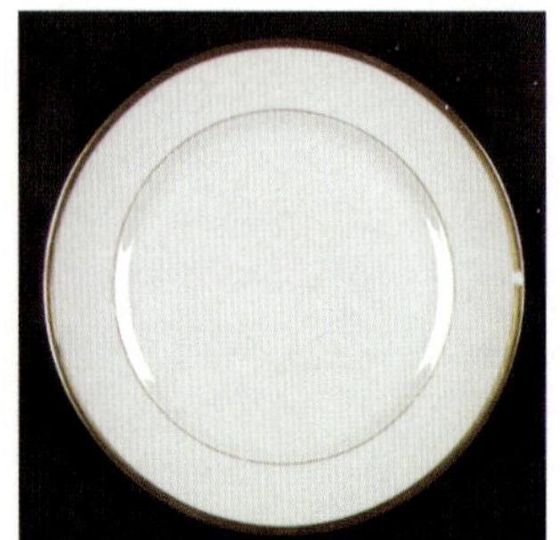
Wedding Ring
Gold Trim

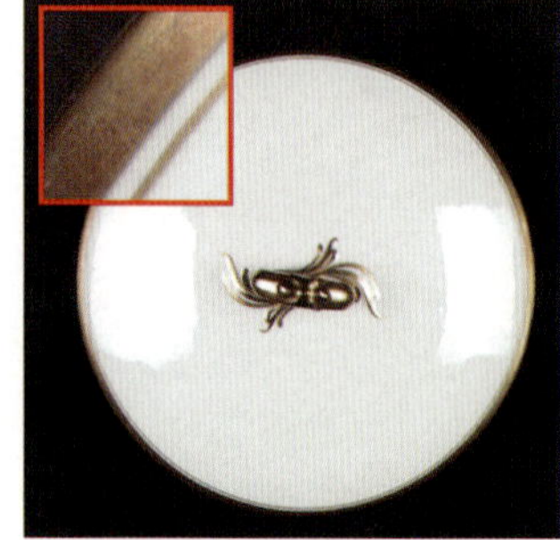
6872
Vegetable Bowl Lid Shown
Gold Trim

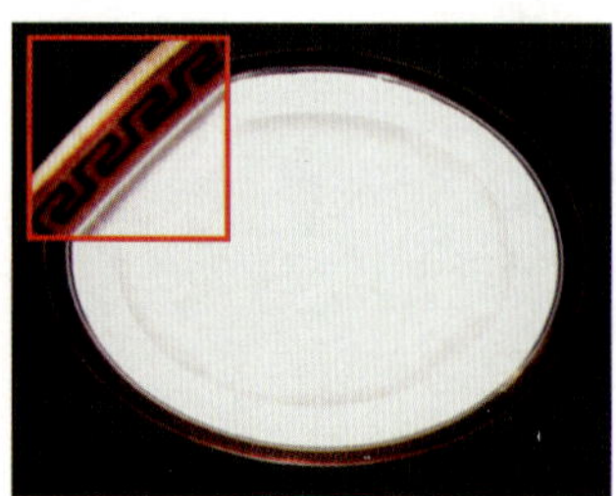
AHR 203
Salad Plate Shown
Gold Trim

Smooth — Rim Shape, Gold Trim (continued)

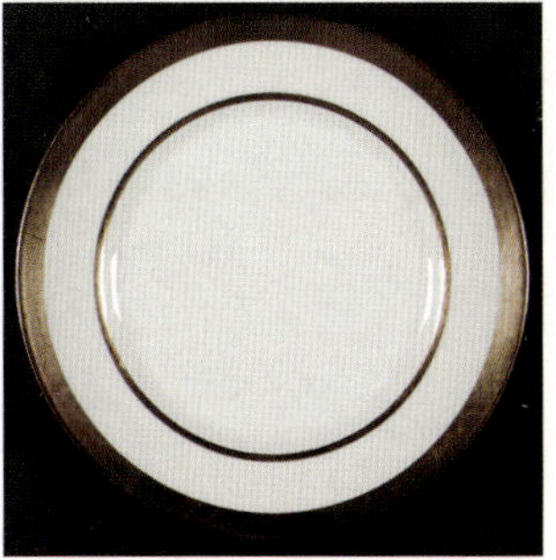

AHR 65
Gold Trim

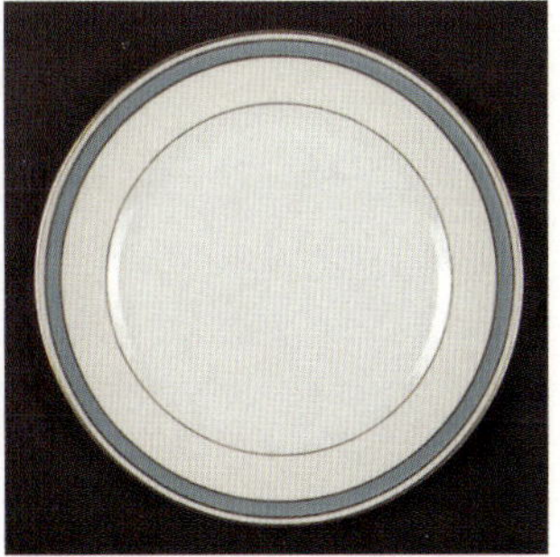

AHR 317
Gold Trim

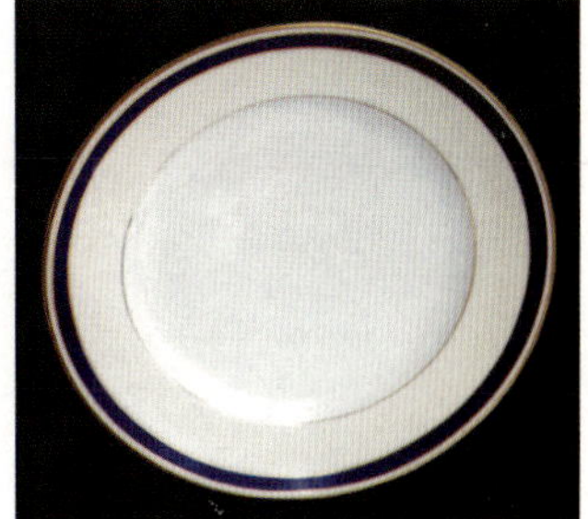

AHR 372
Gold Trim

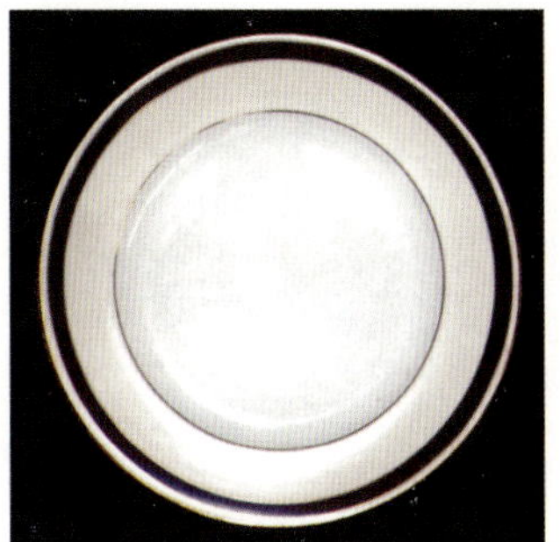

AHR 355
Cobalt Band
Gold Trim

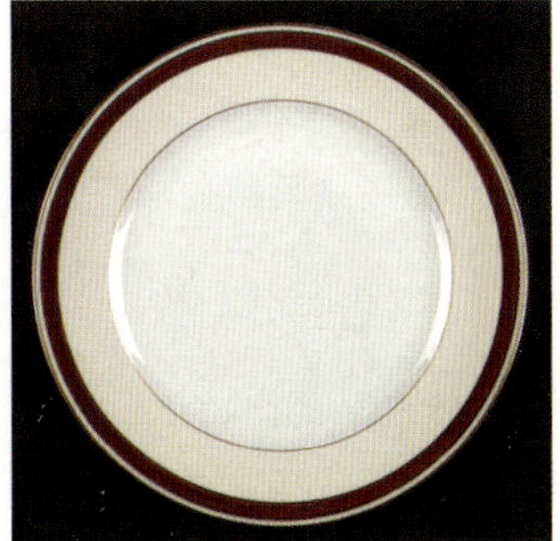

AHR 13
Gold Trim

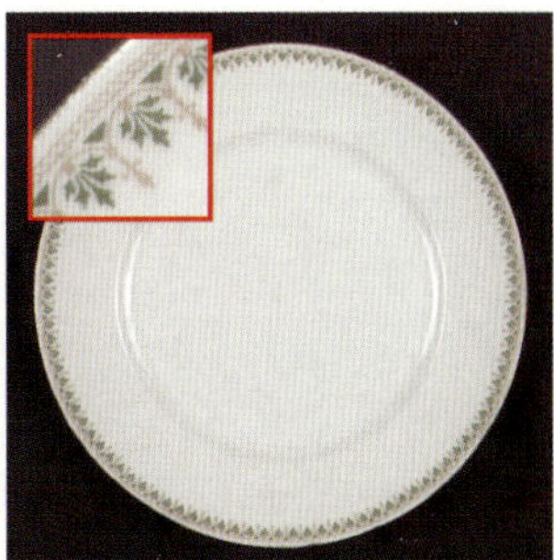

AHR 8
Gold Trim

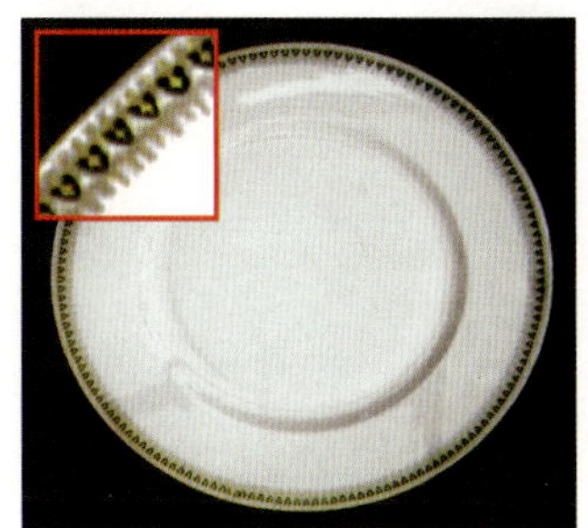

AHR 174
Gold Trim

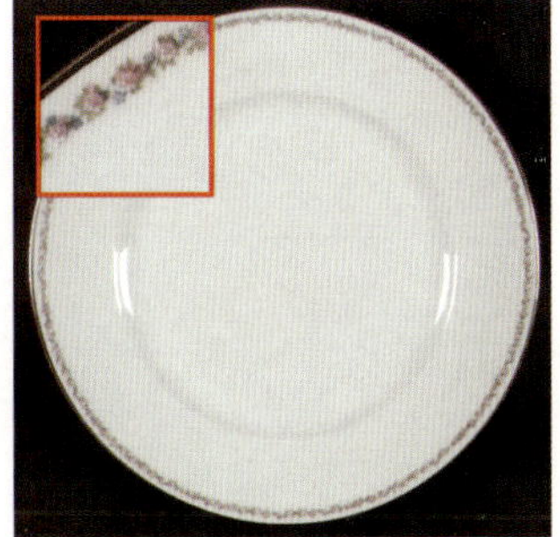

AHR 69
Gold Trim

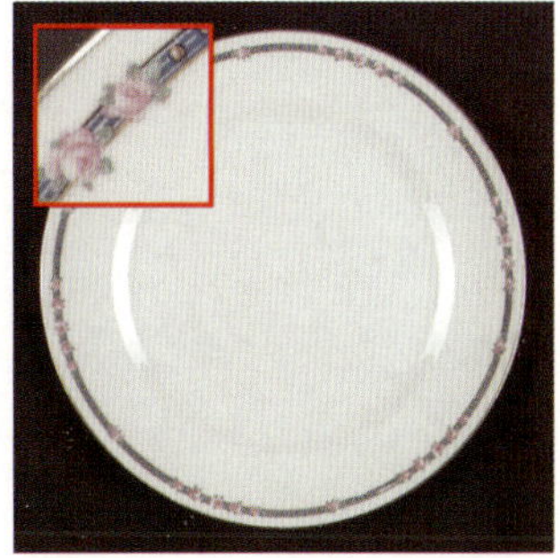

AHR 6
Gold Trim

Smooth — Rim Shape, Gold Trim (continued)

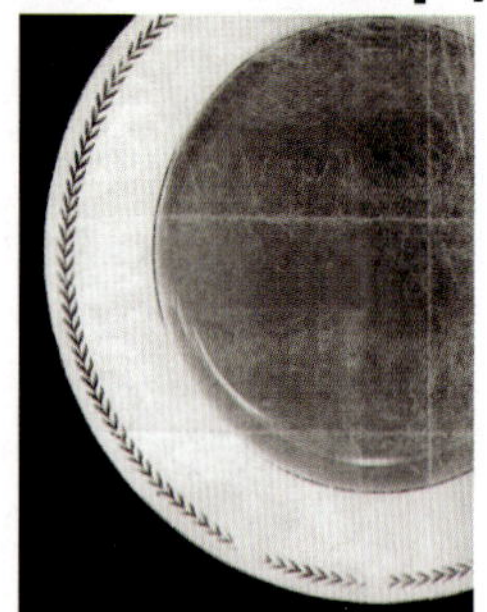

AHR 58
Green Laurel
Gold Trim

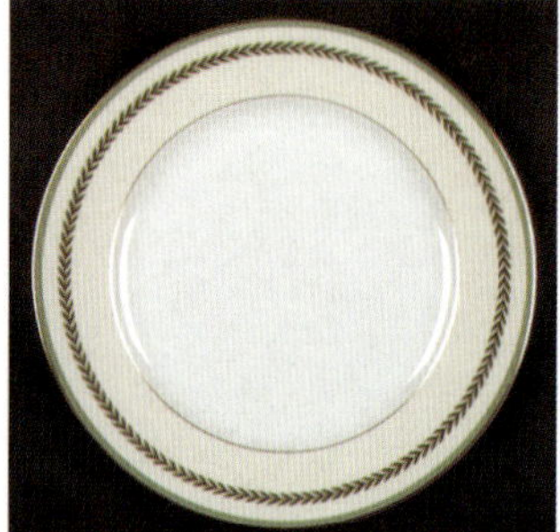

Empire
Gold Trim

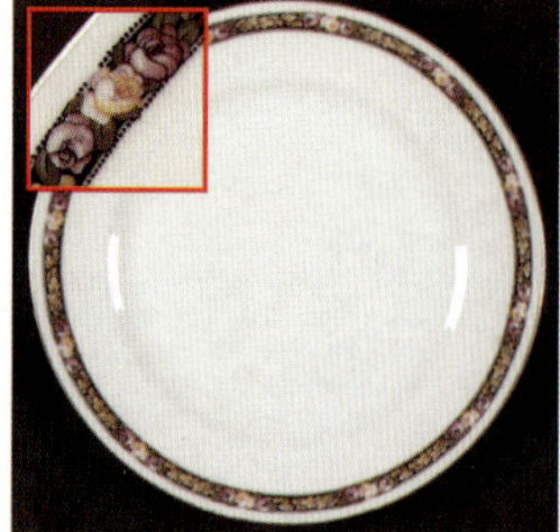

AHR 25
Gold Trim

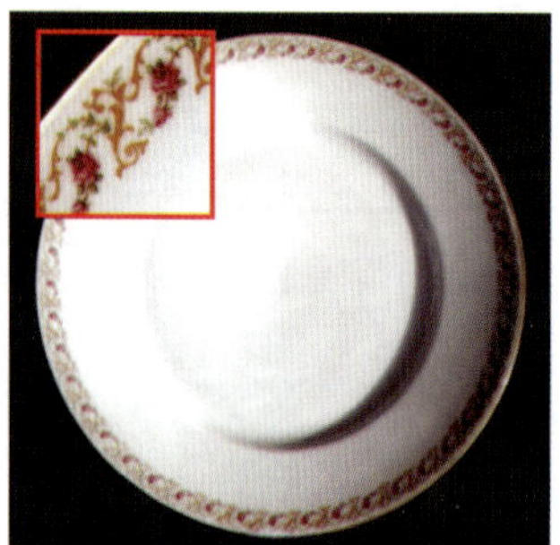

AHR 357
Gold Trim

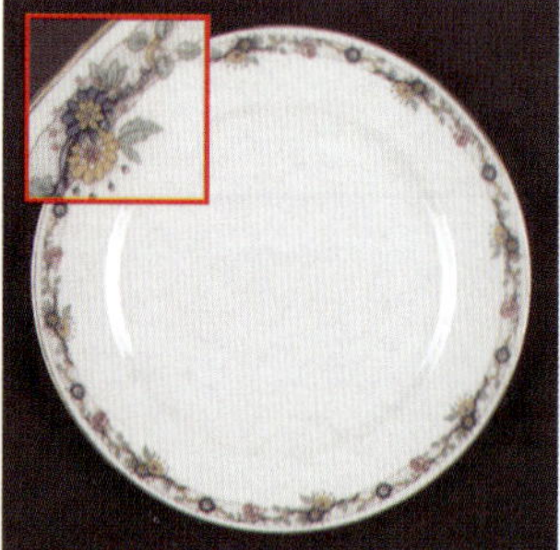

AHR 1
Gold Trim

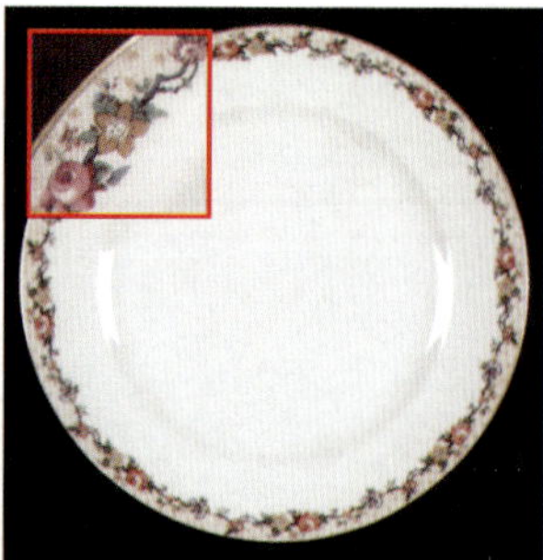

AHR 5
Gold Trim

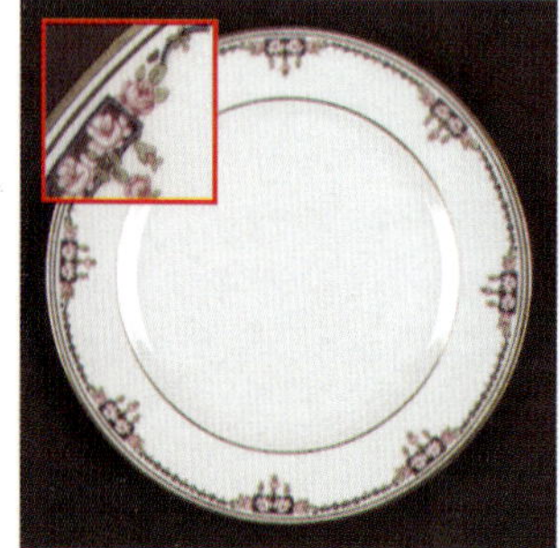

AHR 222
Salad Plate Shown
Gold Trim

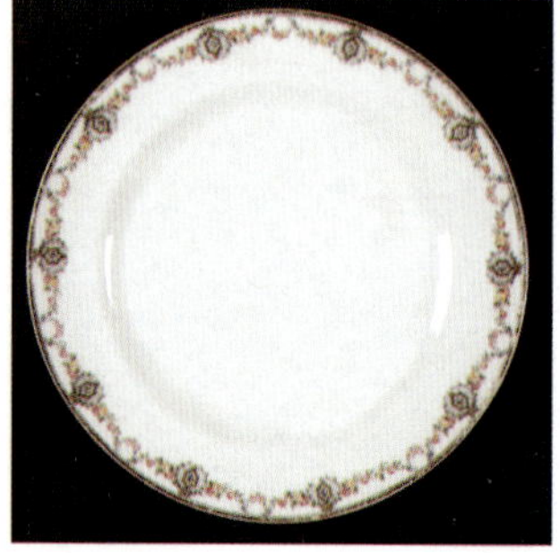

AHR 7
Gold Trim

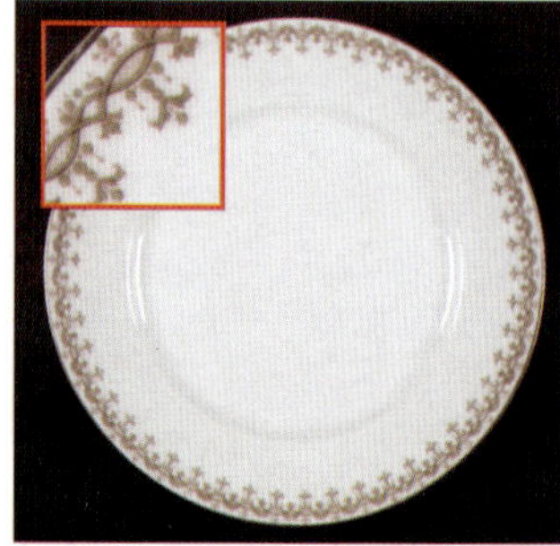

AHR 19
Gold Trim

Smooth — Rim Shape, Gold Trim (continued)

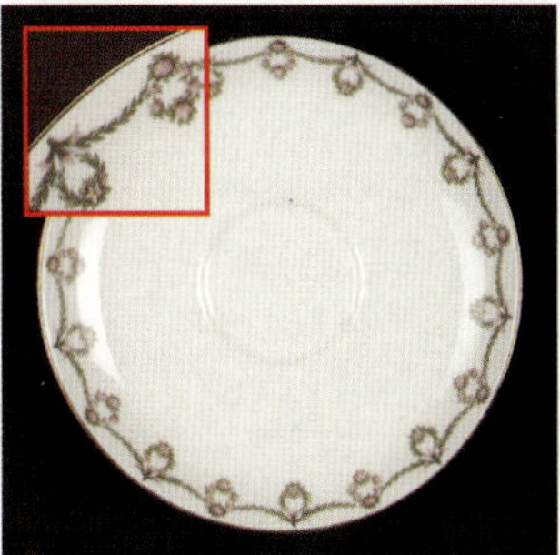
AHR 4
Saucer Shown
Gold Trim

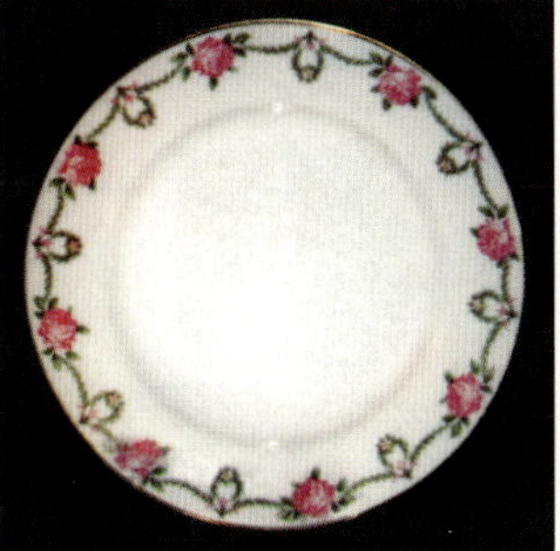
AHR 235
Gold Trim

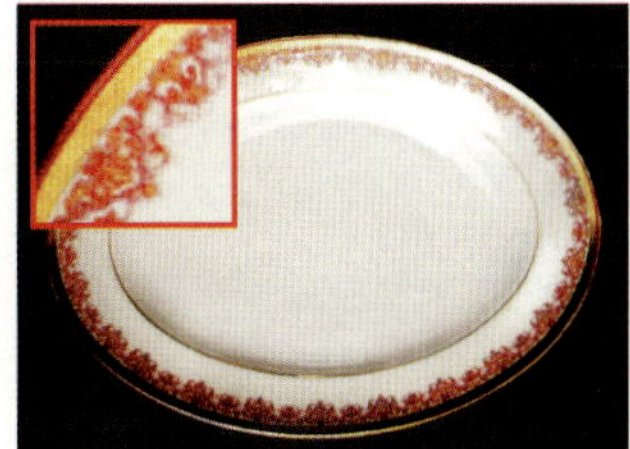
AHR 211
Platter Shown
Gold Trim

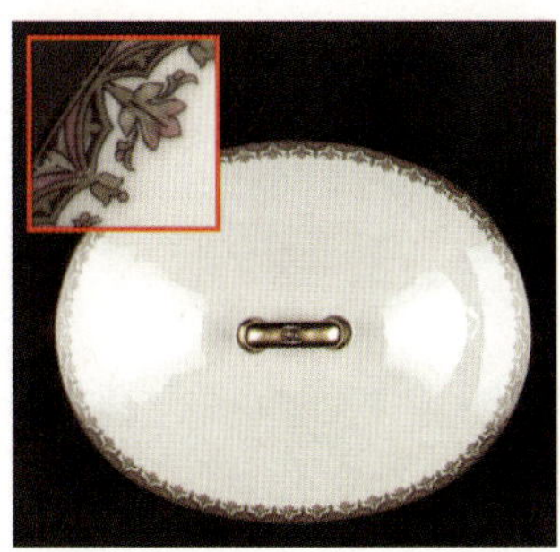
AHR 155
Vegetable Bowl Lid Shown
Gold Trim

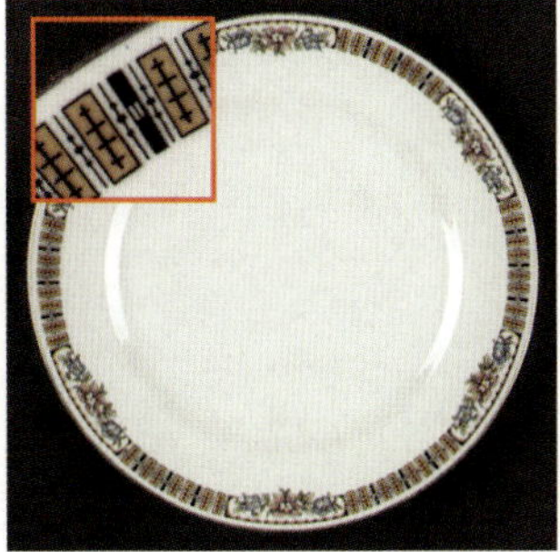
AHR 178
Gold Trim

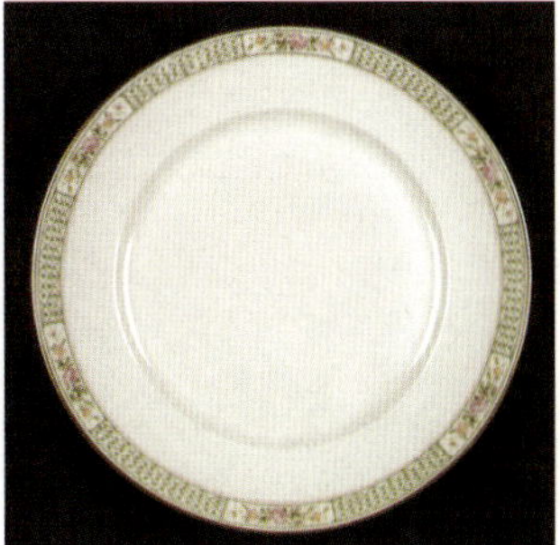
AHR 17
Gold Trim

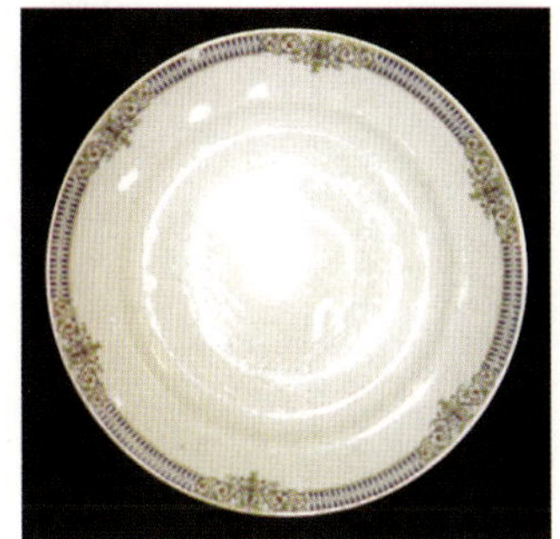
AHR 101
Gold Trim

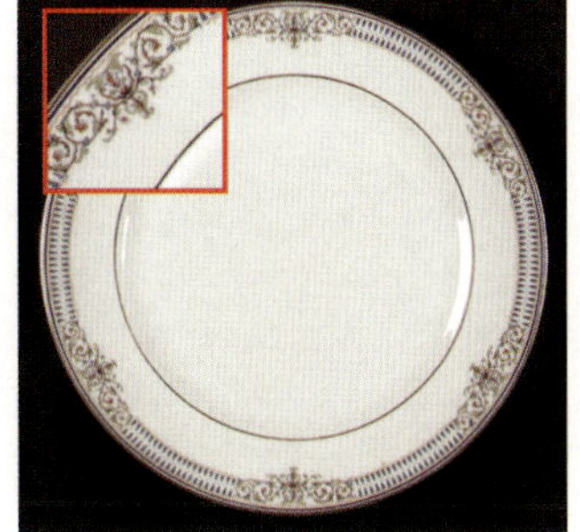
AHR 173
Gold Trim

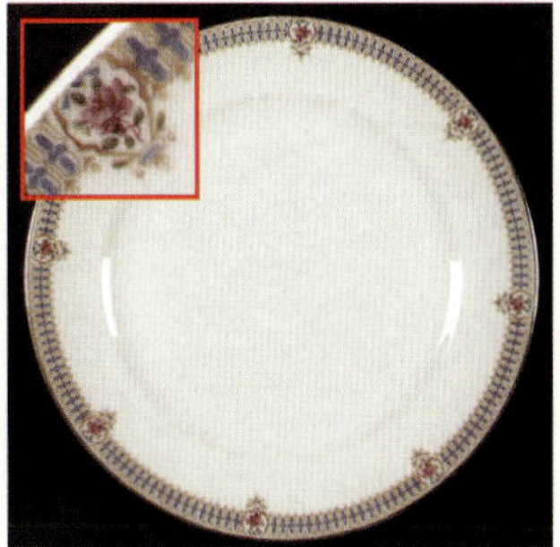
AHR 27
Gold Trim

Smooth — Rim Shape, Gold Trim (continued)

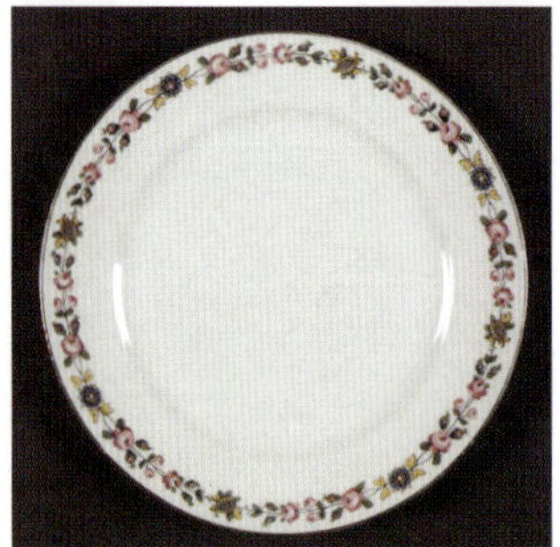

AHR 85
Gold Trim

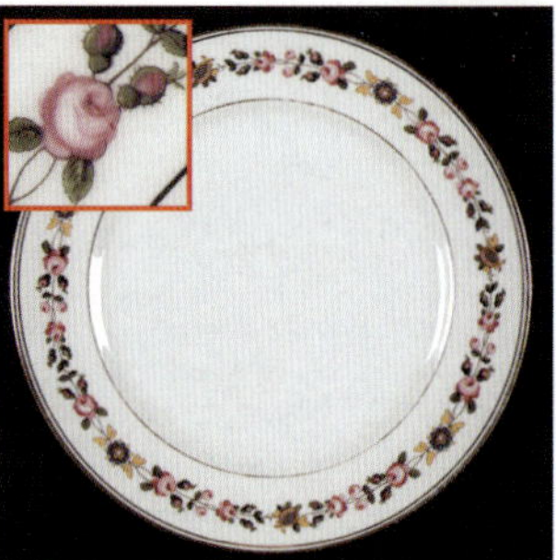

AHR 84
Gold Trim

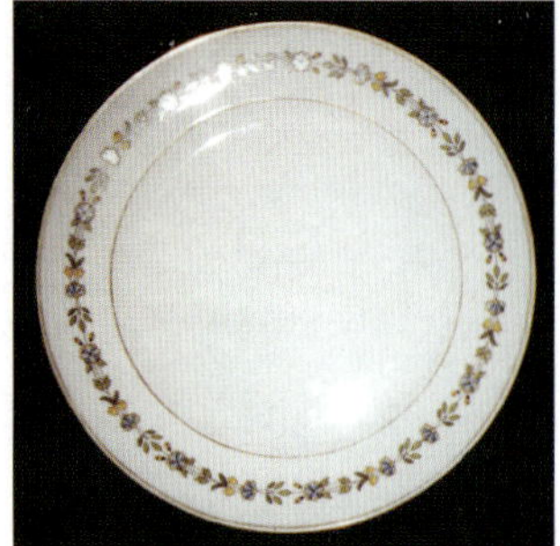

AHR 327
Gold Trim

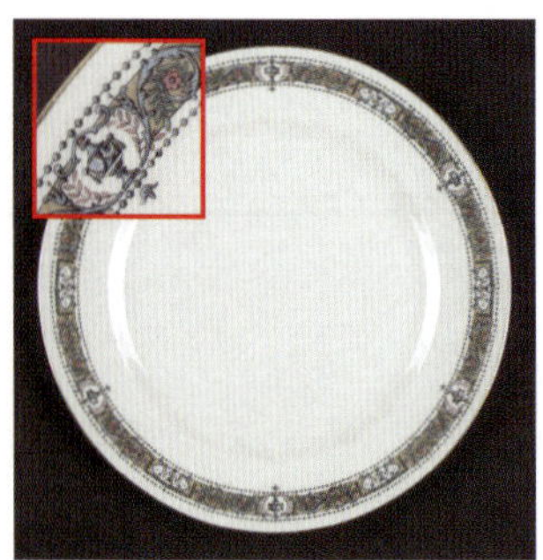

AHR 249
Gold Trim

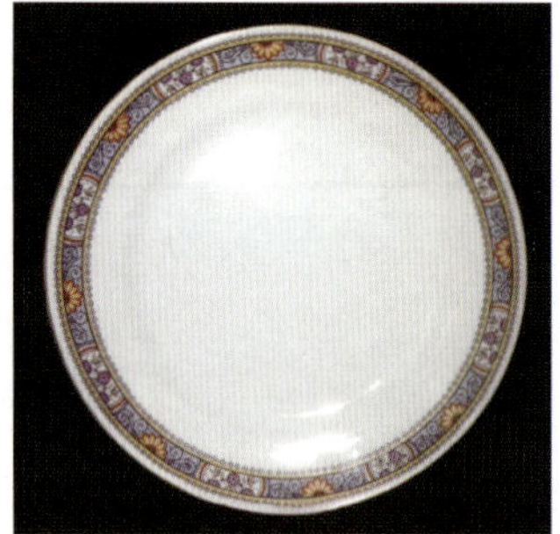

AHR 100
Gold Trim

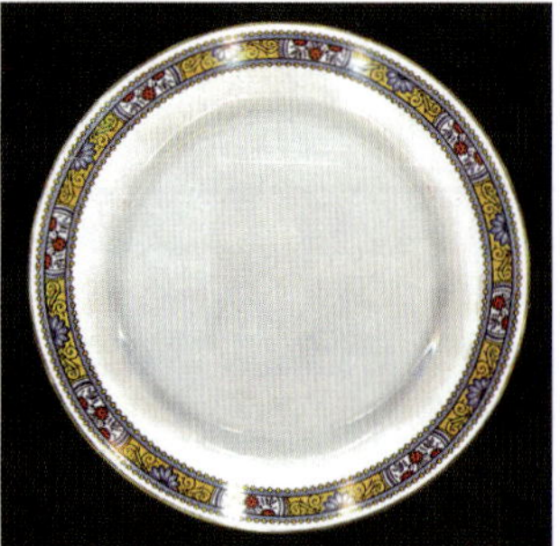

AHR 259
Gold Trim

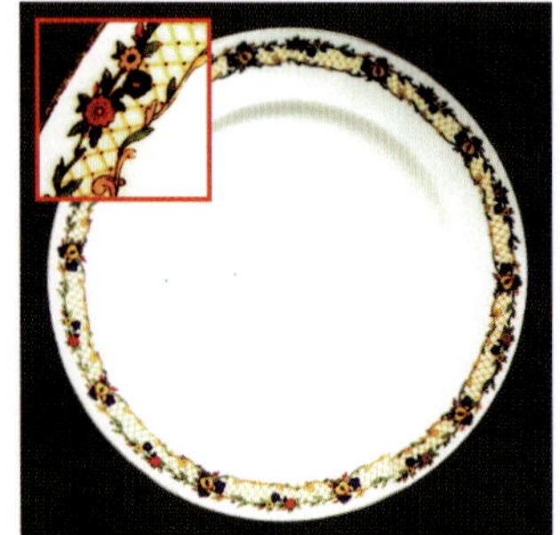

AHR 126
Gold Trim

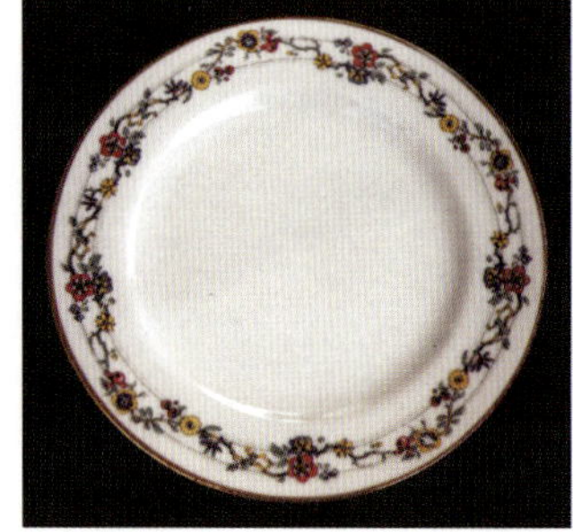

Korea
Gold Trim

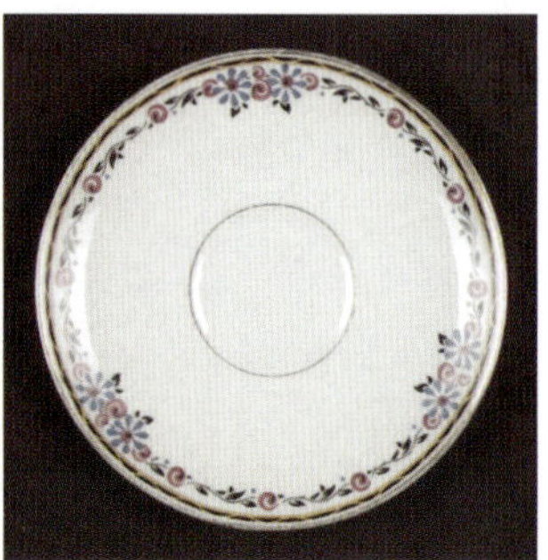

AHR 286
Saucer Shown
Gold Trim

Smooth — Rim Shape, Gold Trim (continued)

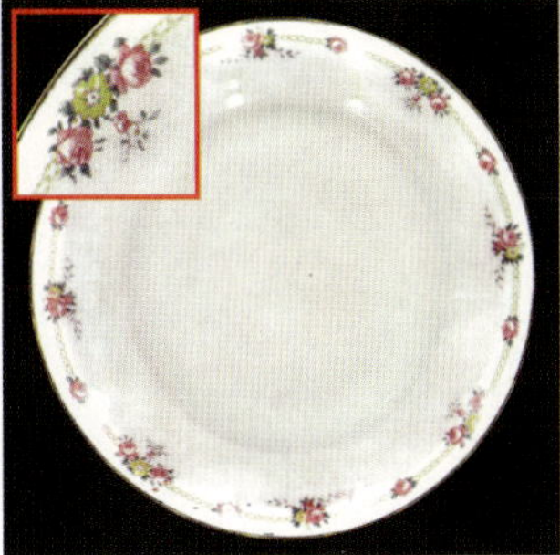
AHR 308
Gold Trim

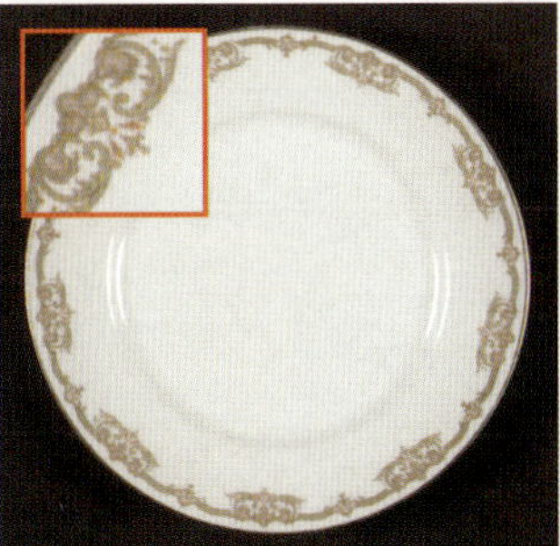
AHR 250
Salad Plate Shown
Gold Trim

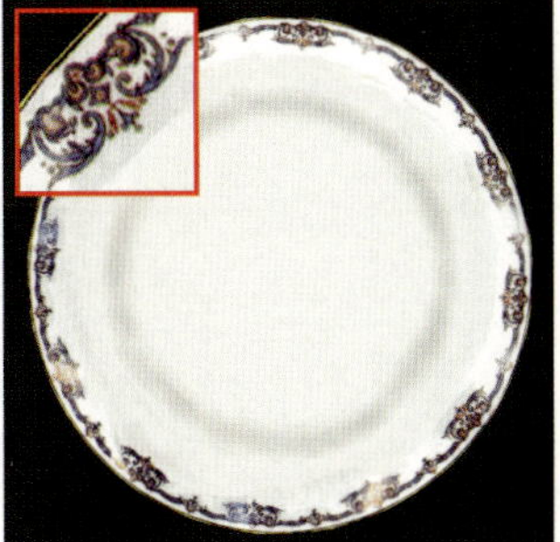
AHR 182
Gold Trim

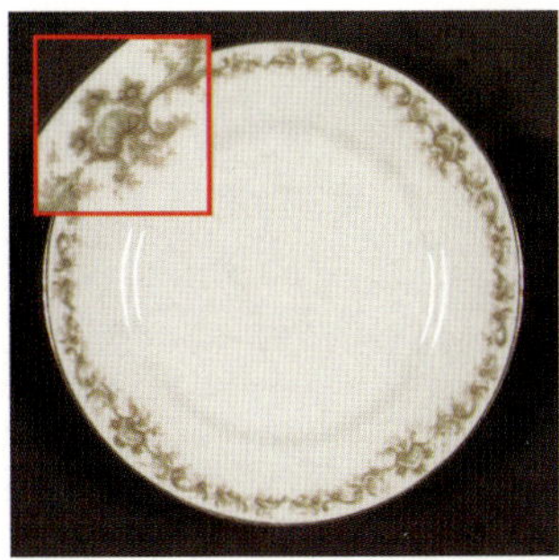
AHR 345
Bread & Butter Plate Shown
Gold Trim

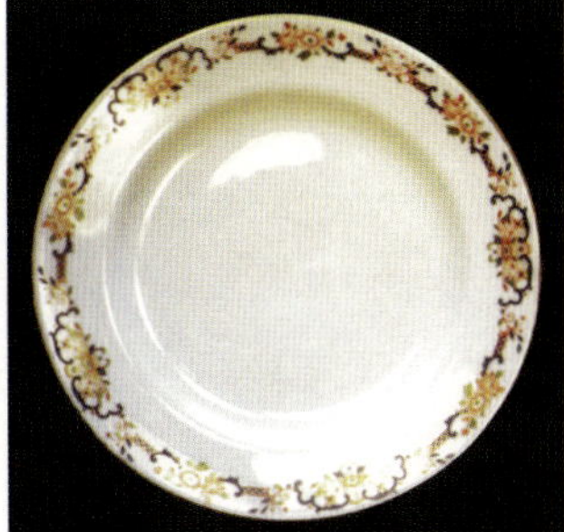
AHR 301
Salad Plate Shown
Gold Trim

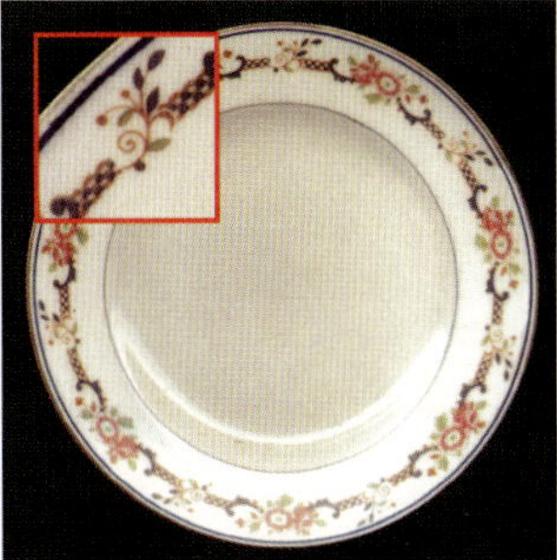
AHR 341
Salad Plate Shown
Gold Trim

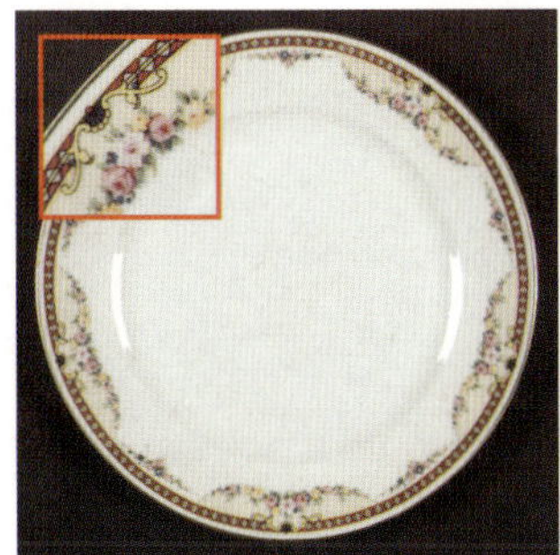
AHR 140
Gold Trim

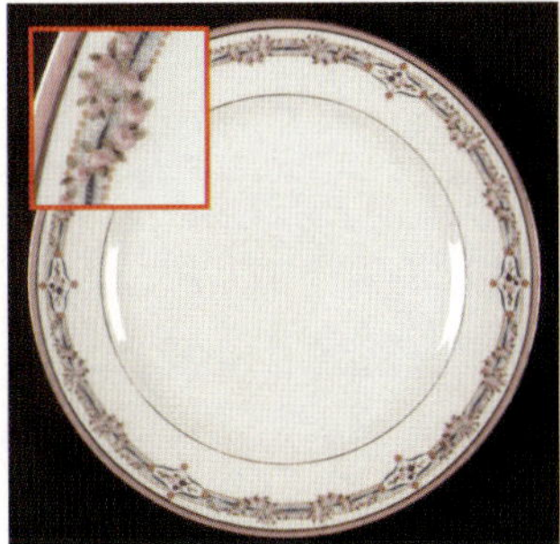
AHR 238
Gold Trim

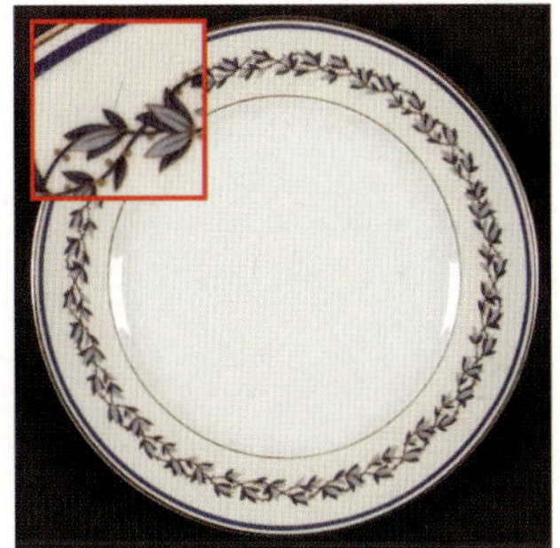
Strasbourg
Gold Trim

Smooth — Rim Shape, Gold Trim (continued)

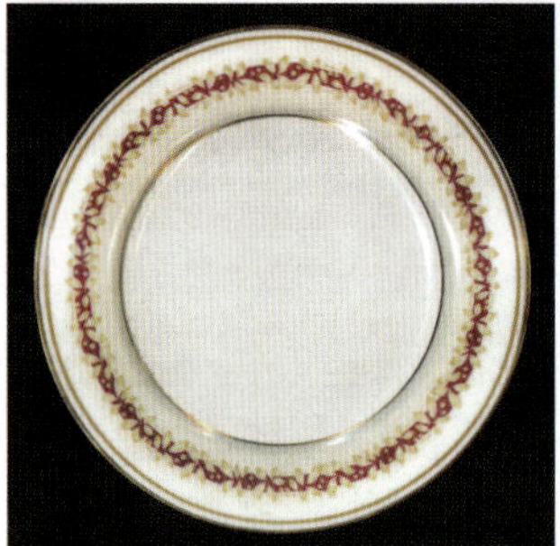

Champlain
Bread & Butter Plate Shown
Gold Trim

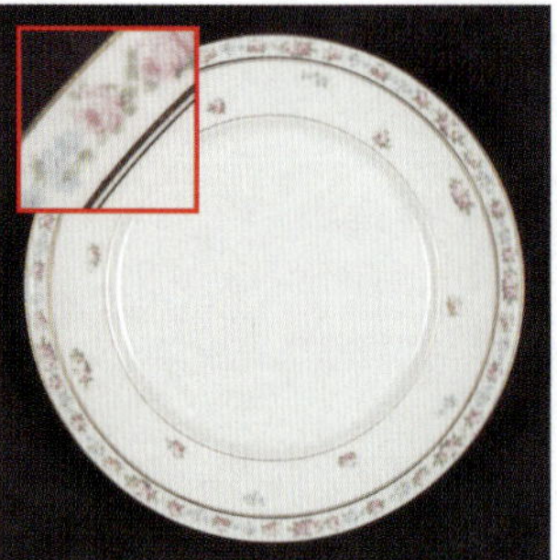

AHR 296
Gold Trim

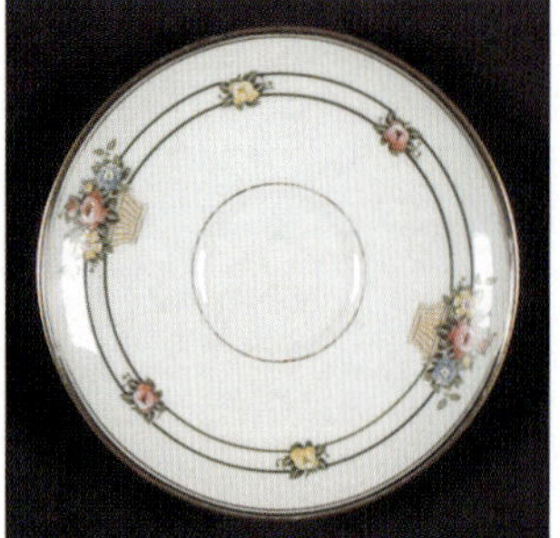

AHR 284
Saucer Shown
Gold Trim

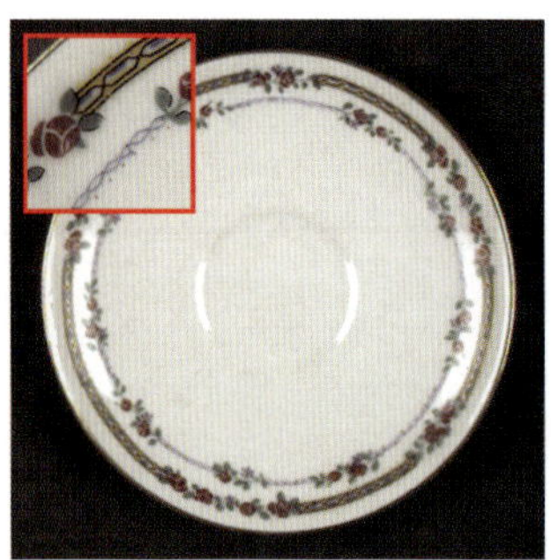

AHR 38
Saucer Shown
Gold Trim

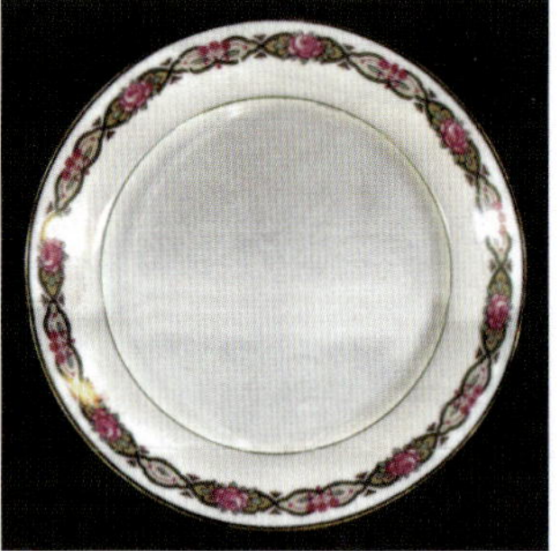

AHR 310
Bread & Butter Plate Shown
Gold Trim

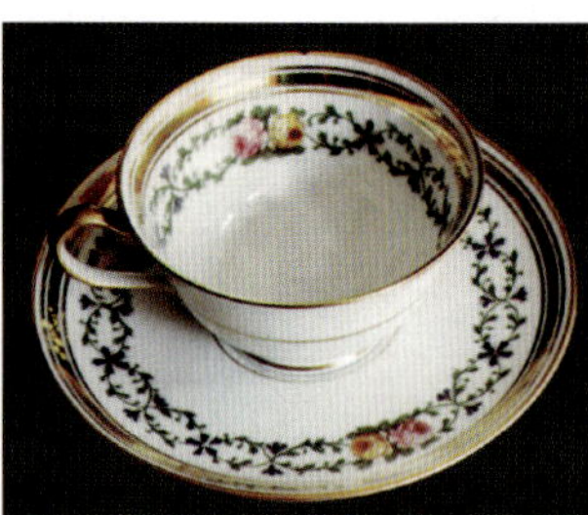

AHR 206
Cup & Saucer Shown
Gold Trim

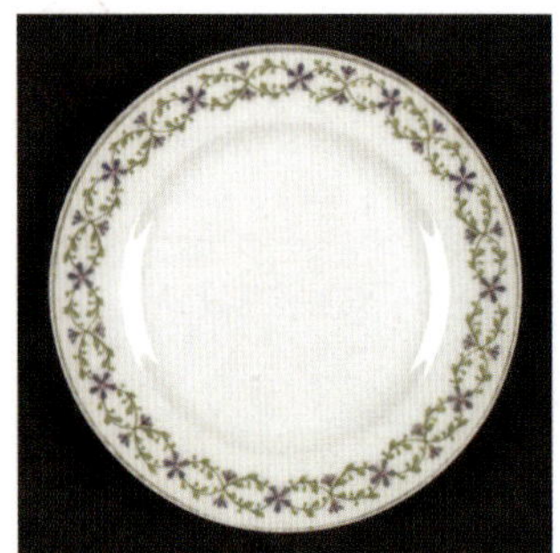

AHR 15
Salad Plate Shown
Gold Trim

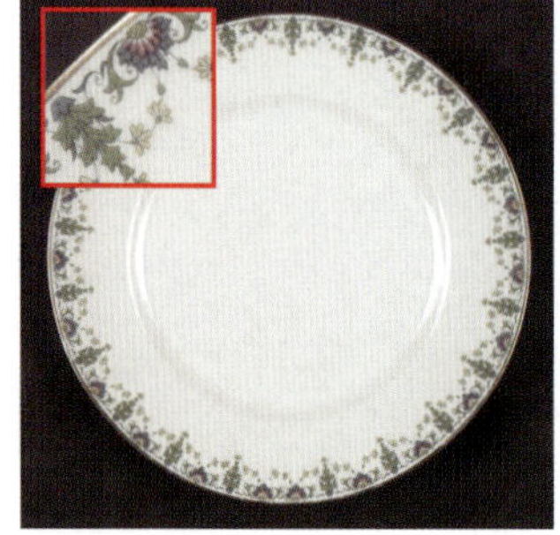

AHR 360
Luncheon Plate Shown
Gold Trim

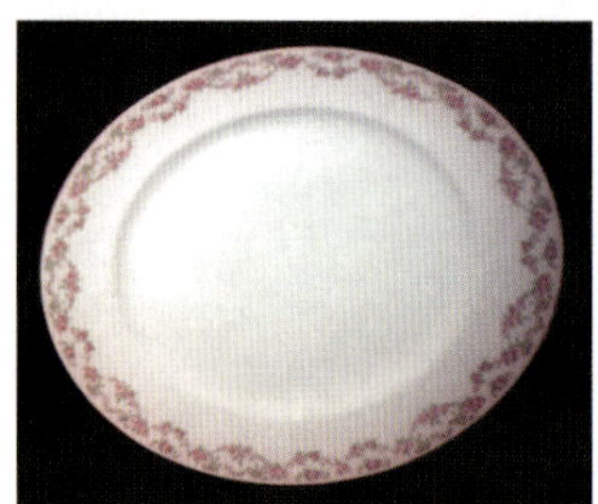

AHR 333
Gold Trim

Smooth — Rim Shape, Gold Trim (continued)

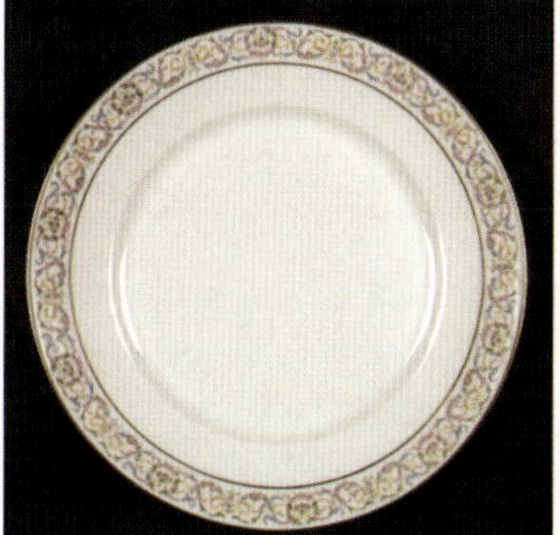

AHR 18
Gold Trim

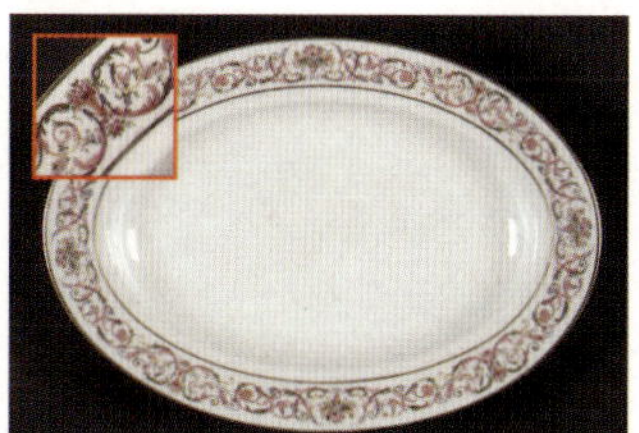

AHR 321
Platter Shown
Gold Trim

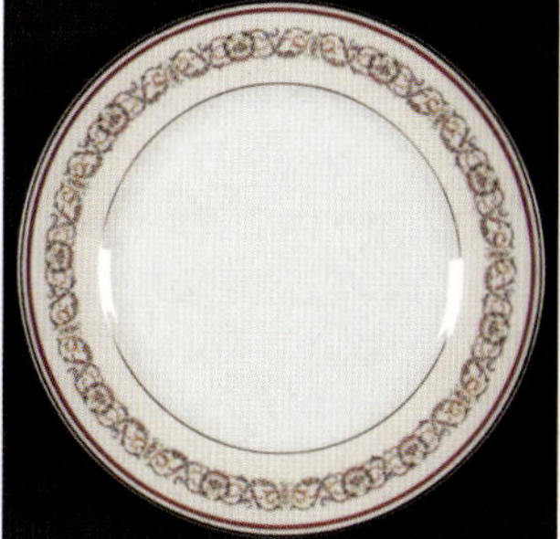

Belfort
Gold Trim

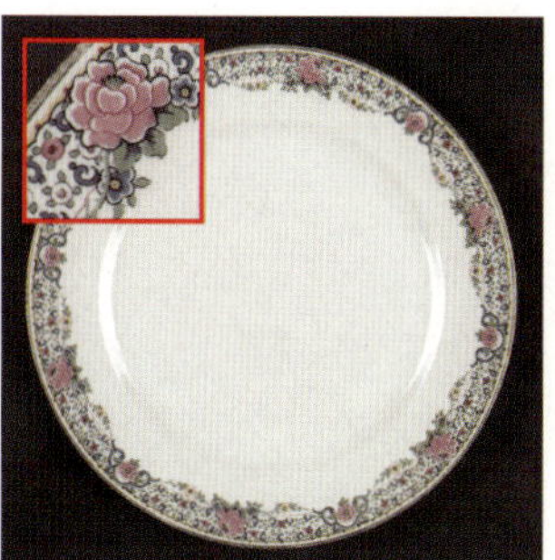

AHR 291
Gold Trim

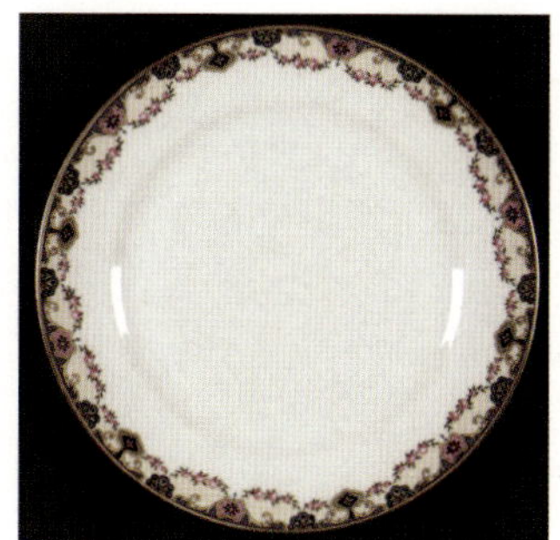

AHR 9
Gold Trim

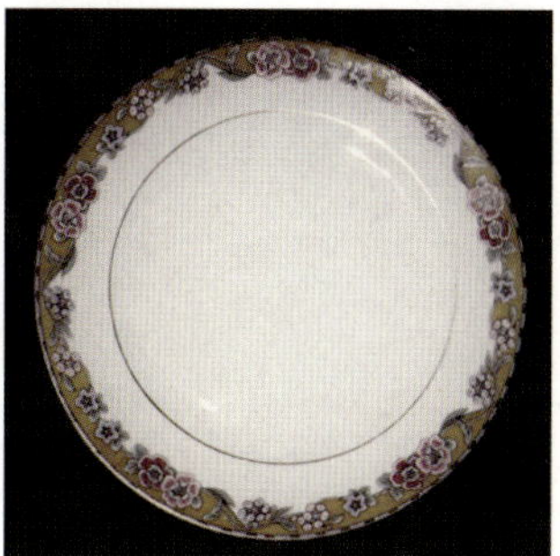

AHR 86
Gold Trim

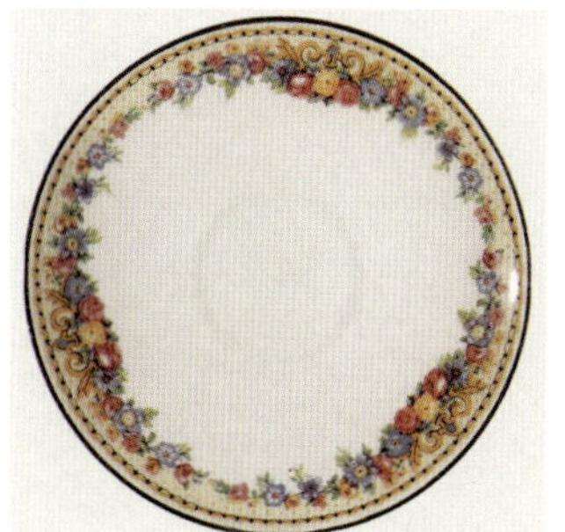

AHR 73
Saucer Shown
Gold Trim

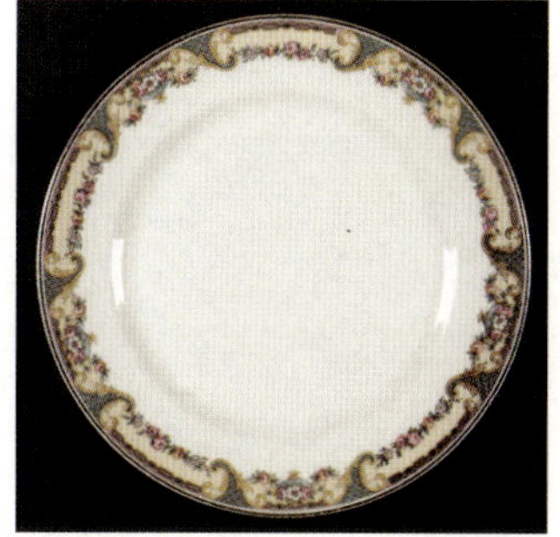

Monceau
Gold Trim

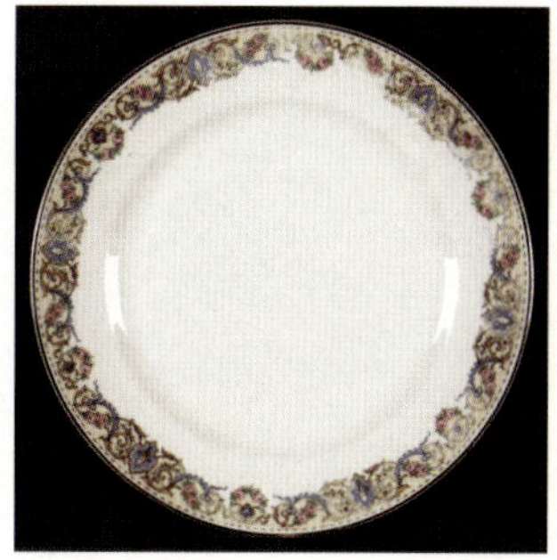

Madelon
Gold Trim

Smooth — Rim Shape, Gold Trim (continued)

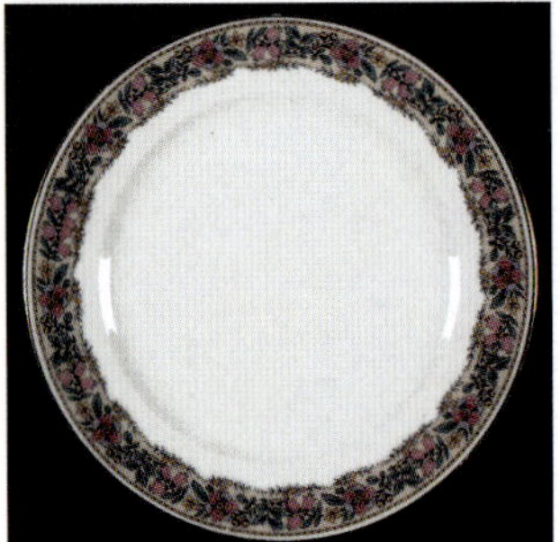

AHR 63
Gold Trim

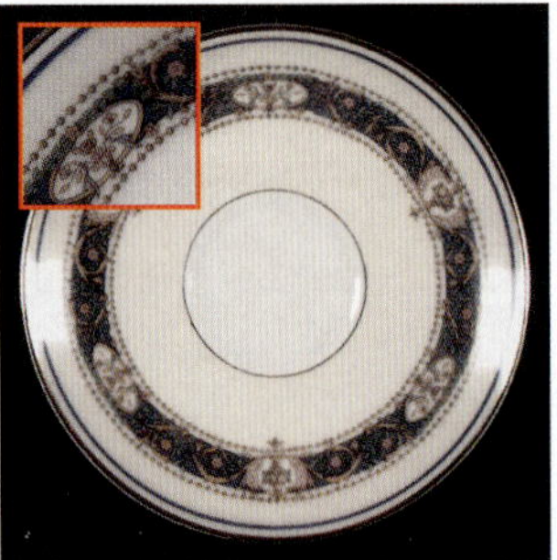

Montparnasse
Saucer Shown
Blue Band
Gold Trim

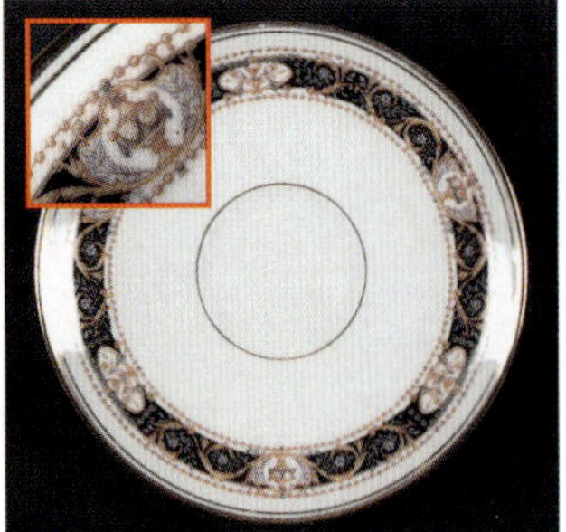

AHR 230
Saucer Shown
Gold Band
Gold Trim

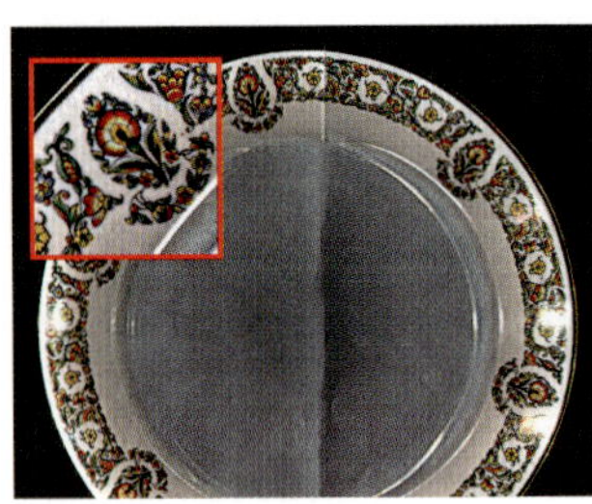

AHR 248
Gold Trim

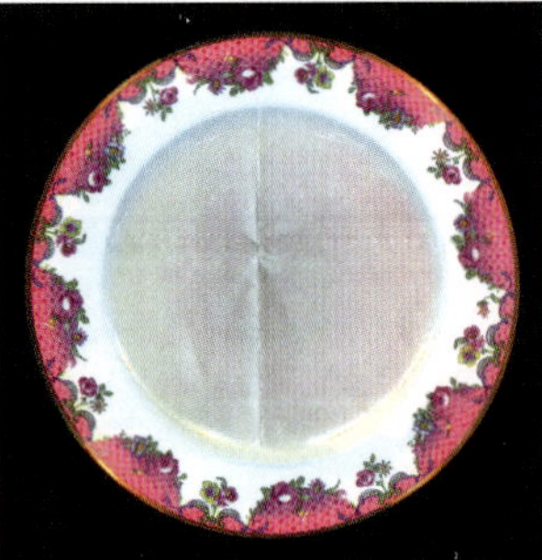

AHR 258
Gold Trim

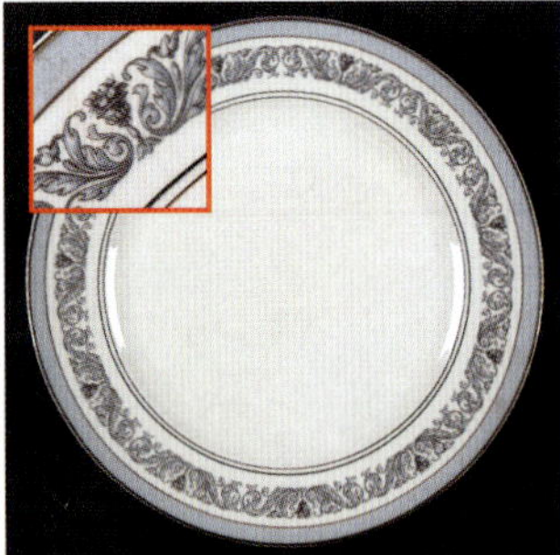

Frontenac
Gold Trim

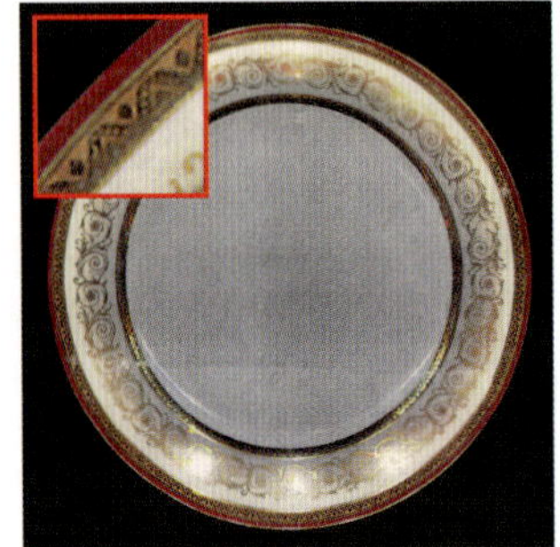

AHR 299
Gold Trim

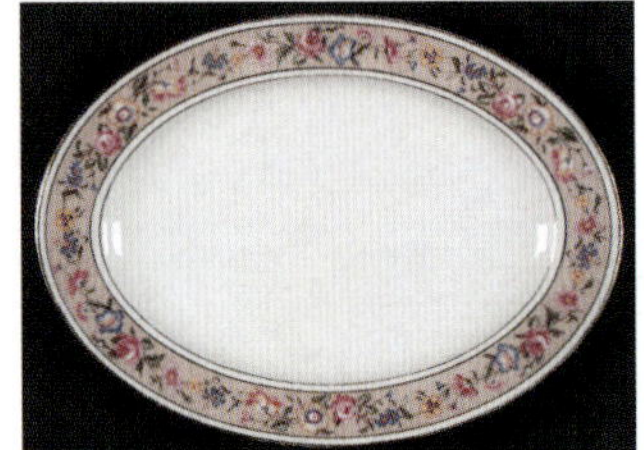

AHR 105
Platter Shown
Gold Trim

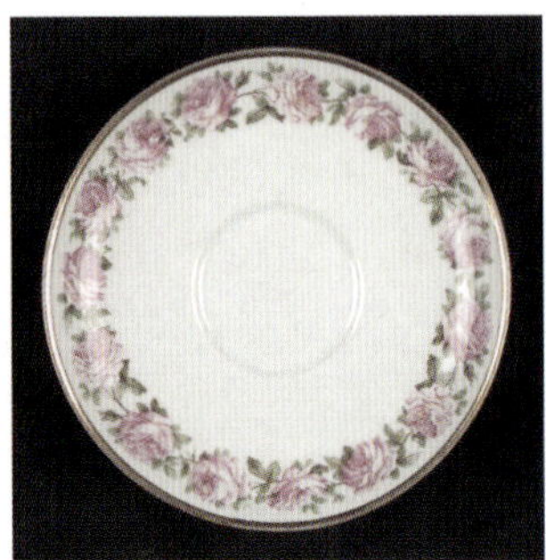

AHR 329
Saucer Shown
Gold Trim

Smooth — Rim Shape, Gold Trim (continued)

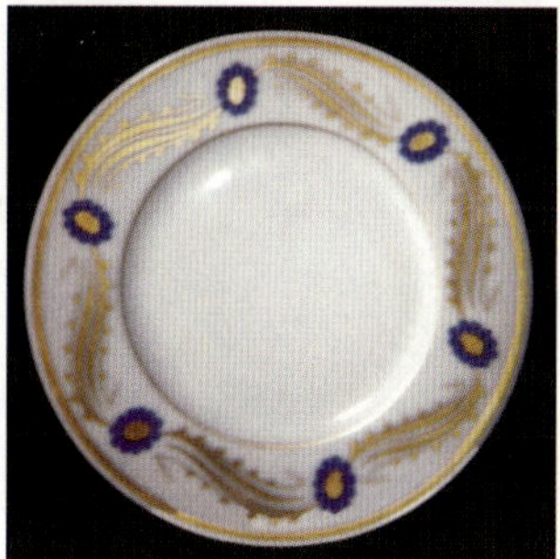

AHR 320
Gold Trim

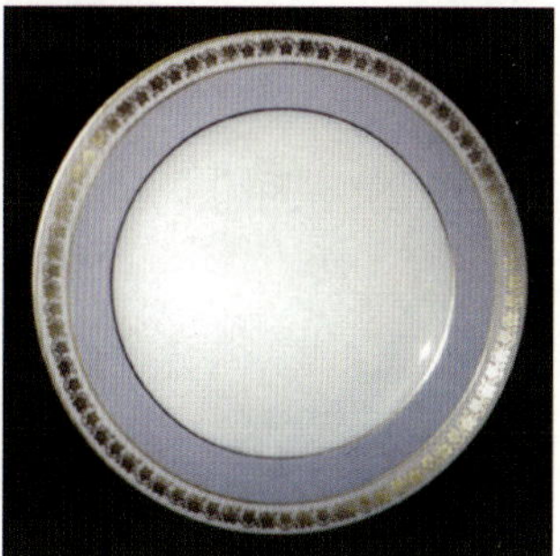

AHR 104
Gold Trim

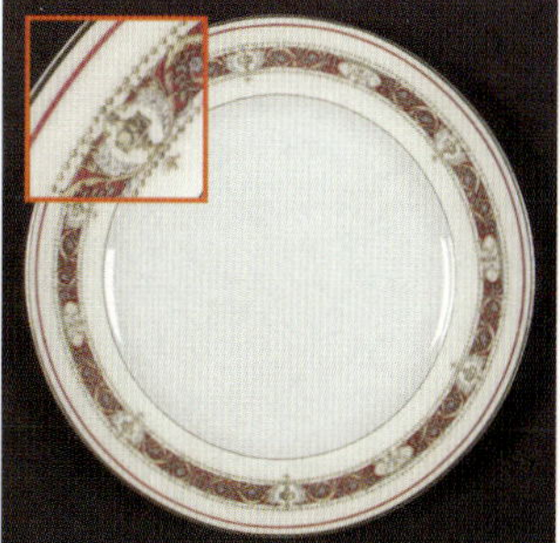

Raphael
Gold Trim

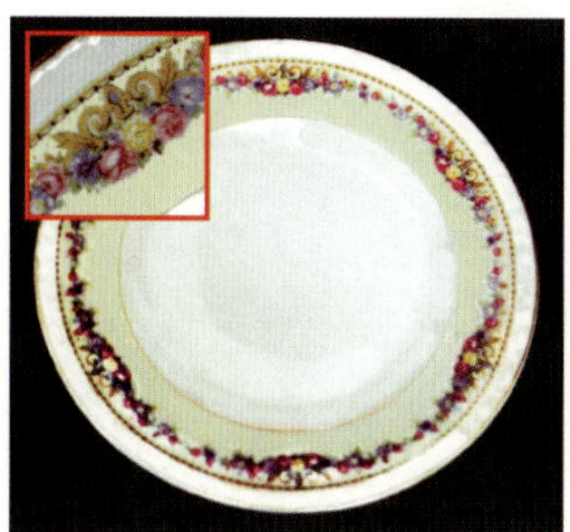

Chambord
Gold Trim

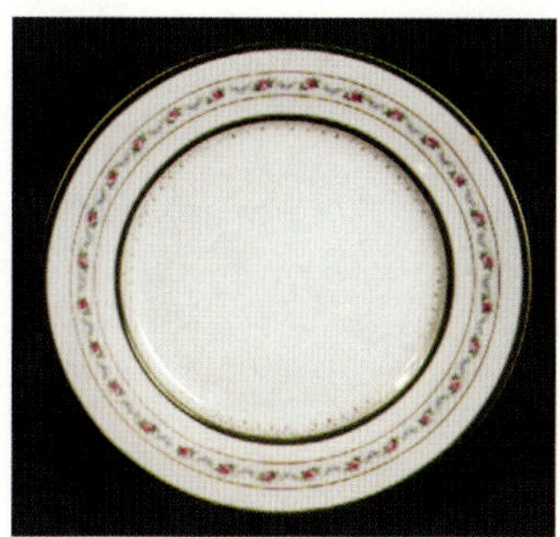

AHR 102
Gold Trim

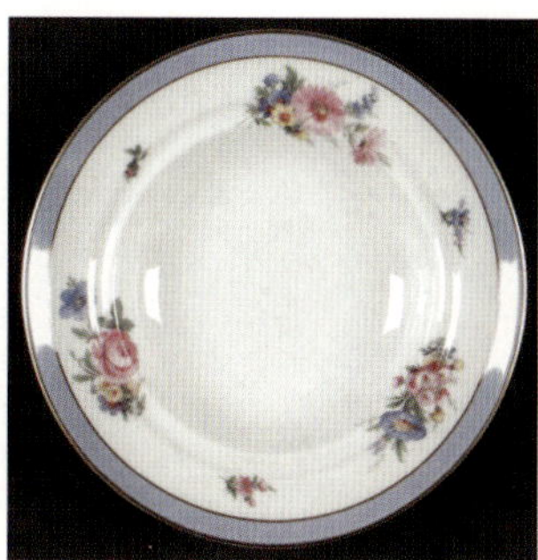

AHR 41
Butter Dish Shown
Gold Trim

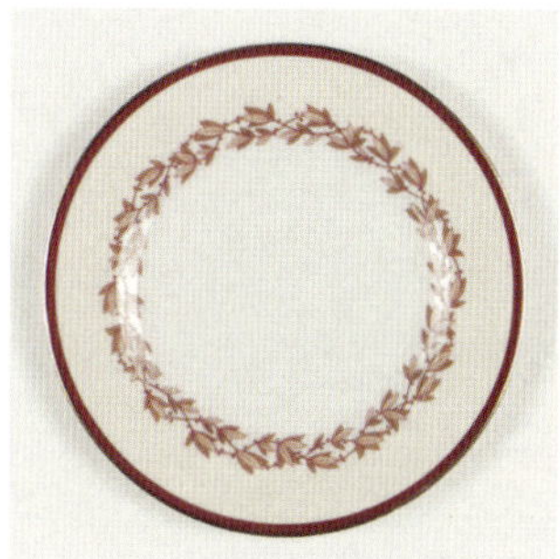

AHR 294
Bread & Butter Plate Shown
Gold Trim

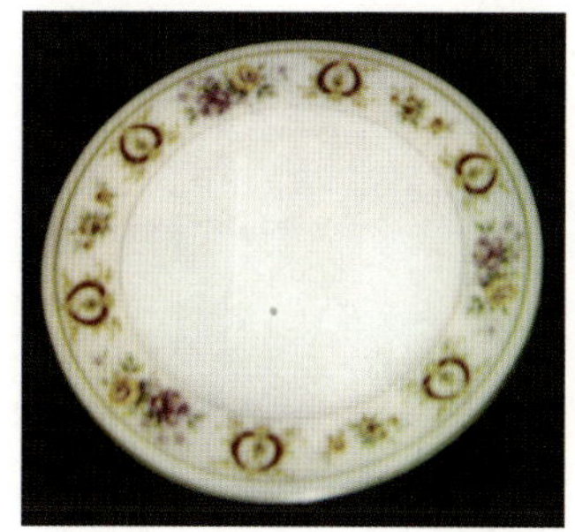

AHR 55
Gold Trim

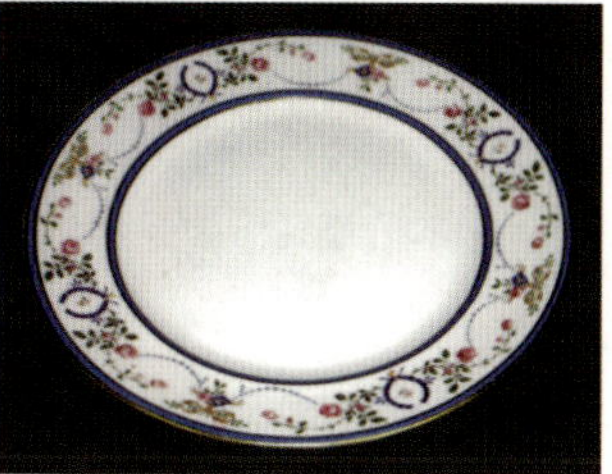

AHR 369
Blue Bands
Gold Trim

Smooth — Rim Shape, Gold Trim (continued)

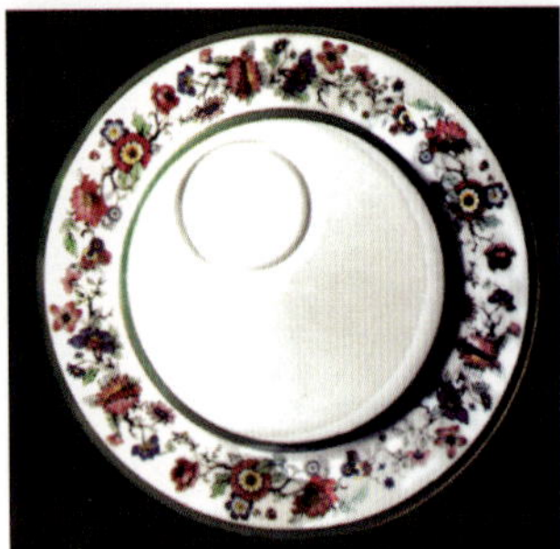
AHR 158
Snack Plate Shown
Green Bands
Gold Trim

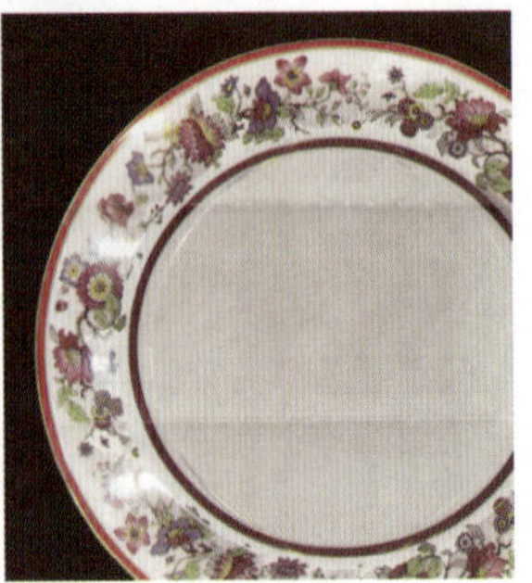
AHR 83
Gold Trim

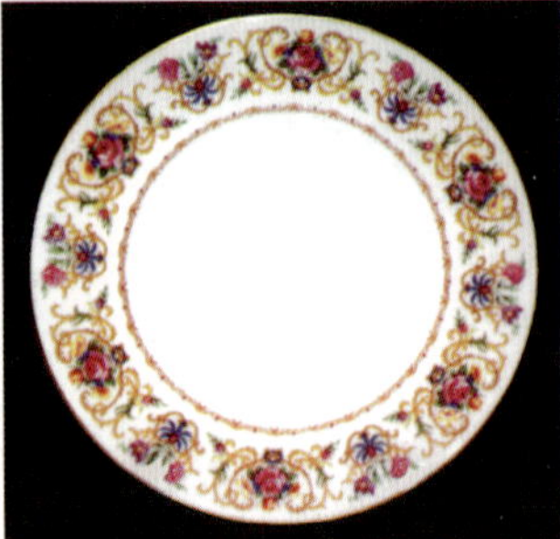
AHR 116
Gold Trim

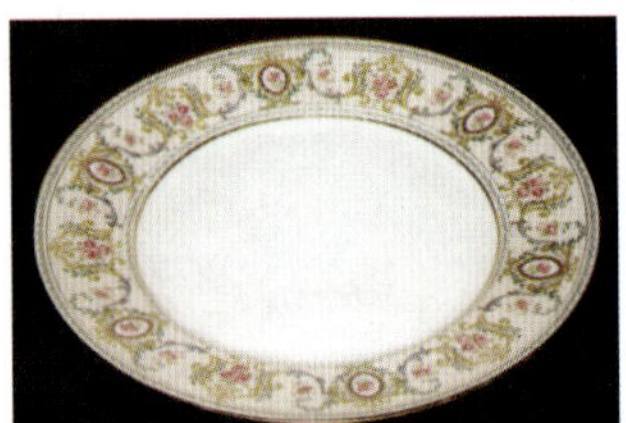
AHR 304
Gold Trim

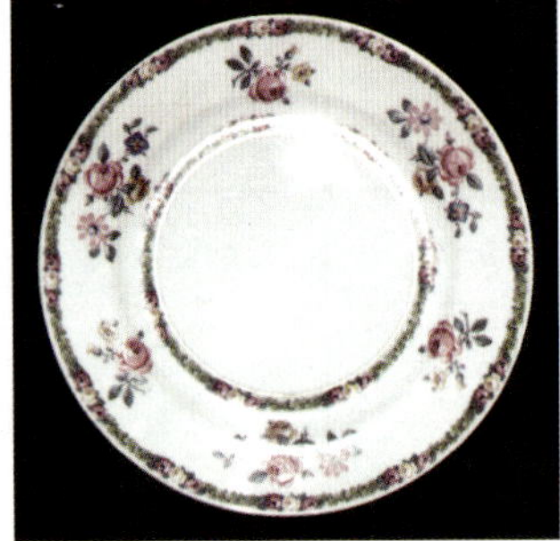
AHR 229
Gold Trim

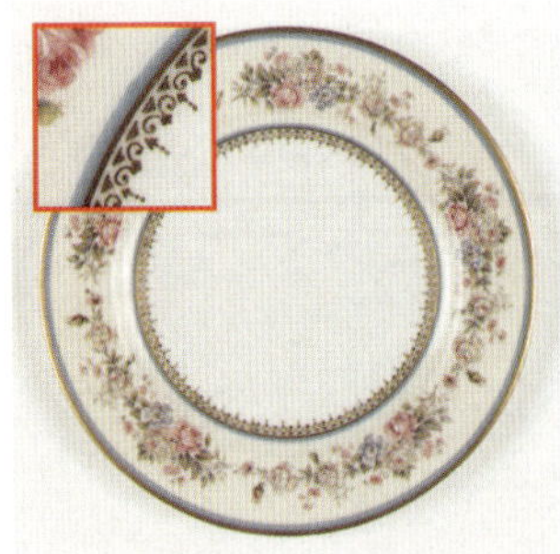
AHR 181
Salad Plate Shown
Gold Trim

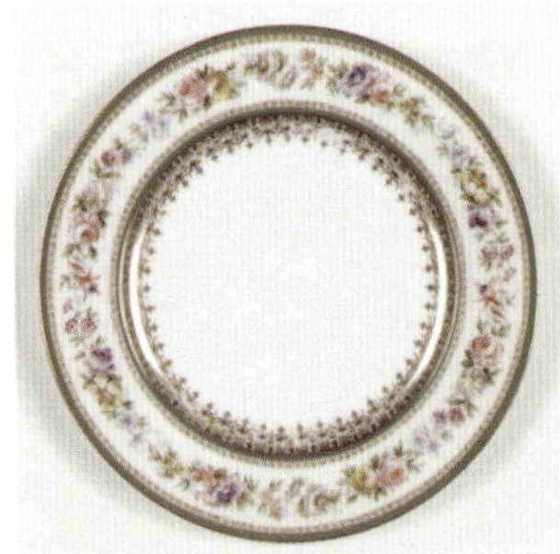
AHR 60
Green Band
Gold Trim

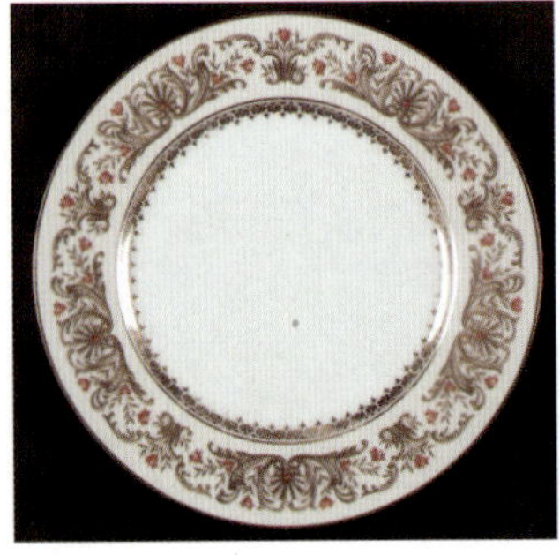
AHR 125
Gold Trim

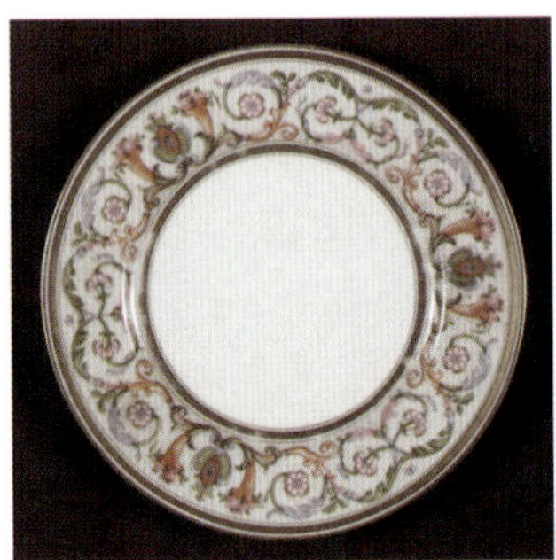
AHR 240
Luncheon Plate Shown
Gold Trim

Smooth — Rim Shape, Gold Trim (continued)

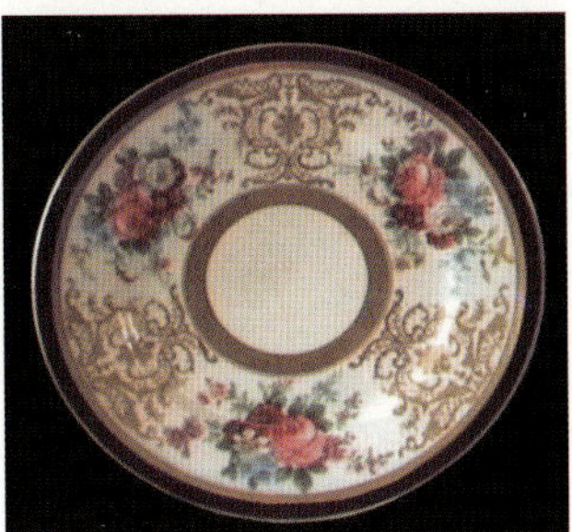
AHR 354
Gold Trim

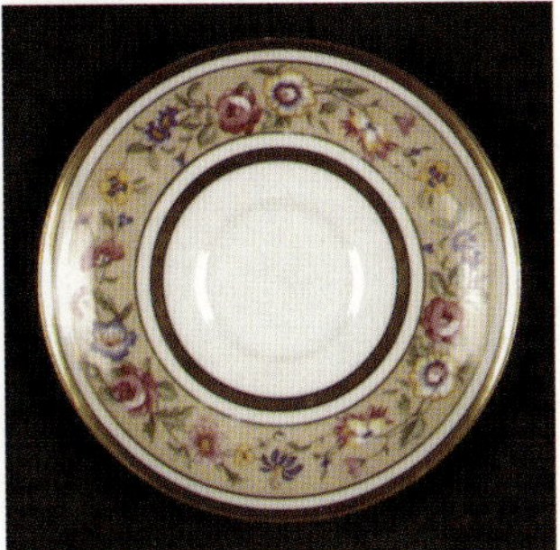
AHR 36
Saucer Shown
Gold Trim

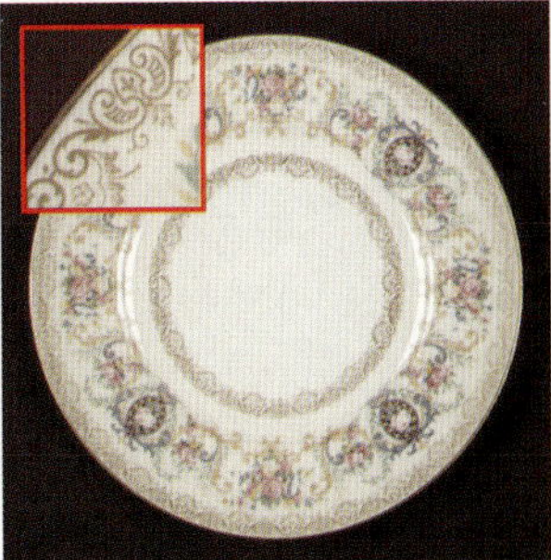
AHR 281
Luncheon Plate Shown
Gold Trim

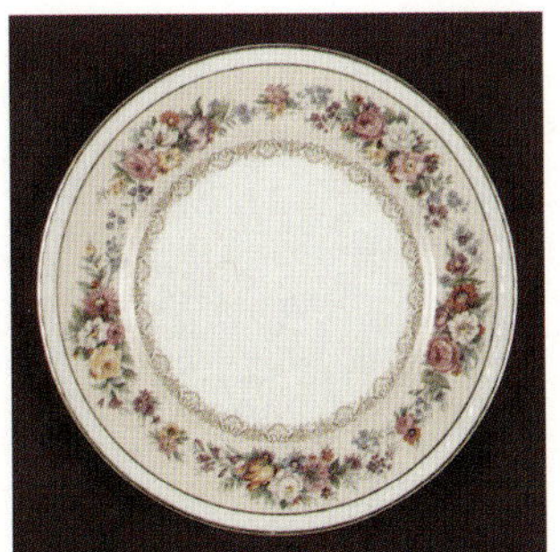
AHR 370
Gold Trim

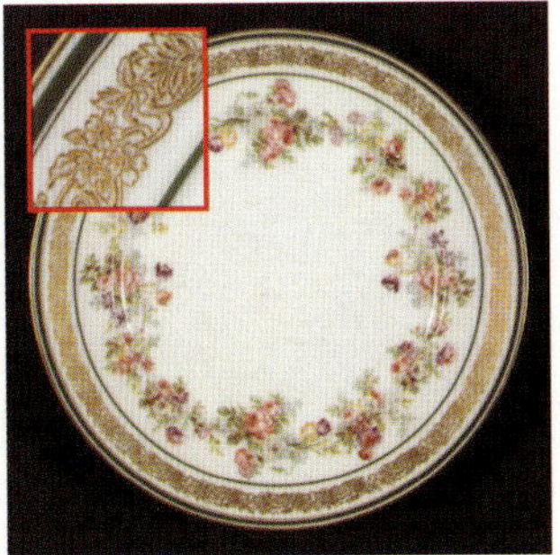
AHR 288
Gold Trim

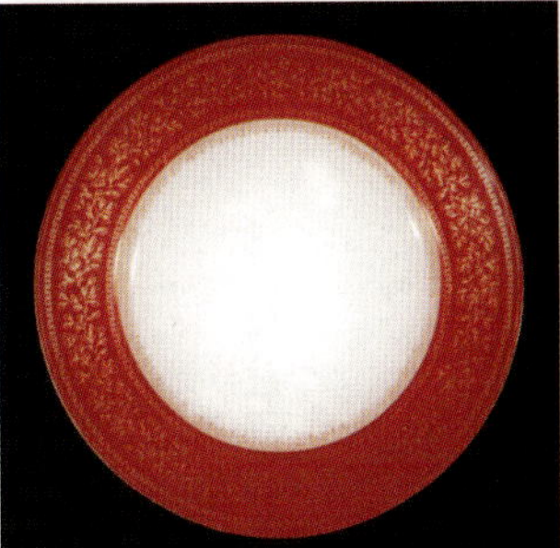
AHR 361
Gold Trim

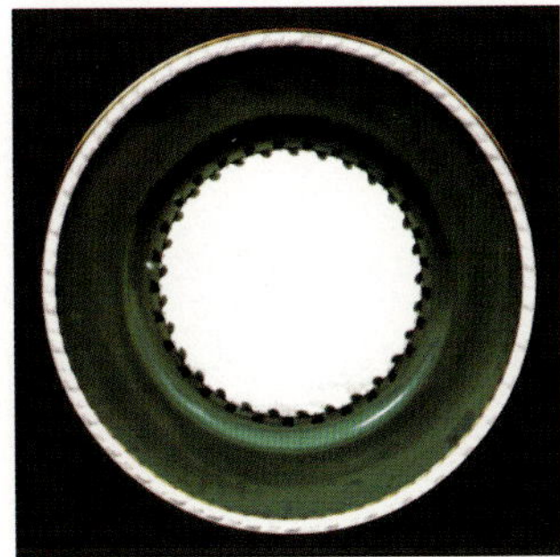
AHR 166
Gold Trim

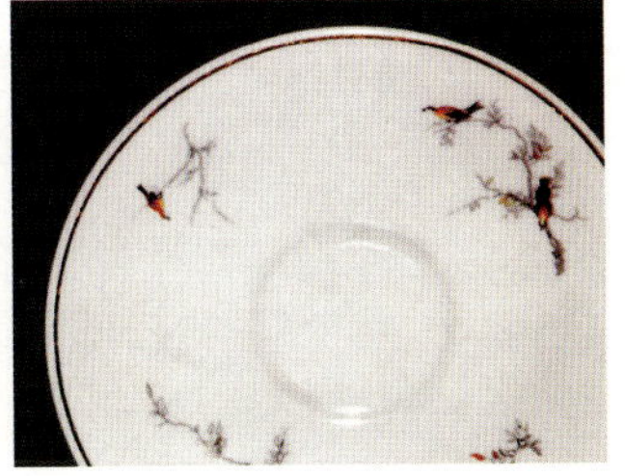
AHR 209
Saucer Shown
Gold Trim

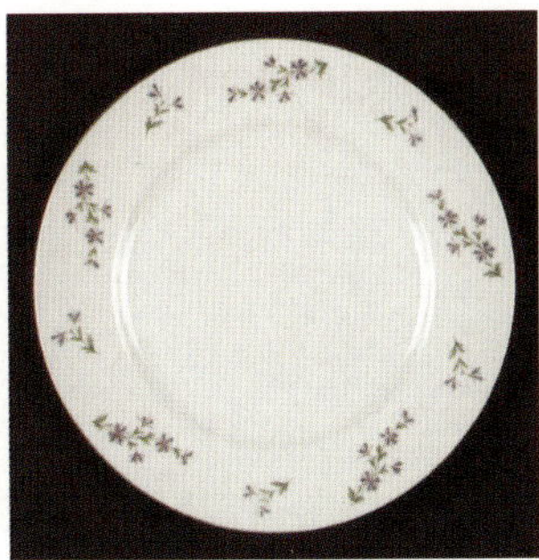
AHR 279
Gold Trim

Smooth — Rim Shape, Gold Trim (continued)

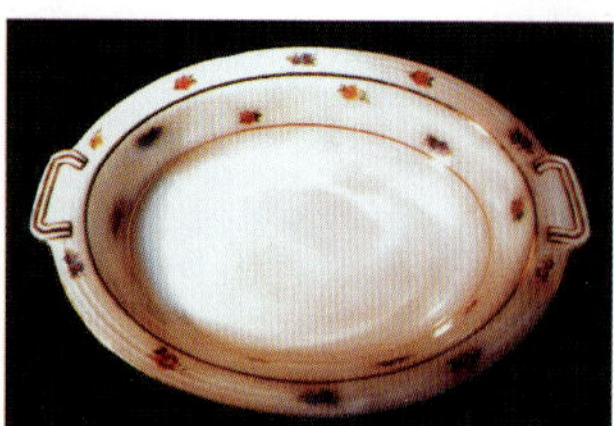
AHR 197
Oval Vegetable Bowl Shown
Gold Trim

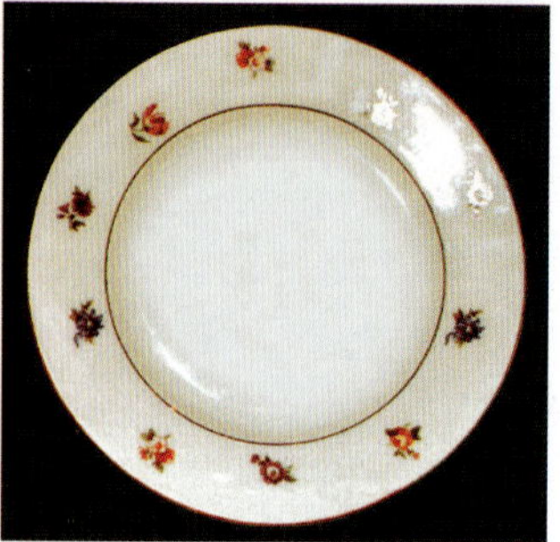
AHR 207
Gold Trim

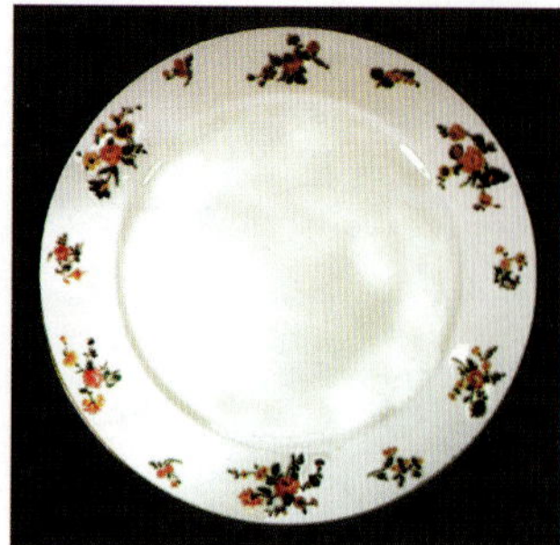
AHR 141
Gold Trim

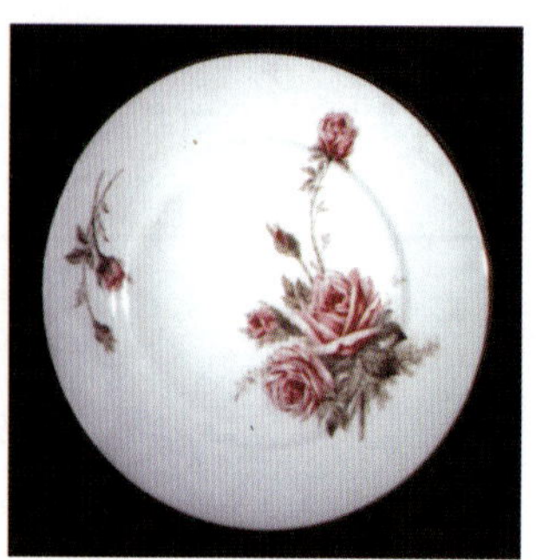
AHR 358
Gold Trim

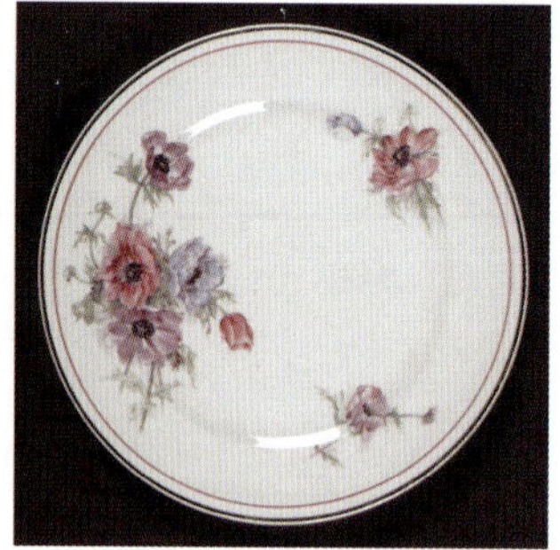
Anemone
Gold Trim

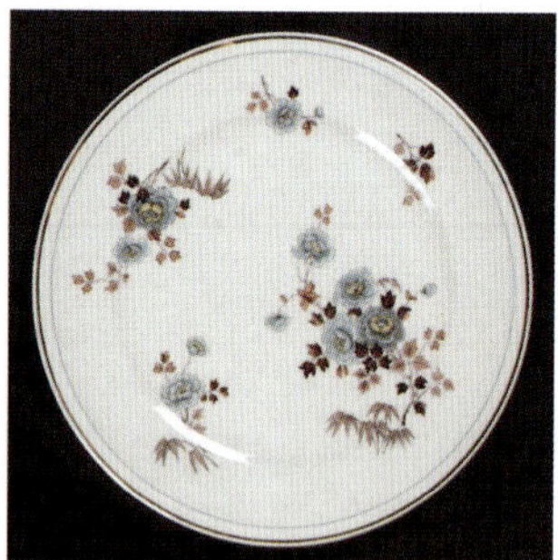
AHR 54
Gold Trim

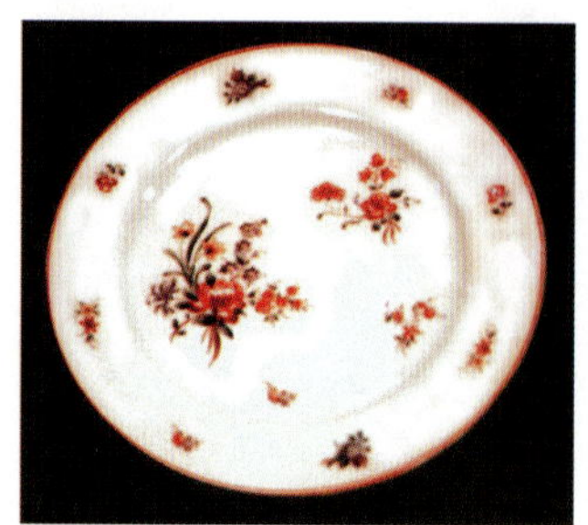
AHR 218
Gold Trim

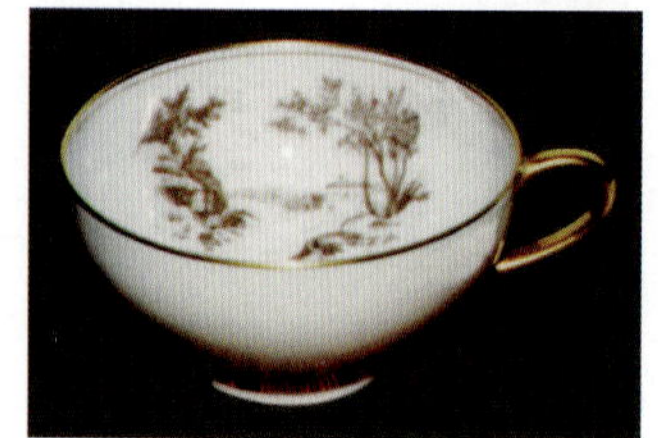
AHR 212
Cup Shown
Gold Trim

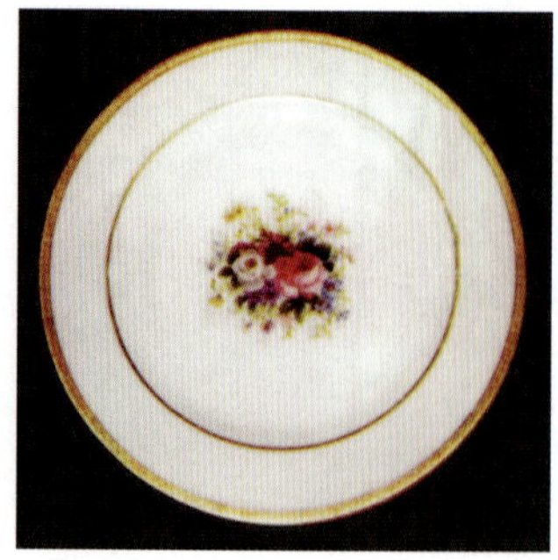
AHR 217
Gold Trim

Smooth — Rim Shape, Gold Trim (continued)

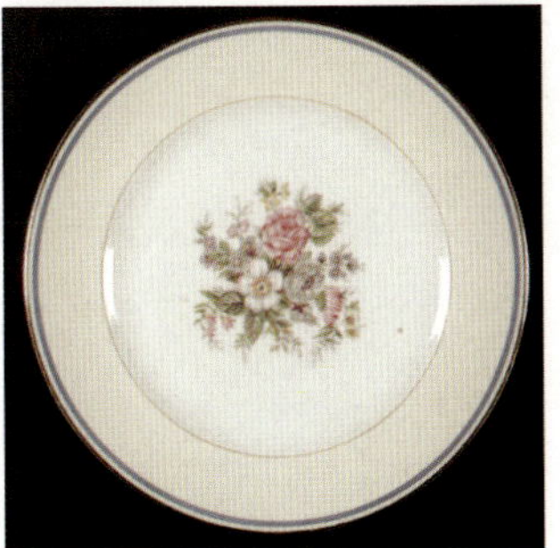
Bouquet of France
Gold Trim

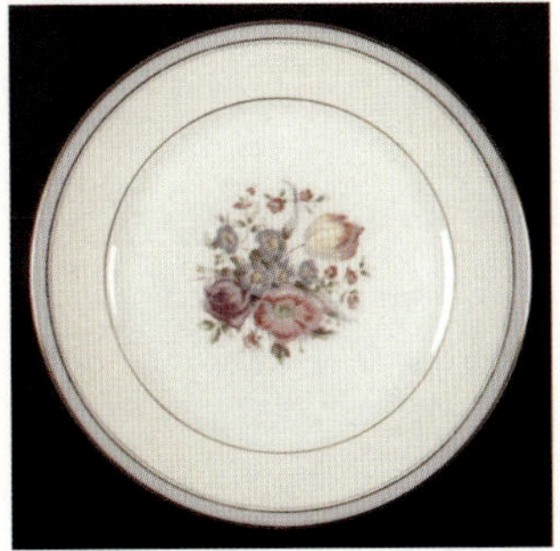
Longchamps
Gold Trim

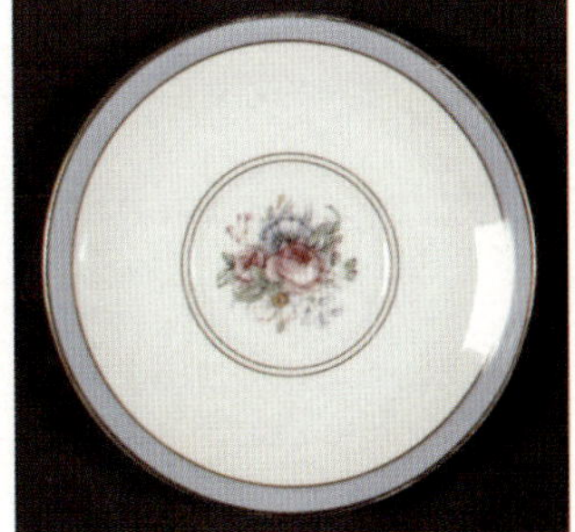
AHR 274
Saucer Shown
Gold Trim

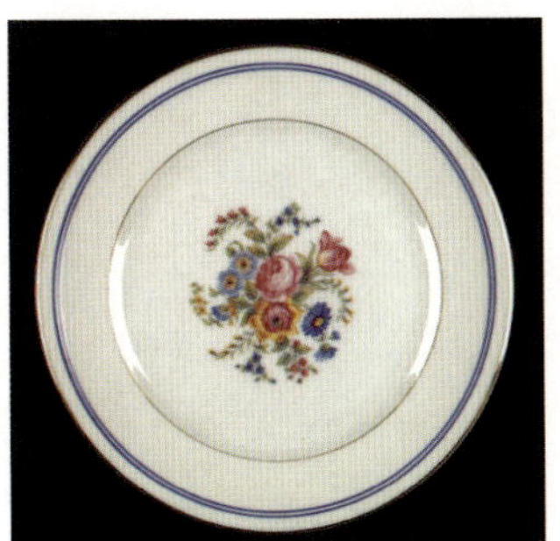
Navarre
Gold Trim

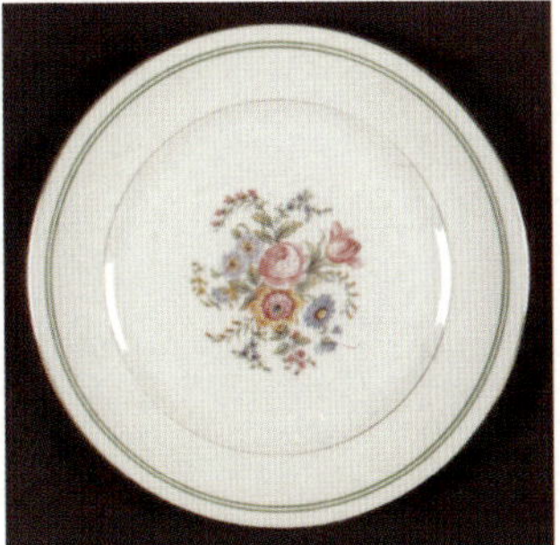
Mariette
Gold Trim

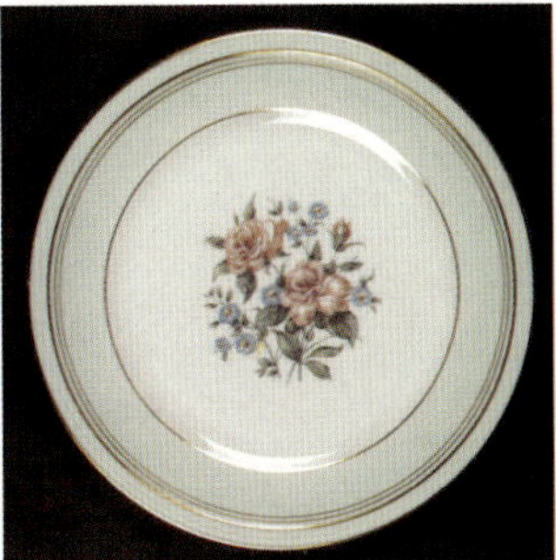
Ville Franche
Gold Trim

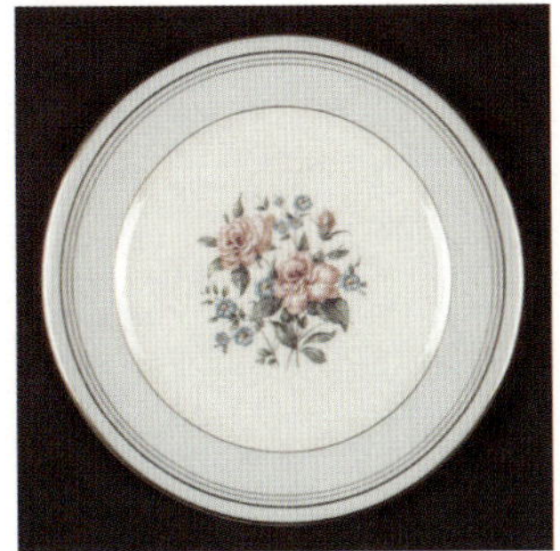
Menton
Gold Trim

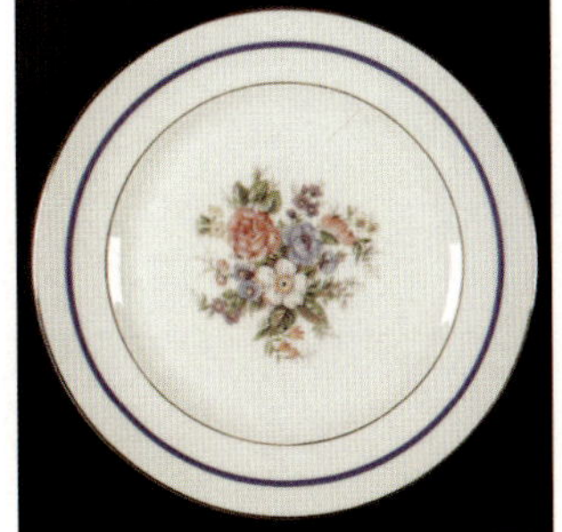
Calais
Gold Trim

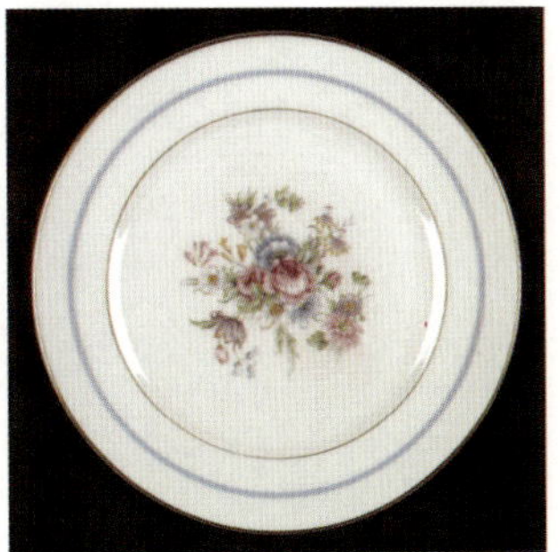
Dinard
Gold Trim

Smooth — Rim Shape, Gold Trim (continued)

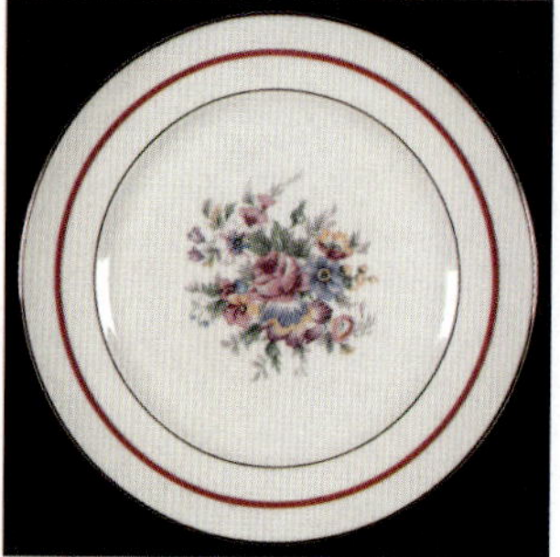
Cherbourg
Gold Trim

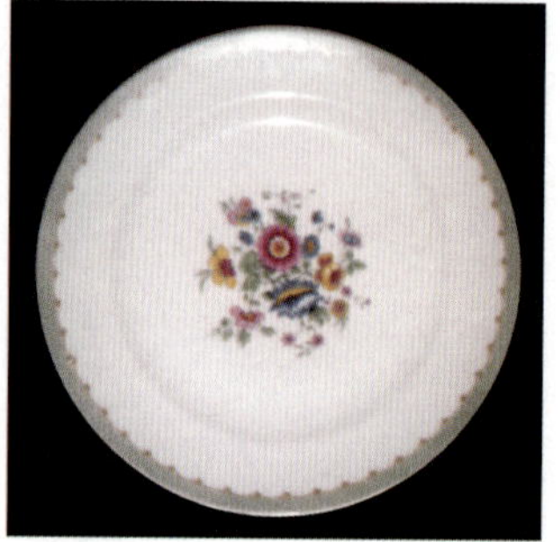
AHR 314
Green Lattice
Gold Trim

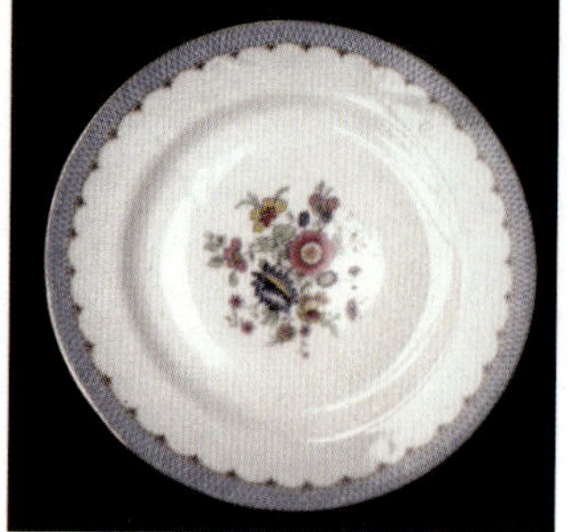
AHR 93
Gold Trim

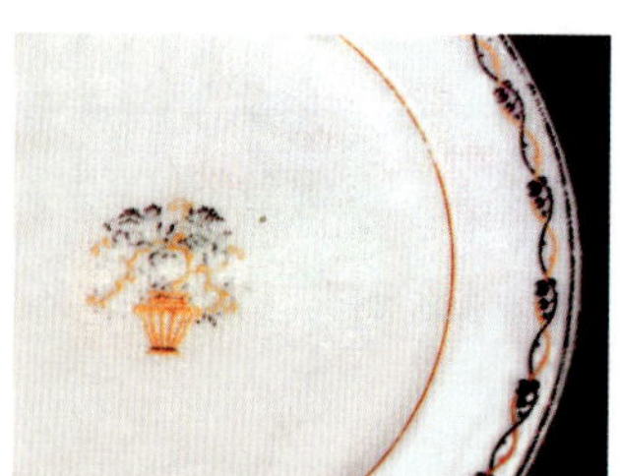
AHR 213
Gold Trim

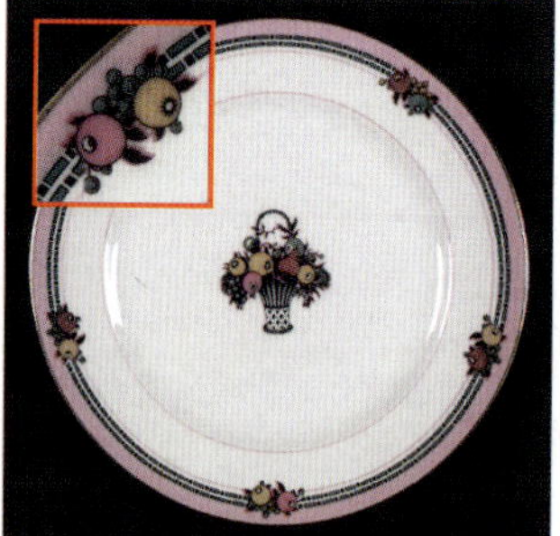
AHR 302
Gold Trim

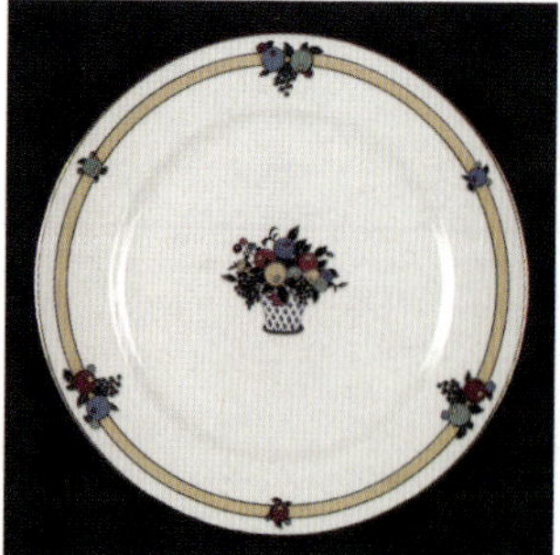
AHR 352
Gold Trim

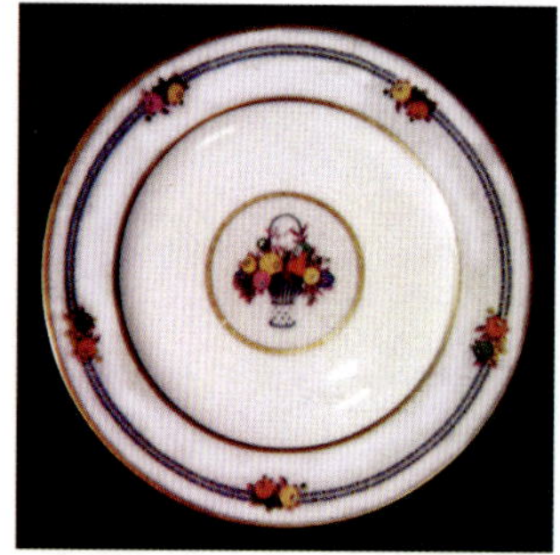
AHR 191
Gold Trim

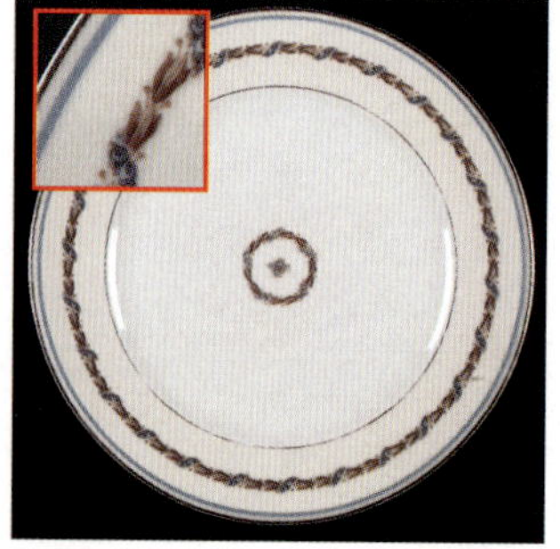
Carteret
Gold Trim

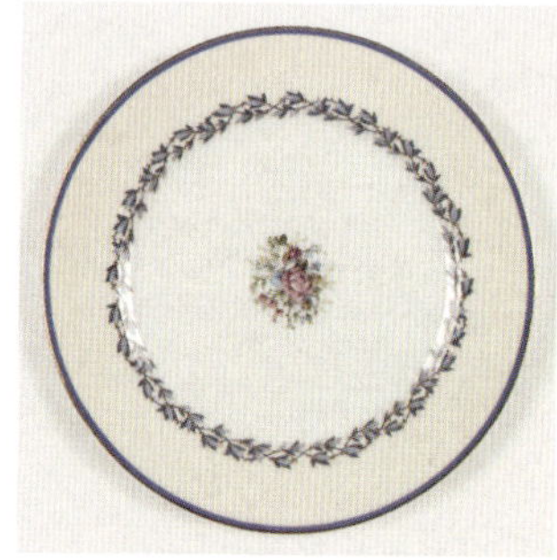
Marie Louise
Gold Trim

Smooth — Rim Shape, Gold Trim (continued)

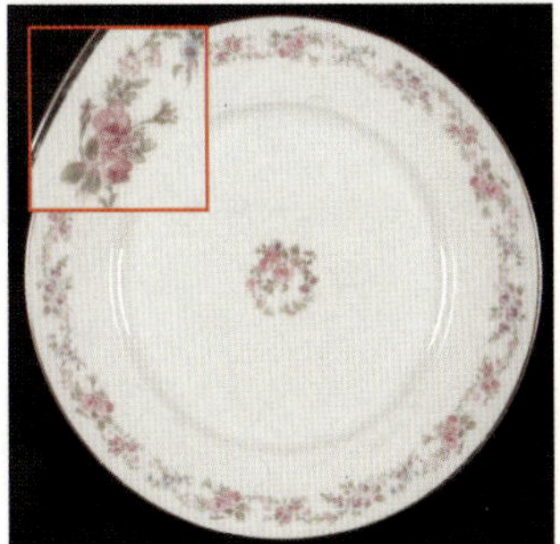

AHR 120
Gold Trim

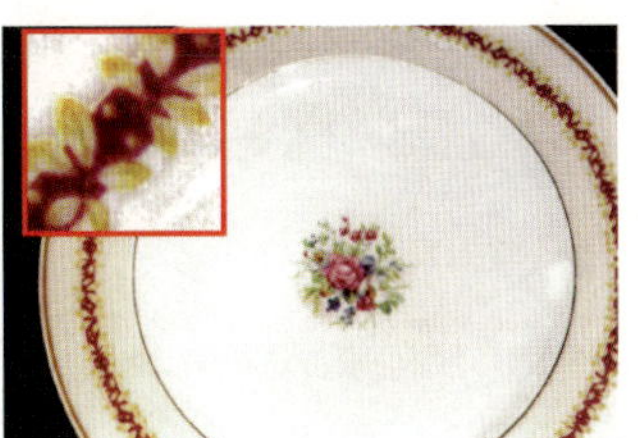

Chataigne
Gold Trim

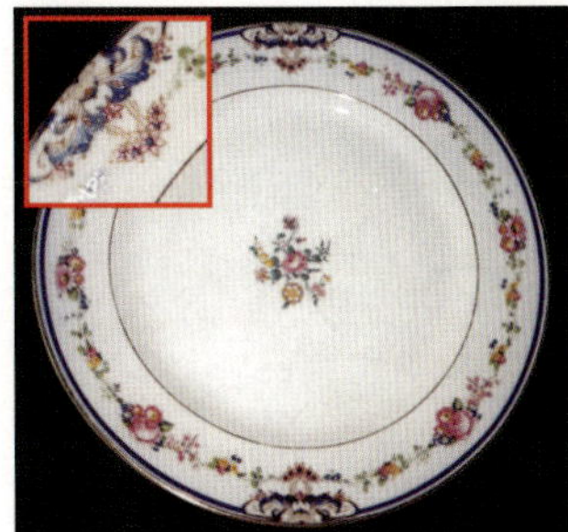

AHR 325
Gold Trim

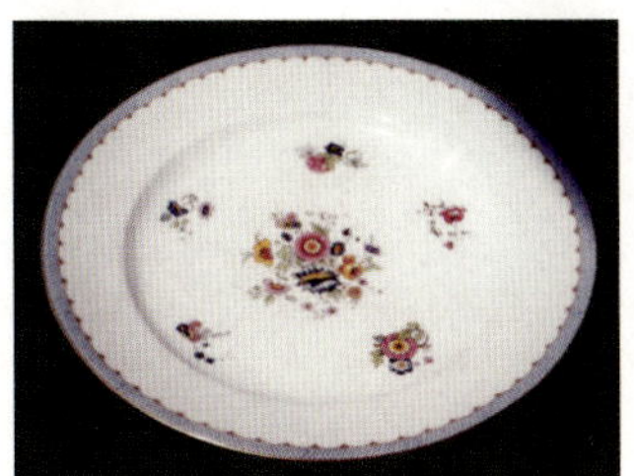

AHR 335
Blue Lattice
Gold Trim

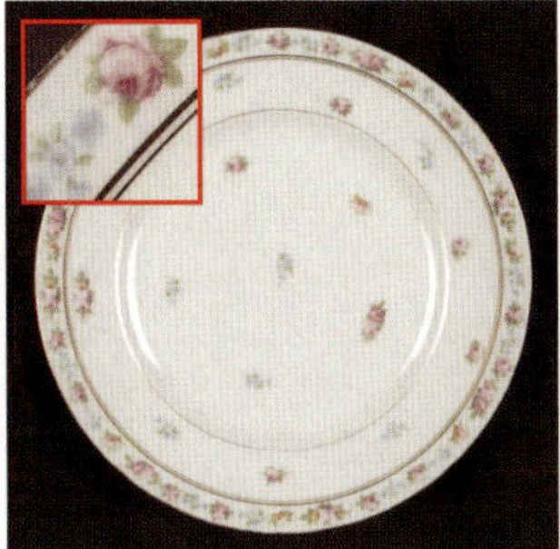

AHR 98
Salad Plate Shown
Gold Trim

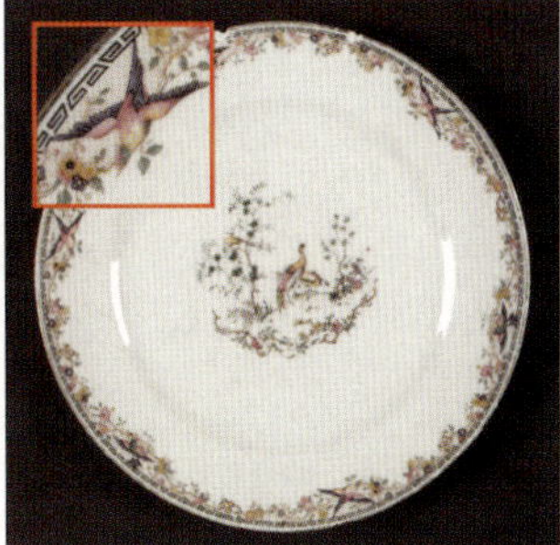

AHR 338
Gold Trim

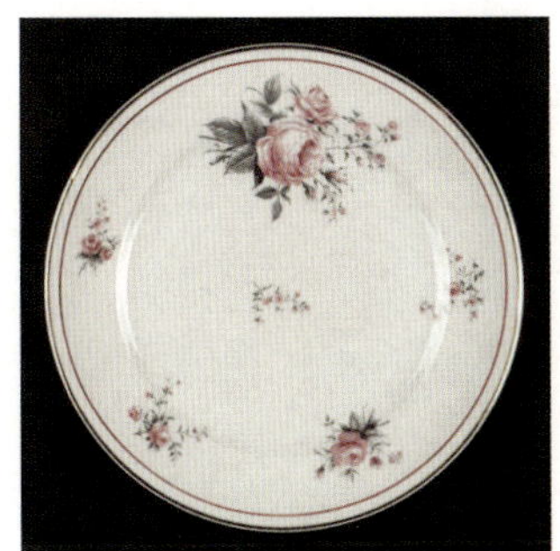

AHR 233
Luncheon Plate Shown
Gold Trim

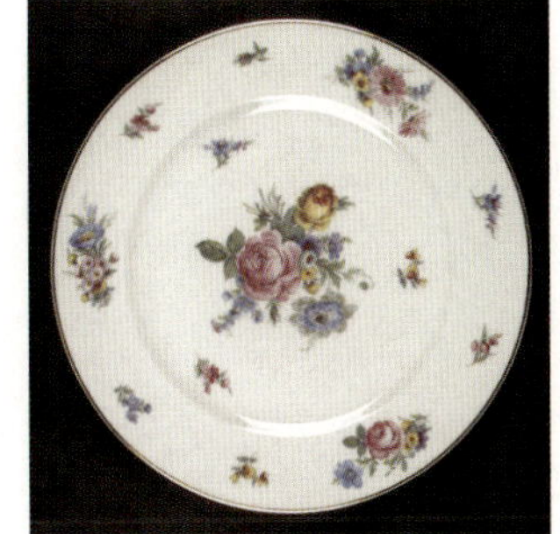

Boulogne
Gold Trim

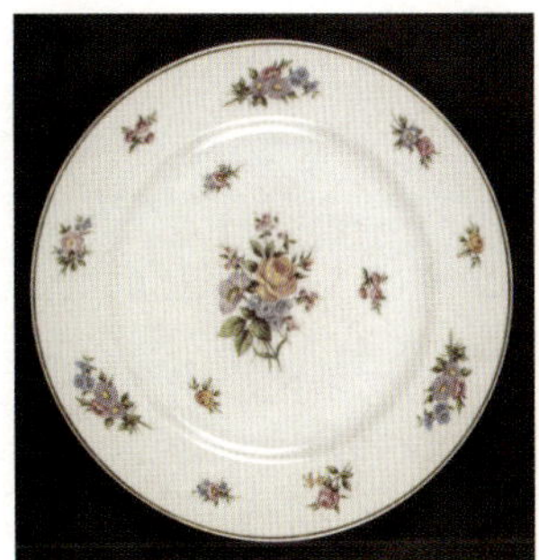

Vincennes
Gold Trim

Smooth — Rim Shape, Gold Trim (continued)

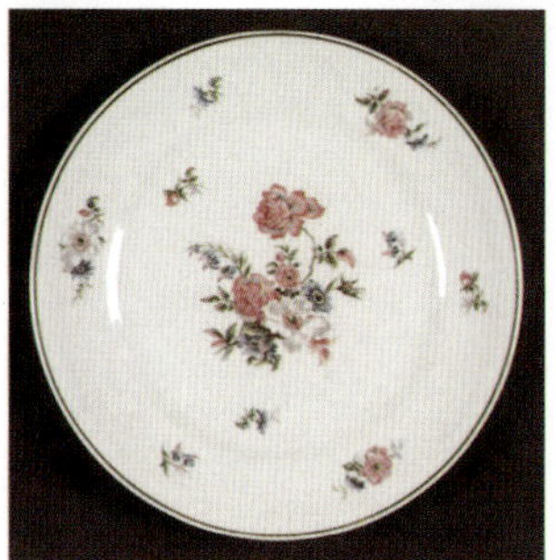

Normandie
Gold Trim

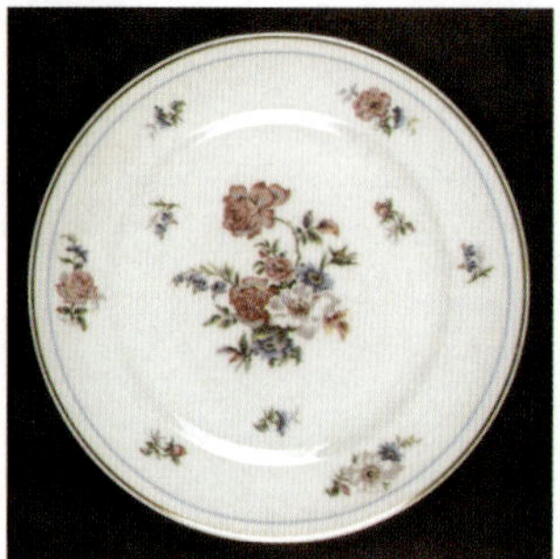

Deauville
Gold Trim

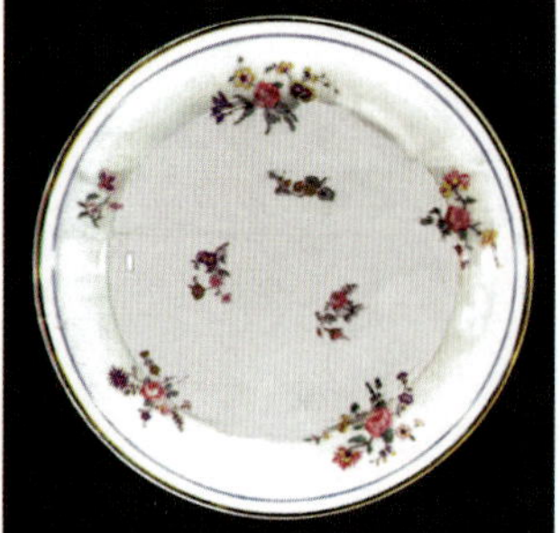

AHR 160
Salad Plate Shown
Gold Trim

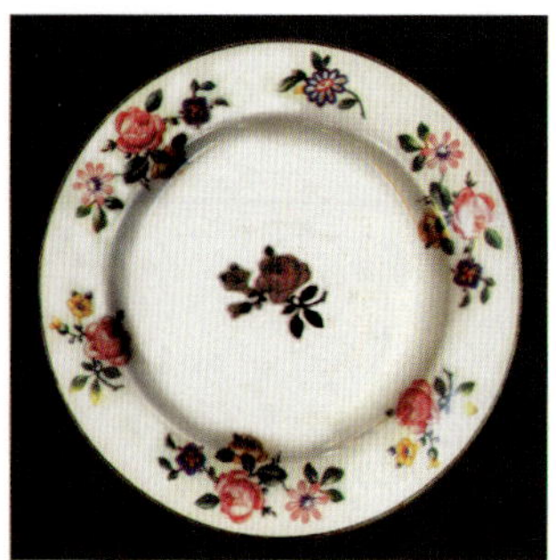

AHR 232
Luncheon Plate Shown
Gold Trim

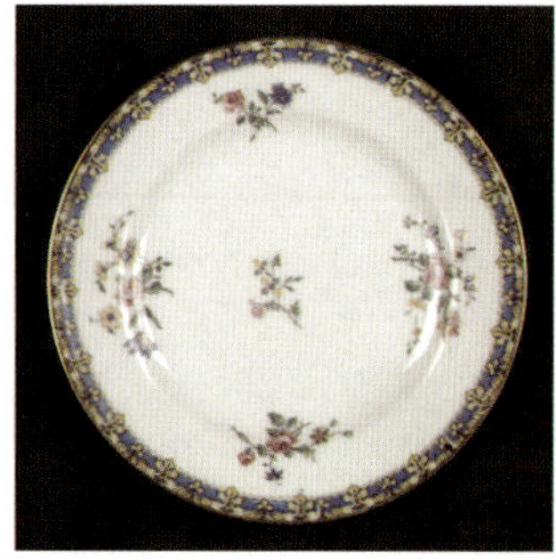

AHR 20
Bread & Butter Plate Shown
Gold Trim

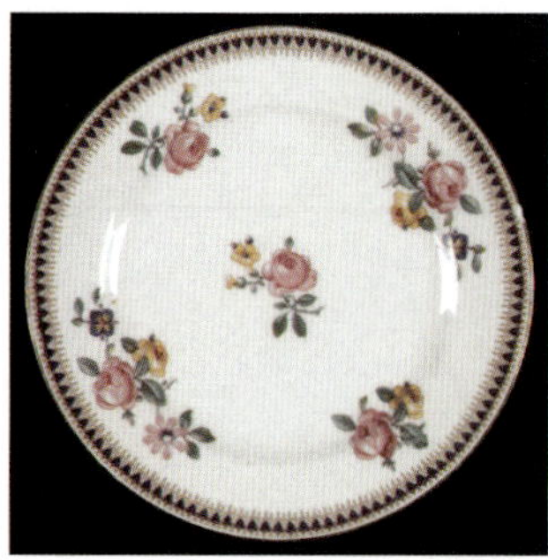

AHR 42
Salad Plate Shown
Gold Trim

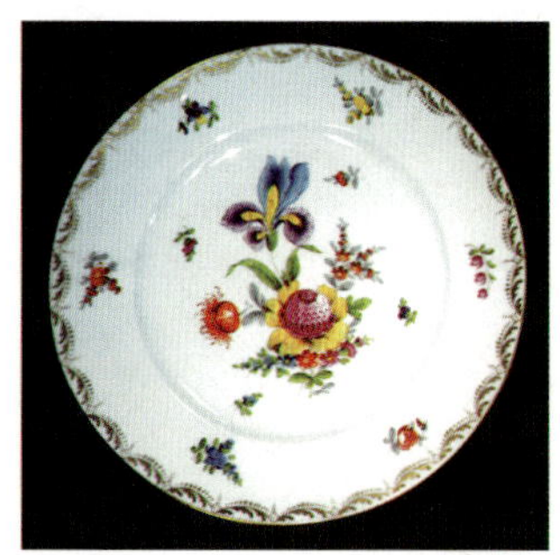

4785
Gold Trim

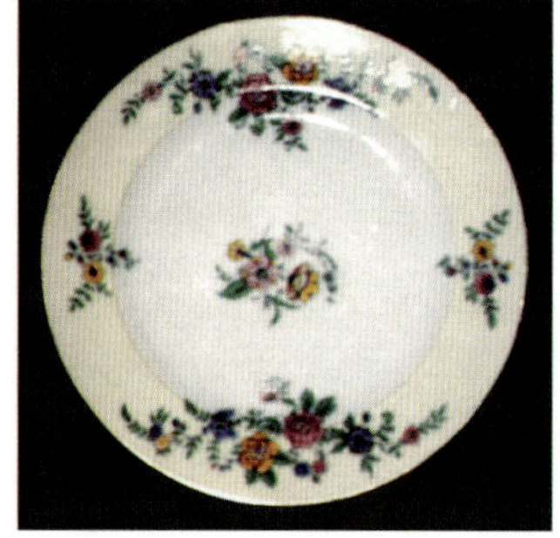

AHR 215
Gold Trim

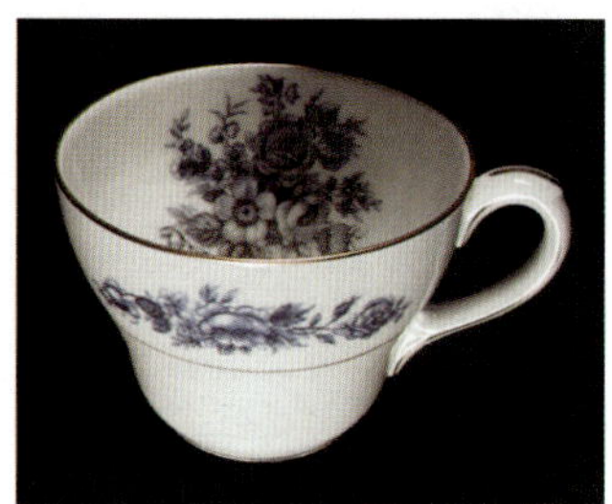

Bleuets
Cup Shown
Gold Trim

Smooth — Rim Shape, Gold Trim (continued)

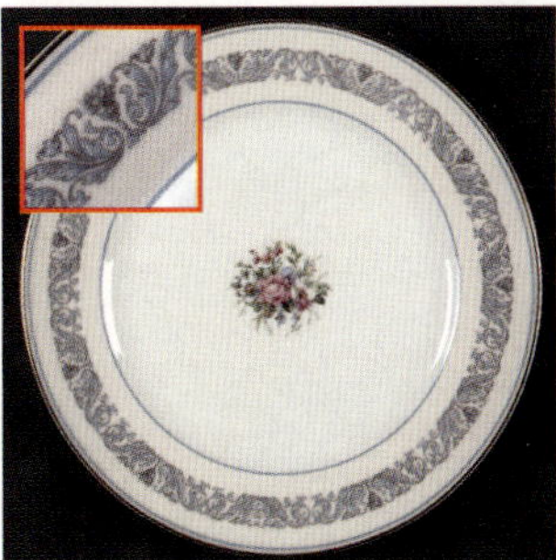

Arlesienne
Gold Trim

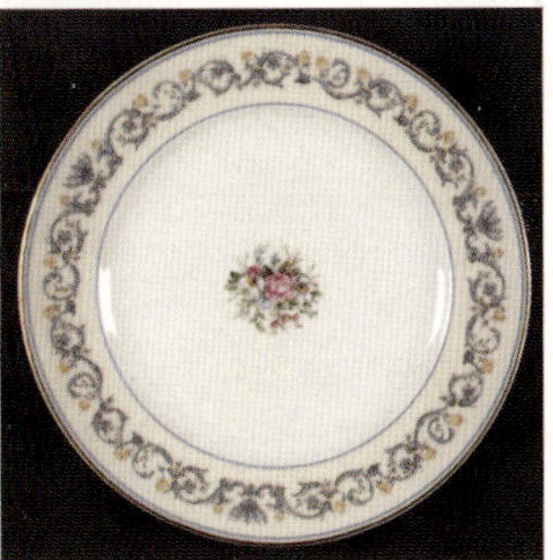

Suzanne
Gold Trim

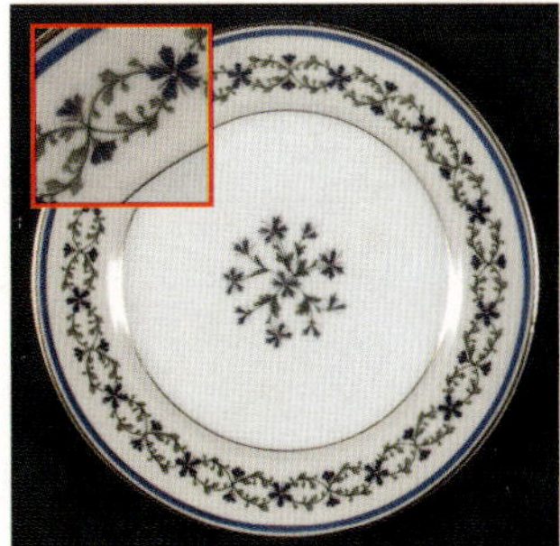

Trocadero
Gold Trim

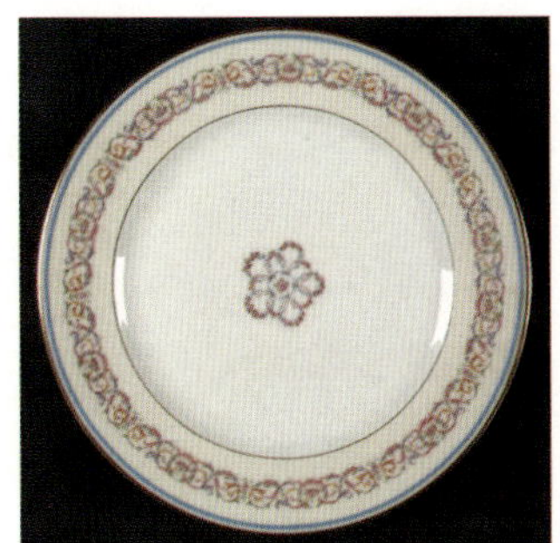

Chamonix
Gold Trim

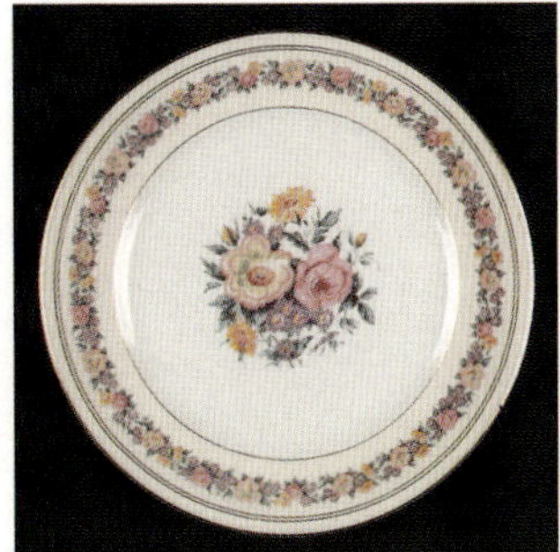

AHR 243
Gold Trim

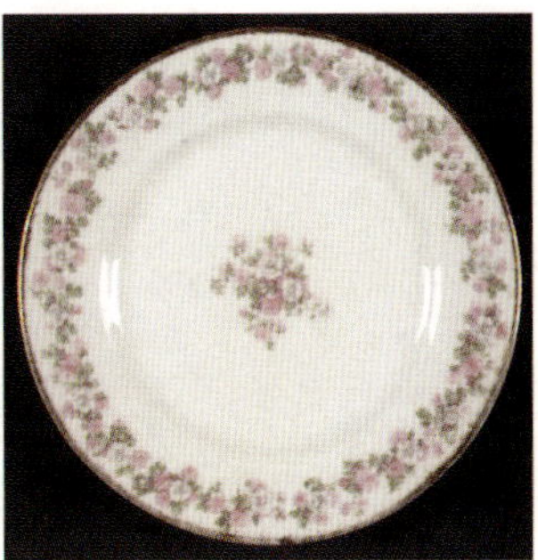

AHR 53
Bread & Butter Plate Shown
Gold Trim

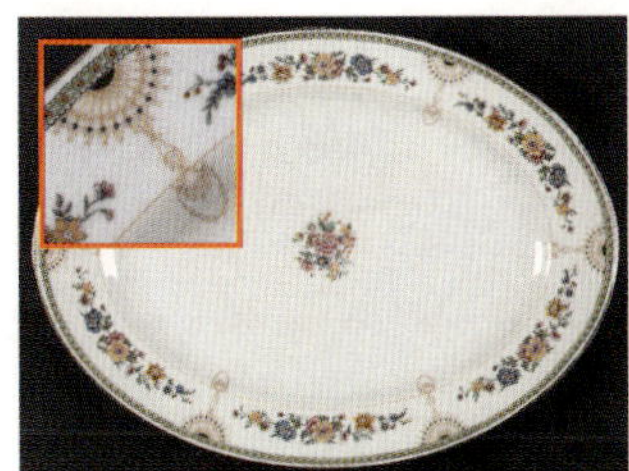

Vendome
Platter Shown
Gold Trim

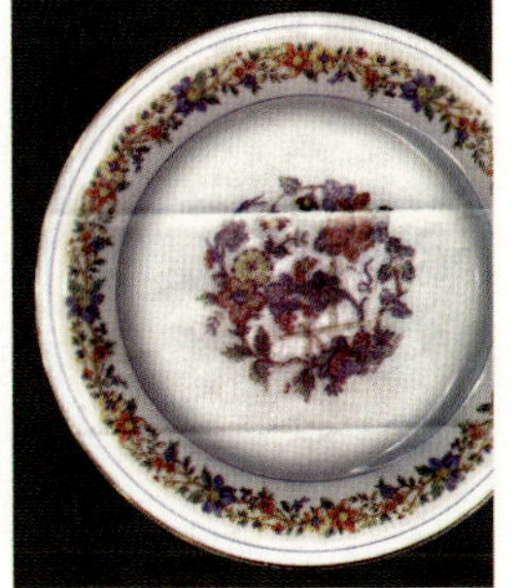

AHR 185
Gold Trim

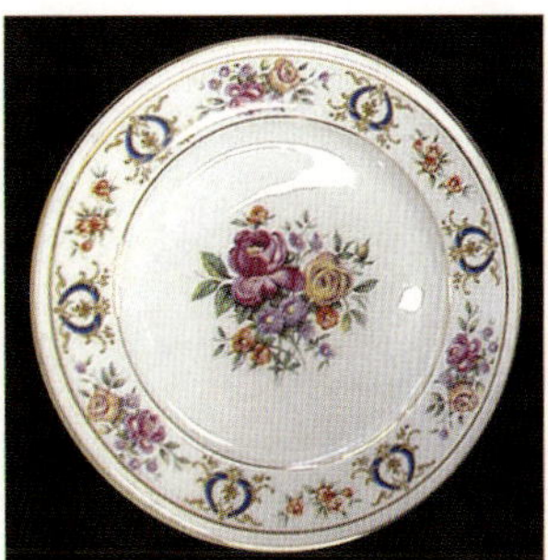

AHR 253
Gold Trim

Smooth — Rim Shape, Gold Trim (continued)

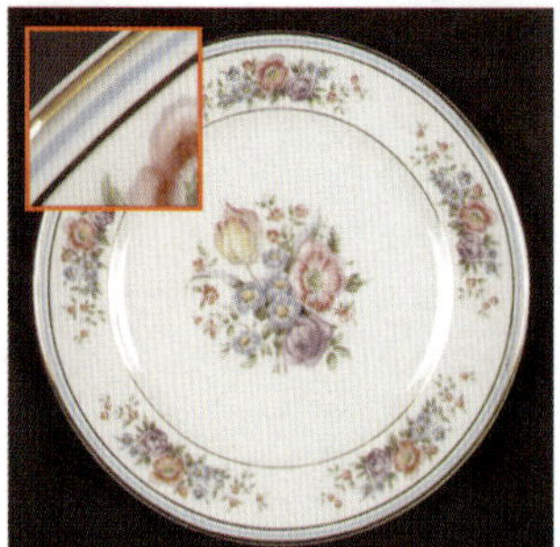

Marianne
Gold Trim

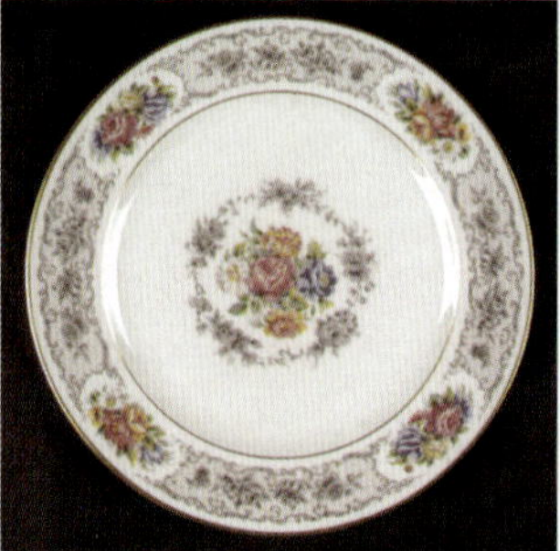

Cinderella
Gold Trim

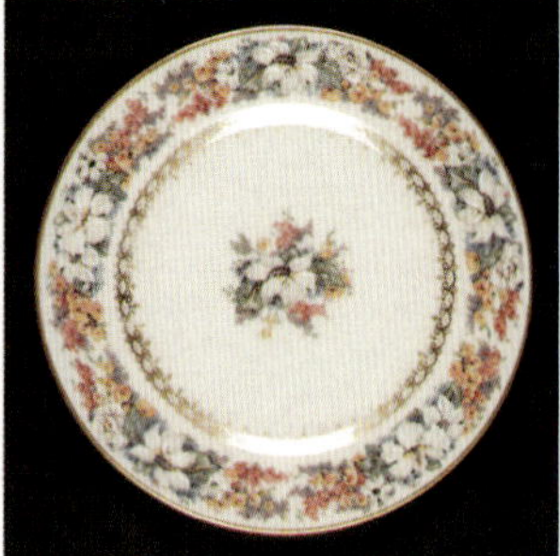

Jeanne D' Arc
Bread & Butter Plate Shown
Gold Trim

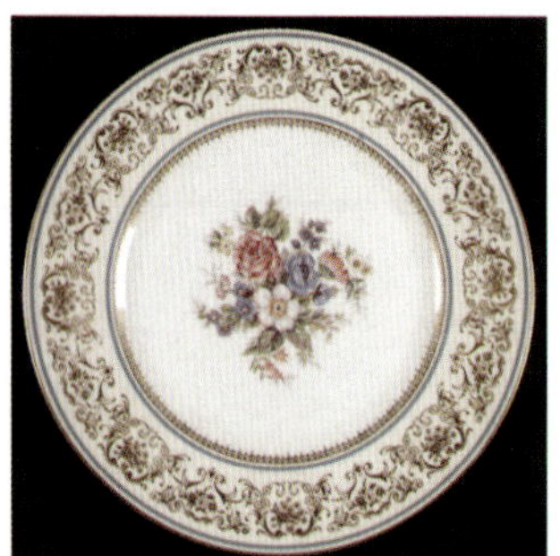

AHR 51
Gold Trim

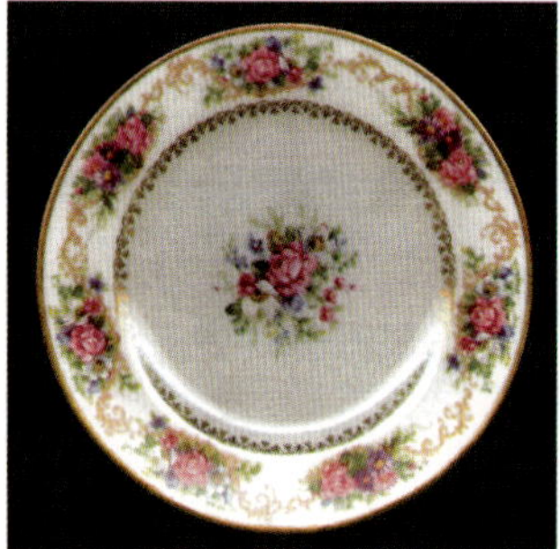

Geneve
Bread & Butter Plate Shown
Gold Trim

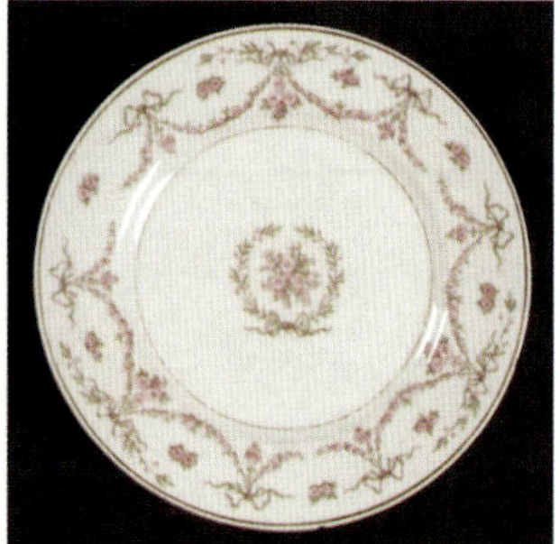

AHR 16
Bread & Butter Plate Shown
Gold Trim

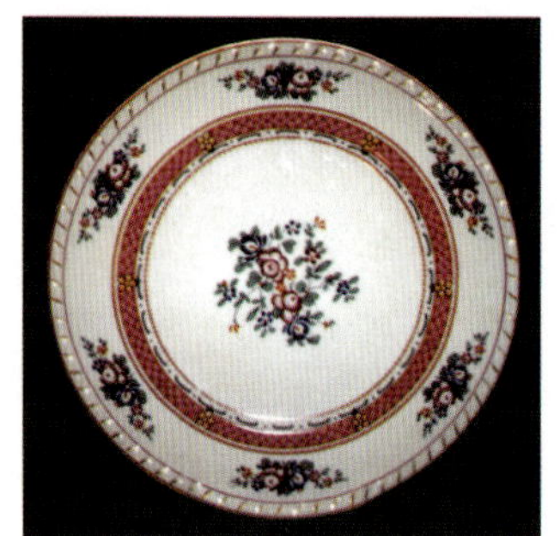

AHR 347
Gold Trim

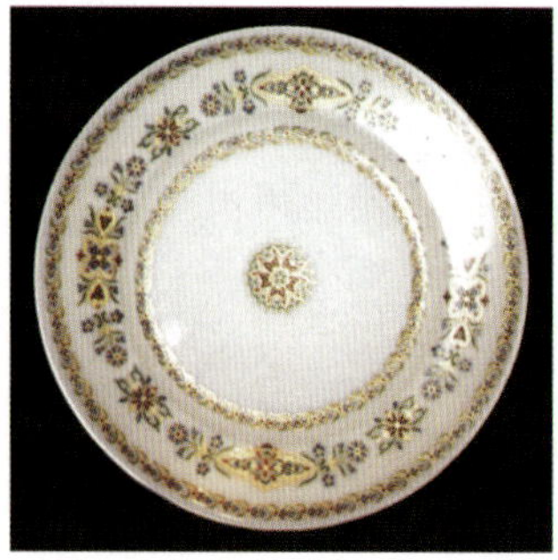

AHR 298
Gold Trim

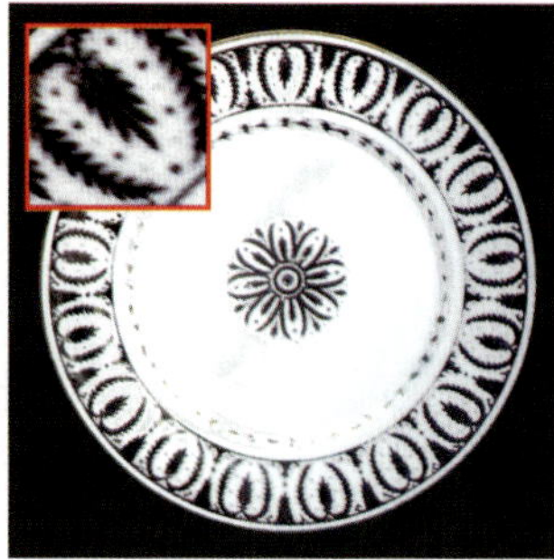

AHR 167
Gold Trim

Smooth — Rim Shape, Gold Trim (continued)

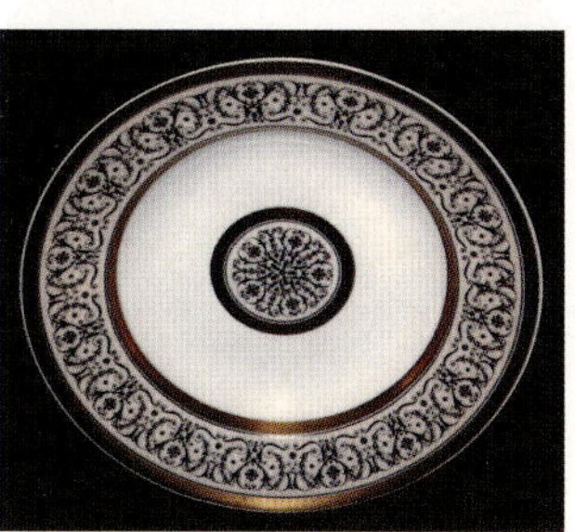

AHR 322
Gold Trim

AHR 131
Luncheon Plate Shown
Gold Trim

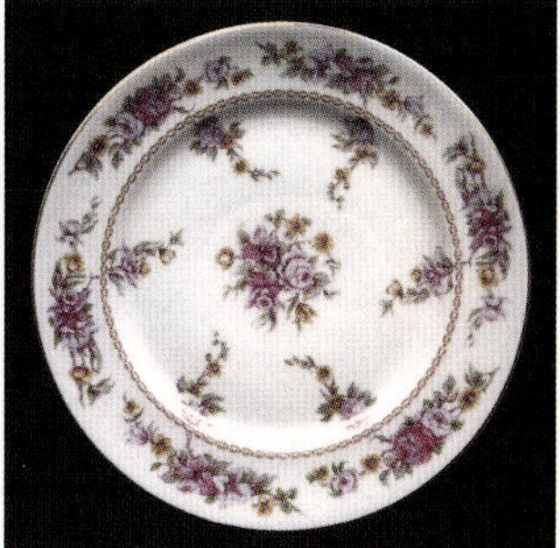

AHR 278
Gold Trim

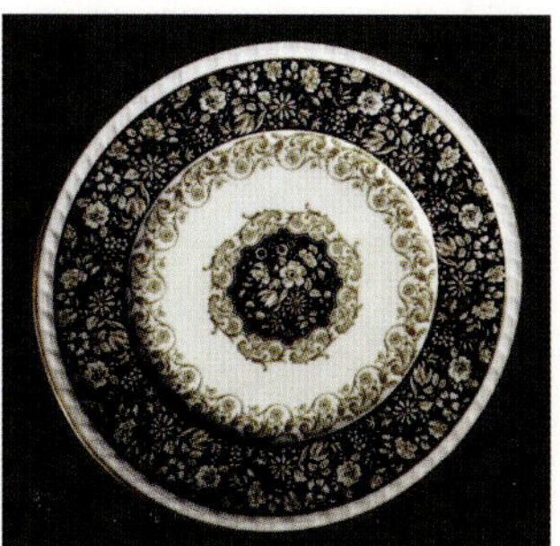

AHR 109
Black Band
Gold Trim

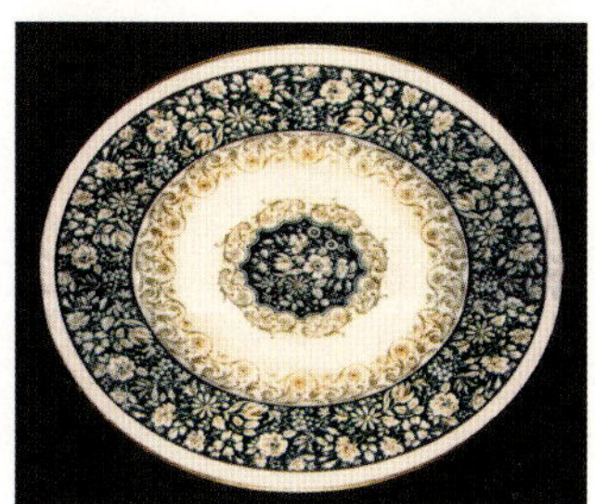

AHR 159
Green Band
Gold Trim

AHR 330
Gold Trim

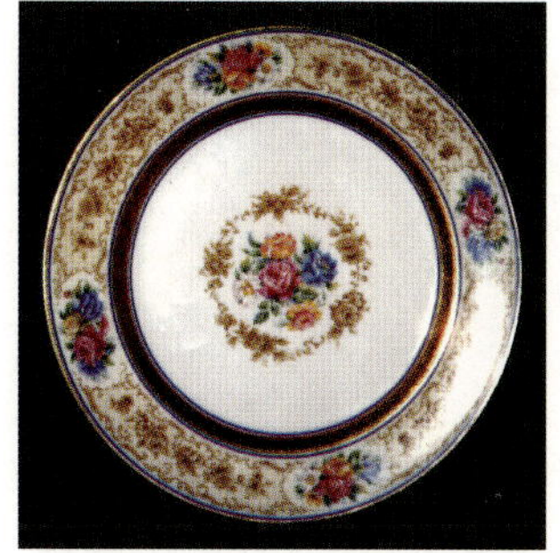

AHR 184
Gold Trim

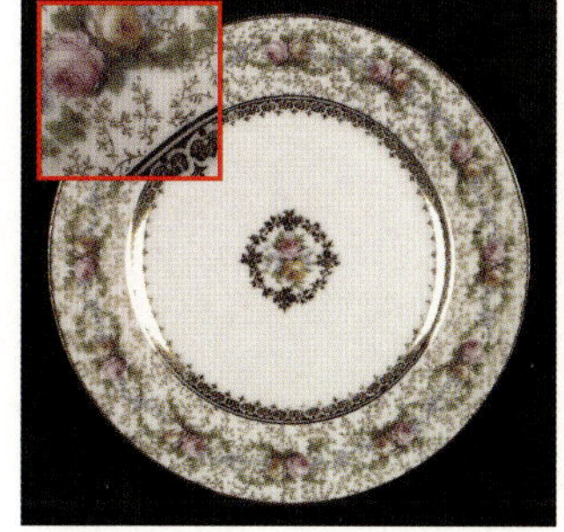

AHR 59
Gold Trim

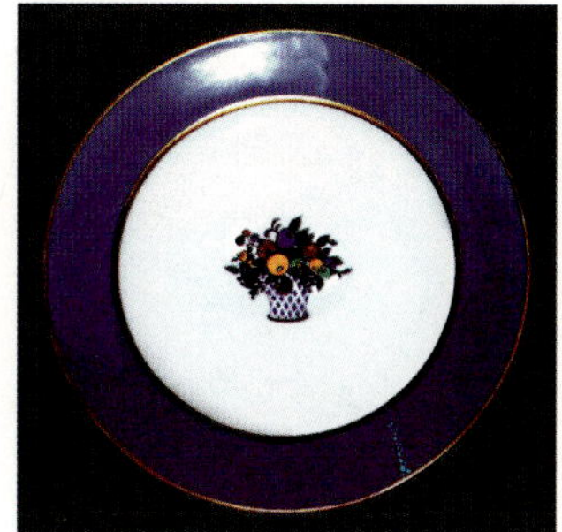

AHR 162
Gold Trim

Smooth — Rim Shape, Gold Trim (continued)

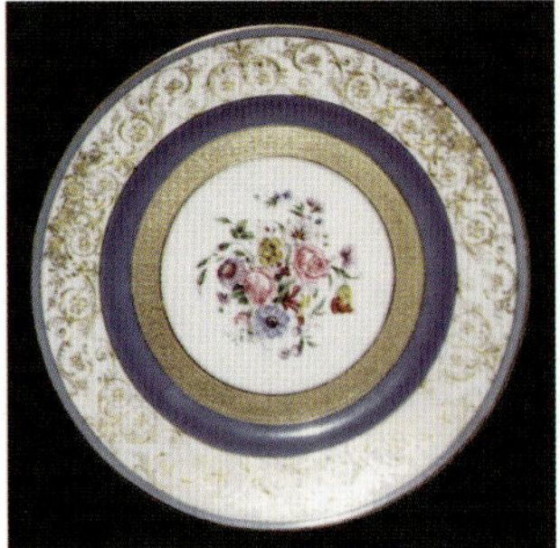
AHR 78
Gold Trim

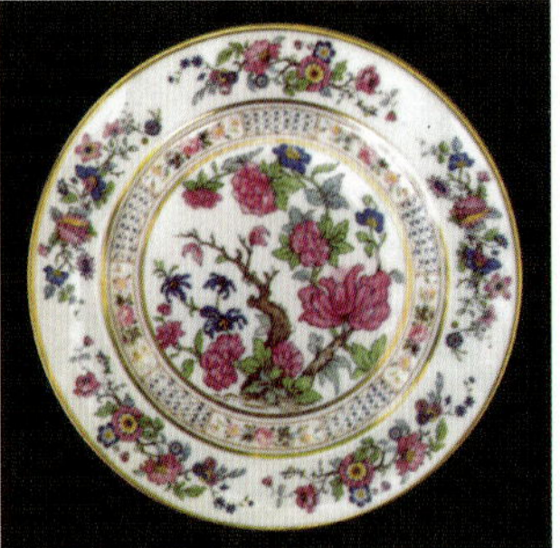
AHR 365
Gold Trim

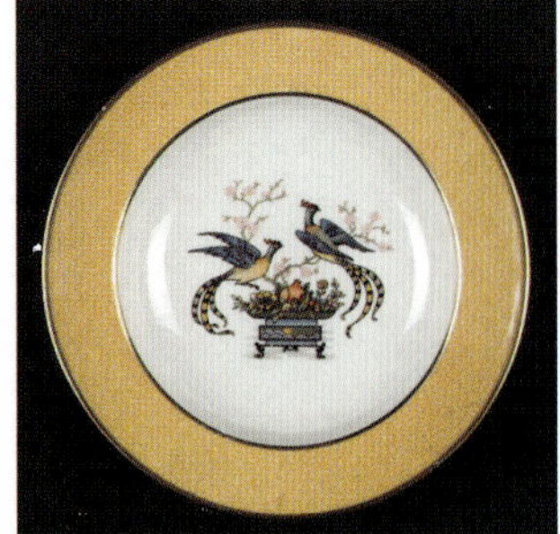
AHR 237
Soup Bowl Shown
Gold Trim

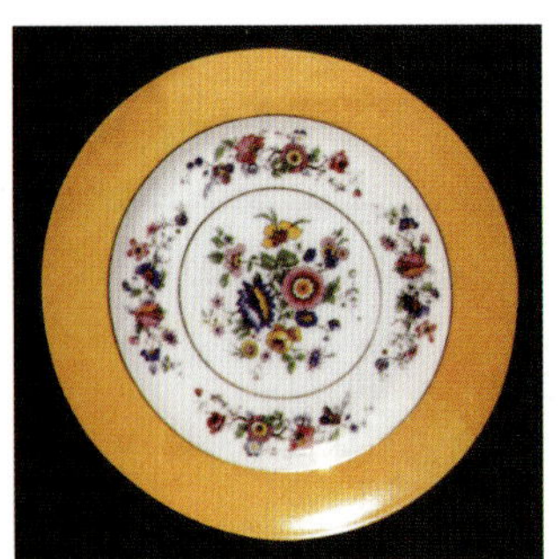
AHR 110
Gold Trim

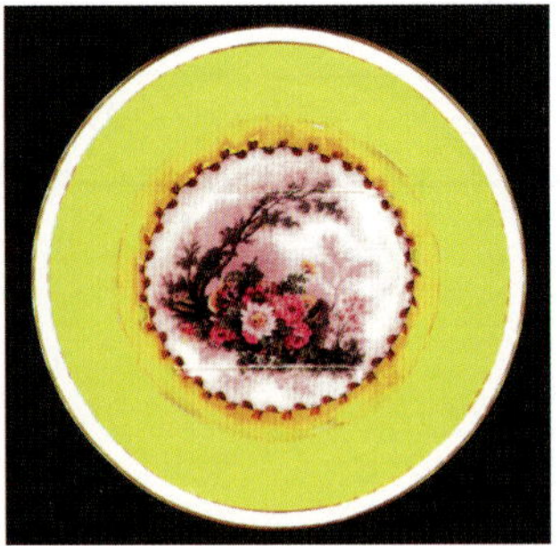
AHR 156
Gold Trim

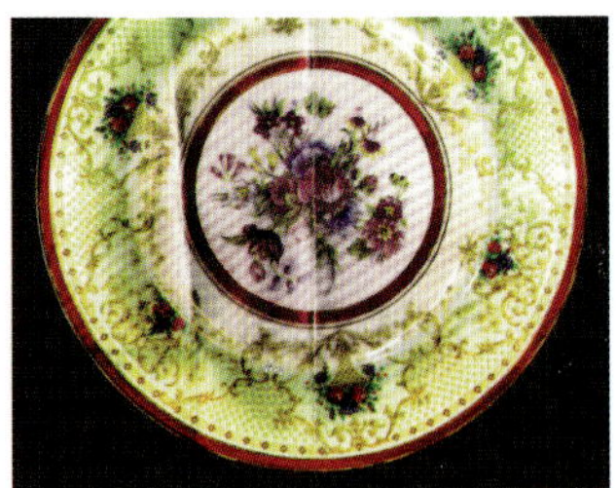
AHR 138
Gold Trim

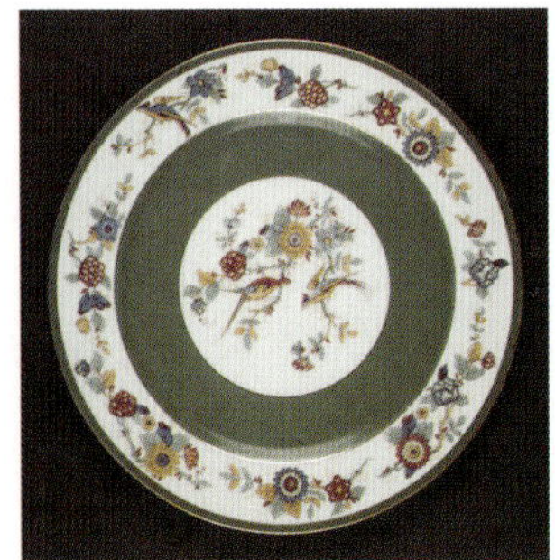
AHR 88
Gold Trim

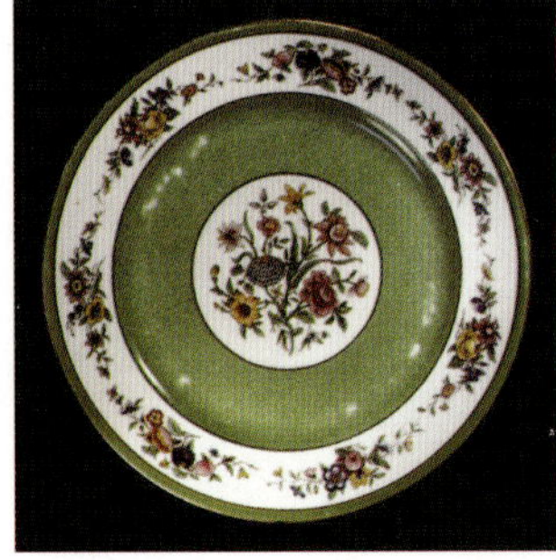
AHR 87
Gold Trim

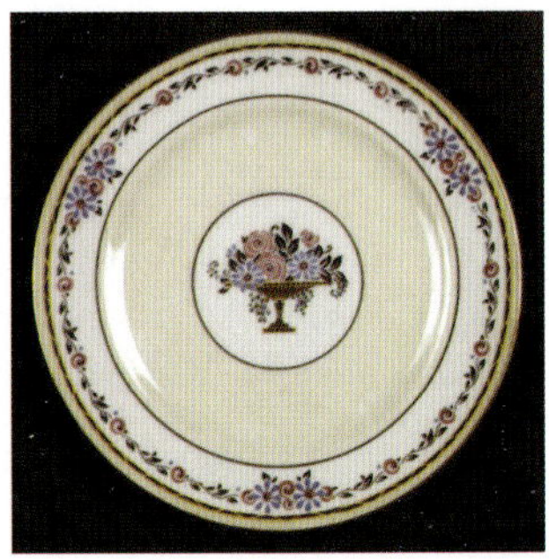
AHR 52
Salad Plate Shown
Gold Trim

Smooth — Rim Shape, Gold Trim (continued)

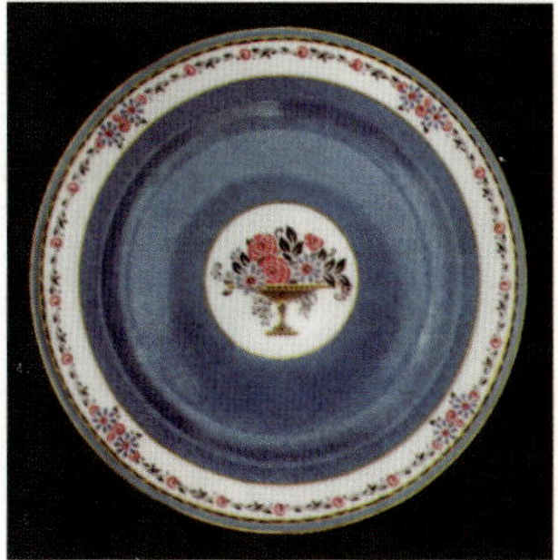

AHR 176
Gold Trim

Smooth — Rim Shape; Gold Daubs, Colored Trim or No Trim

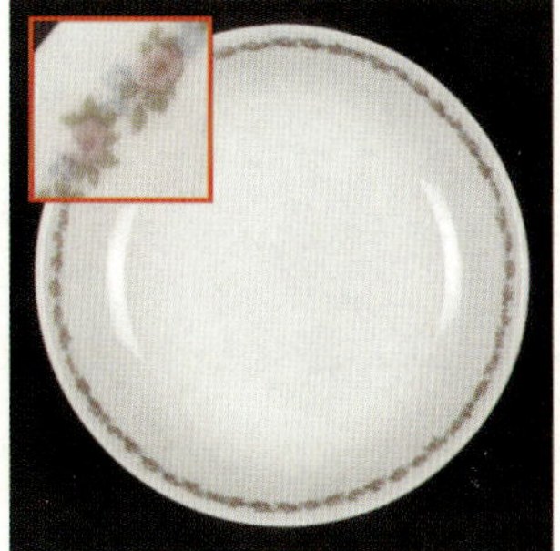

AHR 264
Fruit Bowl Shown
No Trim

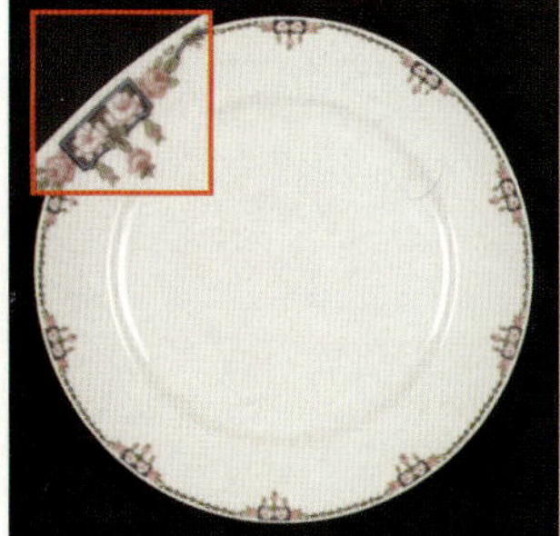

AHR 247
No Trim

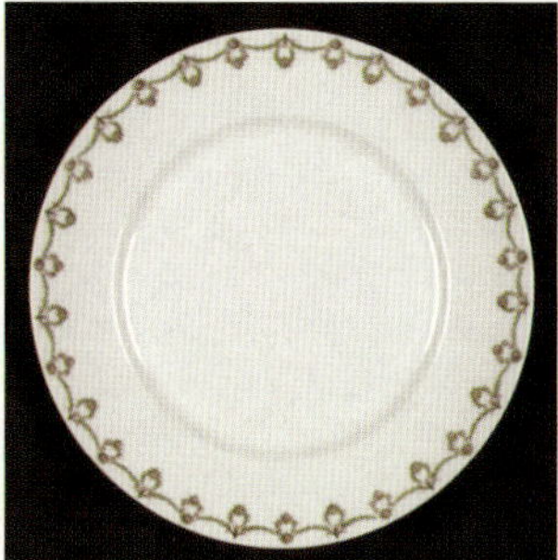

AHR 35
No Trim

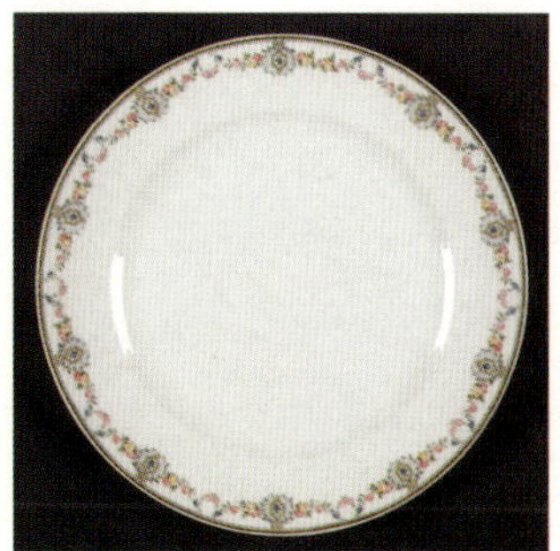

AHR 277
No Trim

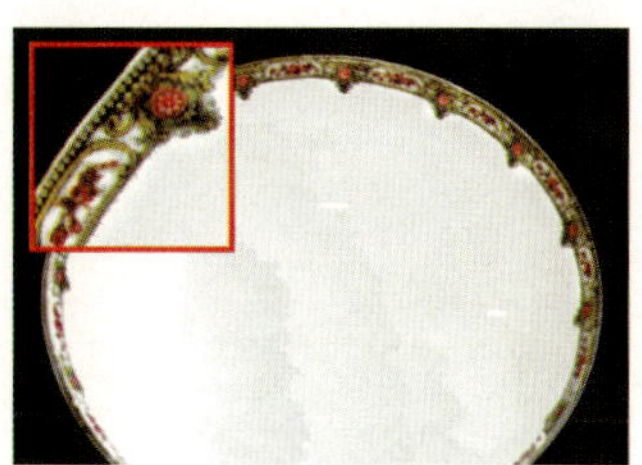

AHR 161
Soup Bowl Shown
No Trim

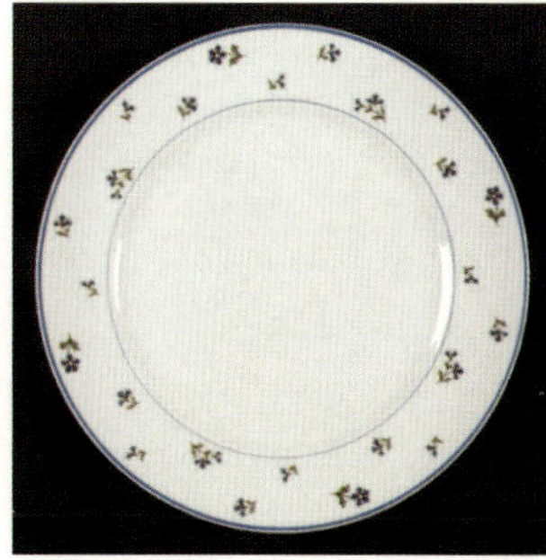

Barbeaux
Blue Trim

Smooth — Rim Shape; Gold Daubs, Colored Trim or No Trim (continued)

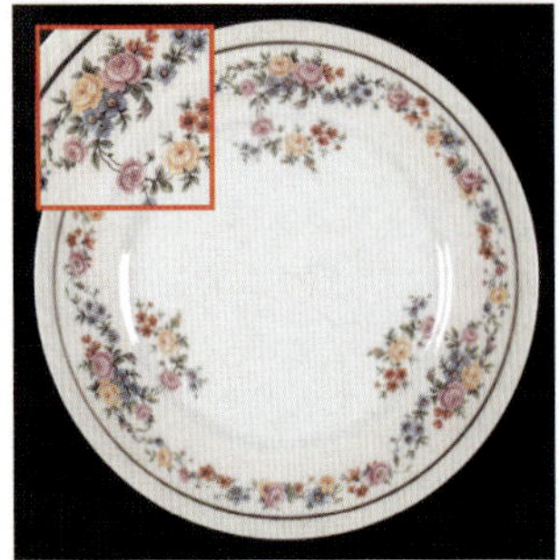

Chaumont
No Trim

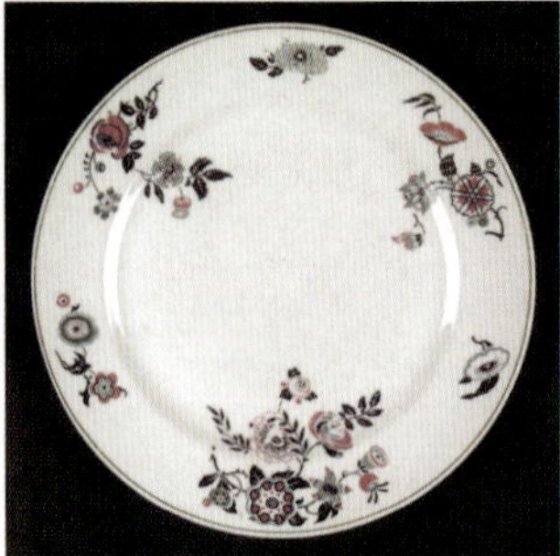

AHR 11
Green Trim

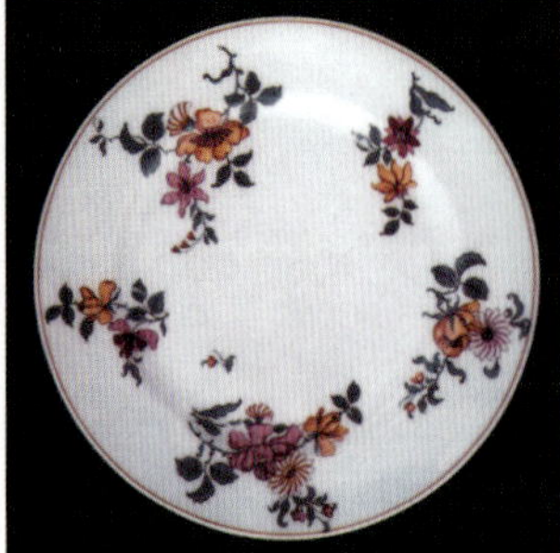

AHR 362
Mustard Trim

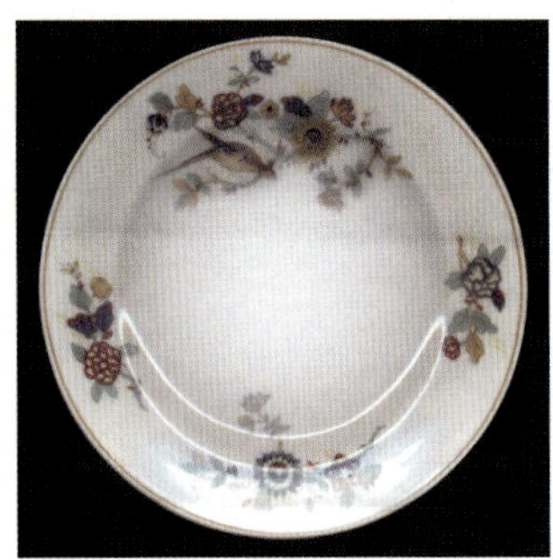

AHR 336
Salad Plate Shown
Yellow Trim

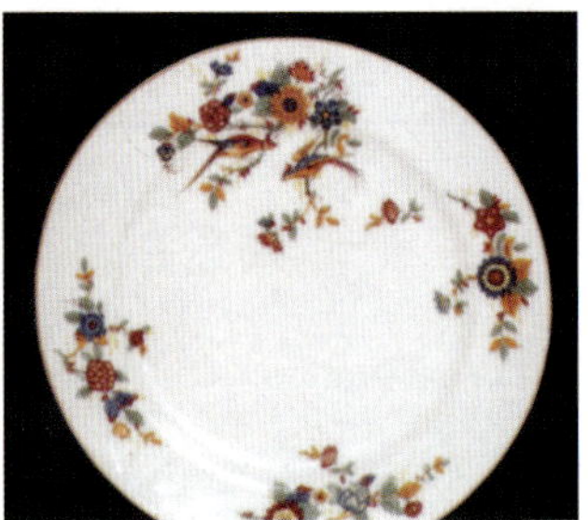

AHR 346
Mustard Trim

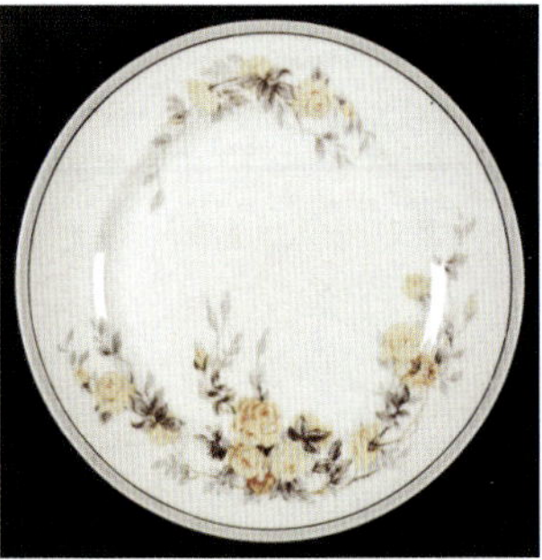

AHR 12
No Trim

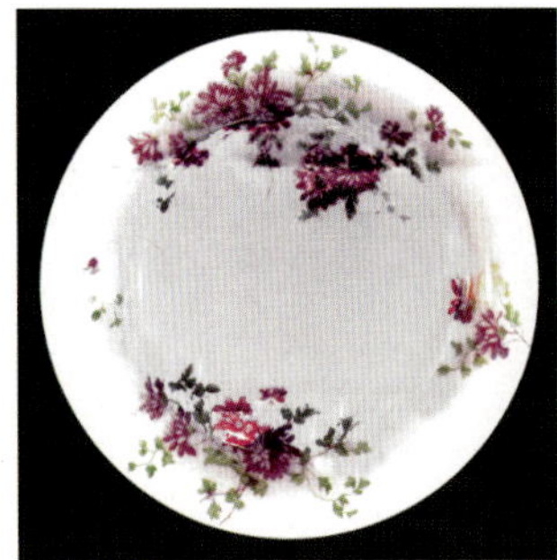

AHR 142
Salad Plate Shown
No Trim

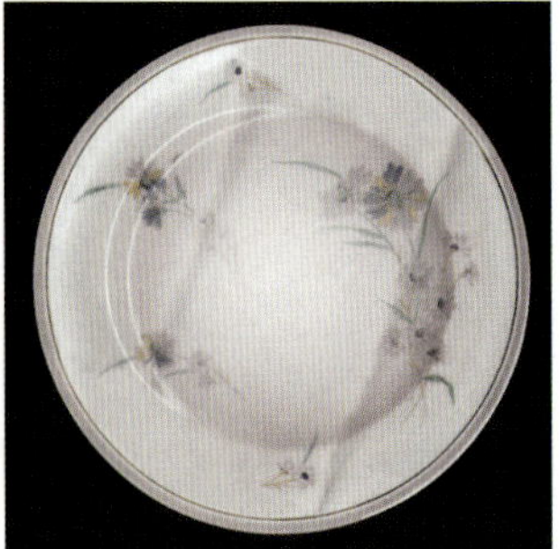

AHR 334
No Trim

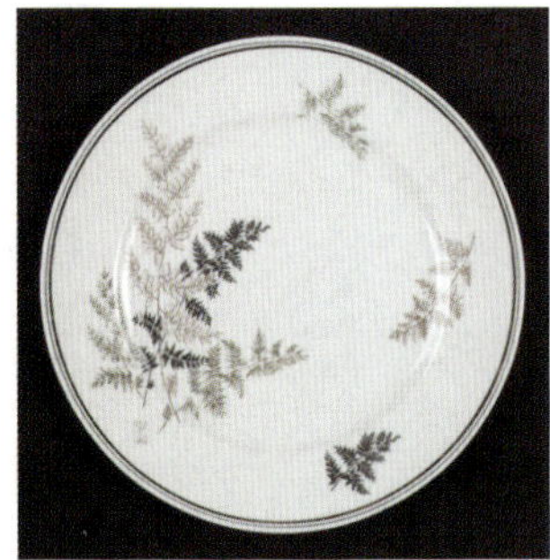

AHR 287
No Trim

Smooth — Rim Shape; Gold Daubs, Colored Trim or No Trim (continued)

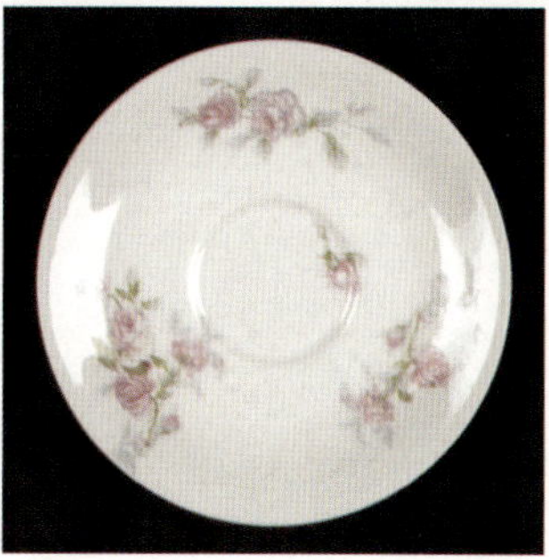

AHR 10
Saucer Shown
No Trim

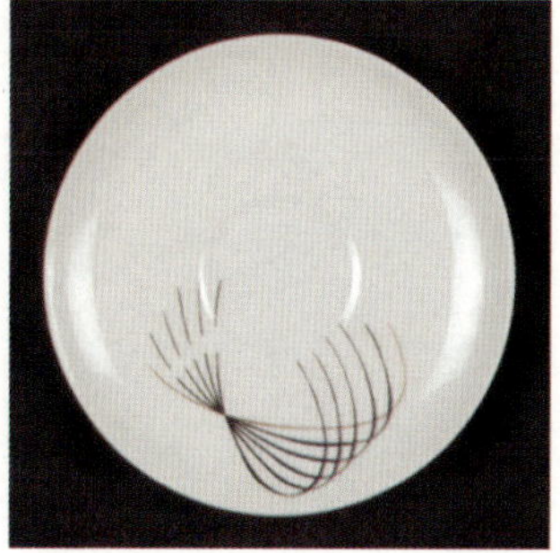

AHR 117
Saucer Shown
No Trim

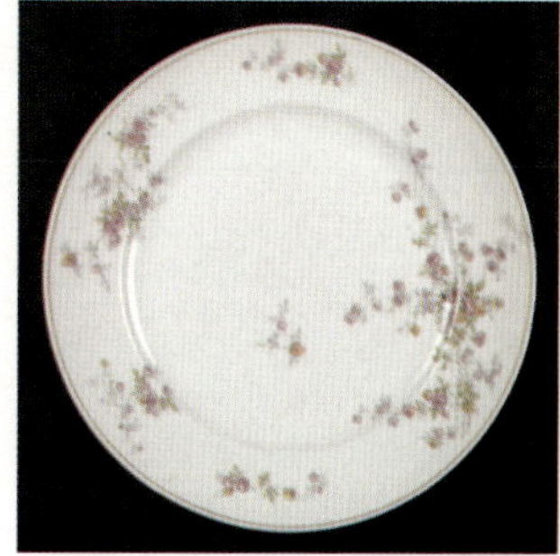

Jacqueline
Mustard Trim

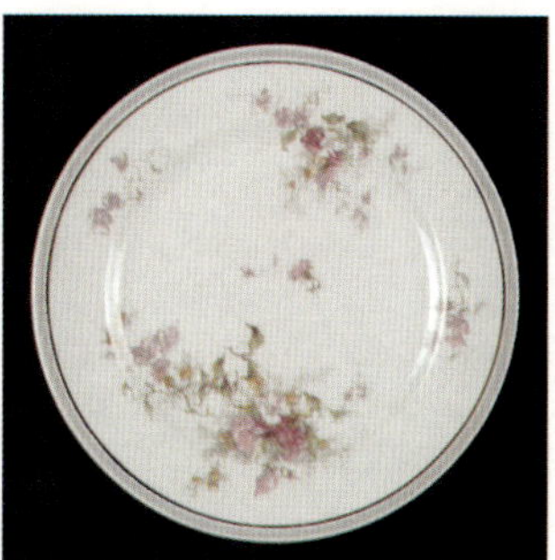

AHR 179
Salad Plate Shown
No Trim

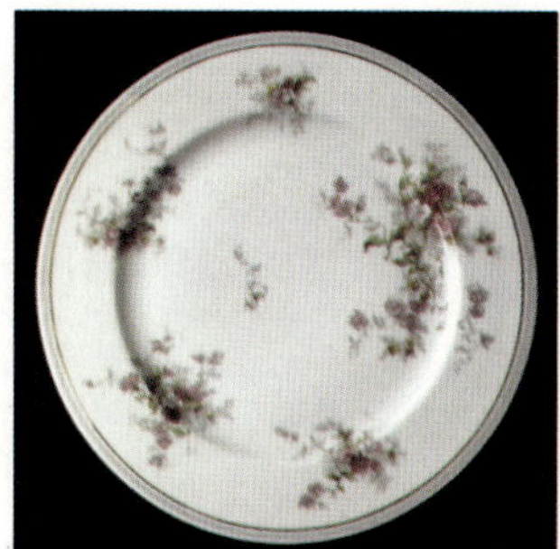

AHR 74
No Trim

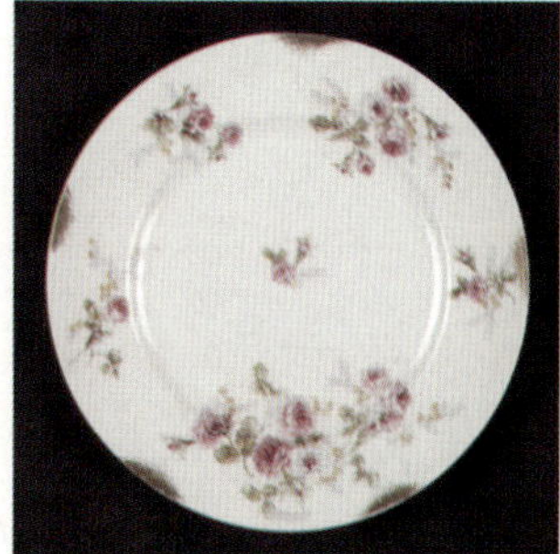

376021
Salad Plate Shown
Gold Daubs

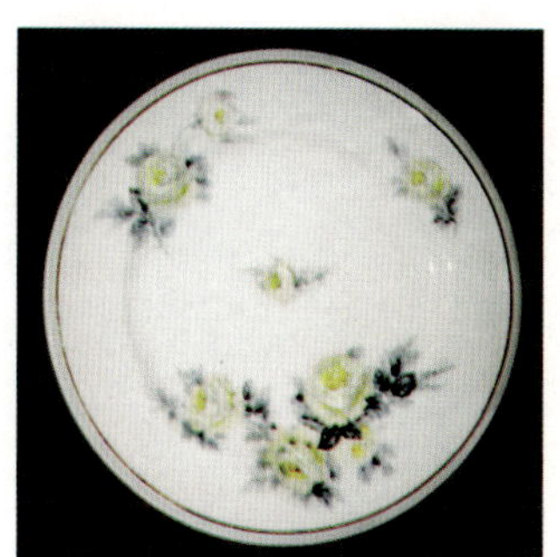

AHR 214
No Trim

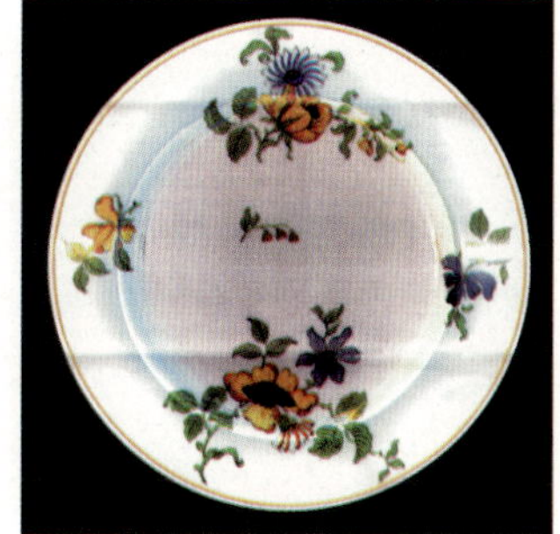

AHR 268
Salad Plate Shown
Mustard Trim

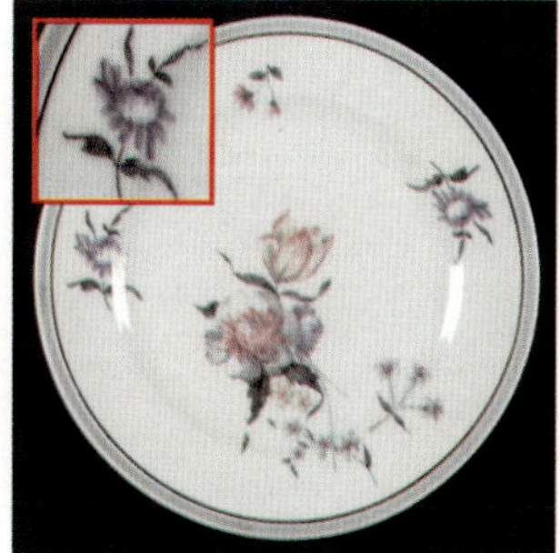

AHR 3
Salad Plate Shown
No Trim

Smooth — Rim Shape; Gold Daubs, Colored Trim or No Trim (continued)

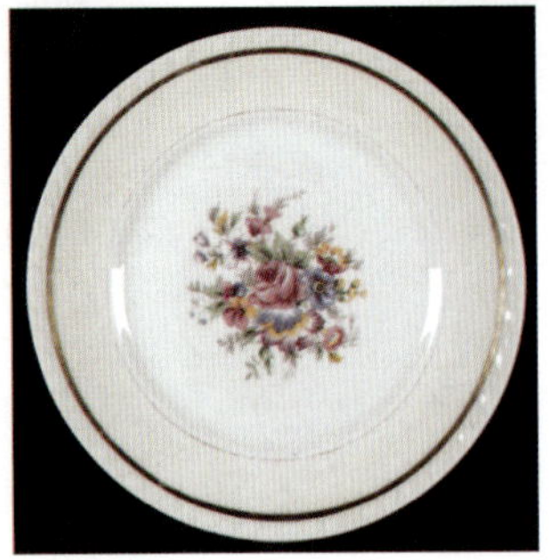
Versailles
No Trim

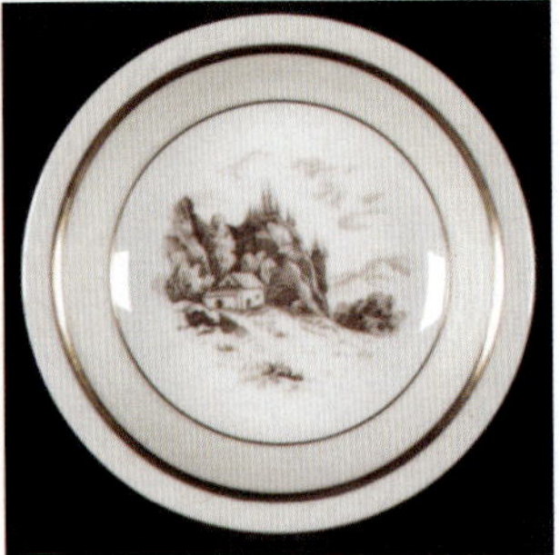
Fountain Bleau
Fruit Bowl Shown
No Trim

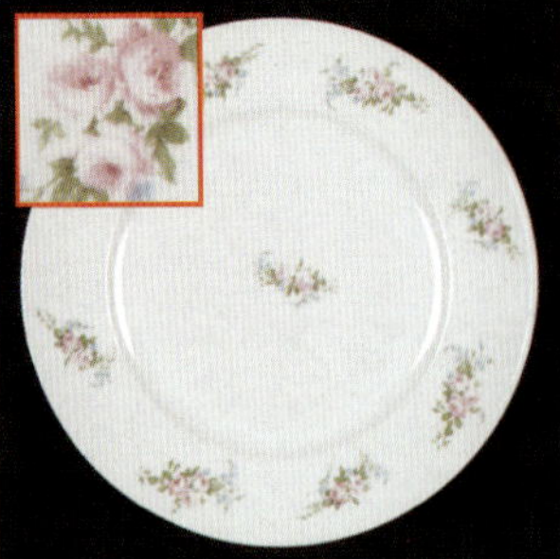
AHR 135
No Trim

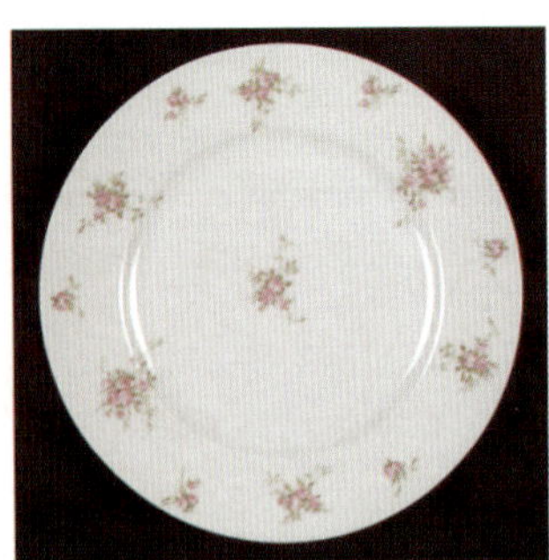
AHR 56
No Trim

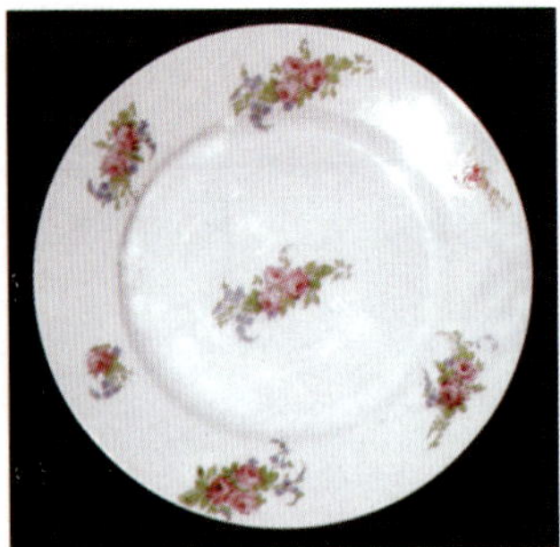
AHR 151
No Trim

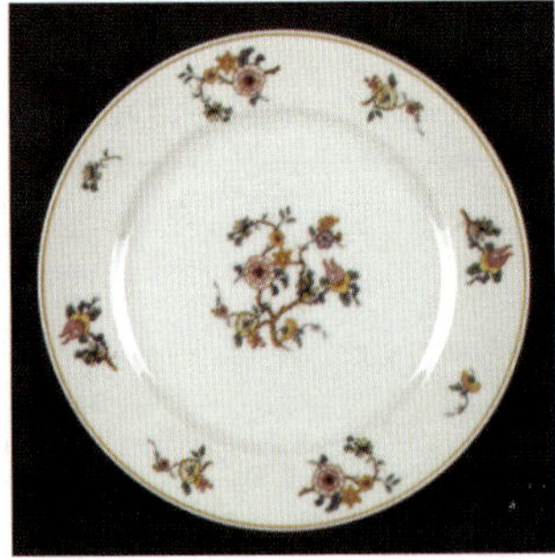
Canton
Orange Trim

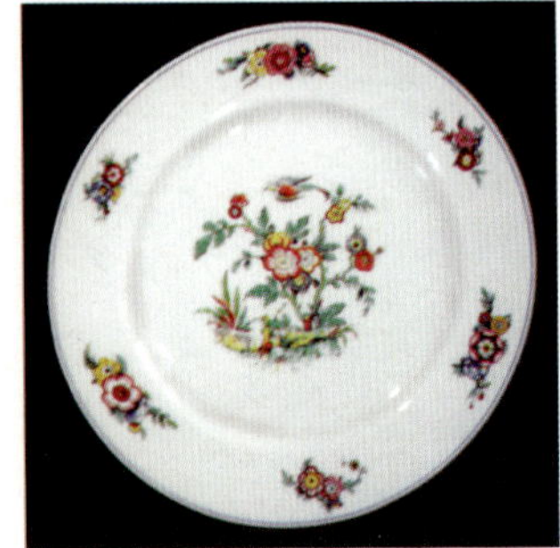
AHR 183
Blue Trim

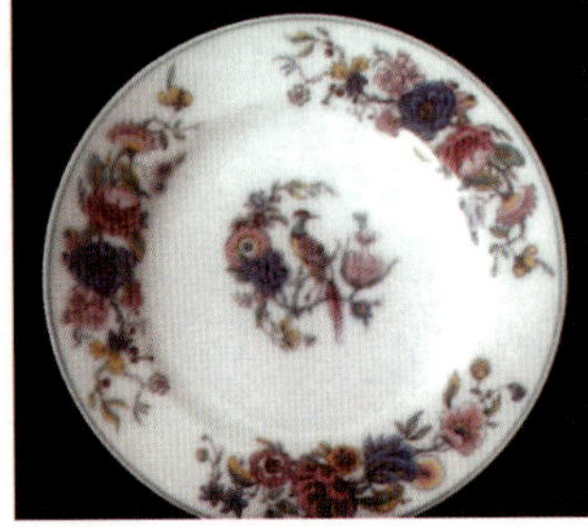
AHR 342
Salad Plate Shown
Green Trim

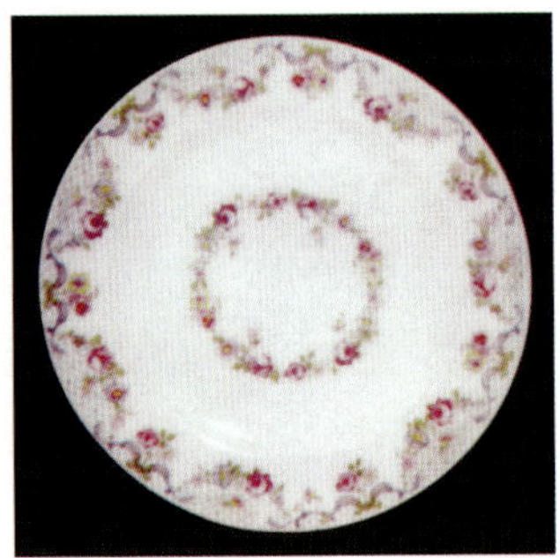
AHR 216
No Trim

Smooth — Rim Shape; Gold Daubs, Colored Trim or No Trim (continued)

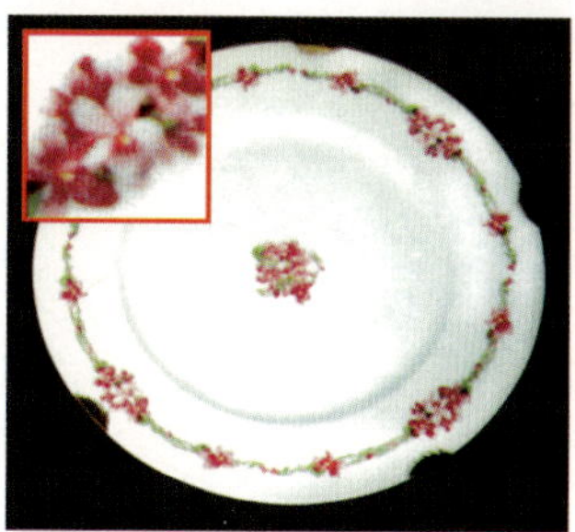
AHR 129
Gold Daubs

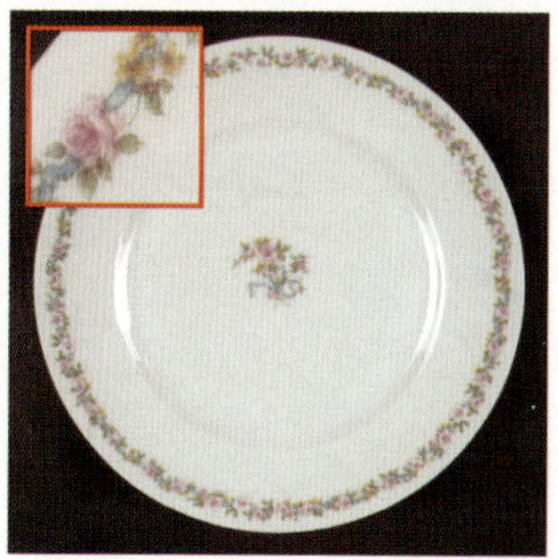
AHR 108
No Trim

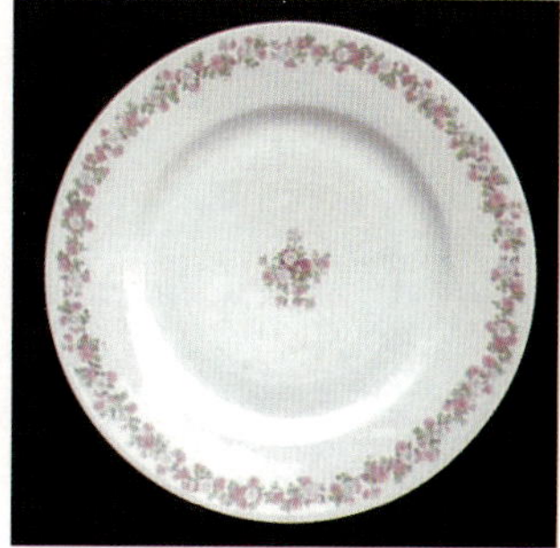
AHR 366
No Trim

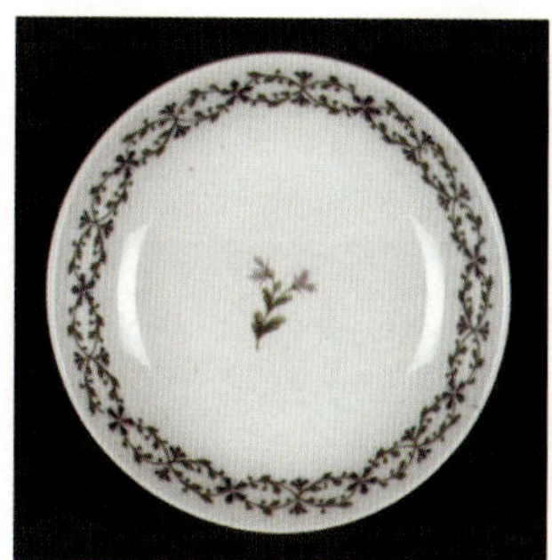
AHR 227
Fruit Bowl Shown
No Trim

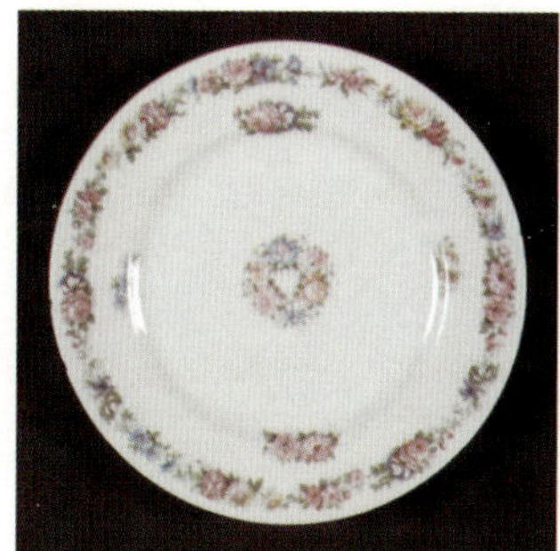
AHR 332
Salad Plate Shown
No Trim

Scalloped — Rim Shape, Gold Trim

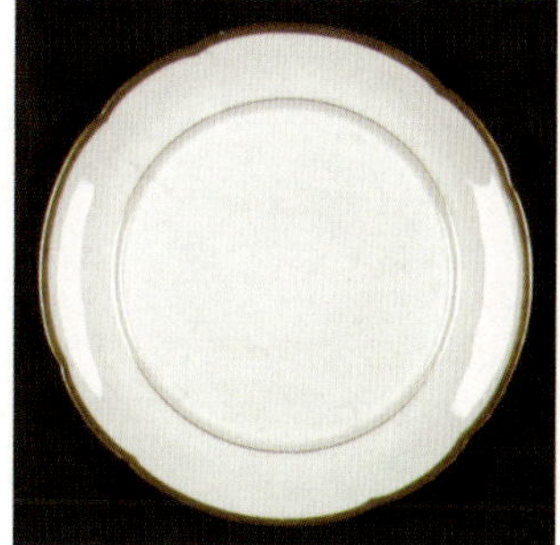
AHR 33
Gold Trim

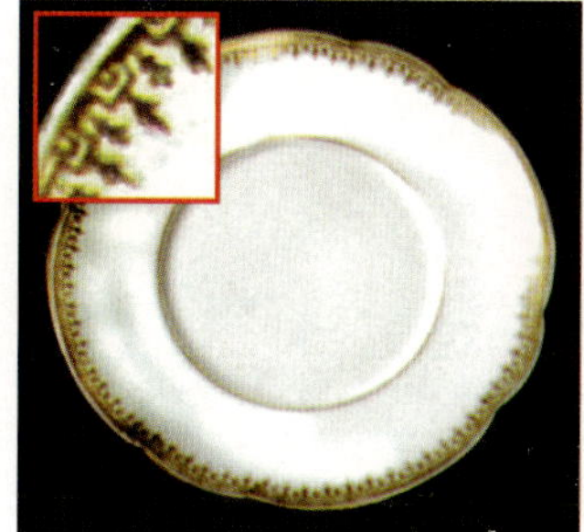
AHR 177
Saucer Shown
Gold Trim

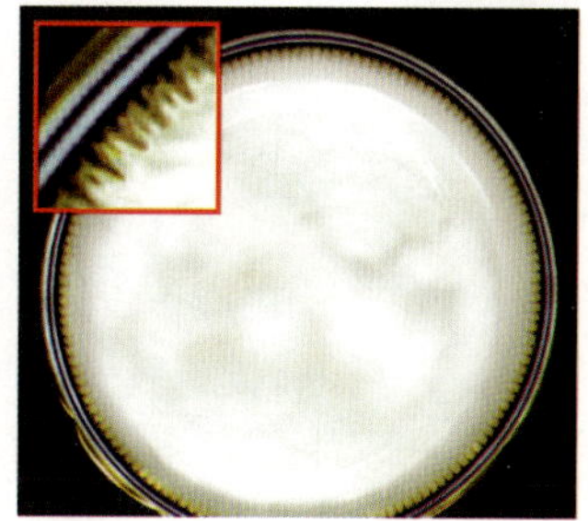
AHR 164
Saucer Shown
Gold Trim

Scalloped — Rim Shape, Gold Trim (continued)

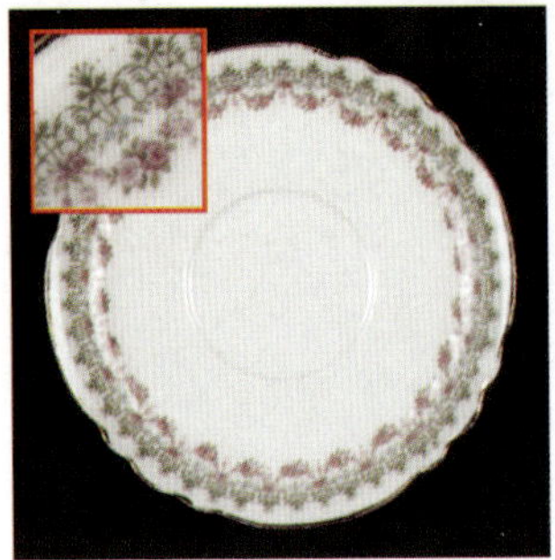

AHR 244
Saucer Shown
Gold Trim

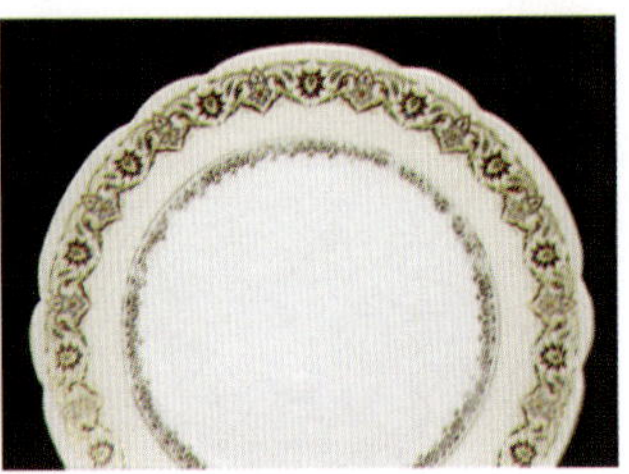

AHR 90
Gold Trim

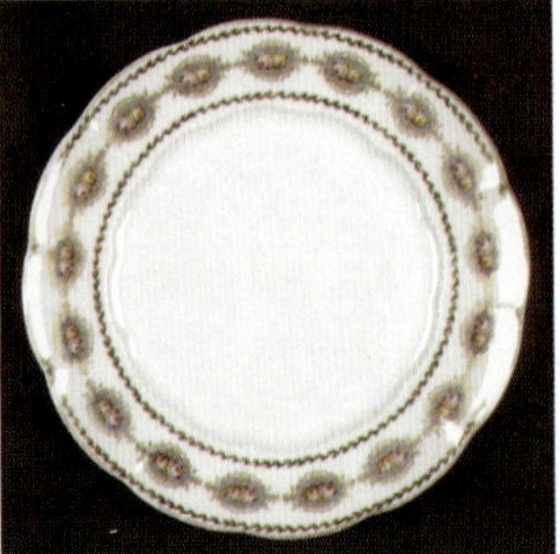

AHR 32
Gold Trim

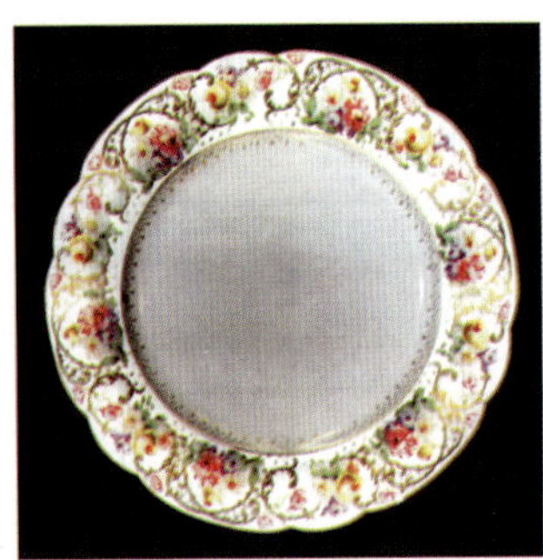

AHR 367
Gold Trim

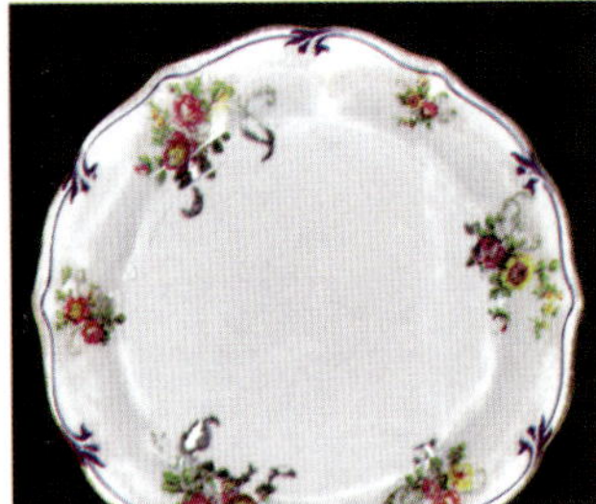

AHR 165
Gold Trim

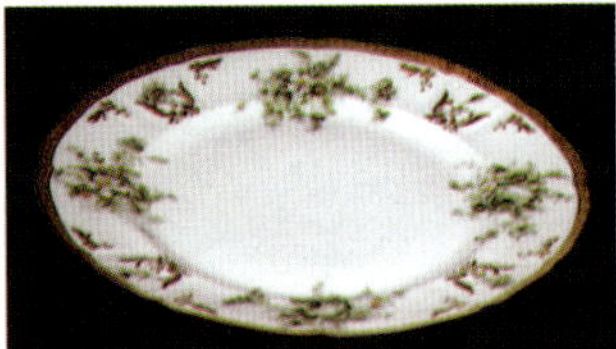

AHR 82
Gold Trim

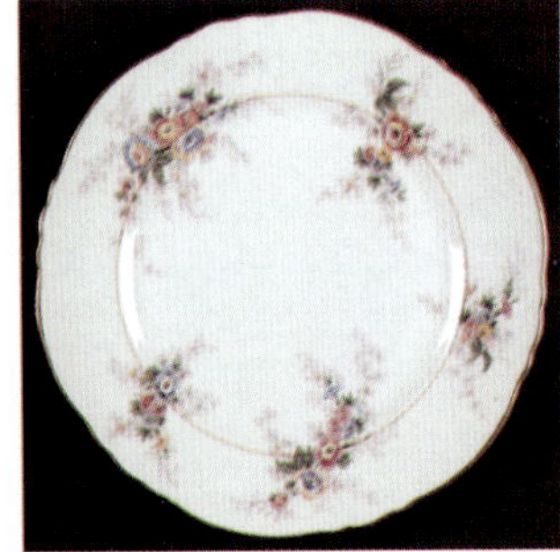

Floradora
Gold Trim

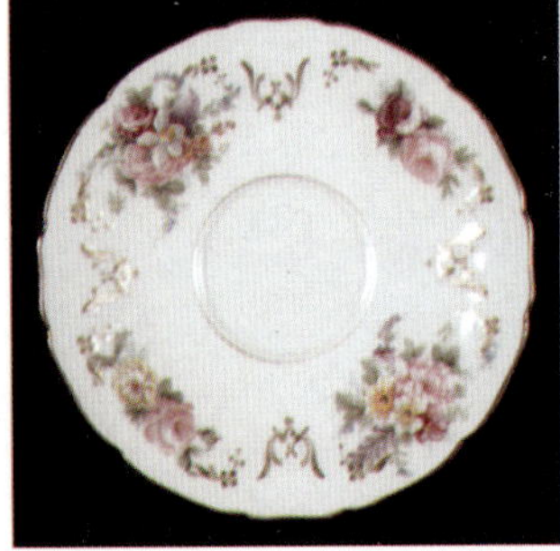

AHR 239
Saucer Shown
Gold Trim

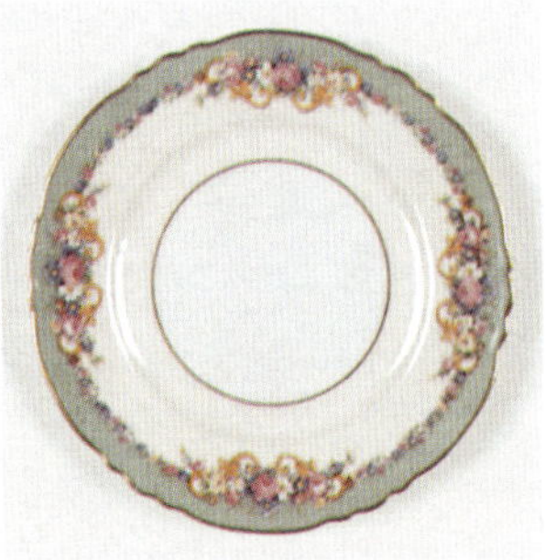

Cannes
Bread & Butter Plate Shown
Gold Trim

Scalloped — Rim Shape, Gold Trim (continued)

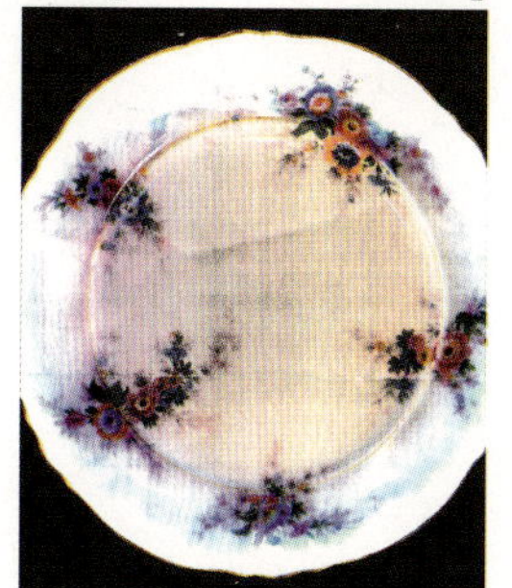

AHR 119
Gold Trim

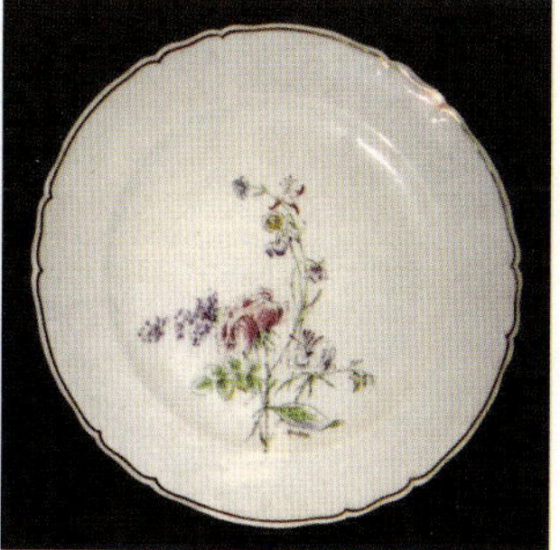

Vivienne
Gold Trim

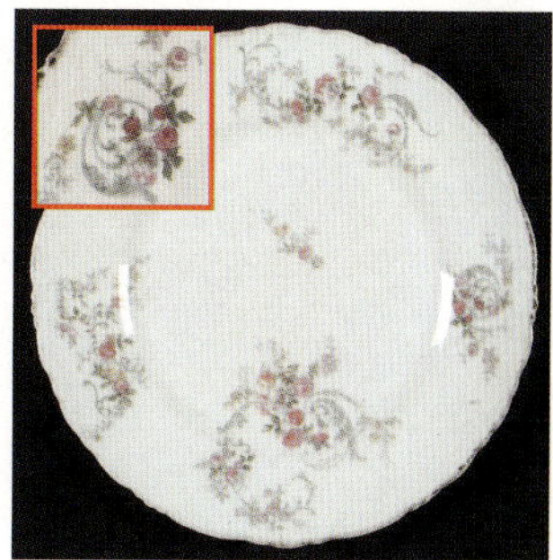

AHR 106
Gold Trim

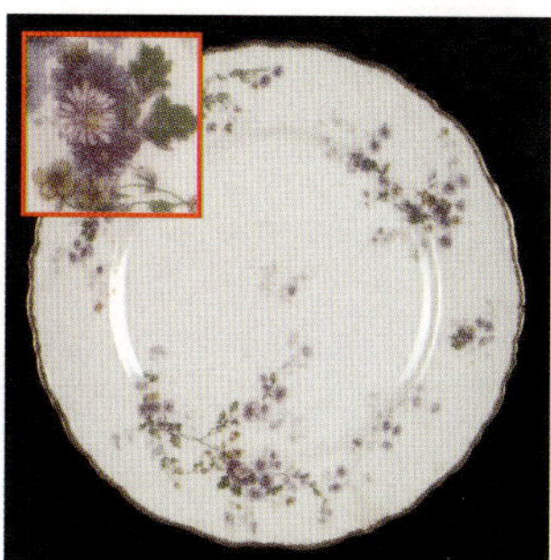

AHR 66
Gold Trim

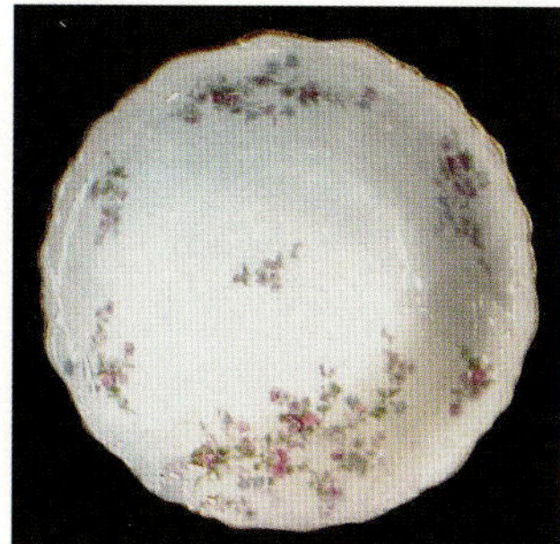

AHR 256
Soup Bowl Shown
Gold Trim

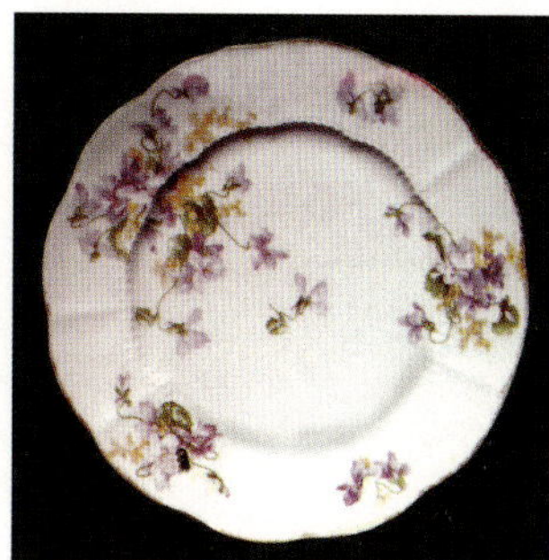

AHR 196
Gold Trim

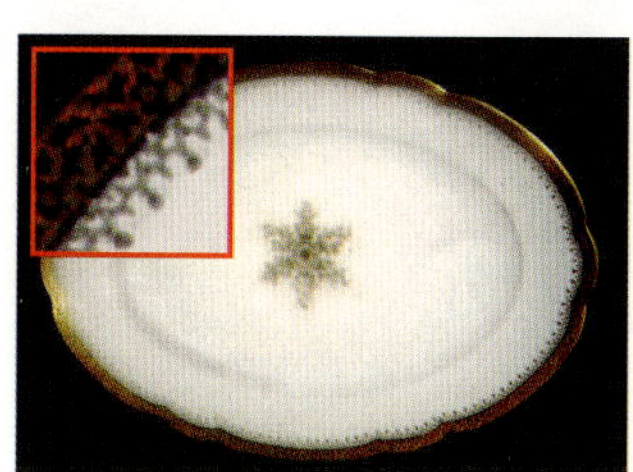

AHR 193
Platter Shown
Gold Trim

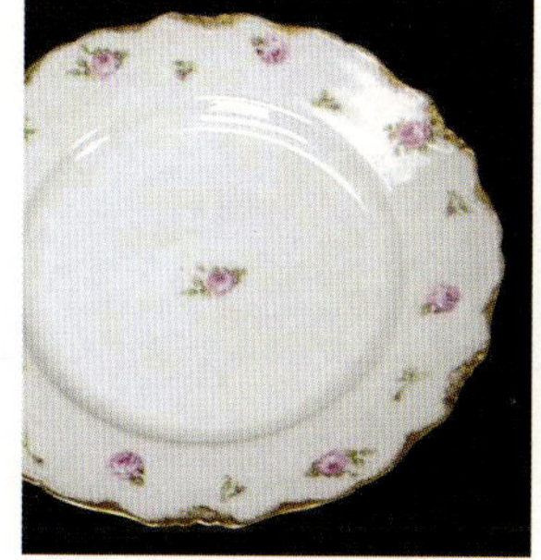

AHR 276
Gold Trim

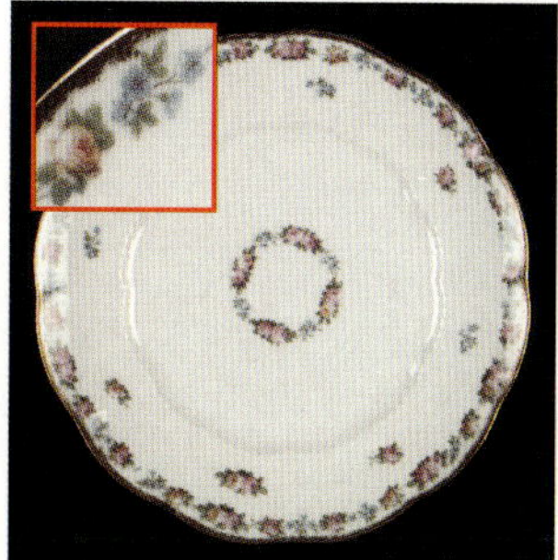

AHR 242
Salad Plate Shown
Gold Trim

Scalloped — Rim Shape, Gold Trim (continued)

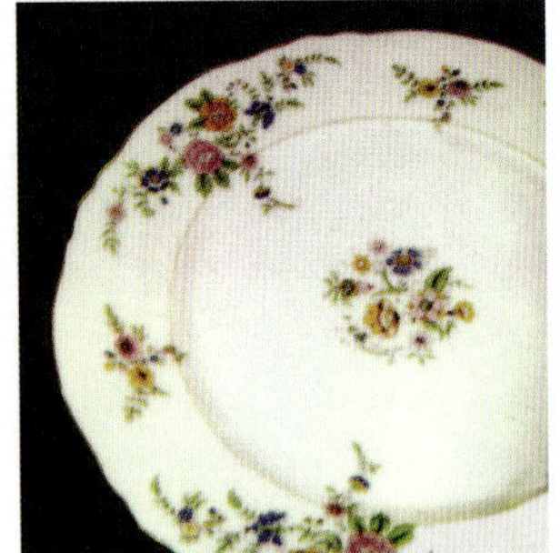

AHR 189
Gold Trim

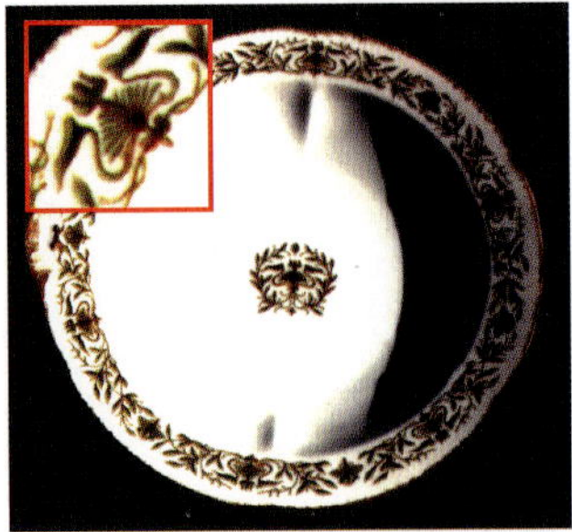

AHR 128
Soup Bowl Shown
Gold Trim

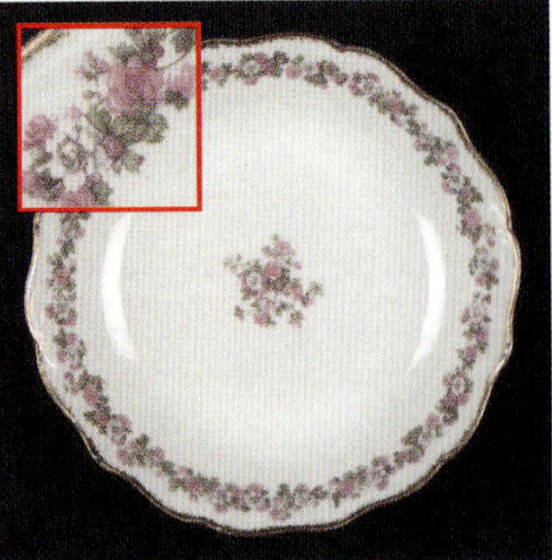

AHR 318
Soup Bowl Shown
Gold Trim

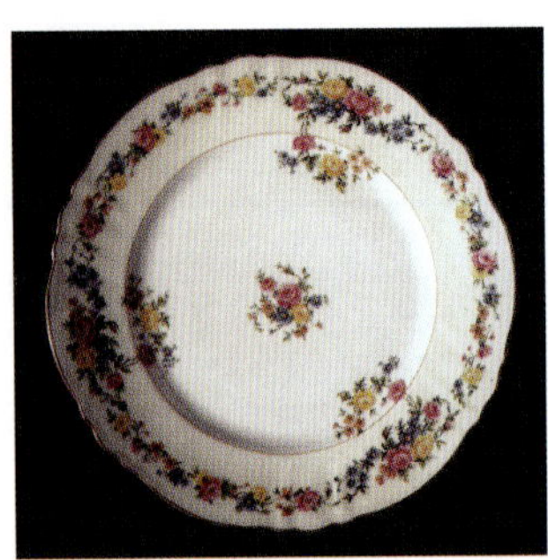

AHR 89
Gold Trim

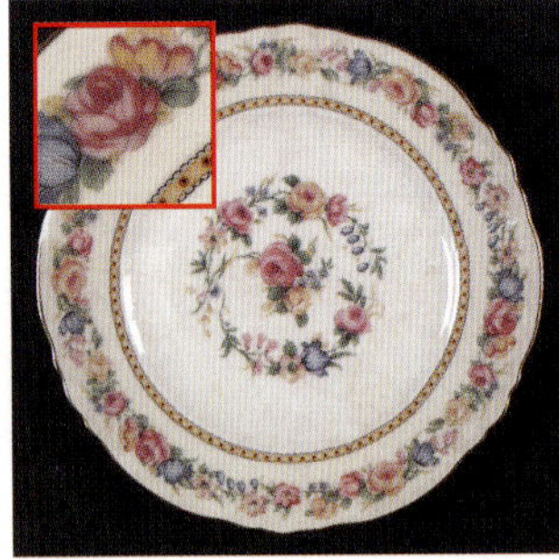

AHR 340
Gold Trim

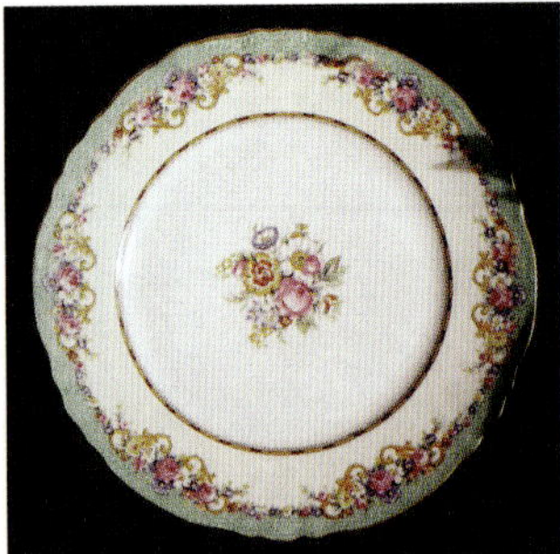

AHR 75
Gold Trim

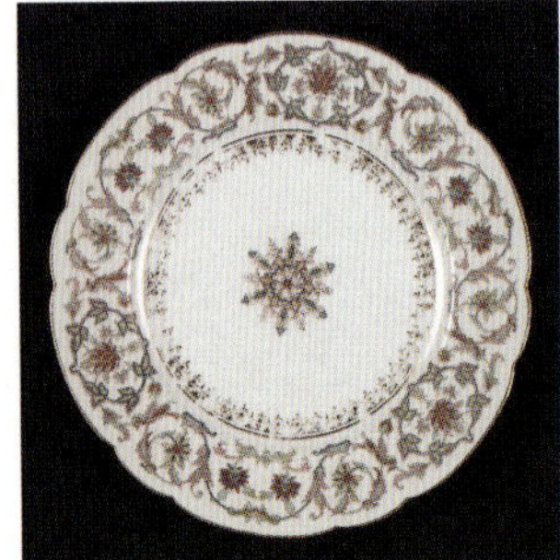

AHR 305
Salad Plate Shown
Gold Trim

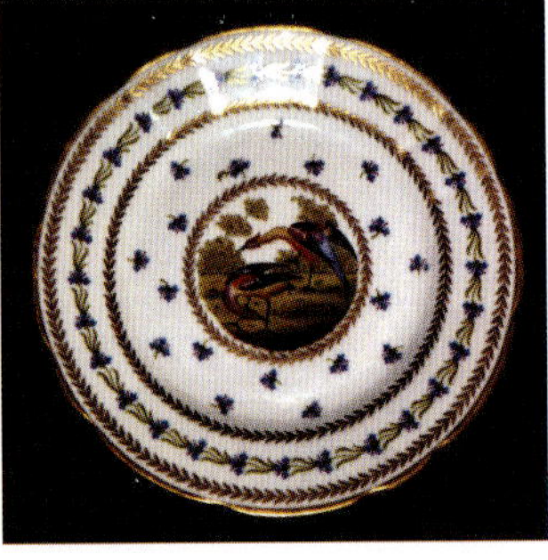

1959
Gold Trim

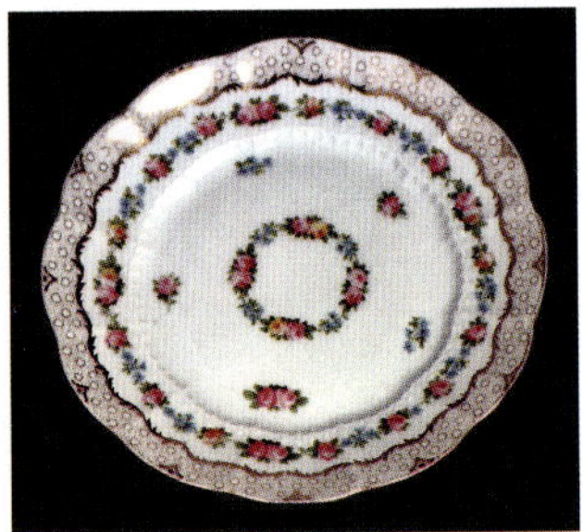

AHR 257
Gold Trim

Scalloped — Rim Shape, Gold Trim (continued)

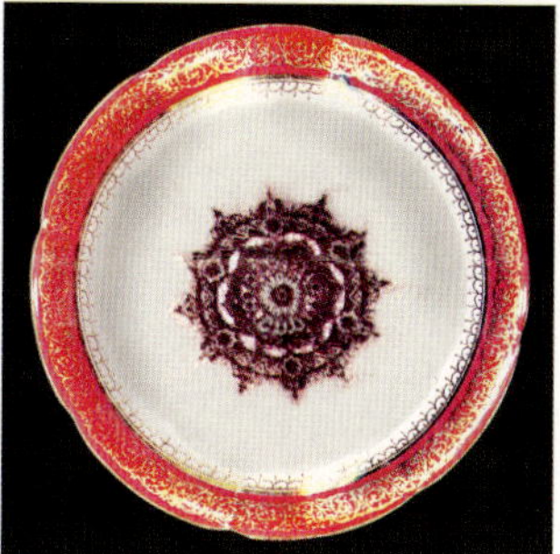

AHR 187
Saucer Shown
Gold Trim

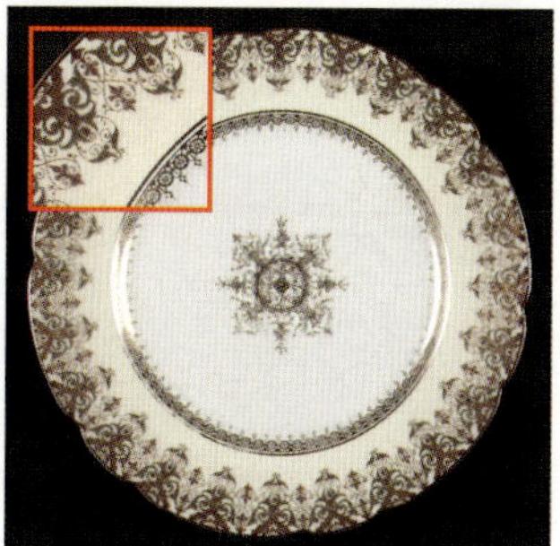

AHR 92
Gold Trim

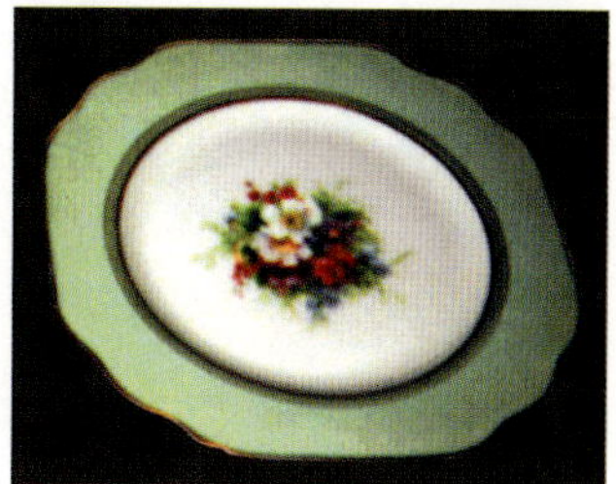

AHR 223
Gold Trim

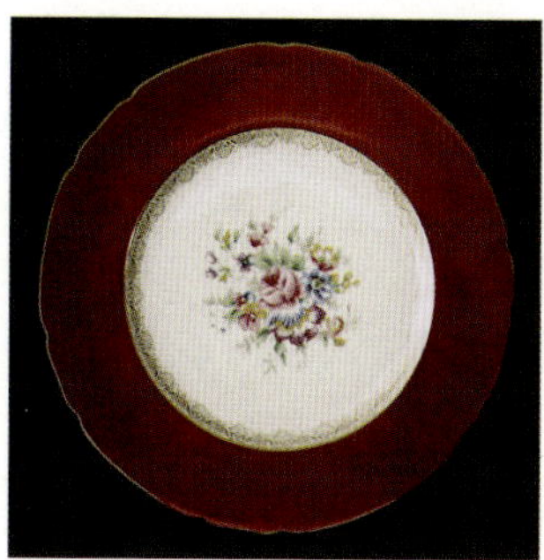

AHR 91
Gold Trim

Scalloped — Rim Shape; Gold Daubs, Platinum or Colored Trim

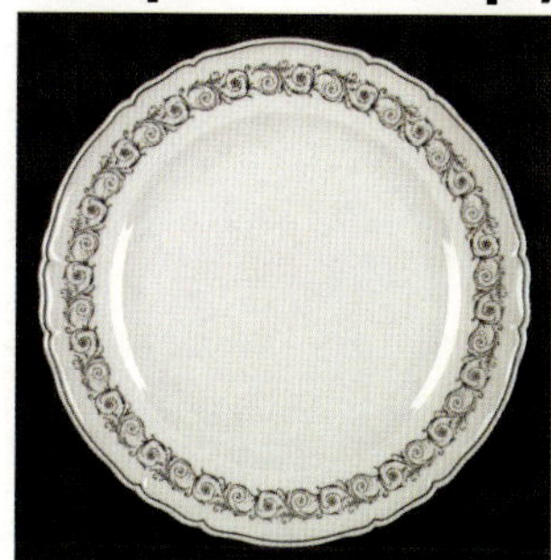

Regalia
Platinum Trim

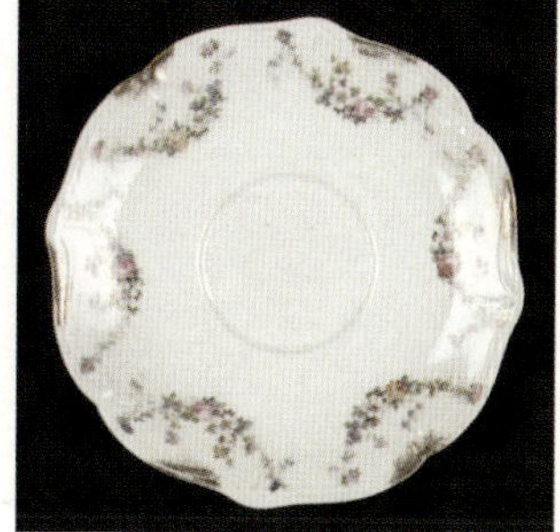

AHR 219
Saucer Shown
Gold Daubs

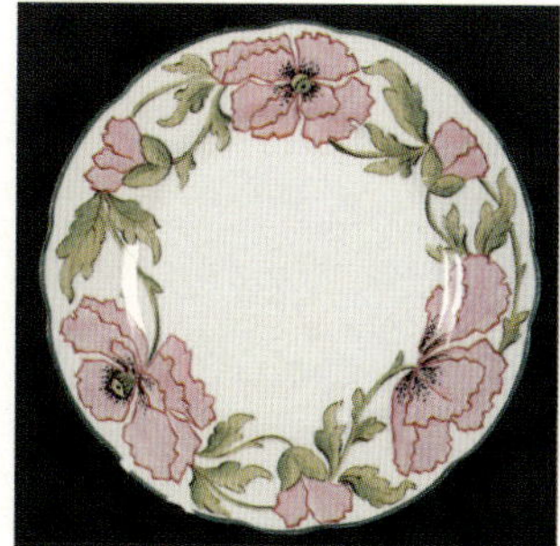

4724
Green Trim

Scalloped — Rim Shape; Gold Daubs, Platinum or Colored Trim (continued)

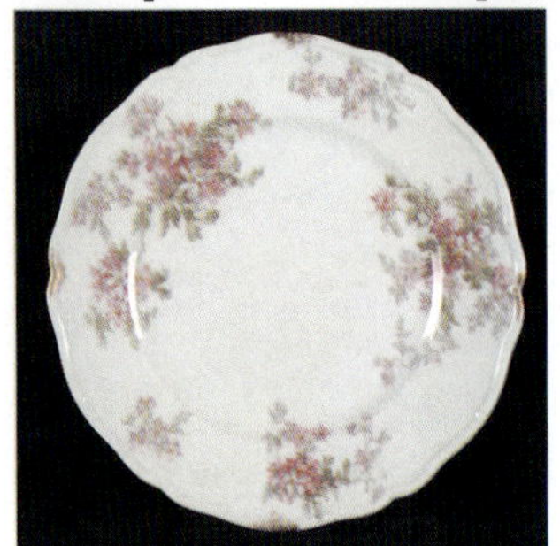
AHR 280
Salad Plate Shown
Gold Daubs

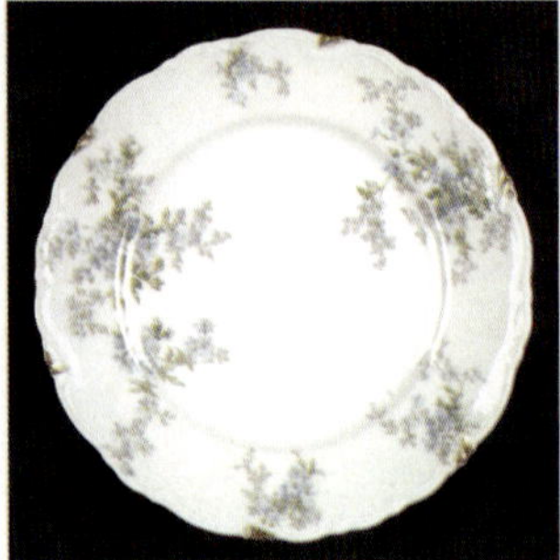
AHR 31
Gold Daubs

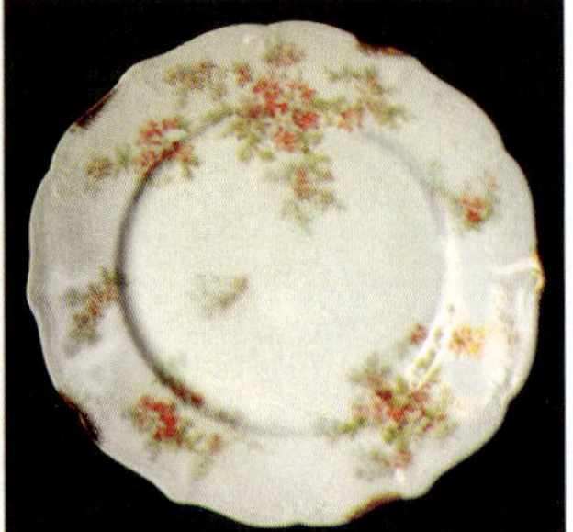
AHR 186
Gold Daubs

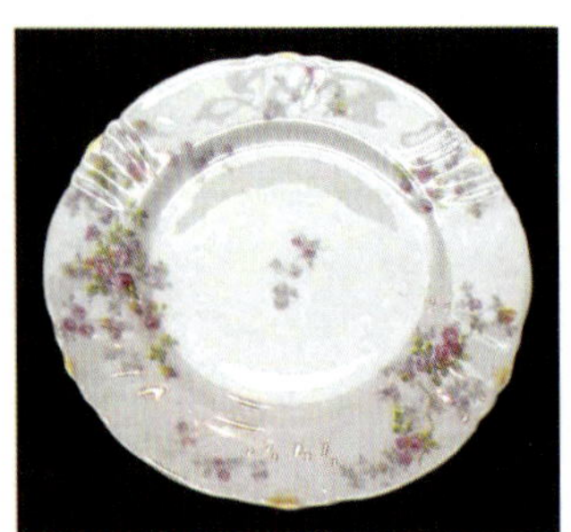
AHR 311
Salad Plate Shown
Gold Daubs

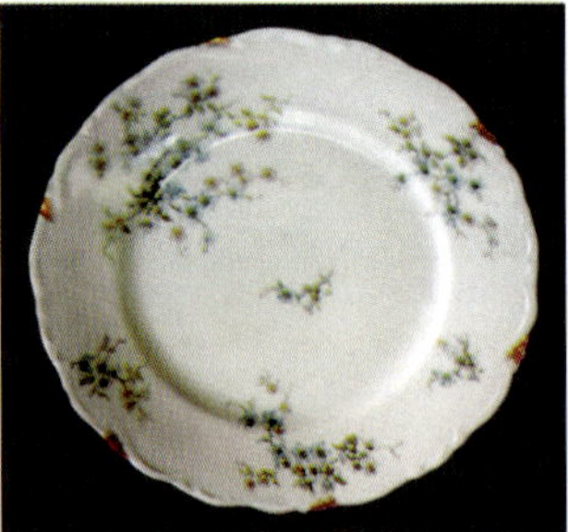
AHR 192
Gold Daubs

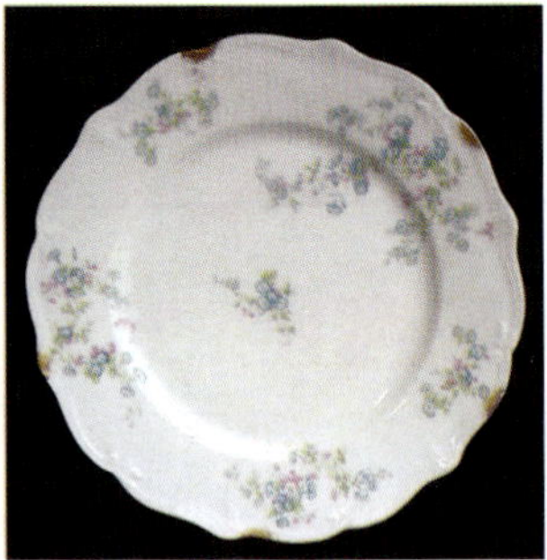
AHR 344
Gold Daubs

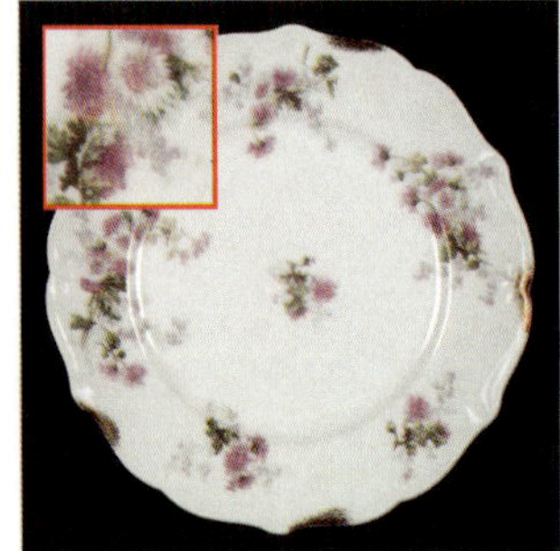
AHR 139
Gold Daubs

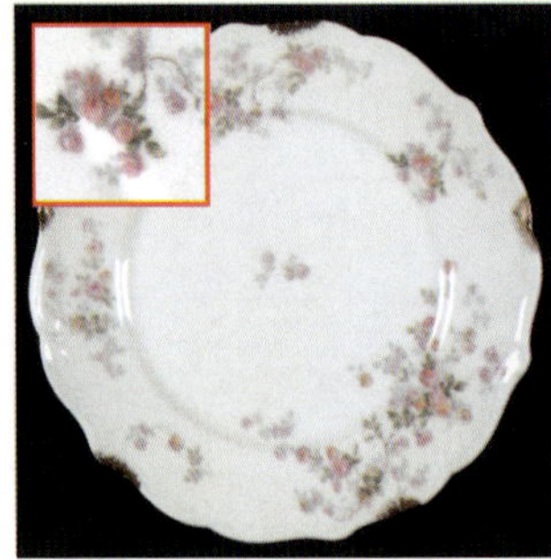
AHR 68
Gold Daubs

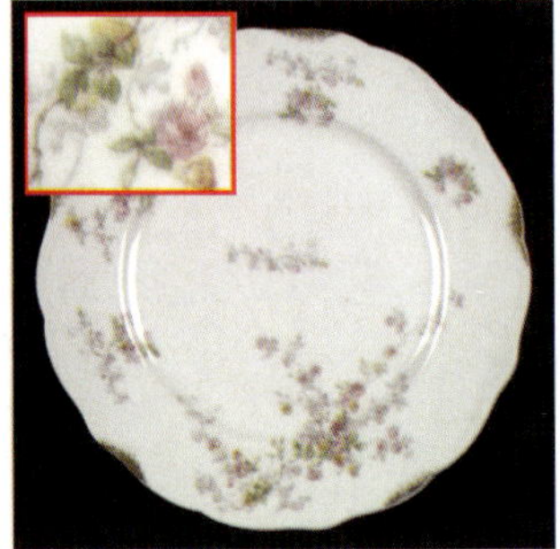
AHR 22
Gold Daubs

Scalloped — Rim Shape; Gold Daubs, Platinum or Colored Trim (continued)

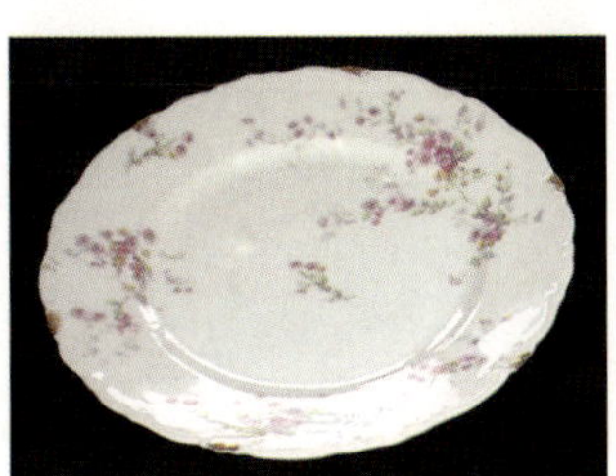

AHR 324
Gold Daubs

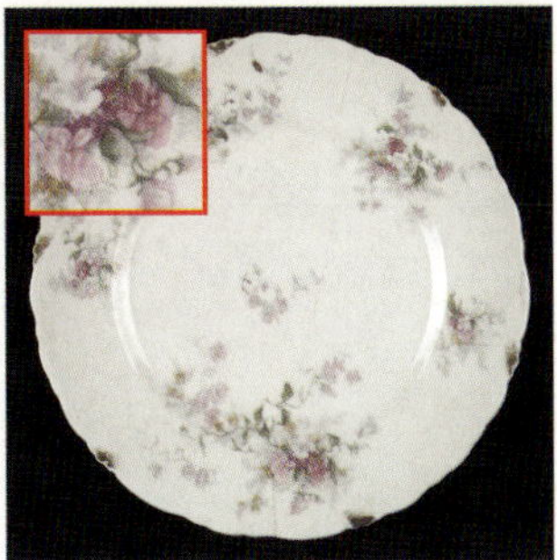

AHR 149
Gold Daubs

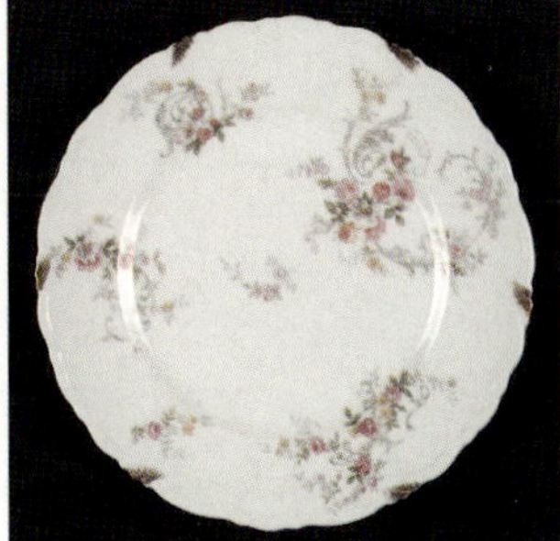

AHR 228
Salad Plate Shown
Gold Daubs

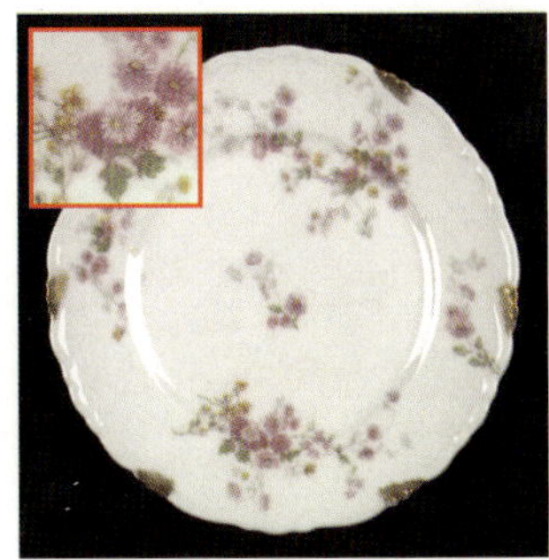

AHR 49
Bread & Butter Plate Shown
Gold Daubs

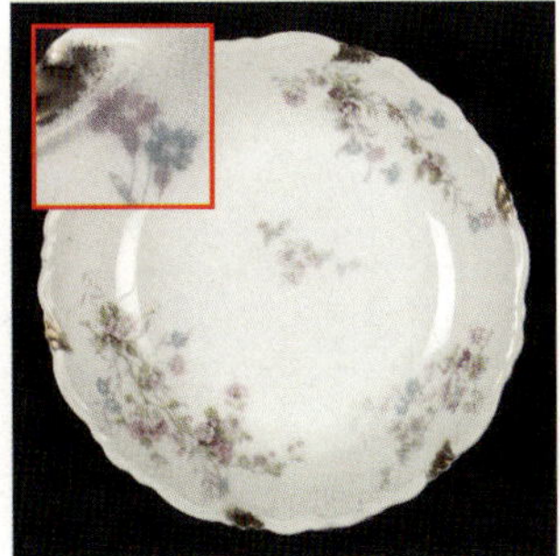

AHR 272
Soup Bowl Shown
Gold Daubs

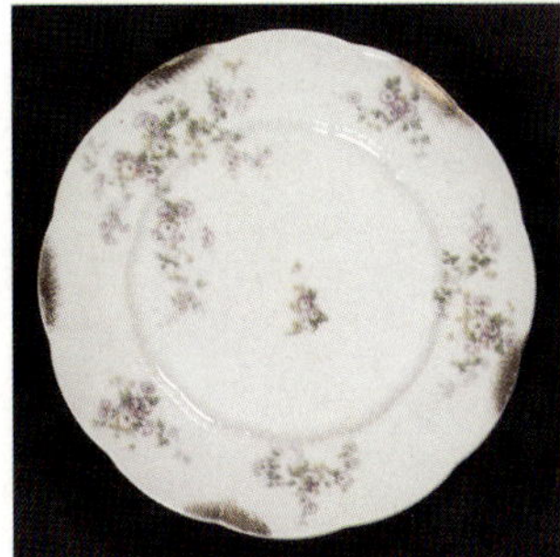

AHR 312
Luncheon Plate Shown
Gold Daubs

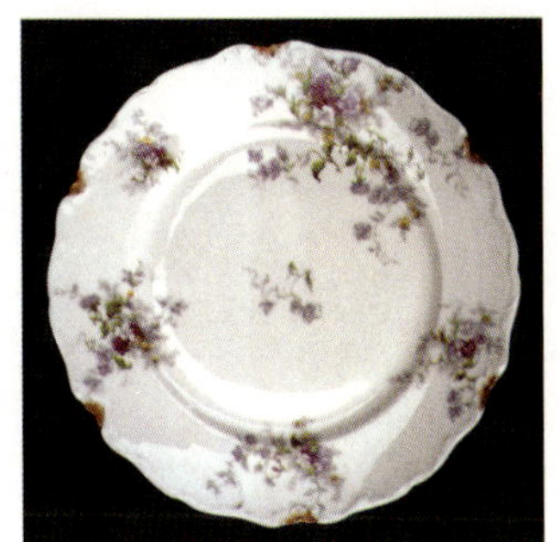

AHR 356
Gold Daubs

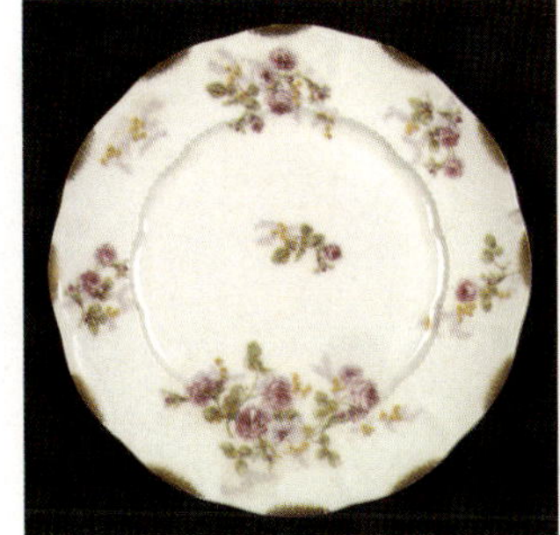

AHR 21
Gold Daubs

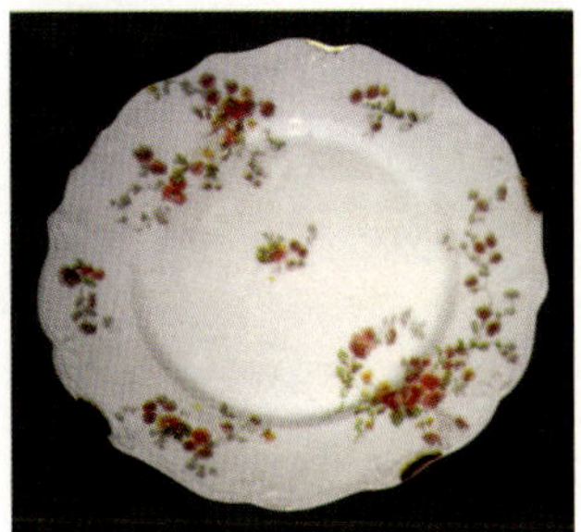

AHR 144
Gold Daubs

Scalloped — Rim Shape; Gold Daubs, Platinum or Colored Trim (continued)

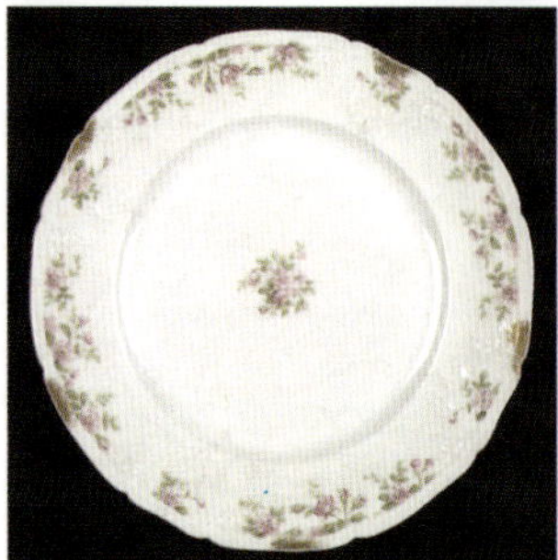
AHR 24
Gold Daubs

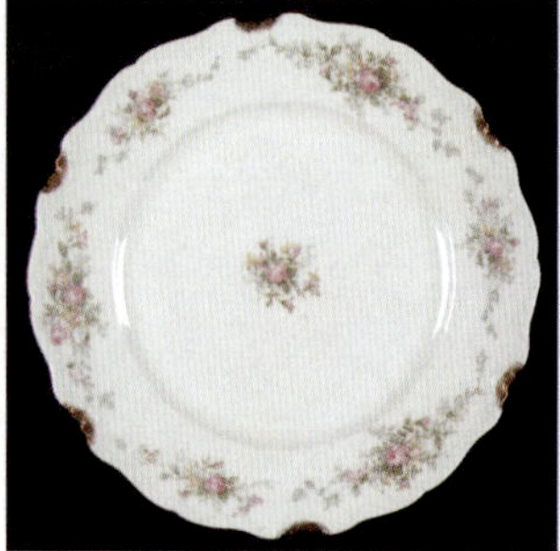
AHR 171
Gold Daubs

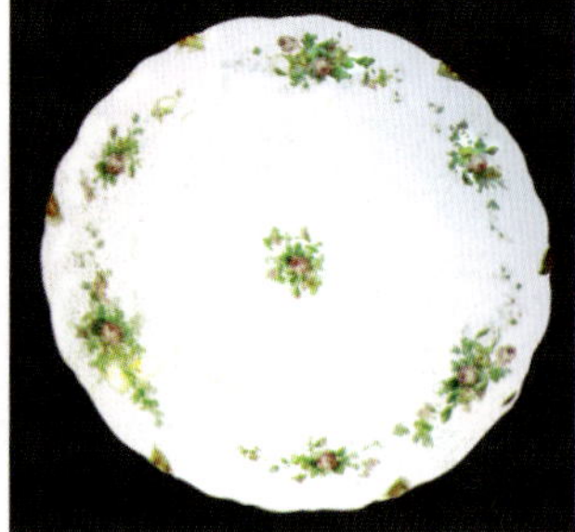
AHR 145
Gold Daubs

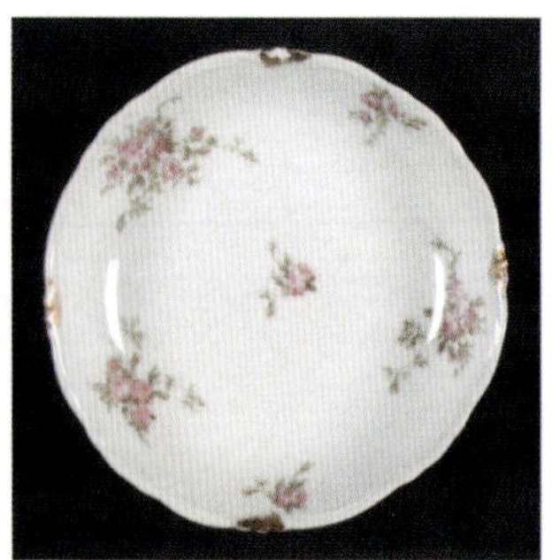
AHR 282
Fruit Bowl Shown
Gold Daubs

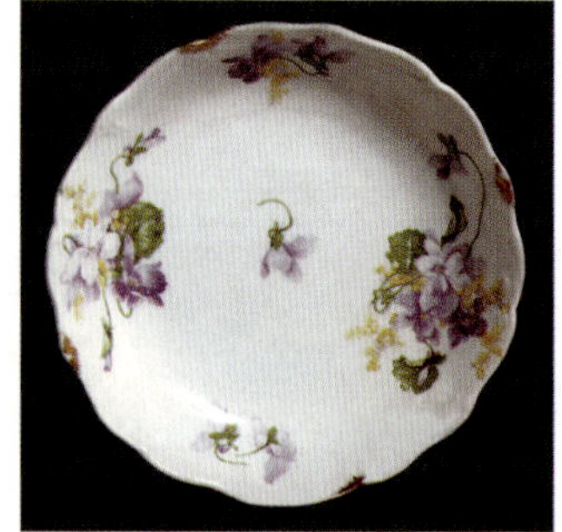
AHR 252
Soup Bowl Shown
Gold Daubs

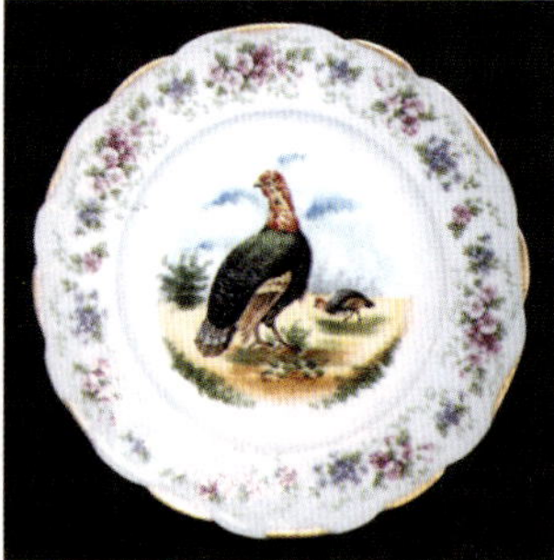
AHR 351
Gold Daubs

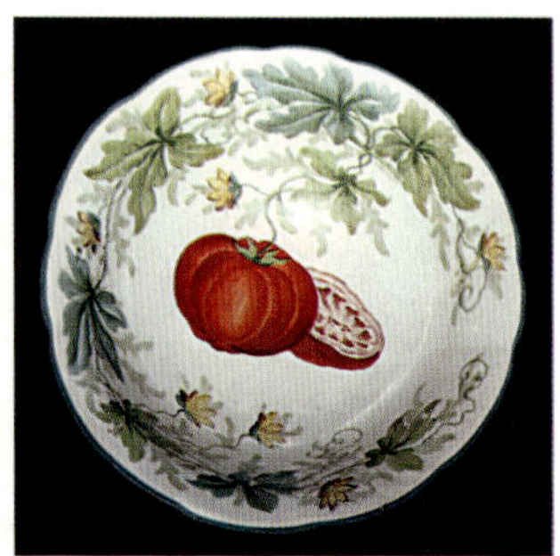
1176
Vegetable Bowl Shown
Green Trim

Scalloped — Rim Shape, No Trim

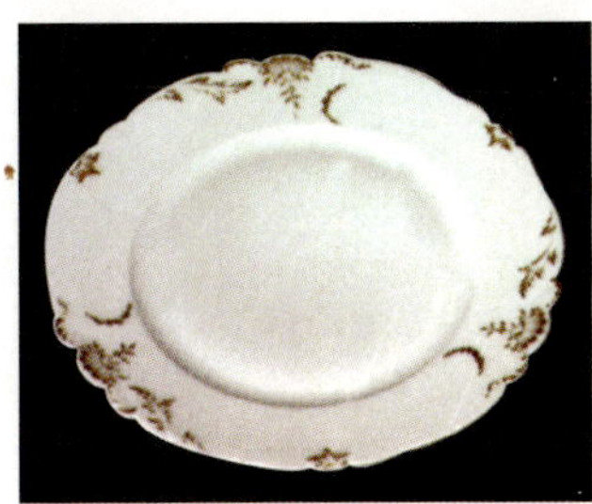

AHR 168
No Trim

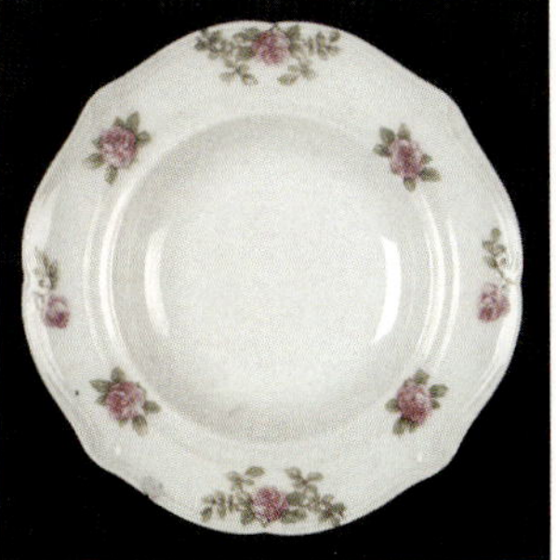

AHR 255
Butter Dish Shown
No Trim

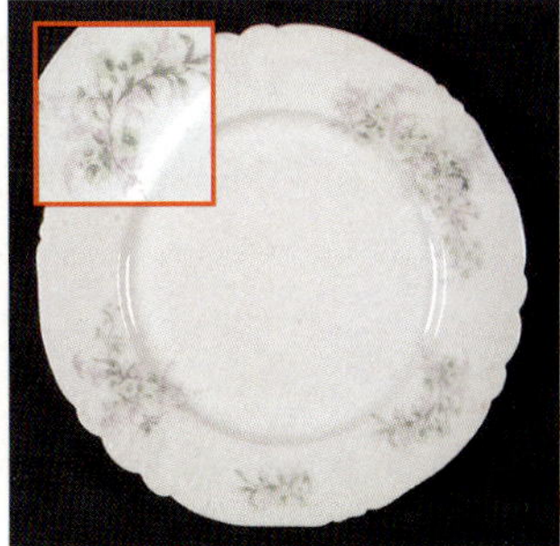

AHR 195
No Trim

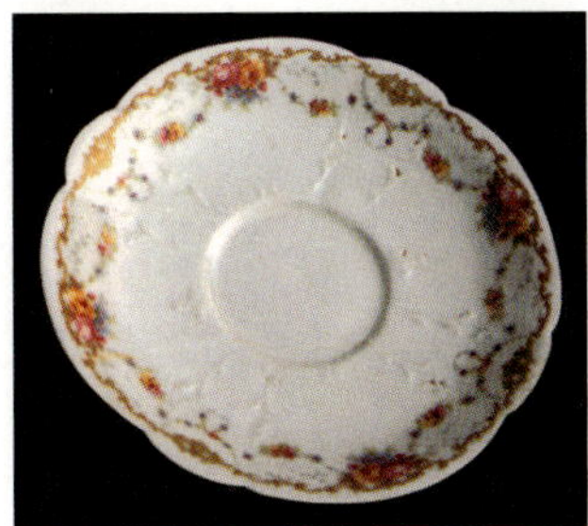

AHR 103
Saucer Shown
No Trim

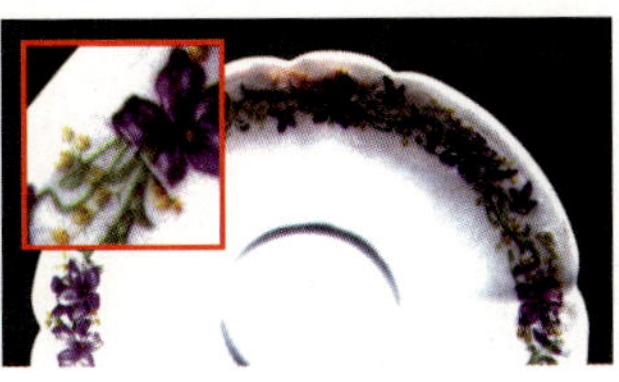

AHR 115
Saucer Shown
No Trim

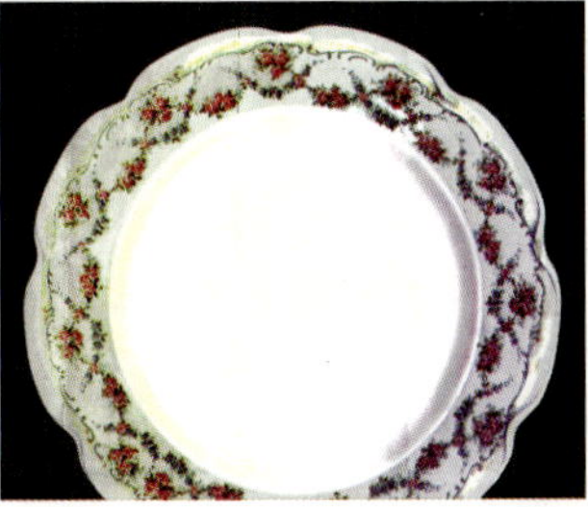

AHR 147
No Trim

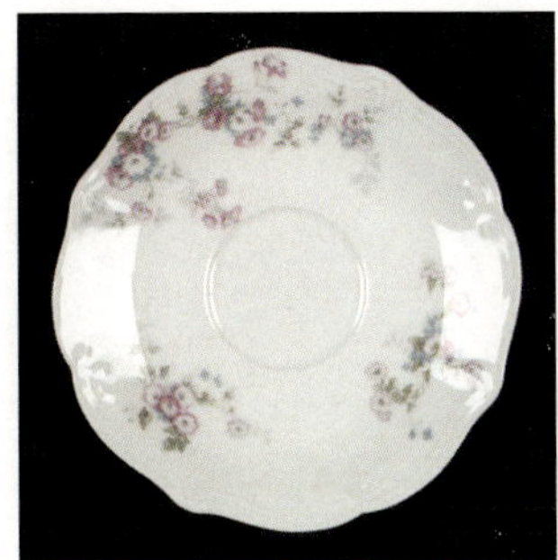

AHR 246
Saucer Shown
No Trim

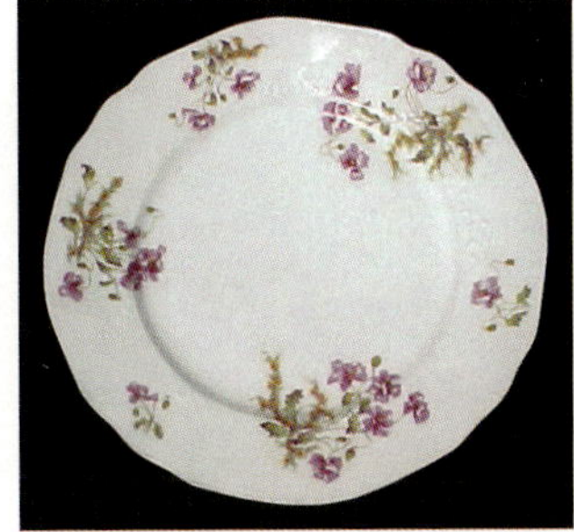

AHR 323
No Trim

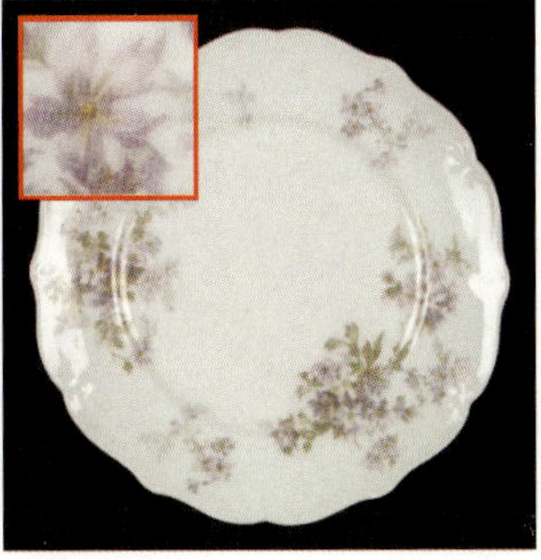

AHR 136
No Trim

Scalloped — Rim Shape, No Trim (continued)

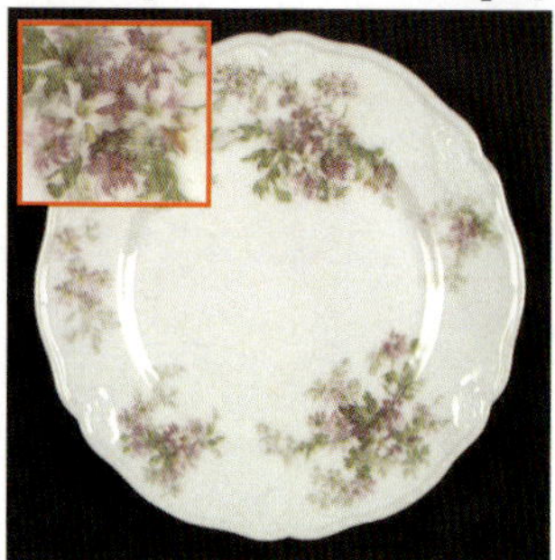
AHR 44
Salad Plate Shown
No Trim

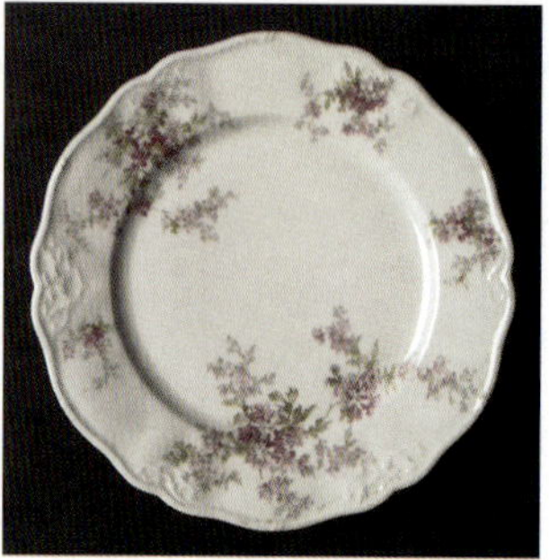
AHR 148
No Trim

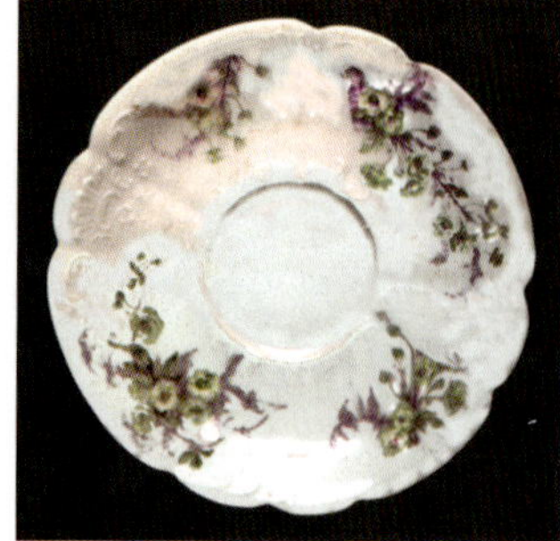
AHR 146
Saucer Shown
No Trim

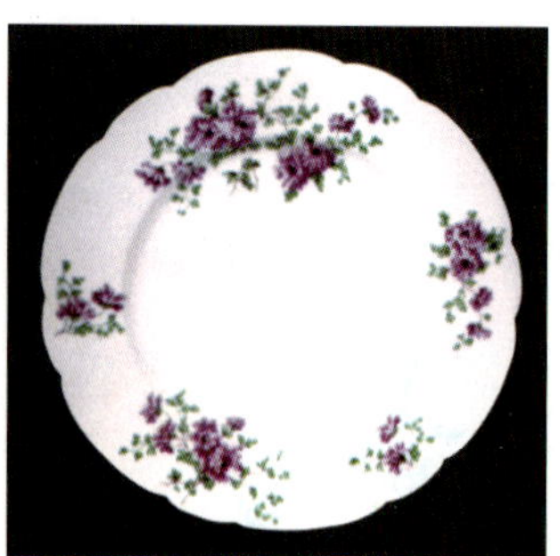
AHR 143
No Trim

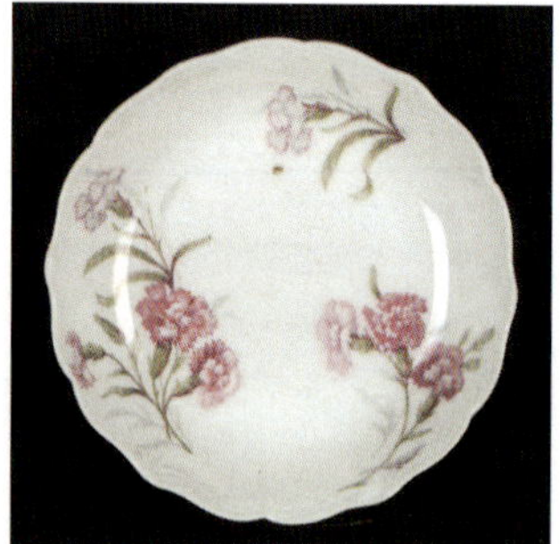
AHR 180
Fruit Bowl Shown
No Trim

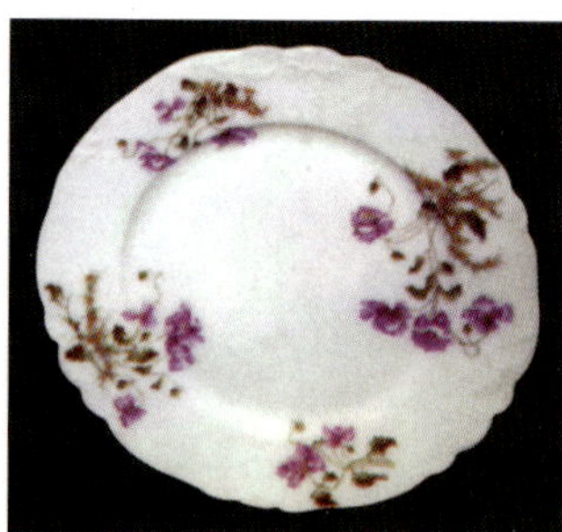
AHR 194
No Trim

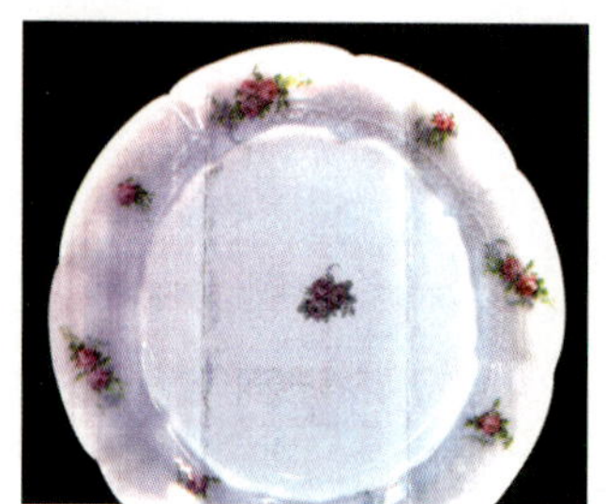
AHR 122
No Trim

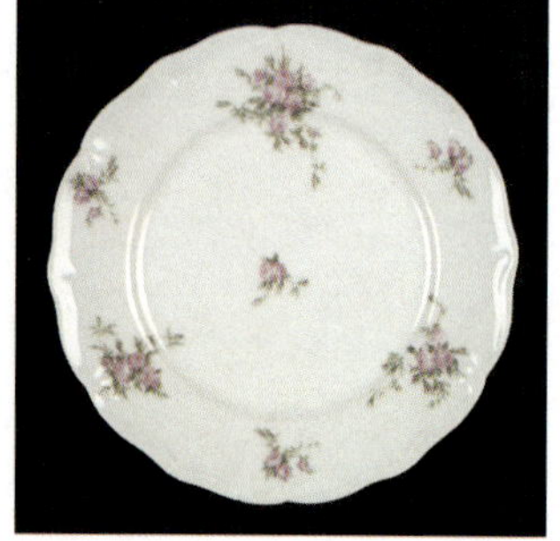
AHR 245
Bread & Butter Plate Shown
No Trim

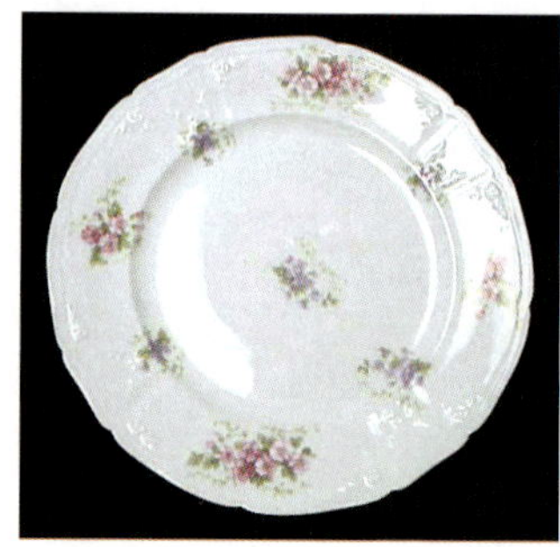
2768
No Trim

Scalloped — Rim Shape, No Trim (continued)

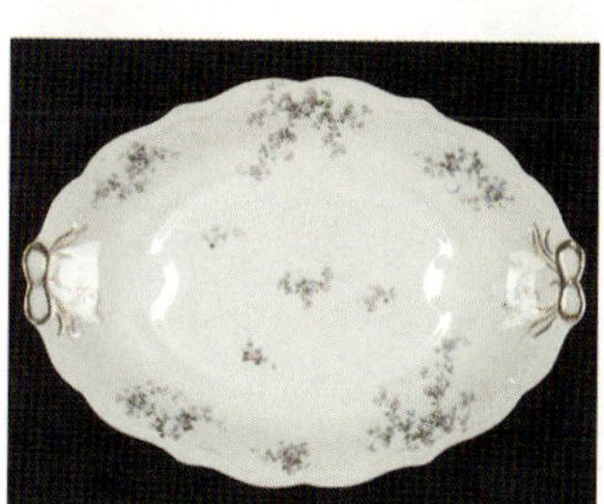
AHR 262
Platter Shown
No Trim

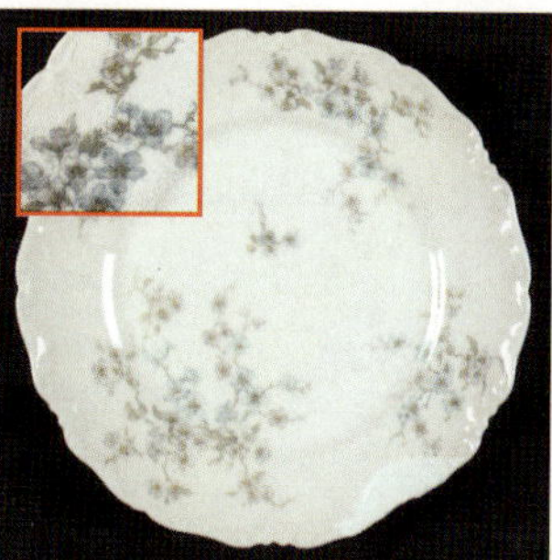
AHR 114
Salad Plate Shown
No Trim

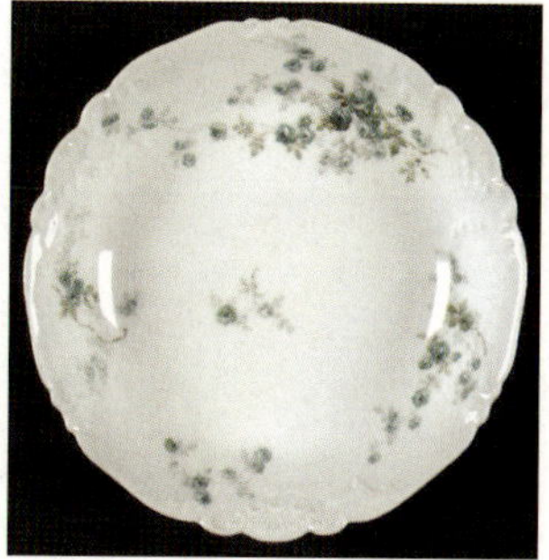
AHR 37
Soup Bowl Shown
No Trim

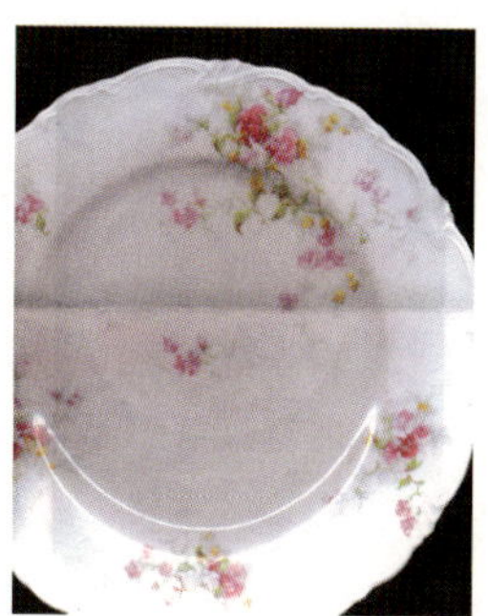
AHR 368
No Trim

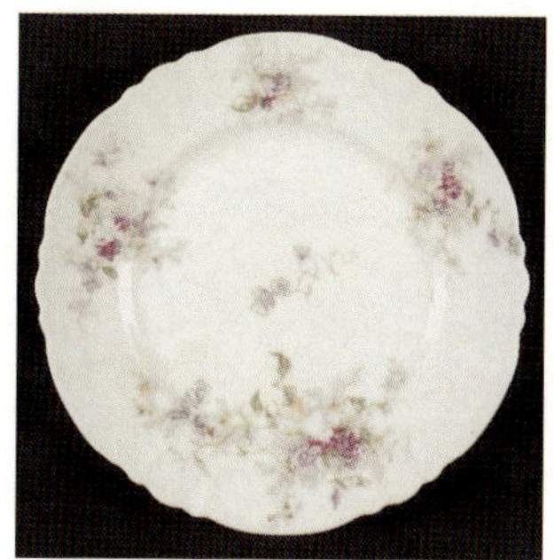
AHR 61
Salad Plate Shown
No Trim

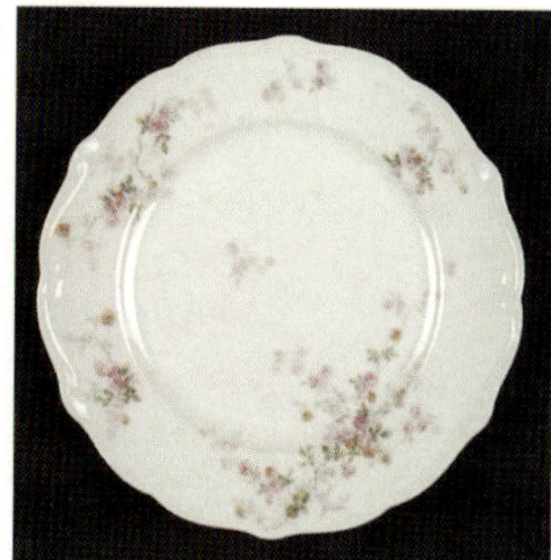
AHR 67
No Trim

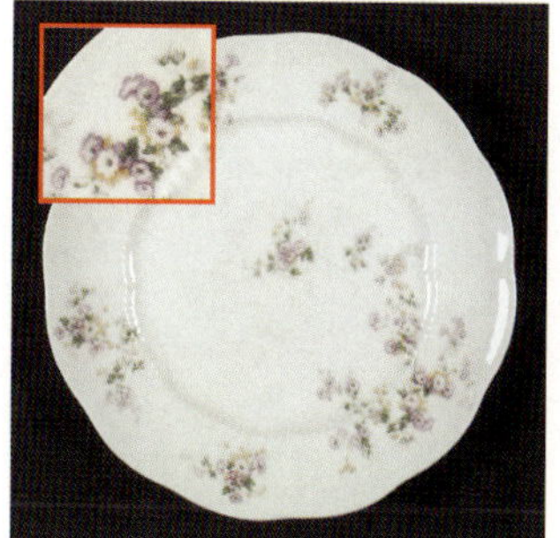
AHR 337
No Trim

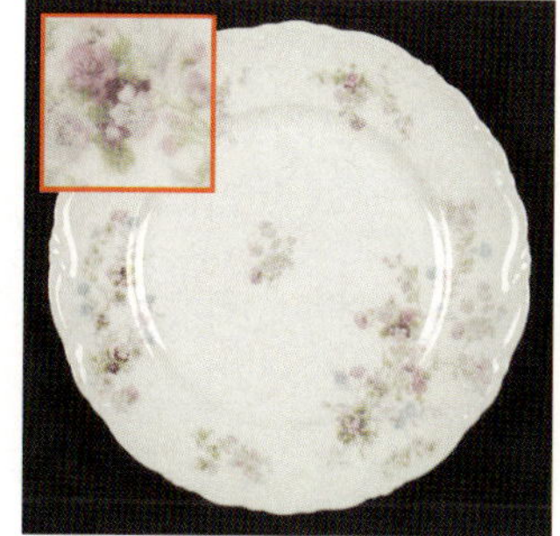
AHR 71
No Trim

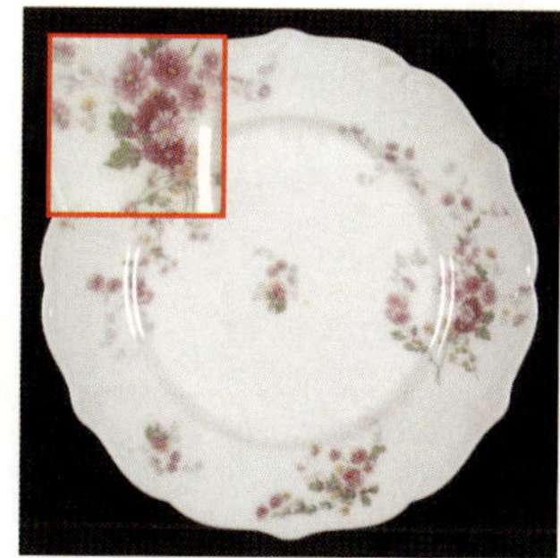
AHR 269
Salad Plate Shown
No Trim

Scalloped — Rim Shape, No Trim (continued)

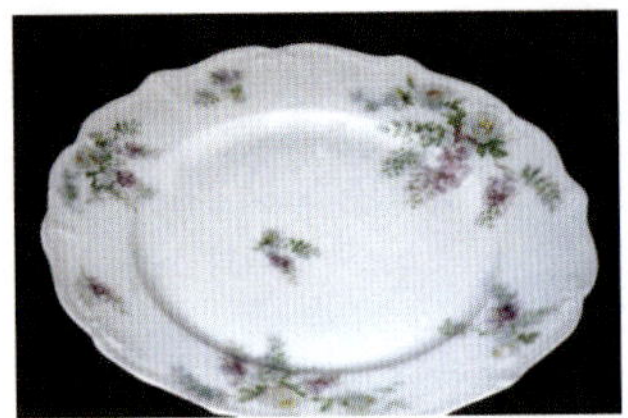

AHR 150
No Trim

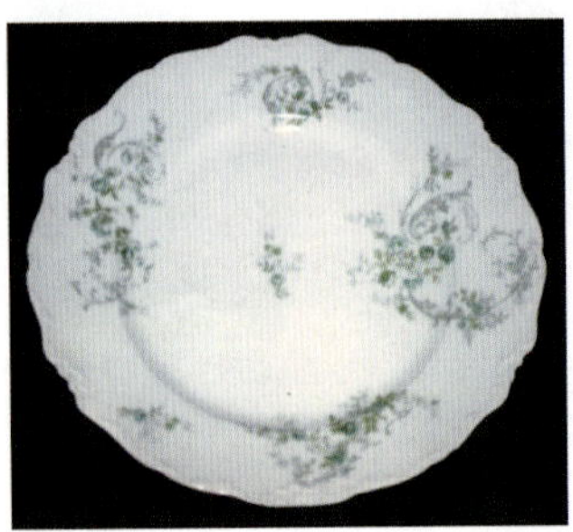

AHR 326
No Trim

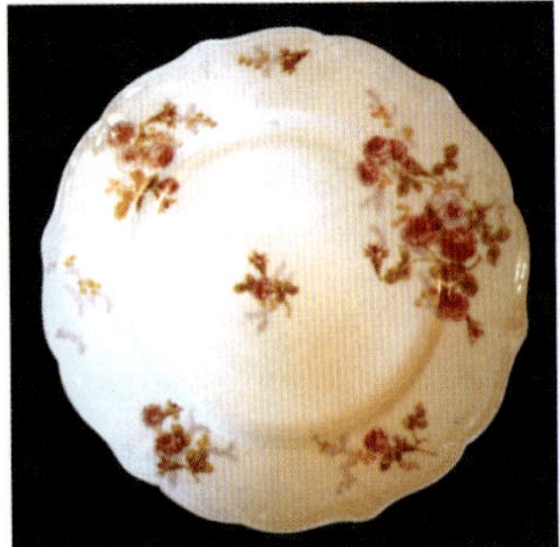

AHR 363
No Trim

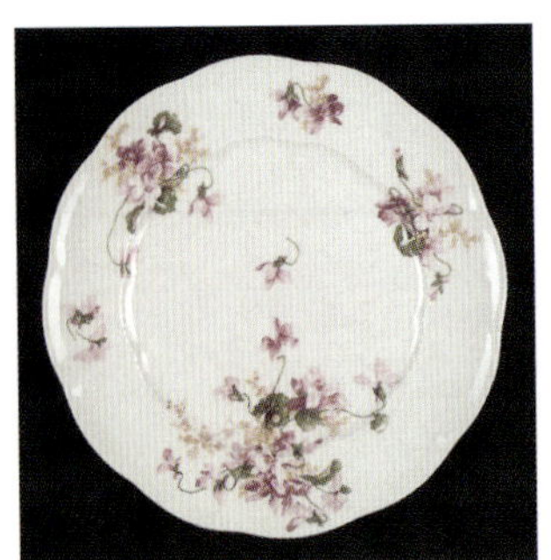

AHR 300
No Trim

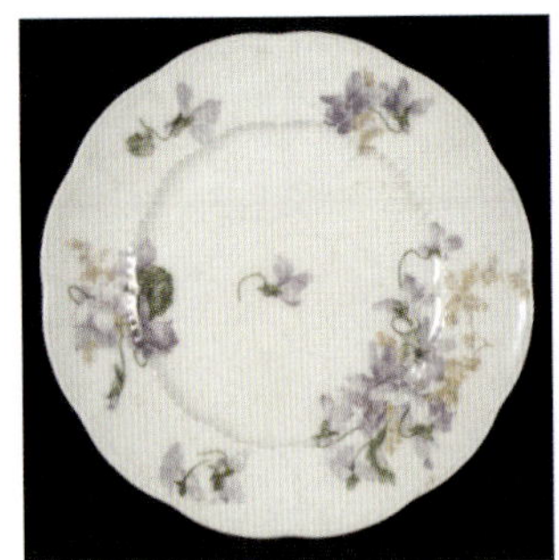

AHR 47
Salad Plate Shown
No Trim

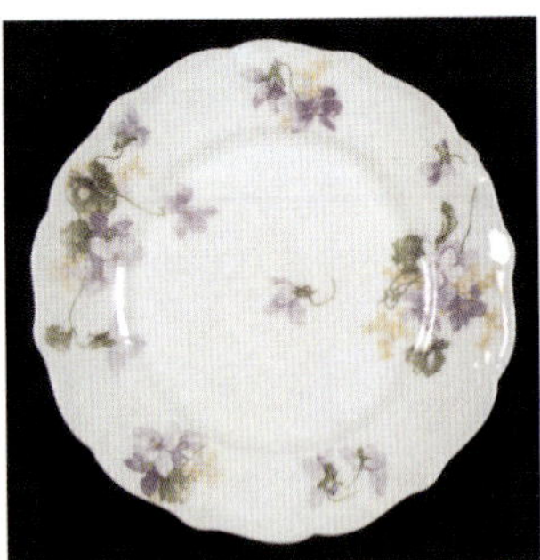

AHR 265
Salad Plate Shown
No Trim

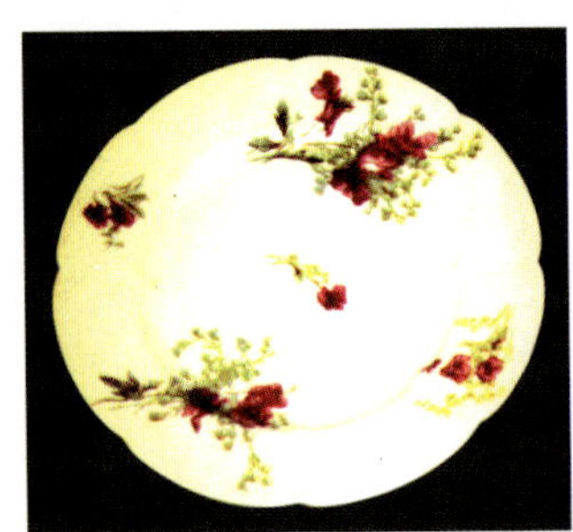

AHR 123
No Trim

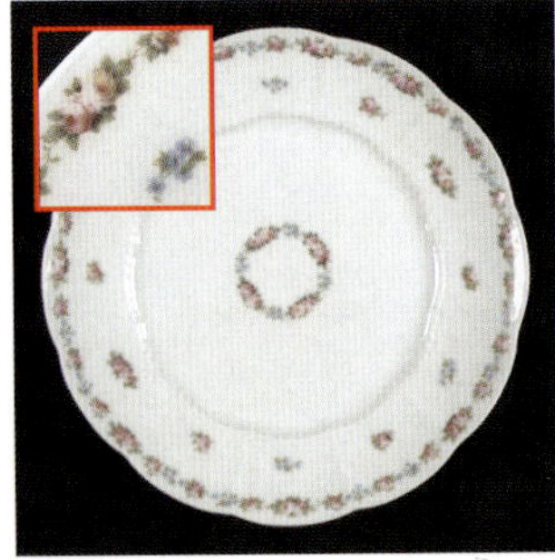

AHR 234
Luncheon Plate Shown
No Trim

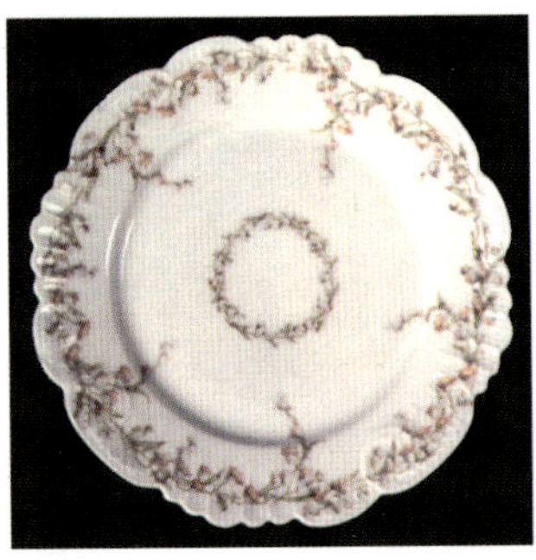

AHR 293
Salad Plate Shown
No Trim

Multisided — Rim Shape

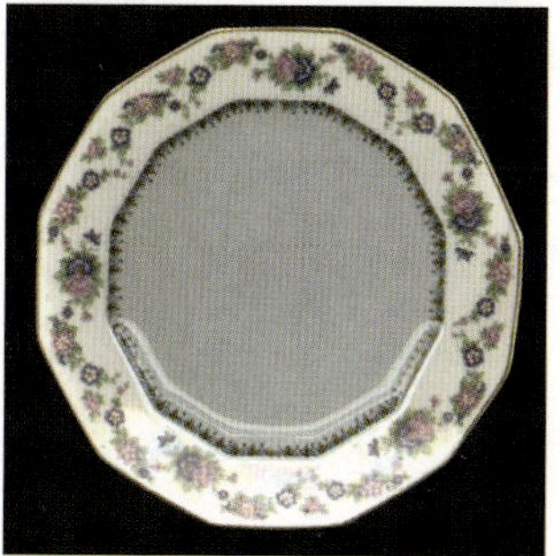

AHR 319
Gold Trim

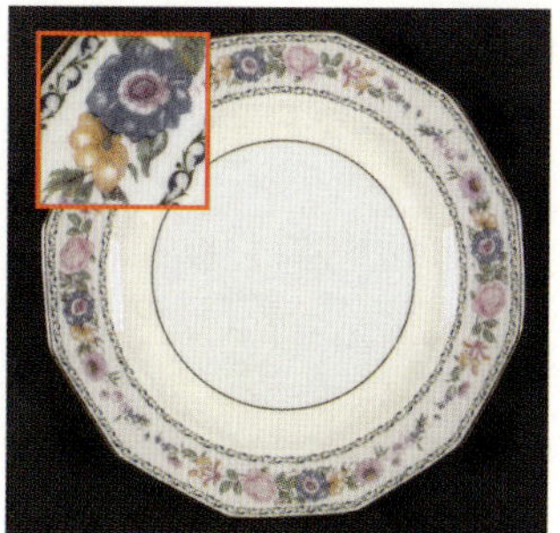

AHR 316
Gold Trim

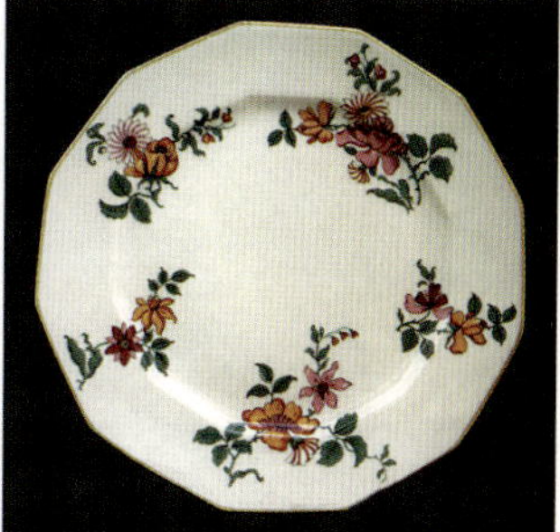

AHR 254
Gold Trim

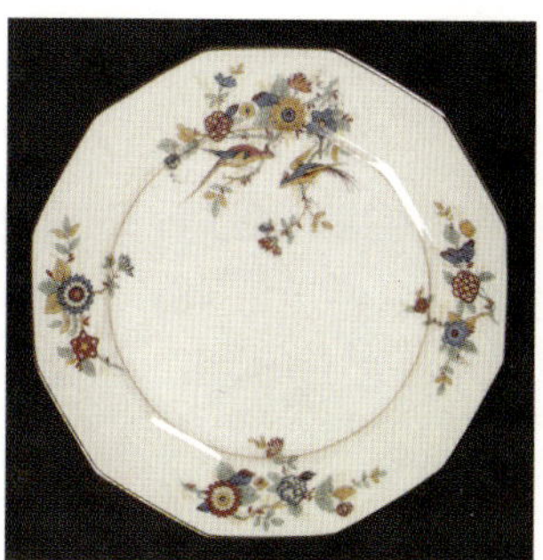

AHR 45
Gold Trim

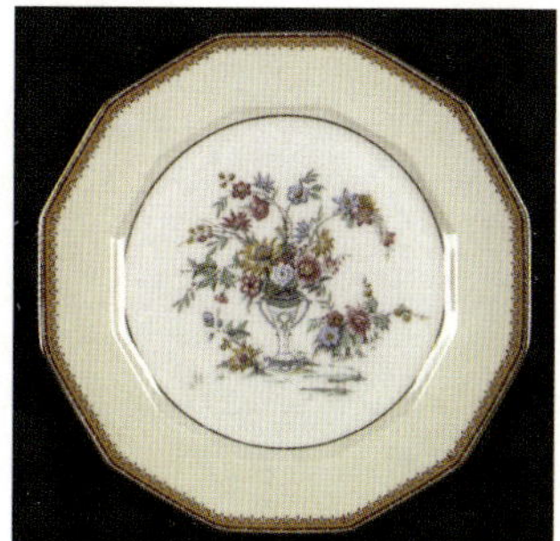

AHR 46
Gold Trim

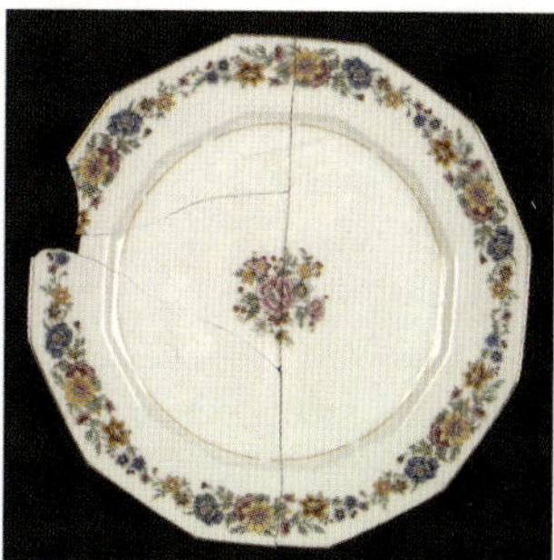

AHR 26
Gold Trim

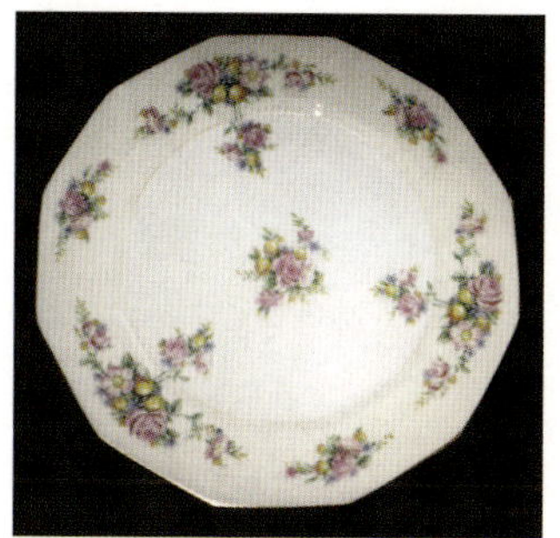

AHR 94
Gold Trim

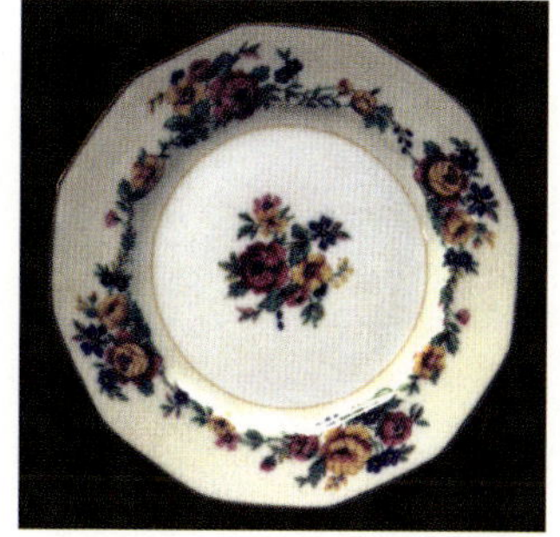

AHR 273
Gold Trim

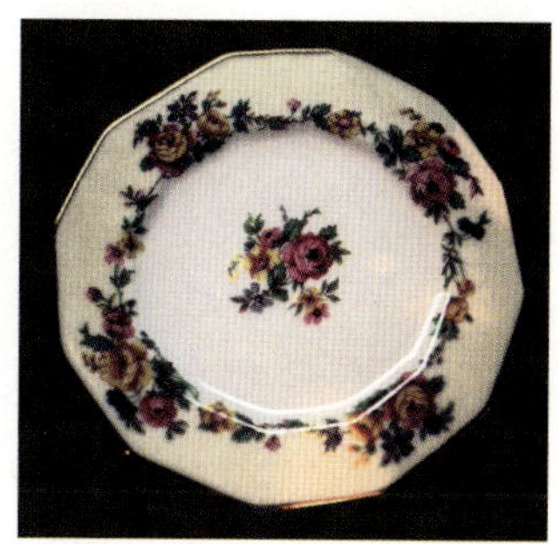

AHR 292
Gold Trim

Multisided — Rim Shape (continued)

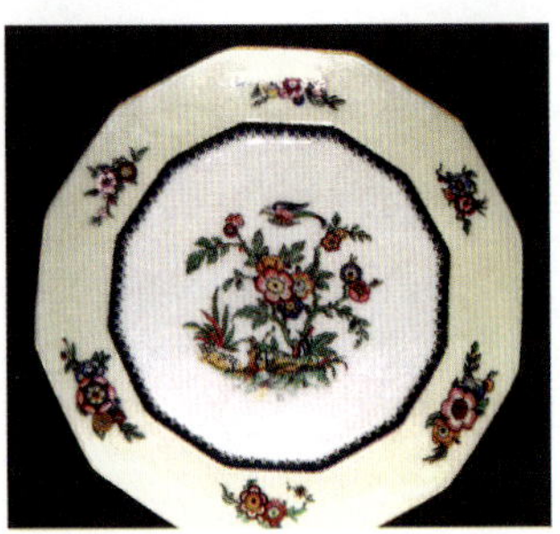

AHR 231
Gold Trim

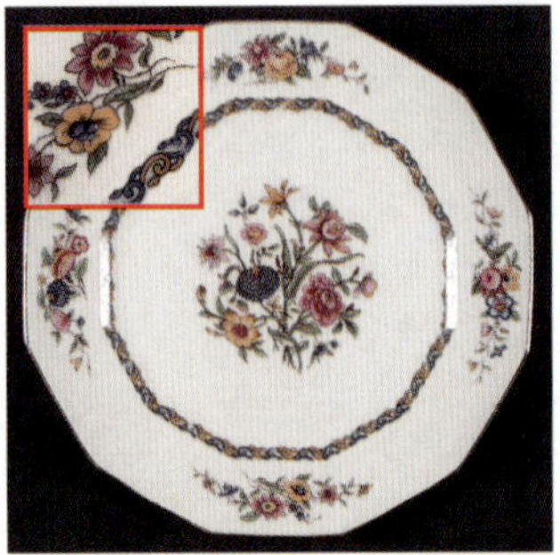

Miami
Gold Trim

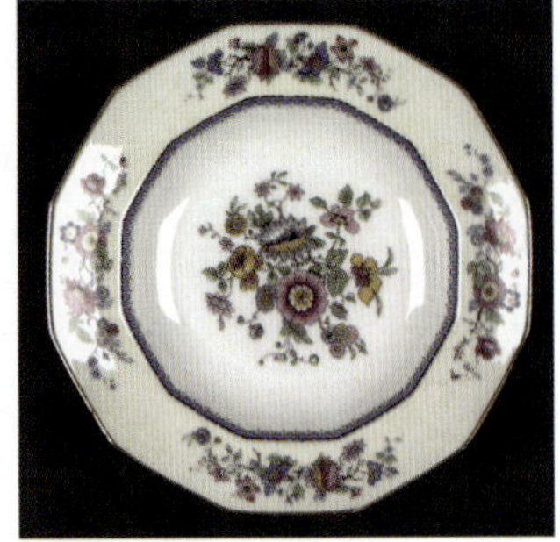

AHR 30
Soup Bowl Shown
Gold Trim

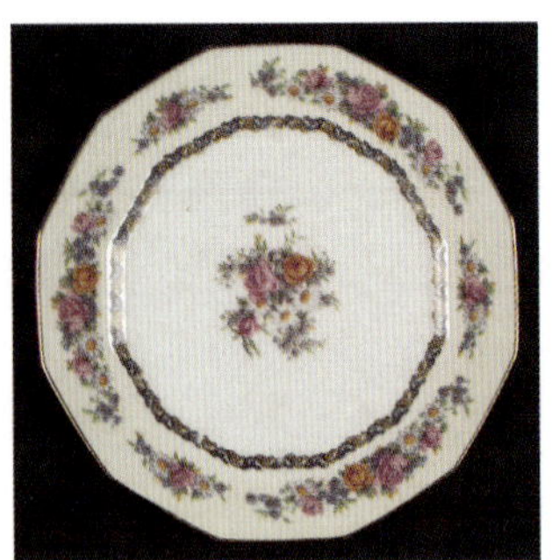

AHR 107
Gold Trim

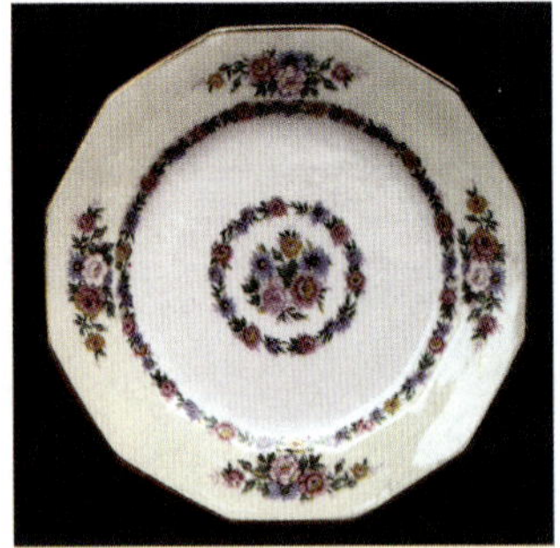

AHR 96
Gold Trim

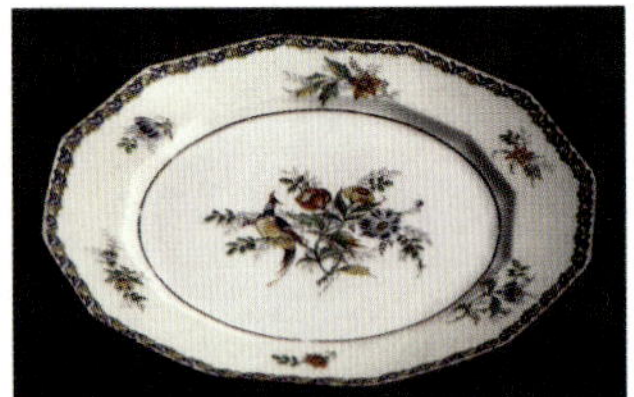

AHR 95
Gold Trim

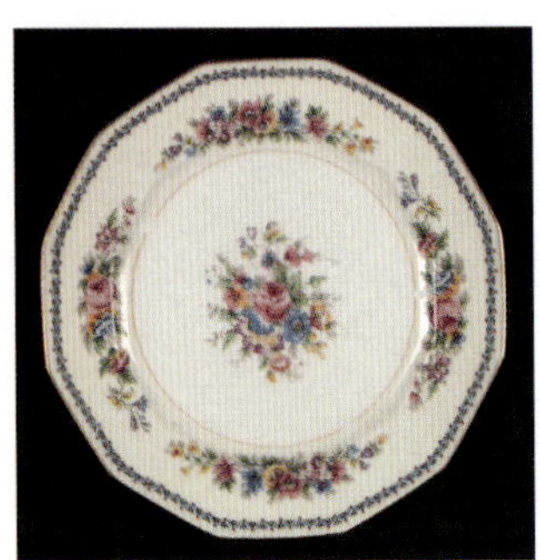

Dubarry
Salad Plate Shown
Gold Trim

Coupe Shape

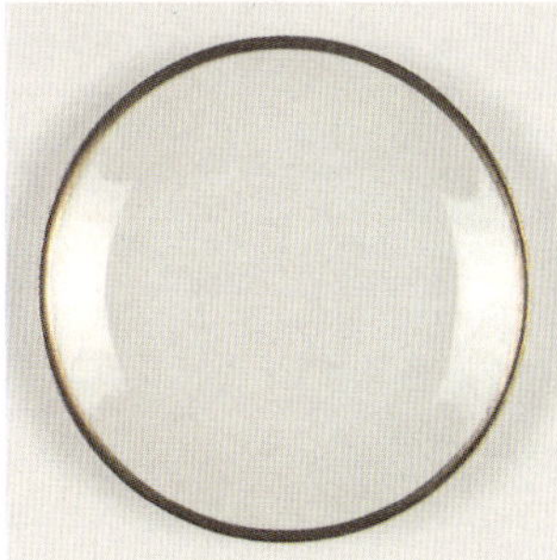

AHR 303
Salad Plate Shown
Gold Trim

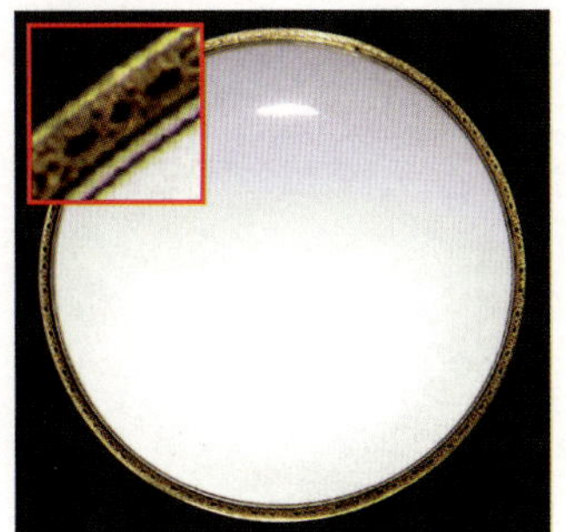

AHR 137
Gold Trim

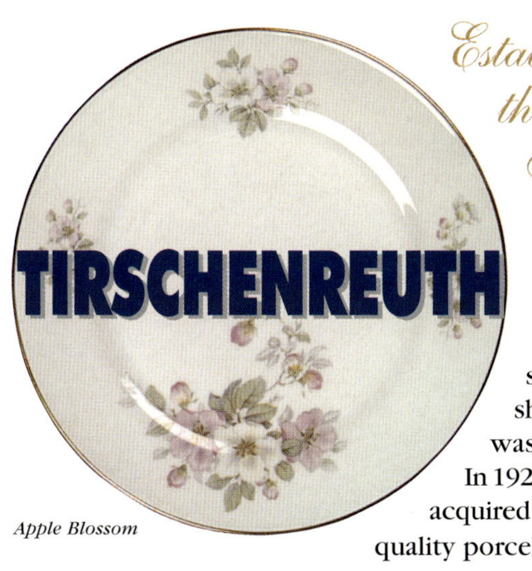

Apple Blossom

Established in 1838 in Bavaria, the Porcelain Factory Tirschenreuth produced porcelain figurines and dinnerware.

Tirschenreuth is noted for its classic shapes, such as the highly-ornamented Baronesse shape, which was introduced in the 1890's and was still being produced through the 1980's. In 1927, the porcelain factory Lorenz Hutschenreuther acquired Tirschenreuth and continues producing high-quality porcelain under the Tirschenreuth name.

This manufacturer is divided in order to help you research patterns as quickly as possible. As a first step, try looking in the first section that fits the shape and/or trim color of the pattern you are trying to find.

Shape samples shown on next page.

Tirschenreuth Shapes

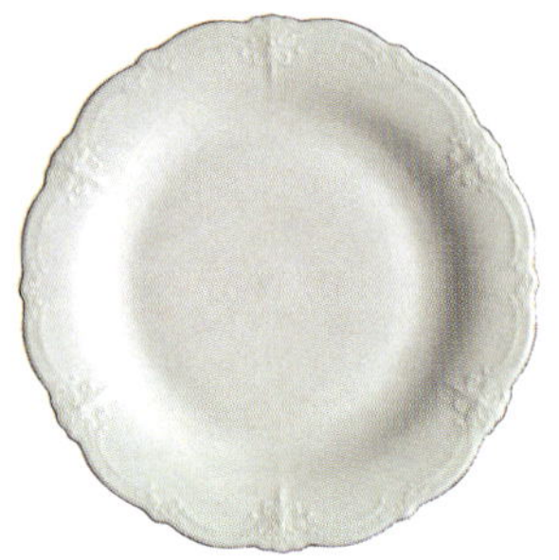

Baronesse Shape
pages 112-115

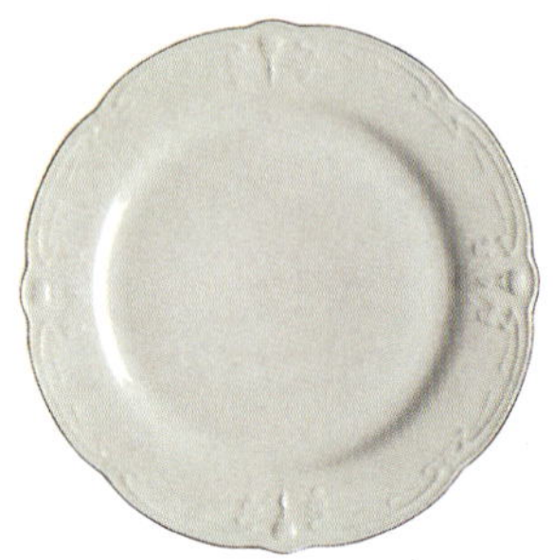

Fortuna Shape
page 116

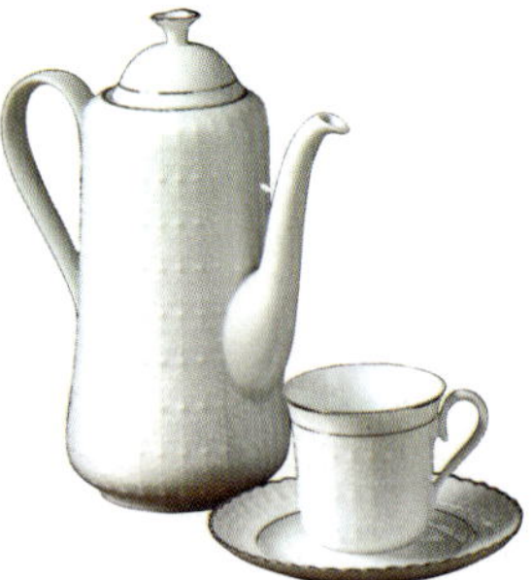

Mozart Shape
page 117

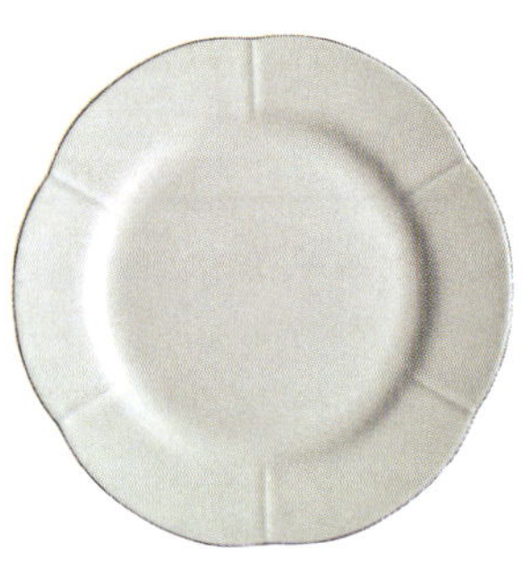

Palais Shape
page 118

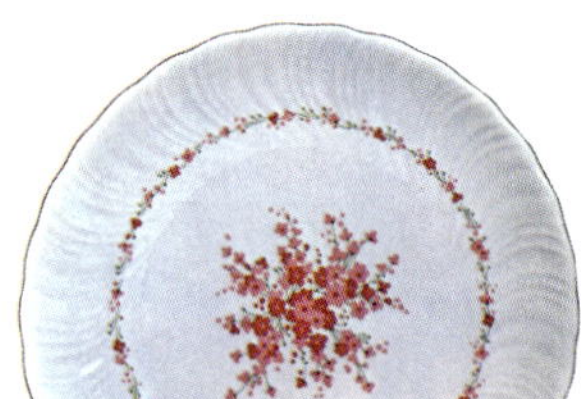

Azur Shape
pages 136-137

Fleurette Shape
pages 137-139

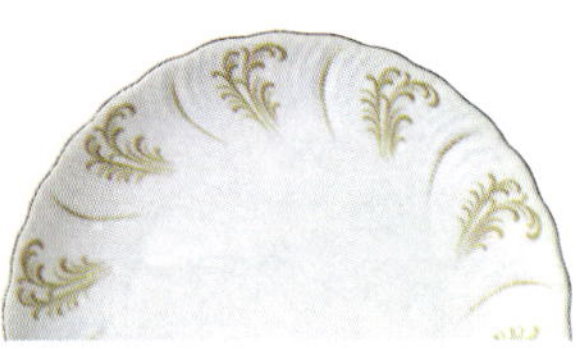

Isabel Shape
page 140

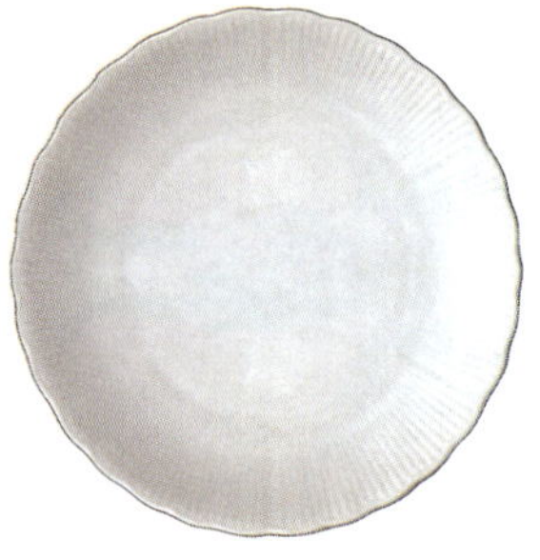

Salzburg Shape
pages 140-141

Smooth — Rim Shape, Gold Trim

1495
Cream Background
Gold Trim

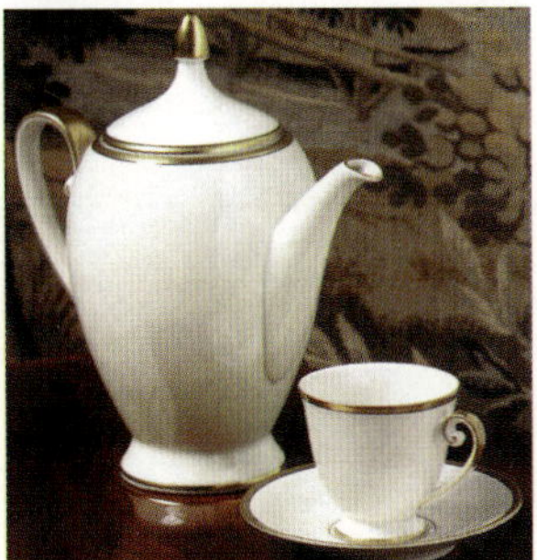

Schwarzgold
Black Line
Gold Trim

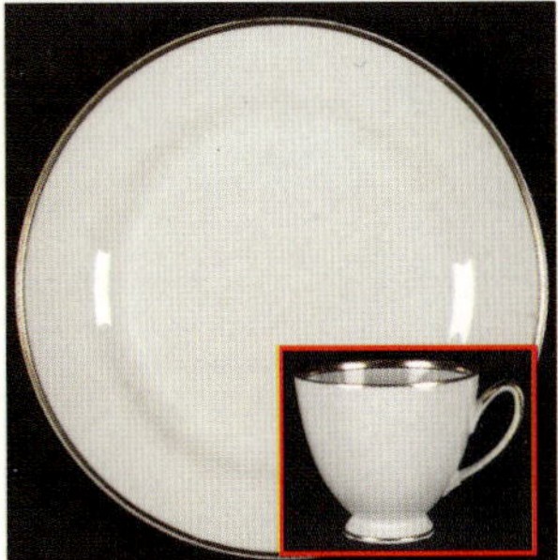

TIR 13
Black Line
Gold Trim

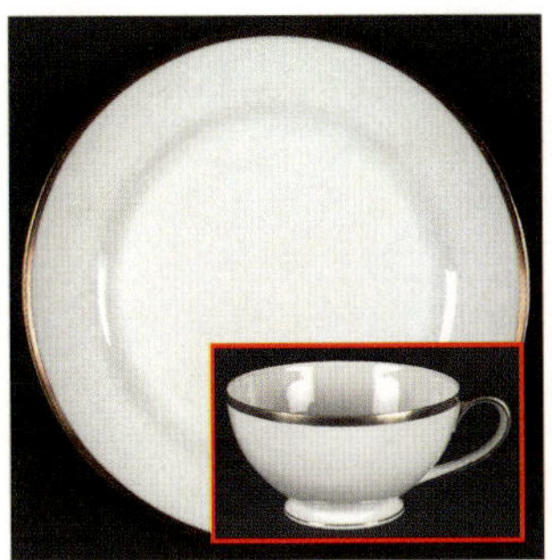

Colonial
1134
Gold Trim

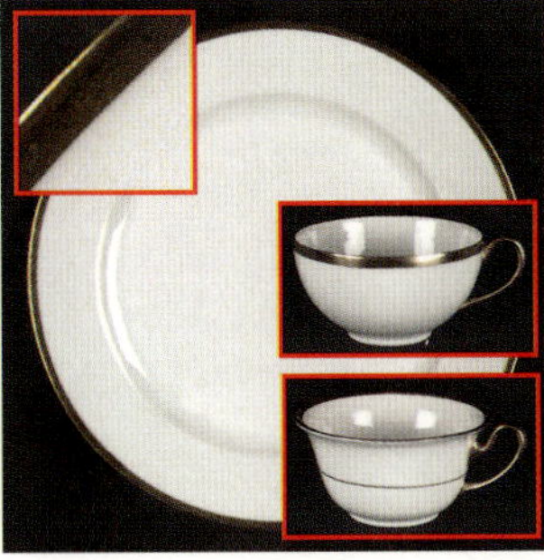

Colonial
515
Gold Trim

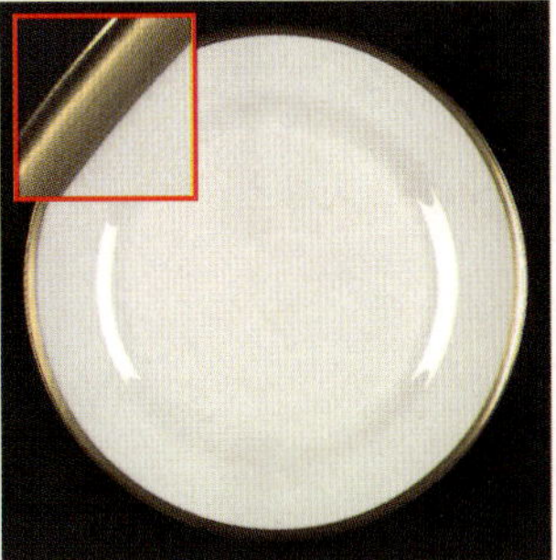

The Golden
2266
Gold Trim

Noblesse
20010
Gold Trim

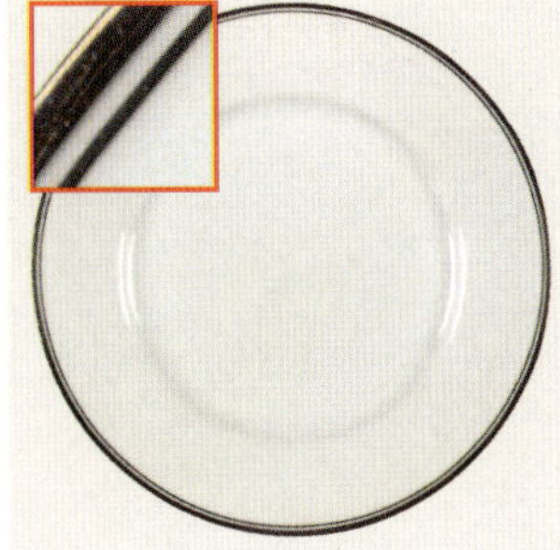

Belmont
534
Salad Plate Shown
Gold Trim

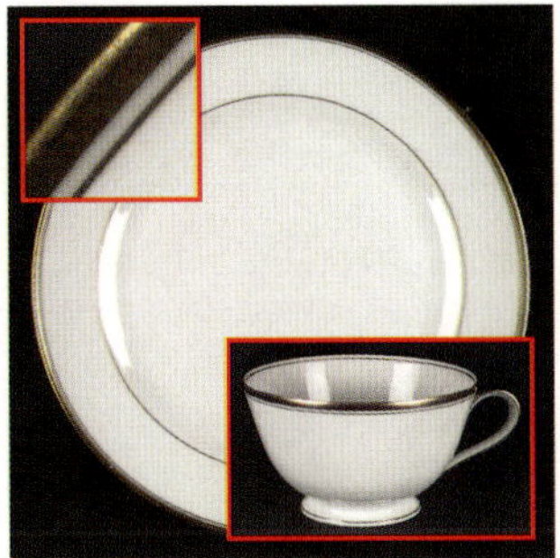

Concord
1578
Gold Trim

Smooth — Rim Shape, Gold Trim (continued)

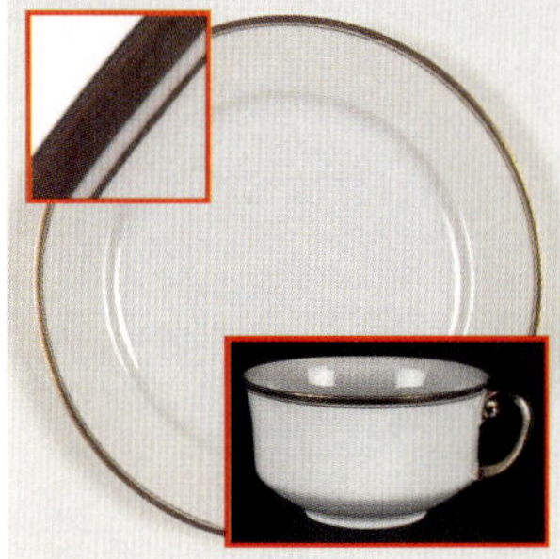
Empire
518
Gold Trim

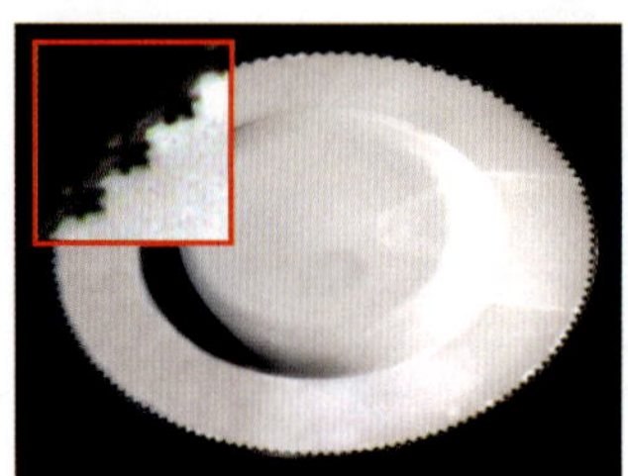
TIR 46
Soup Bowl Shown
Gold Trim

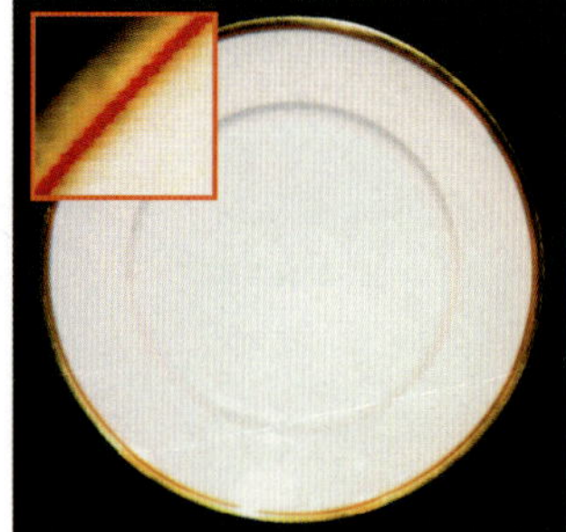
TIR 50
Gold Trim

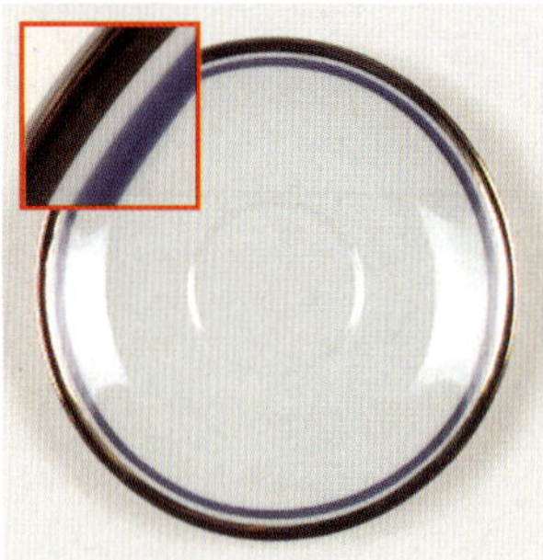
TIR 41
Saucer Shown
Gold Trim

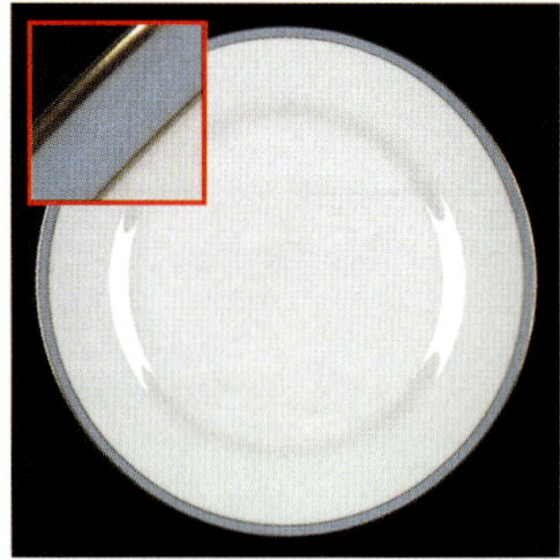
Precious Stones–Aqua
20054
Gold Trim

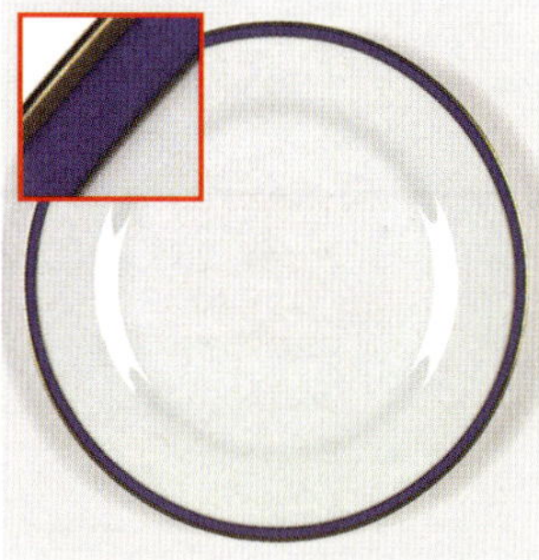
Precious Stones–Royal Blue
20052
Gold Trim

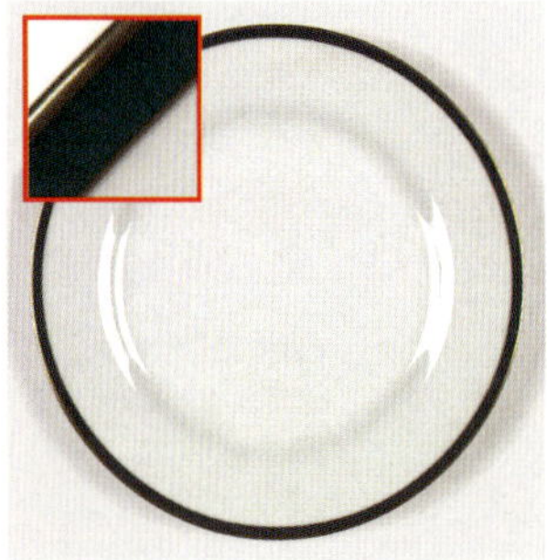
Precious Stones–Green
20053
Gold Trim

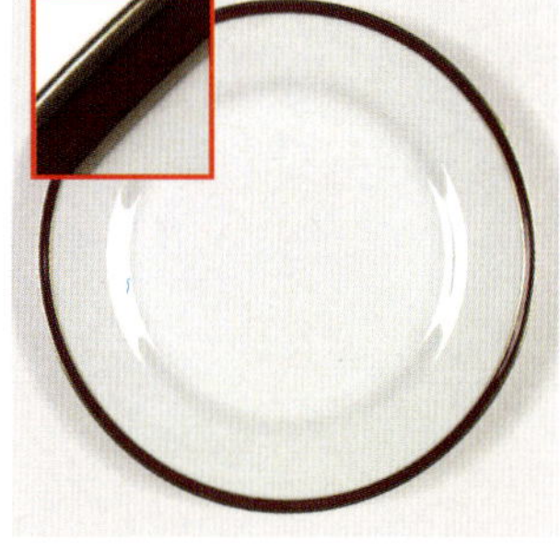
Precious Stones–Ruby
20051
Gold Trim

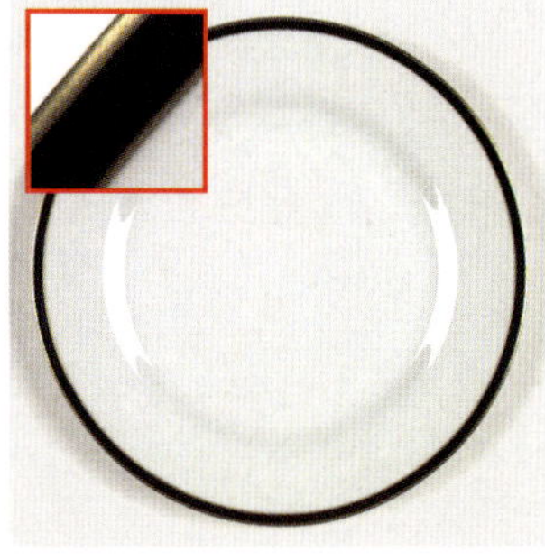
Precious Stones–Onyx
20056
Gold Trim

Smooth — Rim Shape, Gold Trim (continued)

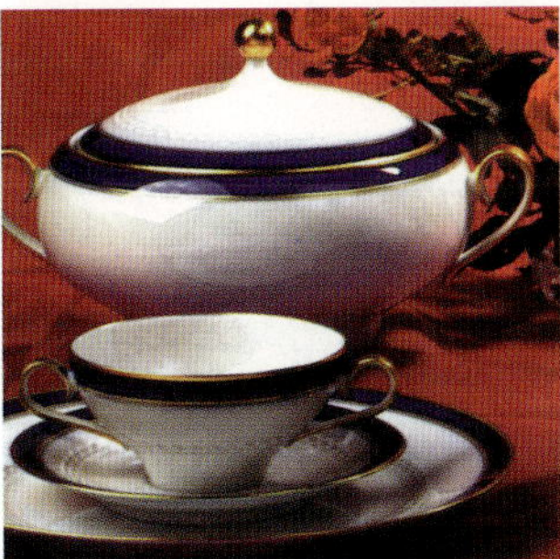

Largo
24041, 8078
Gold Trim

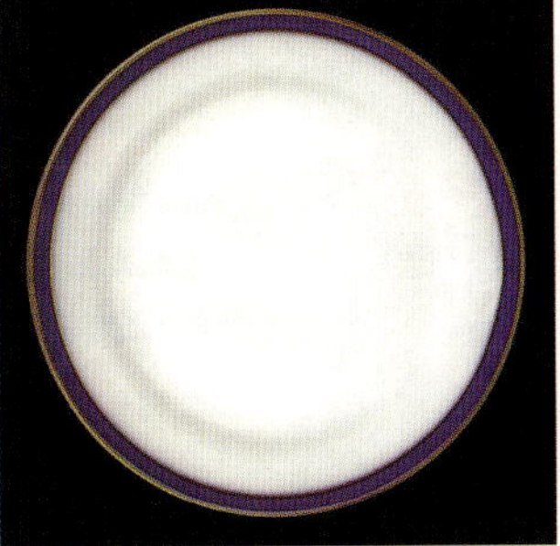

20014
Gold Trim

Plymouth
7578
Yellow Band
Gold Trim

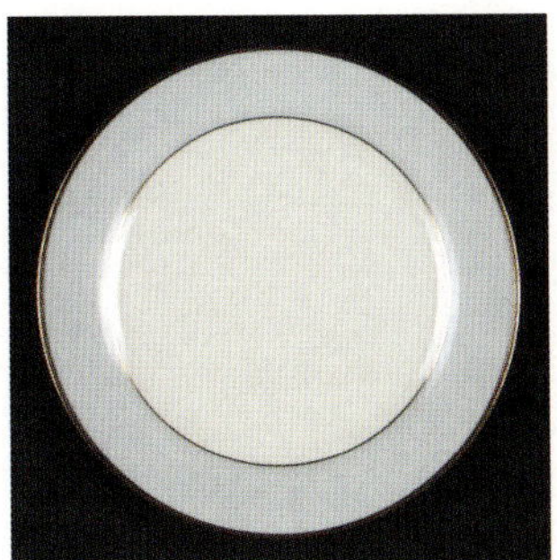

TIR 177
Salad Plate Shown
Gold Trim

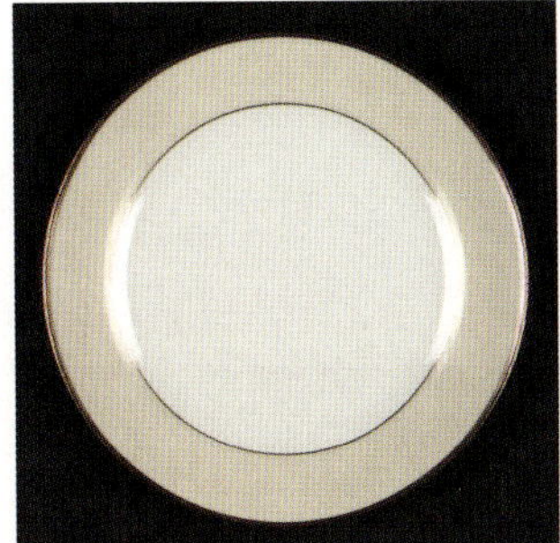

TIR 178
Salad Plate Shown
Cream Band
Gold Trim

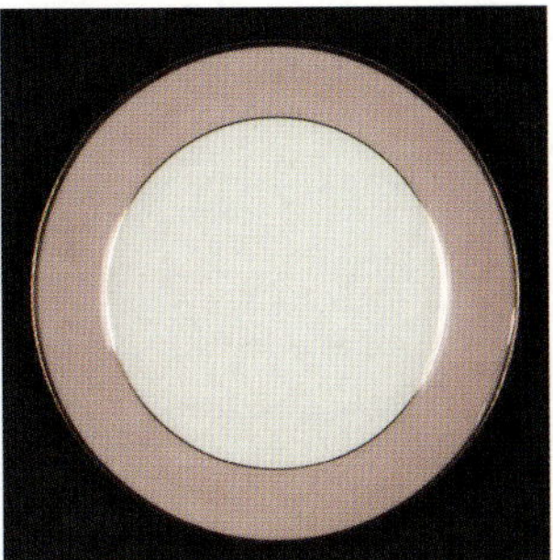

TIR 179
Salad Plate Shown
Gold Trim

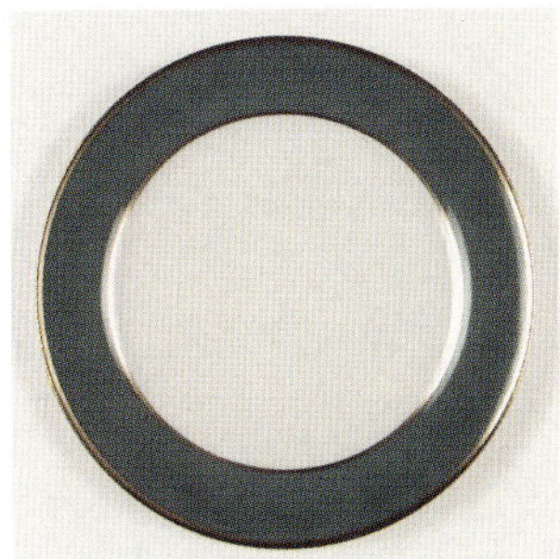

TIR 206
Salad Plate Shown
Green Band
Gold Trim

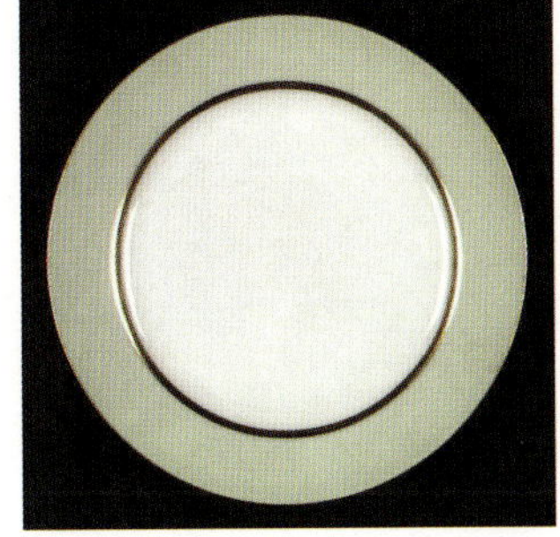

Clyde
4245
Green Band
Gold Trim

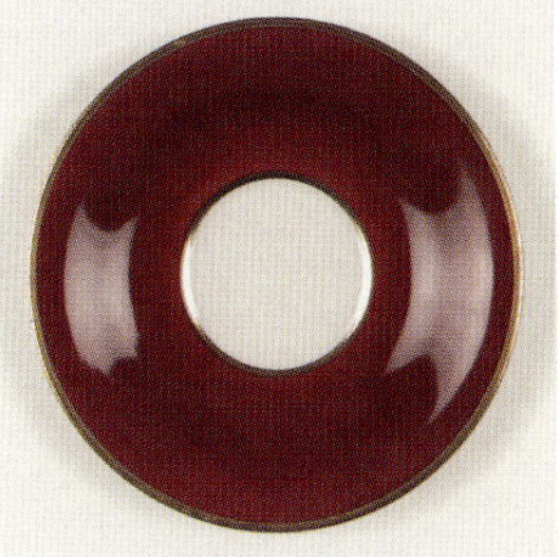

Embassy
1804
Saucer Shown
Gold Trim

Smooth — Rim Shape, Gold Trim (continued)

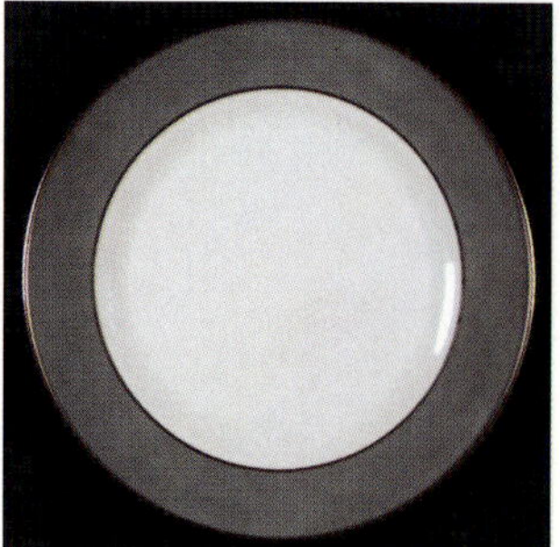
Huntly
2045
Green Band
Gold Trim

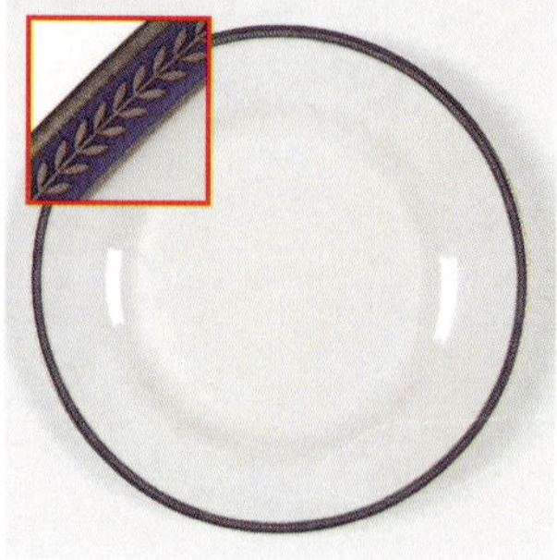
1504
Bread & Butter Plate Shown
Gold Trim

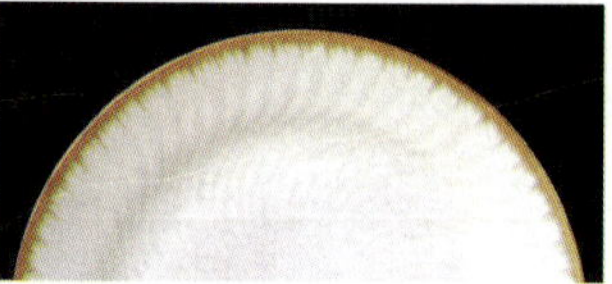
Belvedere
25021, 9305
Gold Trim

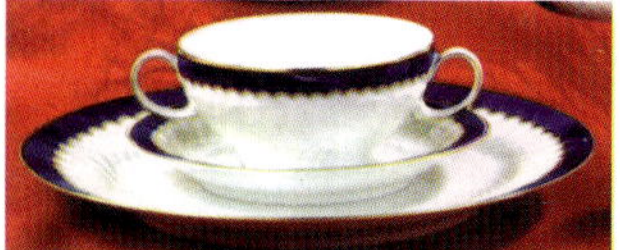
Petershof
25002, 9300
Gold Trim

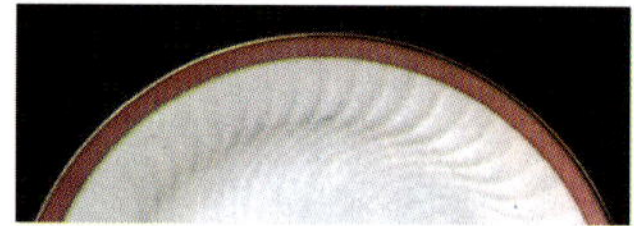
Residenz
9306
Taupe Band
Gold Trim

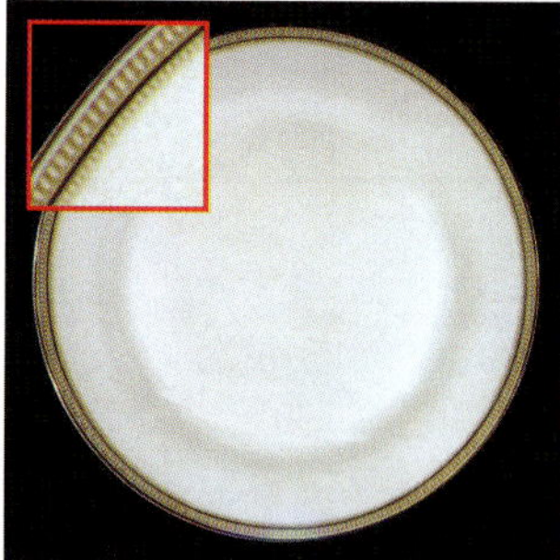
TIR 189
Gold Trim

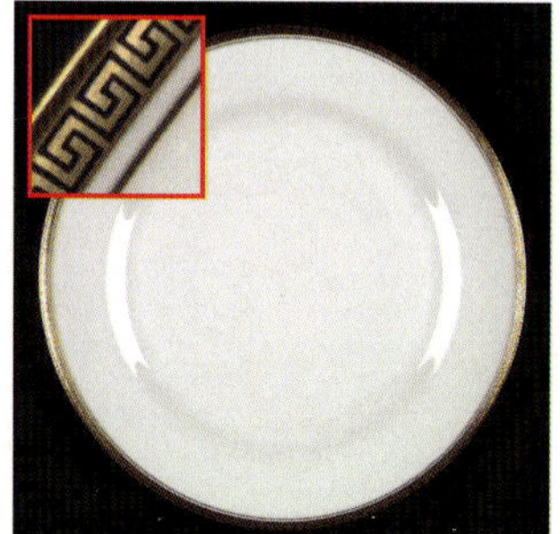
The Corinth
2268
Gold Trim

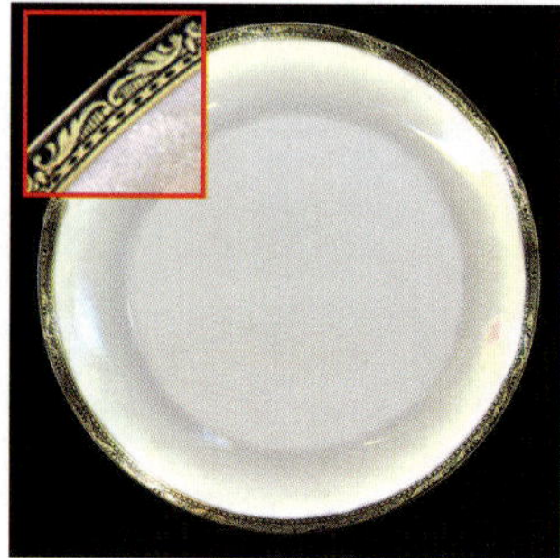
TIR 193
Gold Trim

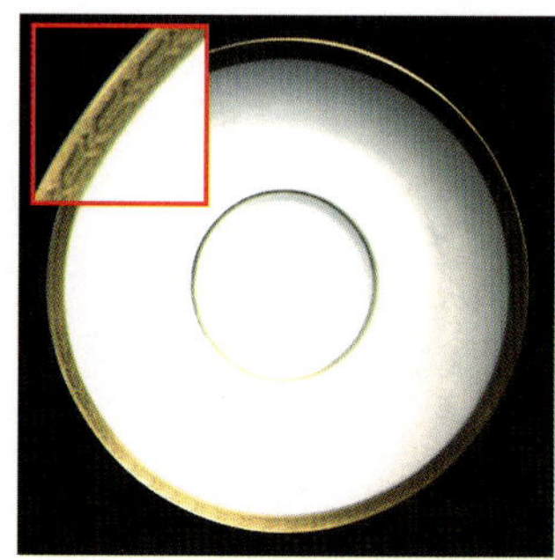
The Marion
4321
Saucer Shown
Gold Trim

Smooth — Rim Shape, Gold Trim (continued)

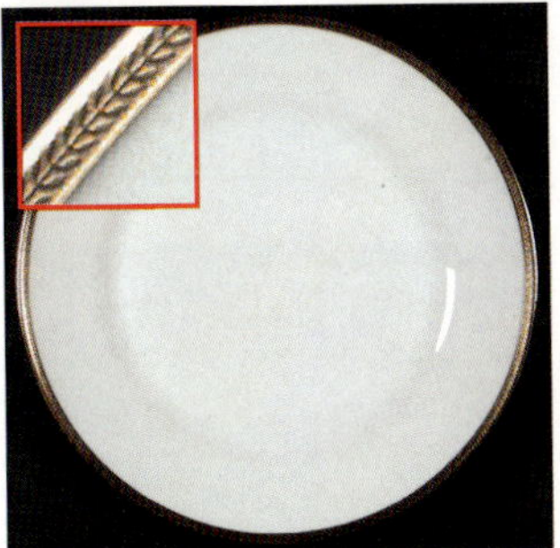
Trousseau
Gold Trim

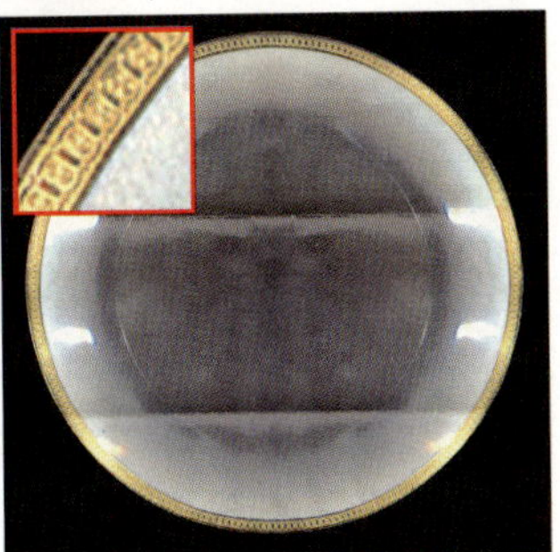
TIR 129
Gold Trim

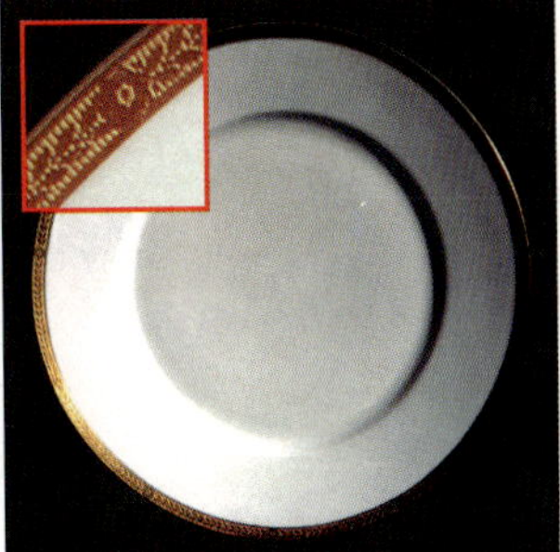
16044
Gold Trim

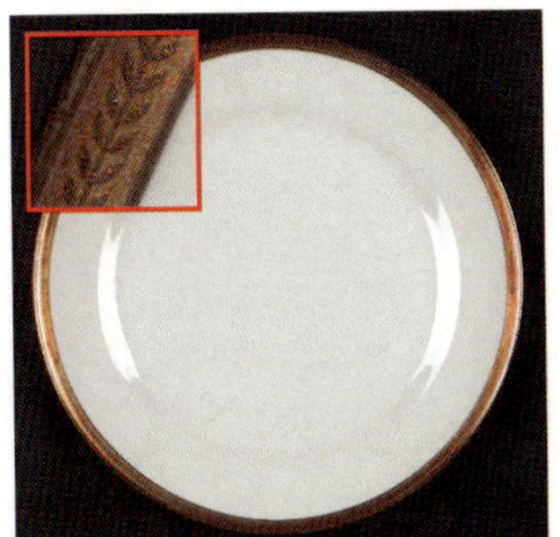
TIR 34
Gold Trim

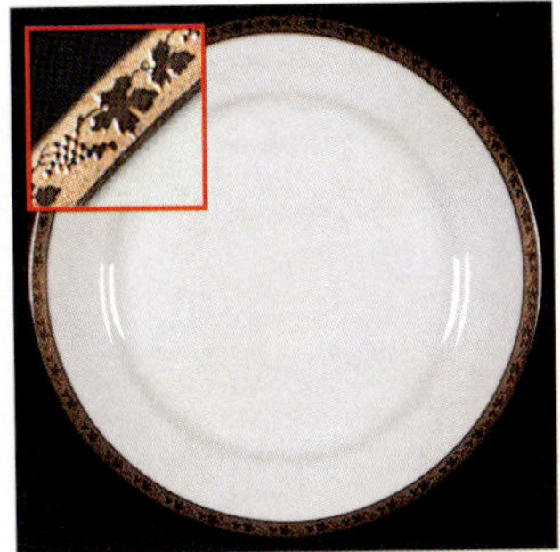
Grape Vine
3910
Gold Trim

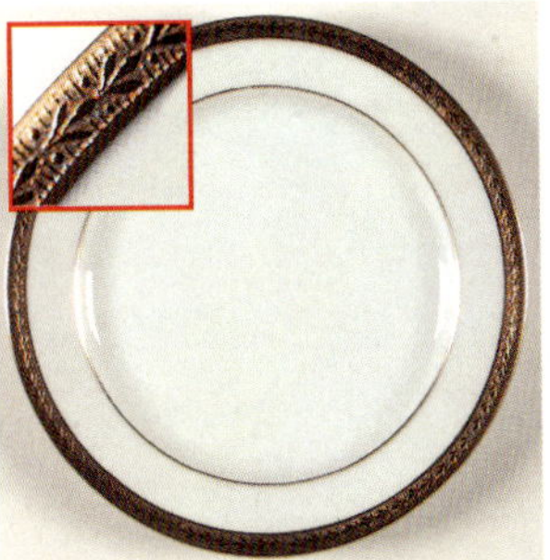
Laurel
4039
Salad Plate Shown
Gold Trim

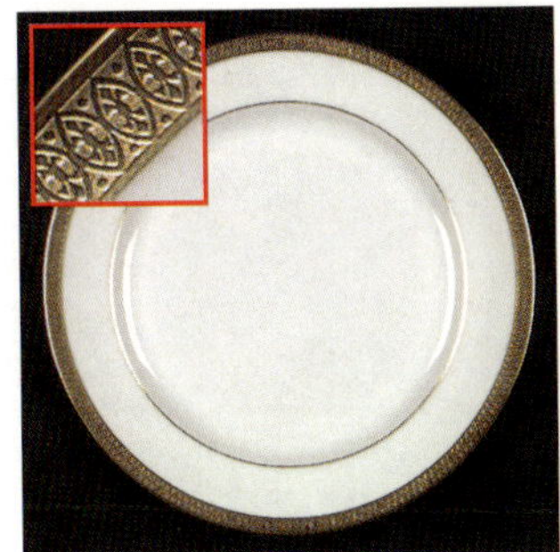
Clifton
4246
Cream Border, White Center
Gold Trim

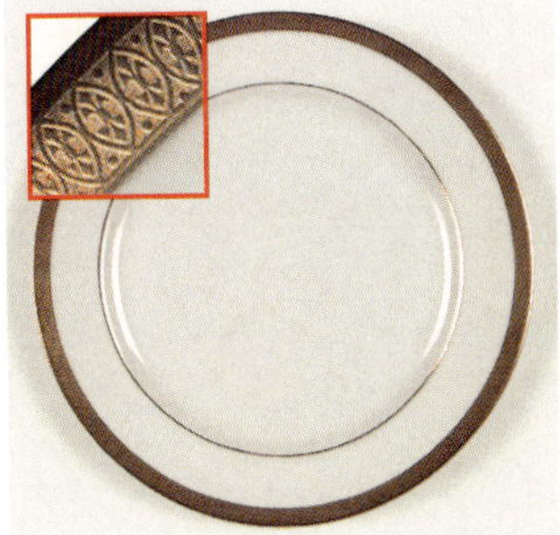
Clifton
4246
White Background
Gold Trim

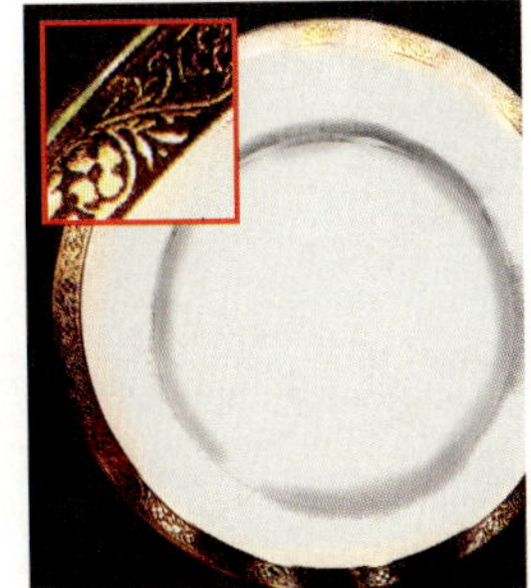
8041
Gold Trim

Smooth — Rim Shape, Gold Trim (continued)

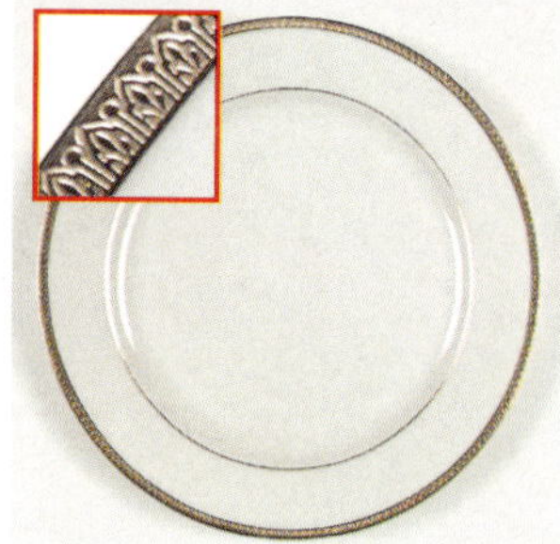

Rosslare
4316
White Background
Gold Trim

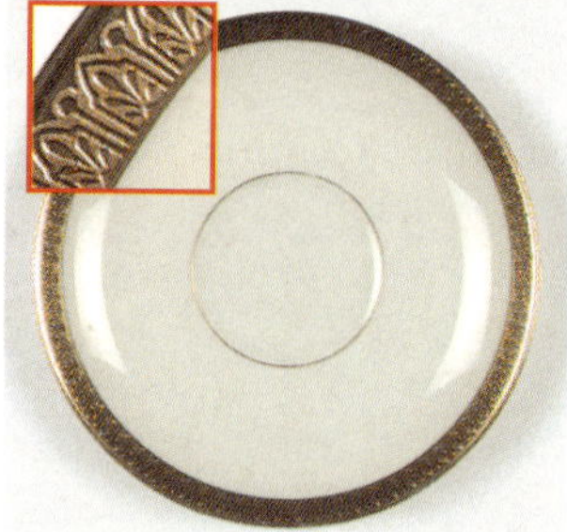

The Bray
4317
Saucer Shown
Cream Background, Gold Trim

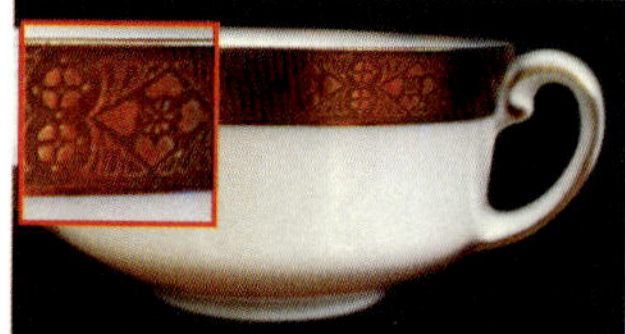

TIR 105
Cup Shown
Gold Trim

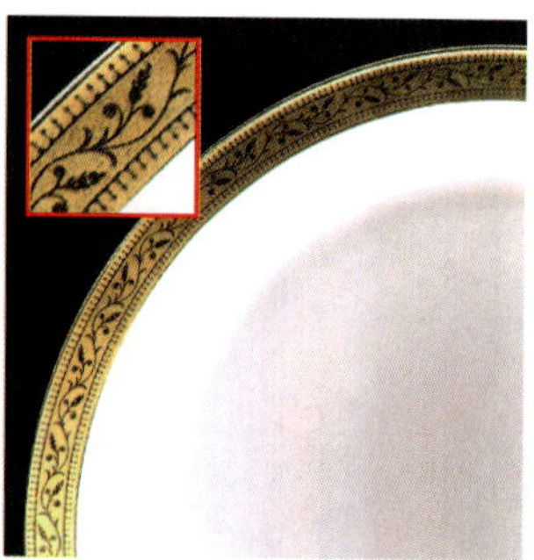

TIR 72
Gold Trim

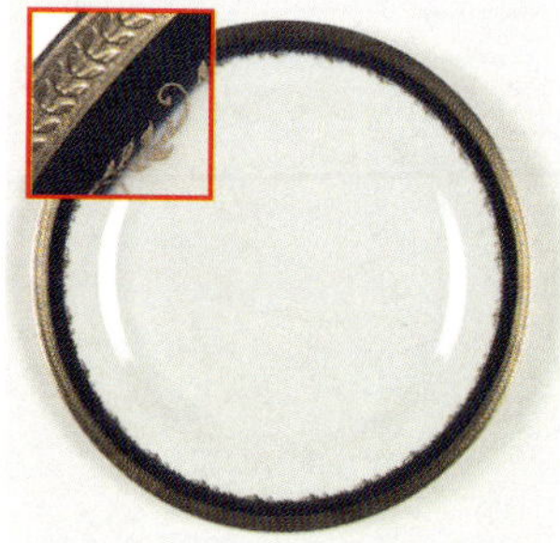

TIR 134
Salad Plate Shown
Cobalt Band
Gold Trim

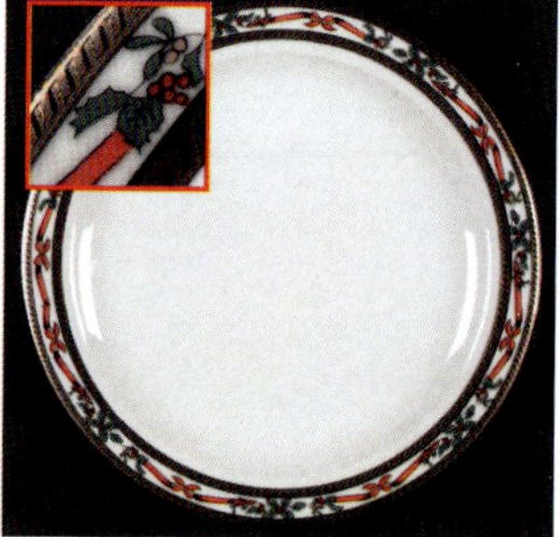

TIR 8
Gold Trim

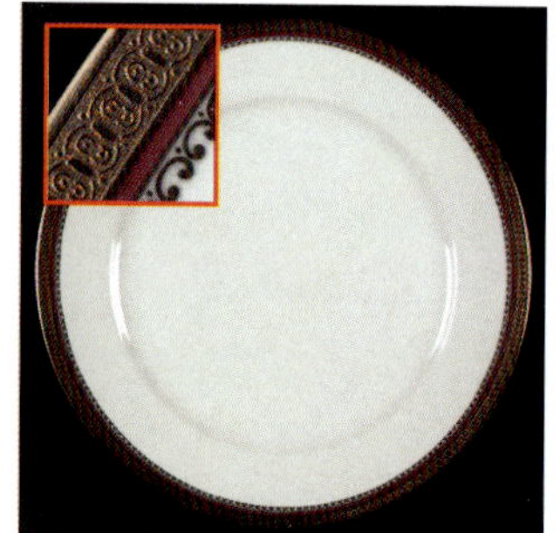

Chancellor
4813/8
Gold Trim

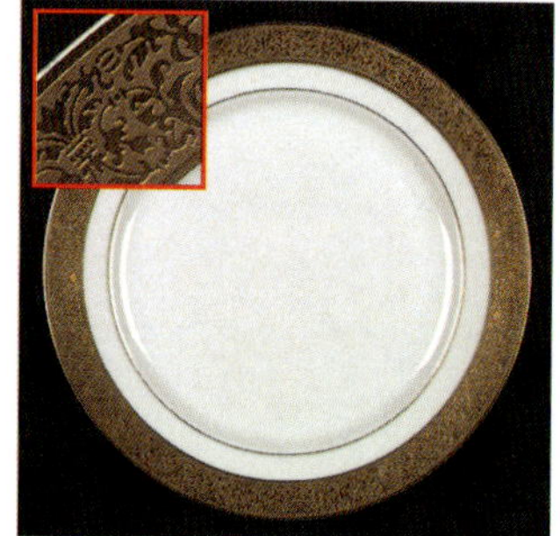

TIR 10
Gold Trim

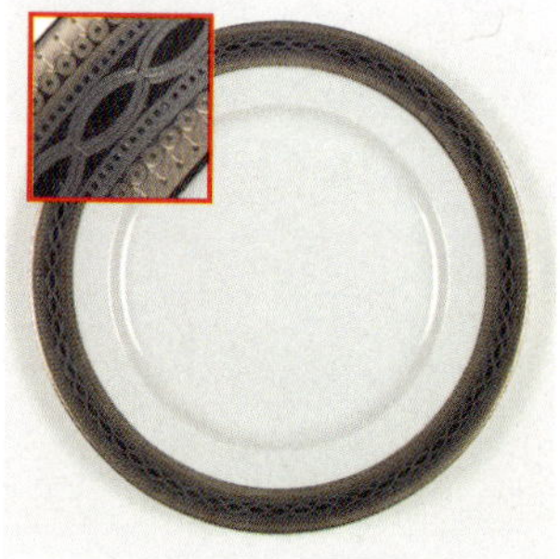

TIR 212
Gold Trim

Smooth — Rim Shape, Gold Trim (continued)

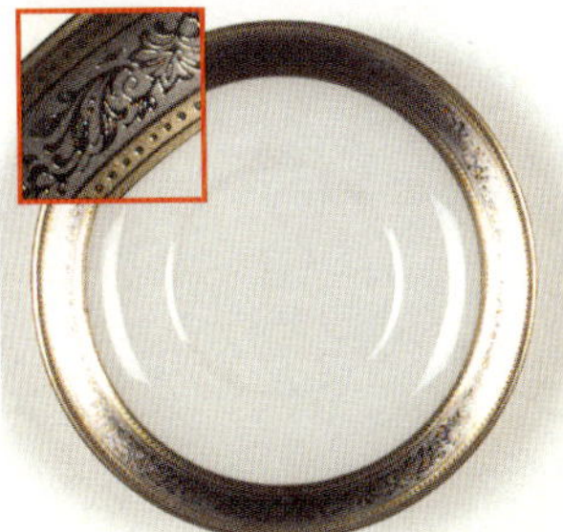

TIR 36
Saucer Shown
Gold Trim

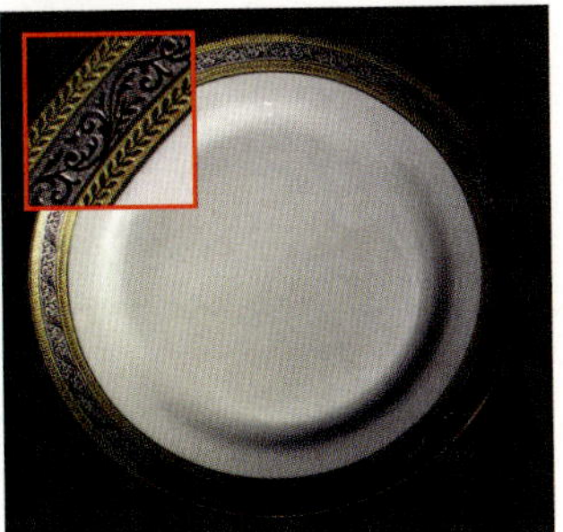

988
Gold Trim

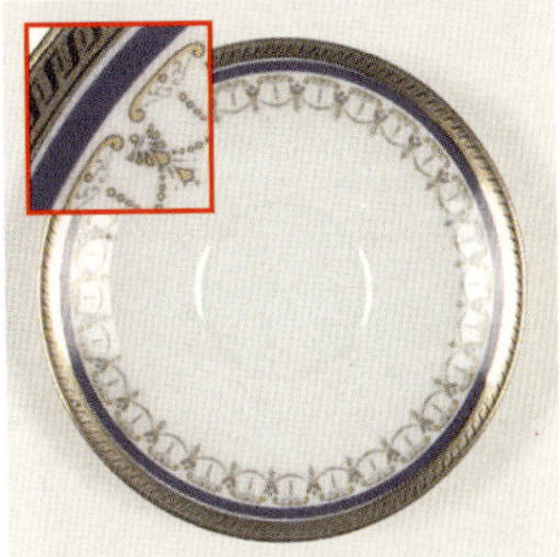

TIR 138
Saucer Shown
Gold Trim

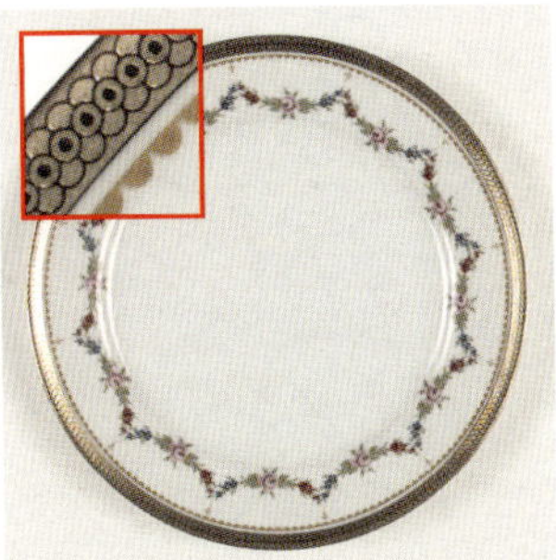

TIR 81
Salad Plate Shown
Gold Trim

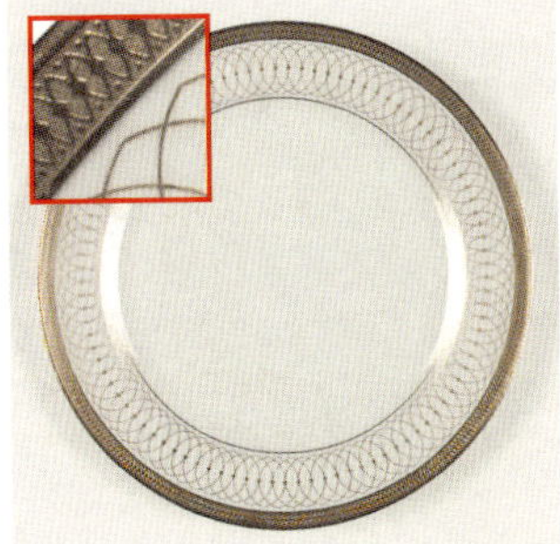

TIR 196
Salad Plate Shown
Gold Trim

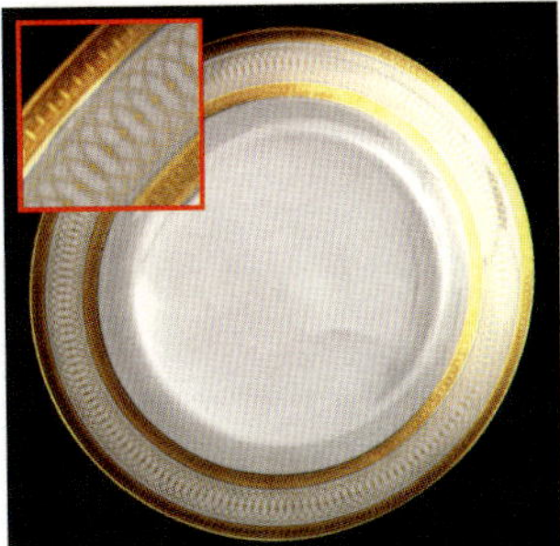

TIR 190
Gold Trim

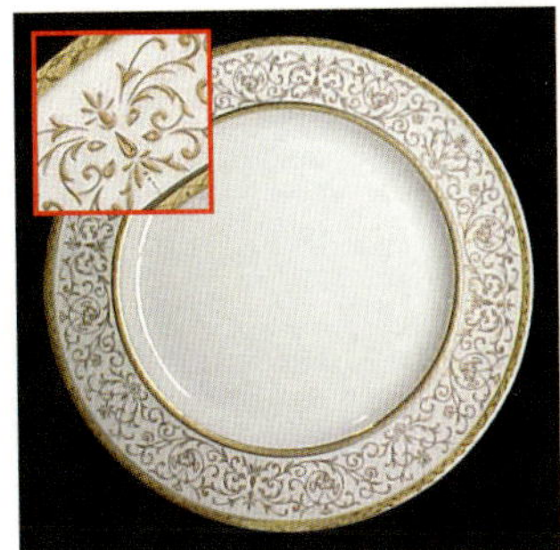

TIR 192
Gold Trim

Greenwich
20004, 4880
Gold Trim

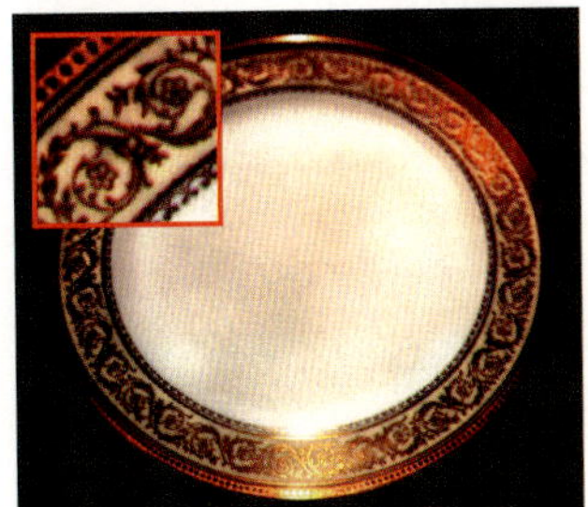

TIR 69
Gold Trim

Smooth — Rim Shape, Gold Trim (continued)

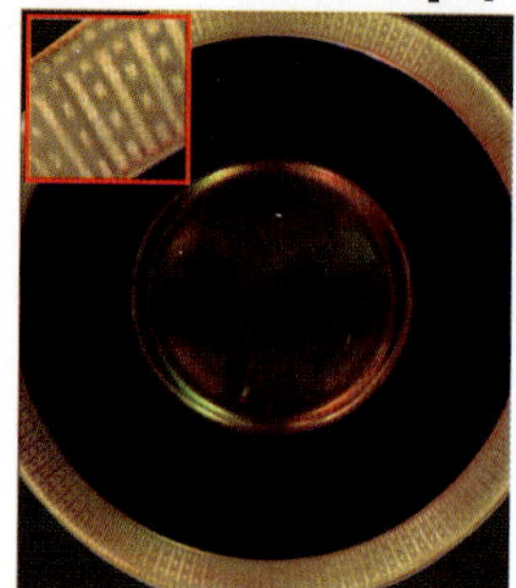

TIR 89
Saucer Shown
Cobalt Band
Gold Trim

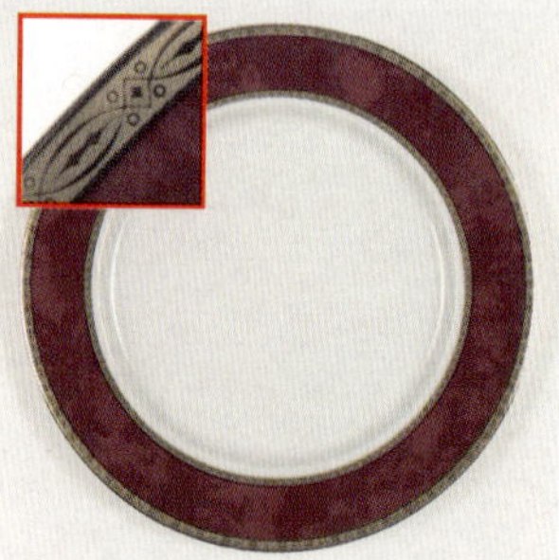

TIR 217
Gold Trim

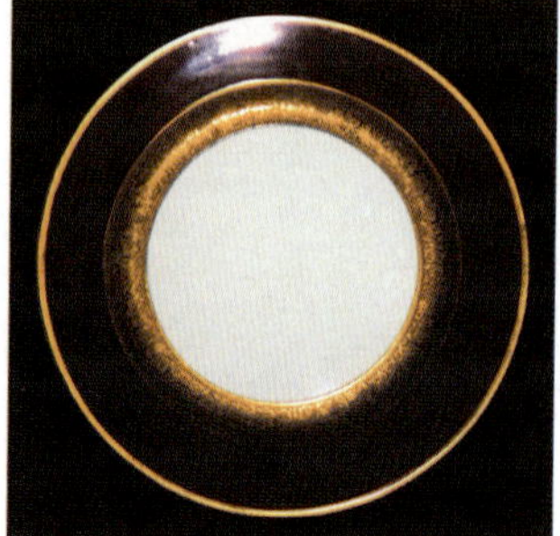

TIR 211
Burgundy Band
Gold Trim

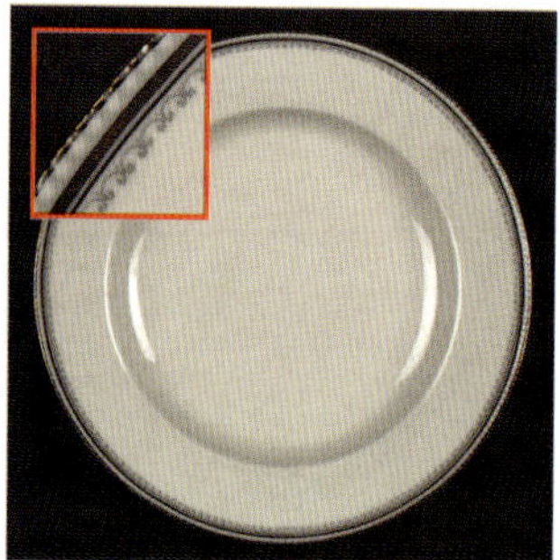

TIR 26
Soup Bowl Shown
Gold Trim

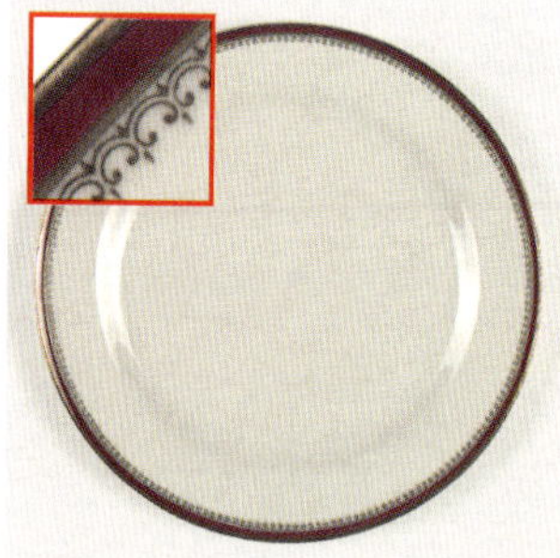

Bedford
235
Gold Trim

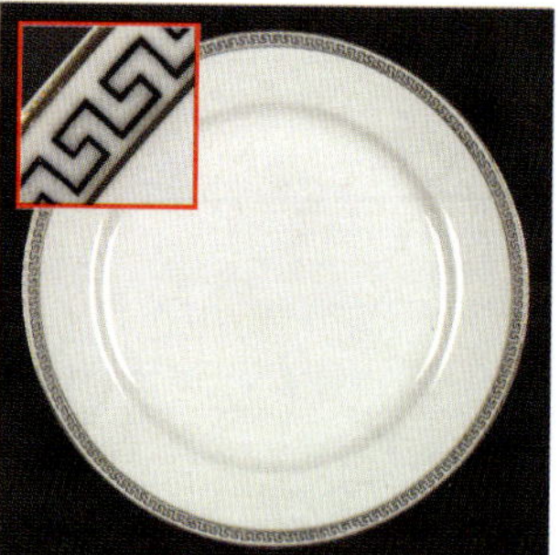

Athens
4161
Gold Trim

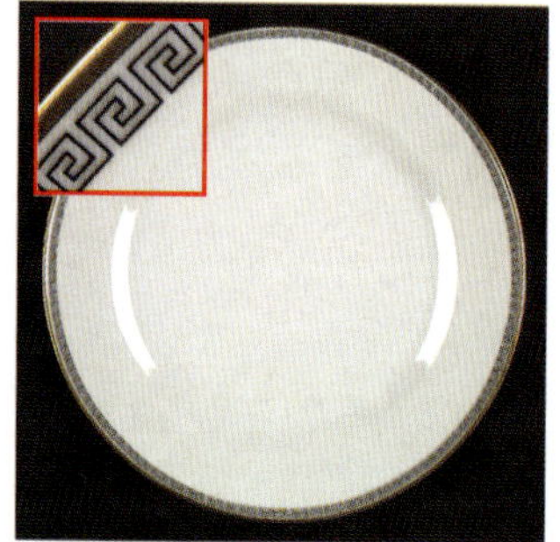

The Athens
2269
Gold Trim

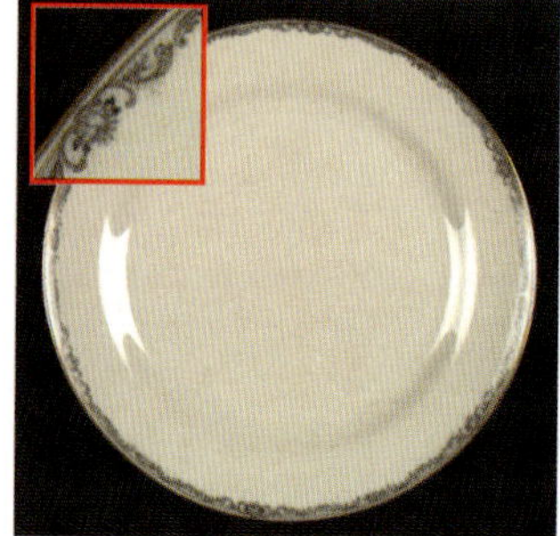

TIR 7
Gold Trim

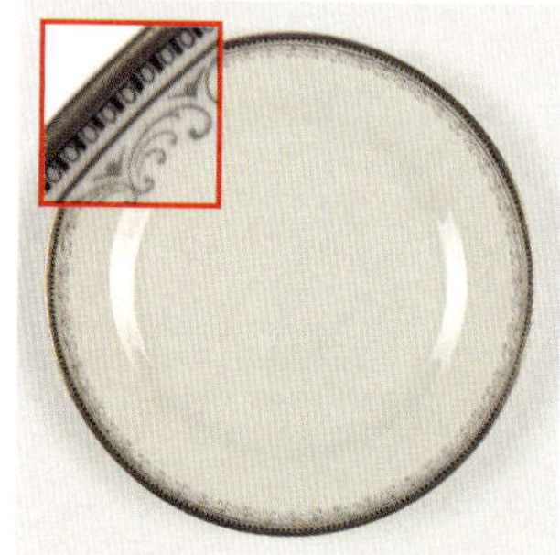

TIR 3
Salad Plate Shown
Gold Trim

Smooth — Rim Shape, Gold Trim (continued)

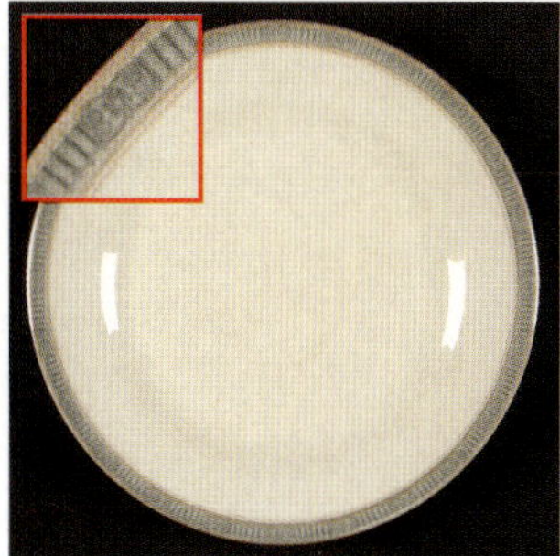

TIR 15
Bread & Butter Plate Shown
Gold Trim

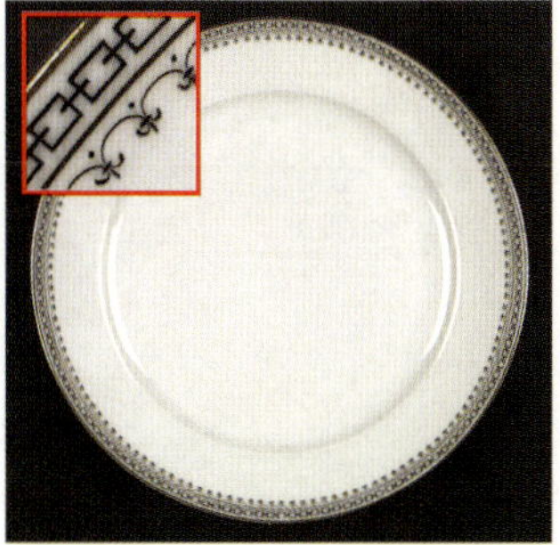

Portland
4178
Gold Trim

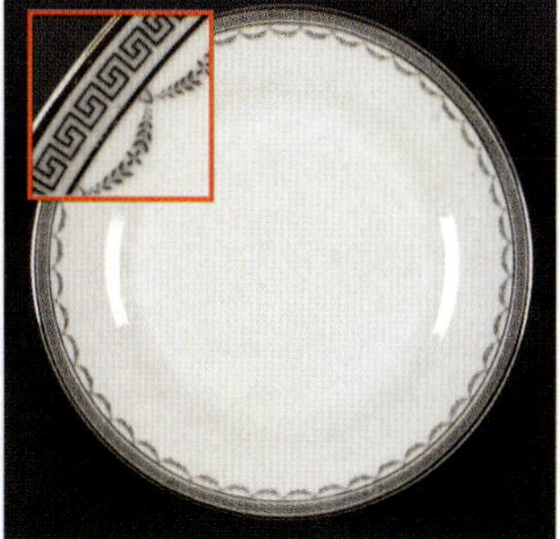

Bolton
549
Salad Plate Shown
Gold Trim

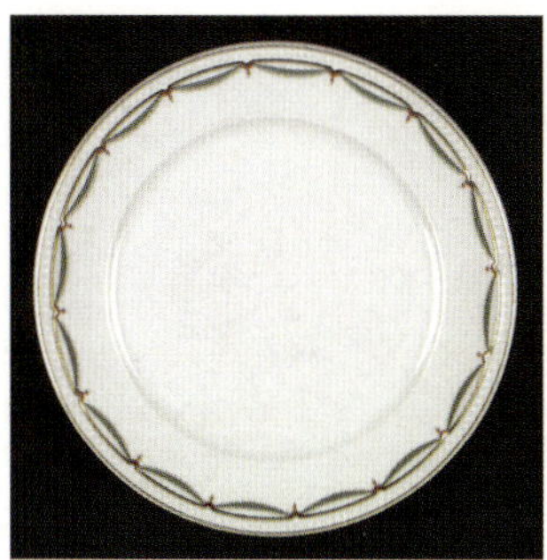

Medici
38005
Gold Trim

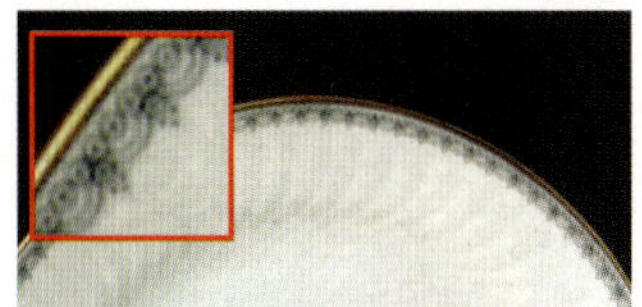

Odessa
3919
Gold Trim

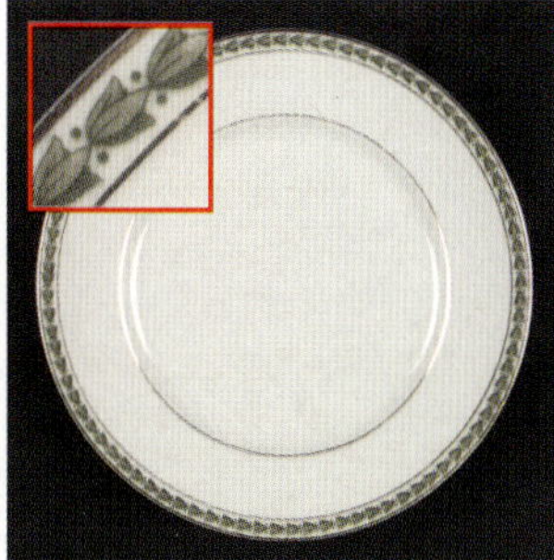

The Hudson
4138
Salad Plate Shown
Gold Trim

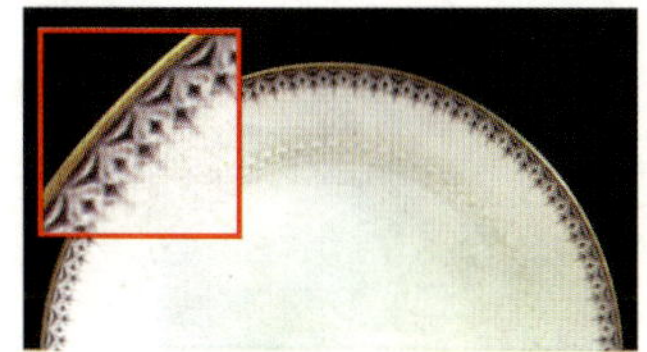

Istanbul
24035, 8109
Gold Trim

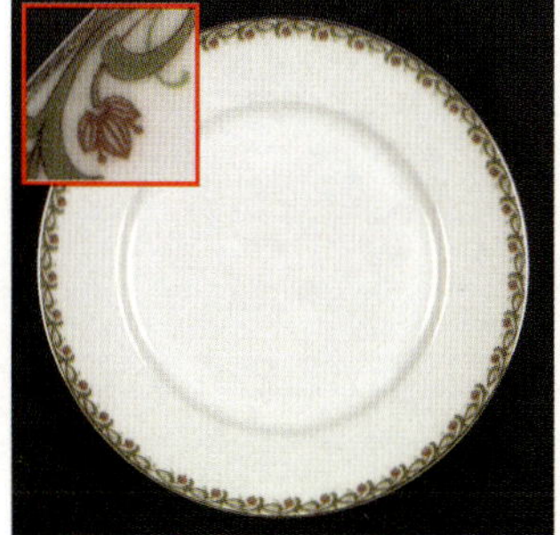

The Mettenburg
Gold Trim

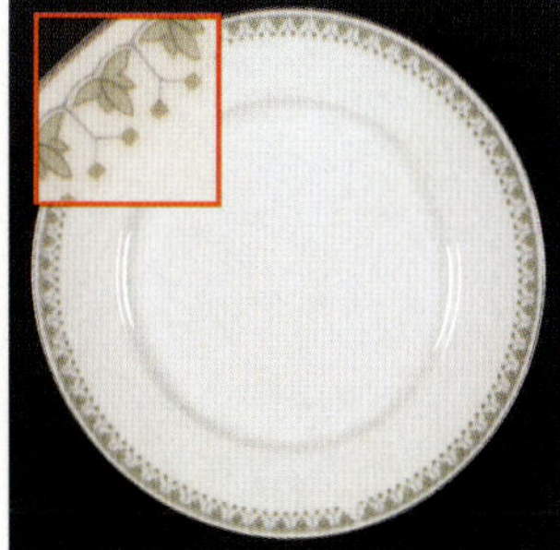

TIR 9
Gold Trim

Smooth — Rim Shape, Gold Trim (continued)

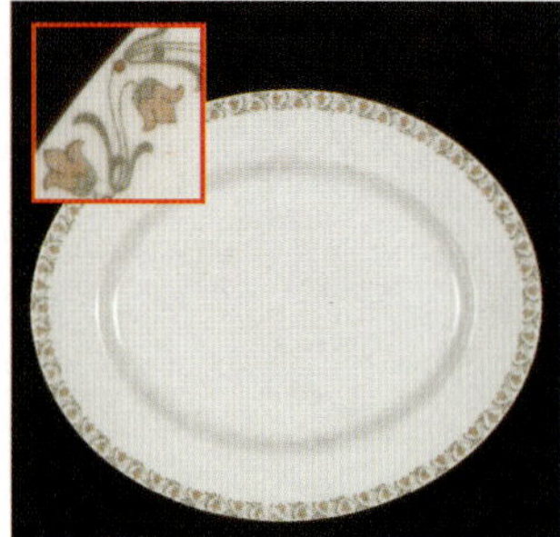

TIR 82
Platter Shown
Gold Trim

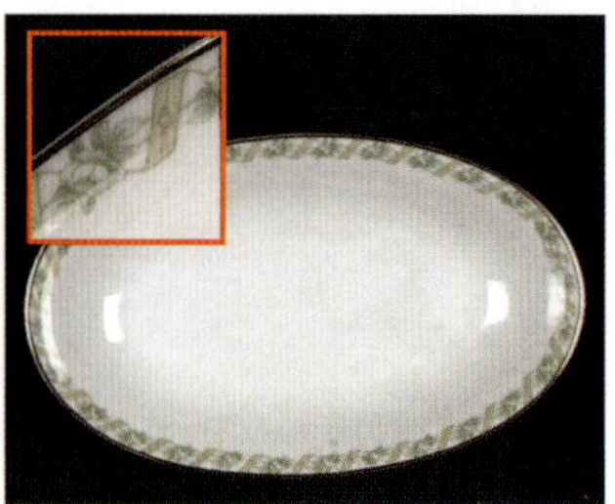

TIR 16
Relish Shown
Gold Trim

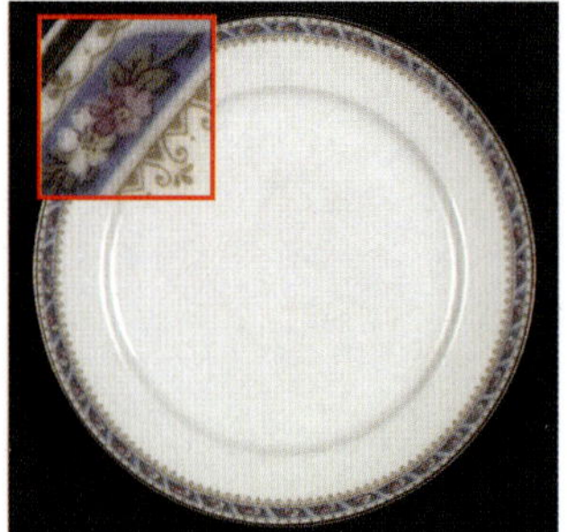

The Hamilton
4154
Gold Trim

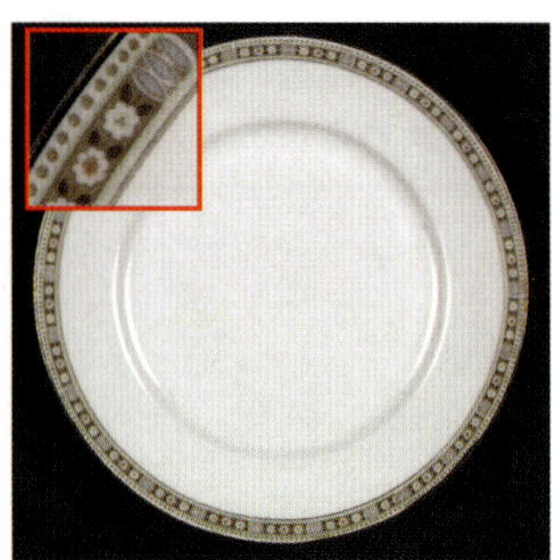

Granville
Gold Trim

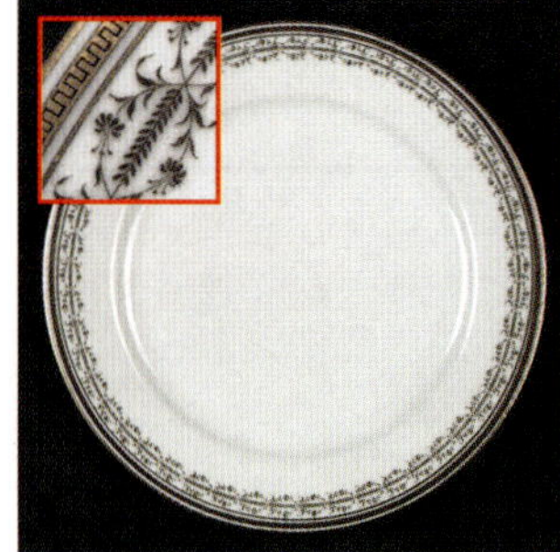

Bedford
4155
Gold Trim

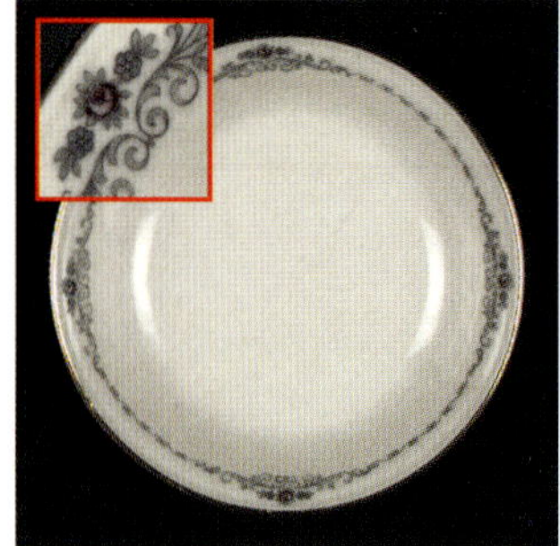

TIR 139
Fruit Bowl Shown
Gold Trim

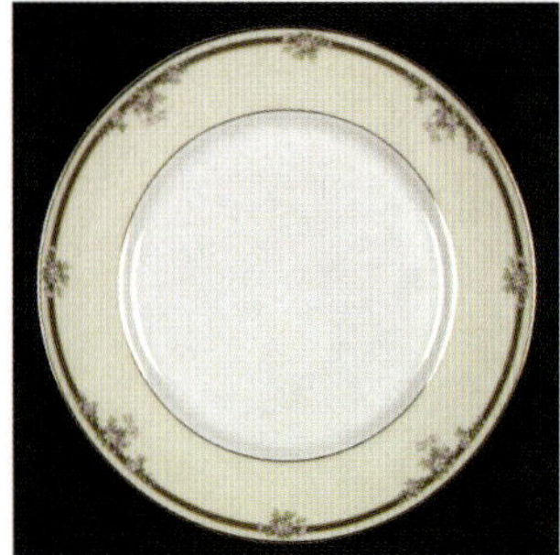

Madison
1801
Gold Trim

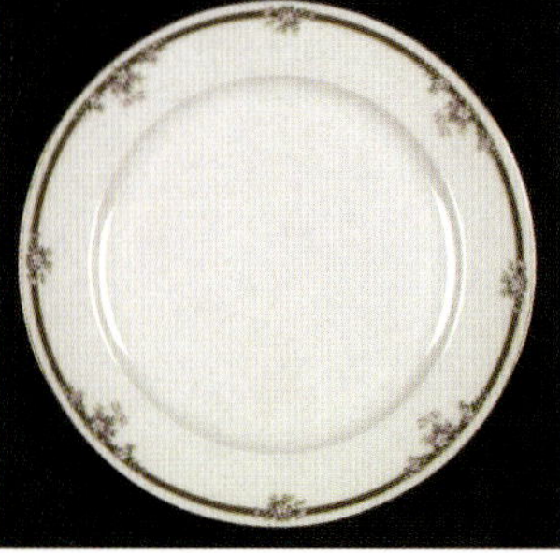

Kingston
3900
Gold Trim

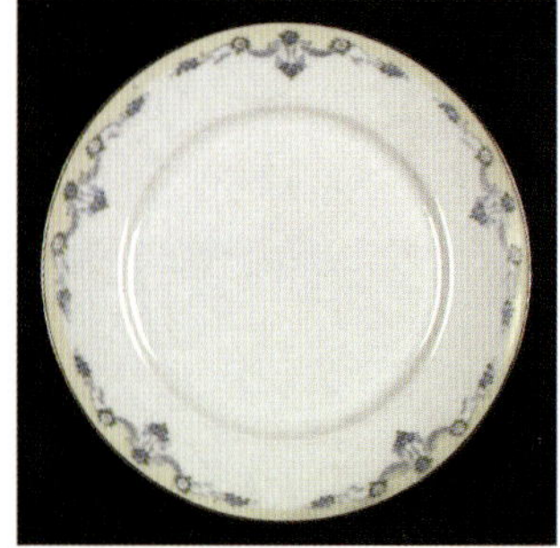

Mayfair
4243
Gold Trim

Smooth — Rim Shape, Gold Trim (continued)

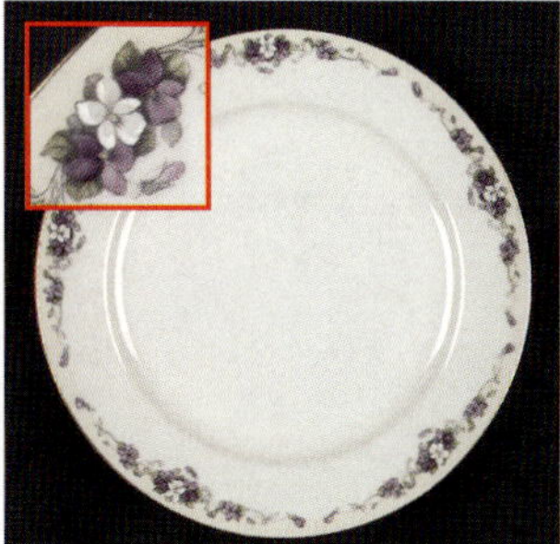
Parma
4244
Gold Trim

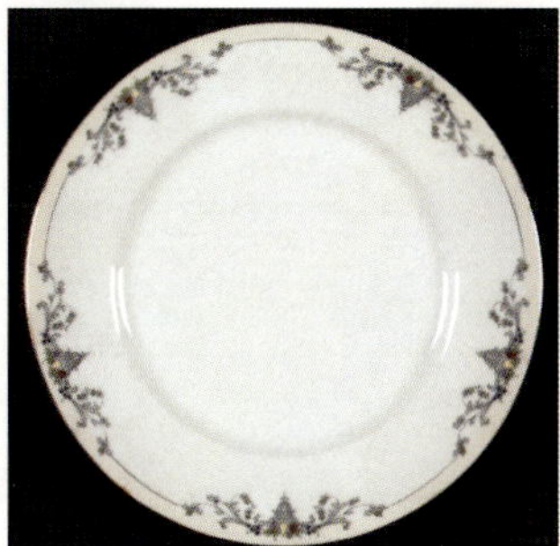
Golden West
4248
Gold Trim

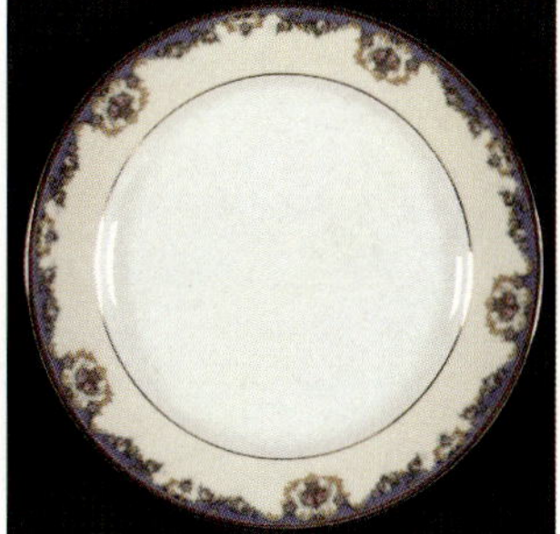
Windsor
4182
Gold Trim

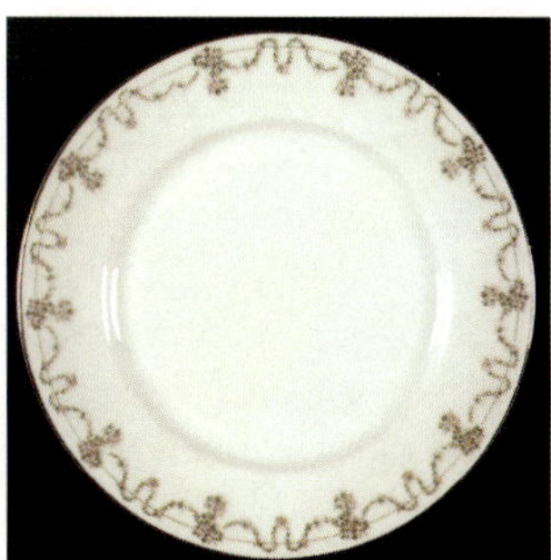
Arbutus
3148
Gold Trim

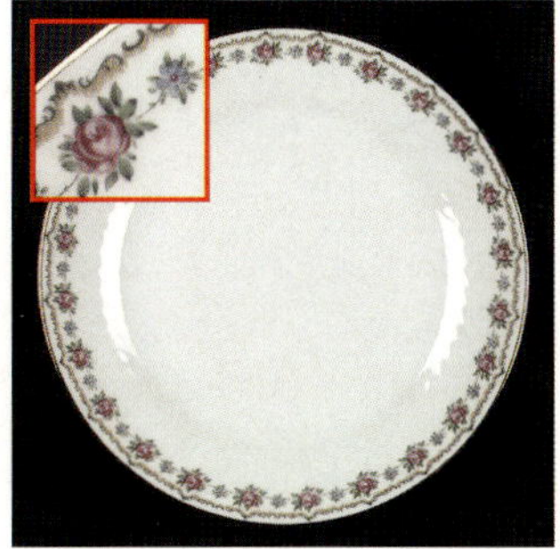
TIR 136
Gold Trim

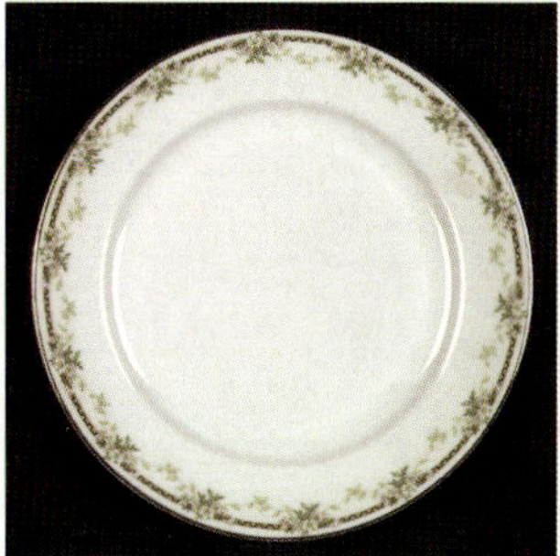
Biltmore
3819
Gold Trim

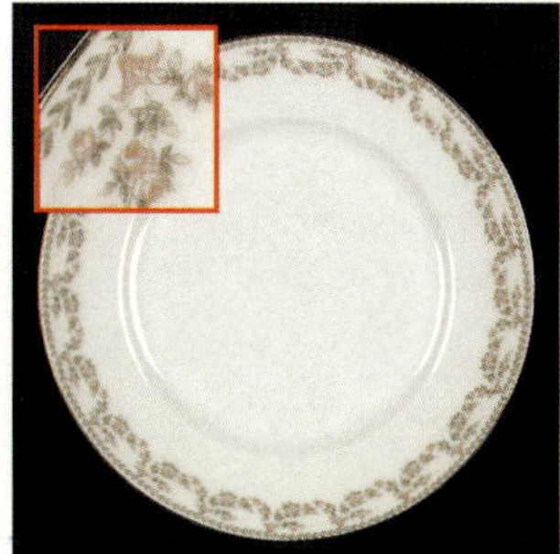
Newport
3140
Gold Trim

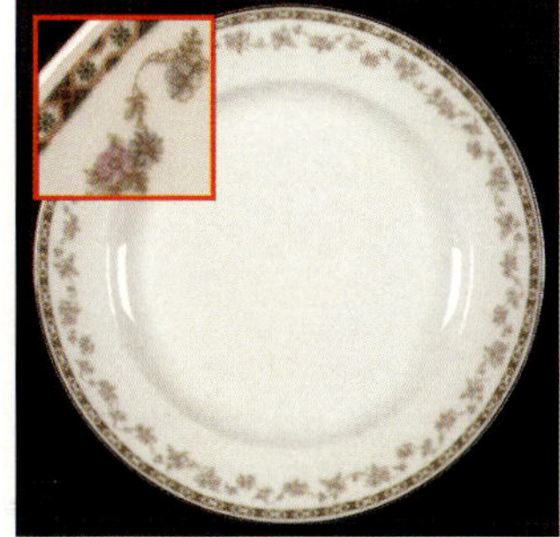
Richmond
3753
Gold Trim

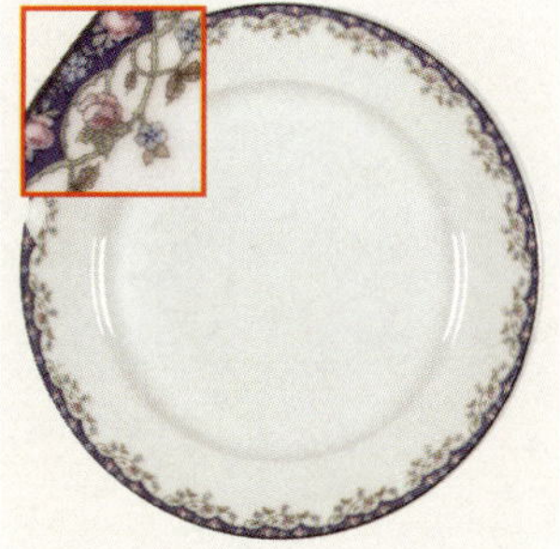
TIR 133
Gold Trim

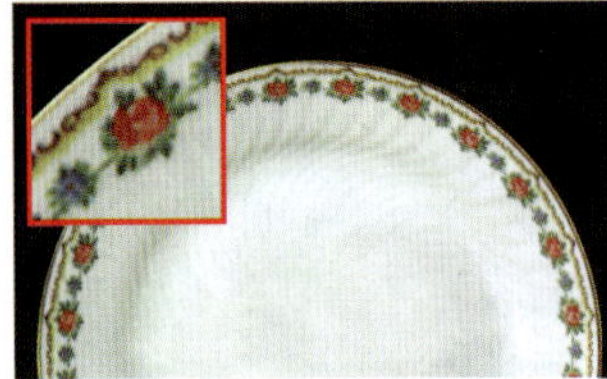

Rosario
25023
Gold Trim

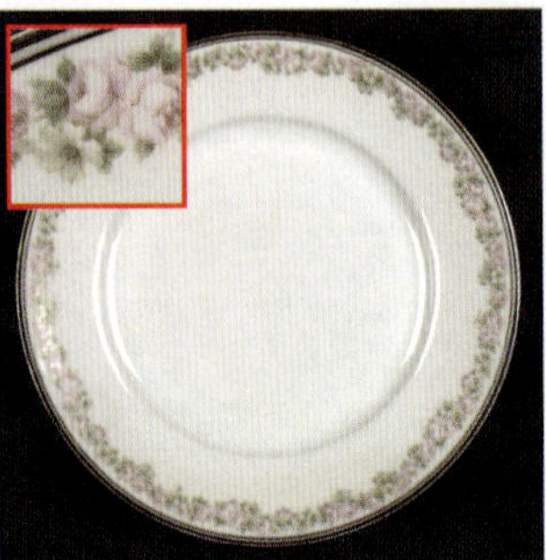

Rosedale
2753
Gold Trim

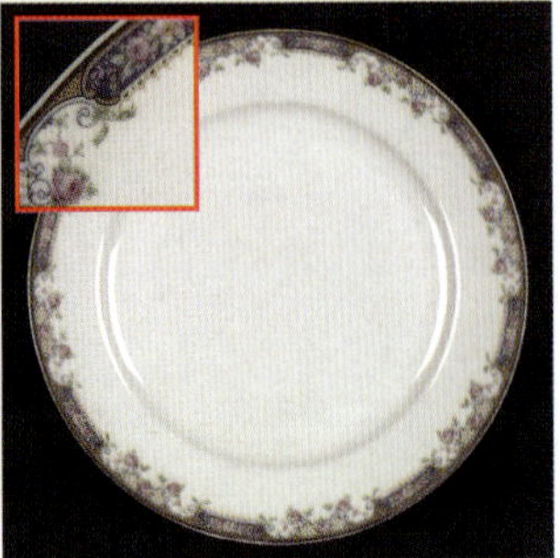

Franklin
4177
Gold Trim

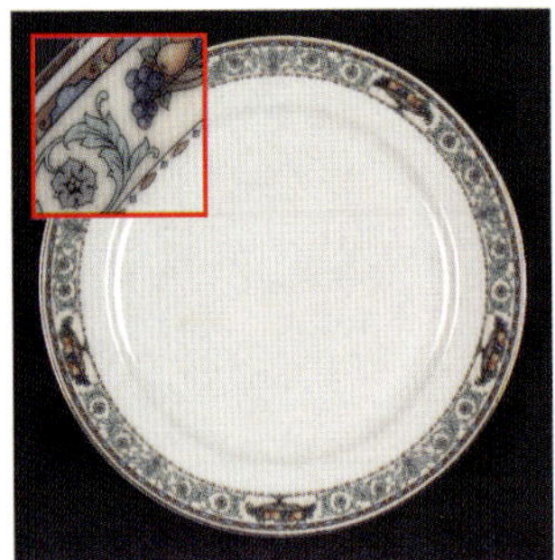

Cromwell
4269
Gold Trim

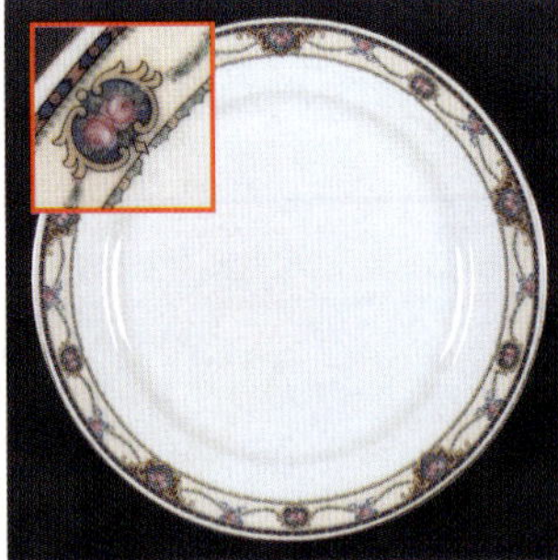

Raleigh
4268
Gold Trim

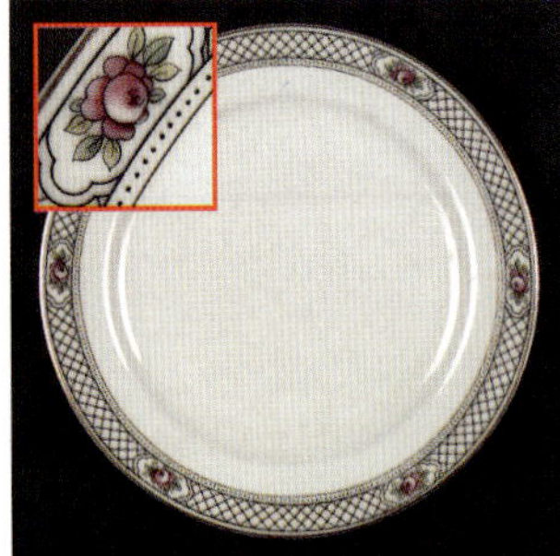

The Devon
4197
Salad Plate Shown
Gold Trim

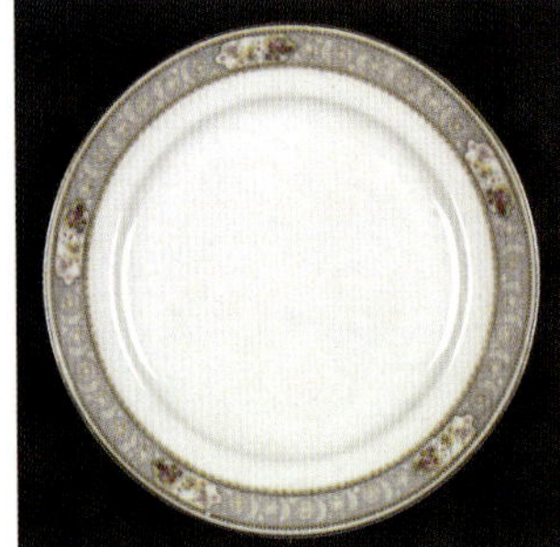

Cambridge
4183
Gold Trim

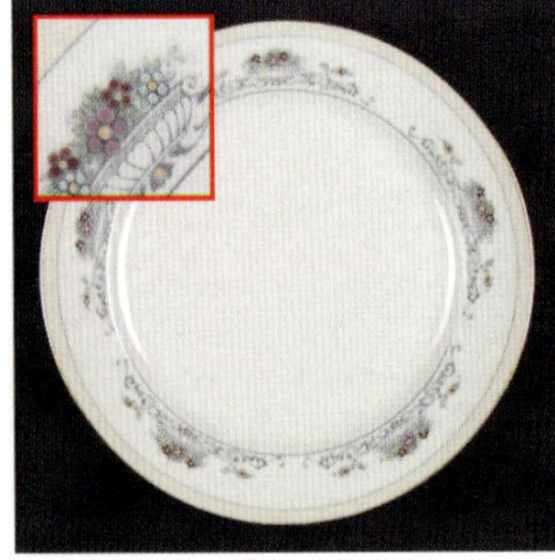

Tramore
4272
Gold Trim

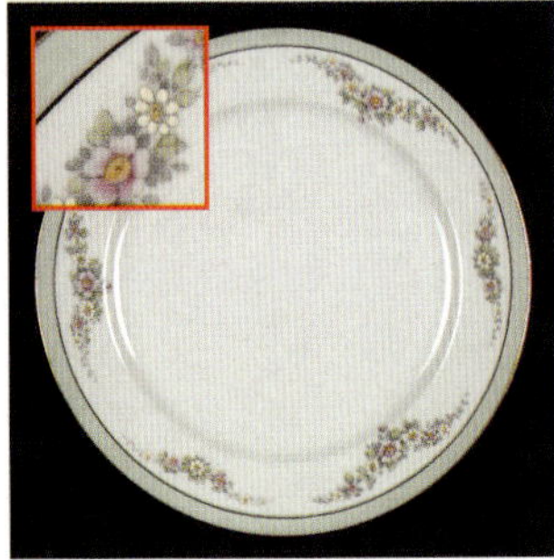

The Montrose
4485
Gold Trim

Smooth — Rim Shape, Gold Trim (continued)

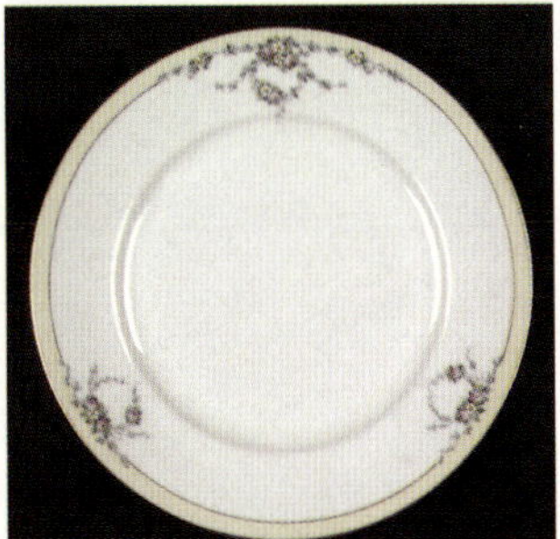

Studio
4179
Gold Trim

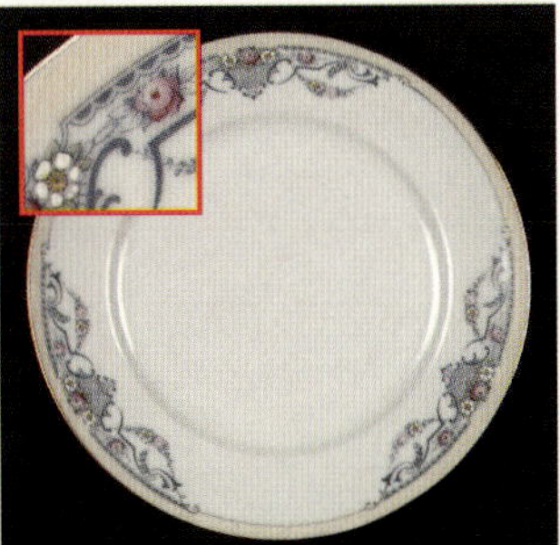

Arklow
4270
Salad Plate Shown
Gold Trim

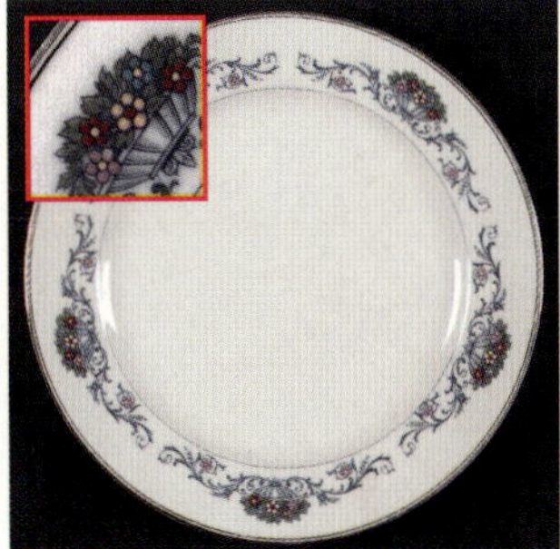

The Malvern
4305
Gold Trim

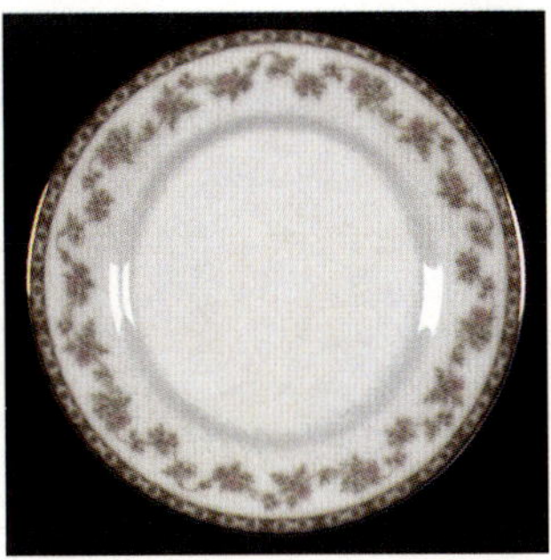

TIR 24
Bread & Butter Plate Shown
Gold Trim

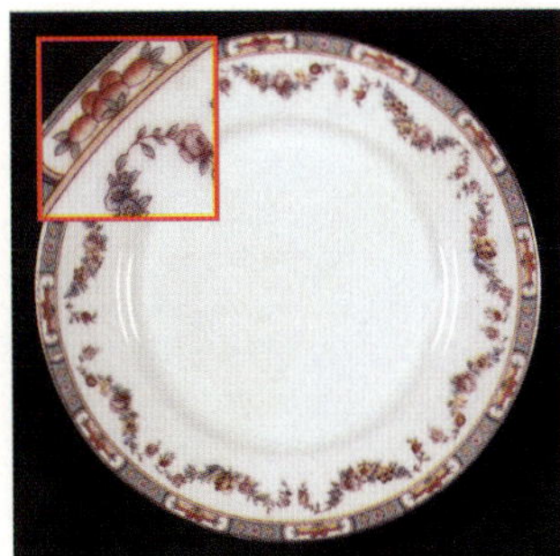

The Stafford
3420
Gold Trim

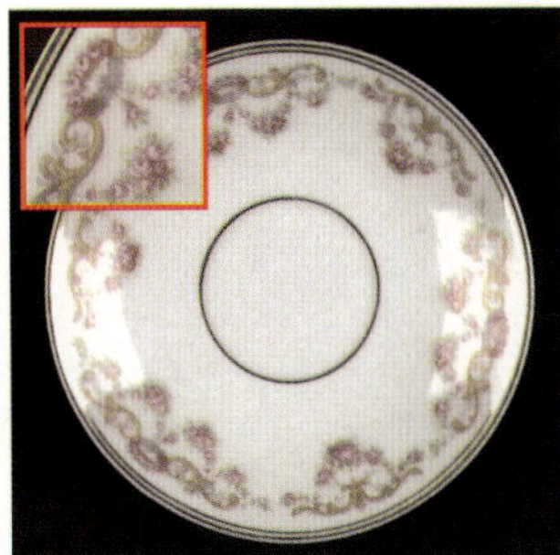

TIR 19
Saucer Shown
Gold Trim

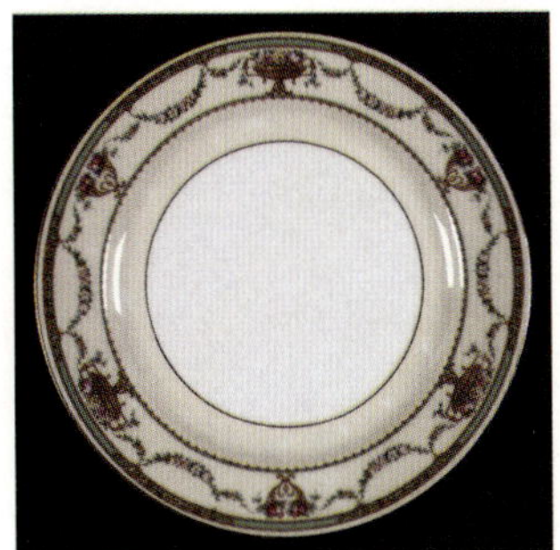

The Newton
4391
Gold Trim

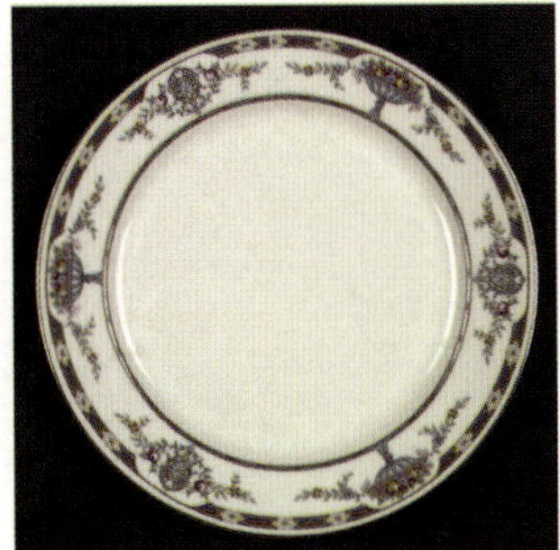

The Chatham
4393
Gold Trim

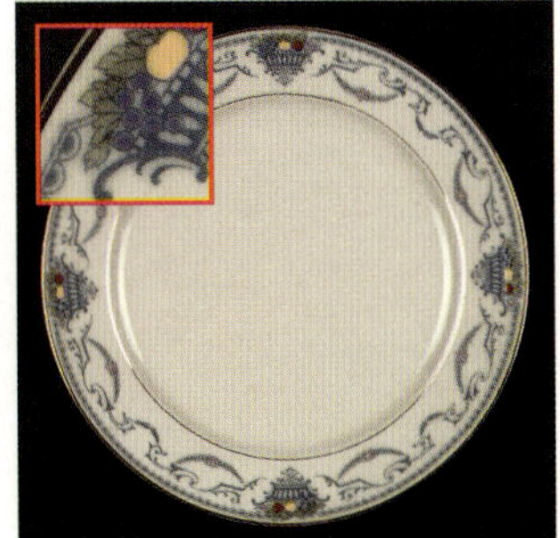

The Tulsa
4318
Salad Plate Shown
Gold Trim

Smooth — Rim Shape, Gold Trim (continued)

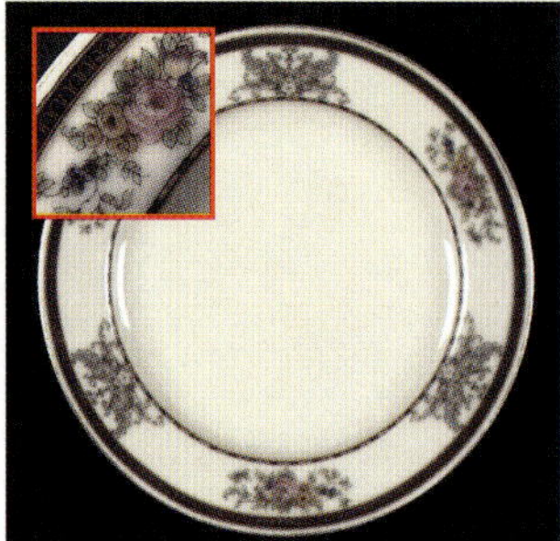

Croydon
4394
Bread & Butter Plate Shown
Gold Trim

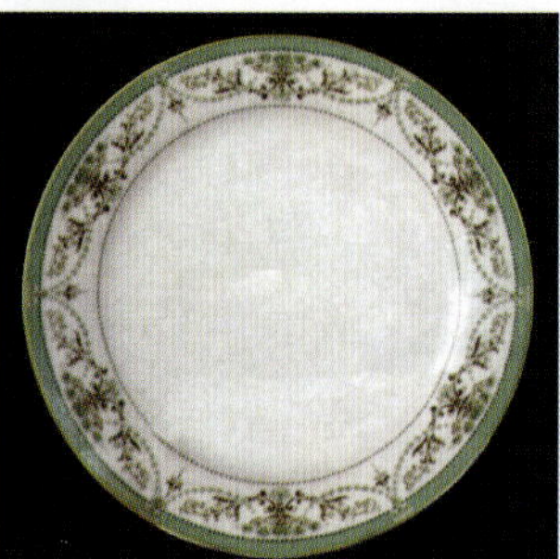

Florenz
20003
Gold Trim

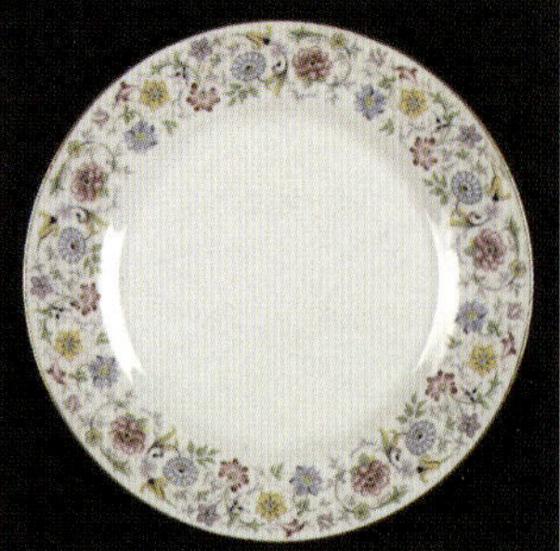

Williamsburg
3426
Gold Trim

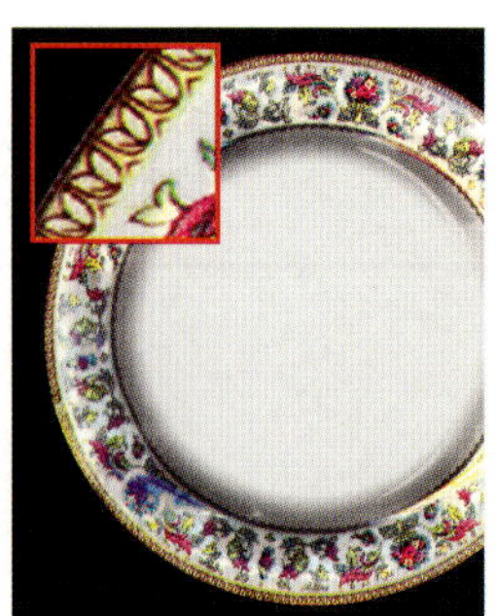

Summer Dream
20002
Gold Trim

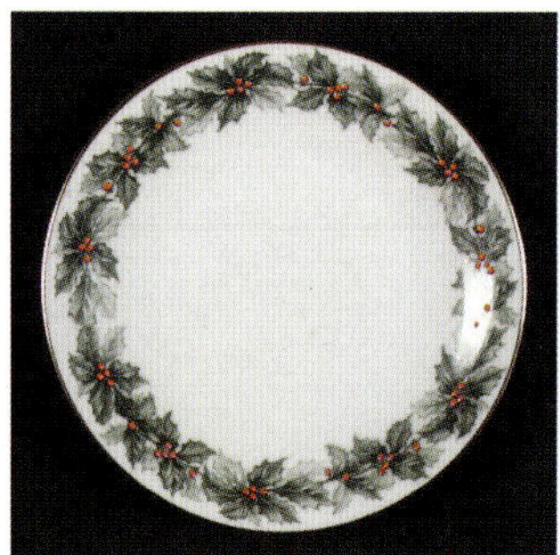

Holly
3166
Bread & Butter Plate Shown
Gold Trim

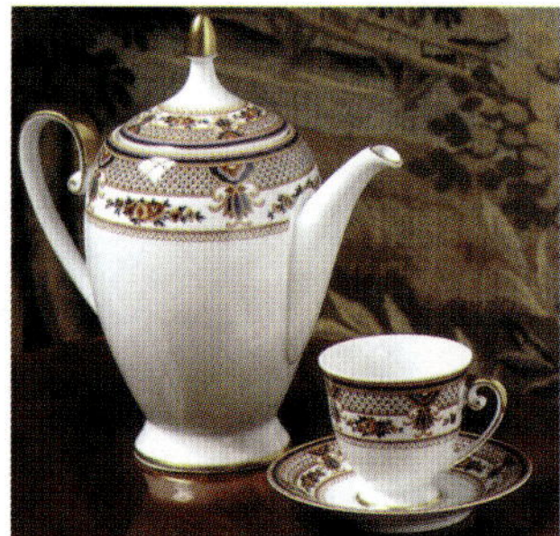

Alhambra
Gold Trim

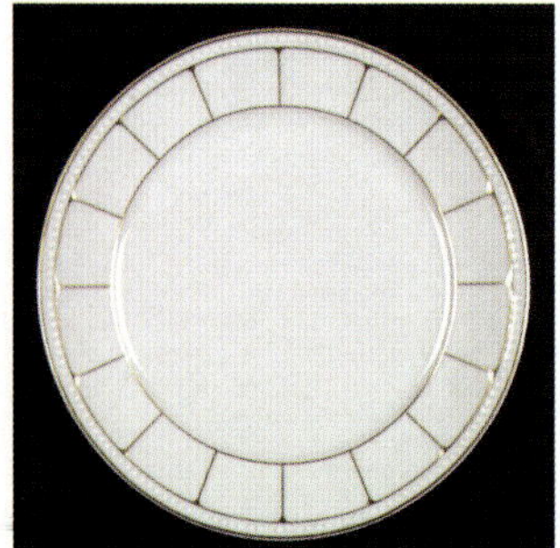

Visconti
38003
Gold Trim

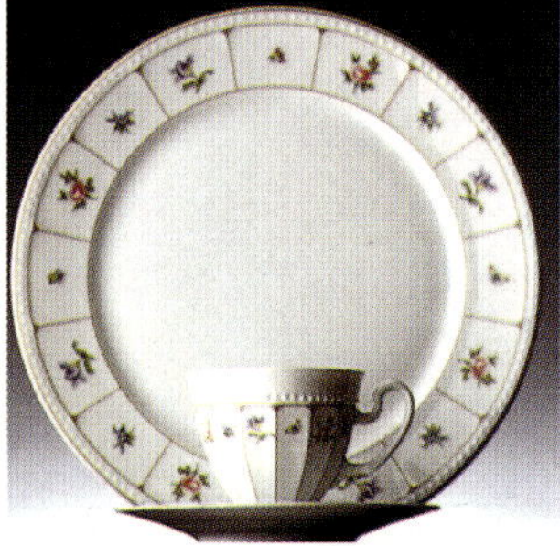

Colonna
38006
Gold Trim

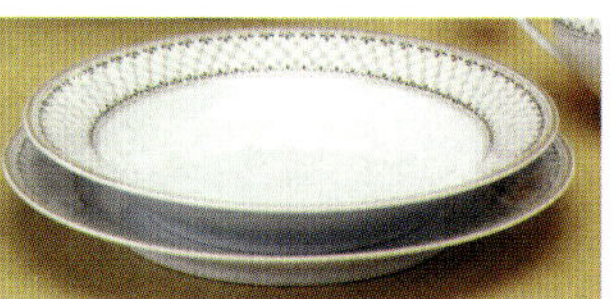

Savona
20049
Gold Trim

Smooth — Rim Shape, Gold Trim (continued)

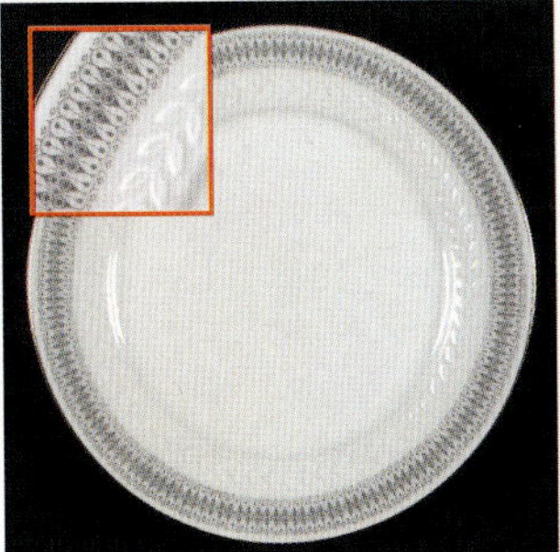
TIR 146
Salad Plate Shown
Gold Trim

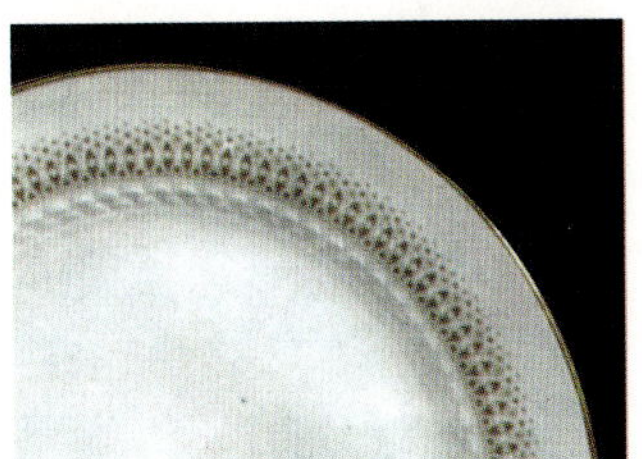
Festival
24036, 8124
Gold Trim

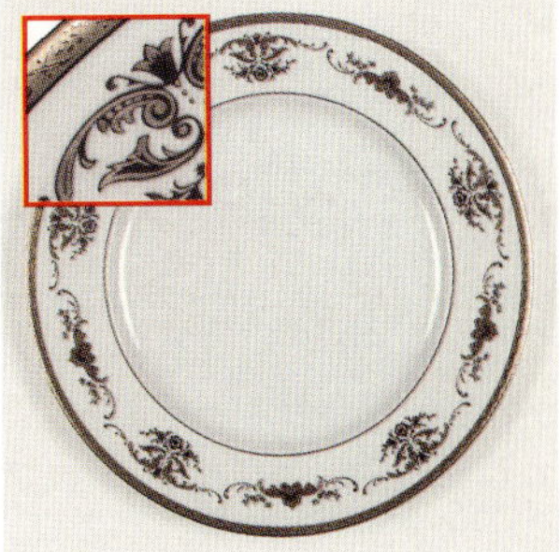
TIR 215
Gold Trim

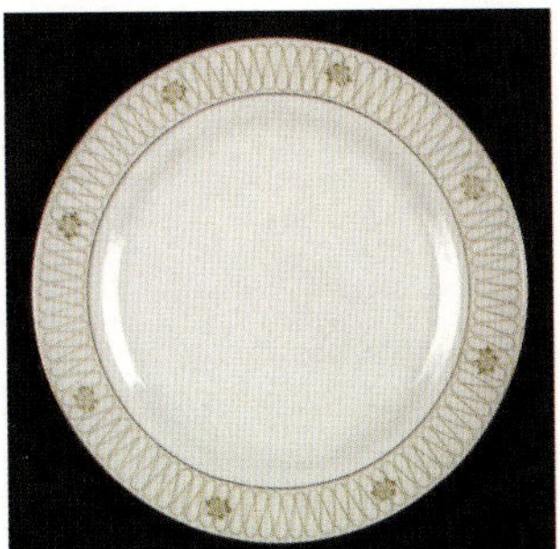
Astoria
Gold Trim

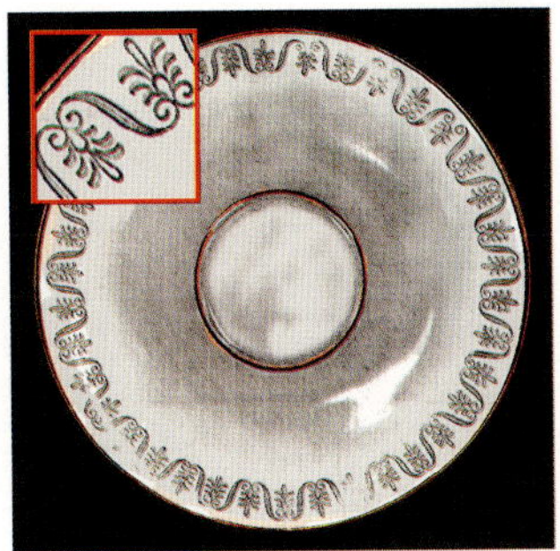
TIR 103
Saucer Shown
Gold Trim

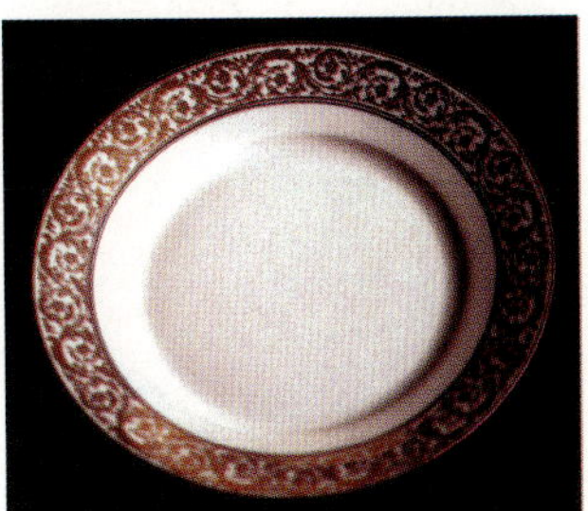
3037
Gold Trim

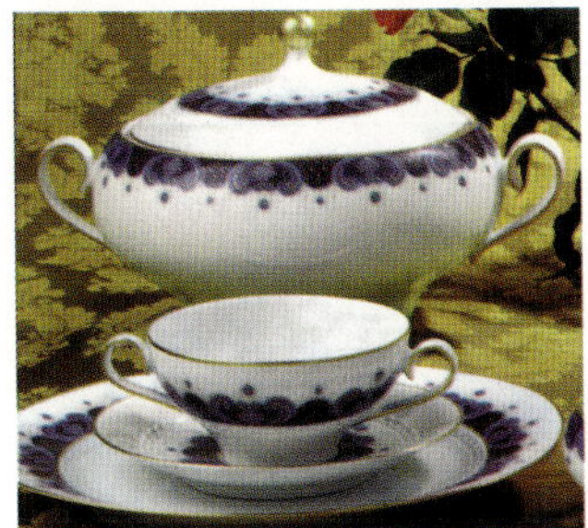
Menuett
24034, 8080
Gold Trim

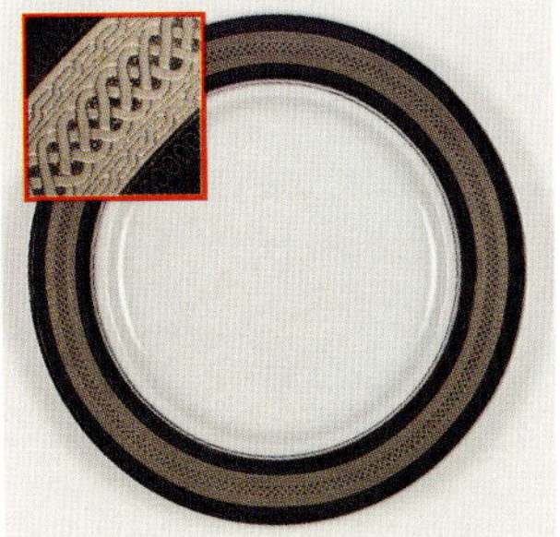
TIR 216
Gold Trim

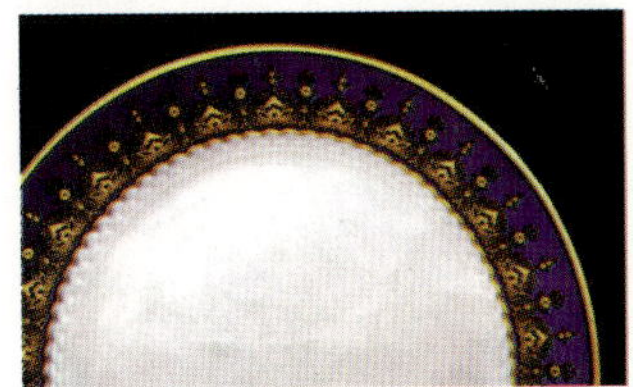
Arabeske
24040, 8001
Gold Trim

Smooth — Rim Shape, Gold Trim (continued)

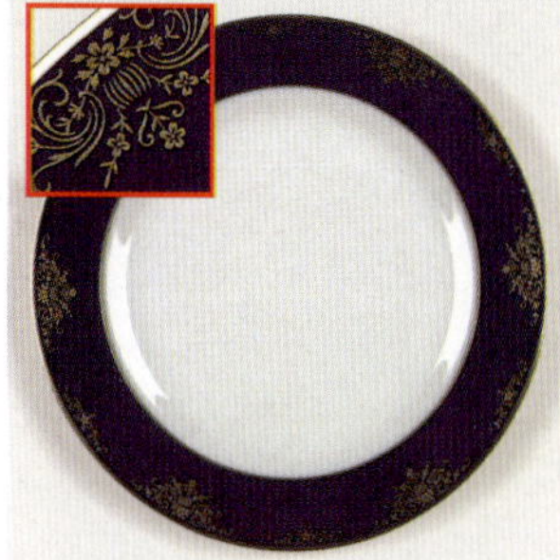

Alexander The Great
Gold Trim

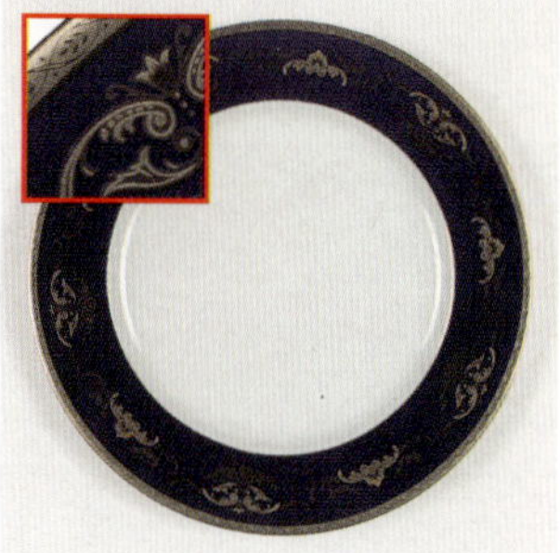

TIR 214
Cobalt Band
Gold Trim

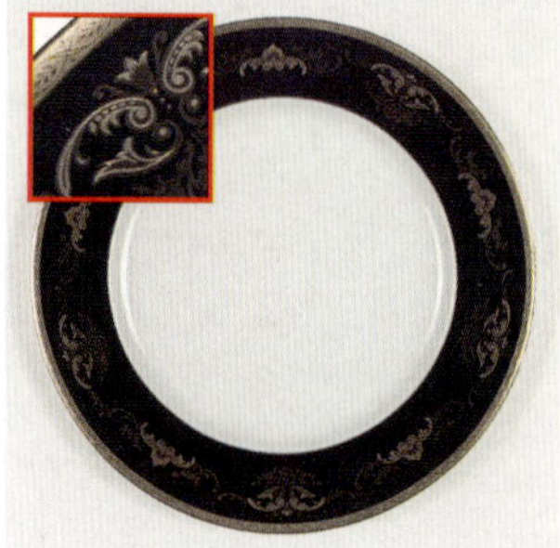

TIR 213
Black Band
Gold Trim

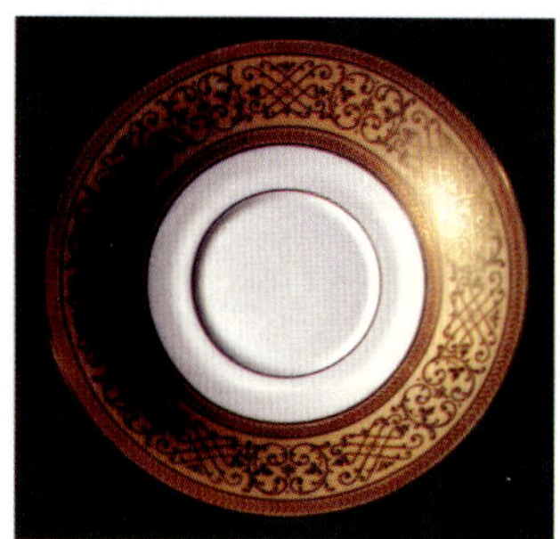

TIR 90
Saucer Shown
Gold Trim

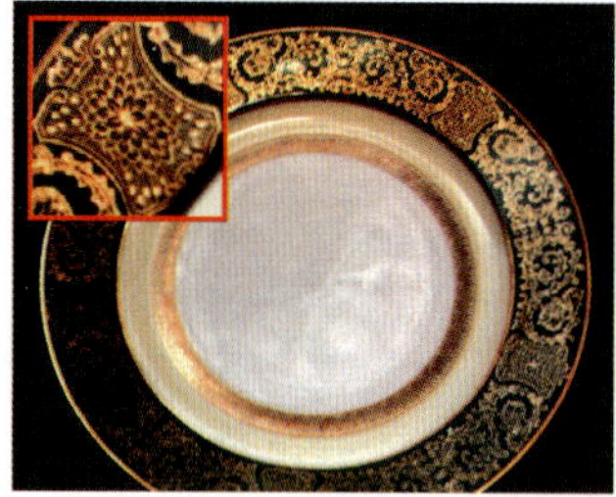

TIR 117
Green Band
Gold Trim

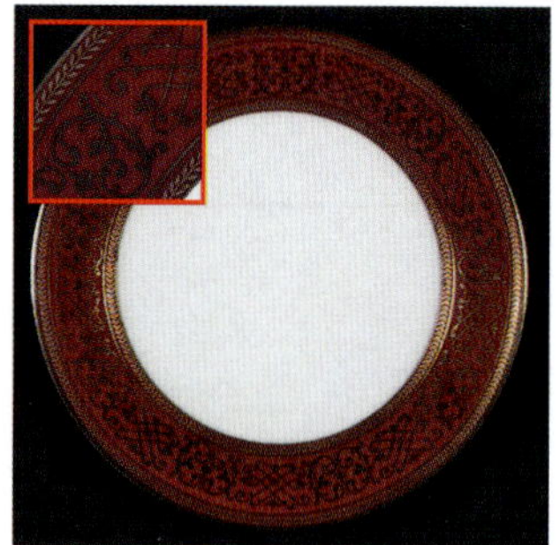

TIR 33
Gold Trim

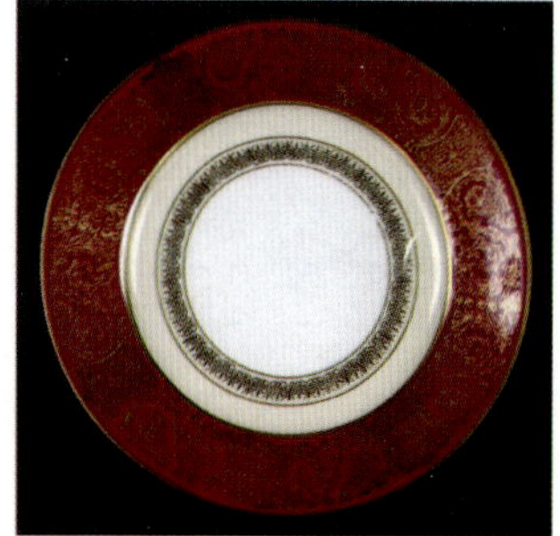

TIR 70
Gold Trim

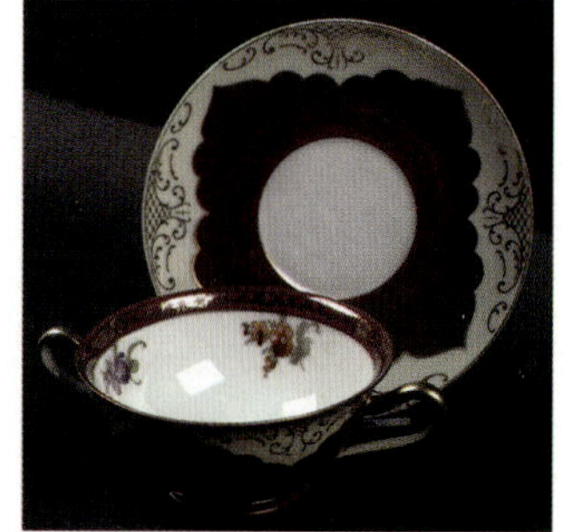

481
Cream Soup & Saucer Shown
Gold Trim

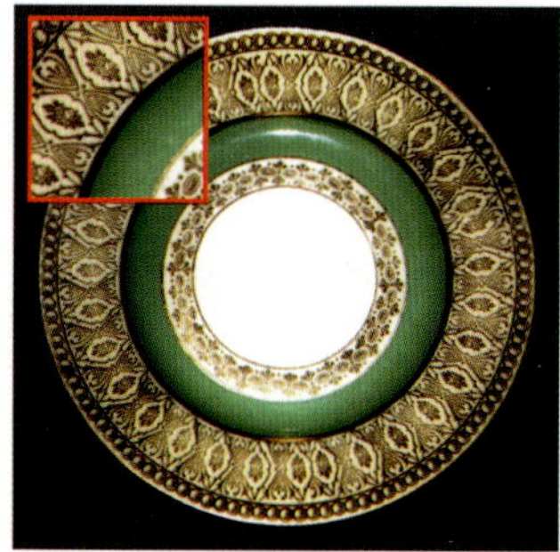

TIR 47
Gold Trim

Smooth — Rim Shape, Gold Trim (continued)

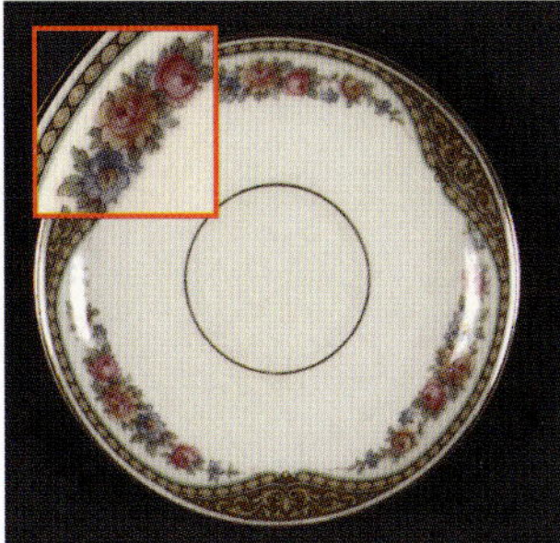
The Grimsby
4486
Saucer Shown
Gold Trim

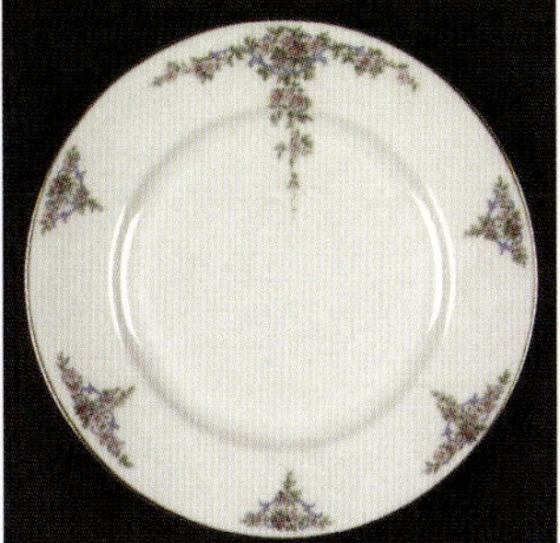
The Eton
4251
Gold Trim

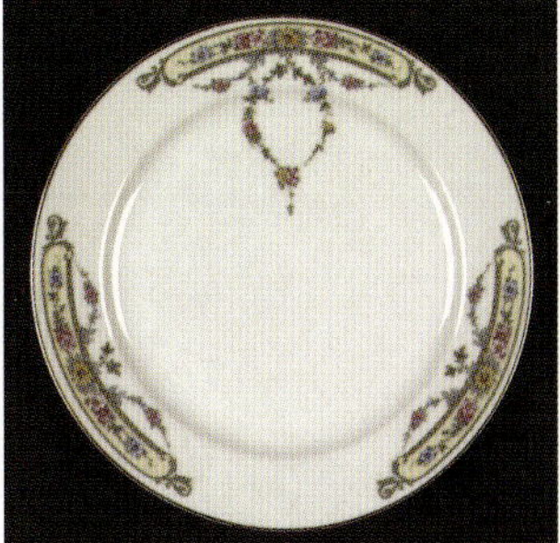
Monmouth
4274
Gold Trim

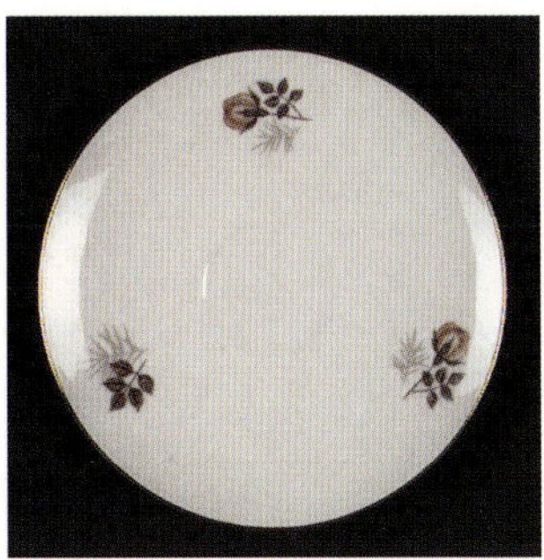
TIR 126
Saucer Shown
Gold Trim

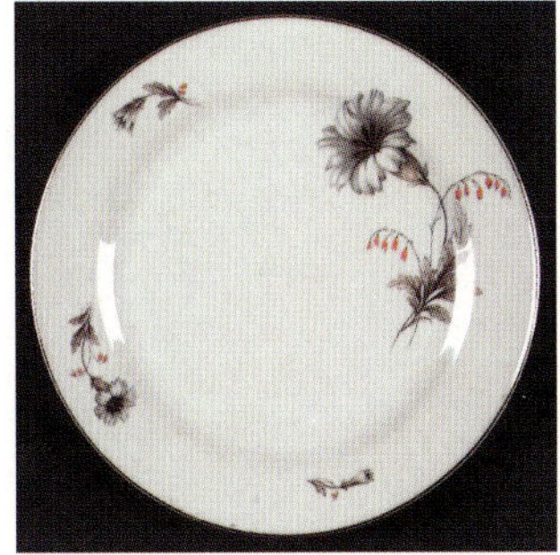
The Kennet
4686
4 Groups of Flowers
Gold Trim

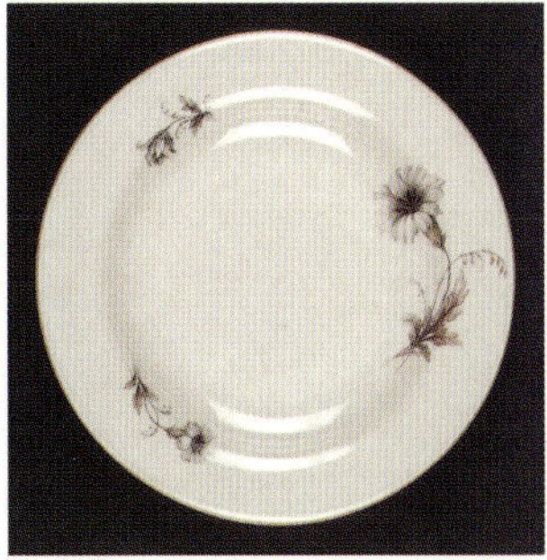
TIR 182
Soup Bowl Shown
3 Groups of Flowers
Gold Trim

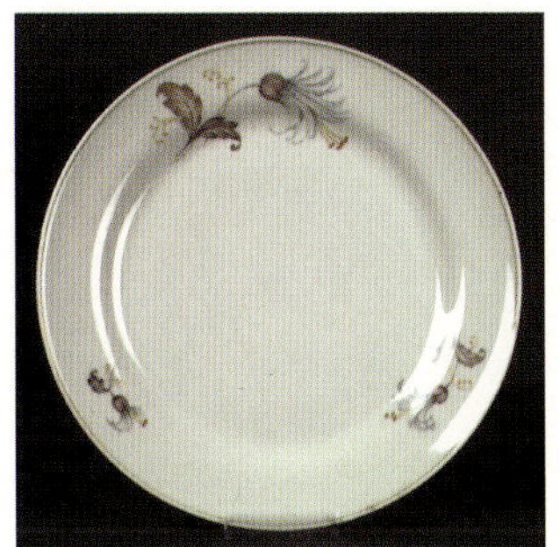
TIR 63
Gold Trim

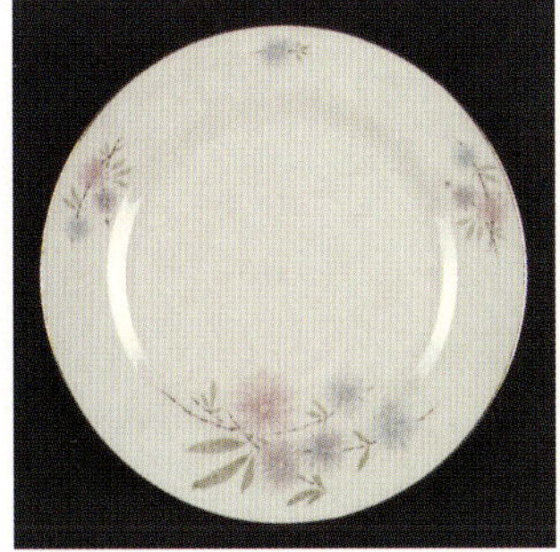
TIR 165
Gold Trim

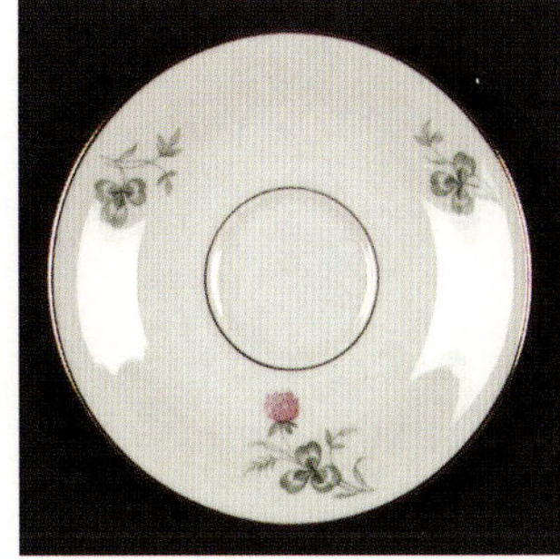
The Clover
2604
Saucer Shown
Gold Trim

Smooth — Rim Shape, Gold Trim (continued)

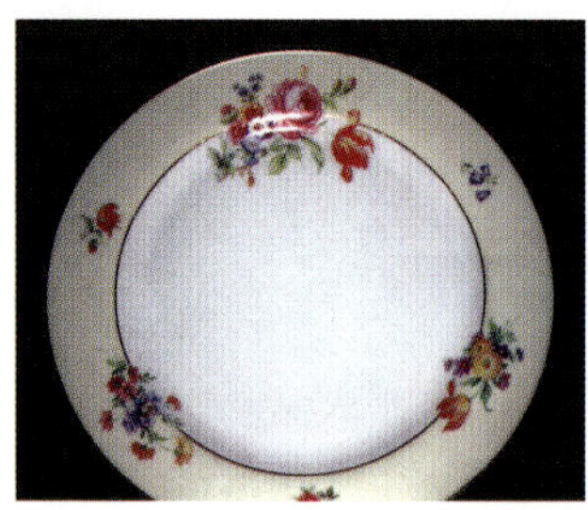
TIR 208
Gold Trim

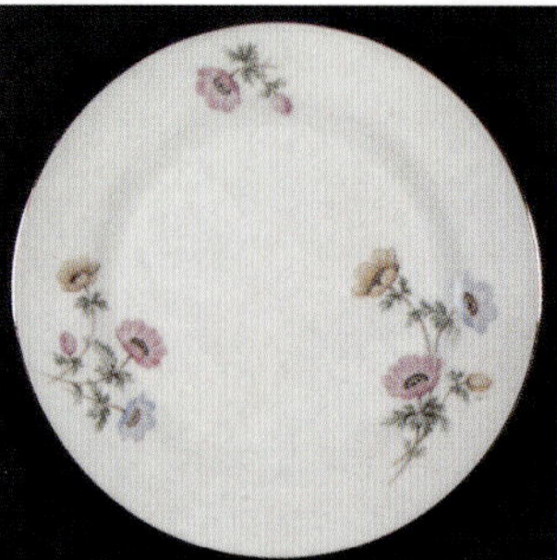
The Fragrance
2890
Gold Trim

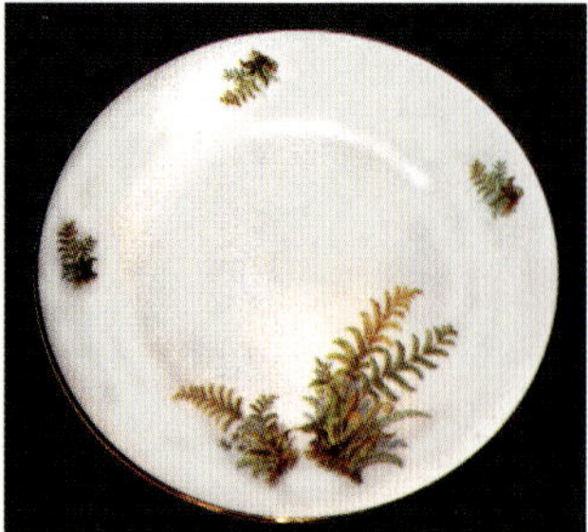
Trianon
2375
Gold Trim

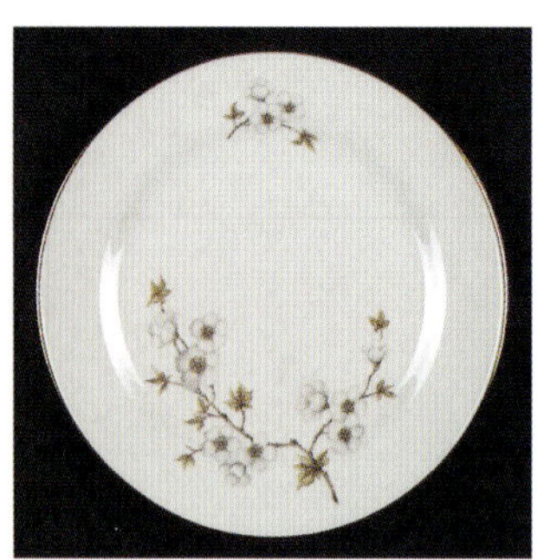
TIR 31
Gold Trim

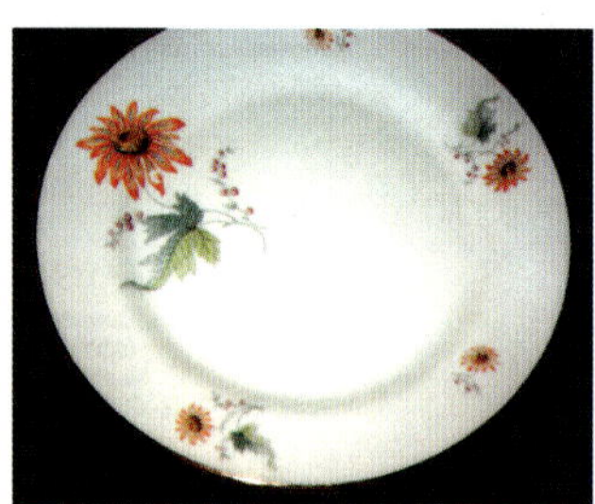
TIR 38
Gold Trim

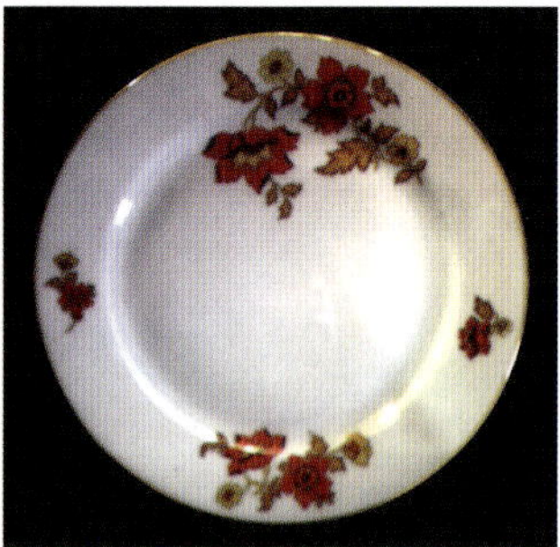
TIR 204
Gold Trim

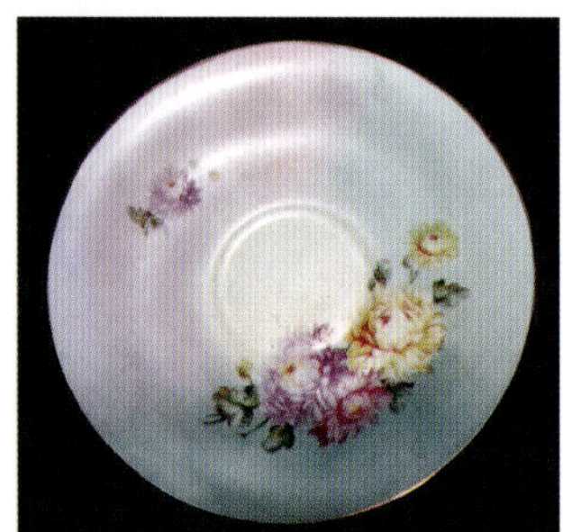
TIR 93
Saucer Shown
Gold Trim

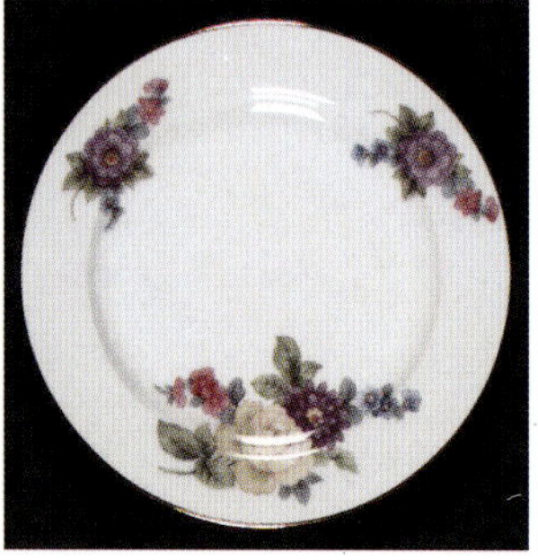
TIR 25
Bread & Butter Plate Shown
Gold Trim

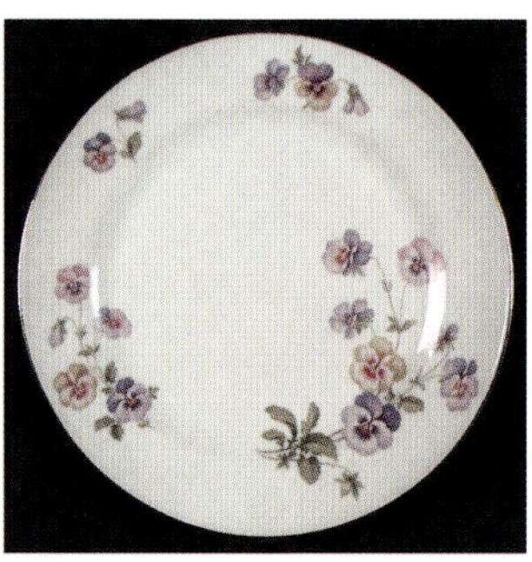
Pansy
2097
Gold Trim

Smooth — Rim Shape, Gold Trim (continued)

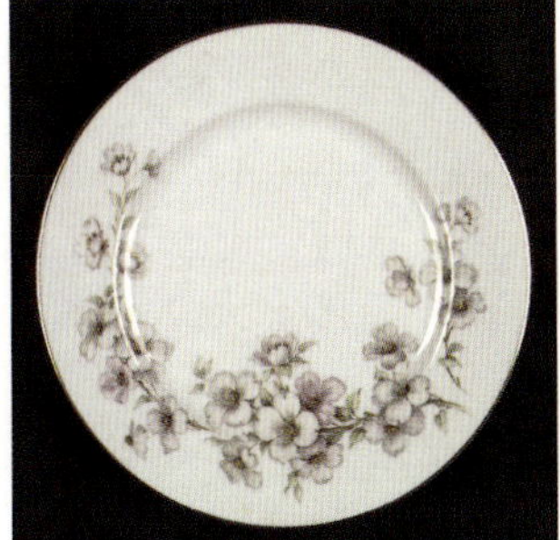

Dogwood
1147
Gold Trim

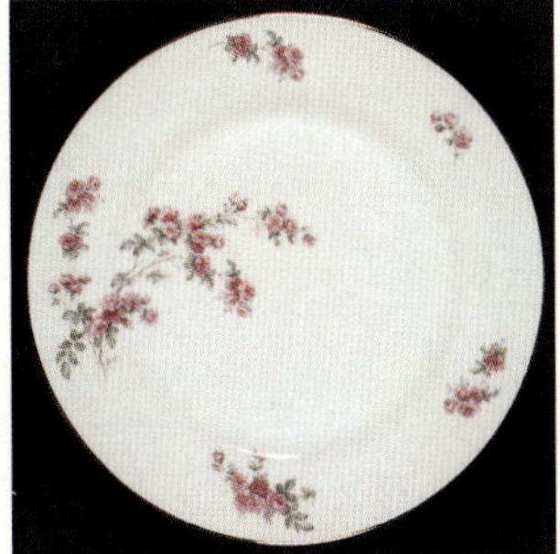

Trellis
2267
Gold Trim

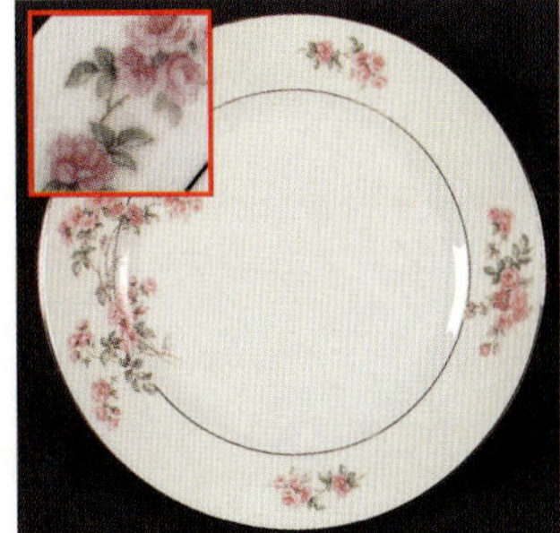

Rambler Rose
1579
Gold Trim

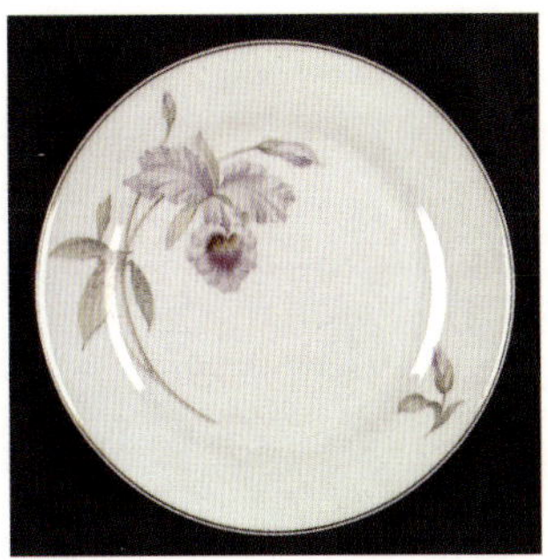

Orchid
1148
White Background
Gold Trim

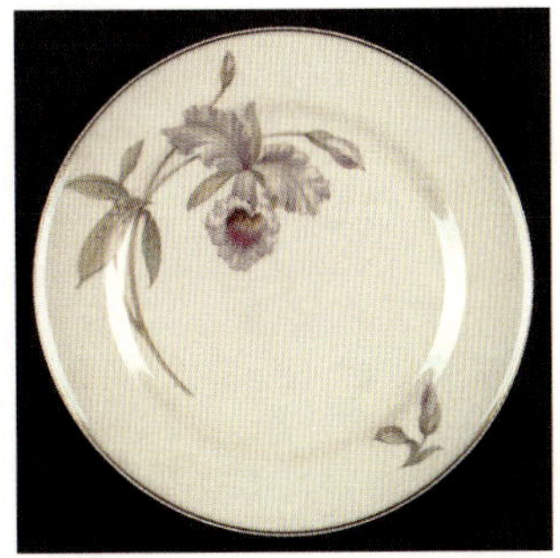

Orchid
Cream Background
Gold Trim

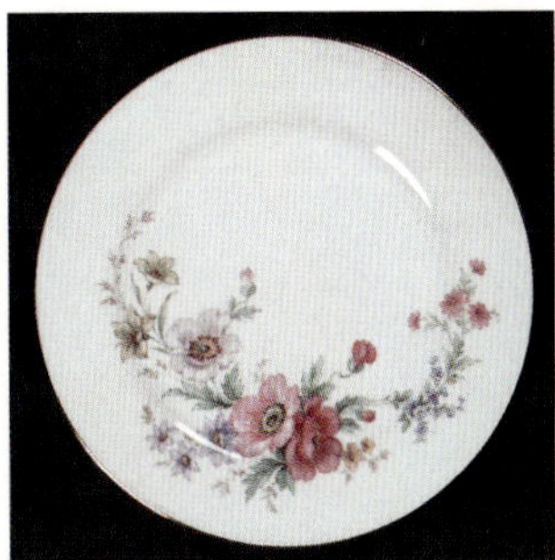

Spring Bouquet
1580
Gold Trim

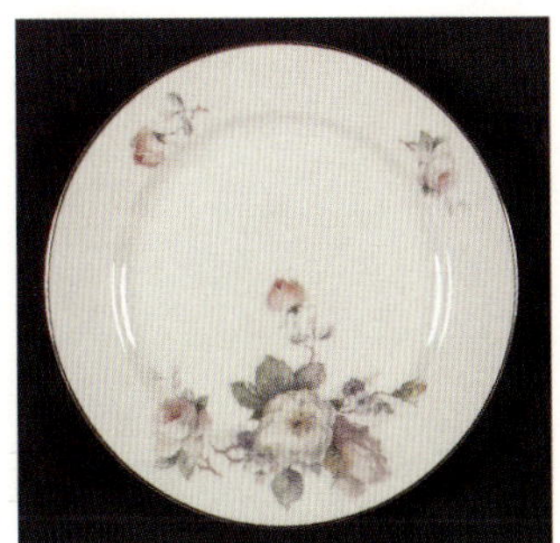

TIR 163
Gold Trim

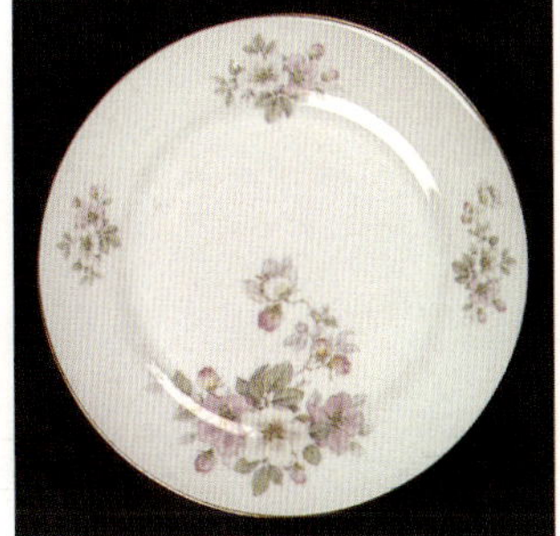

Apple Blossom
1724, 246
White Background
Gold Trim

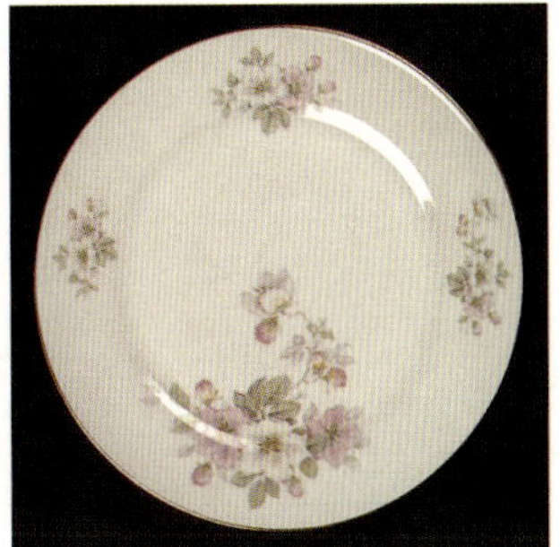

Apple Blossom
1724
Cream Background
Gold Trim

Smooth — Rim Shape, Gold Trim (continued)

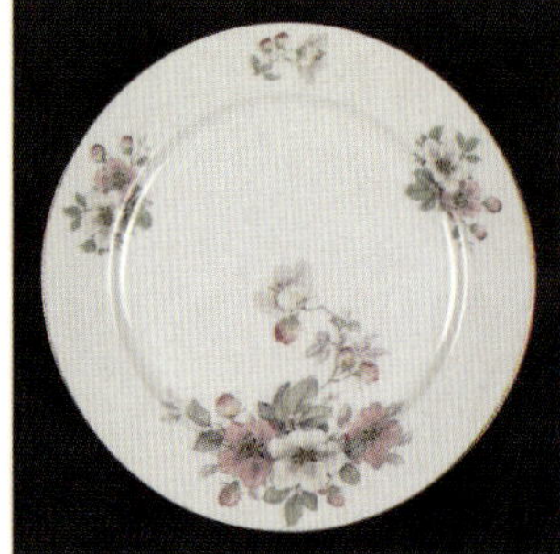

Wild Rose
601
Gold Trim

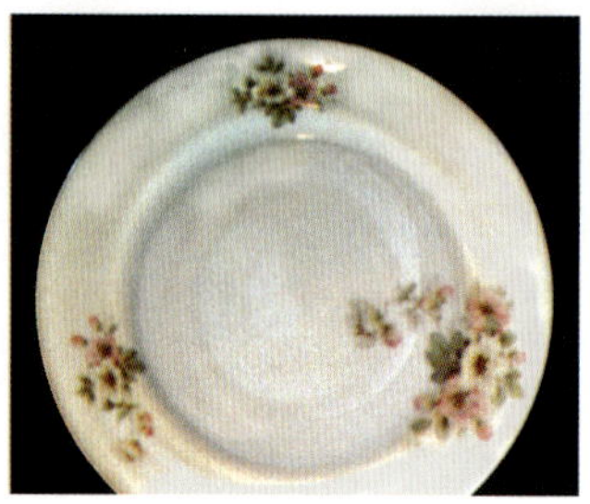

TIR 113
Gold Trim

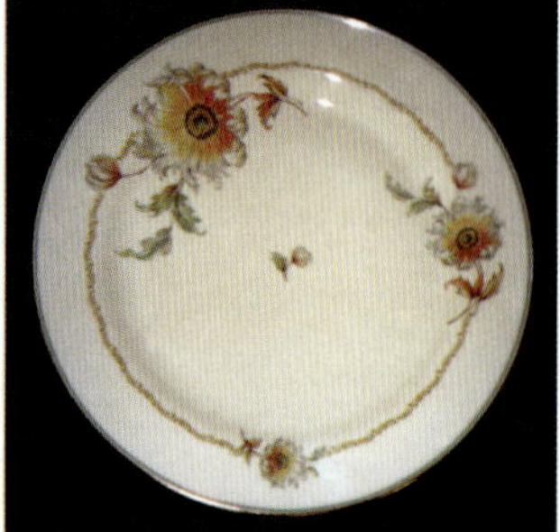

TIR 188
Gold Trim

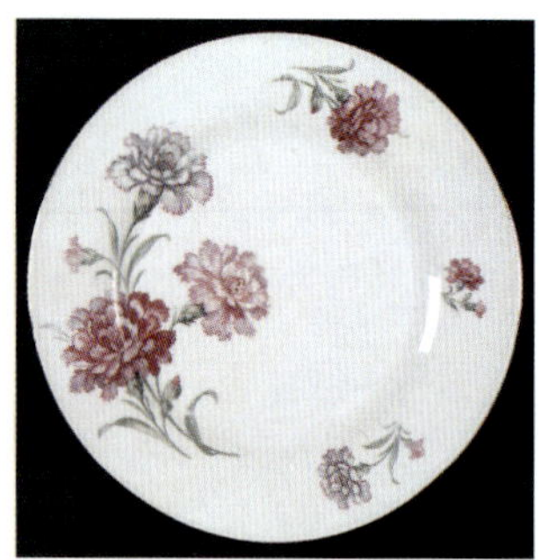

Carnation
1803
Gold Trim

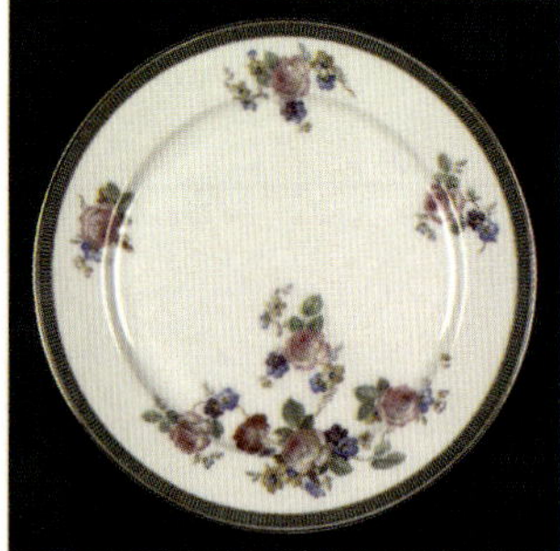

The Durham
4320
Gold Trim

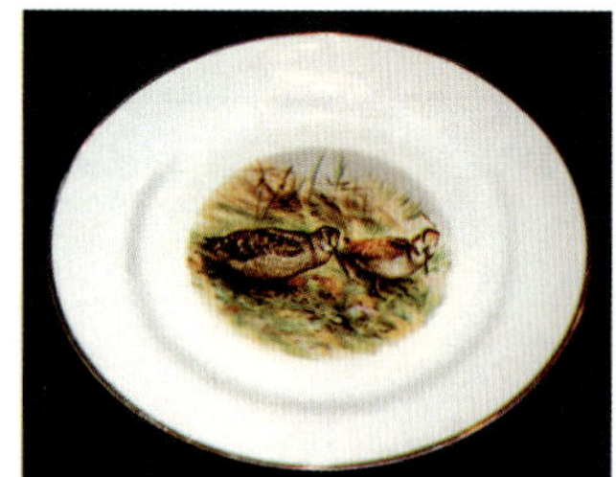

TIR 99
Gold Trim

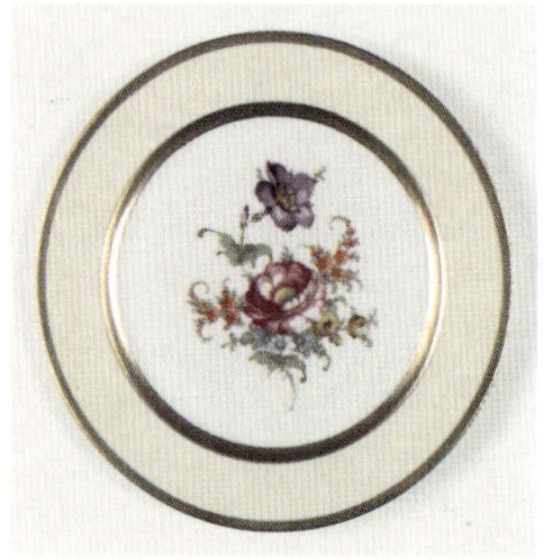

TIR 153
Gold Trim

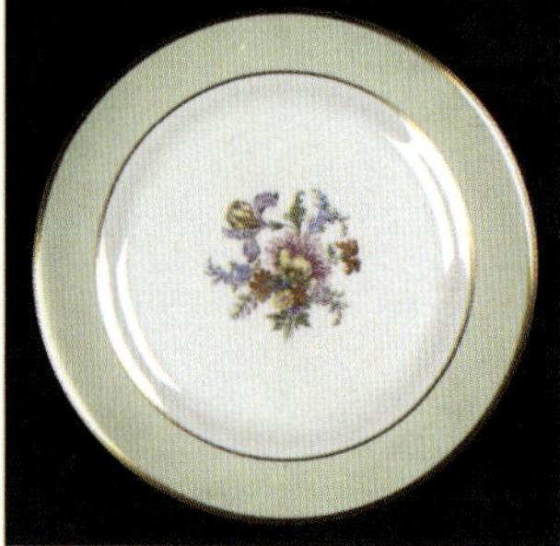

Wilton
419
Gold Trim

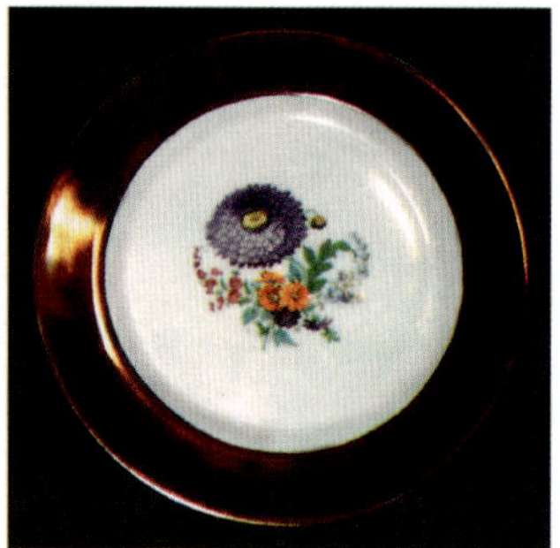

TIR 91
Multi-Motif
Gold Trim

Smooth — Rim Shape, Gold Trim (continued)

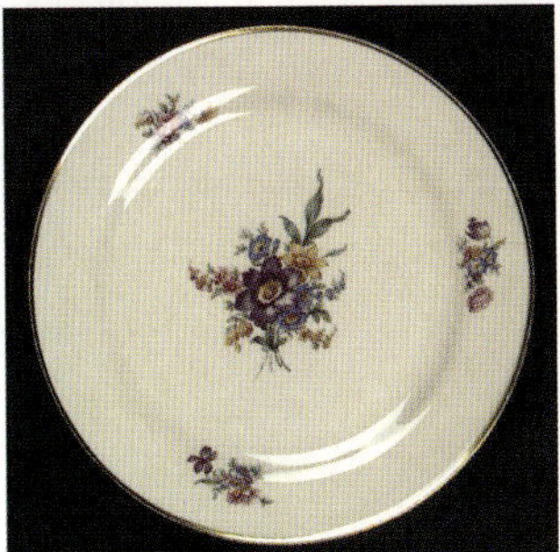

TIR 18
Gold Trim

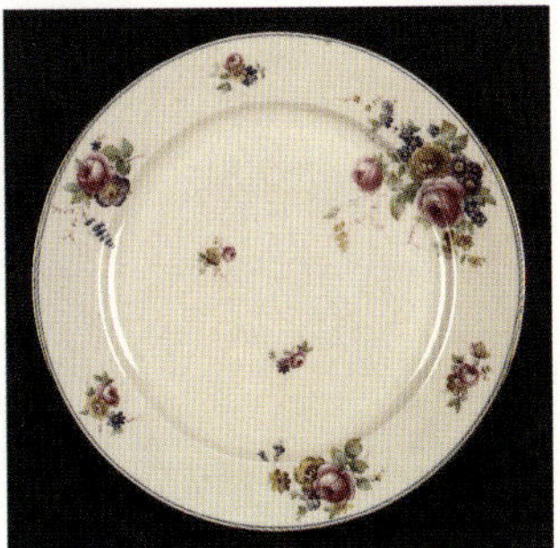

The Ascot
4487
Gold Trim

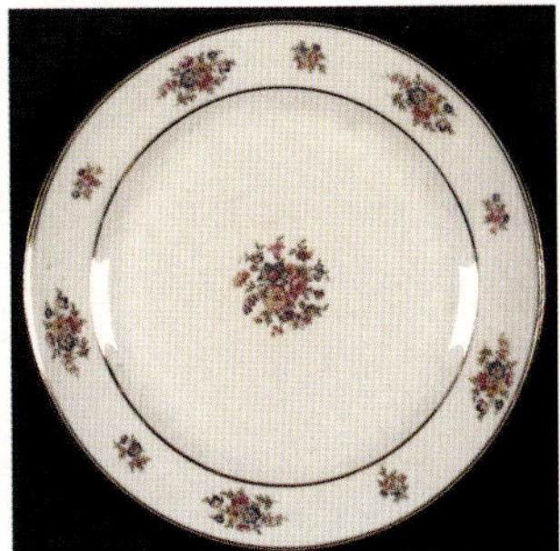

TIR 17
Gold Trim

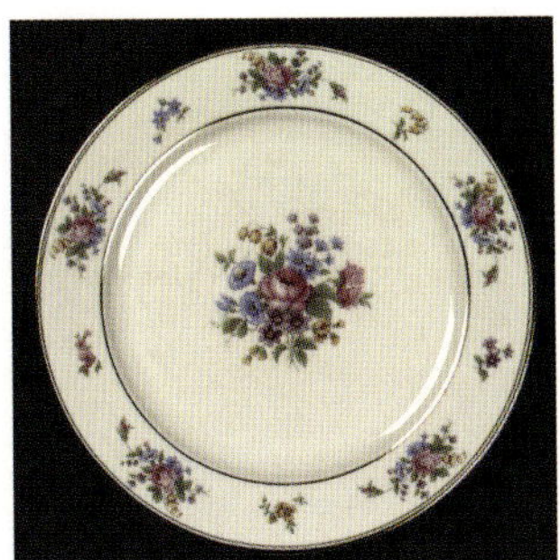

Queen's Rose
159
Gold Trim

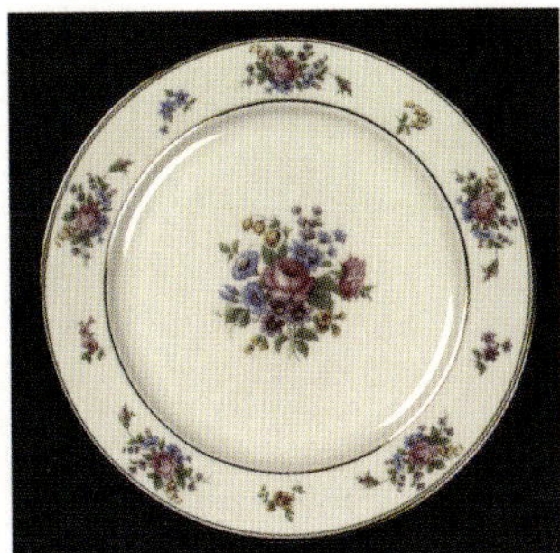

Queen's Rose
4416
Gold Trim

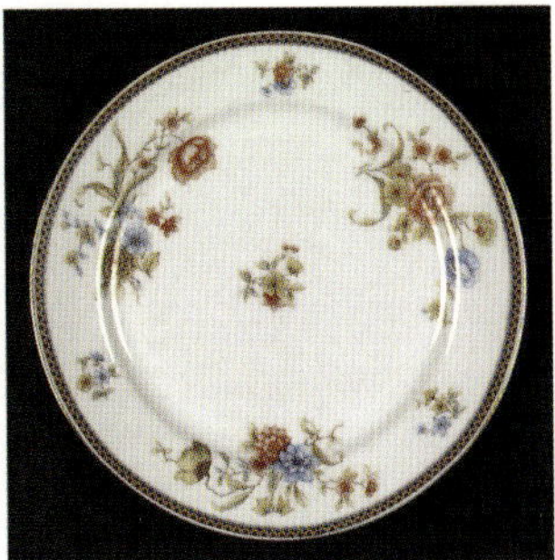

Essex
4262
Gold Trim

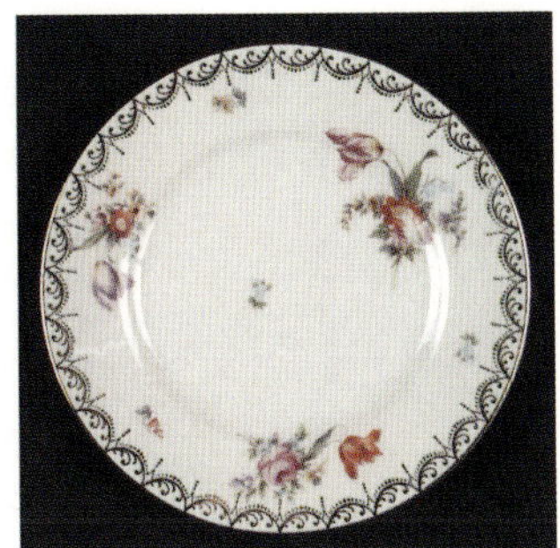

Old Meissen
3810
Multi-Motif
Gold Trim

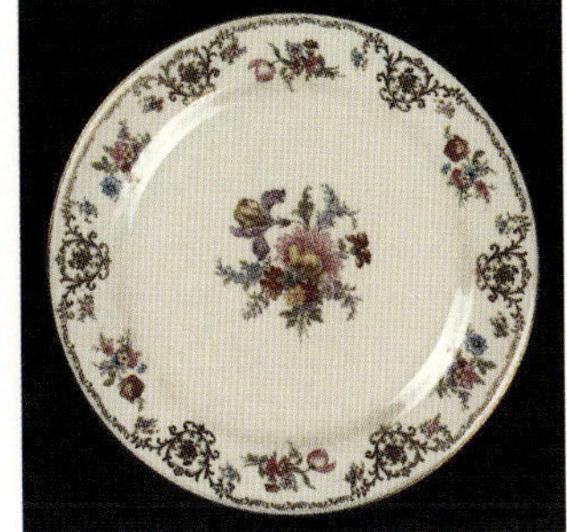

Windsor
237
Gold Trim

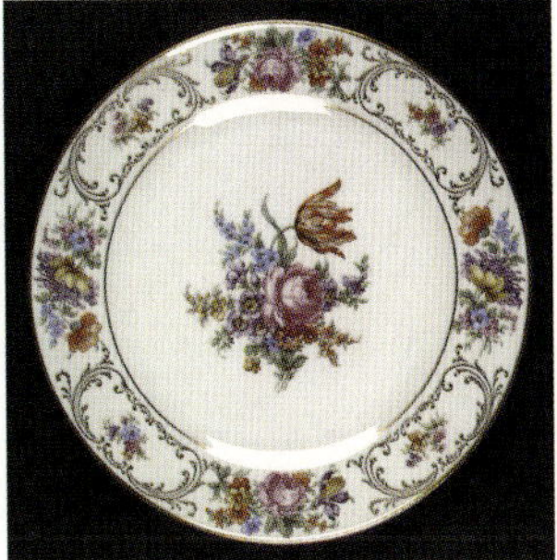

Rosepoint
2552
Gold Trim

Smooth — Rim Shape, Gold Trim (continued)

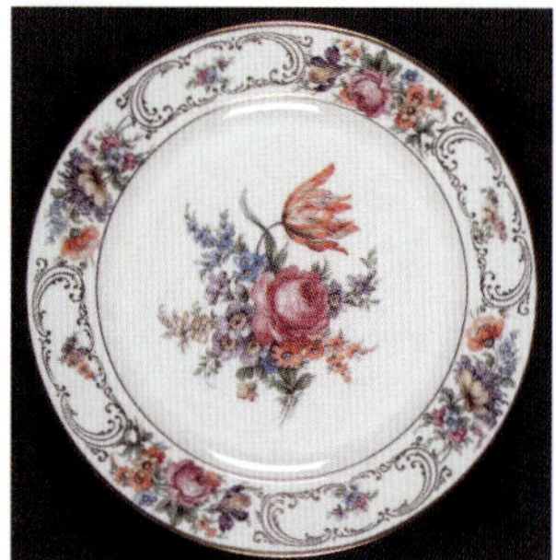

Wettin
207
Gold Trim

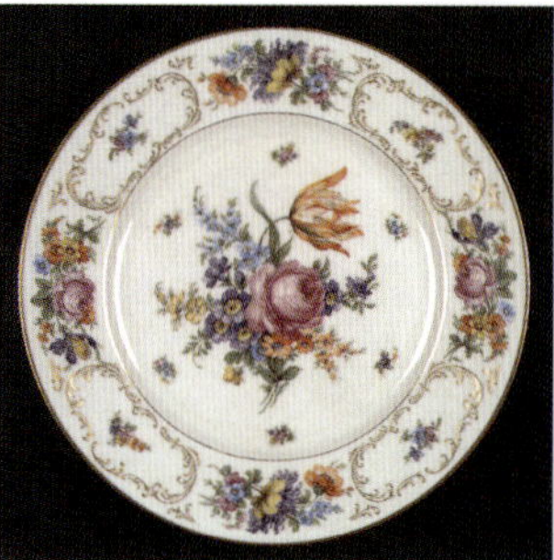

Dresden
4326, 3815
Gold Trim

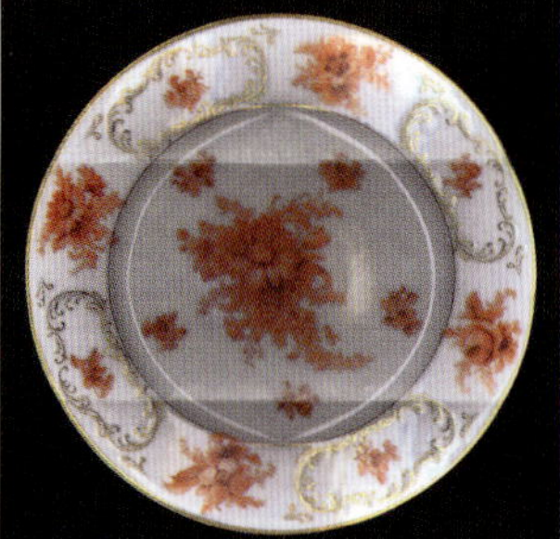

The Berlin
4322
Gold Trim

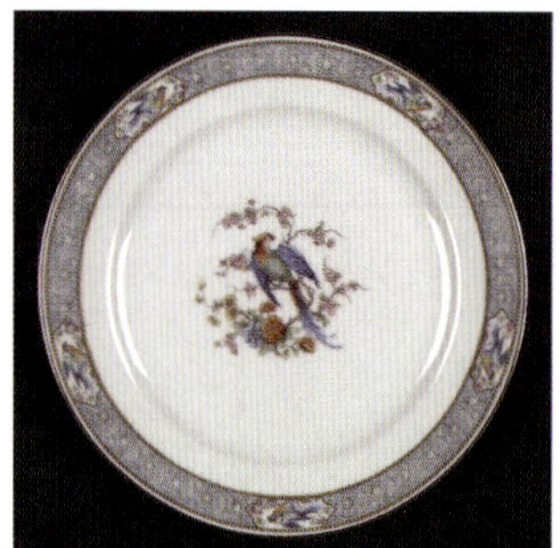

Florida
4241
Gold Trim

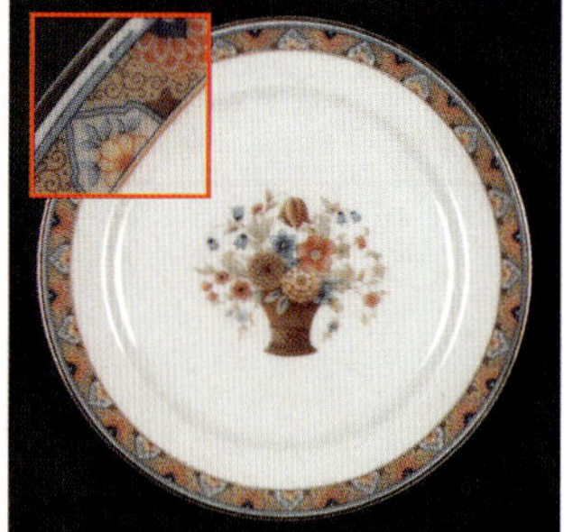

Melrose
4261
Gold Trim

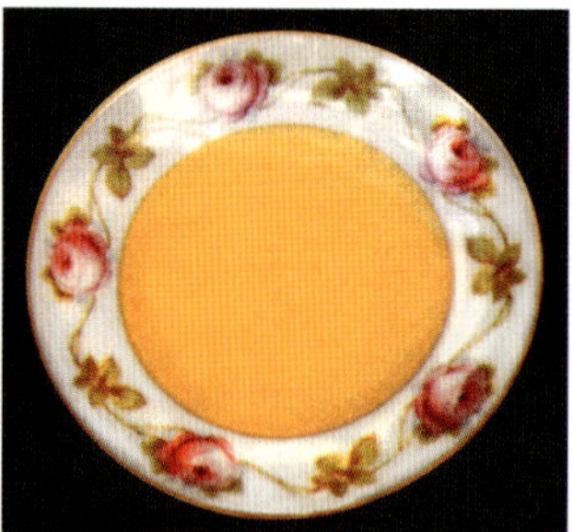

TIR 106
Gold Trim

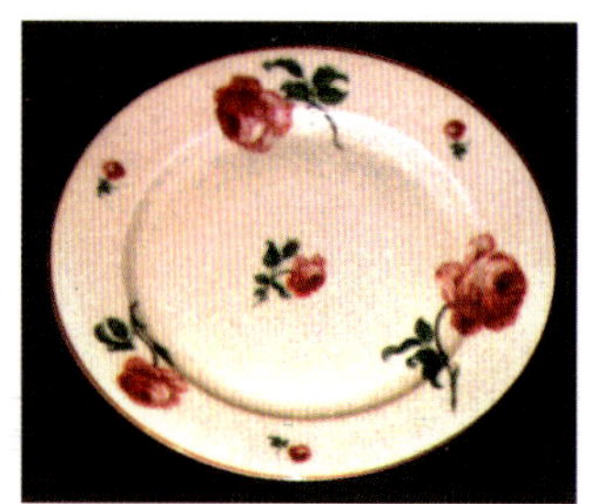

TIR 48
Gold Trim

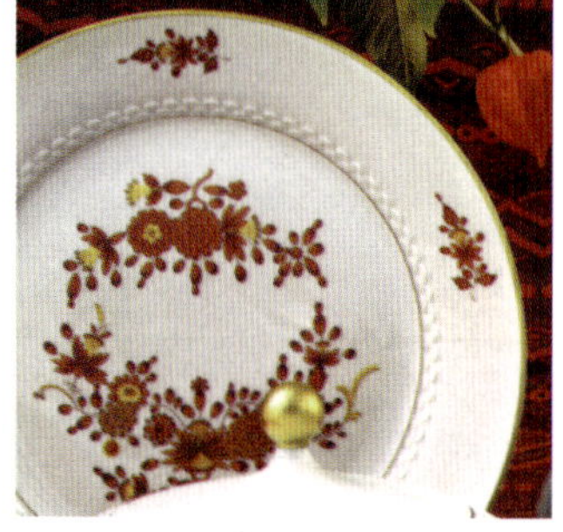

Grazia
8134
Gold Trim

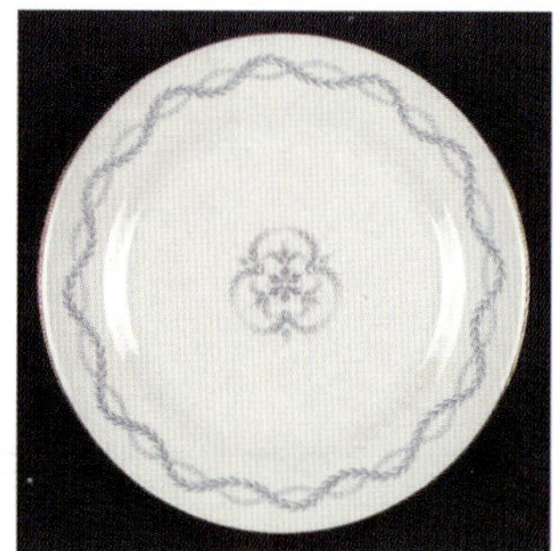

Bluefield
614
Gold Trim

Smooth — Rim Shape, Gold Trim (continued)

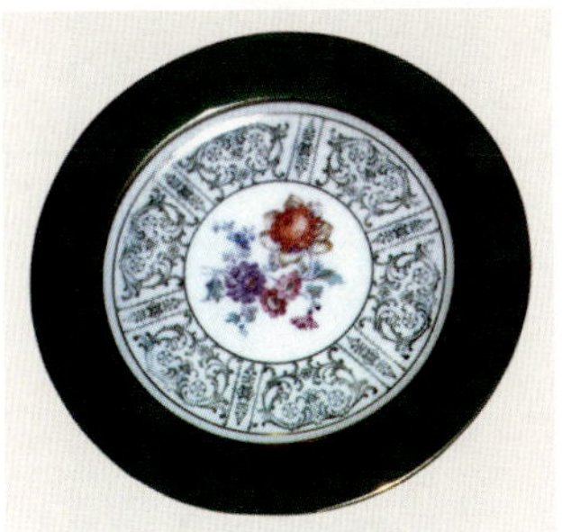
TIR 66
Gold Trim

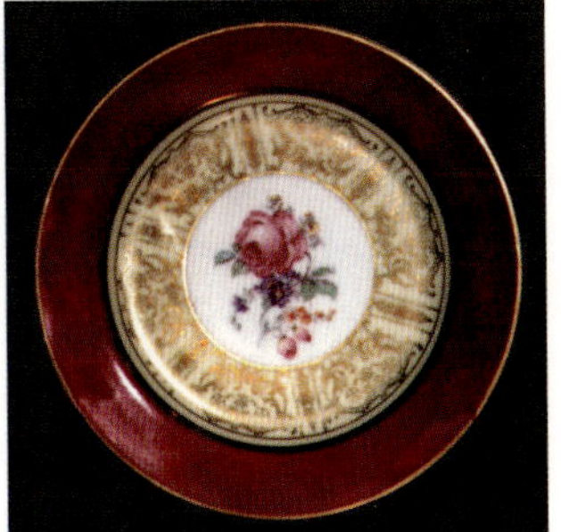
TIR 68
Gold Trim

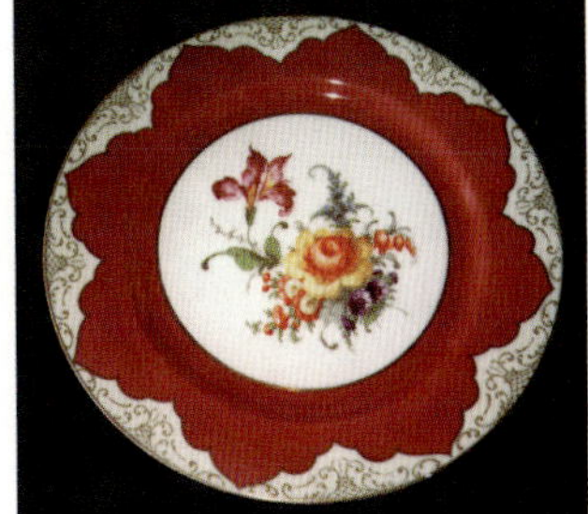
TIR 150
Gold Trim

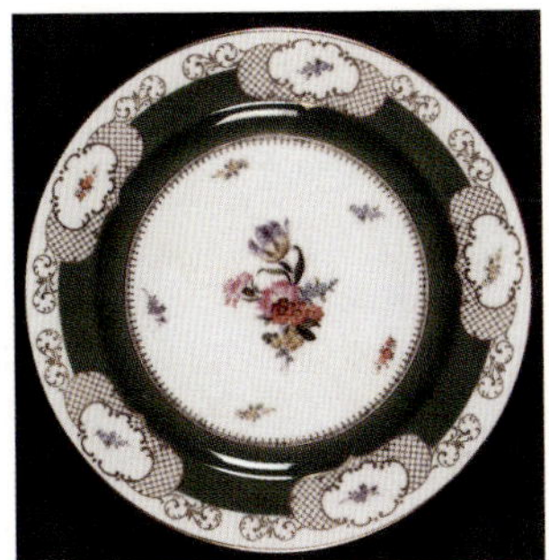
TIR 20
Gold Trim

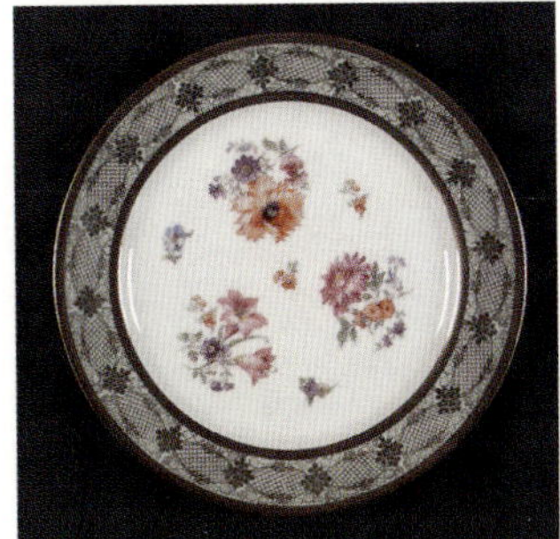
TIR 49
Gold Trim

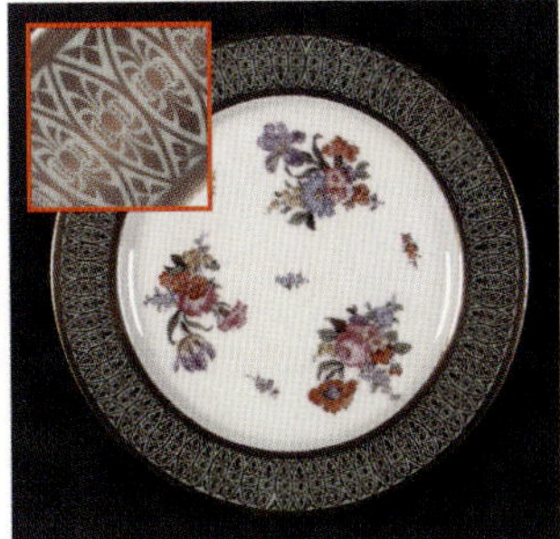
TIR 186
Gold Trim

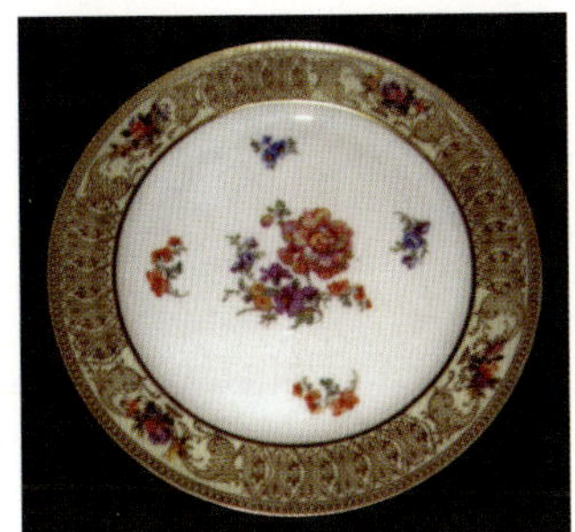
TIR 195
Gold Trim

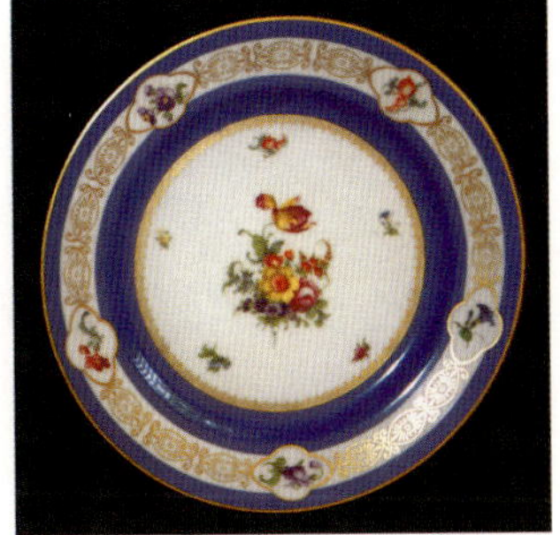
TIR 209
Gold Trim

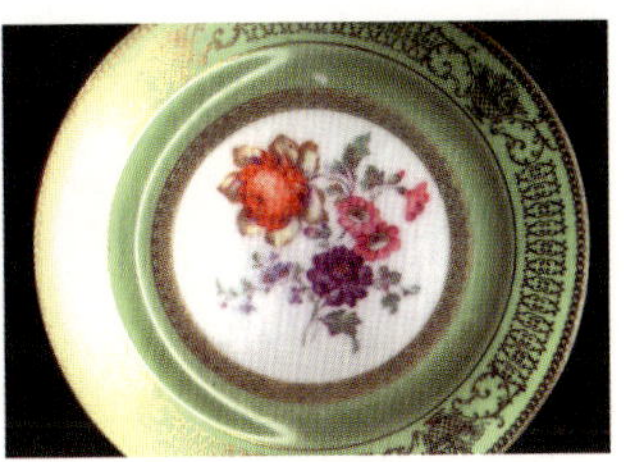
TIR 197
Gold Trim

Smooth — Rim Shape, Gold Trim (continued)

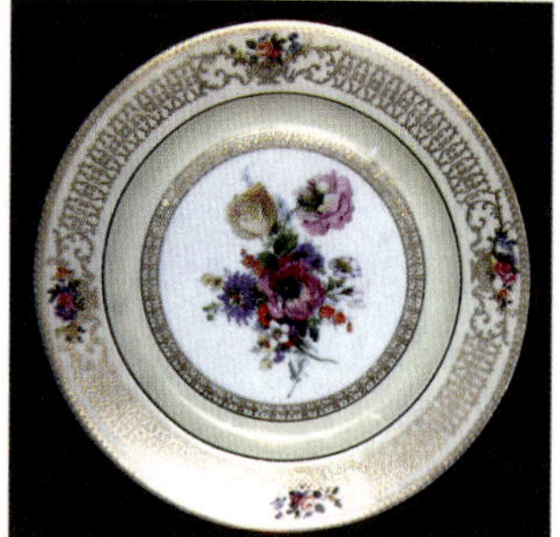
TIR 132
Gold Trim

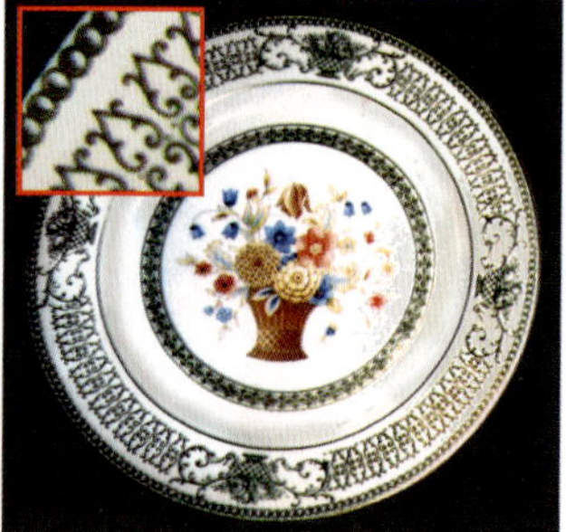
TIR 85
Gold Trim

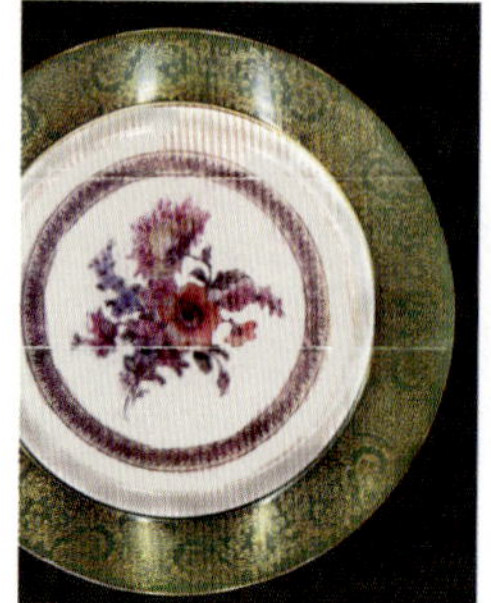
TIR 101
Green Band
Gold Trim

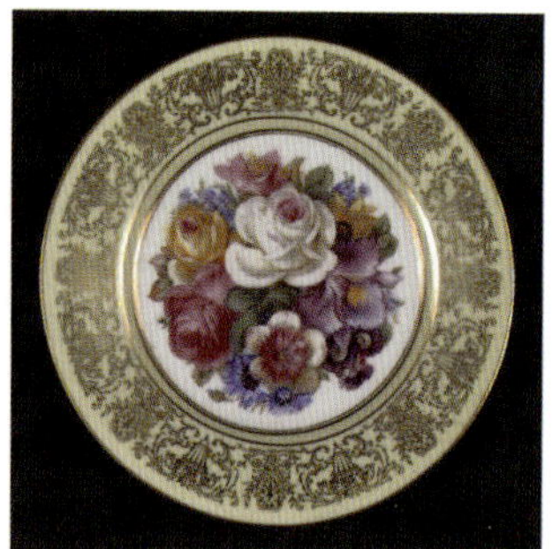
TIR 22
Salad Plate Shown
Gold Trim

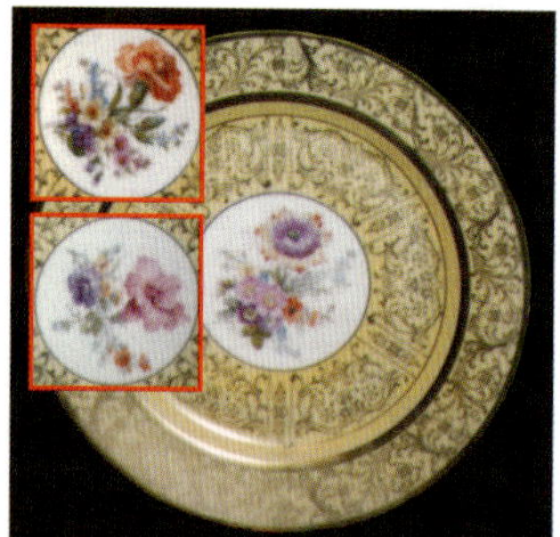
TIR 75
Gold Trim

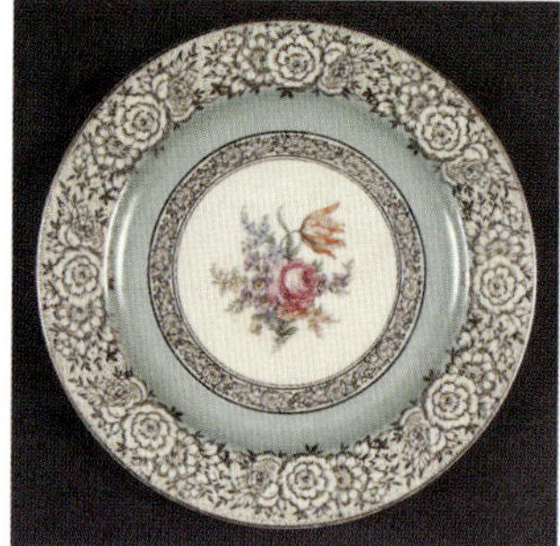
TIR 168
Gold Trim

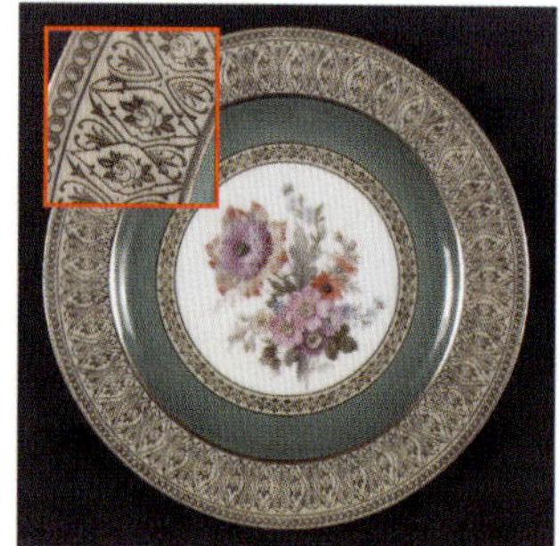
TIR 170
Gold Trim

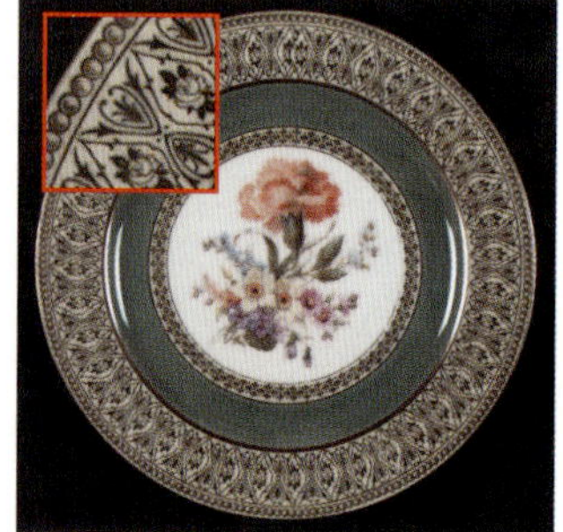
TIR 118
Gold Trim

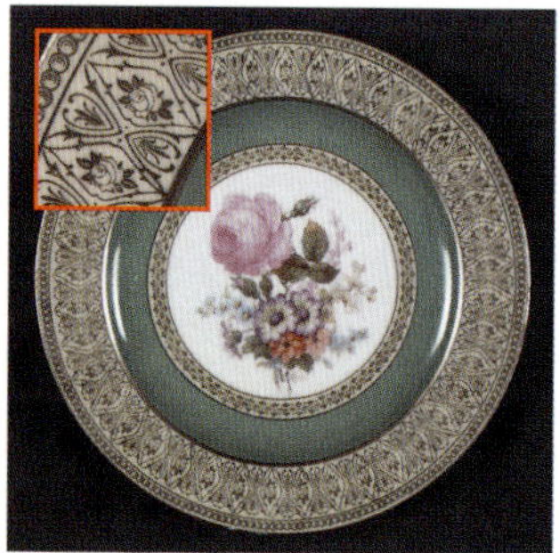
TIR 171
Gold Trim

Smooth — Rim Shape, Gold Trim (continued)

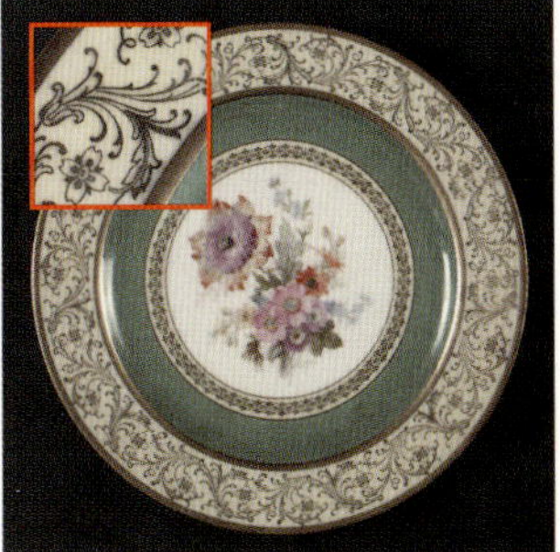

TIR 224
Gold Trim

Smooth — Rim Shape, Platinum or Colored Trim

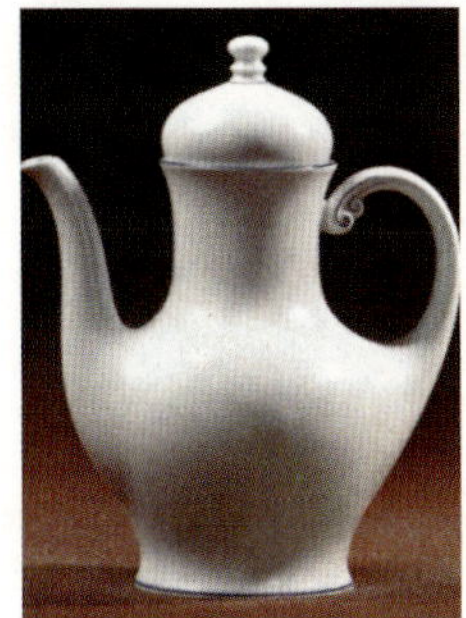

Blue Ribbon
27002
Coffeepot Shown
Blue Trim

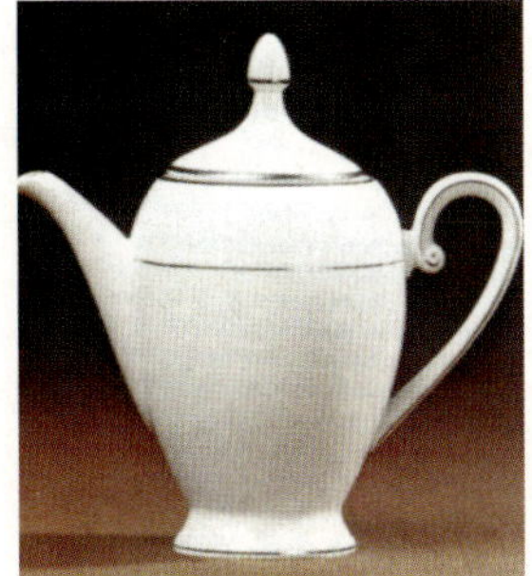

Platin
20005
Coffeepot Shown
Platinum Trim

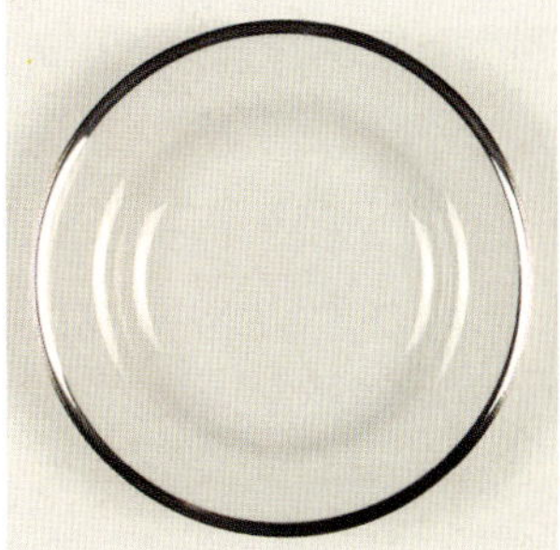

The Silverton
2246
Soup Bowl Shown
Platinum Trim

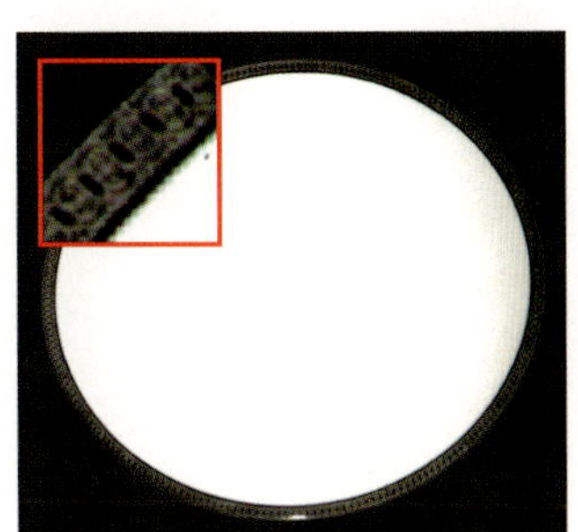

TIR 45
Platinum Trim

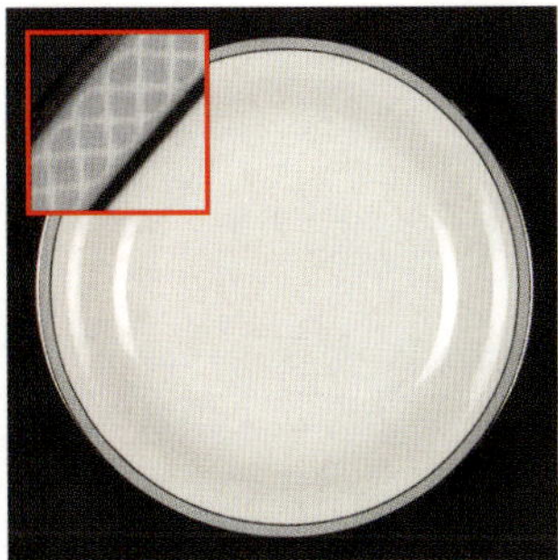

3782
Soup Bowl Shown
Platinum Trim

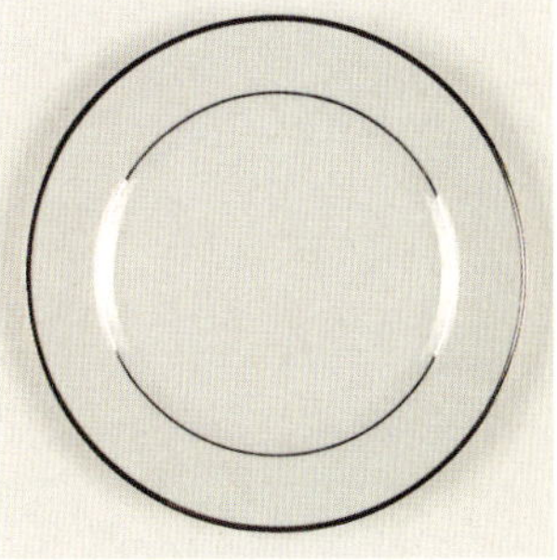

3415
Platinum Trim

Smooth — Rim Shape, Platinum or Colored Trim (continued)

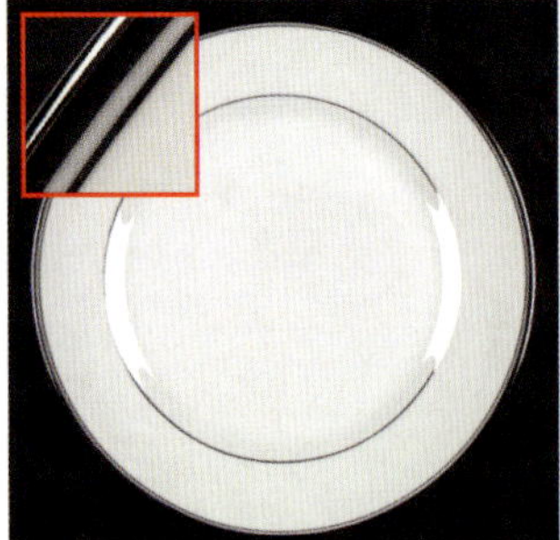

Plymouth
3526
Platinum Trim

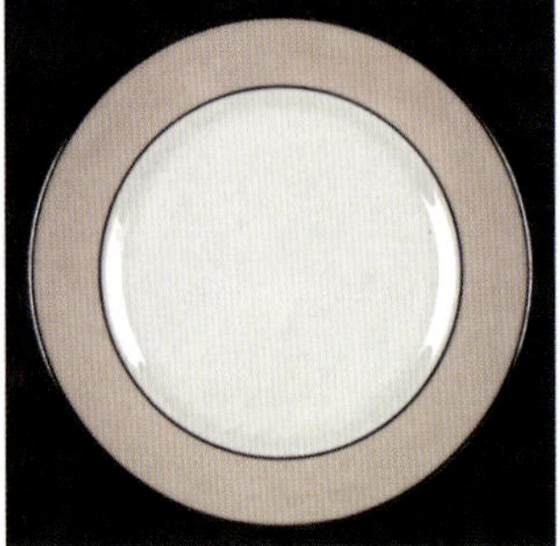

Rose DuBarry
2724
Platinum Trim

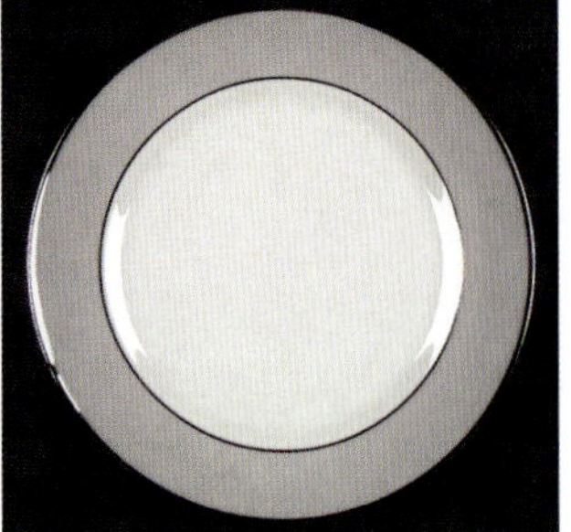

Dawn
2044
Gray Band
Platinum Trim

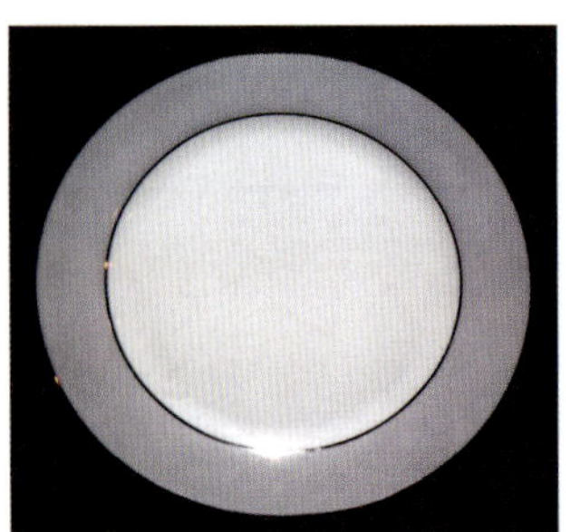

Miramar
Gray Band
Platinum Trim

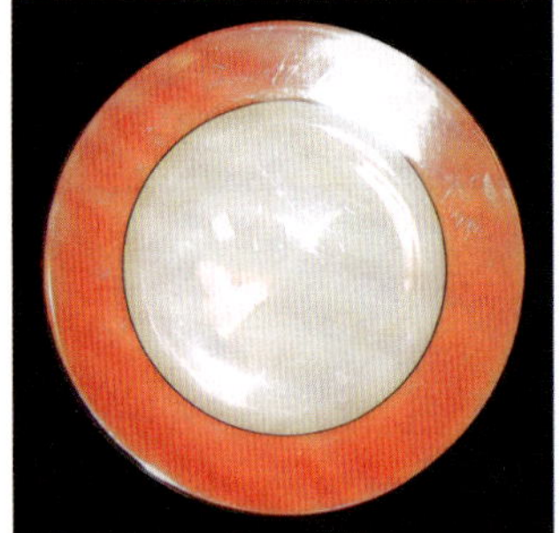

TIR 210
Luncheon Plate Shown
Orange Band
Black Trim

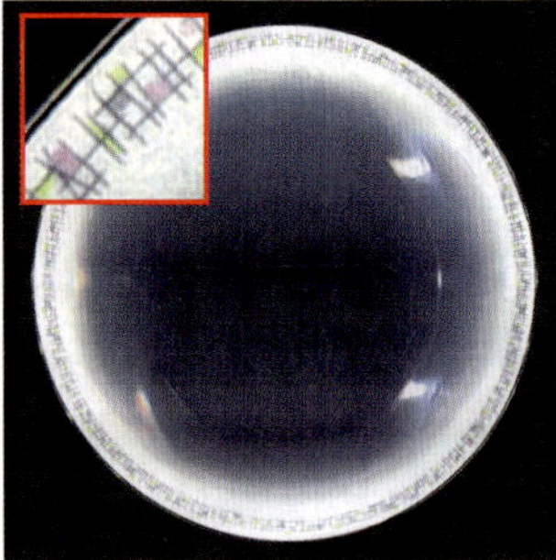

3553
Platinum Trim

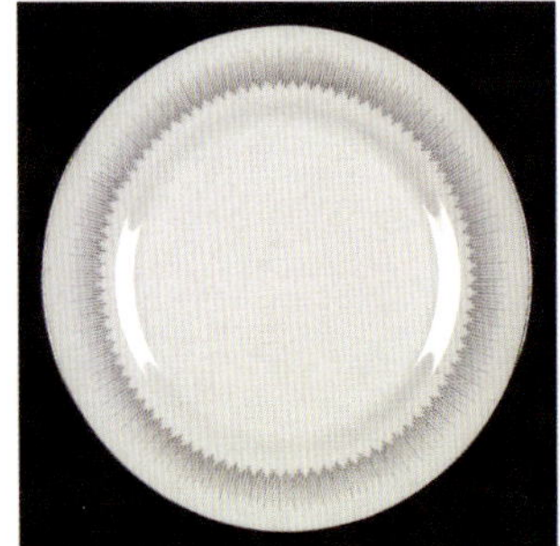

Blue Star
3525
Platinum Trim

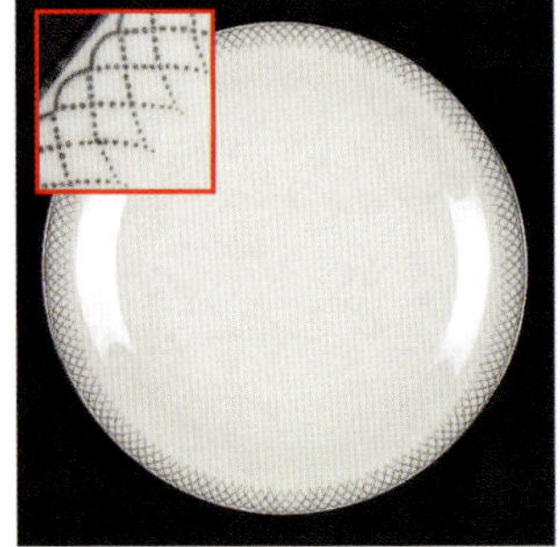

2987
Salad Plate Shown
Platinum Trim

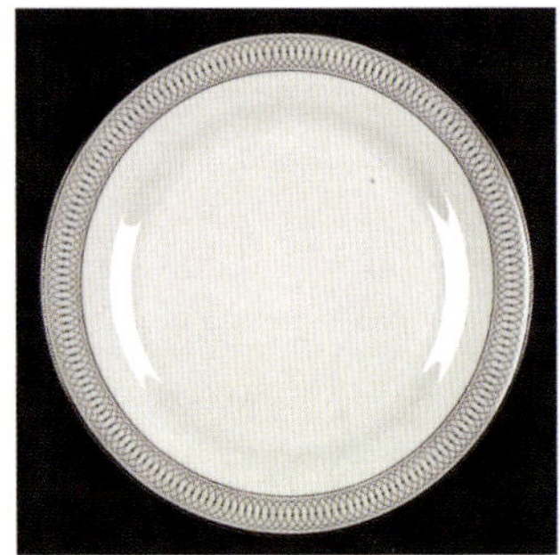

The Elgin
2270
Platinum Trim

Smooth — Rim Shape, Platinum or Colored Trim (continued)

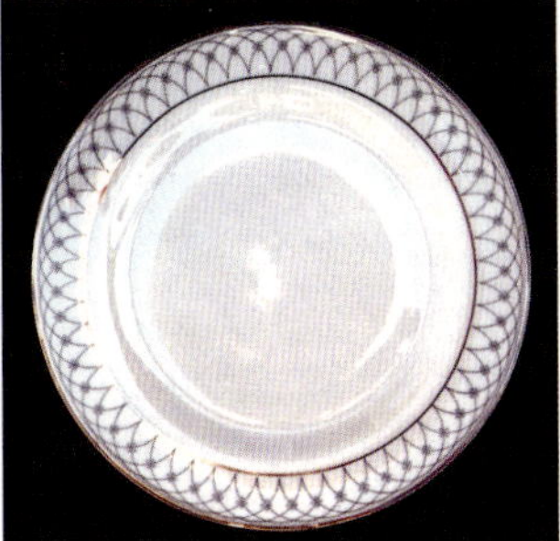

Maja
Platinum Trim

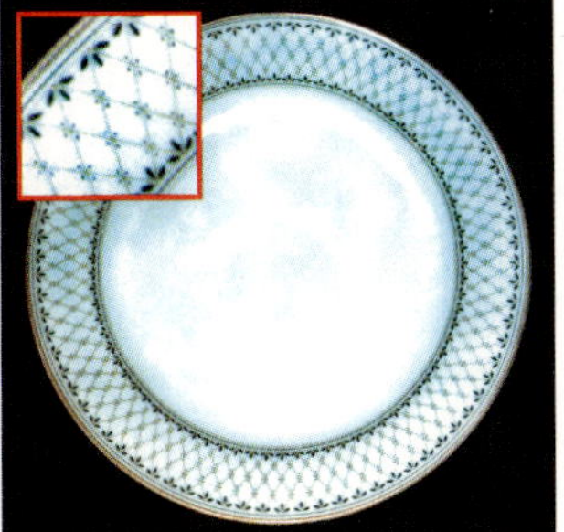

TIR 43
Tan Trim

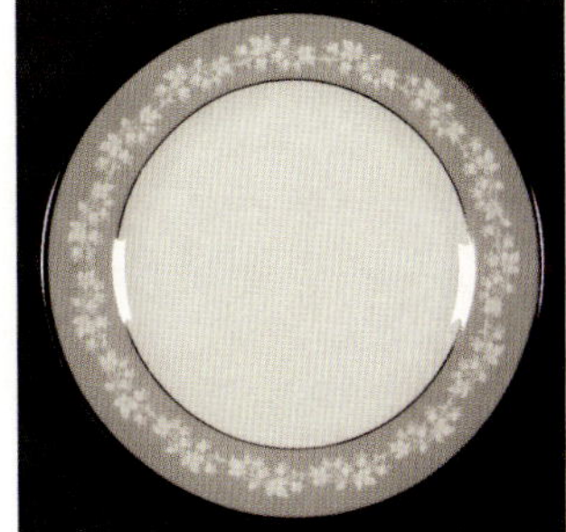

Mayflower
2550
Platinum Trim

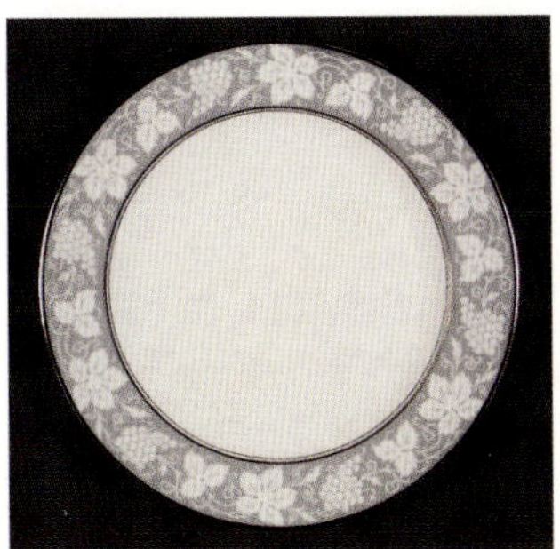

TIR 199
Salad Plate Shown
Platinum Trim

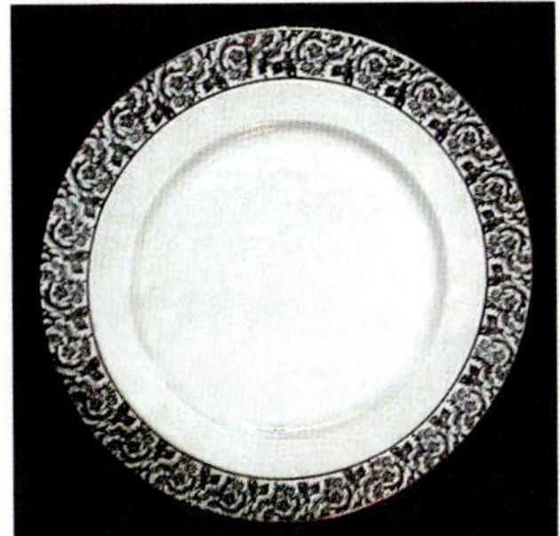

TIR 143
Platinum Trim

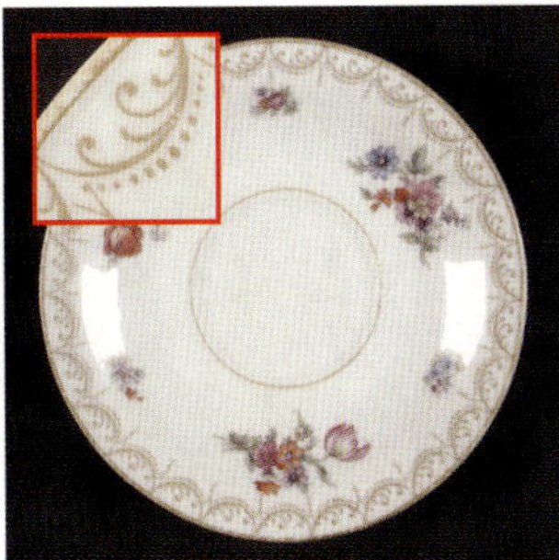

TIR 183
Saucer Shown
Mustard Trim

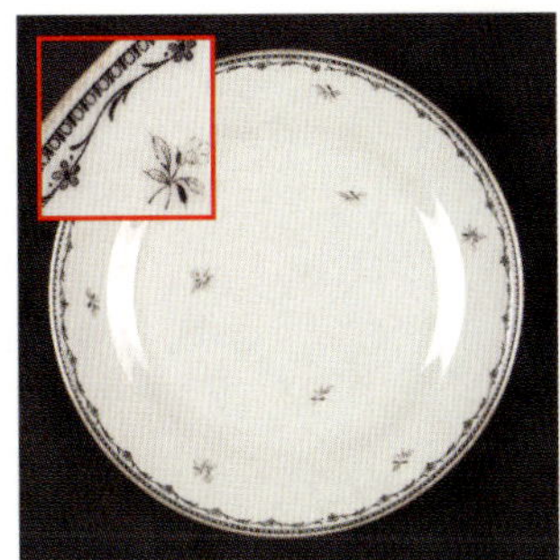

TIR 221
Salad Plate Shown
Yellow Trim

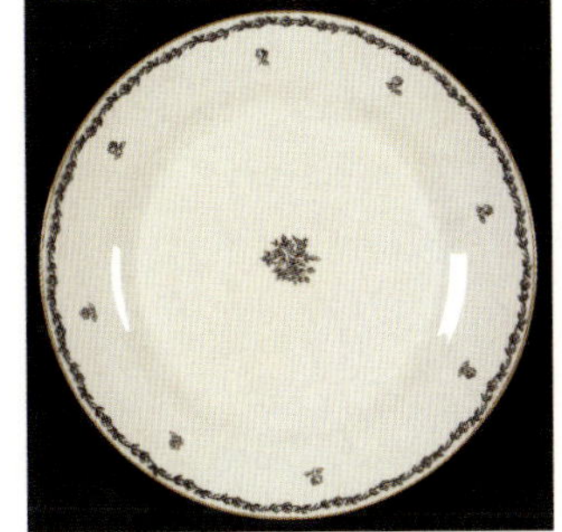

TIR 173
Mustard Trim

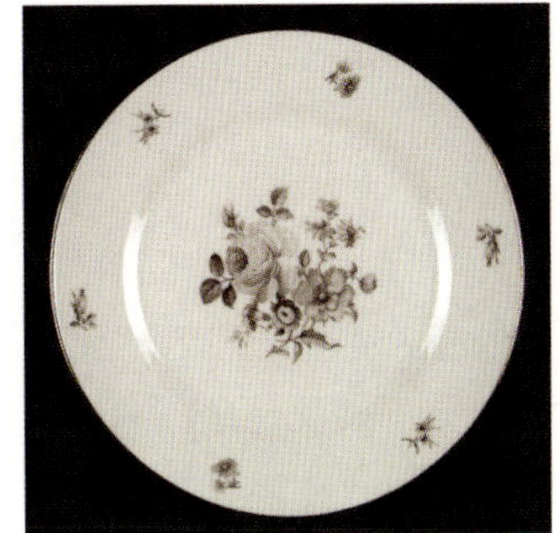

Newport
4011
Platinum Trim

Smooth — Rim Shape, No Trim

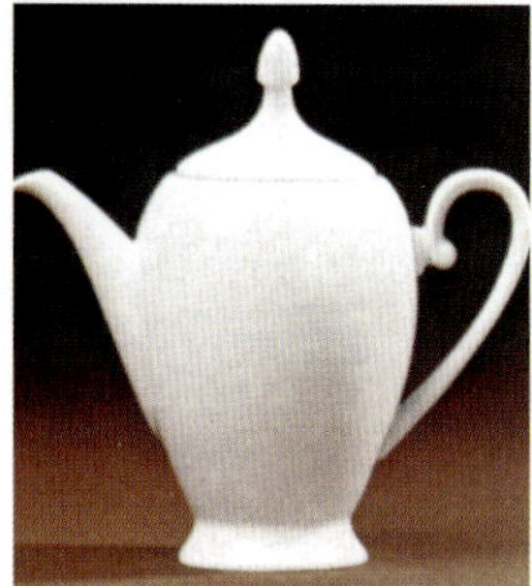

Trianon White
20001
Coffeepot Shown
No Trim

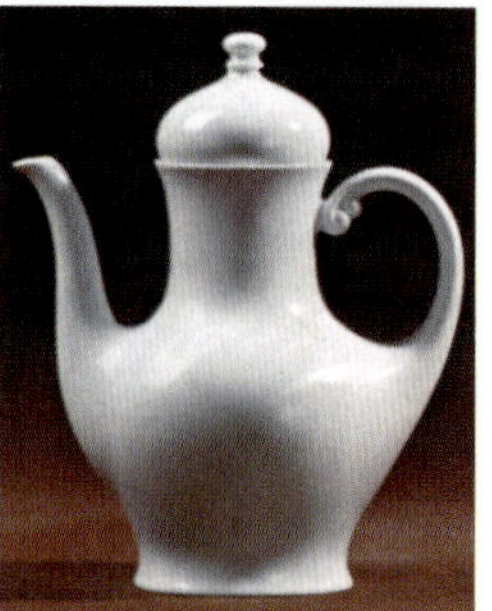

Julia White
27001
Coffeepot Shown
No Trim

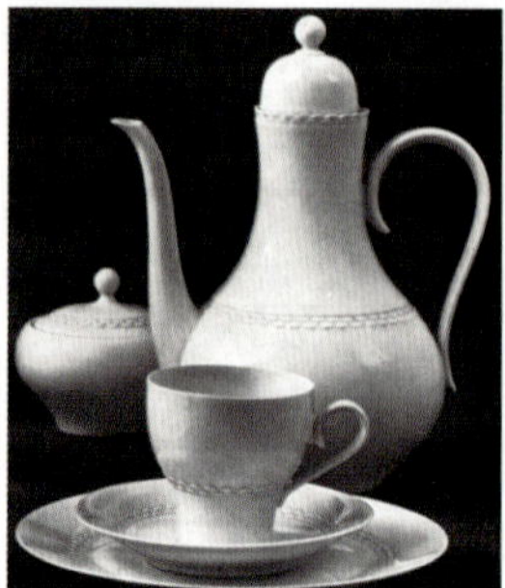

Melodie White
24001
No Trim

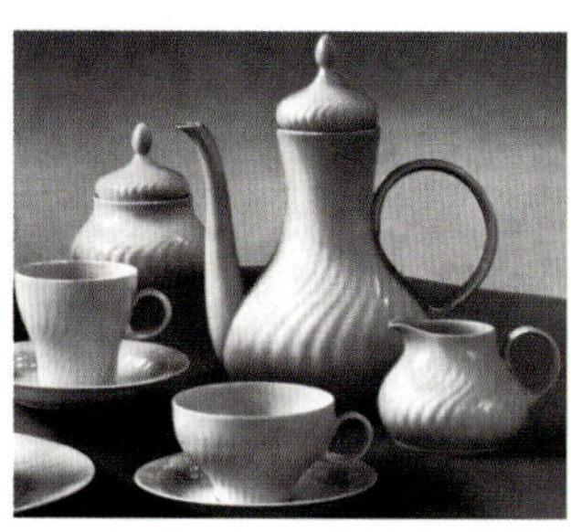

Harmonie White
25001
No Trim

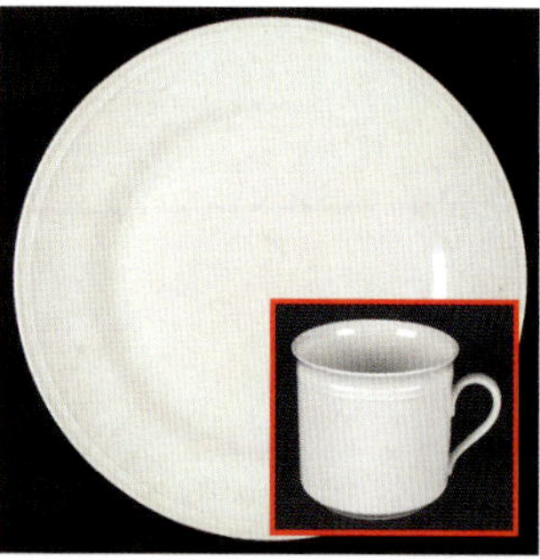

Venezia
35001
No Trim

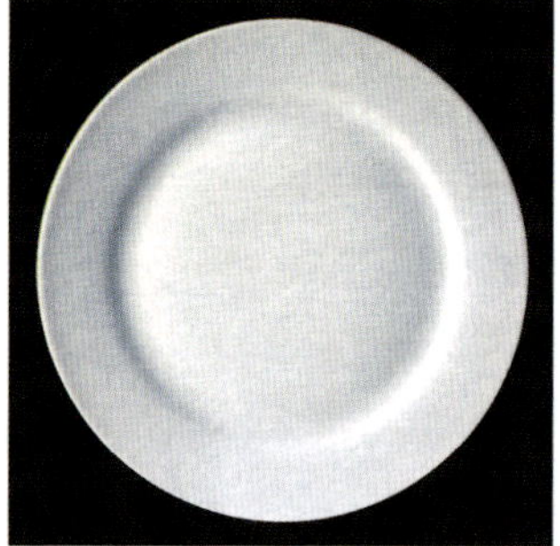

Stratos White
15001
No Trim

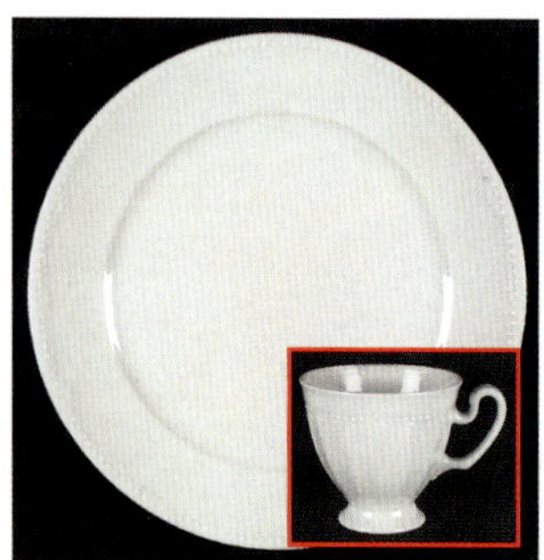

Chevalier
38001
No Trim

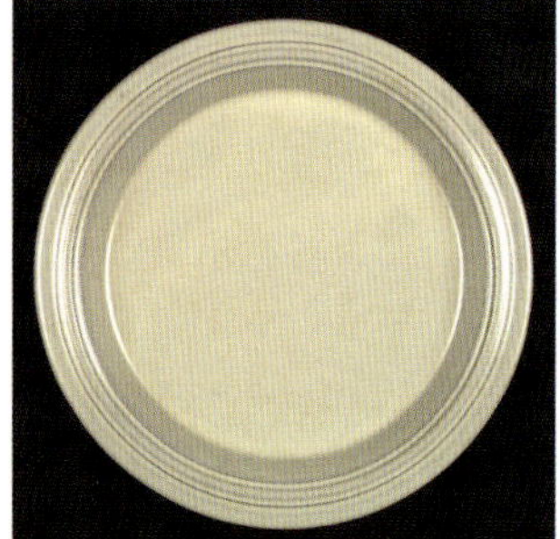

Sandstone
01001, 90001
No Trim

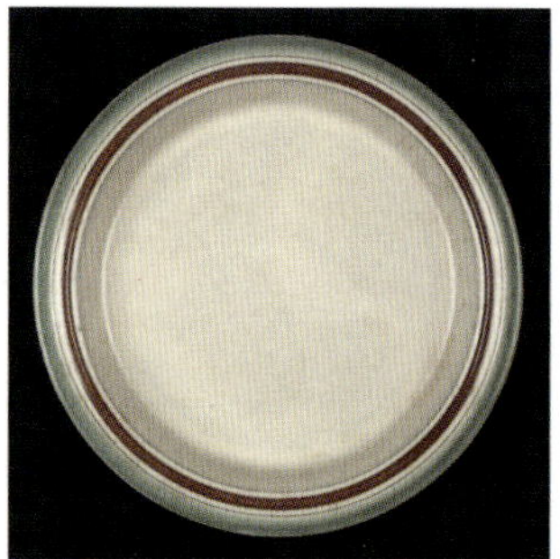

Harmony
01002, 90002
No Trim

Smooth — Rim Shape, No Trim (continued)

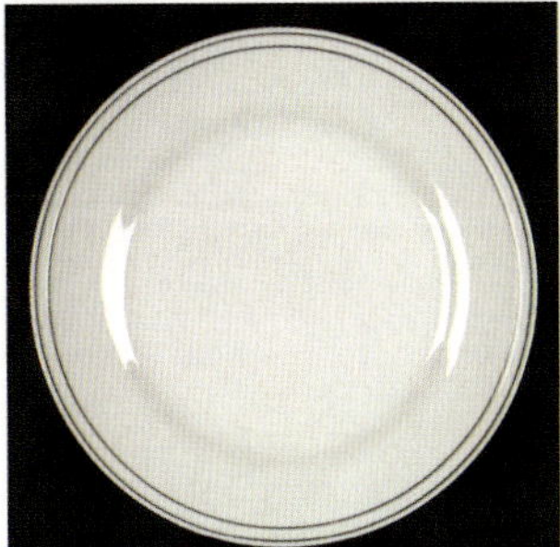

Grimani
35011
No Trim

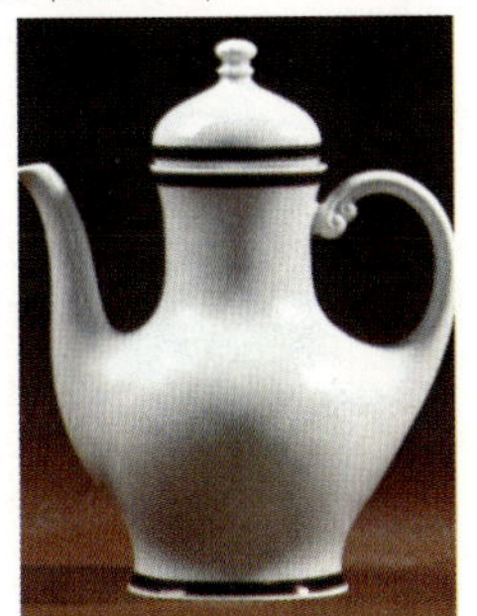

Romeo
27003
Coffeepot Shown
Gold Band, No Trim

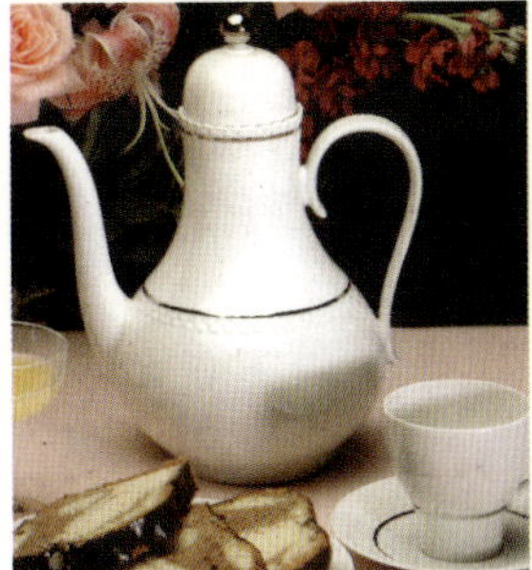

Platin
24039
No Trim

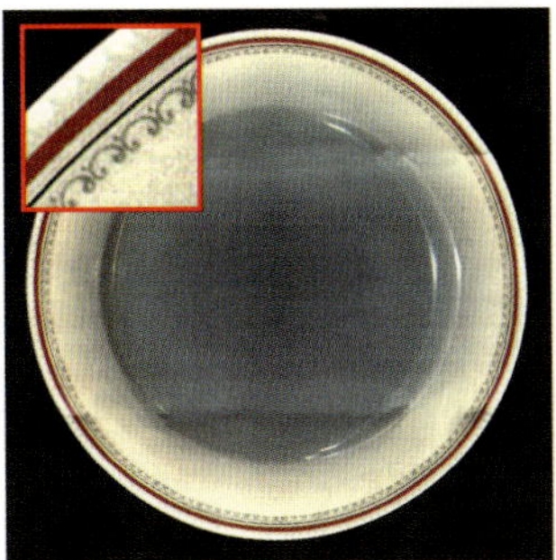

TIR 167
No Trim

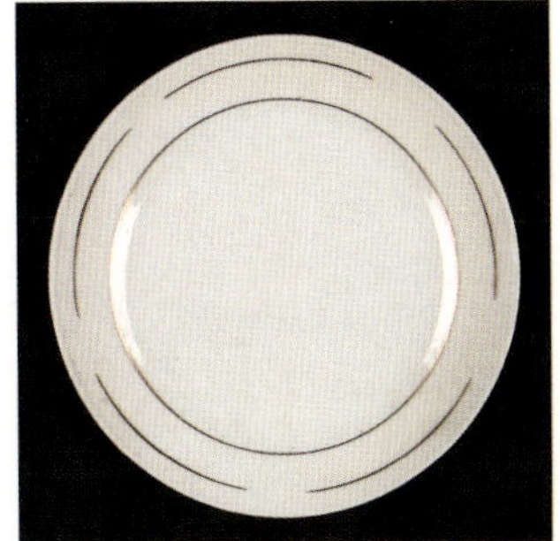

TIR 114
Salad Plate Shown
No Trim

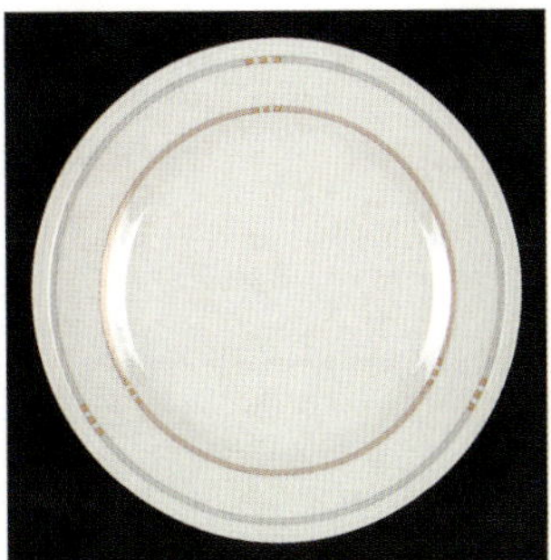

Rialto
35006
No Trim

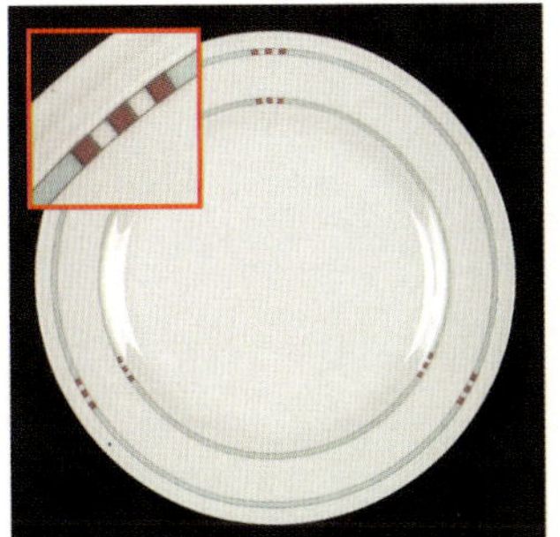

Campanile
35013
No Trim

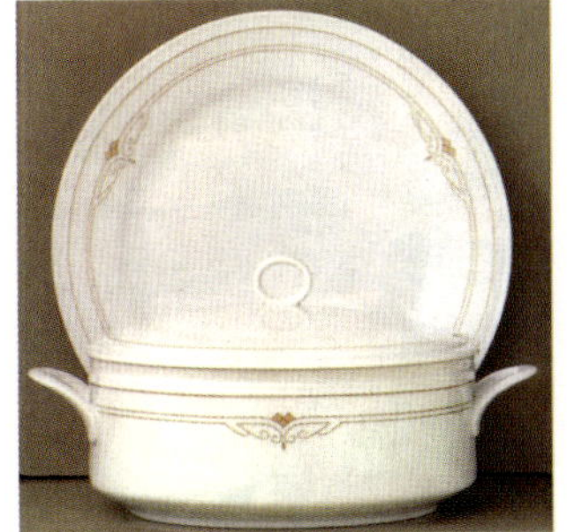

Burano
35007
No Trim

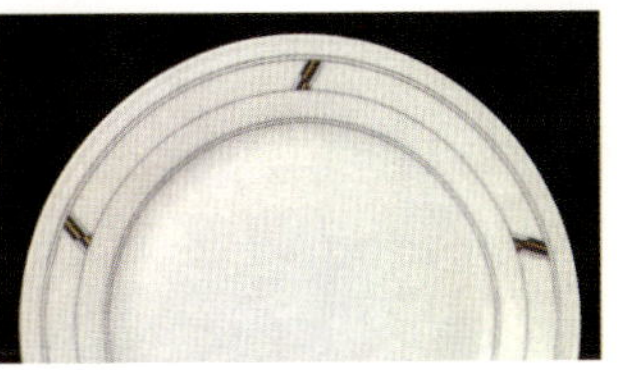

Torcello
35008
No Trim

Smooth — Rim Shape, No Trim (continued)

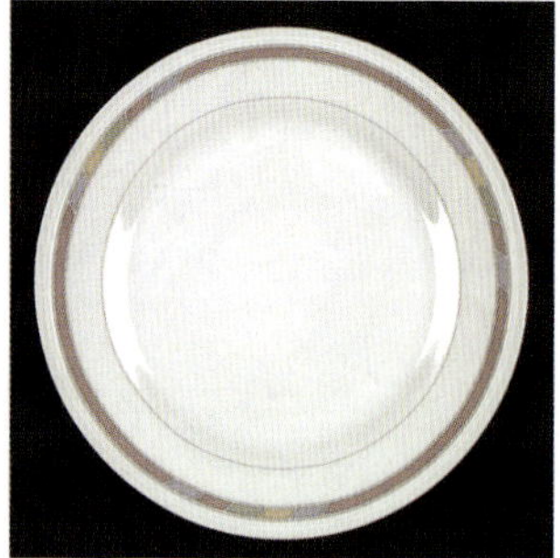

Lido
35004
No Trim

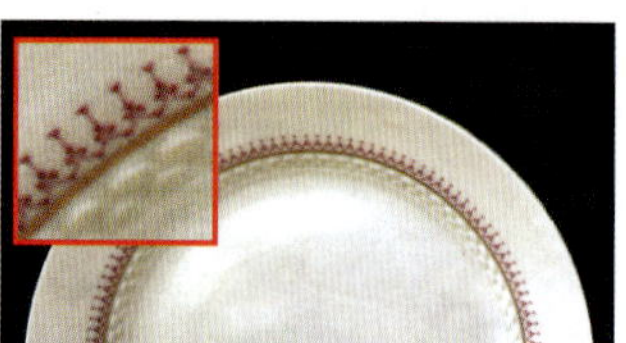

Allergretto
24030, 8037
No Trim

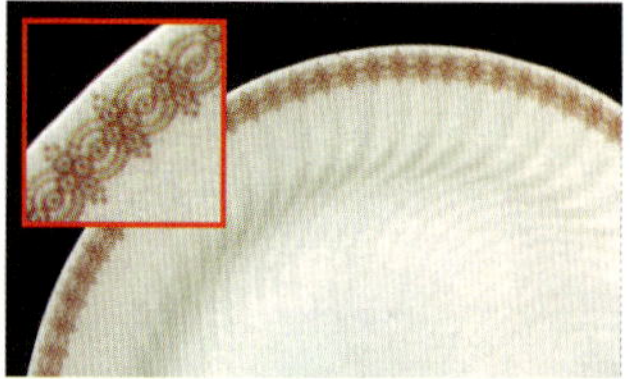

Romanow
9307
No Trim

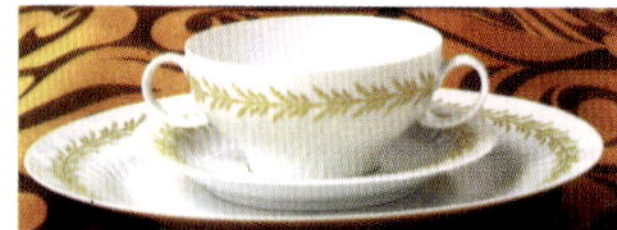

Golden Garland
9311
No Trim

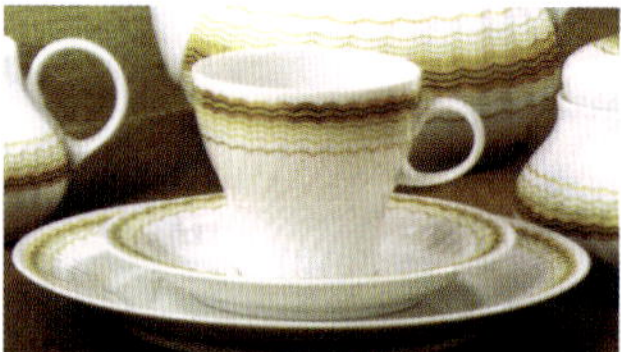

Katharina
25020, 9301
No Trim

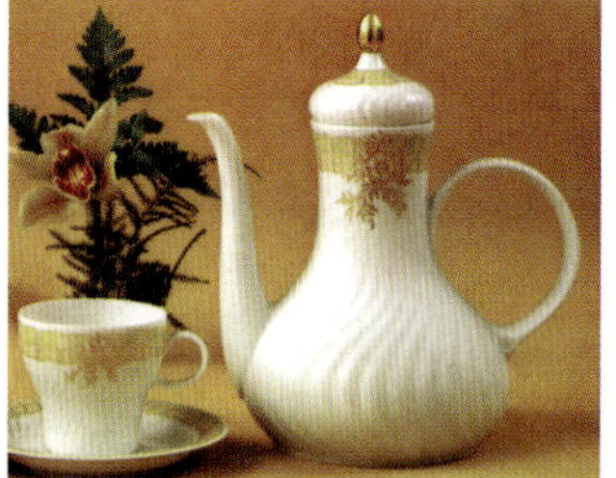

Mozart
9302
No Trim

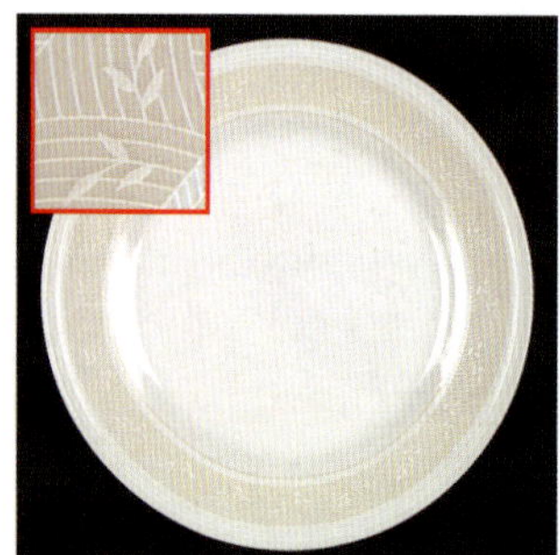

San Marco
35005
No Trim

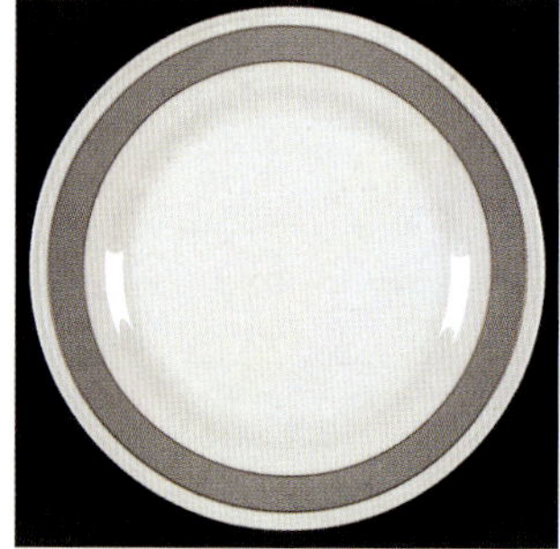

Leone
No Trim

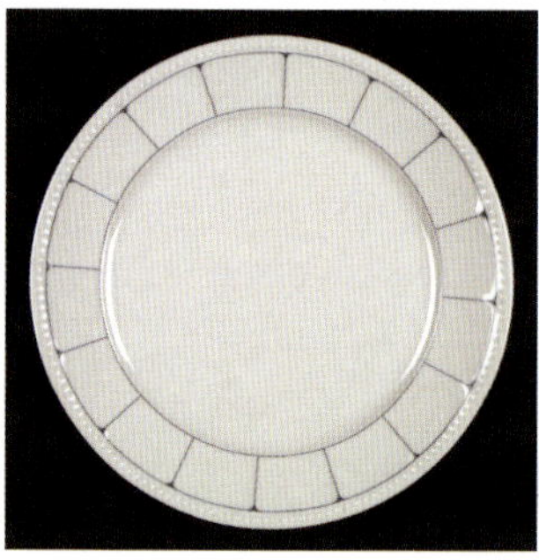

Orsini
38004
No Trim

Smooth — Rim Shape, No Trim (continued)

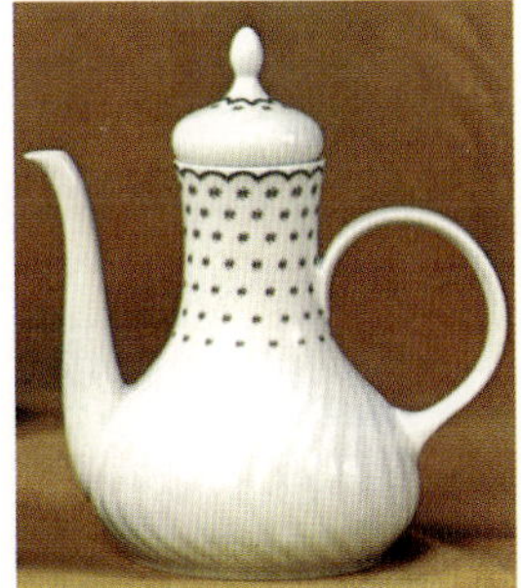
Florenza–Green
25026, 9337
Coffeepot Shown
No Trim

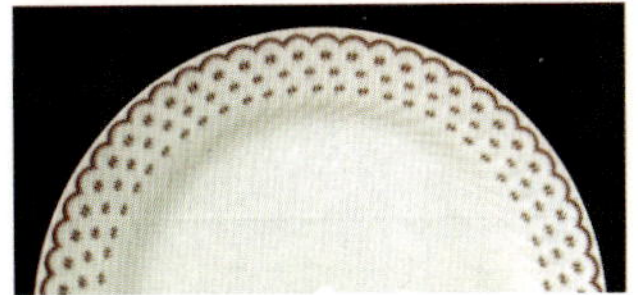
Florenza–Red
9320
No Trim

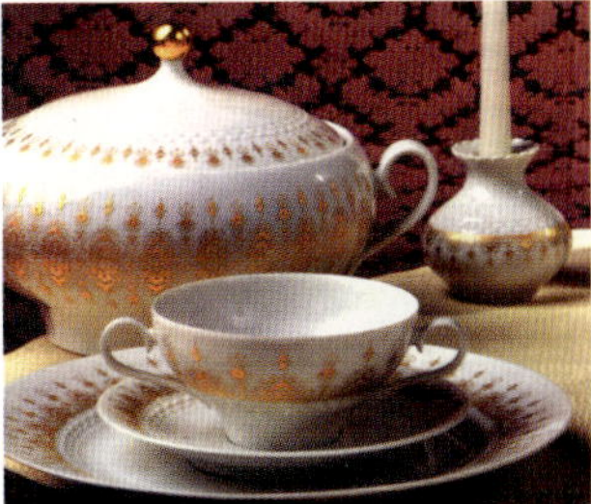
Cantilene–Gold
24029, 8014
No Trim

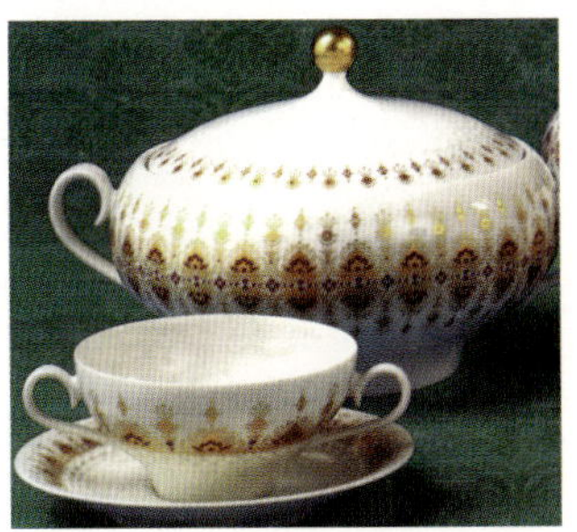
Cantilene–Red
24037, 8144
No Trim

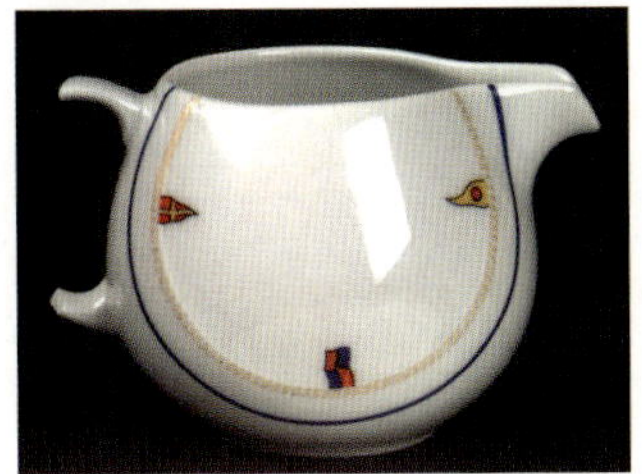
TIR 64
Creamer Shown
No Trim

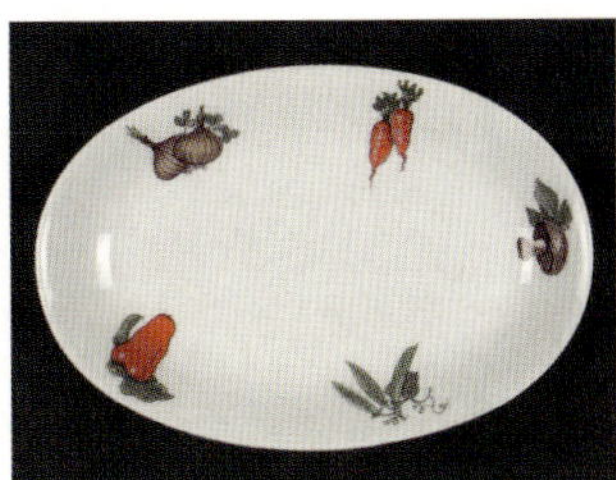
TIR 152
Relish Shown
No Trim

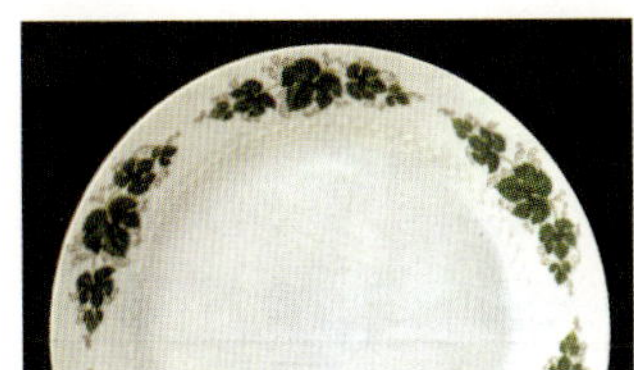
Weinlaub
24038, 8147
No Trim

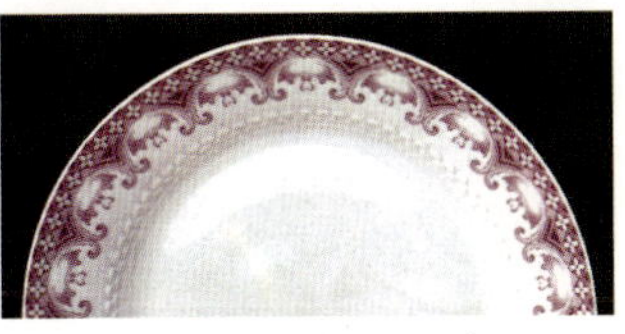
Tarantella–Red
8150
No Trim

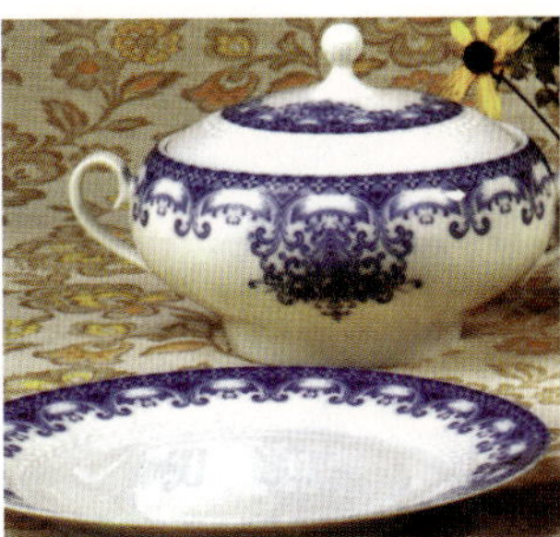
Tarantella–Cobalt Blue
8149
No Trim

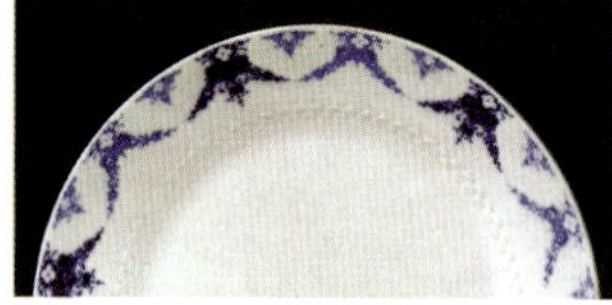

Arioso
8151
No Trim

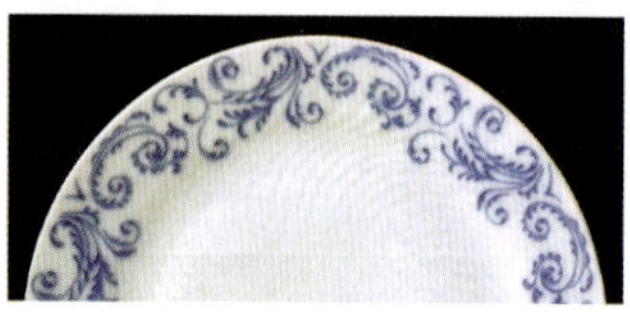

9309
No Trim

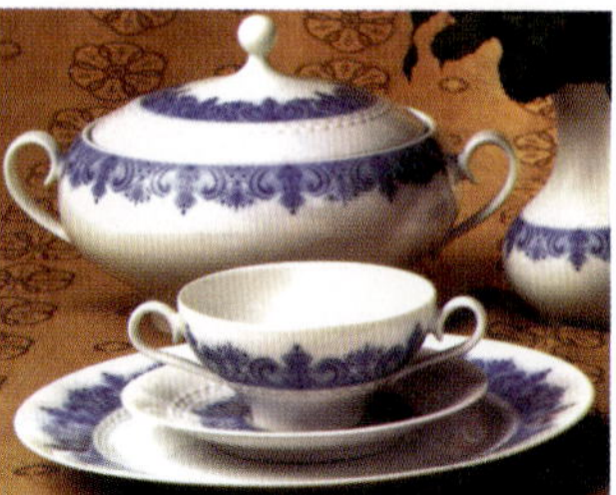

Andante
24032, 8072
No Trim

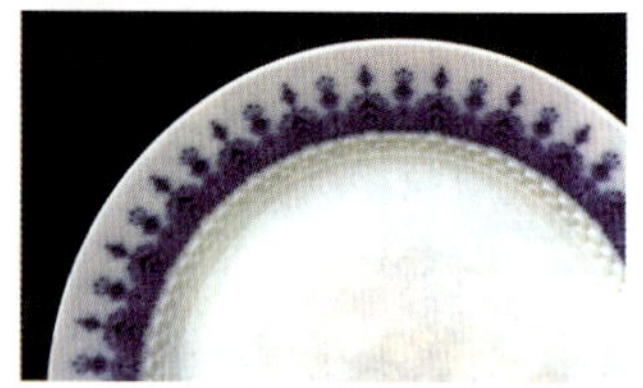

Cantilene–Cobalt Blue
8108
No Trim

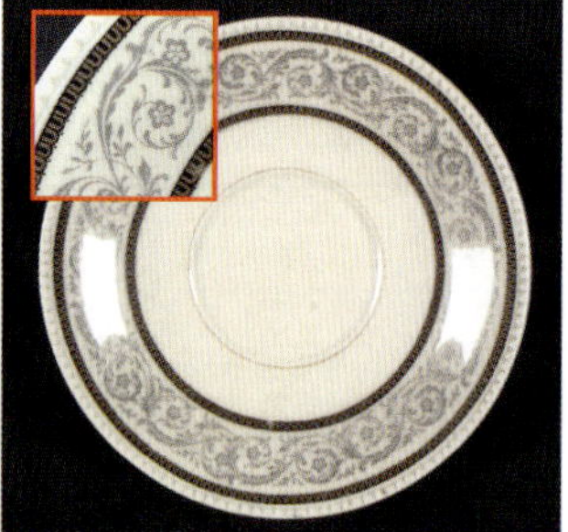

TIR 175
Saucer Shown
No Trim

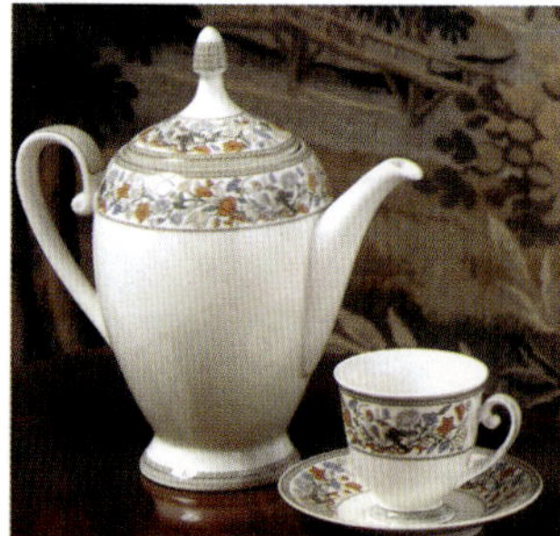

Summerbird
No Trim

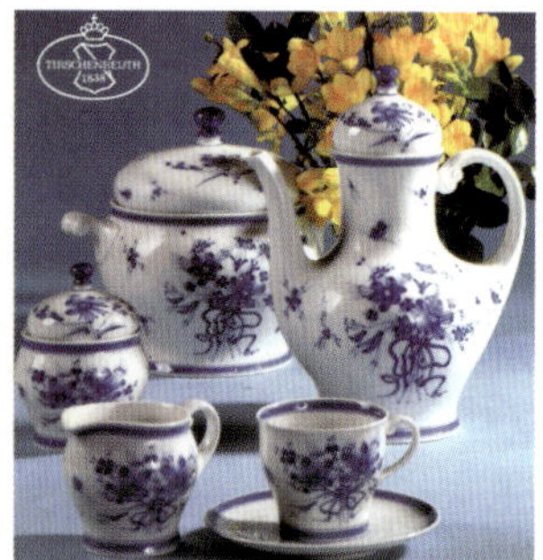

Blue Blossoms
27007
No Trim

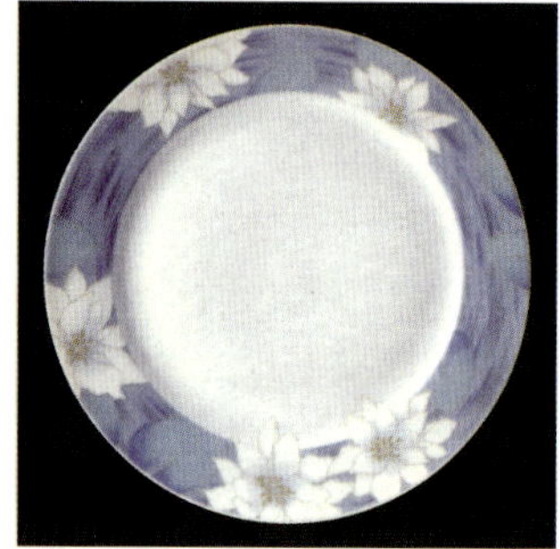

15007
No Trim

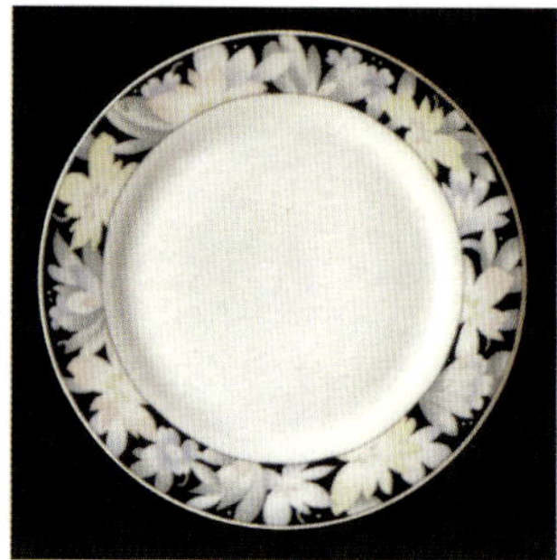

15008
No Trim

Smooth — Rim Shape, No Trim (continued)

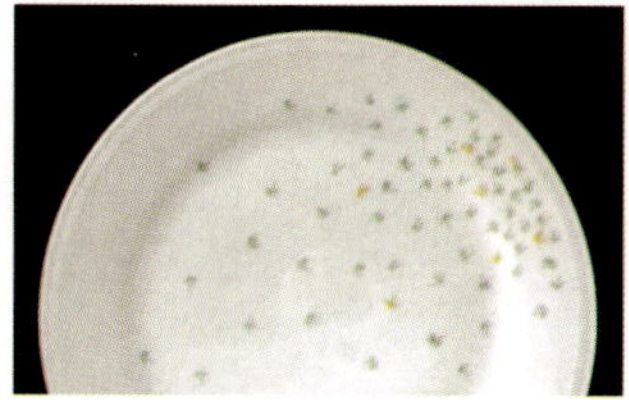

Pavone
35024
No Trim

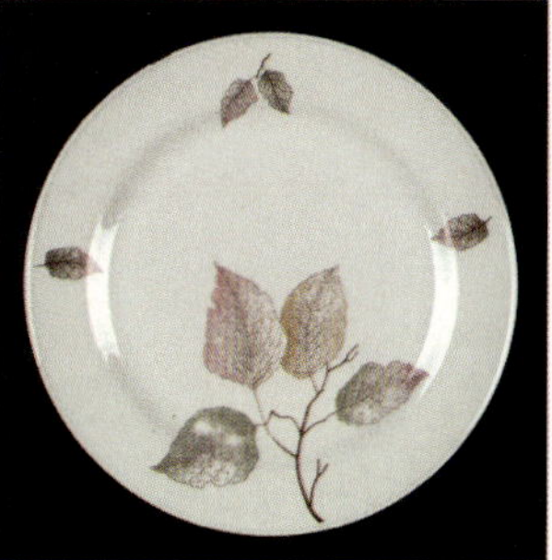

TIR 120
Luncheon Plate Shown
No Trim

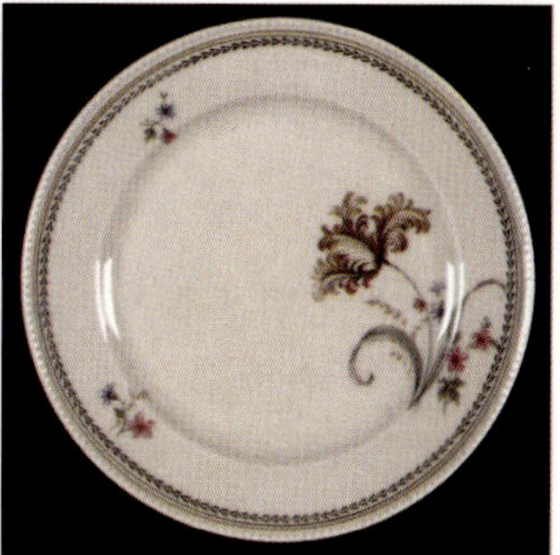

TIR 21
No Trim

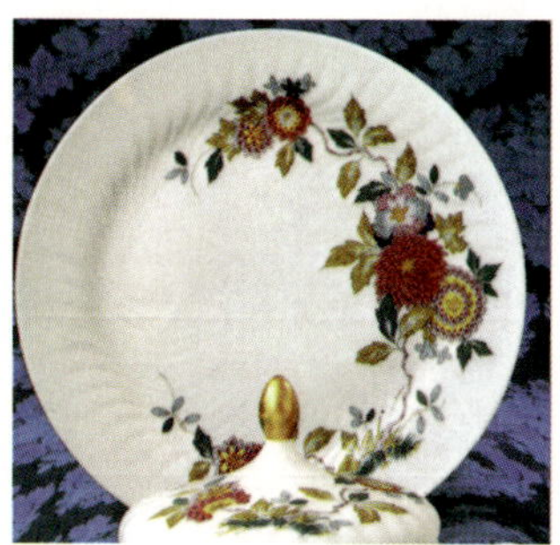

Indira
9327
No Trim

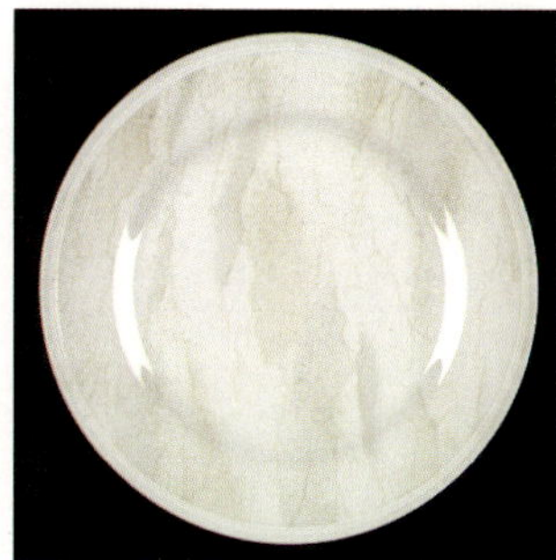

Palazzo
35014
No Trim

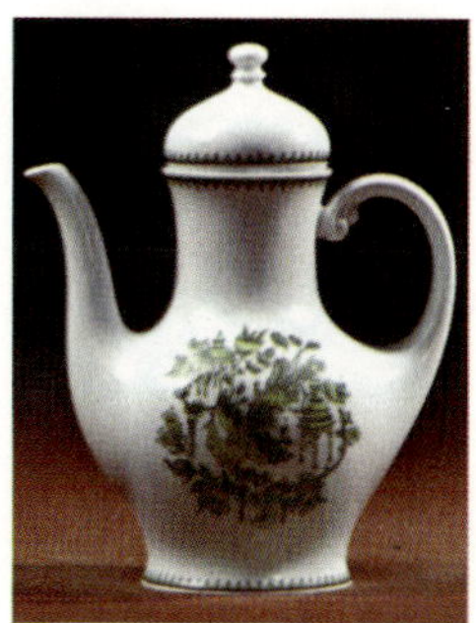

Castle Park
27008
Coffeepot Shown
No Trim

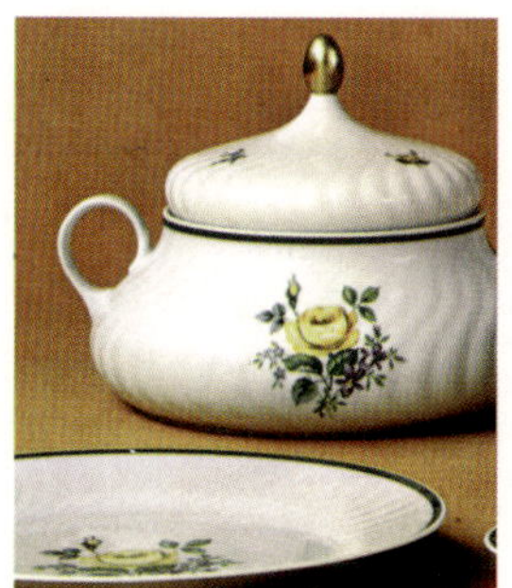

Rosiere
9338
No Trim

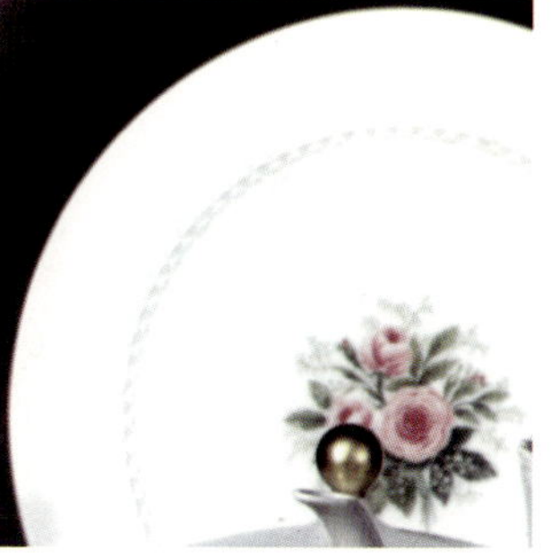

Rosengarten
24031
No Trim

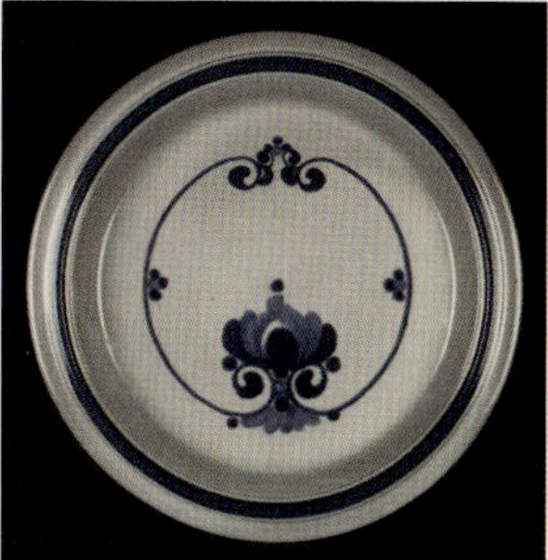

Fantasy
No Trim

Smooth — Rim Shape, No Trim (continued)

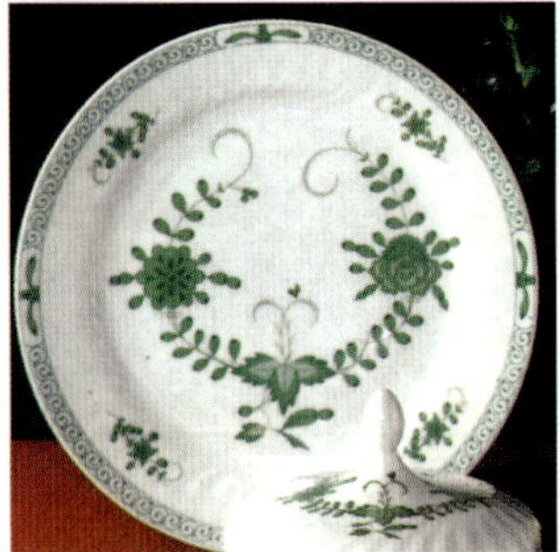
Salzburg
25027
No Trim

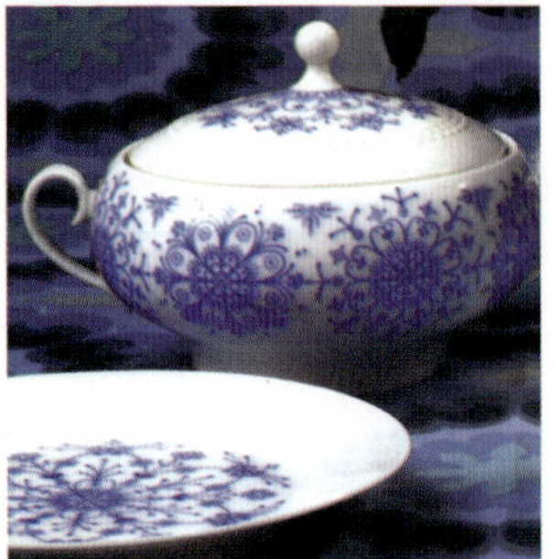
Mazurka
24002, 8038
No Trim

Scalloped — Baronesse Shape

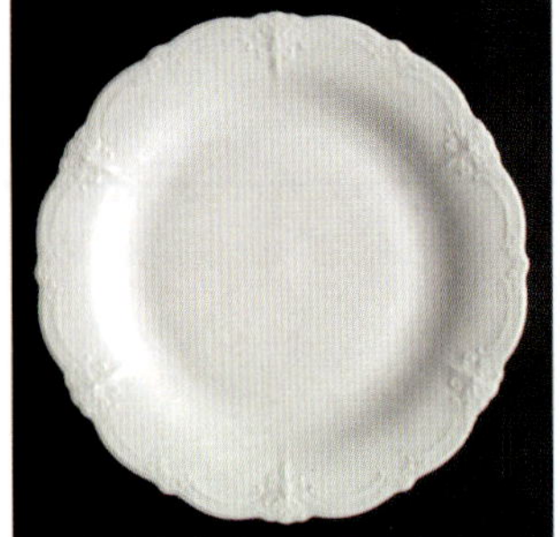
Baronesse White
No Trim

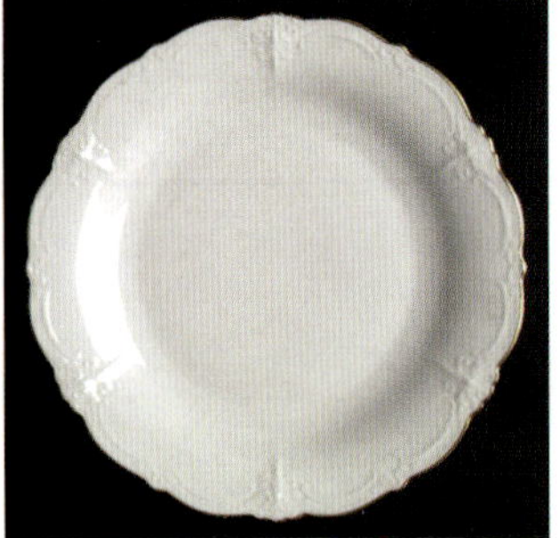
Baronesse Gold
Glossy Gold Trim

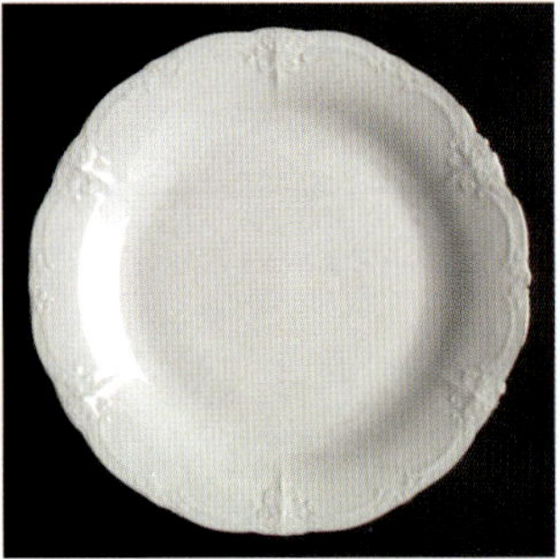
Baronesse Zitrogold
Matte Gold Trim

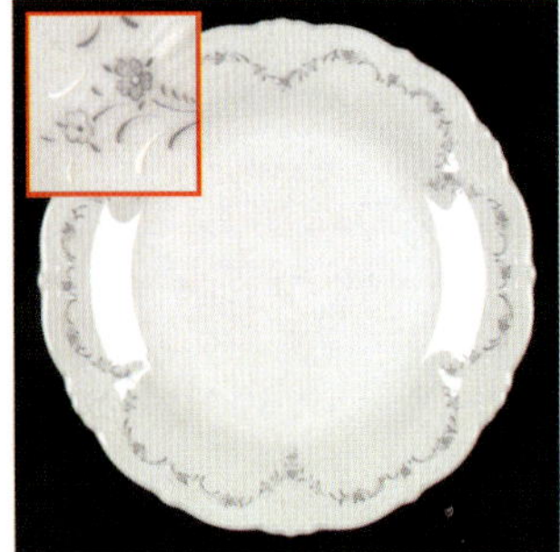
Nicole
33032
No Trim

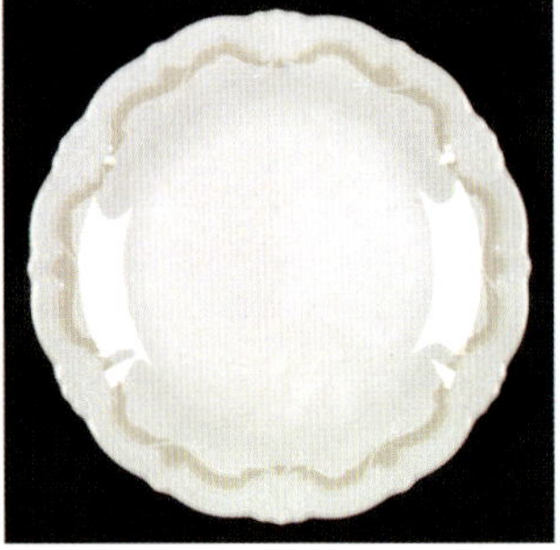
Veronique
33043
No Trim

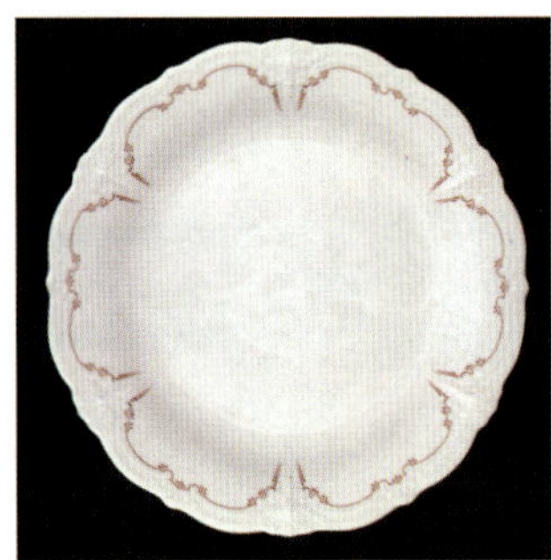
Denise
33002
No Trim

Scalloped — Baronesse Shape (continued)

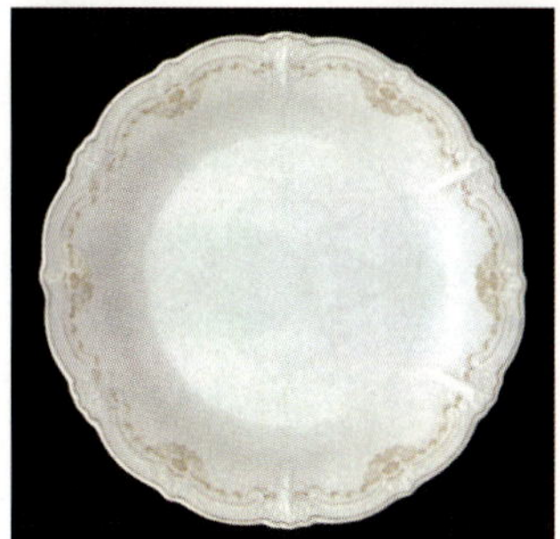
Angelique
33039
No Trim

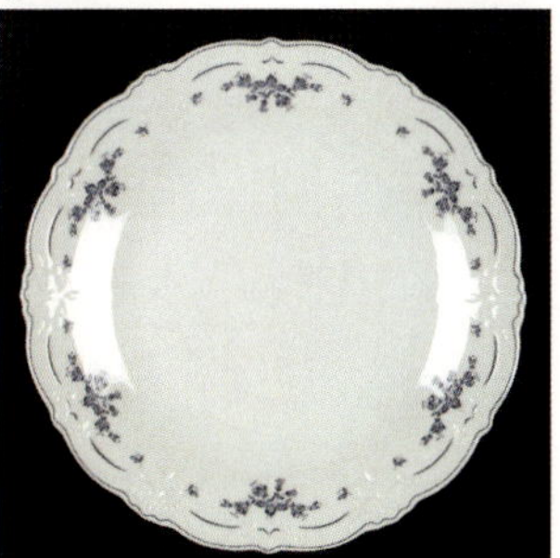
Rebecca
No Trim

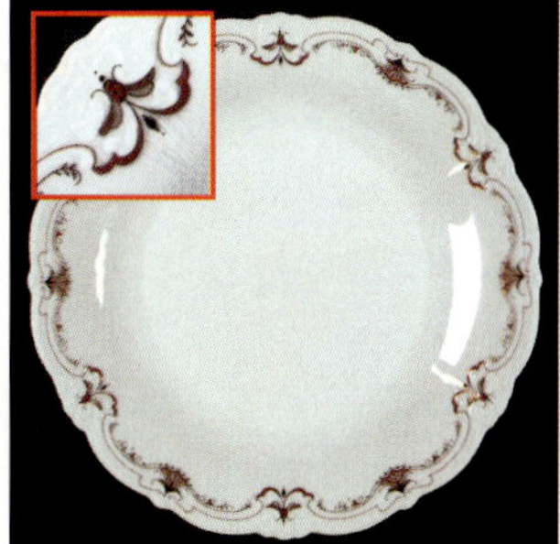
Stephanie
33048
No Trim

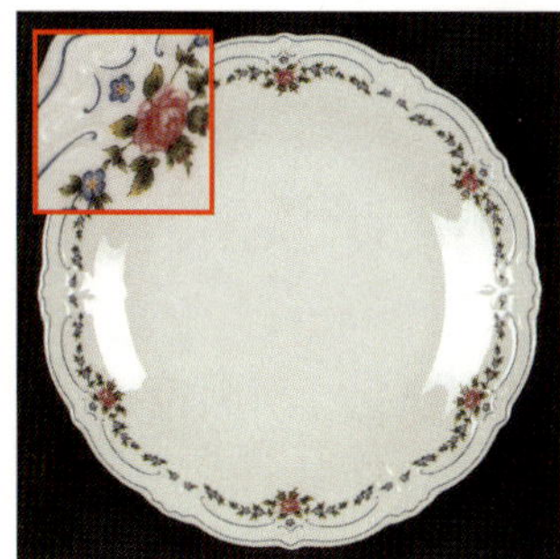
Isabelle
No Trim

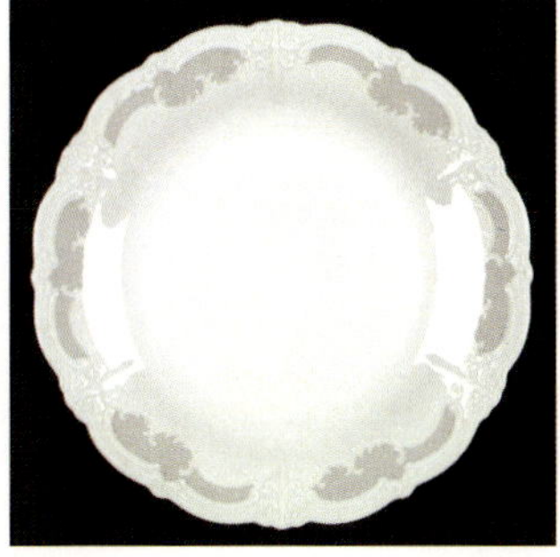
Orleans
33029
No Trim

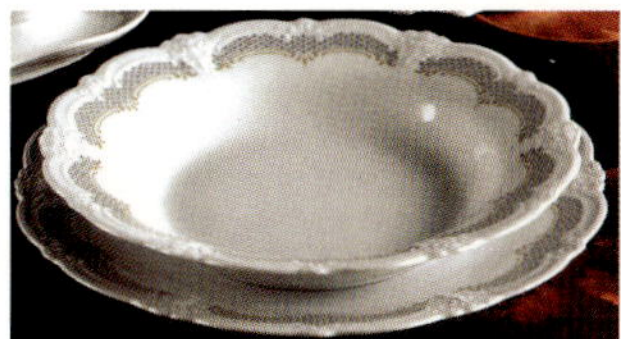
Antoinette
33012
No Trim

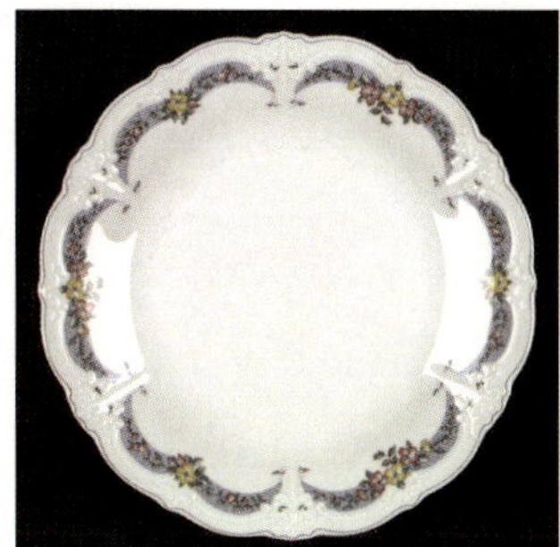
Marielle
No Trim

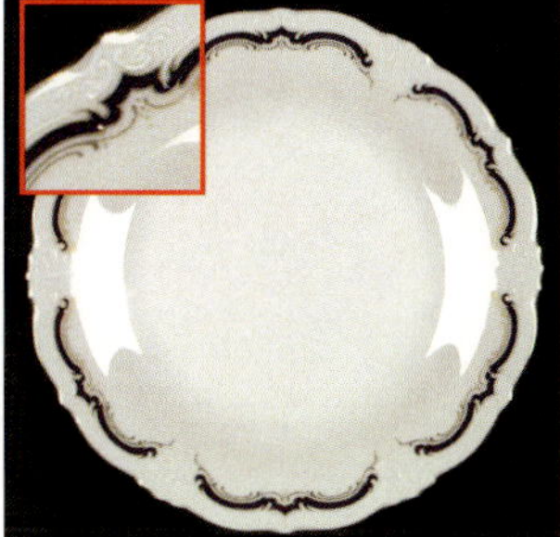
Gloriette
Gold Trim

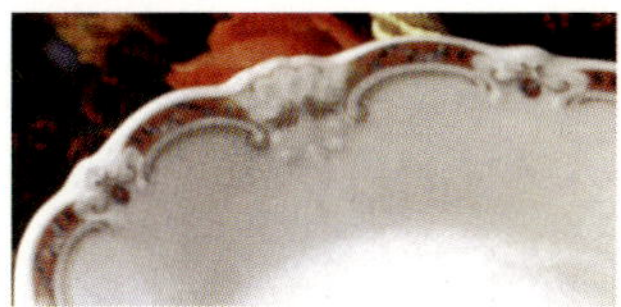
Christine
33066
No Trim

Scalloped — Baronesse Shape (continued)

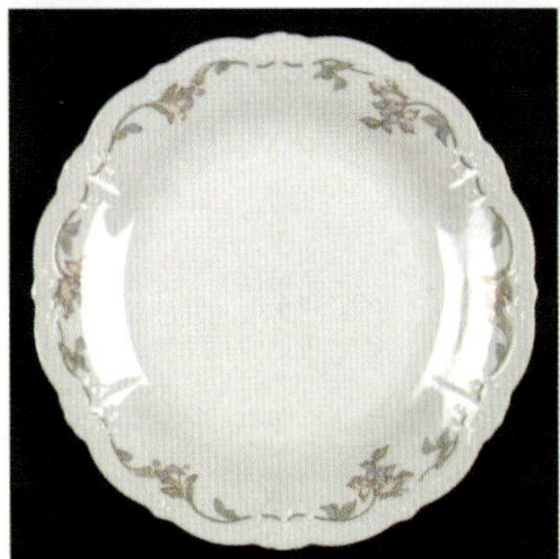

Yvonne
33044
No Trim

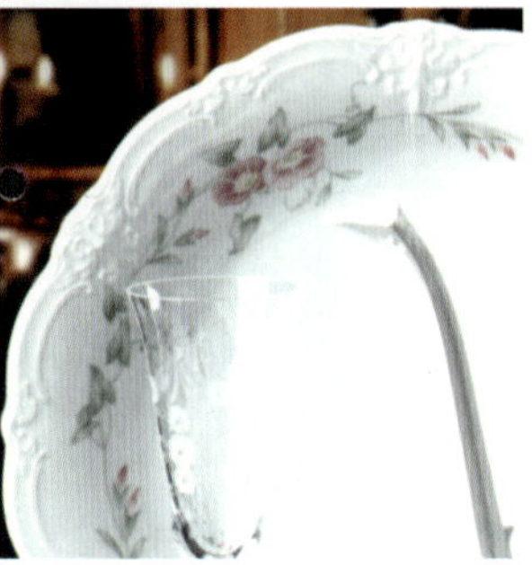

Monique
33046
No Trim

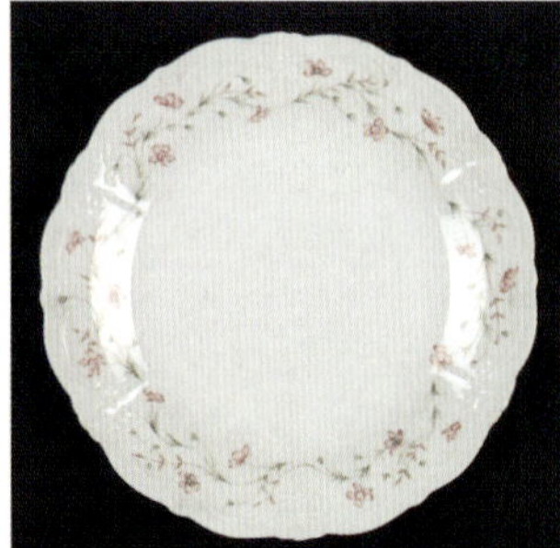

Belle Fleur
No Trim

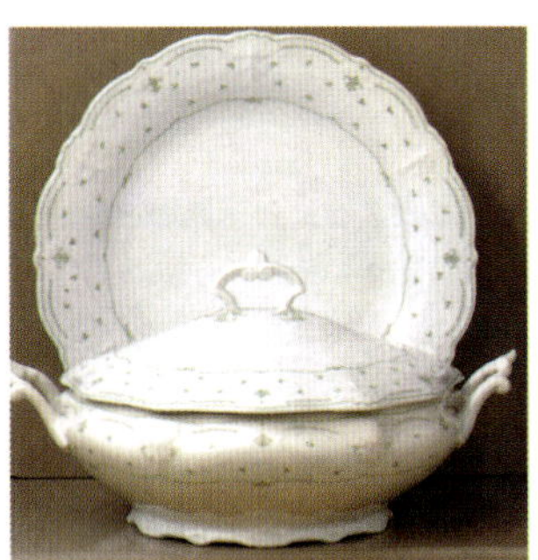

Cecile
33005
No Trim

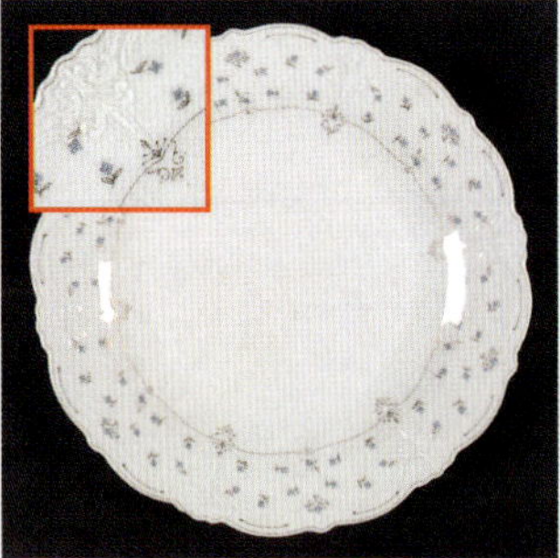

Blue Royal
No Trim

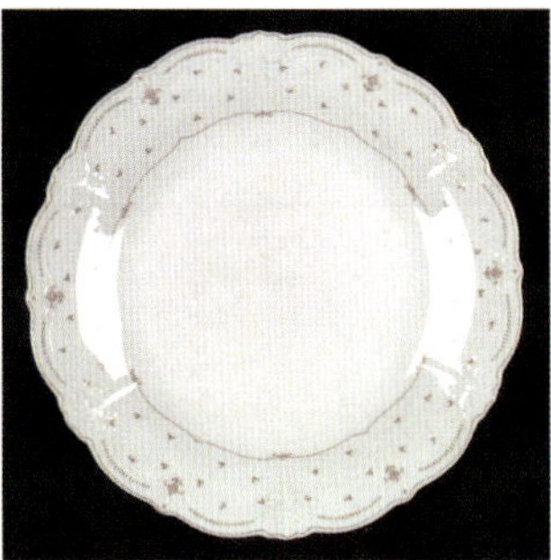

Marie Rouge
No Trim

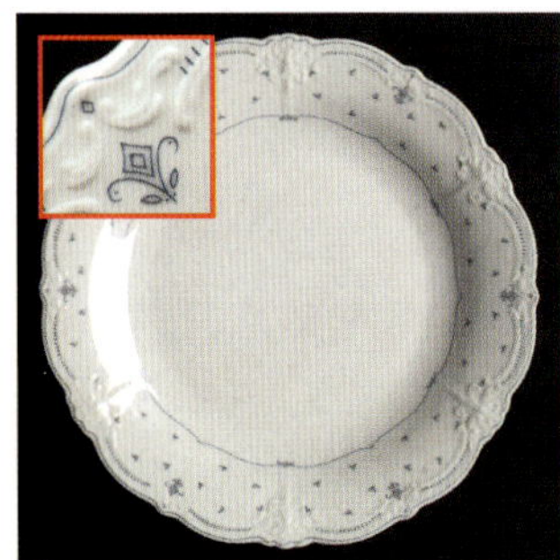

Fleur De Lis–Blue
33024
No Trim

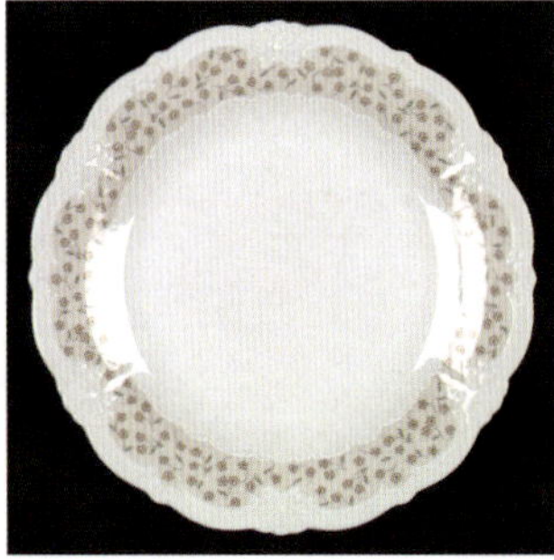

Fleur De Mers
No Trim

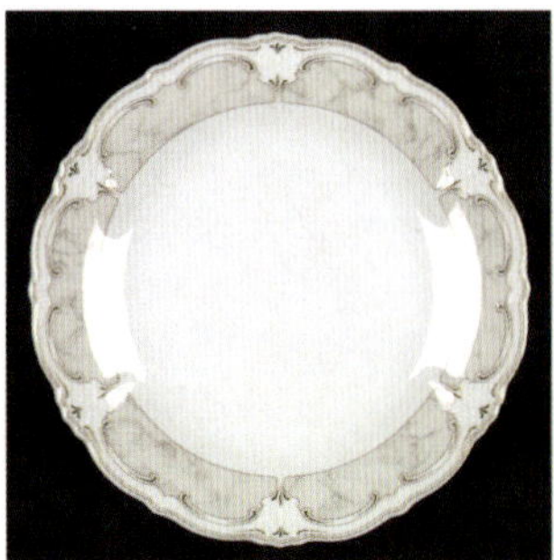

Jacqueline
33049
No Trim

Scalloped — Baronesse Shape (continued)

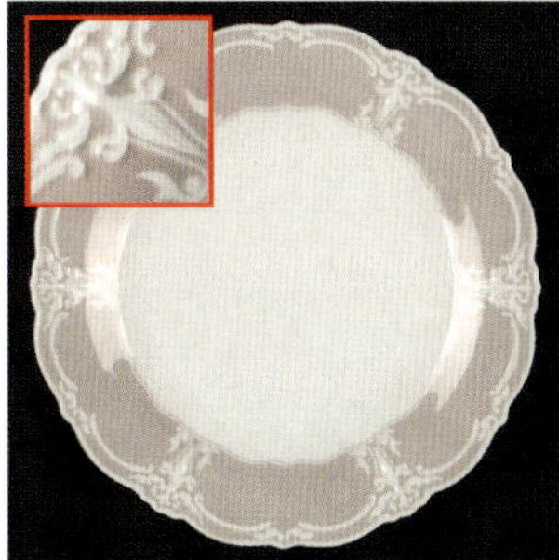

Rose
Pale Pink Band
No Trim

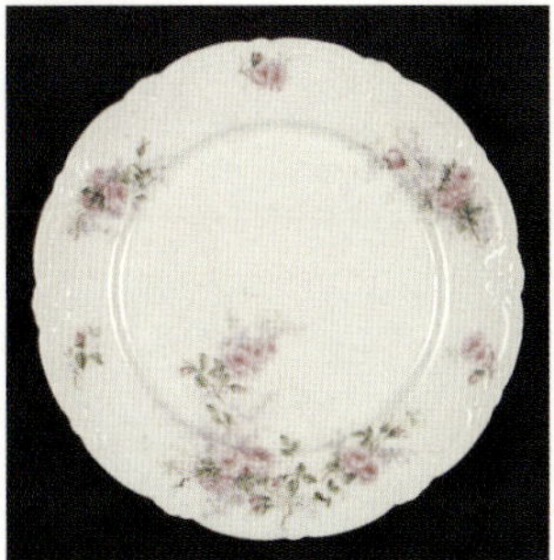

TIR 162
Salad Plate Shown
No Trim

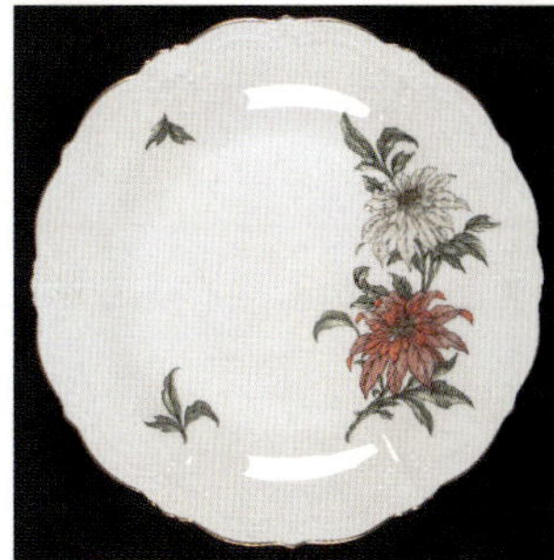

Festive
33036
Gold Trim

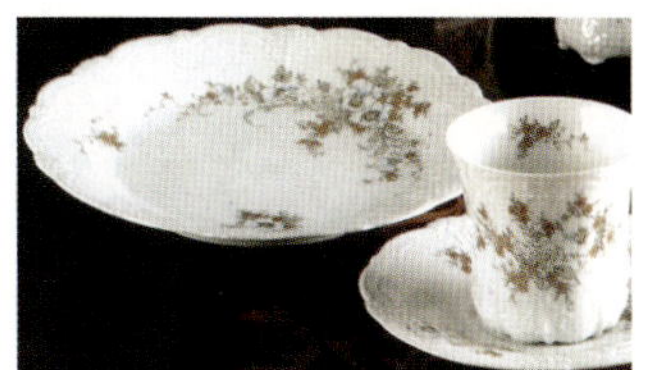

Madeleine
33010
No Trim

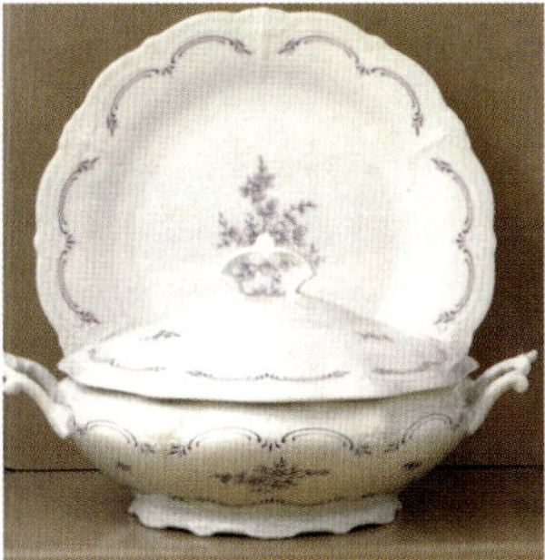

Jeanette
33014
No Trim

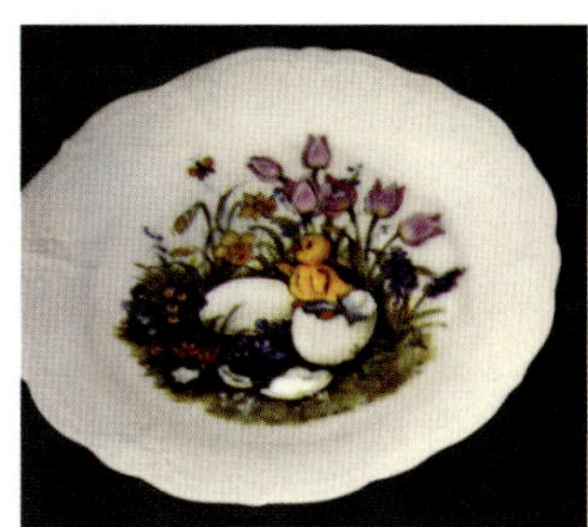

TIR 107
Multi-Motif
No Trim

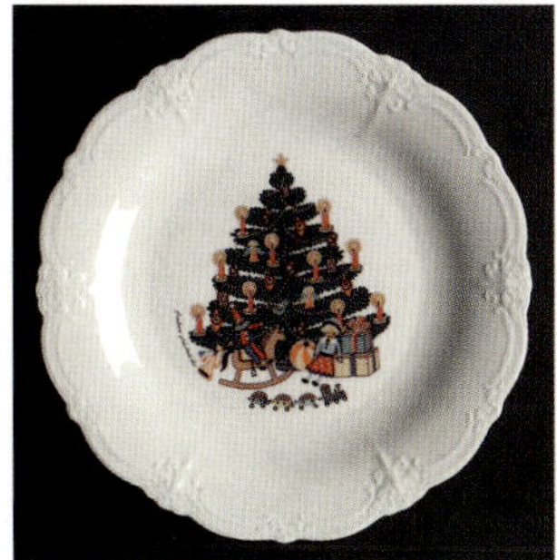

Tannenbaum
No Trim

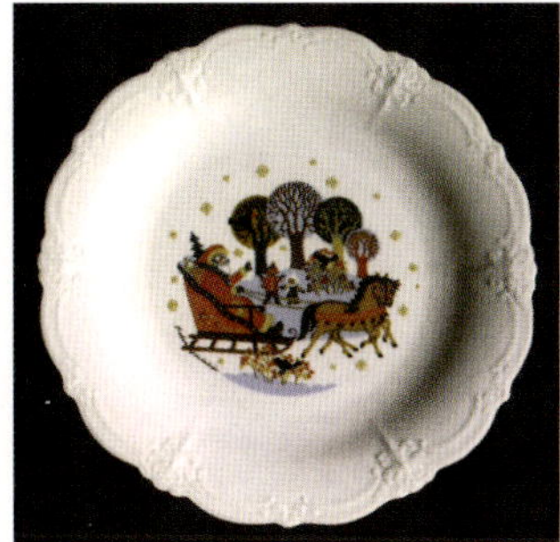

TIR 164
No Trim

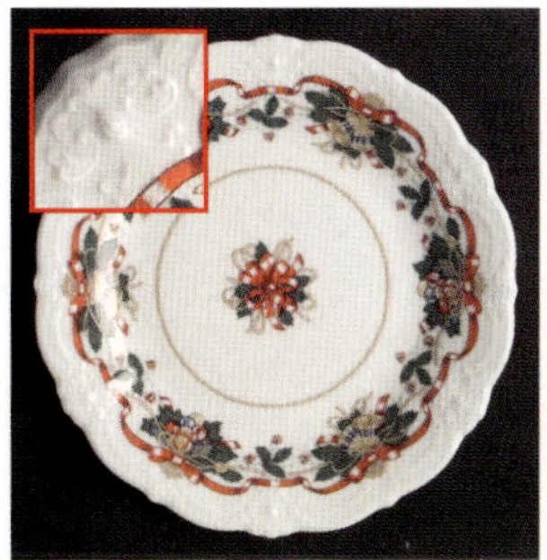

Christmas
Salad Plate Shown
No Trim

Scalloped — Fortuna Shape

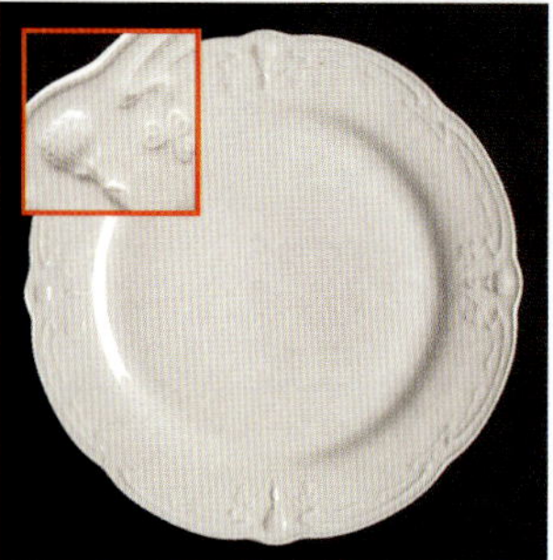

Fortuna–White
36001
No Trim

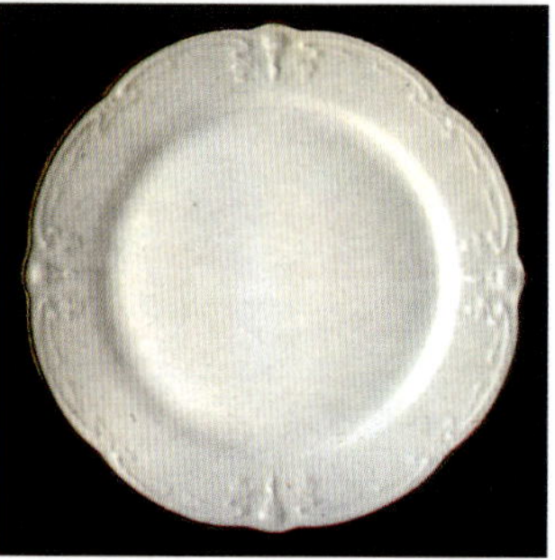

Colette
36007
Gold Trim

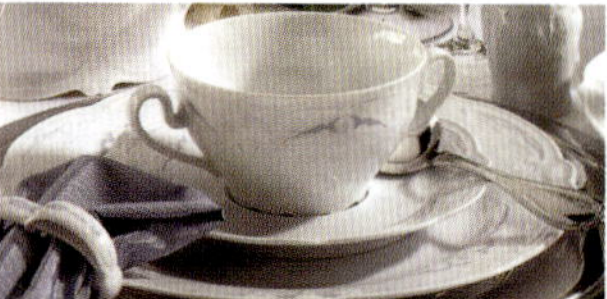

Annabelle
36004
No Trim

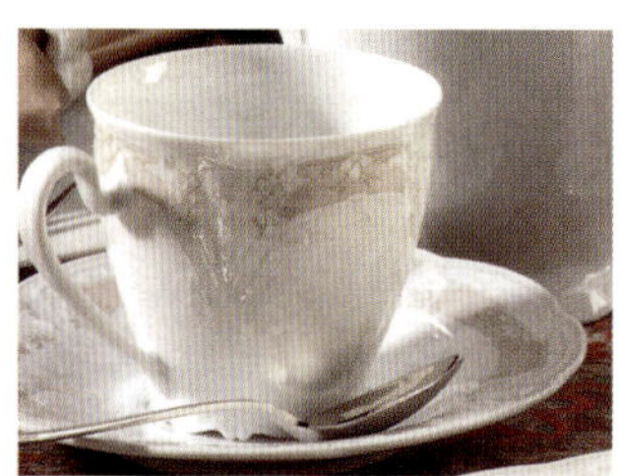

Paola
36003
No Trim

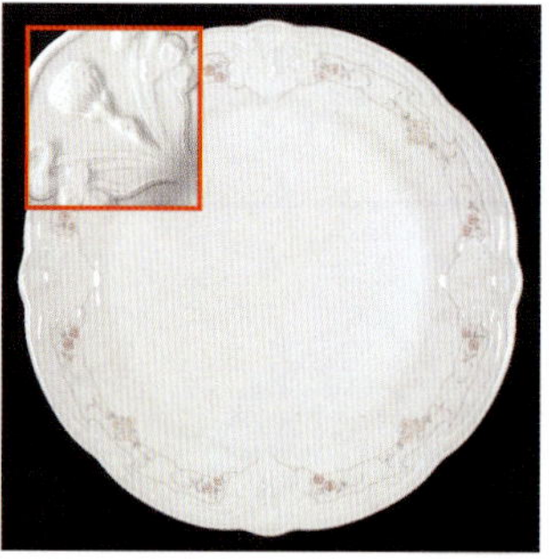

Florena
36002
No Trim

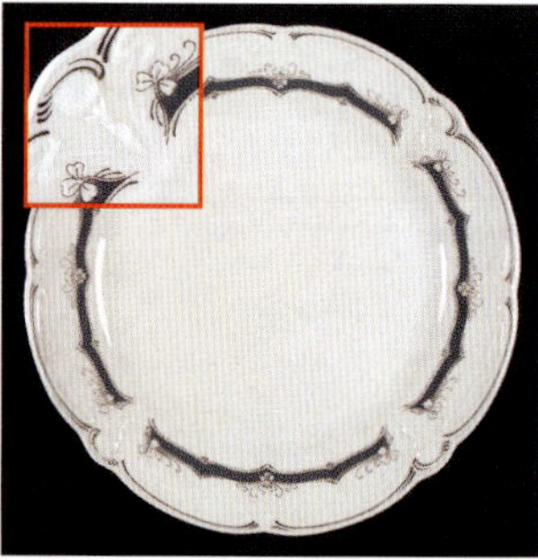

Valeria
36009
No Trim

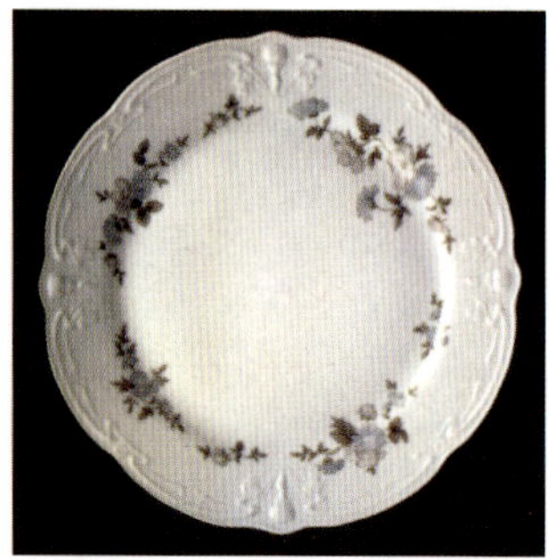

Claudine
36006
No Trim

Scalloped — Mozart Shape

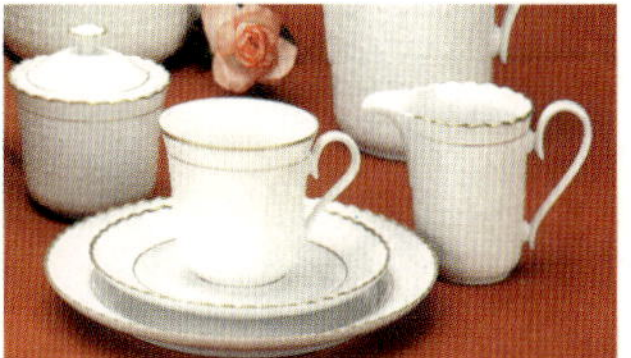

Jewel
32006
Gold Trim

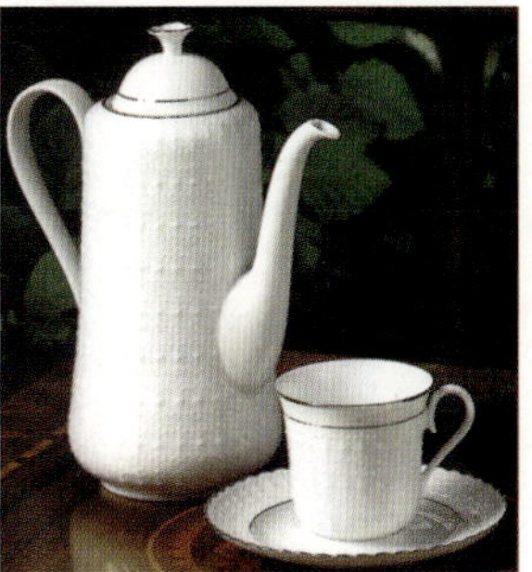

Platina
30007
Platinum Trim

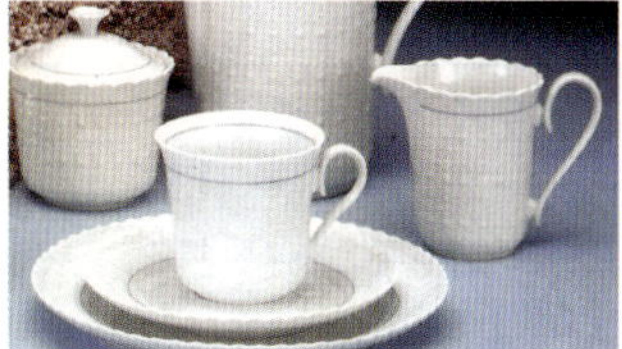

Iris
32020
Silver Line
No Trim

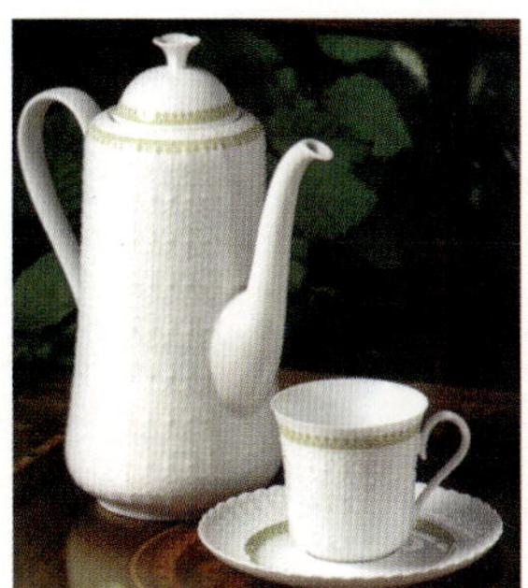

Capriccio
30009
No Trim

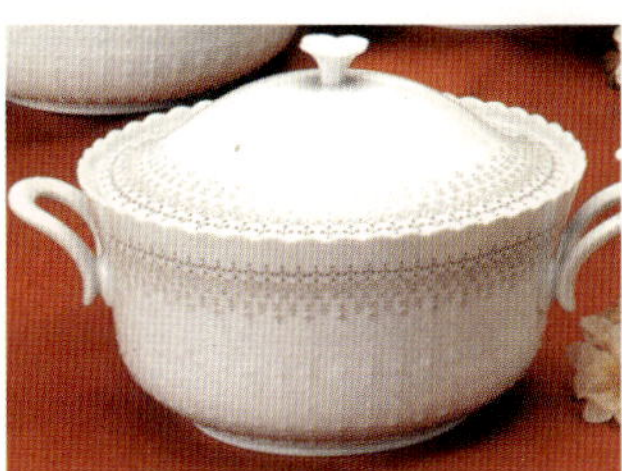

Filigran
32008
No Trim

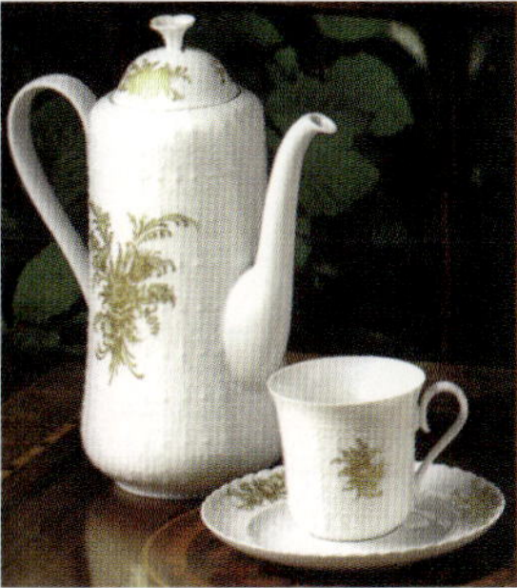

Goldreigen
30003
No Trim

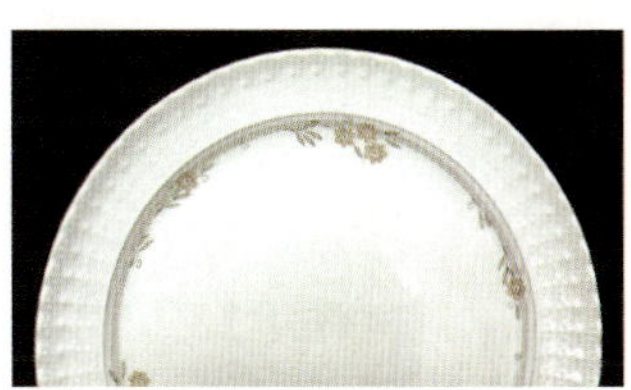

Mon Amie
32005
No Trim

Scalloped — Palais Shape

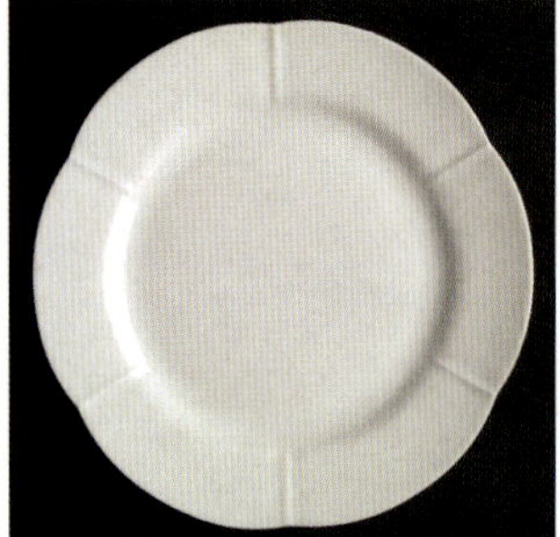

Cortina–White
37001
No Trim

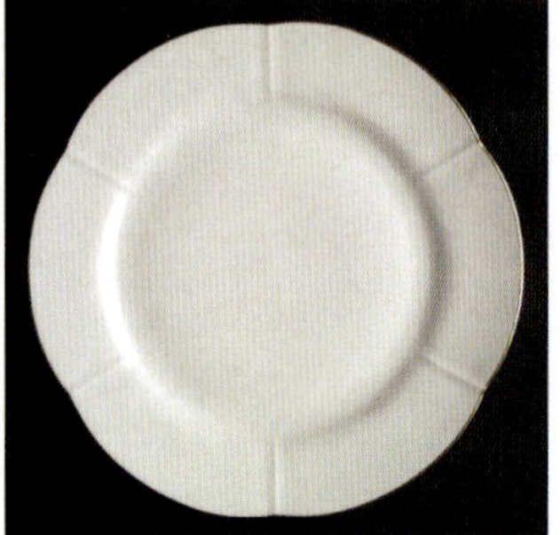

Blenheim
37009
Gold Trim

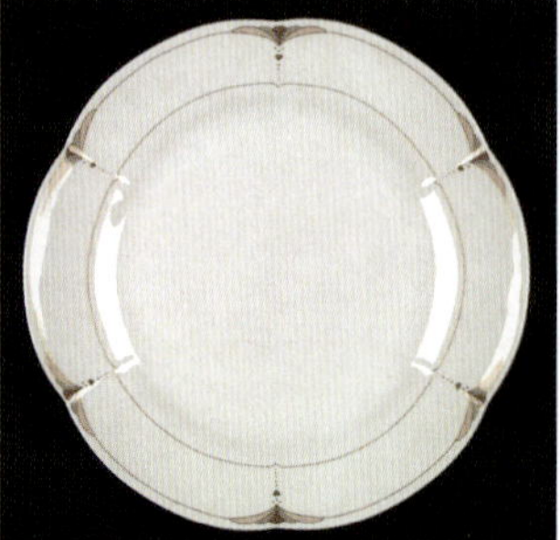

Corsini
37003
No Trim

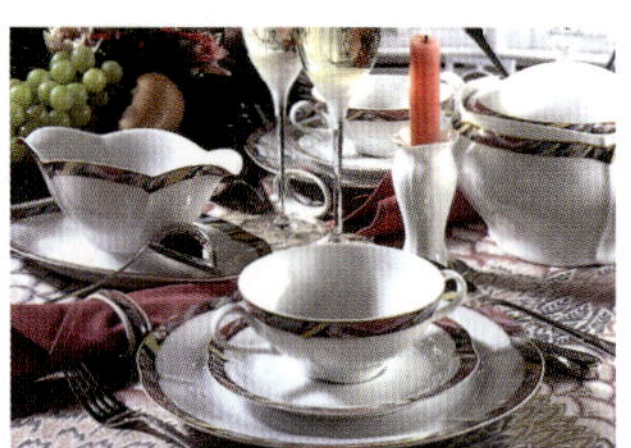

Miramare
37008
Yellow Trim

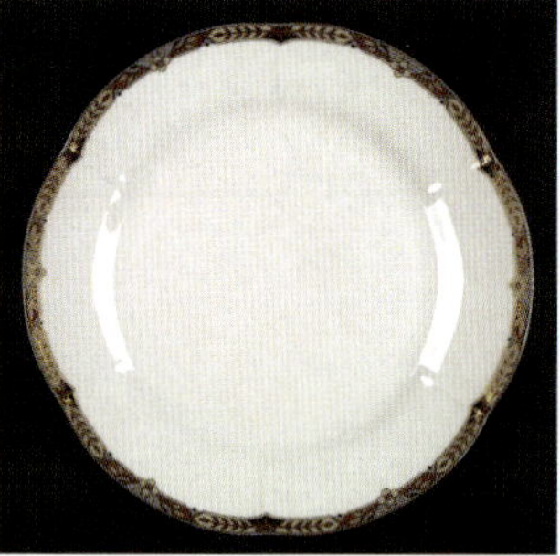

Versailles
37002
Black Trim

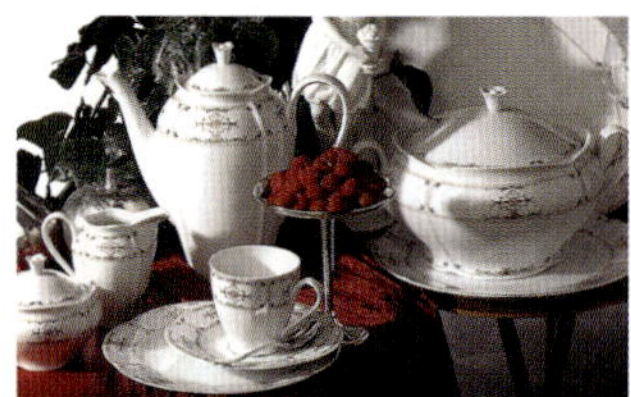

Mirador
37011
No Trim

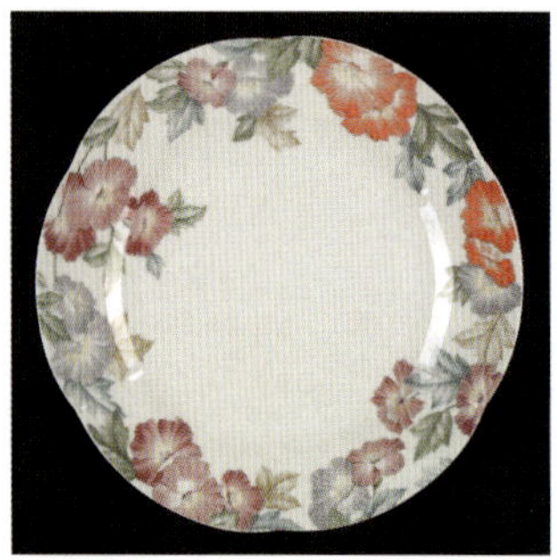

Avignon
37006
No Trim

Scalloped — Rim Shape, Gold Trim

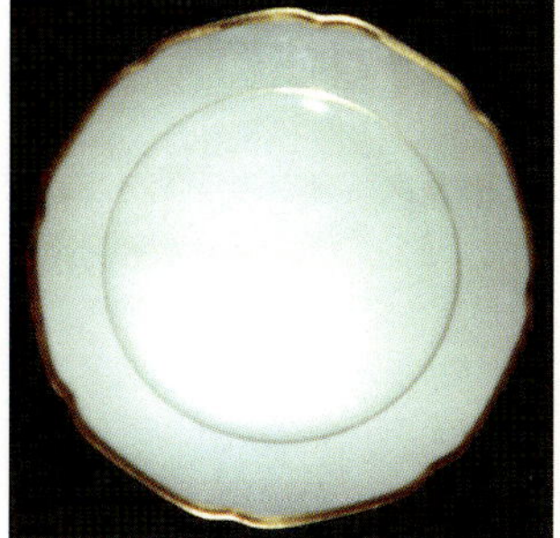

TIR 39
Gold Trim

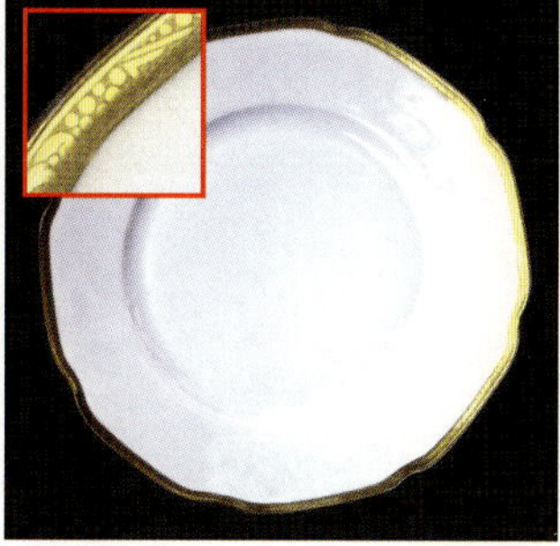

1477
Gold Trim

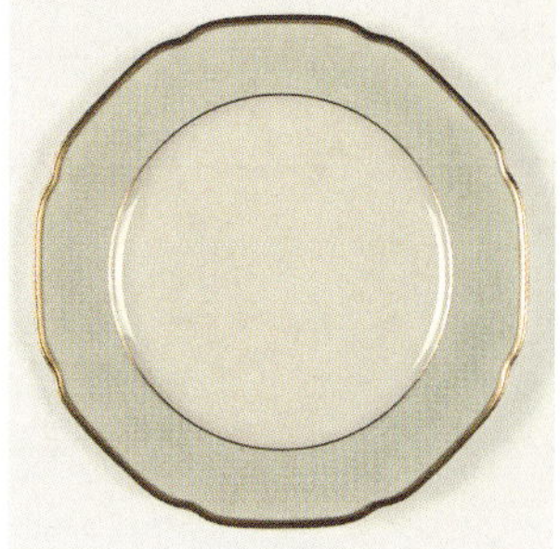

Lakewood
607
Pale Green Band
Gold Trim

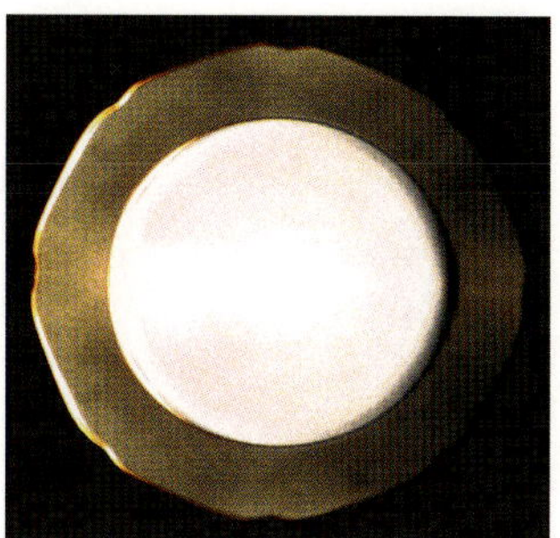

TIR 67
Light Green Band
Gold Trim

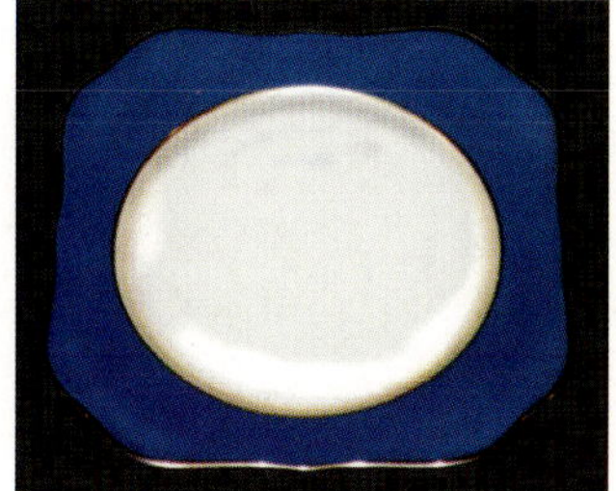

TIR 80
Various Rim Colors
Gold Trim

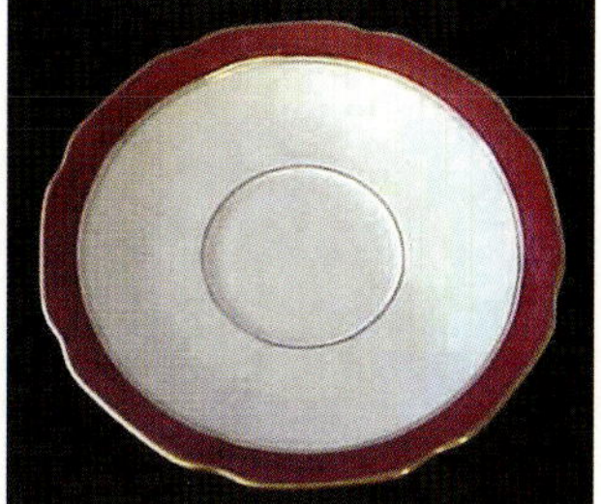

The Kenora
4618
Saucer Shown
Gold Trim

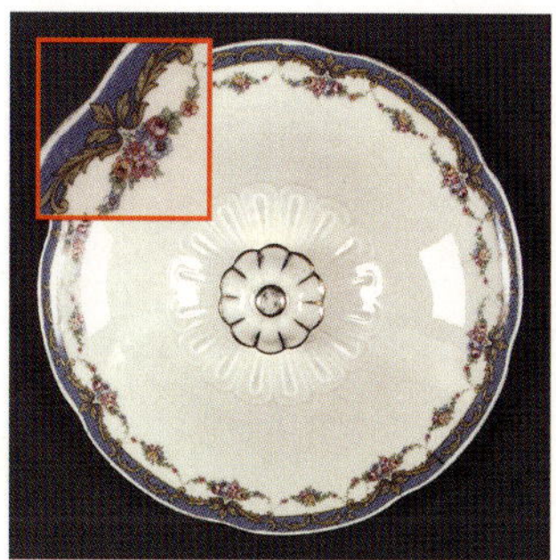

The Bolton
4677
Lid Shown
Gold Trim

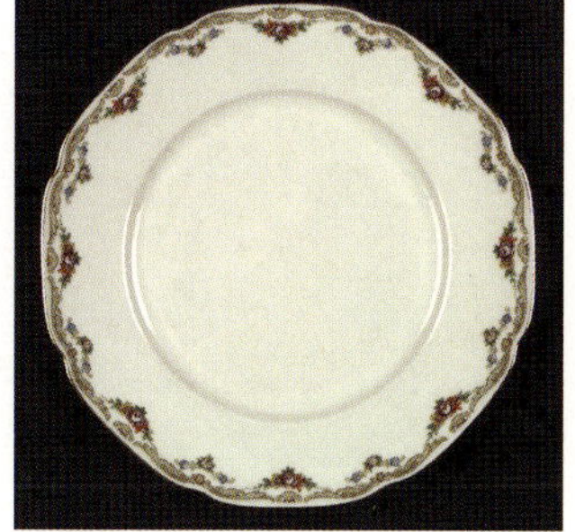

The Elgin
4650
Gold Trim

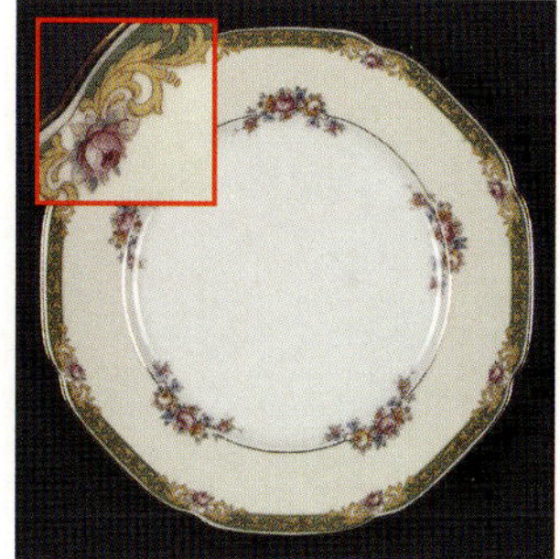

Dorset
4544
Gold Trim

Scalloped — Rim Shape, Gold Trim (continued)

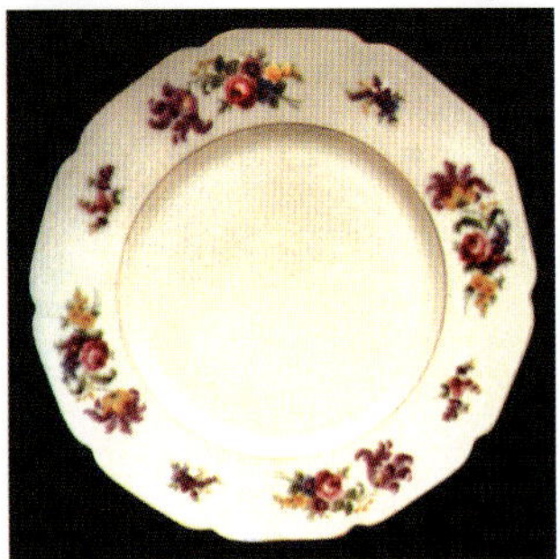

TIR 59
Gold Trim

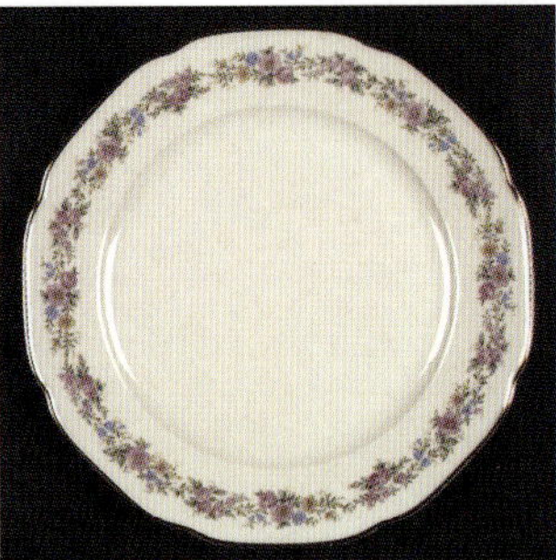

Rosedale
257
Gold Trim

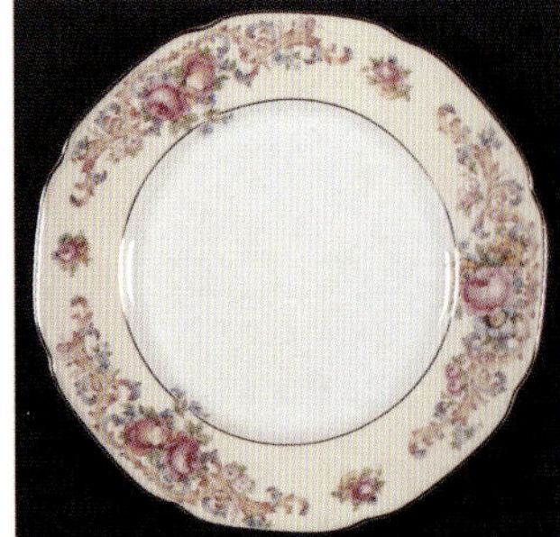

Cambria
4570
Gold Trim

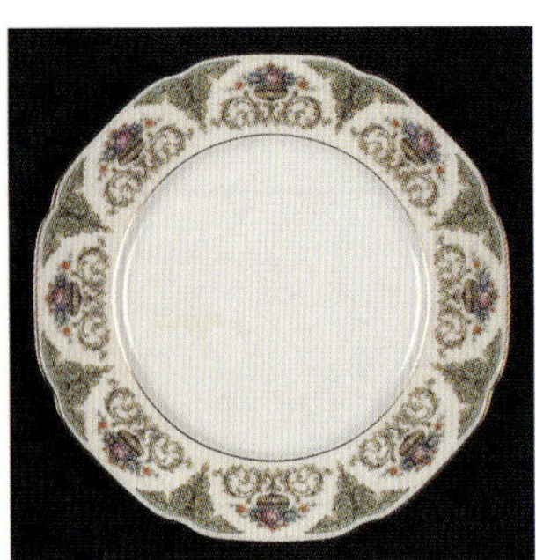

The Shannon
4417
Cream Border
Gold Trim

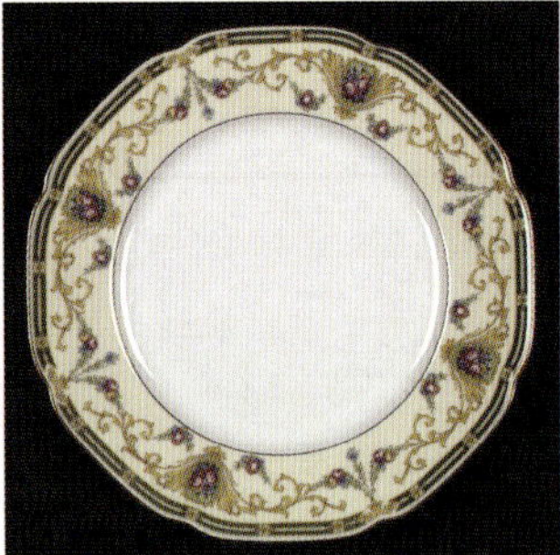

Euston
4545
Gold Trim

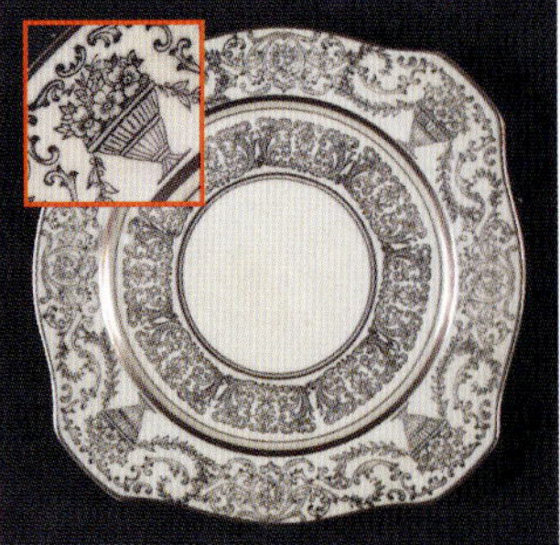

TIR 223
Salad Plate Shown
Gold Trim

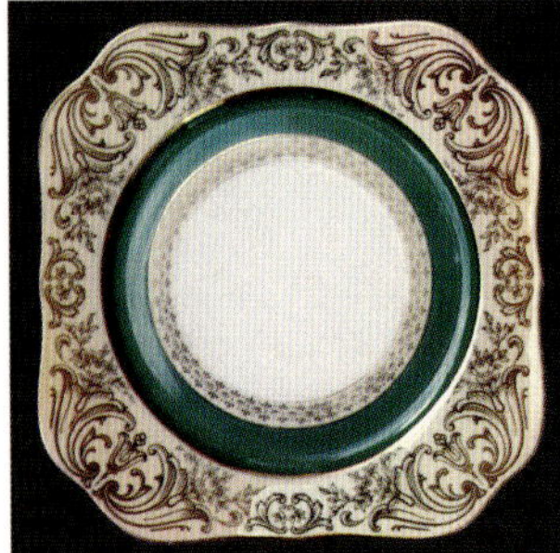

TIR 100
Salad Plate Shown
Gold Trim

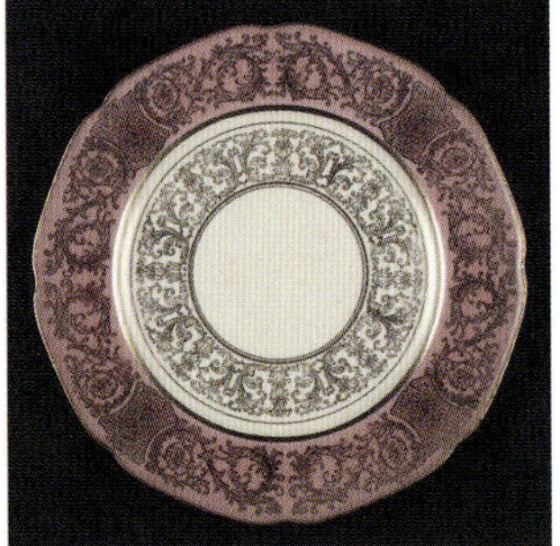

TIR 180
Gold Trim

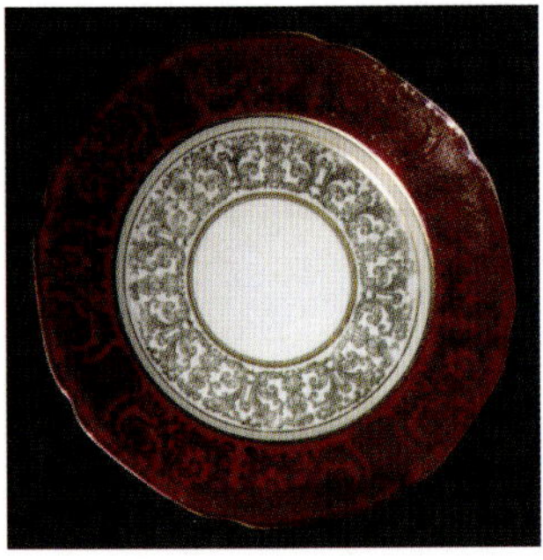

TIR 219
Gold Trim

Scalloped — Rim Shape, Gold Trim (continued)

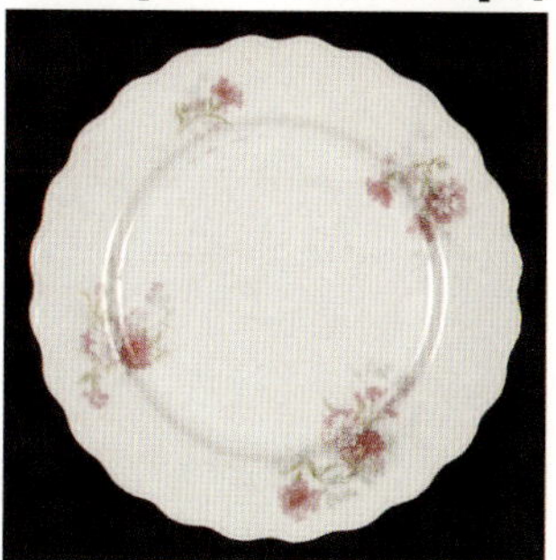
TIR 88
Gold Trim

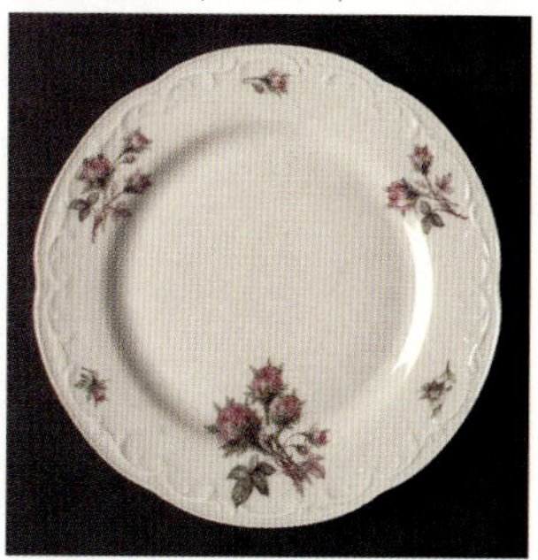
2448
Gold Trim

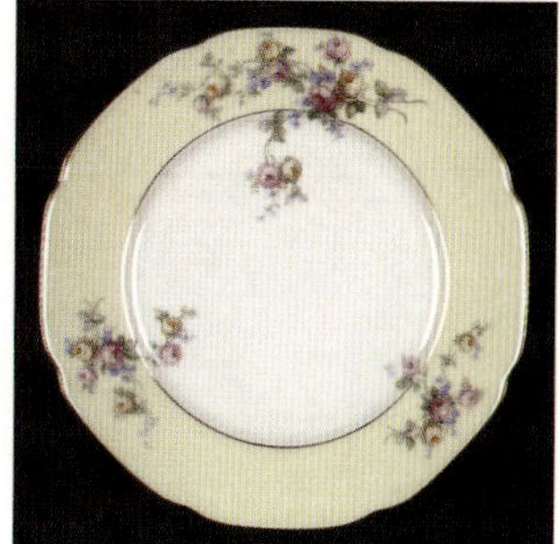
The Tilbury
4415
Gold Trim

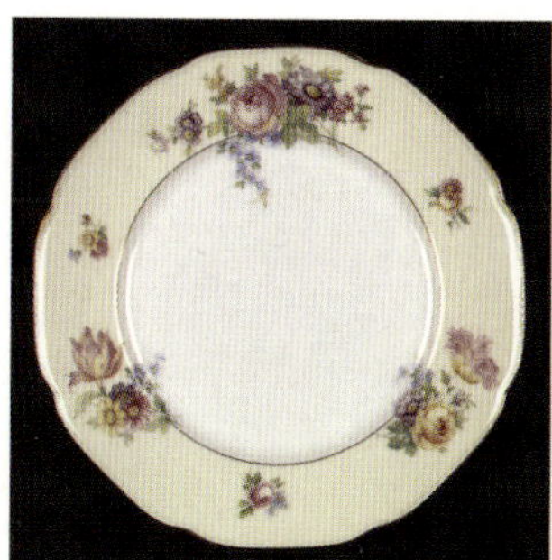
Carlton
4543
Gold Trim

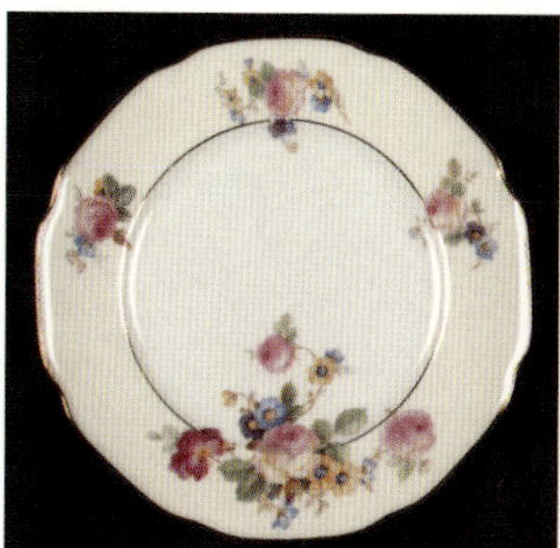
The Wilton
4414
Salad Plate Shown
Gold Trim

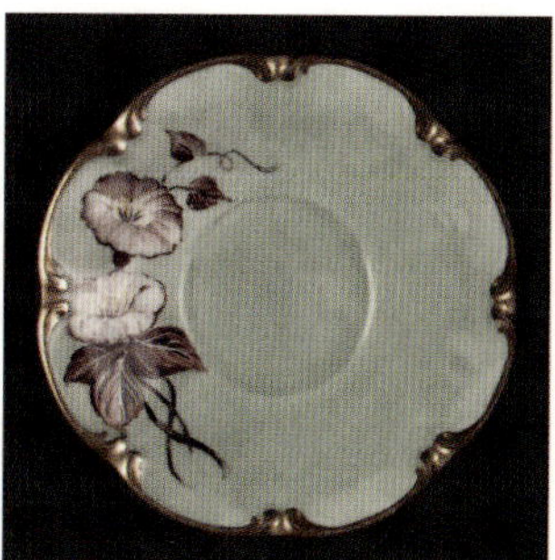
TIR 201
Saucer Shown
Gold Trim

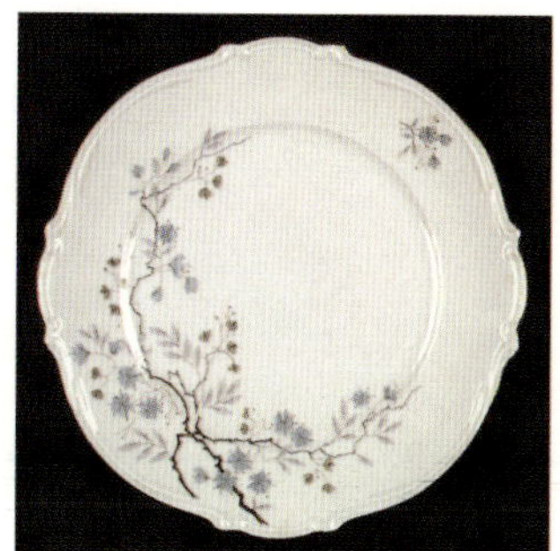
Naomi
Gold Trim

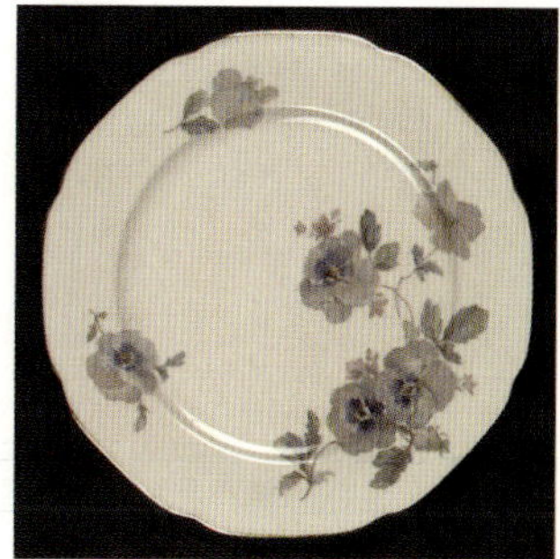
Pansy
243
Gold Trim

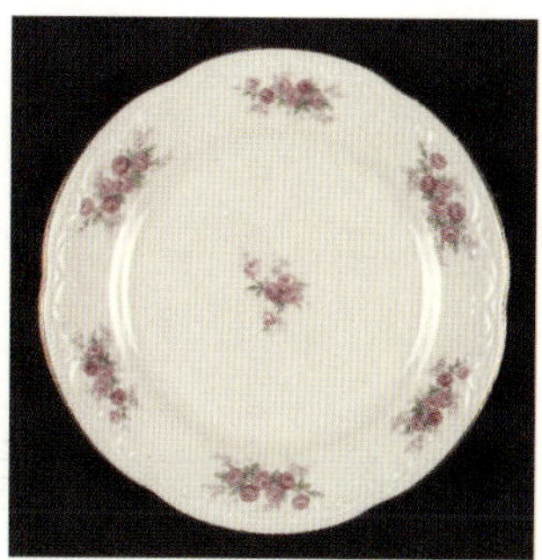
TIR 185
Salad Plate Shown
Gold Trim

Scalloped — Rim Shape, Gold Trim (continued)

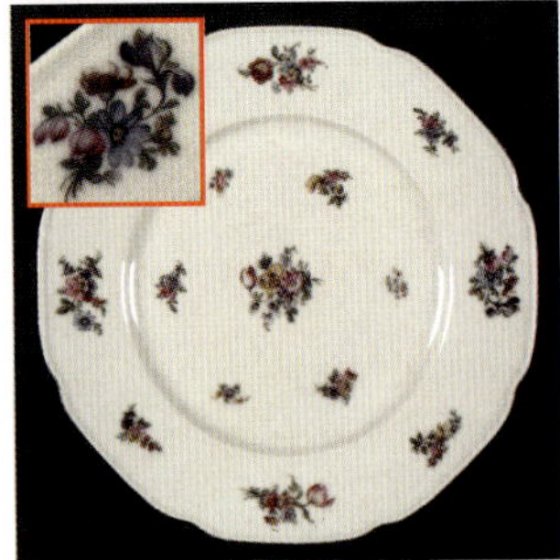

Colwyn
242, US Zone
Cream Background
Gold Trim

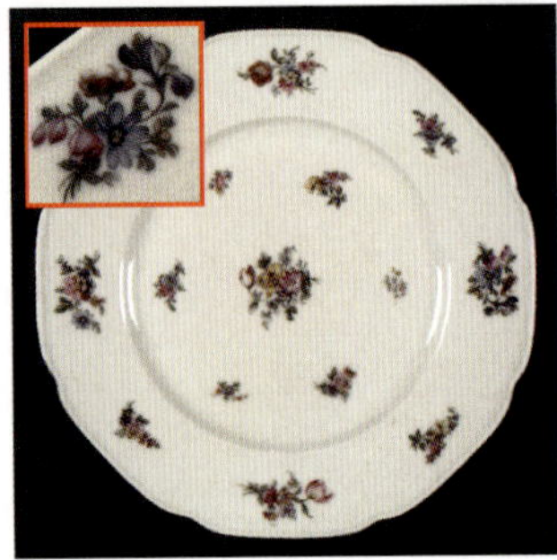

Colwyn
4562, Germany
Cream Background
Gold Trim

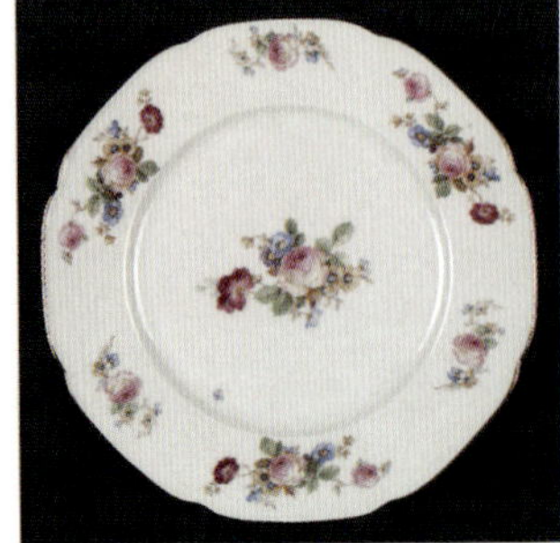

TIR 148
Gold Trim

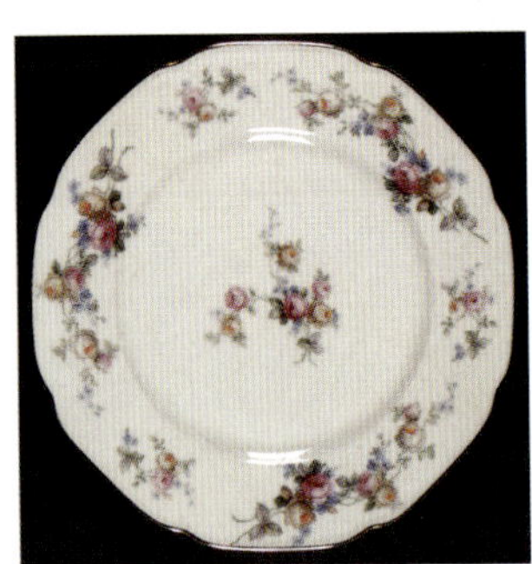

TIR 11
Gold Trim

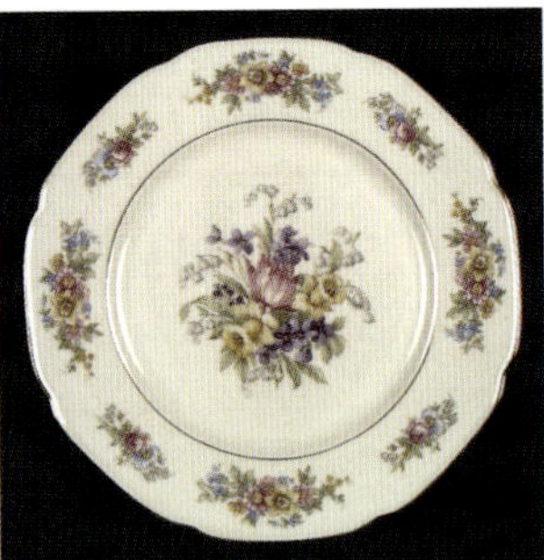

Springtime
4593
Germany
Gold Trim

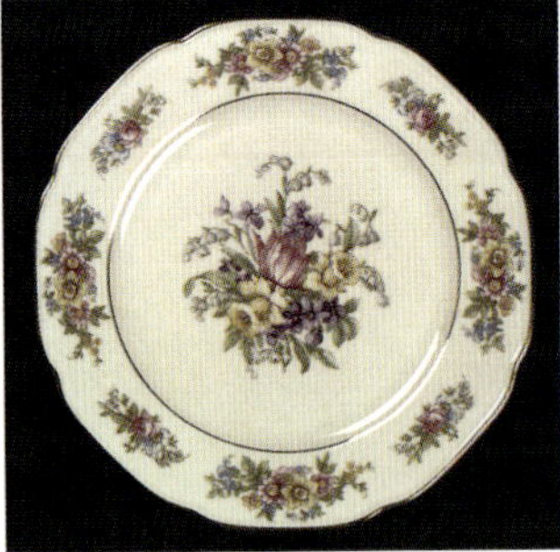

Springtime
241
US Zone
Gold Trim

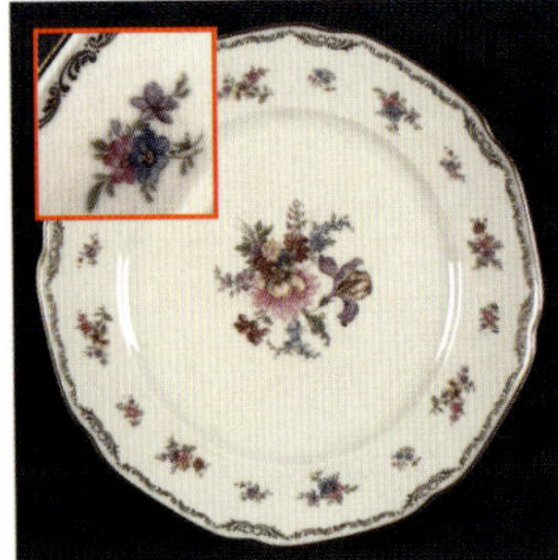

The Newton
240
Gold Trim

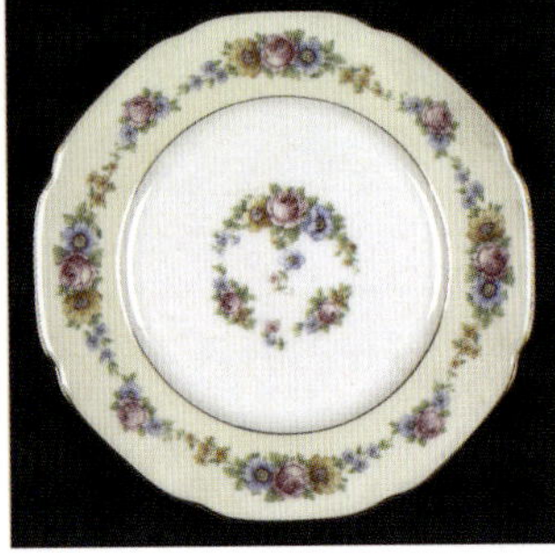

The Hampton
4413
Gold Trim

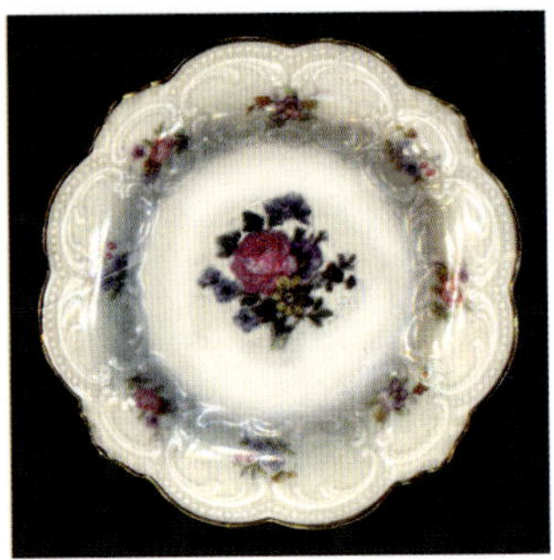

TIR 96
Fruit Bowl Shown
Gold Trim

Scalloped — Rim Shape, Gold Trim (continued)

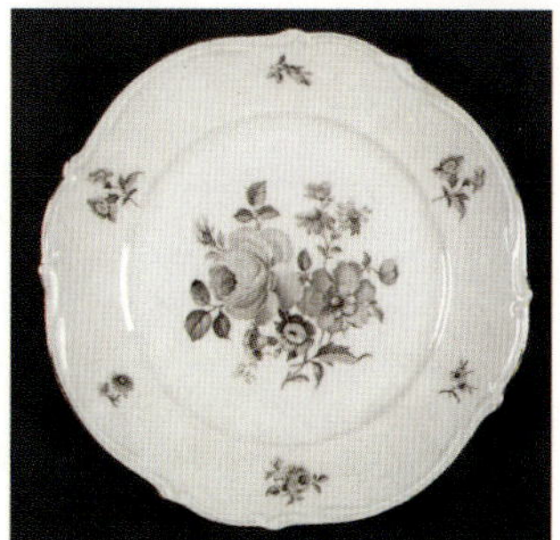

Heidi
Gold Trim

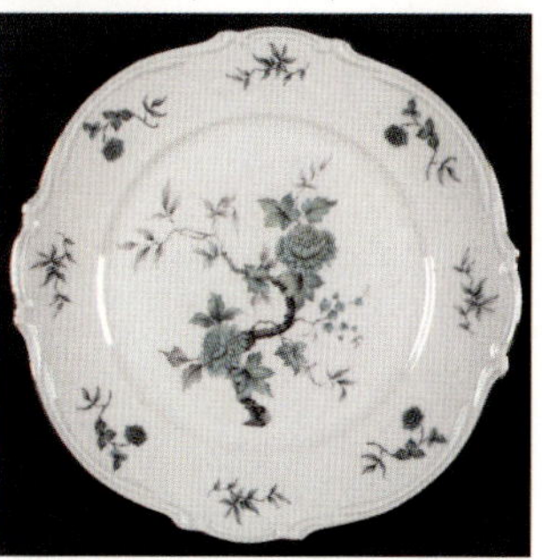

Jana
Gold Trim

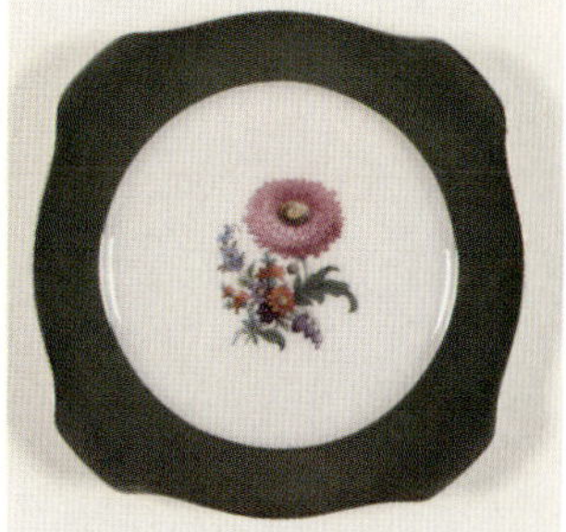

TIR 187
Salad Plate Shown
Multi-Motif
Gold Trim

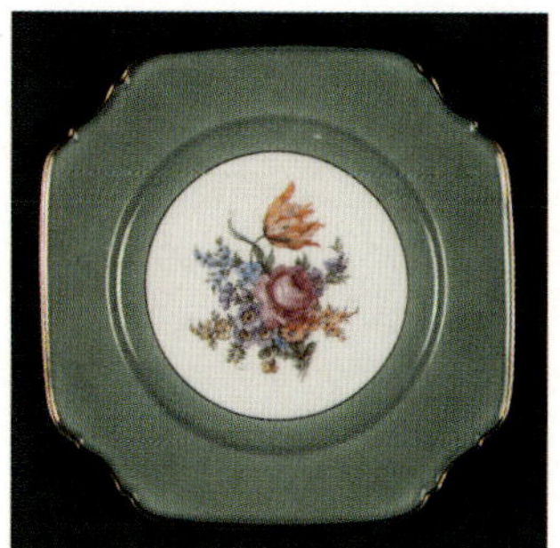

TIR 130
Salad Plate Shown
Gold Trim

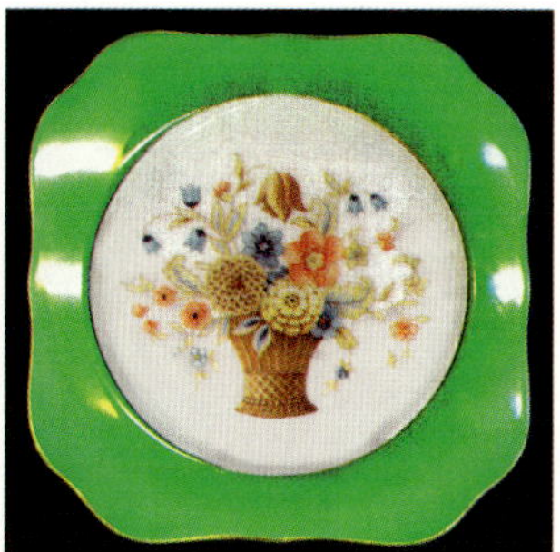

TIR 86
Salad Plate Shown
Gold Trim

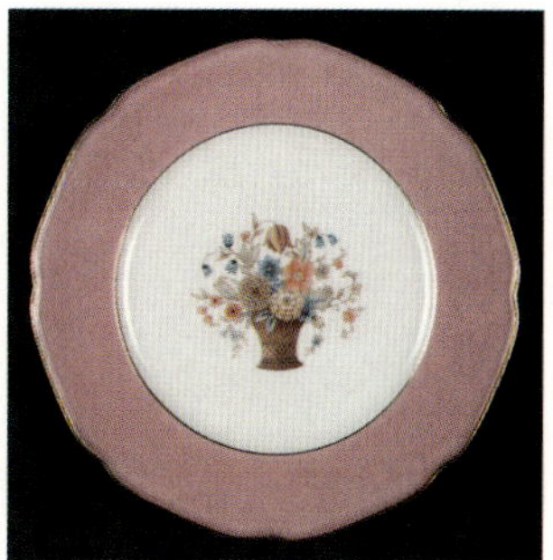

TIR 137
Gold Trim

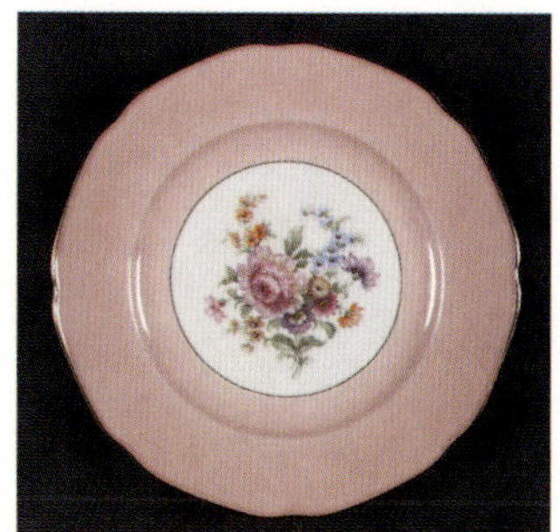

TIR 121
Gold Trim

Dover
4601
Gold Trim

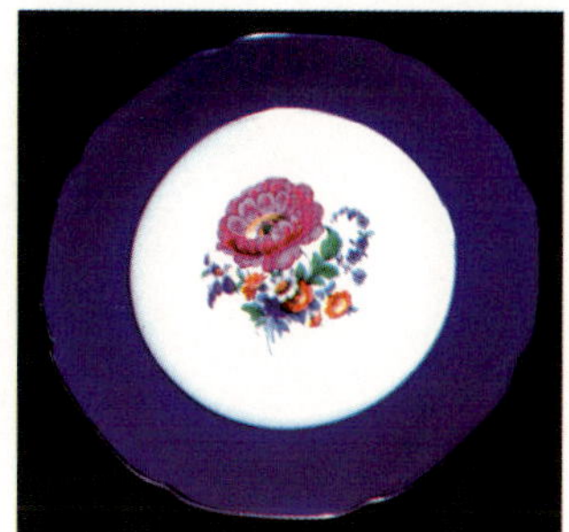

TIR 58
Multi-Motif
Gold Trim

Scalloped — Rim Shape, Gold Trim (continued)

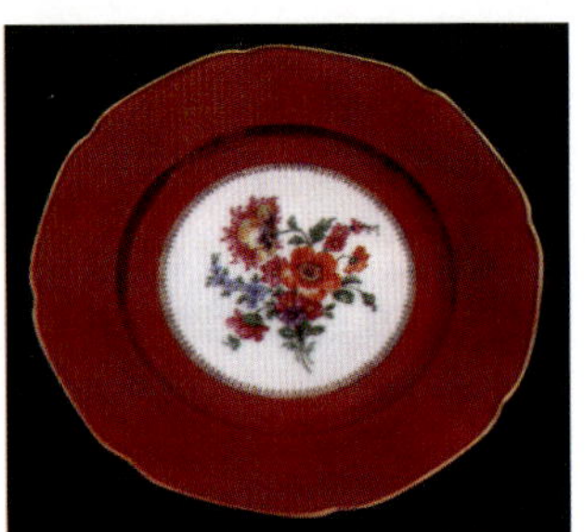

TIR 181
Gold Trim

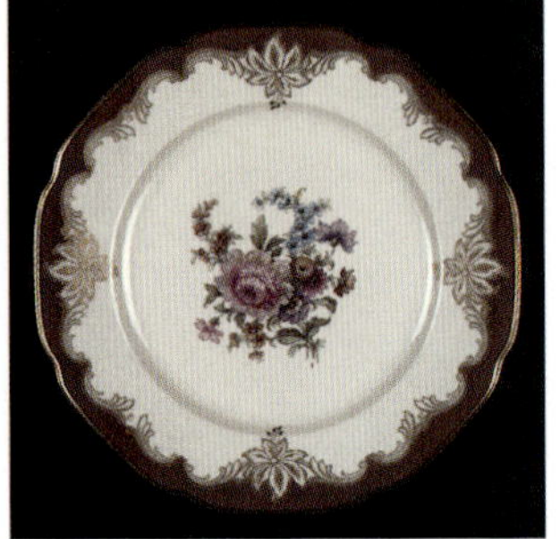

9662
Gold Trim

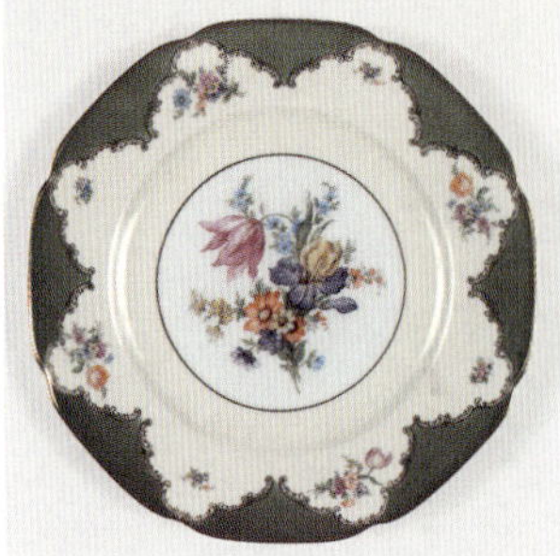

TIR 115
Gold Trim

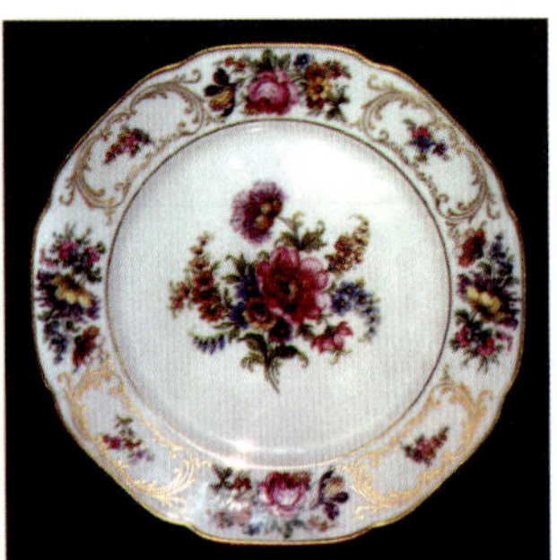

TIR 56
Gold Trim

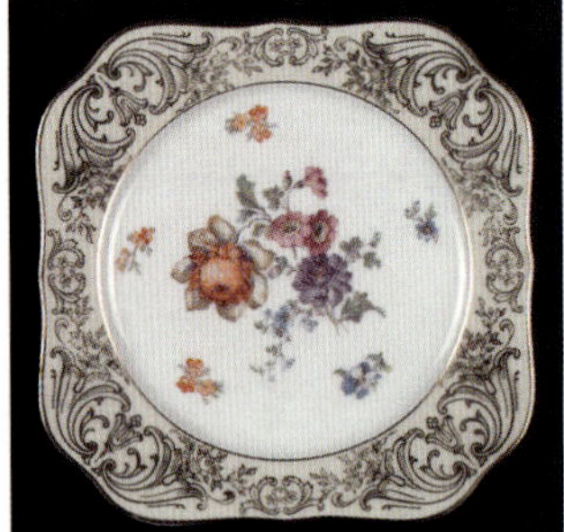

TIR 125
Salad Plate Shown
Gold Trim

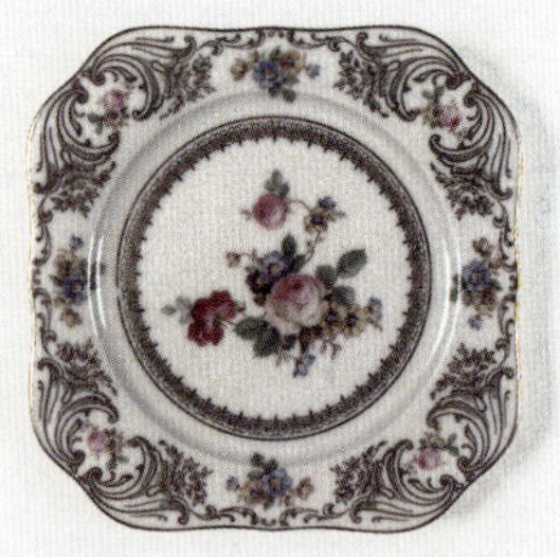

TIR 166
Salad Plate Shown
Gold Trim

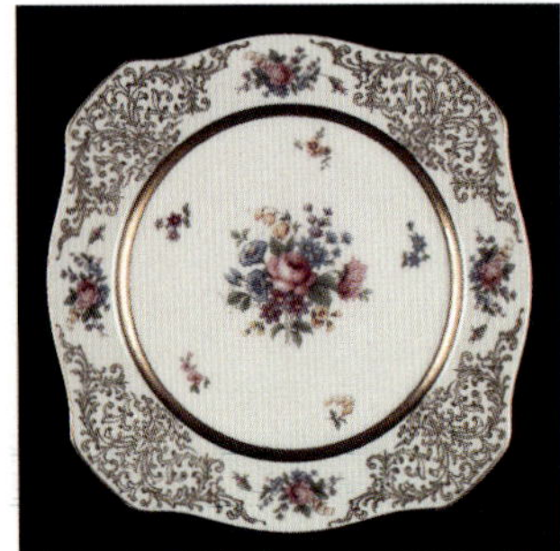

TIR 127
Salad Plate Shown
Gold Trim

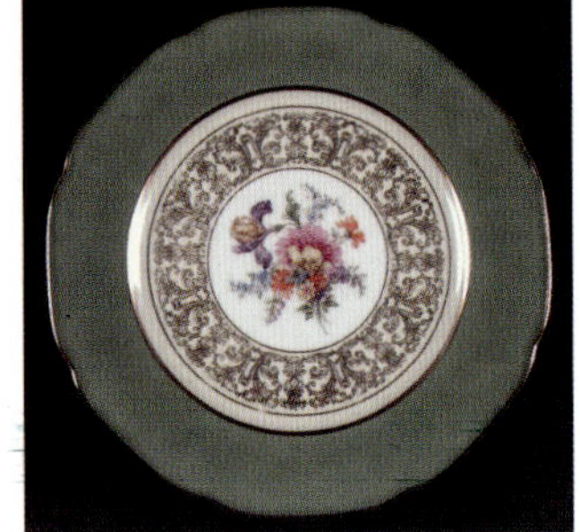

TIR 140
Gold Trim

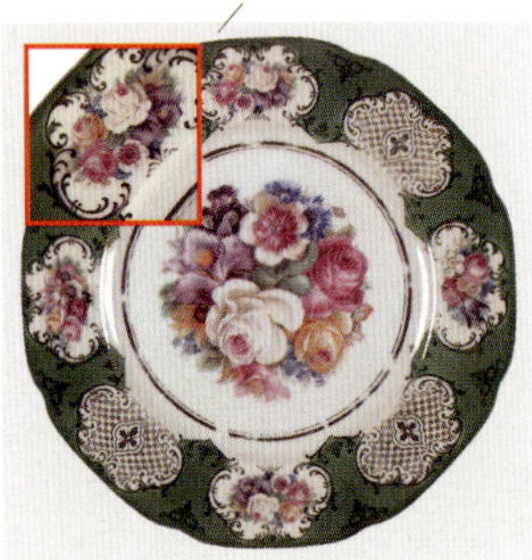

TIR 61
Gold Trim

Scalloped — Rim Shape, Gold Trim (continued)

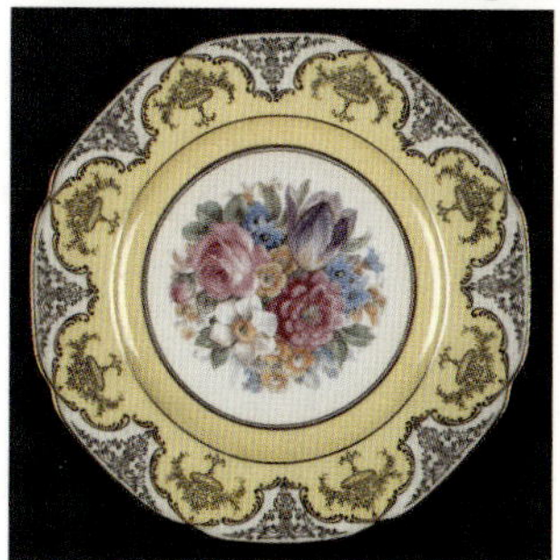

TIR 122
Gold Trim

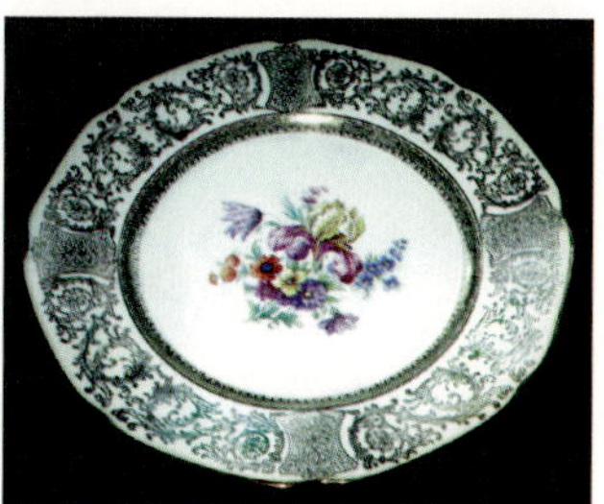

TIR 76
Gold Trim

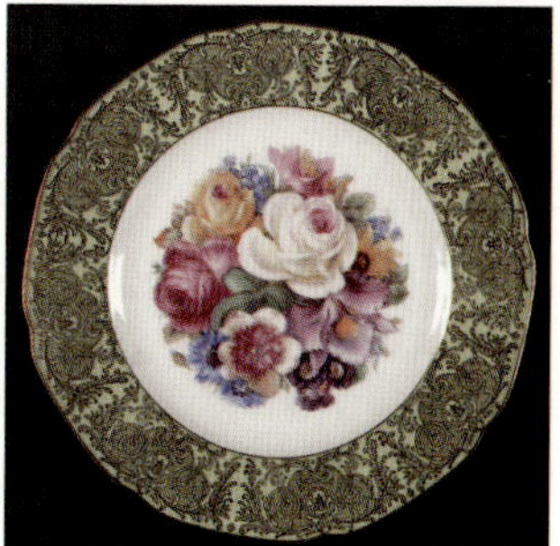

TIR 12
Gold Trim

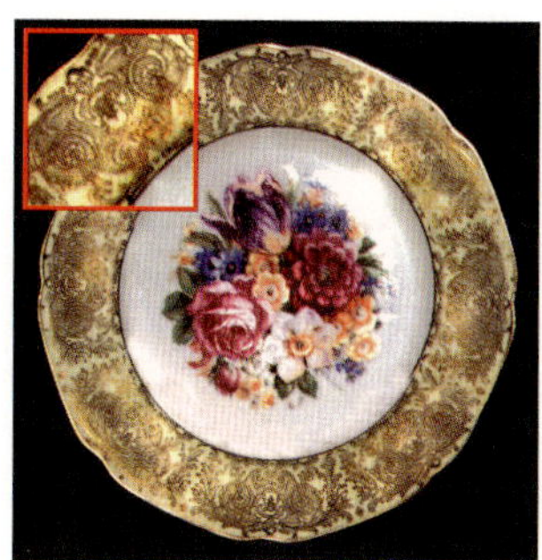

TIR 52
Gold Trim

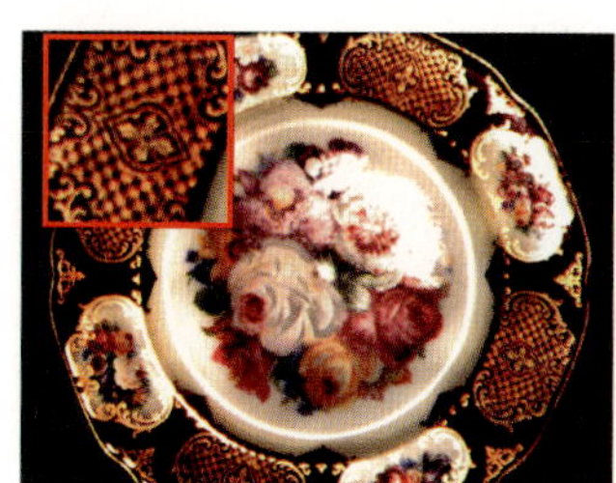

TIR 60
Gold Trim

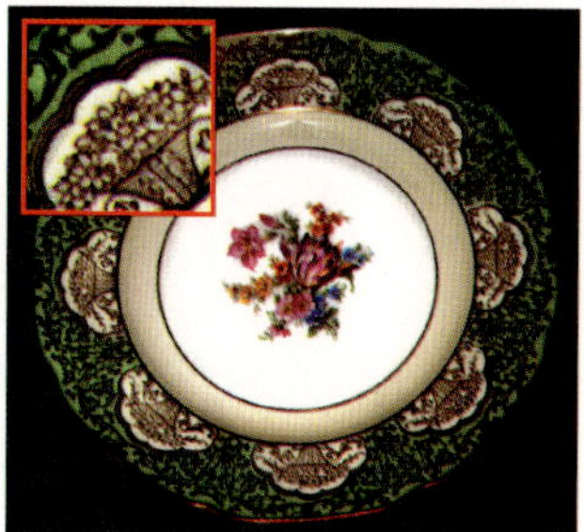

TIR 74
Gold Trim

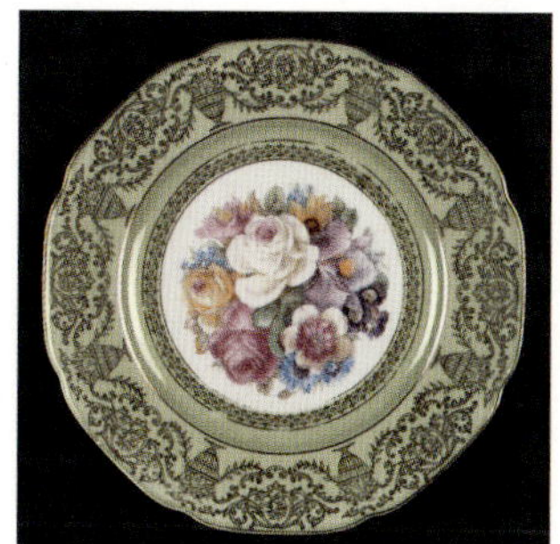

TIR 128
Service Plate Shown
Gold Trim

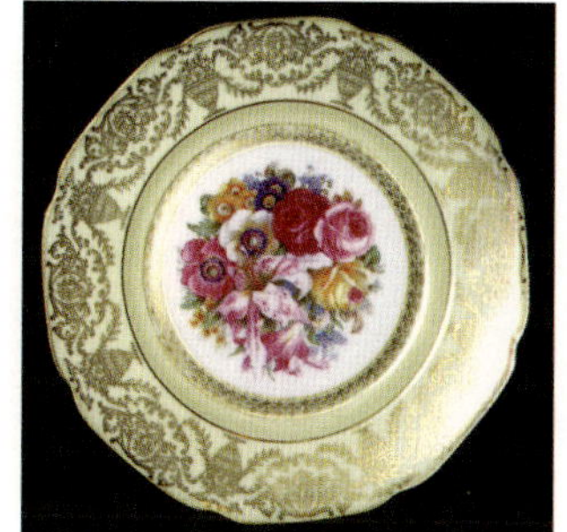

TIR 169
Gold Trim

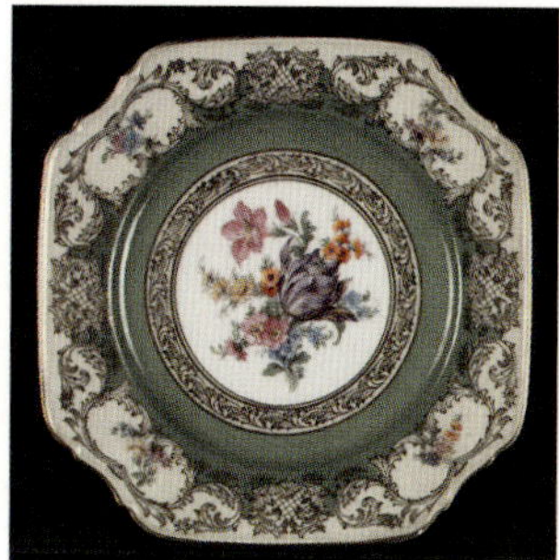

TIR 124
Salad Plate Shown
Gold Trim

Scalloped — Rim Shape, Gold Trim (continued)

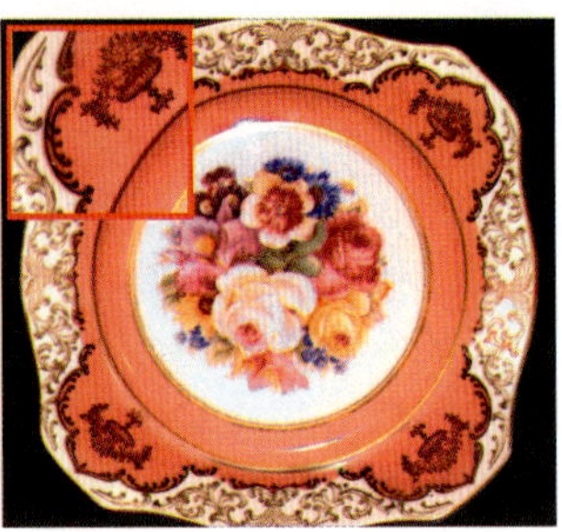

TIR 40
Dessert Plate Shown
Gold Trim

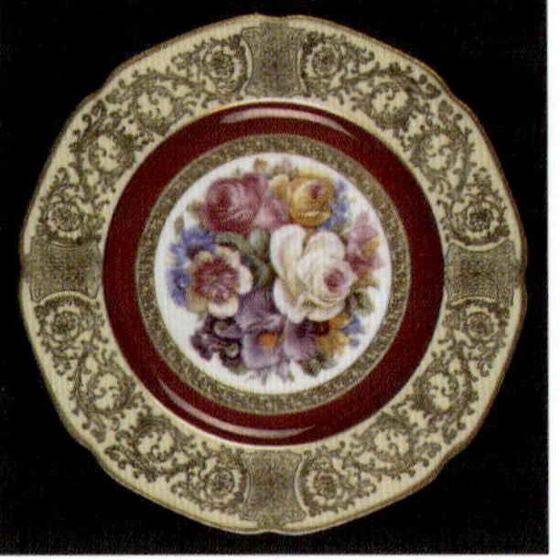

TIR 65
Gold Trim

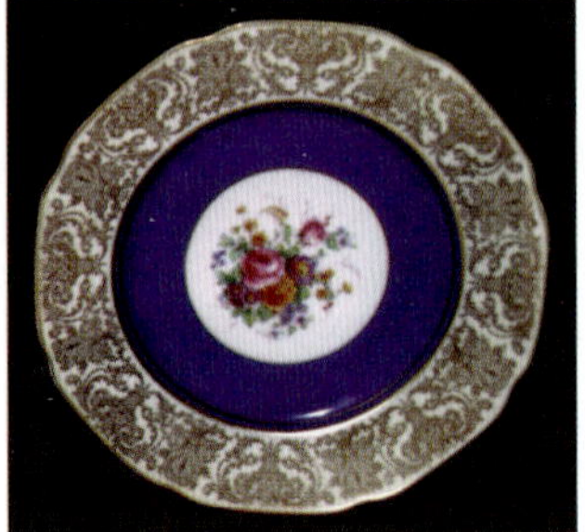

TIR 203
Gold Trim

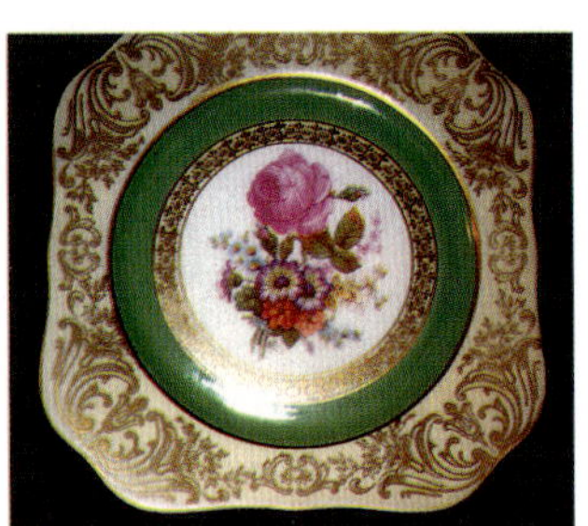

TIR 147
Gold Trim

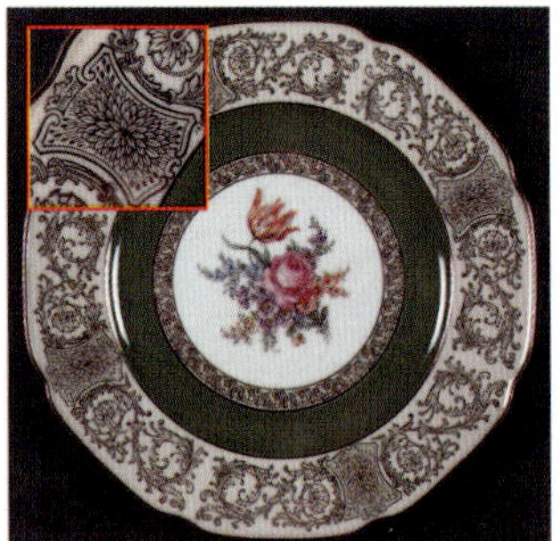

TIR 37
Gold Trim

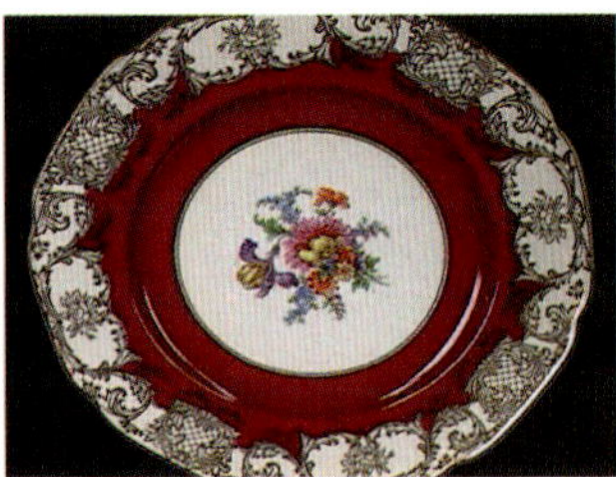

TIR 135
Gold Trim

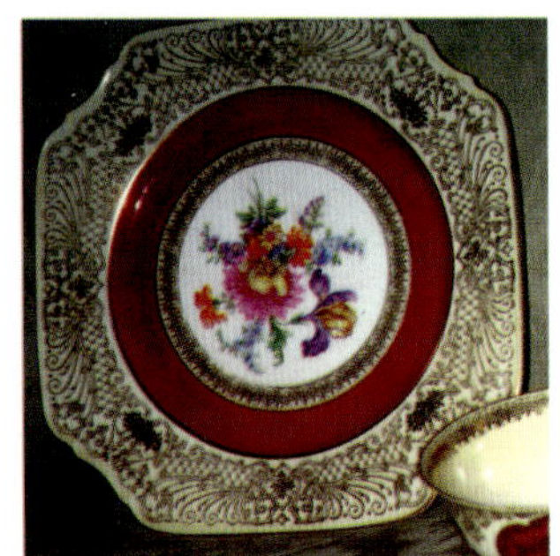

TIR 207
Luncheon Plate Shown
Gold Trim

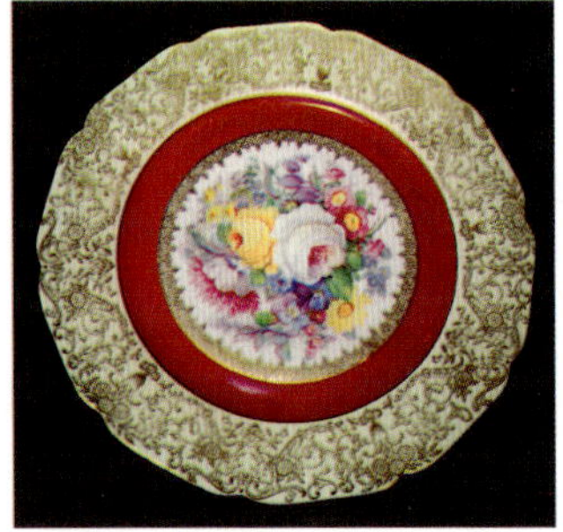

TIR 83
Gold Trim

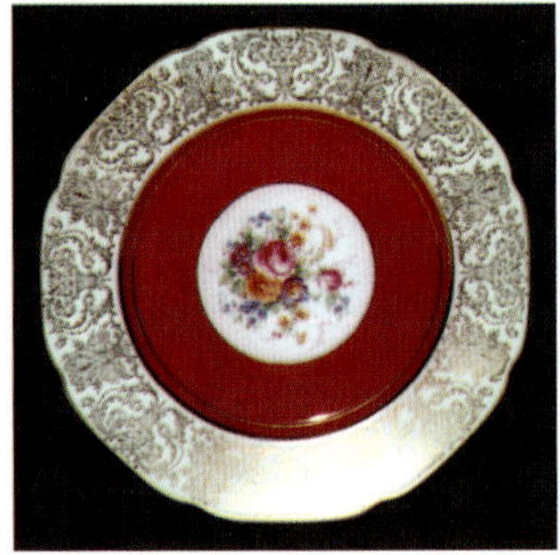

TIR 220
Gold Trim

Scalloped — Rim Shape, Gold Trim (continued)

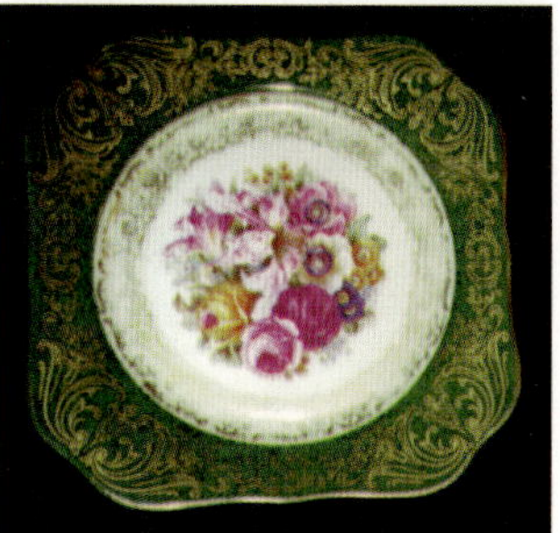

TIR 62
Luncheon Plate Shown
Multi-Motif
Gold Trim

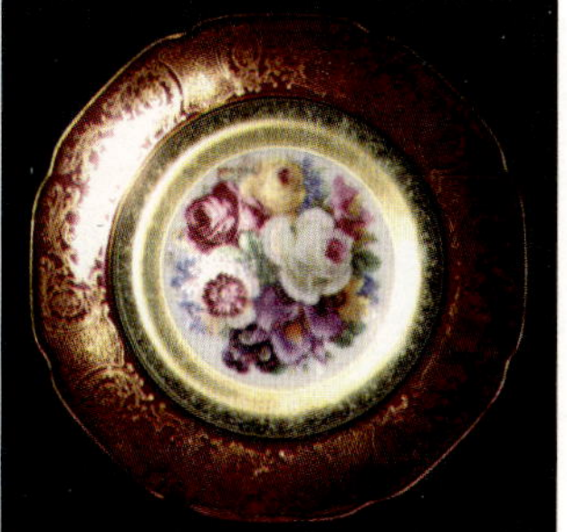

TIR 202
Service Plate Shown
Gold Trim

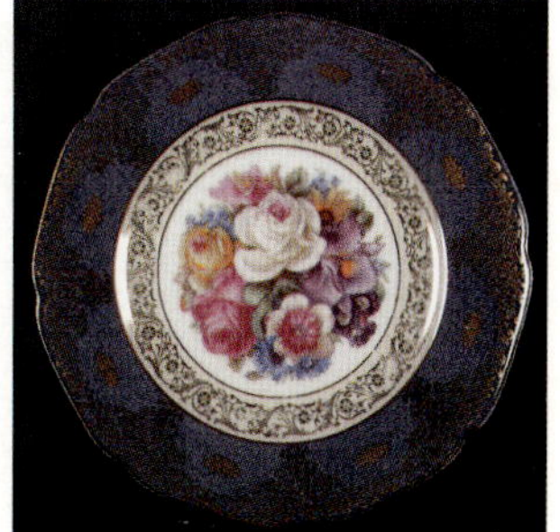

TIR 79
Gold Trim

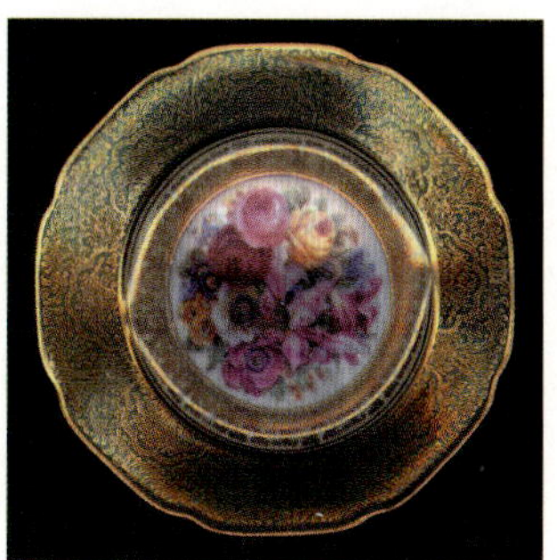

TIR 218
Salad Plate Shown
Gold Trim

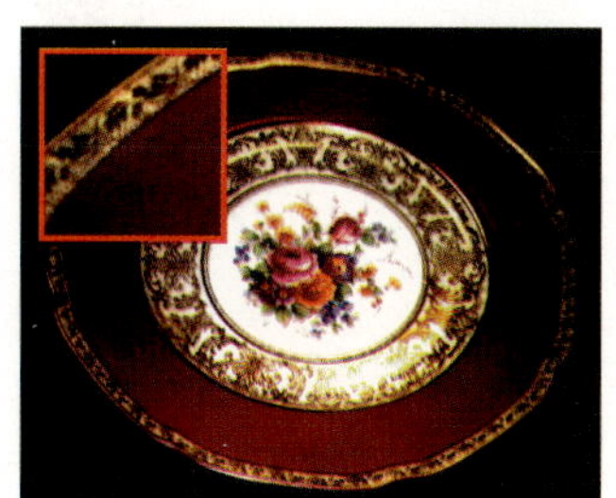

TIR 42
Gold Trim

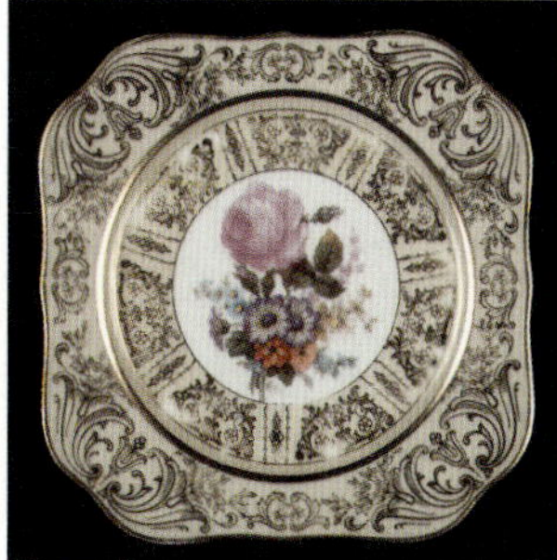

TIR 123
Salad Plate Shown
Gold Trim

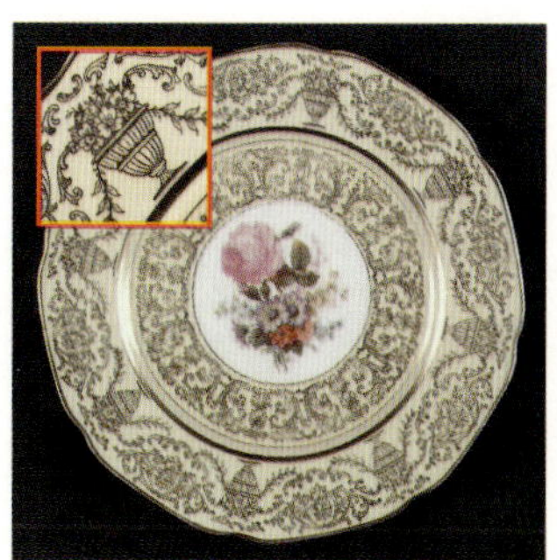

TIR 102
Service Plate Shown
Multi-Motif
Gold Trim

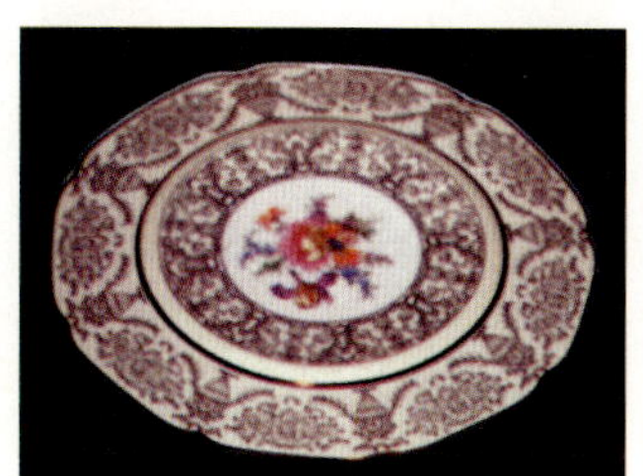

TIR 92
Gold Trim

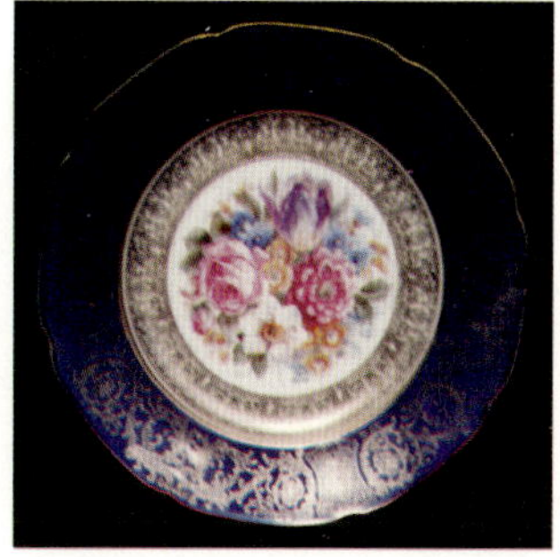

TIR 94
Gold Trim

Scalloped — Rim Shape, Colored Trim or No Trim

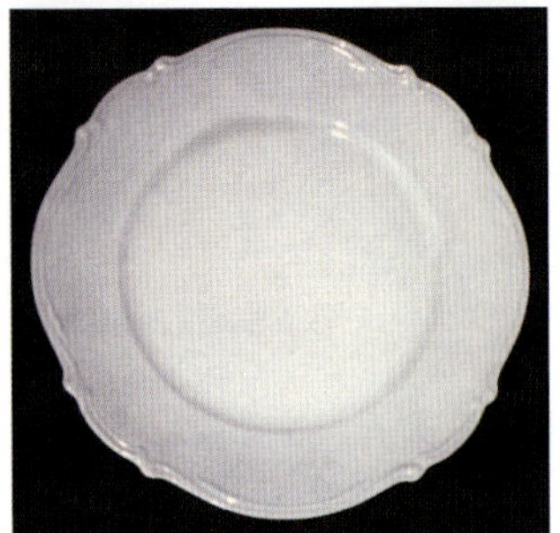

TIR 84
No Trim

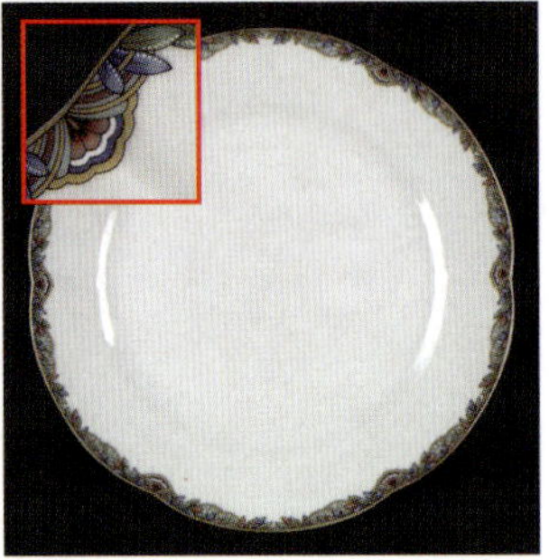

Alhambra
37010
Yellow Trim

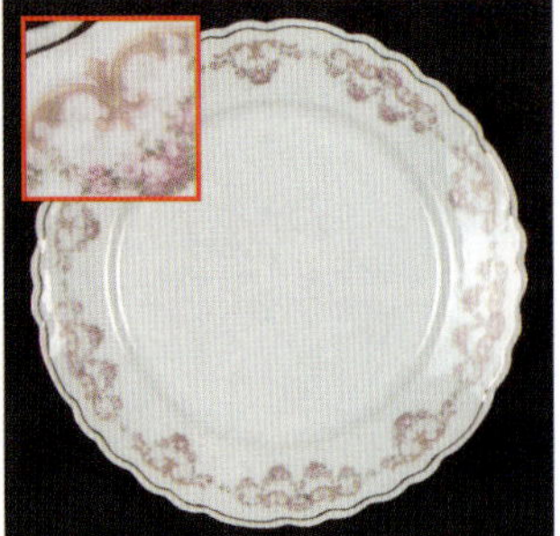

1765
No Trim

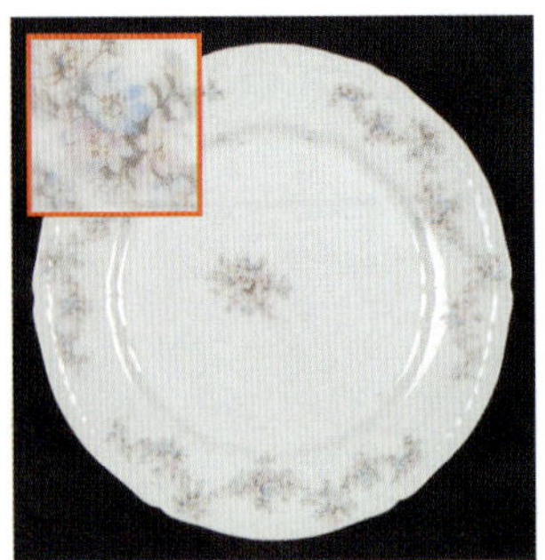

TIR 32
No Trim

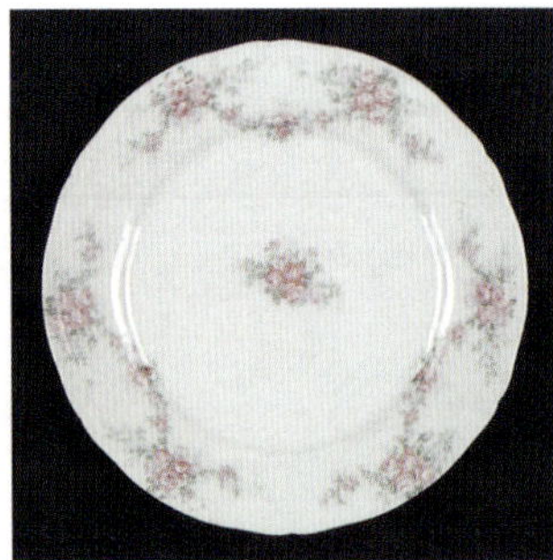

TIR 156
Salad Plate Shown
No Trim

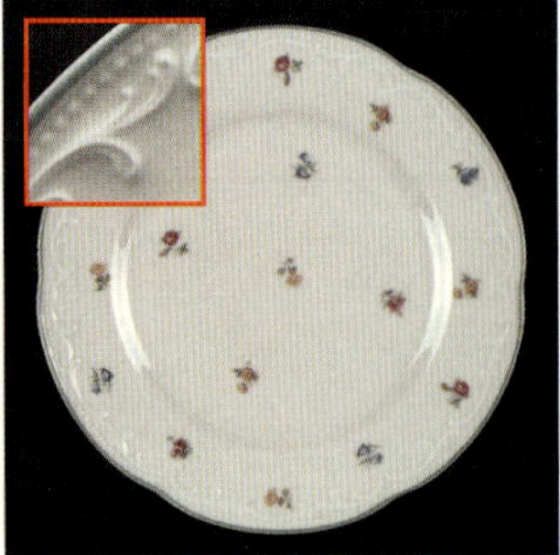

TIR 73
Salad Plate Shown
Green Trim

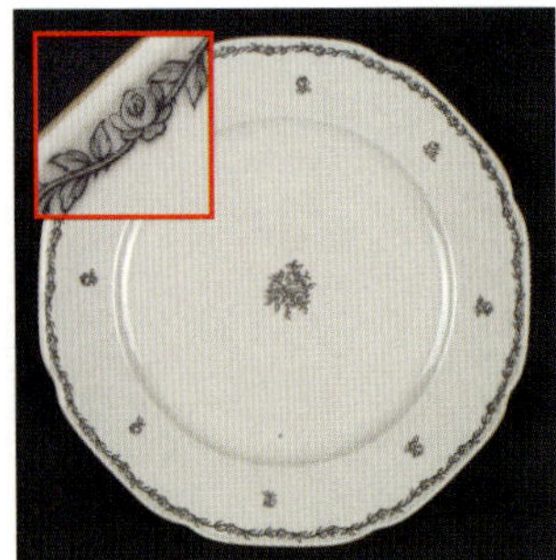

TIR 6
Mustard Trim

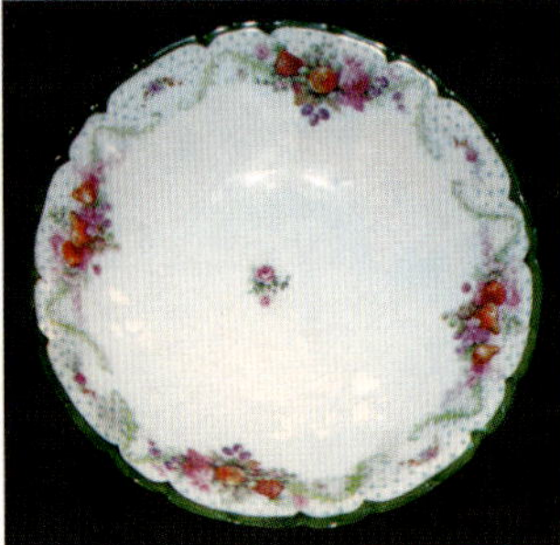

TIR 97
Soup Bowl Shown
Green Trim

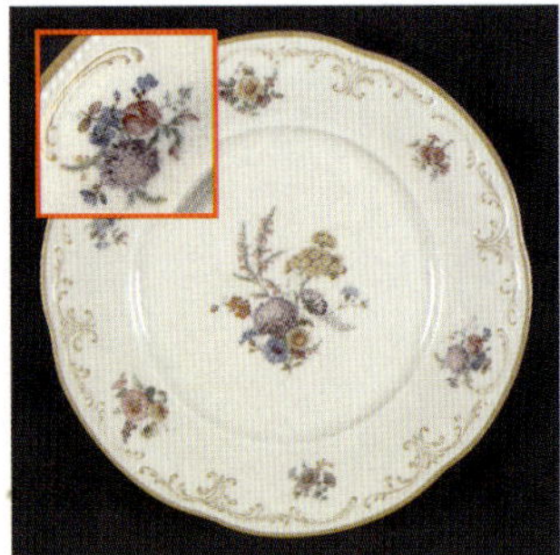

TIR 51
Salad Plate Shown
Mustard Trim

Scalloped — Rim Shape, Colored Trim or No Trim (continued)

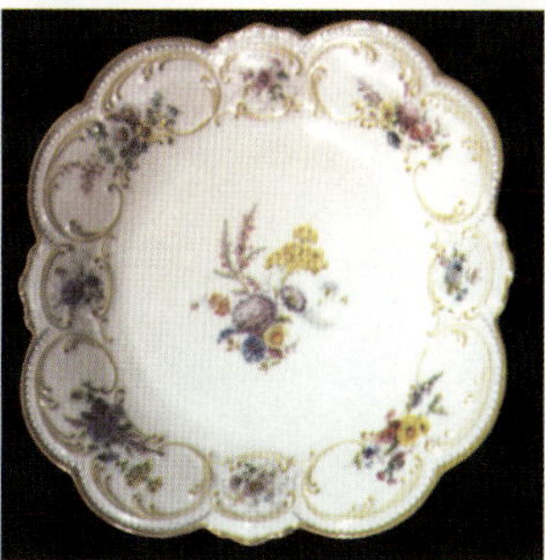

TIR 225
Salad Plate Shown
Mustard Trim

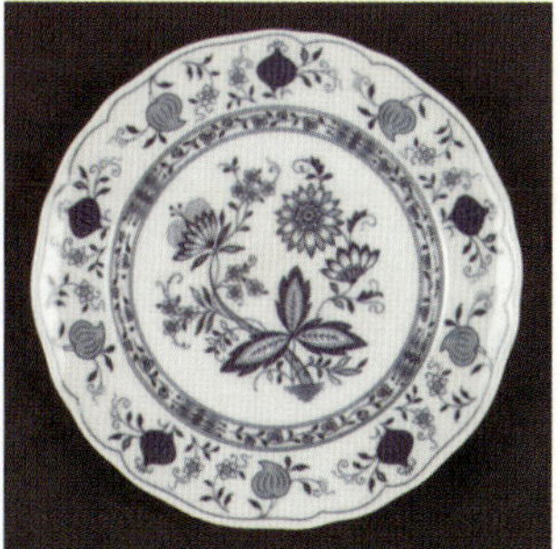

Blue Onion
No Trim

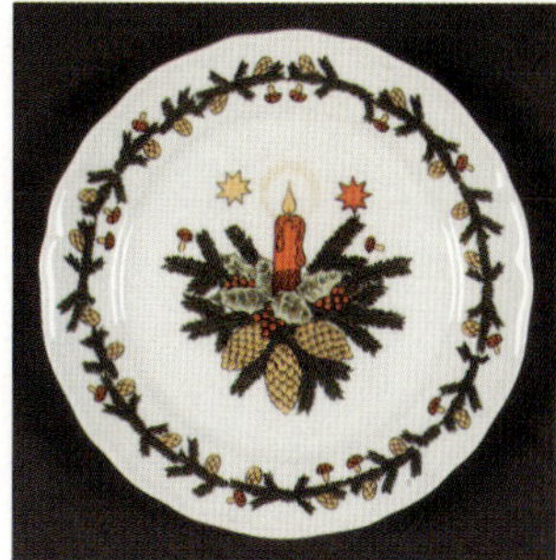

TIR 155
Salad Plate Shown
No Trim

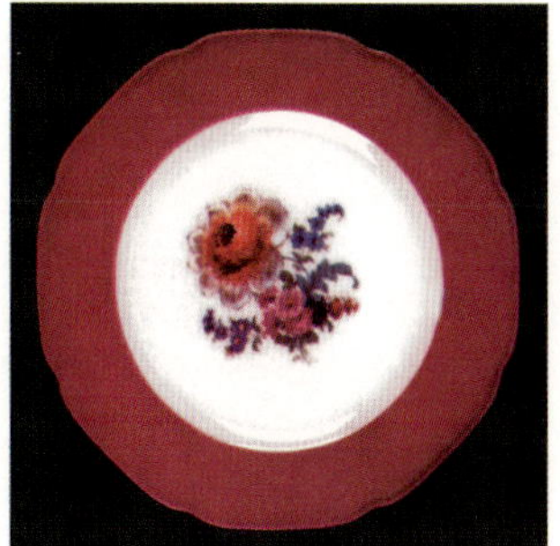

TIR 54
No Trim

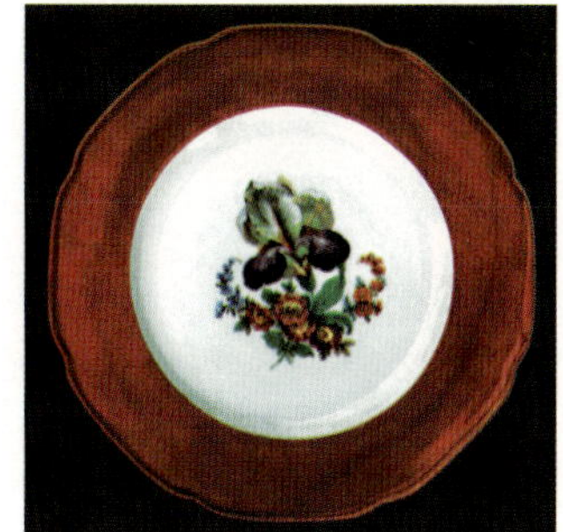

TIR 53
No Trim

Multisided — Rim Shape

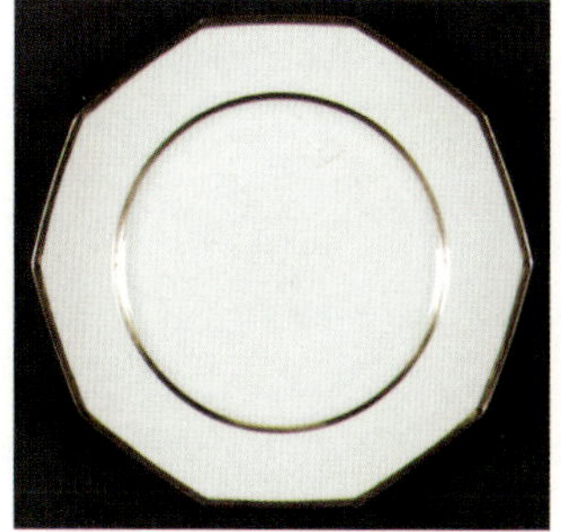

Puritan
4141
Gold Trim

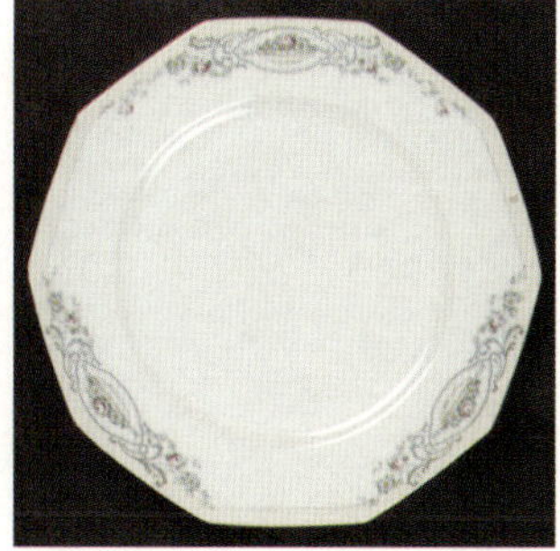

Beaumont
H4271
Gold Trim

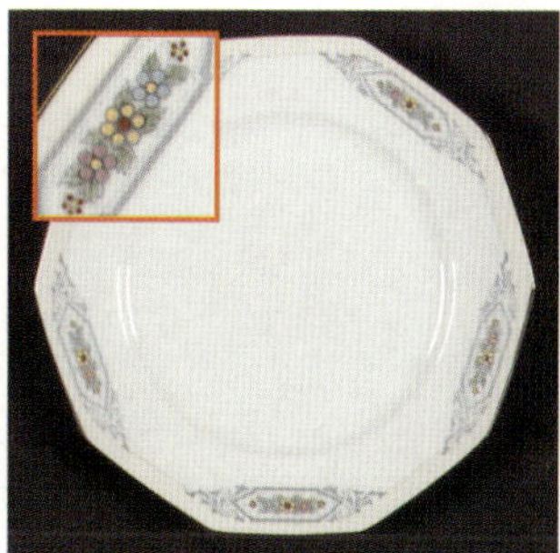

Tremont
4273
Gold Trim

Multisided — Rim Shape (continued)

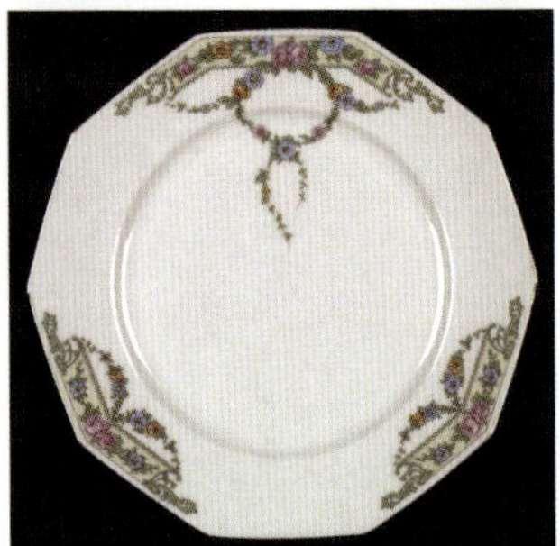

Fairmont
4275
Gold Trim

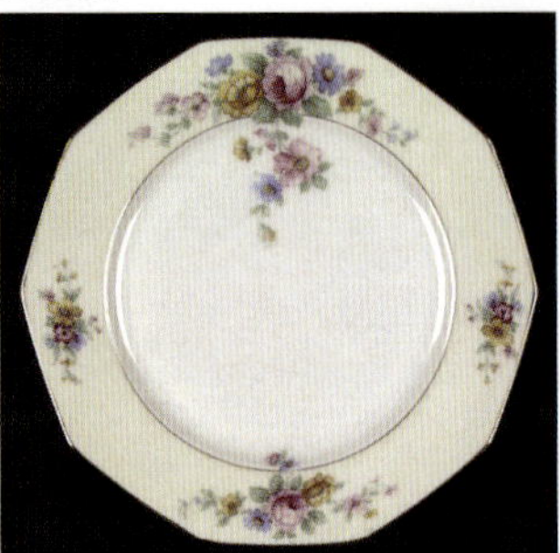

Wrexham
4390
Gold Trim

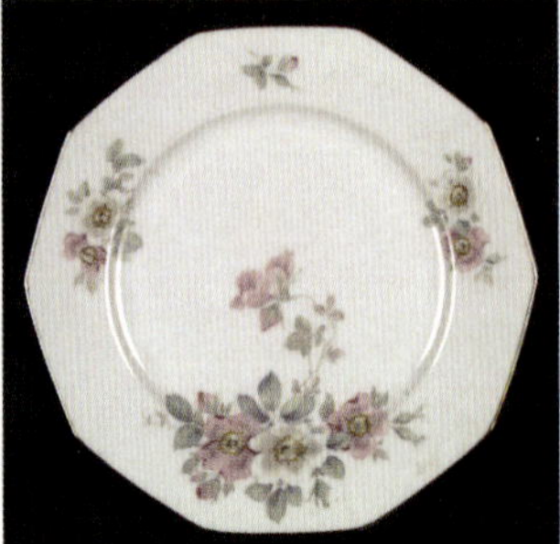

The Wild Rose
4380
Gold Trim

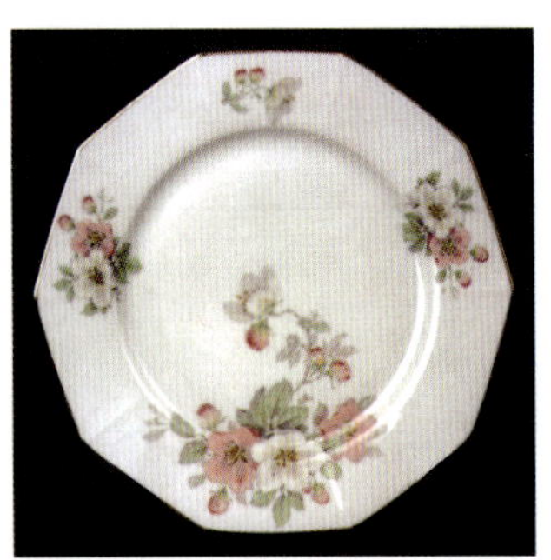

TIR 55
Gold Trim

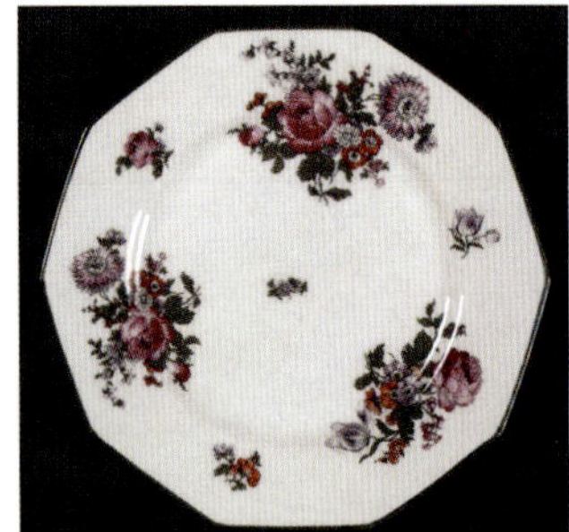

Chelsea
4181
Green Trim

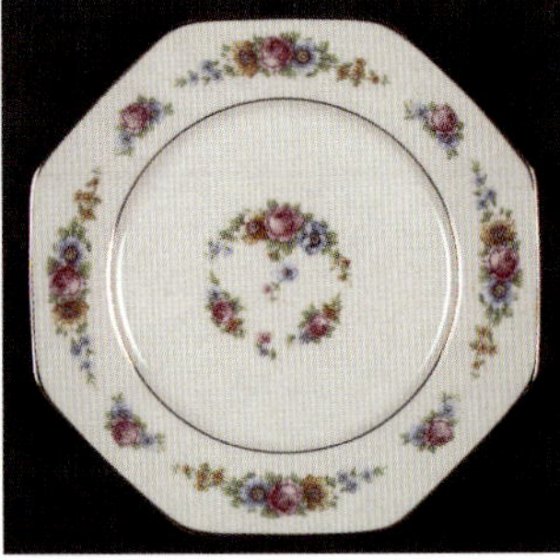

TIR 35
Gold Trim

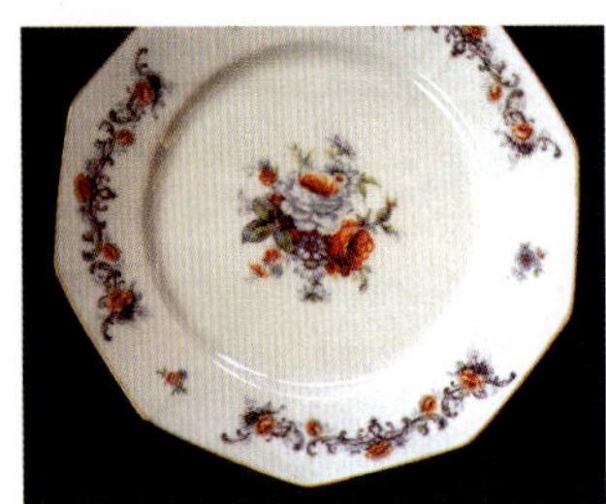

TIR 157
Gold Trim

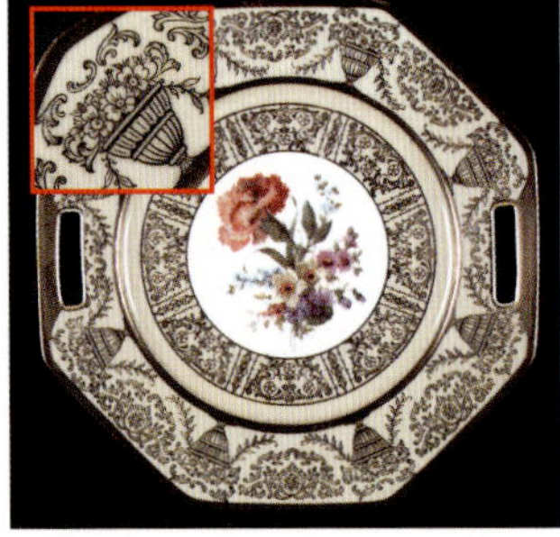

TIR 111
Cake Plate Shown
Gold Trim

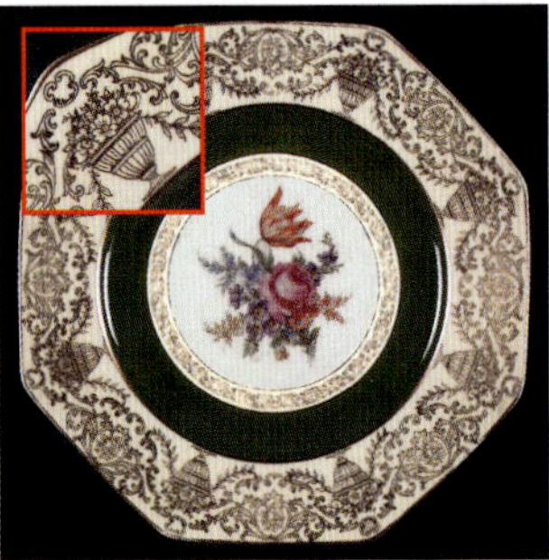

TIR 110
Gold Trim

Multisided — Rim Shape (continued)

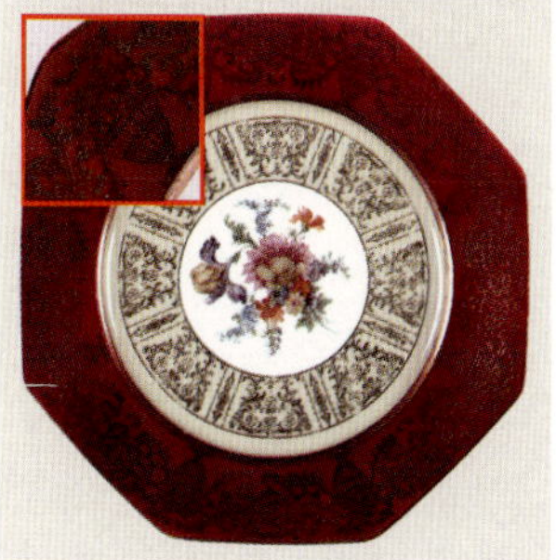

TIR 109
Gold Trim

Coupe — Smooth, Gold Trim

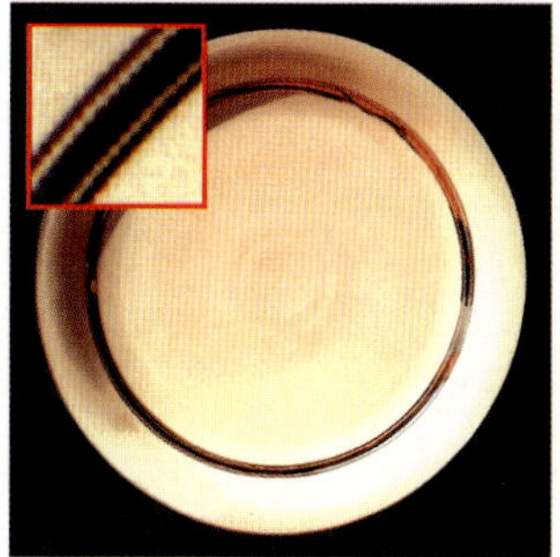

TIR 44
Soup Bowl Shown
Gold Trim

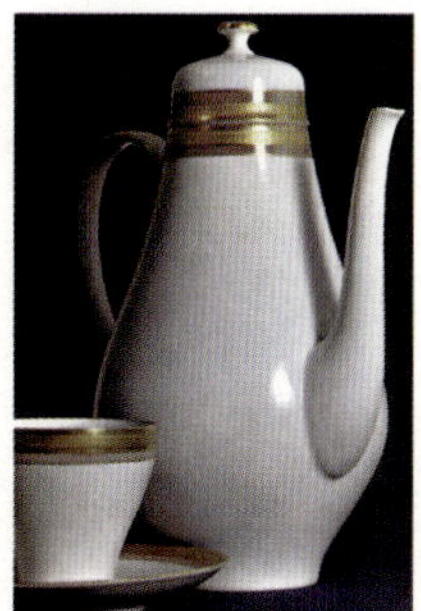

Corona
Gold Trim

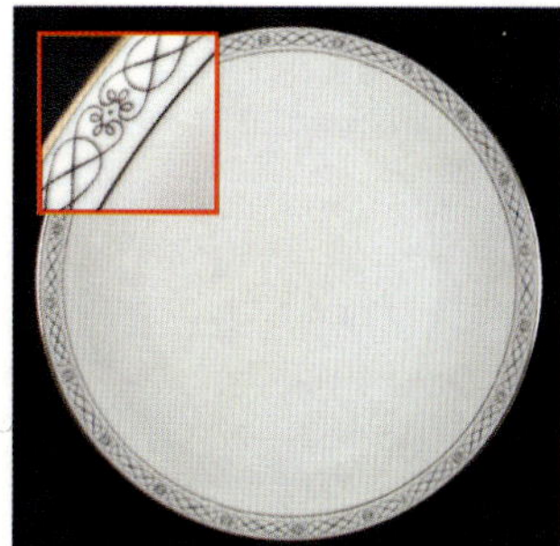

2508
Gold Trim

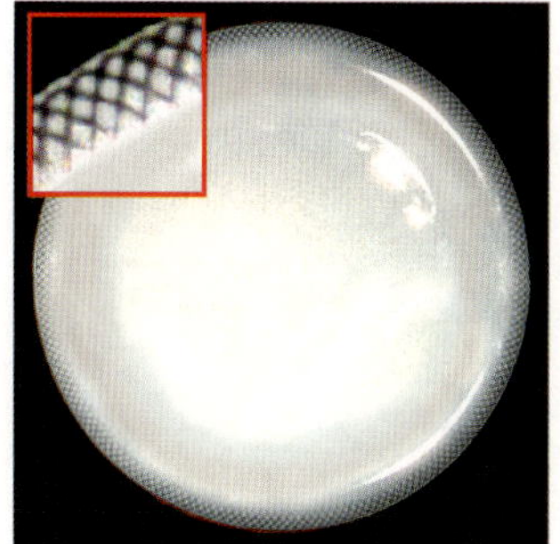

TIR 14
Gold Trim

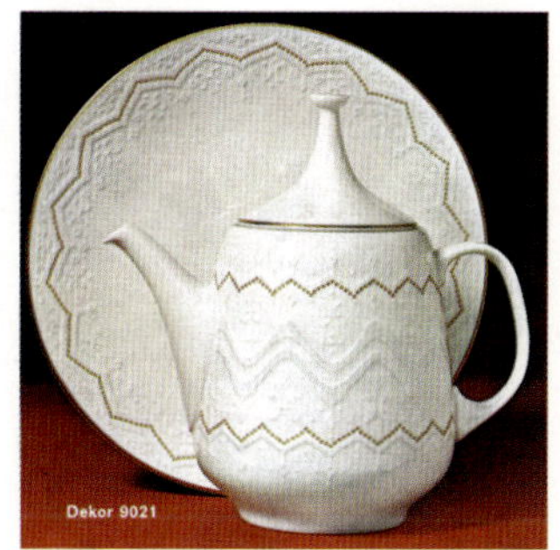

9021
Gold Trim

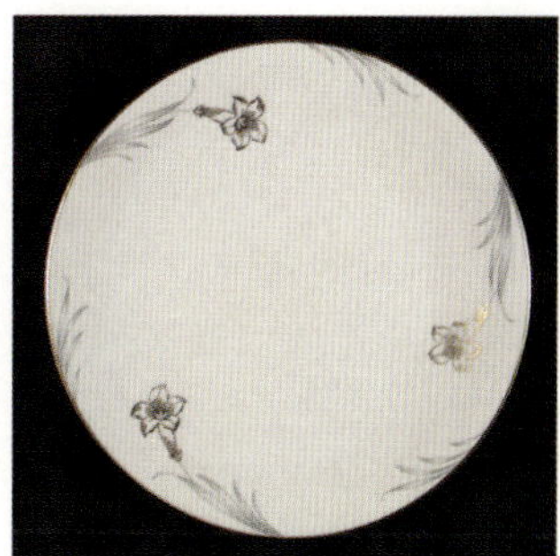

Gloria
3178
Gold Trim

Coupe — Smooth, Gold Trim (continued)

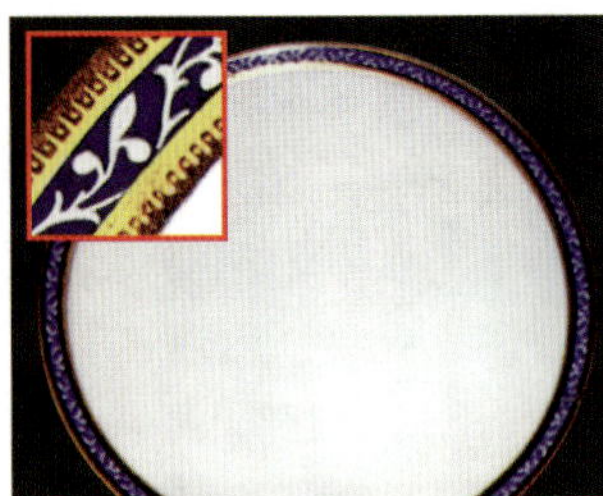

TIR 104
Gold Trim

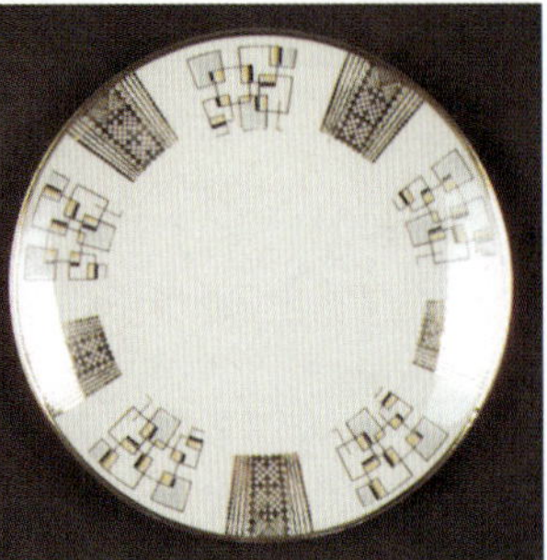

11429
Salad Plate Shown
Gold Trim

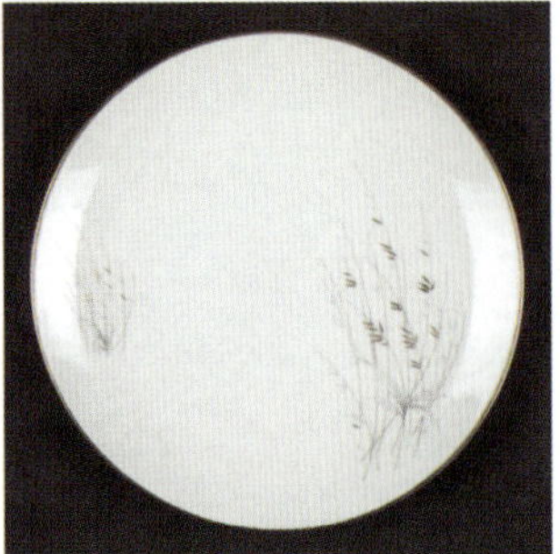

TIR 184
Salad Plate Shown
Gold Trim

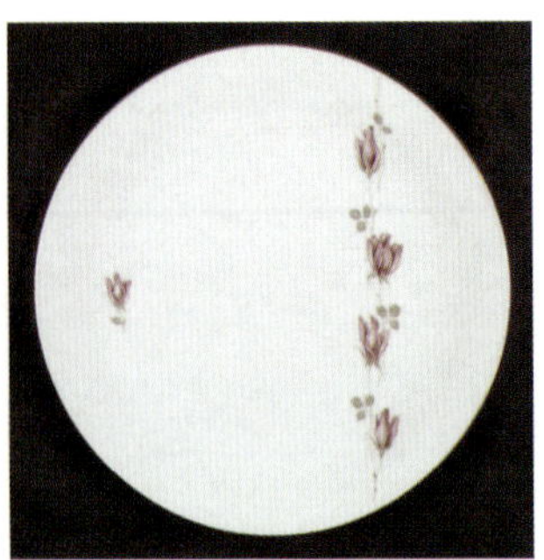

Pink Rambler
4277
Gold Trim

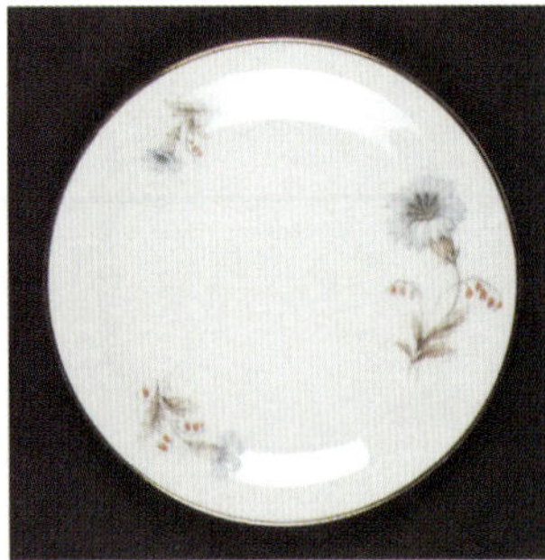

TIR 154
Bread & Butter Plate Shown
3 Groups of Flowers
Gold Trim

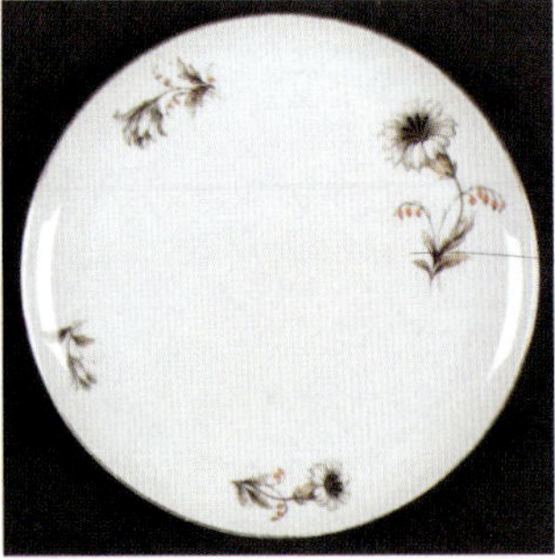

TIR 23
Salad Plate Shown
4 Groups of Flowers
Gold Trim

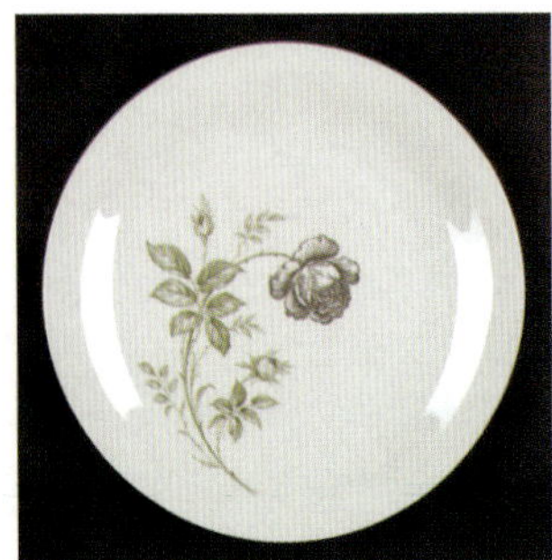

Solitaire
3169
Gold Trim

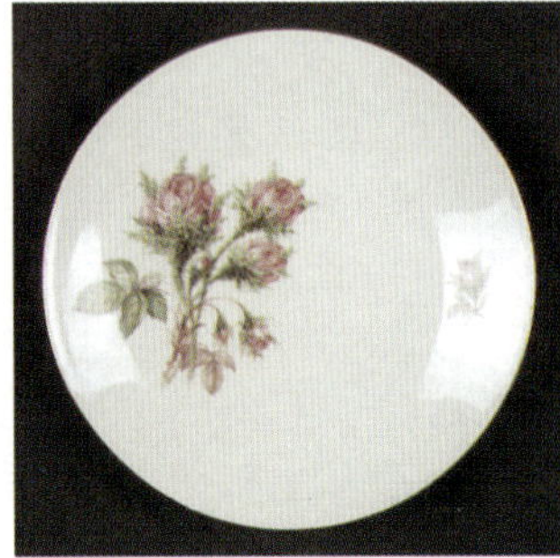

TIR 30
Salad Plate Shown
Gold Trim

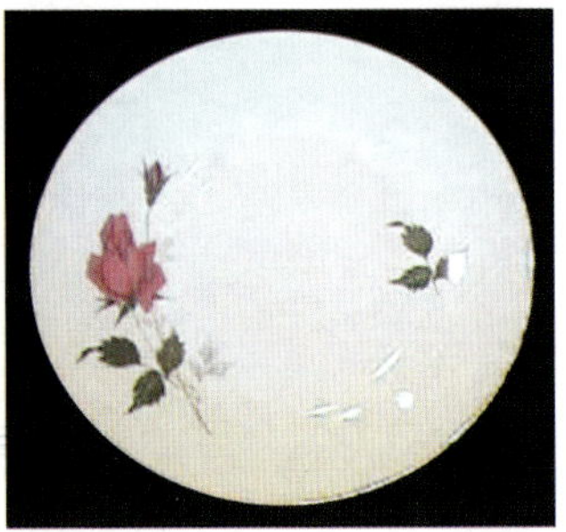

TIR 174
Soup Bowl Shown
Gold Trim -

Coupe — Smooth, Gold Trim (continued)

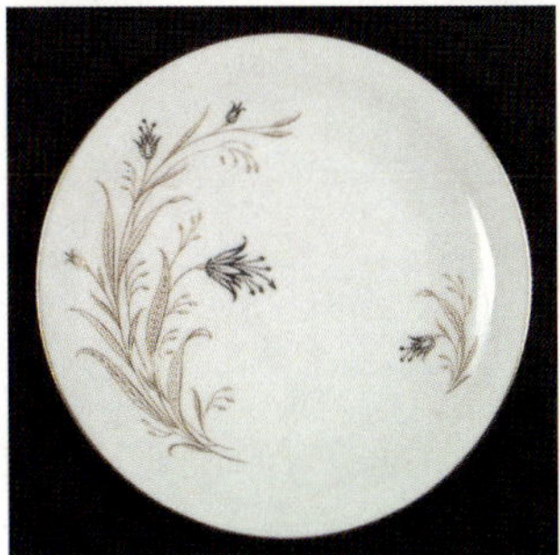
Golden Bell
2939
Gold Trim

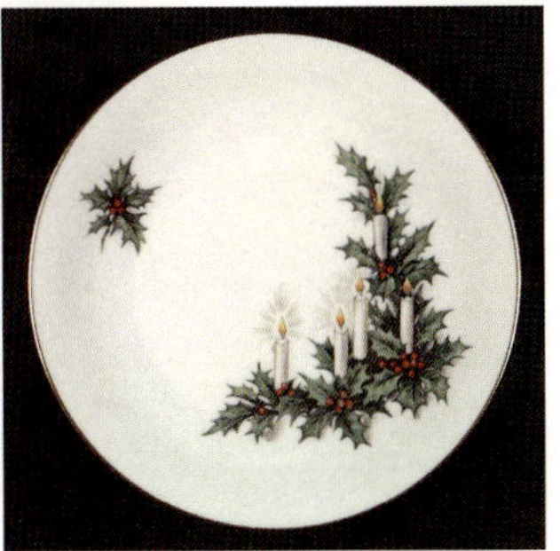
Noel
3748
Gold Trim

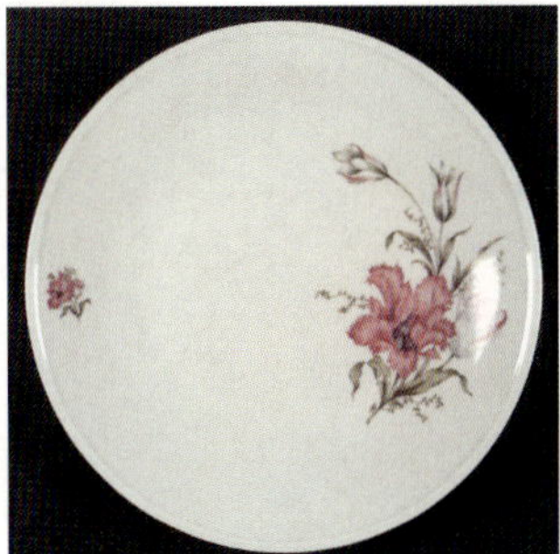
Brunswick
4184
Gold Trim

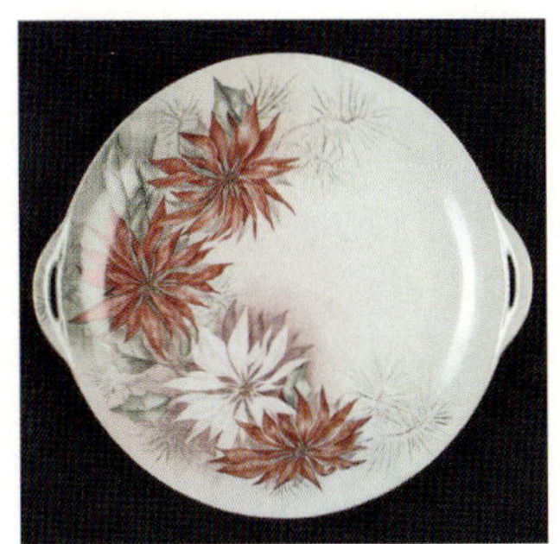
TIR 2
Cake Plate Shown
Gold Trim

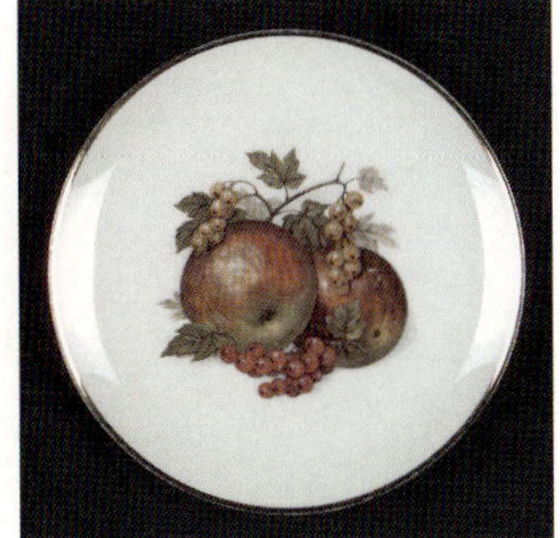
2606
Salad Plate Shown
Gold Trim

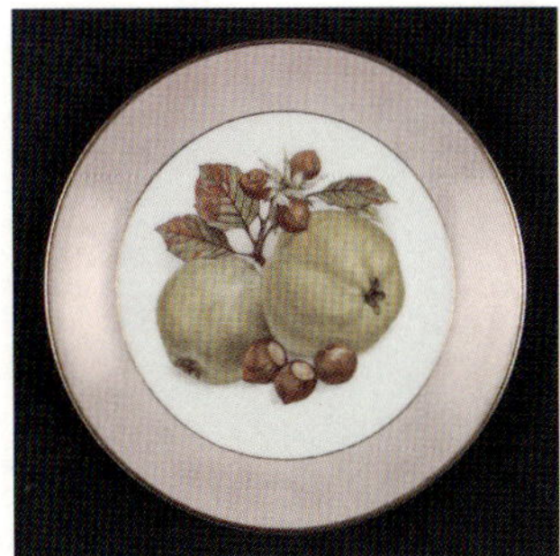
TIR 158
Salad Plate Shown
Gold Trim

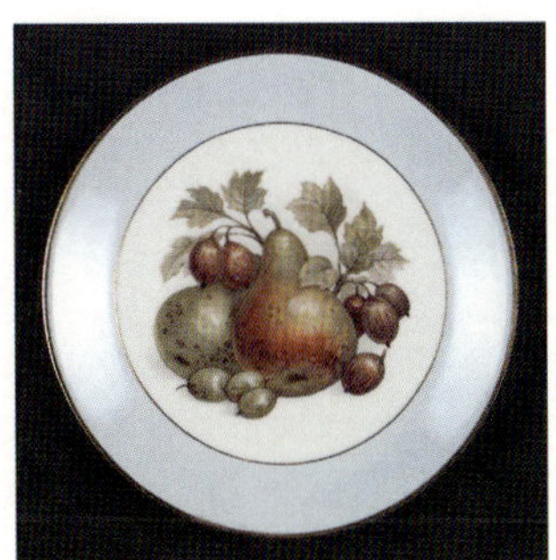
TIR 159
Salad Plate Shown
Gold Trim

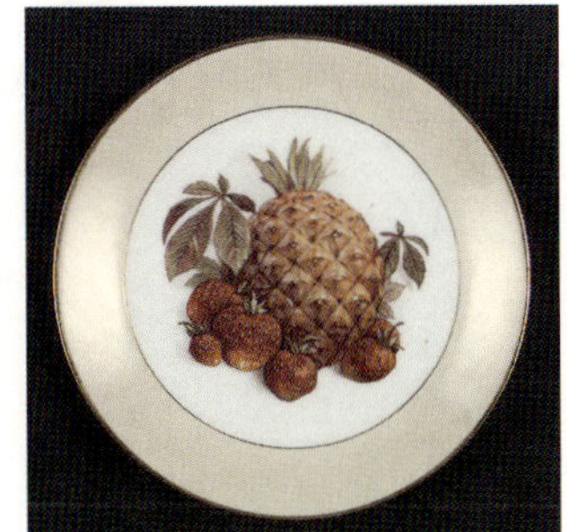
TIR 160
Salad Plate Shown
Gold Trim

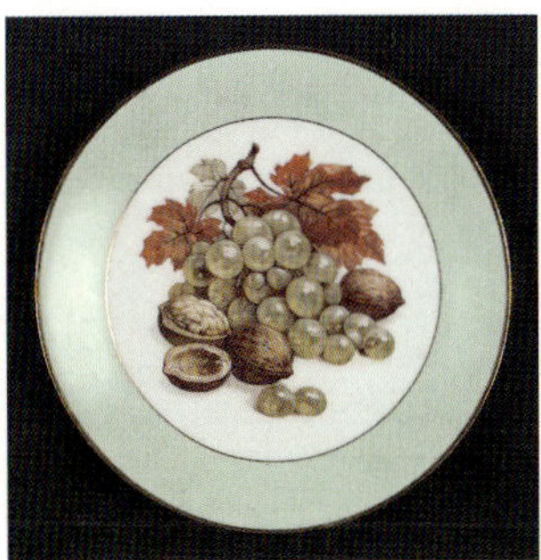
TIR 161
Salad Plate Shown
Gold Trim

Coupe — Smooth, Gold Trim (continued)

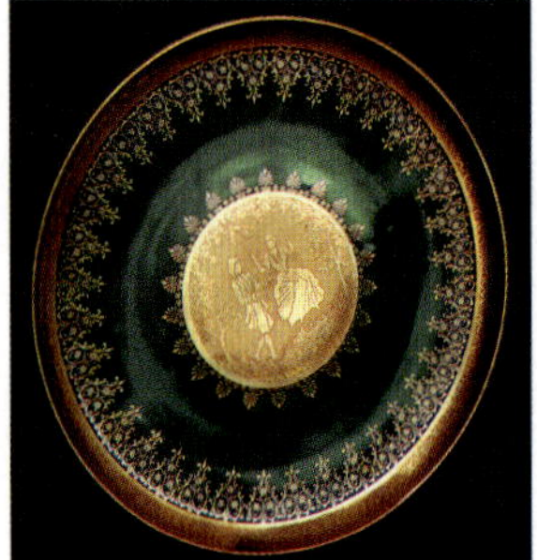

TIR 145
Gold Trim

Coupe — Smooth; Platinum, Colored Trim or No Trim

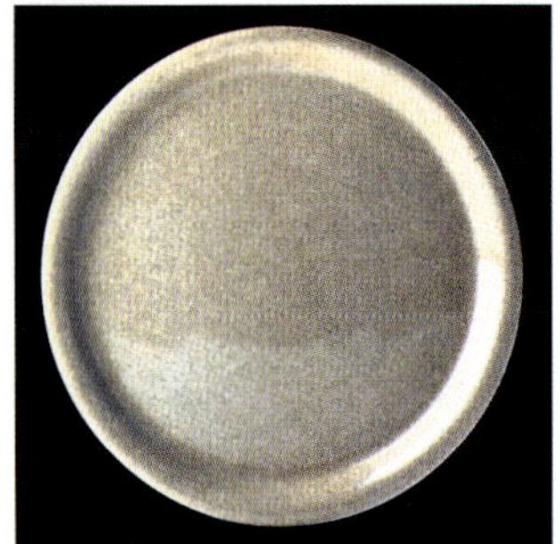

Vera
95001
No Trim

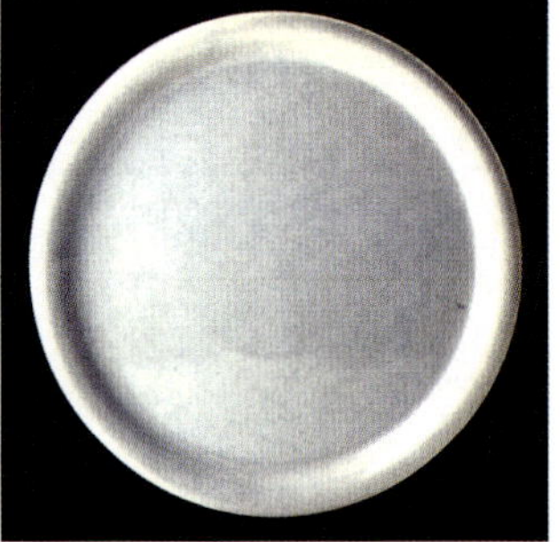

Karin
94001
No Trim

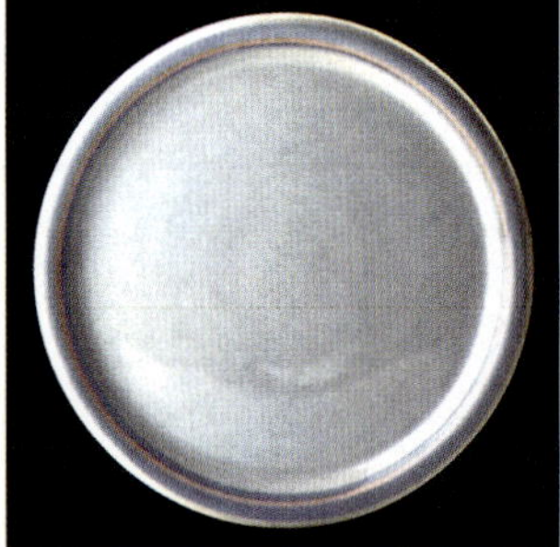

Steffi
94003
No Trim

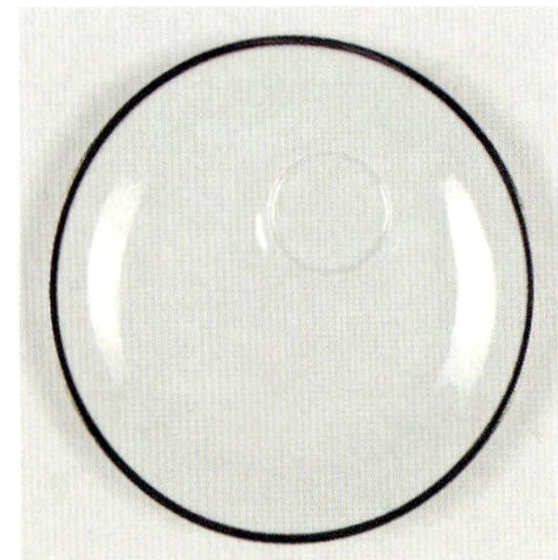

2914
Snack Plate Shown
Platinum Trim

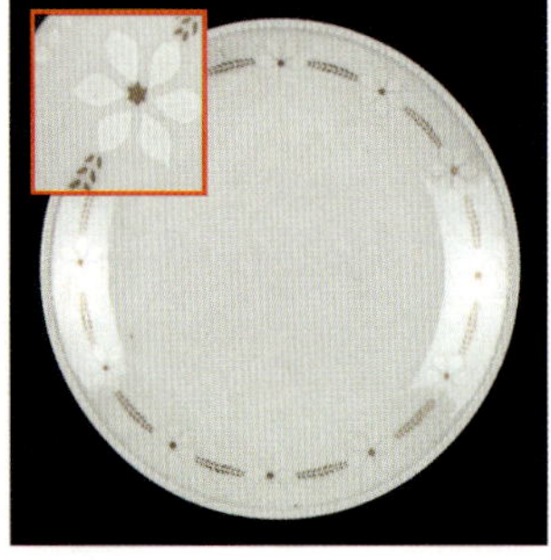

Cameo
4627
No Trim

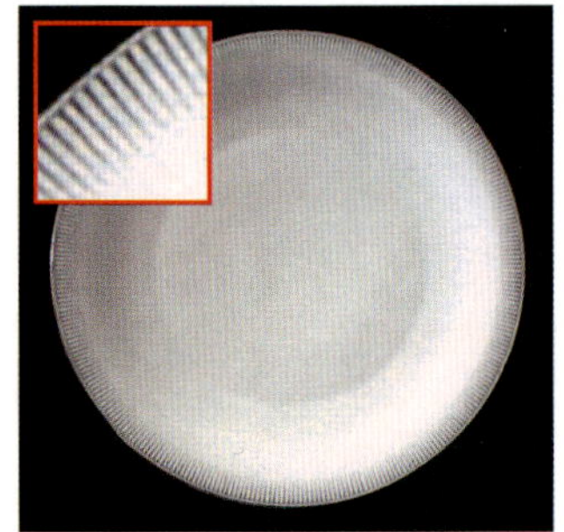

3655
Platinum Trim

Coupe — Smooth; Platinum, Colored Trim or No Trim (continued)

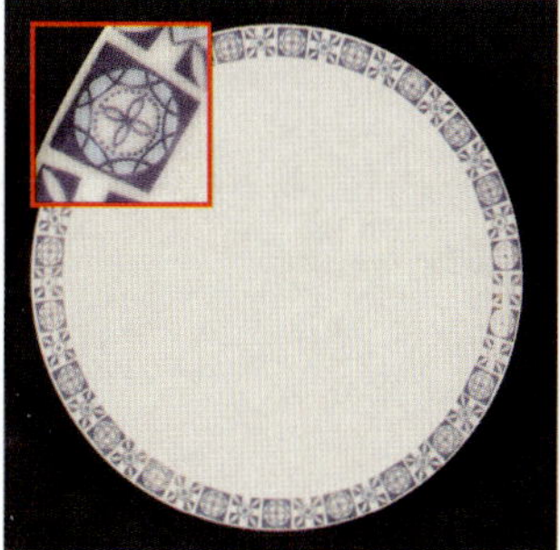
TIR 194
Salad Plate Shown
No Trim

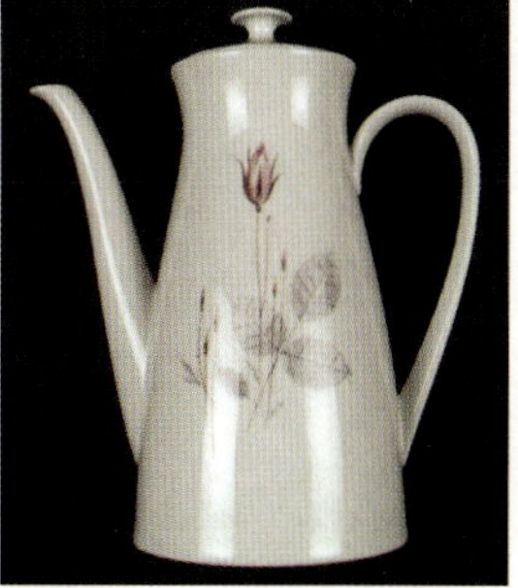
4183
Coffeepot Shown
No Trim

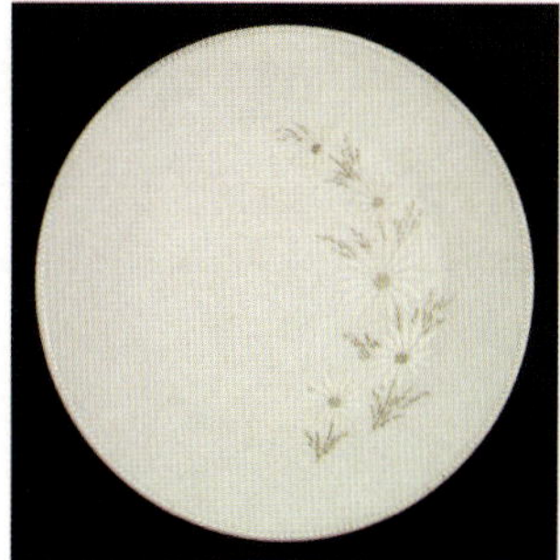
Shasta
4456
No Trim

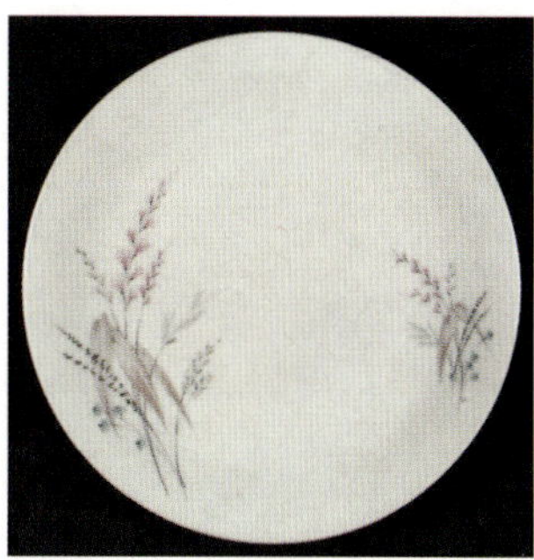
3098
No Trim

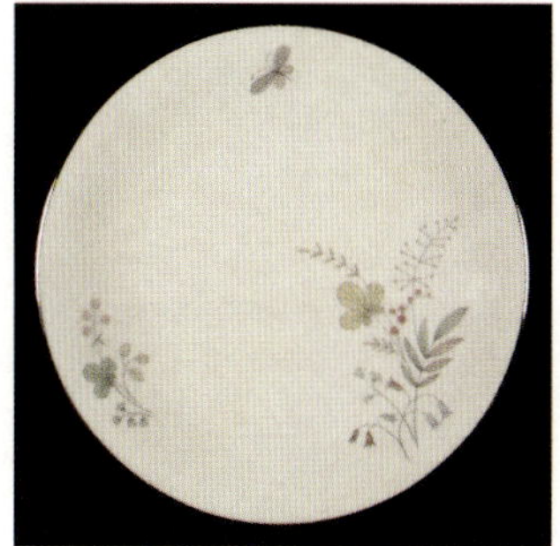
2889
Platinum Trim

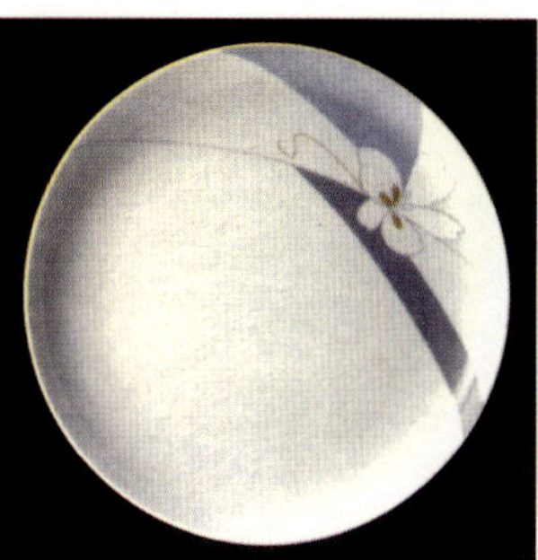
15004
No Trim

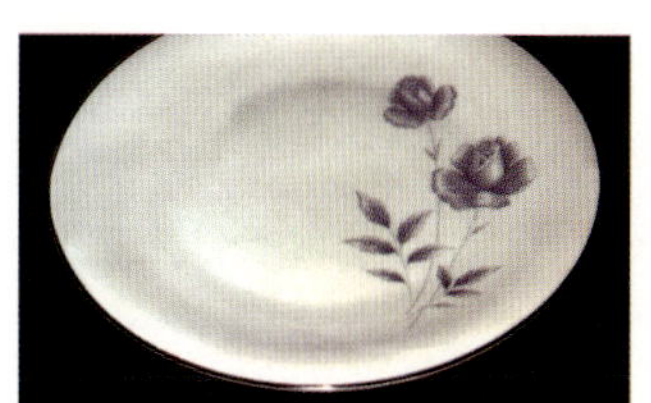
TIR 200
Platinum Trim

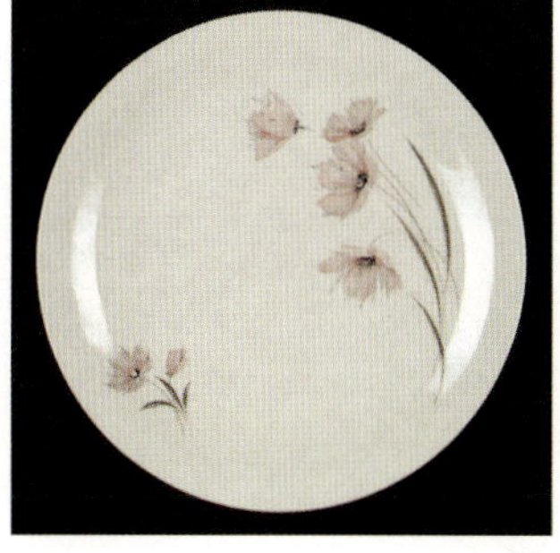
4029
No Trim

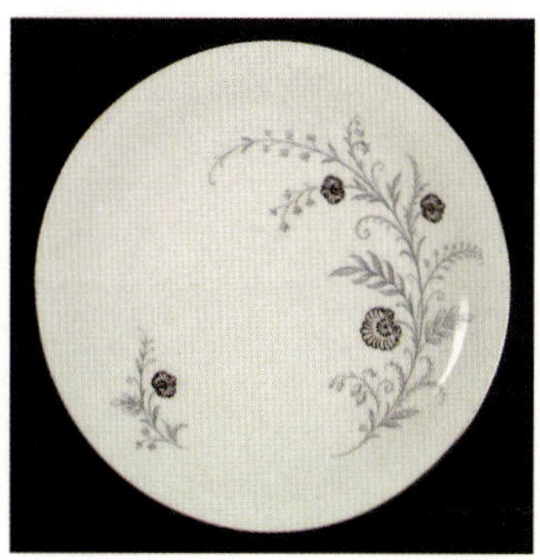
Enchanting
2603
Platinum Trim

Coupe — Smooth; Platinum, Colored Trim or No Trim (continued)

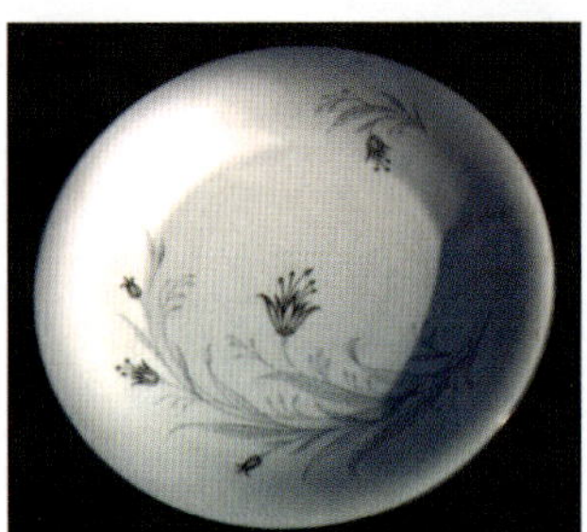
Fantasy
2989
Platinum Trim

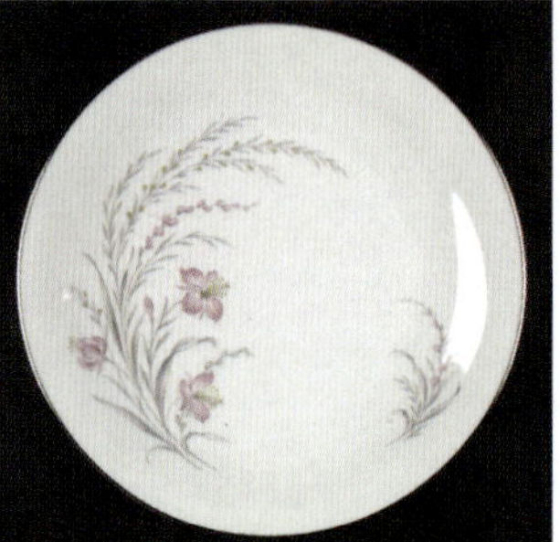
Entrancing
2940
Platinum Trim

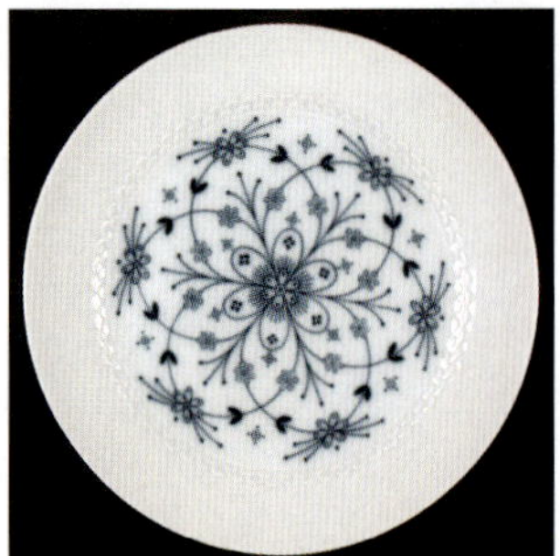
TIR 28
Salad Plate Shown
No Trim

Coupe — Azur Shape

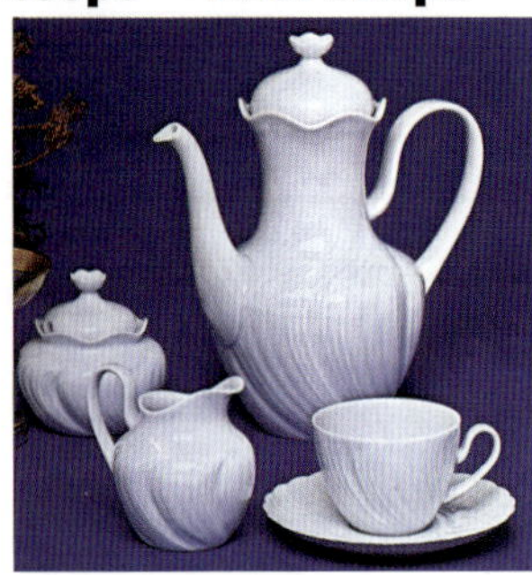
Azur
Blue Background
No Trim

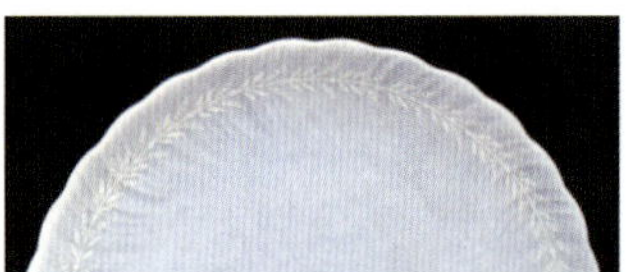
Bianca
9702
No Trim

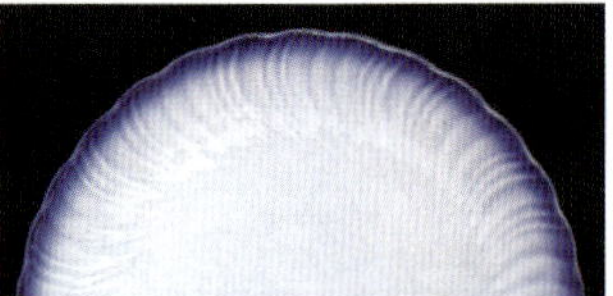
9705
No Trim

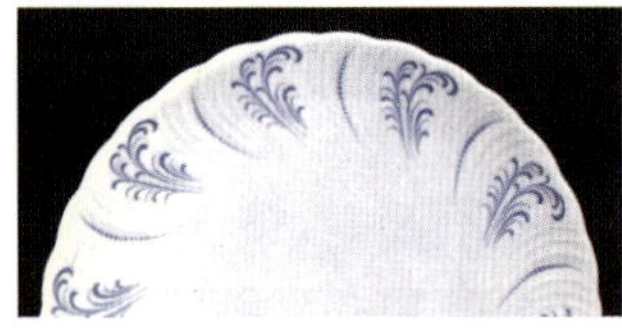
Pergola
9710
No Trim

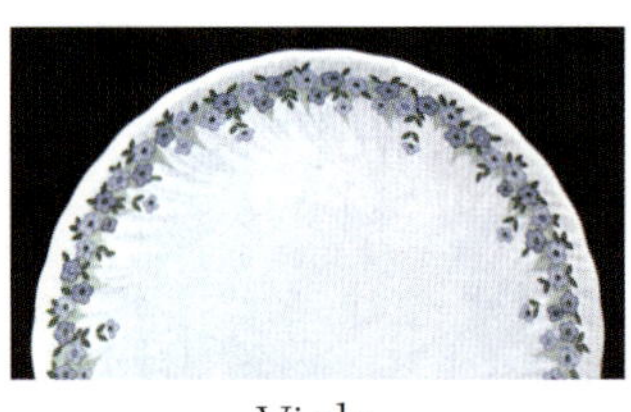
Viola
9701
No Trim

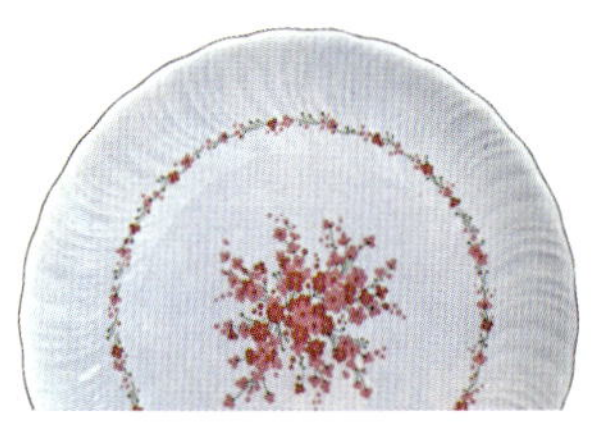
Fiorini
9700
No Trim

Coupe — Azur Shape (continued)

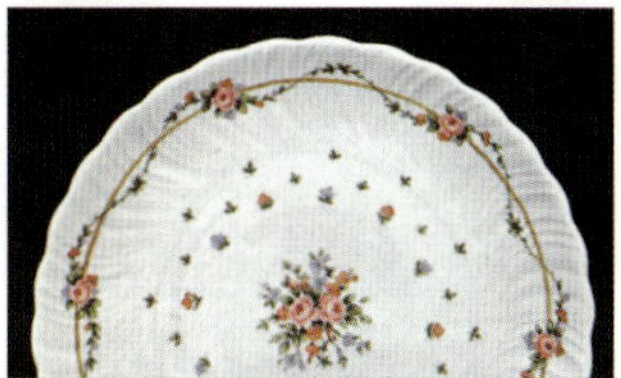

Garland
9709
No Trim

Coupe — Fleurette Shape

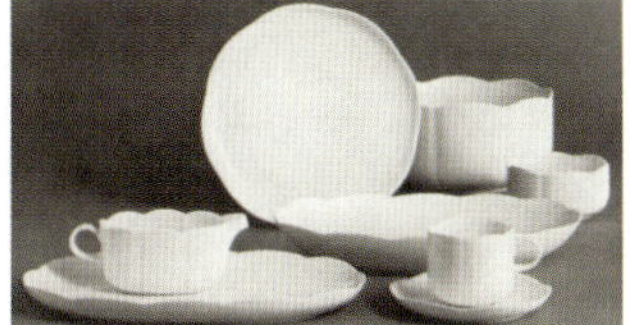

White Fleur
No Trim

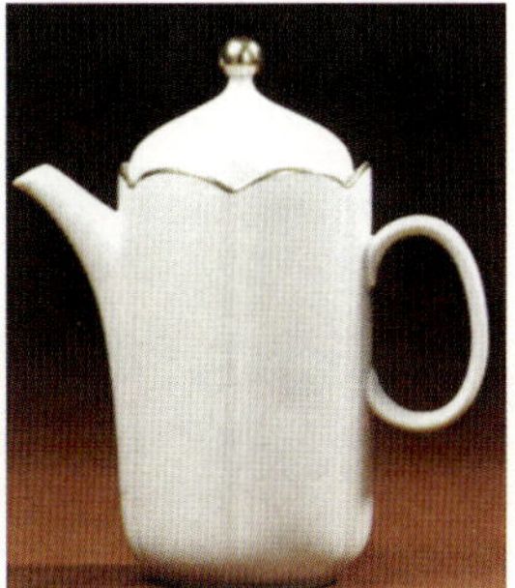

Fleur Gold
26010
Coffeepot Shown
Gold Trim

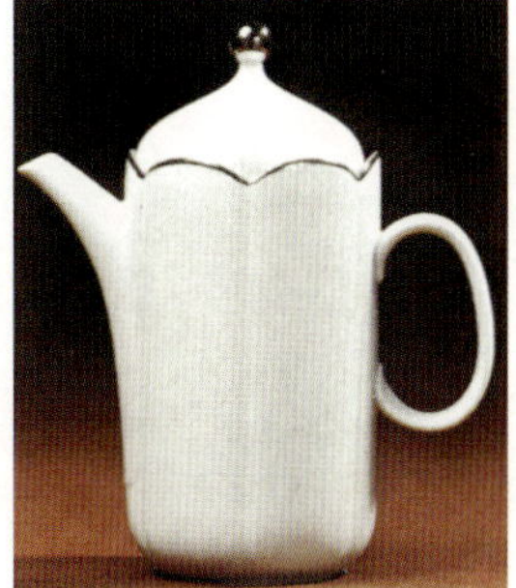

Platin
26011
Coffeepot Shown
Platinum Trim

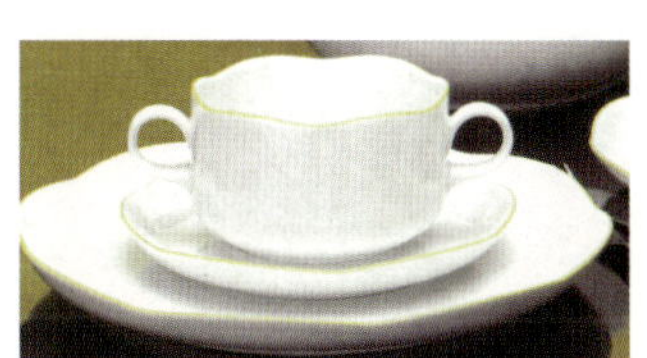

Disco Yellow
26033
Yellow Trim

Disco Red
26032
Red Trim

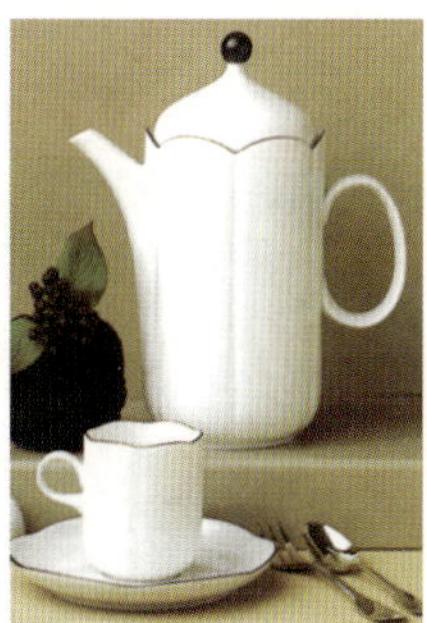

Disco Black
26035
Black Trim

Coupe — Fleurette Shape (continued)

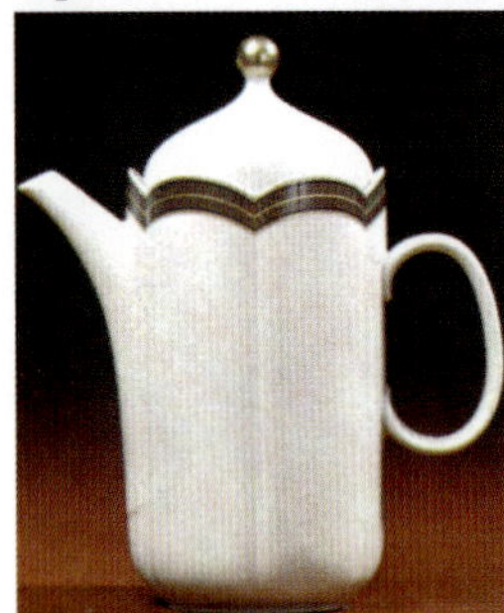

Diplomat Gold
26008
Coffeepot Shown
No Trim

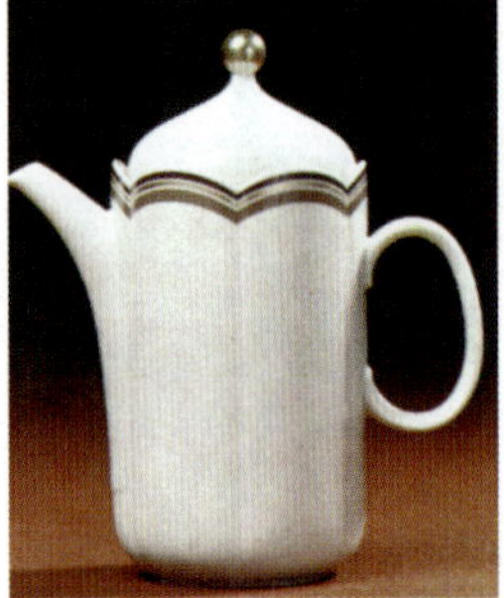

Bordura
26002
Coffeepot Shown
No Trim

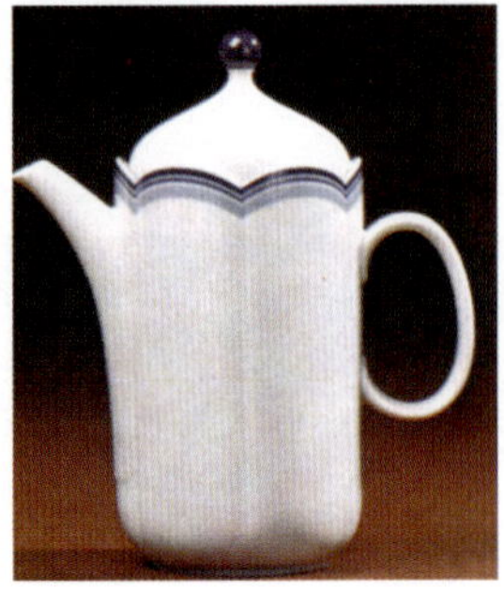

26013
Coffeepot Shown
No Trim

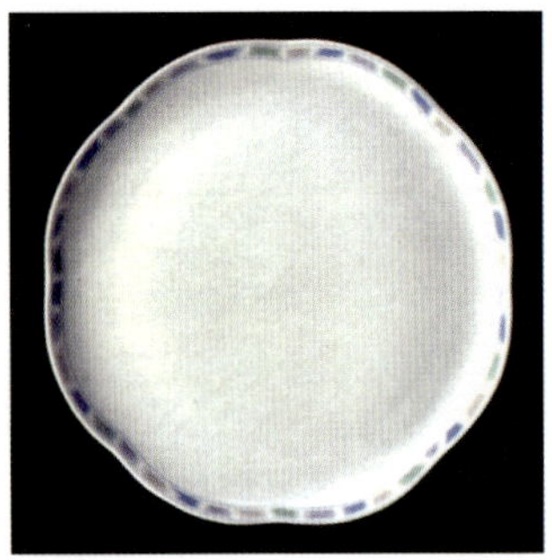

27009
No Trim

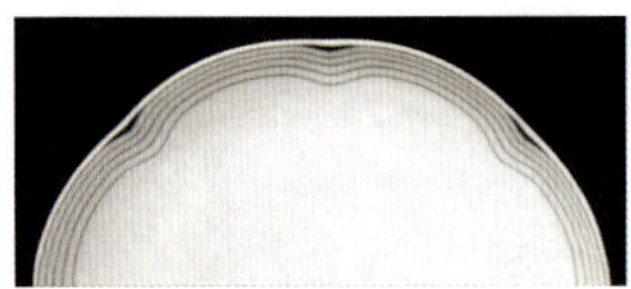

Ondula
26018
No Trim

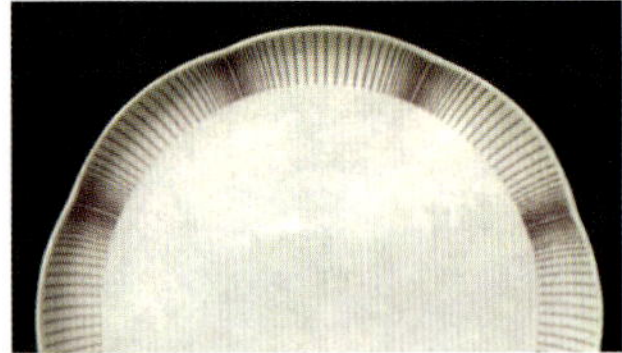

Lineato
26005
No Trim

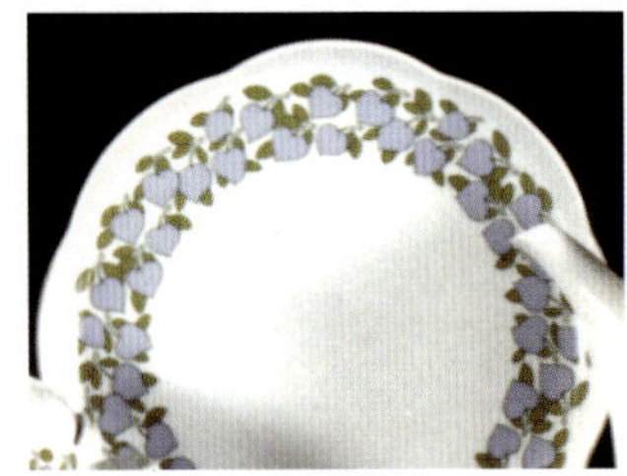

9908
No Trim

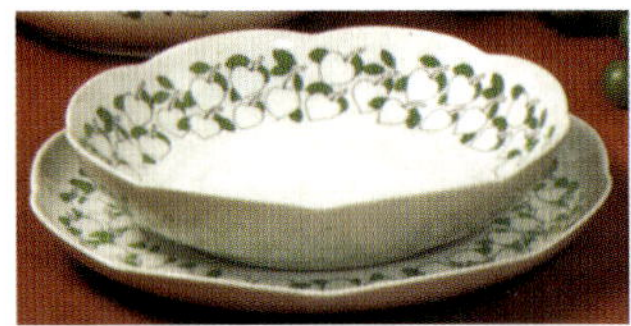

Cheri
No Trim

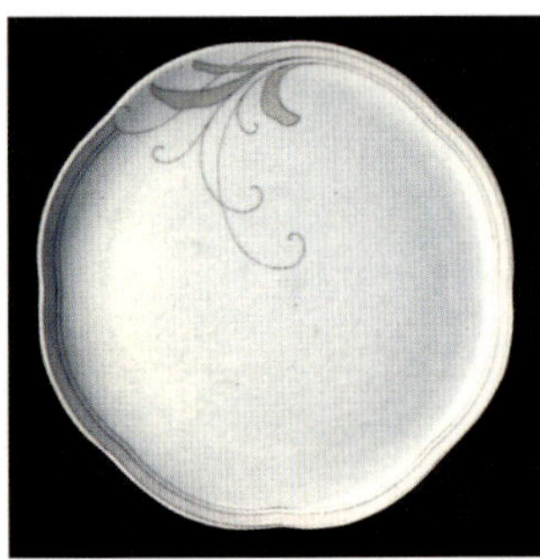

27003
No Trim

Coupe — Fleurette Shape (continued)

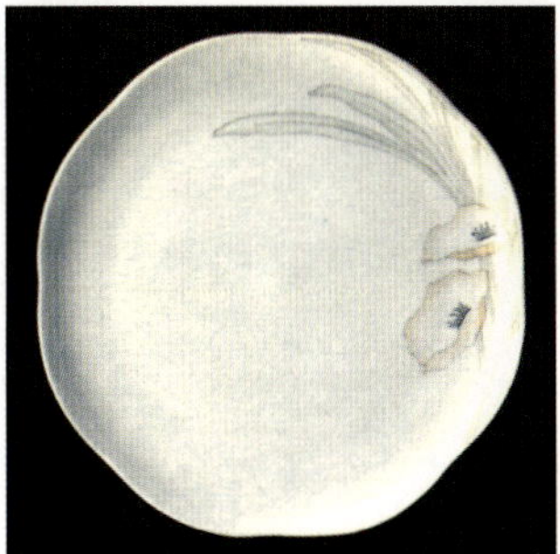
27002
No Trim

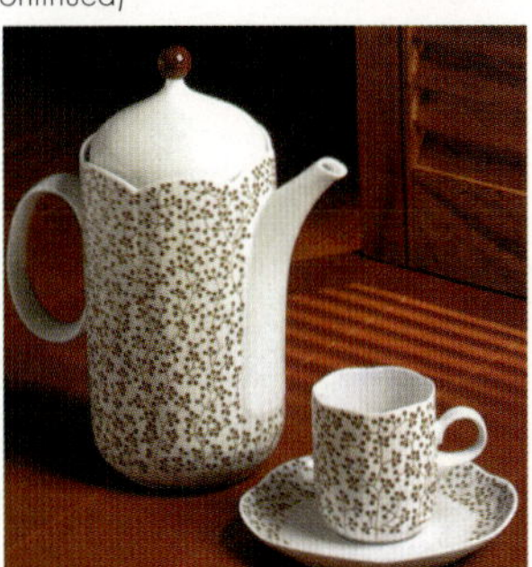
Pergola
No Trim

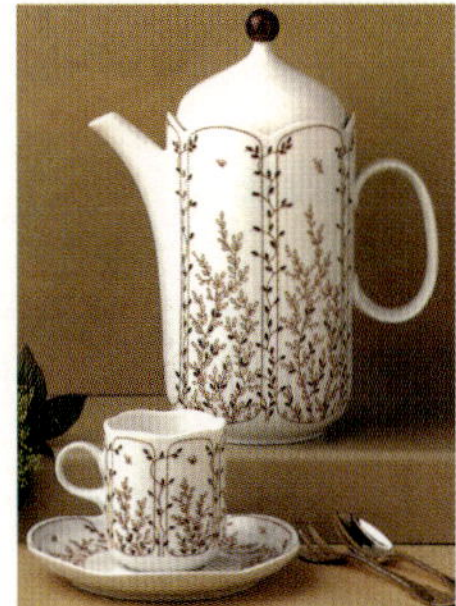
Brown Fleur
26004
No Trim

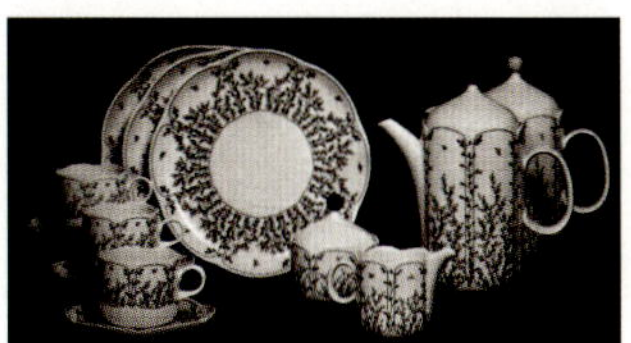
Blue Fleur
26003
No Trim

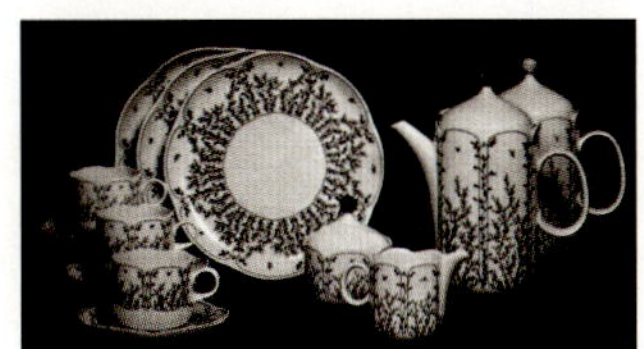
Green Fleur
No Trim

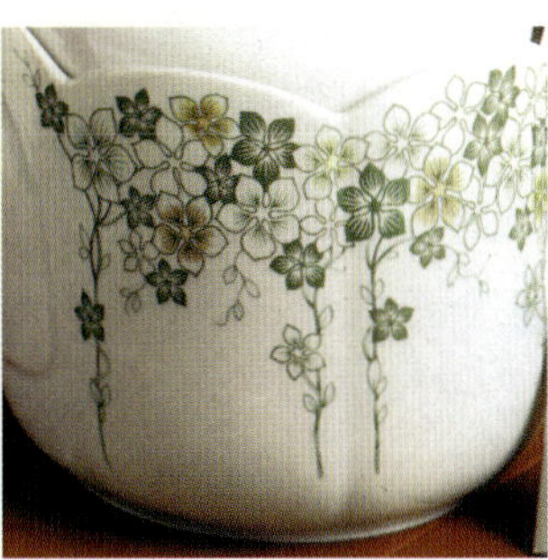
Green Spread
No Trim

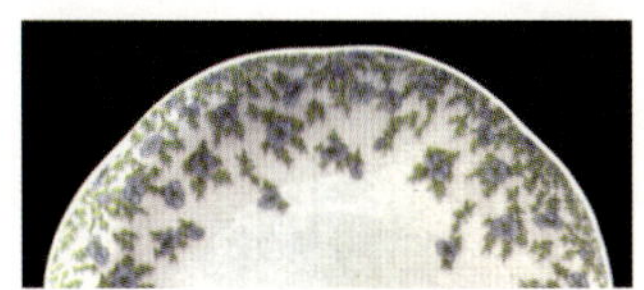
Fiorita
26014
No Trim

Coupe — Isabel Shape

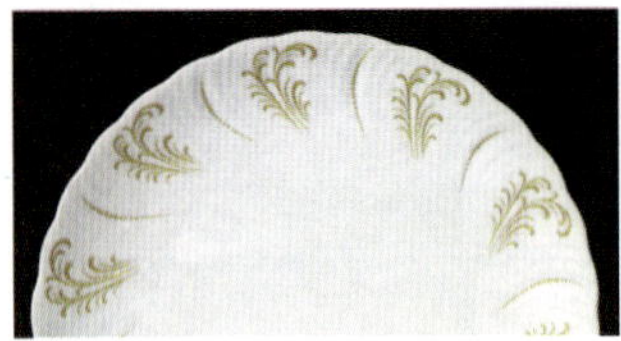

Pergola Gold
9804
No Trim

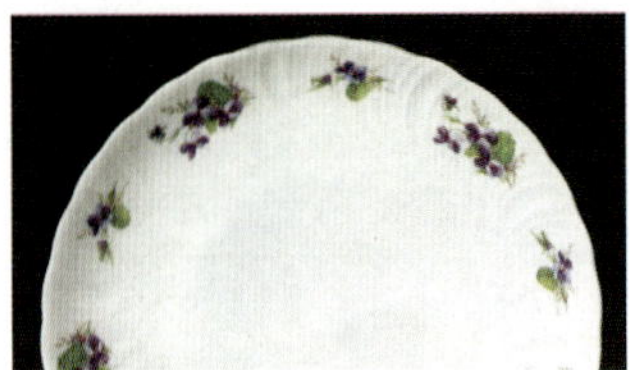

Violets
9800
No Trim

Coupe — Salzburg Shape

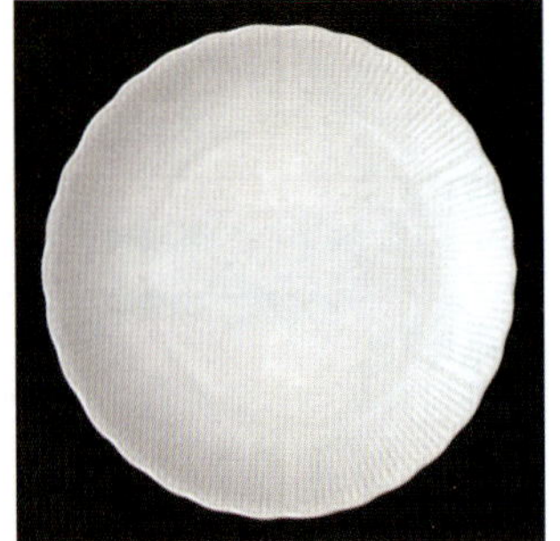

Salzburg White
28001
No Trim

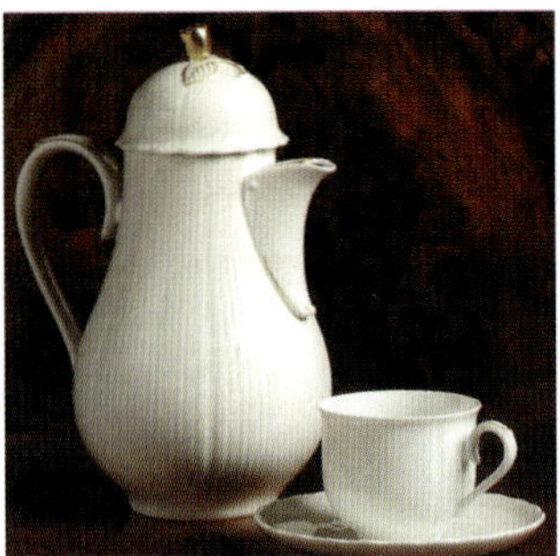

Prinzess
Gold Accented Hollowware
No Trim

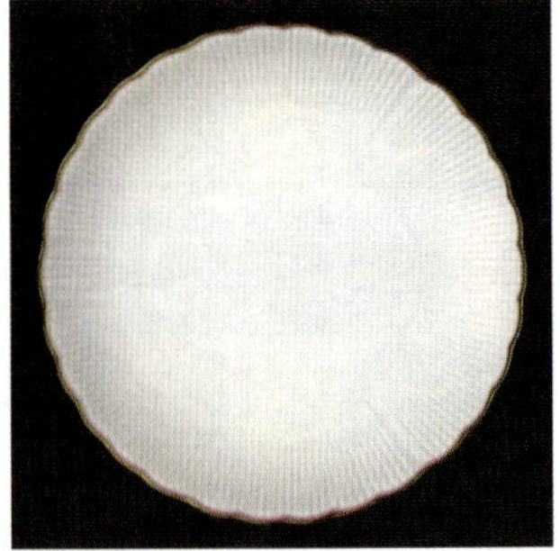

Contessa
28010
Gold Trim

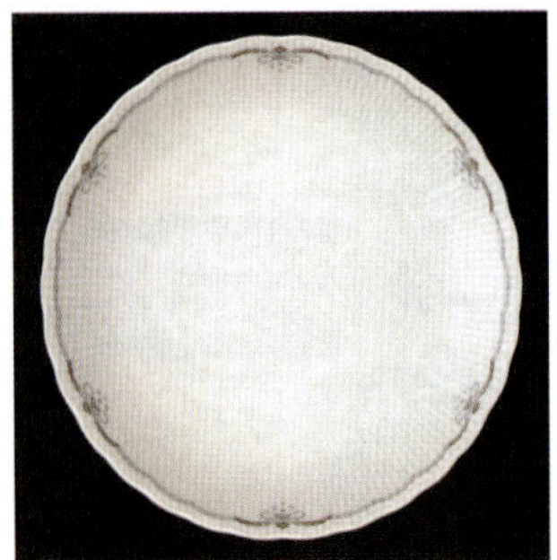

Allegro
28036
No Trim

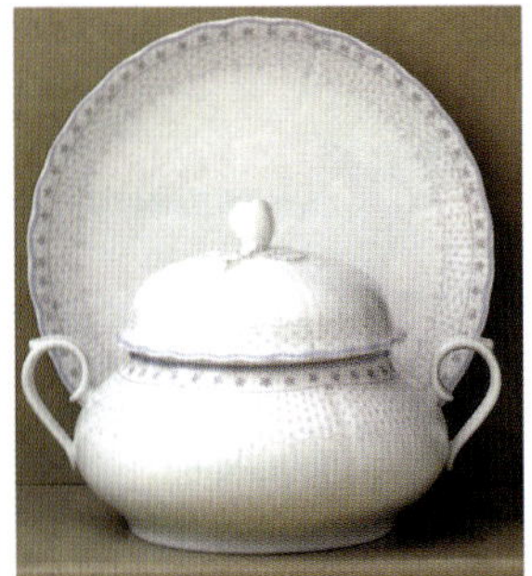

Sonate
28033
No Trim

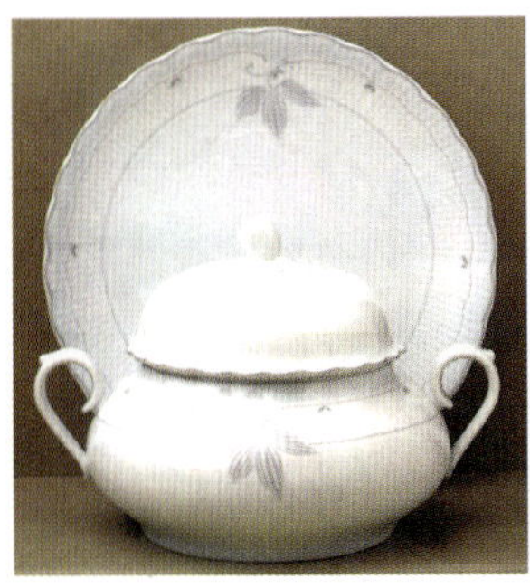

Symphonie
28042
No Trim

Coupe — Salzburg Shape (continued)

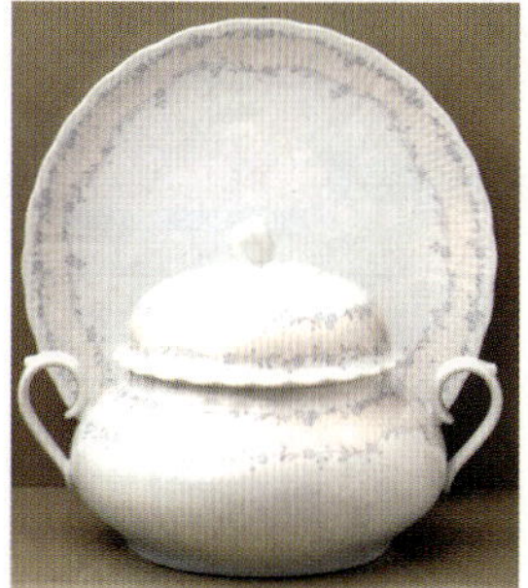

Pergola
28043
No Trim

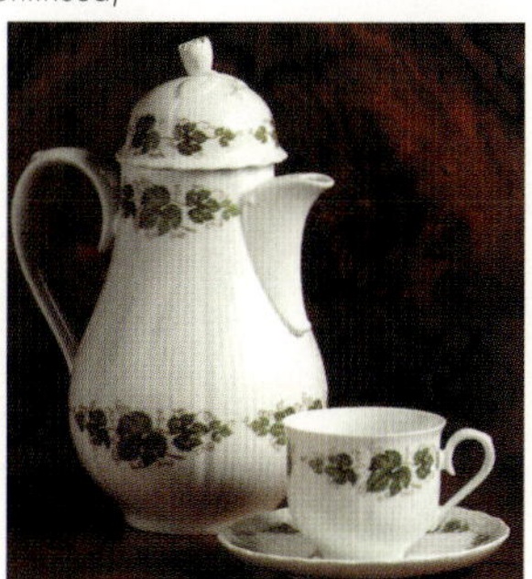

Weinranke
No Trim

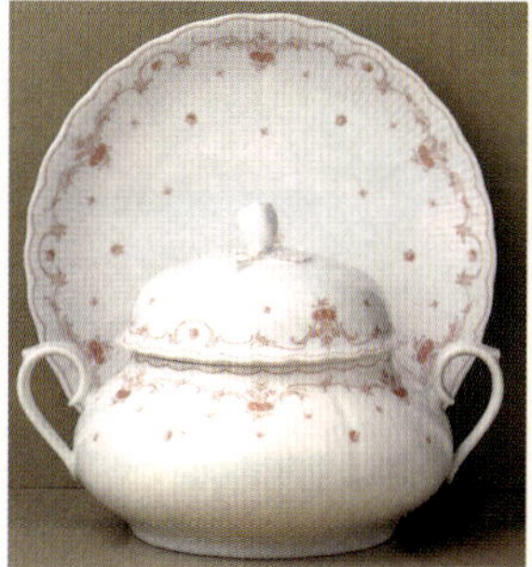

Rosalie
28032
No Trim

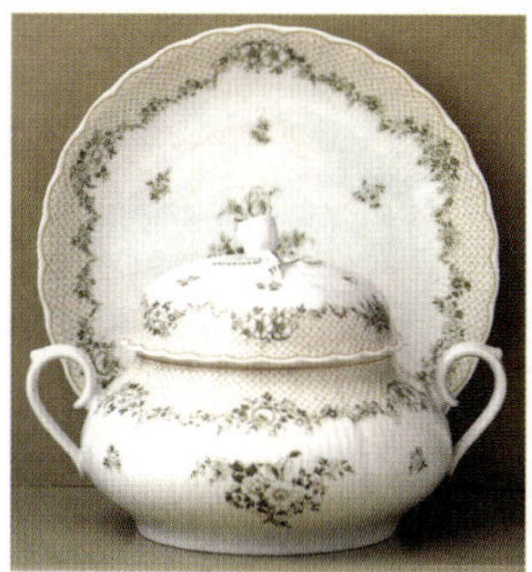

Rosengarten
28020
No Trim

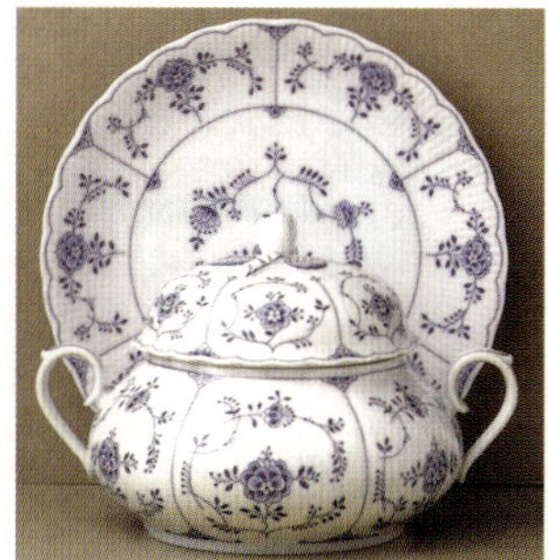

28002
No Trim

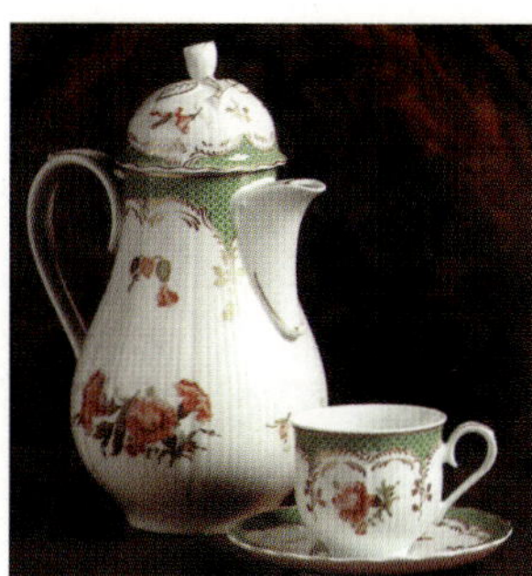

Hofgarten
Gold Trim

Coupe — Scalloped

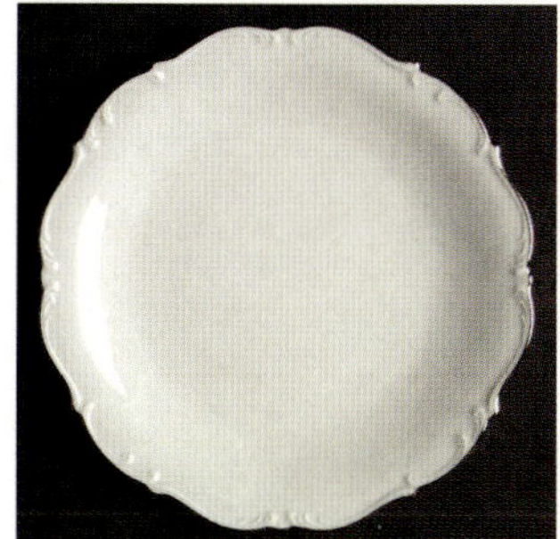

Normandy
4218
Platinum Trim

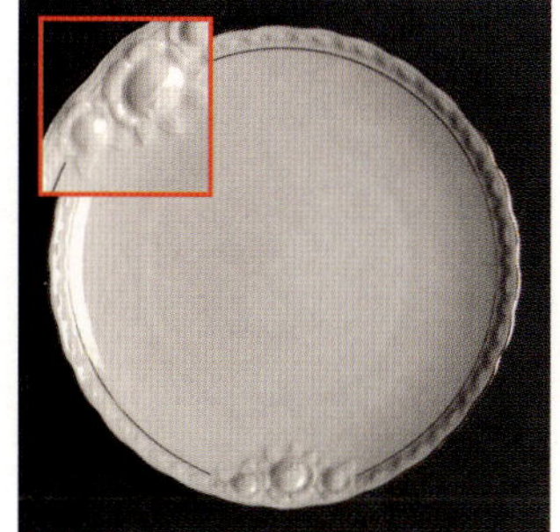

TIR 119
Pink Background
Gold Trim

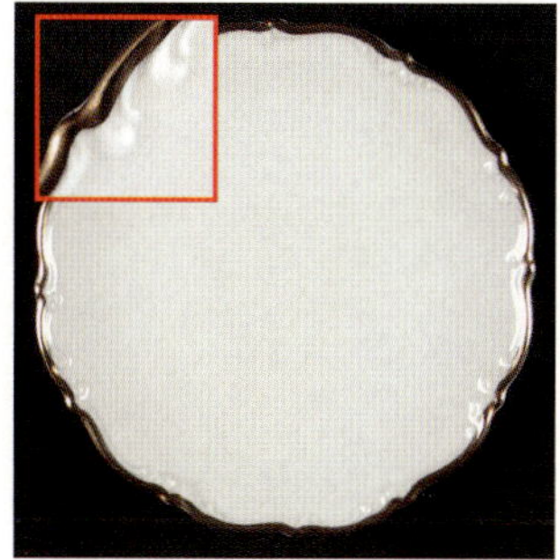

Barbizon
4459
Bread & Butter Plate Shown
Gold Trim

Coupe — Scalloped (continued)

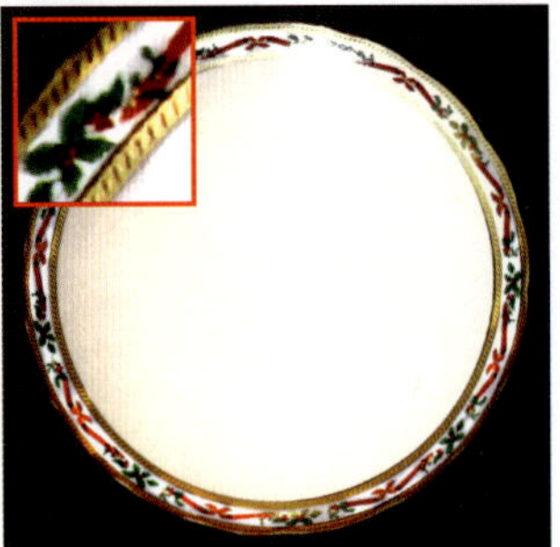

TIR 78
Gold Trim

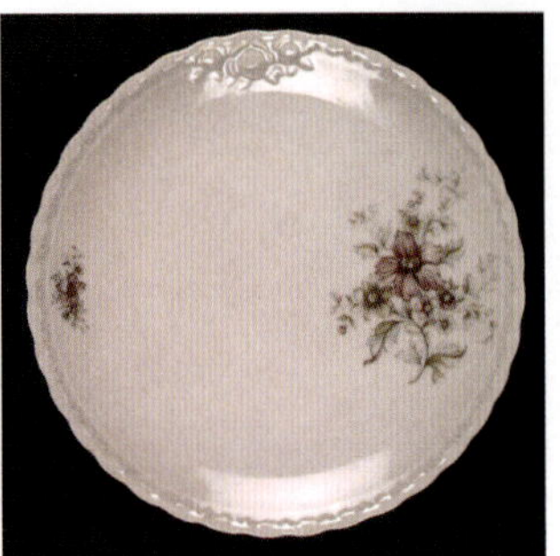

TIR 1
Pink Background
No Trim

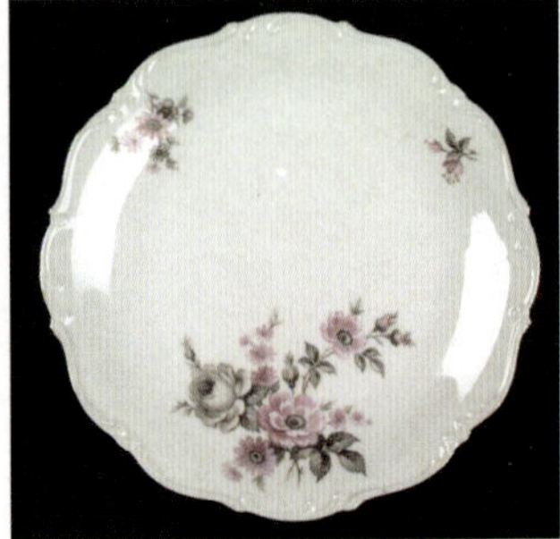

Picardy
4010
Platinum Trim

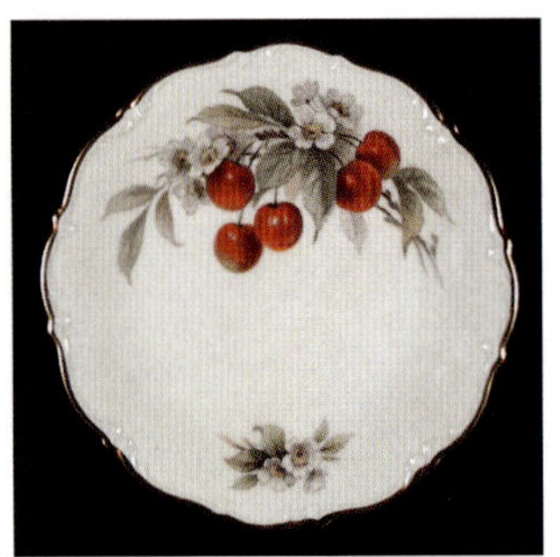

Fruit
Salad Plate Shown
Multi-Motif
Gold Trim

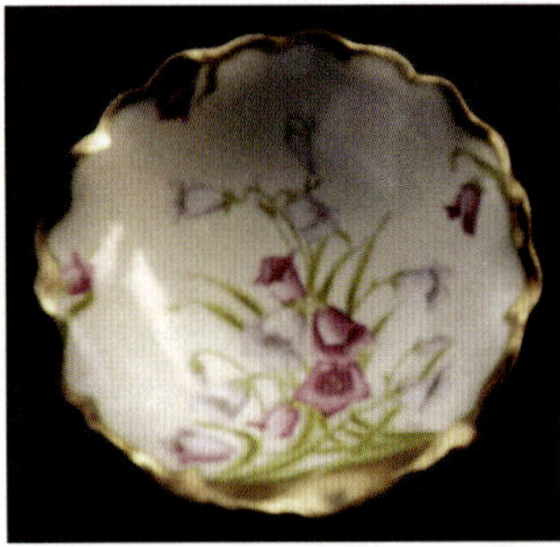

2906
Centerpiece Shown
Gold Trim

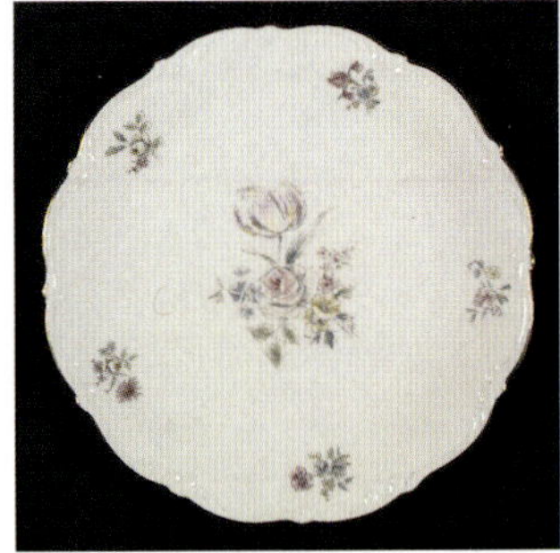

TIR 98
Gold Trim

TRESSEMANN & VOGT

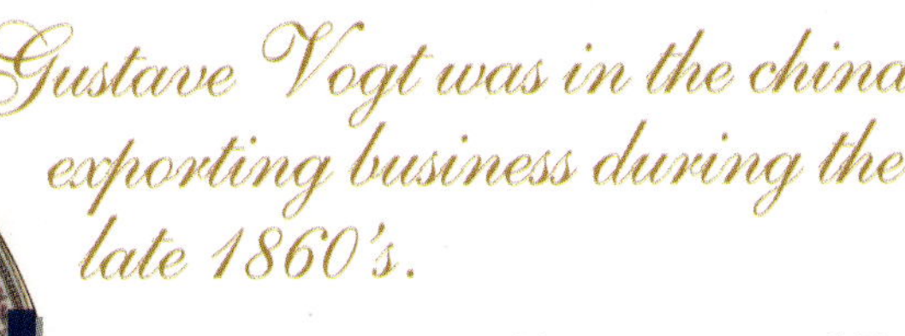

Factory No. 6892

In the early 1880's, Tressemann and Vogt joined in a partnership to decorate porcelain in Limoges, France. In 1891, they began producing their own porcelain, manufacturing white wares, art objects, accessories and decorated tableware. The company became known as Porcelaine Gustave Vogt in 1902 although it continued to use the T&V marks. In 1919, Porcelaine Gustave Vogt was sold to Martial Raynaud, who added his initials to the familiar "bell" mark. In 1892, Tressemann & Vogt produced the White House State china used by President Benjamin Harrison. This china now resides at the Smithsonian Institute's Museum of History and Technology.

This manufacturer is divided in order to help you research patterns as quickly as possible. As a first step, try looking in the first section that fits the shape and/or trim color of the pattern you are trying to find.

Smooth — Rim Shape, Gold Encrusted

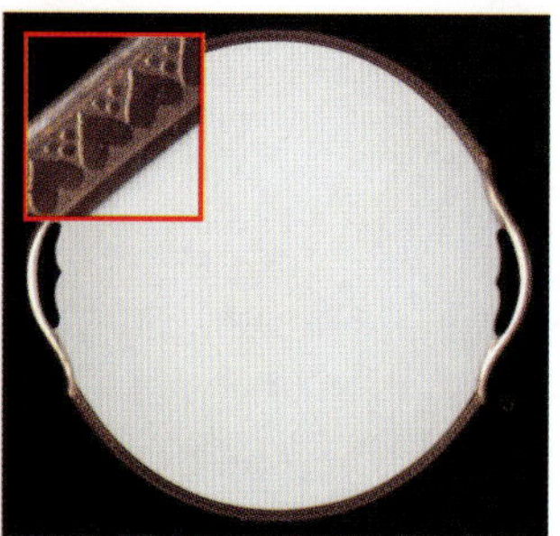
TRV 148
Cake Plate Shown
Gold Trim

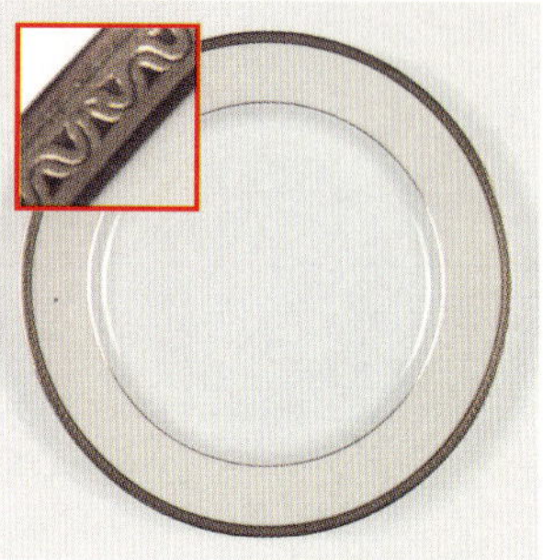
6361
Gold Trim

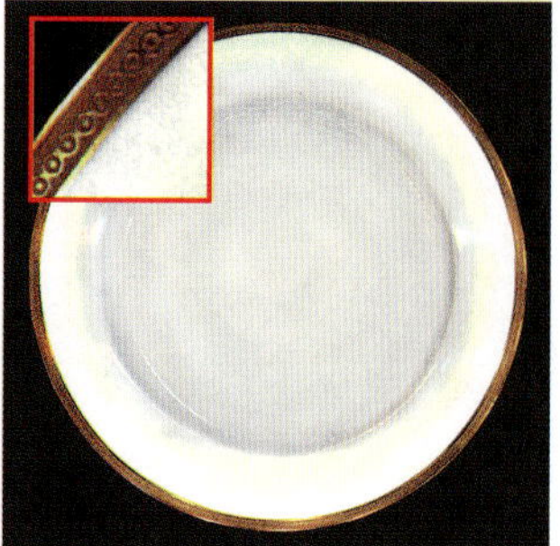
6313
Gold Trim

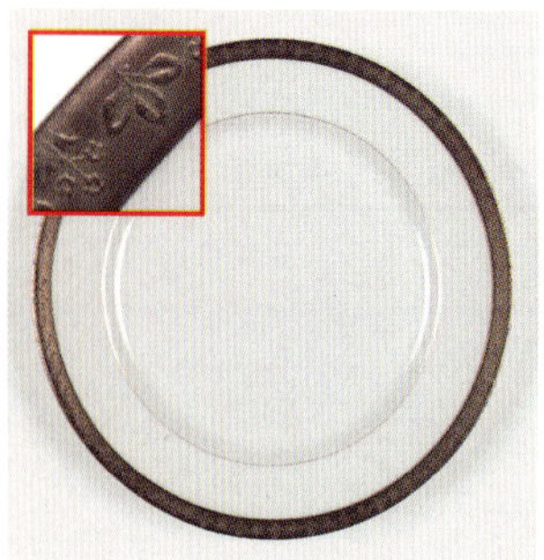
TRV 251
Salad Plate Shown
Gold Trim

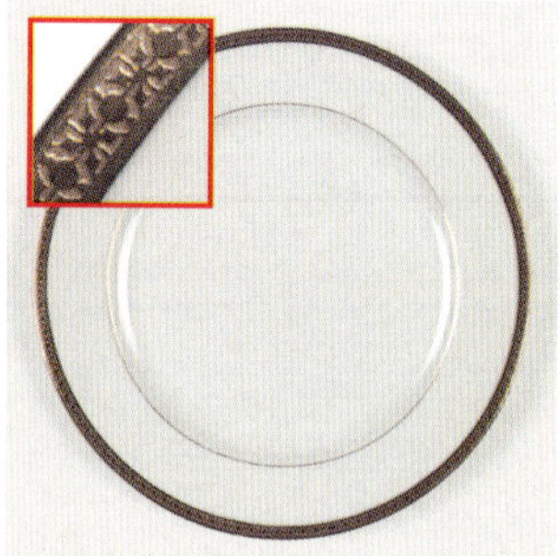
TRV 173
Salad Plate Shown
Gold Trim

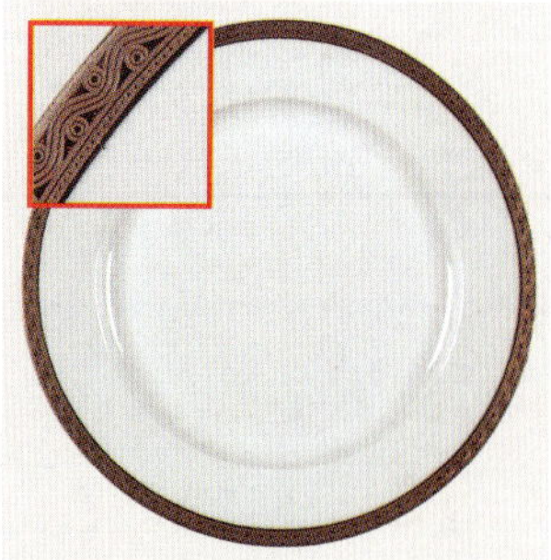
5947
Gold Trim

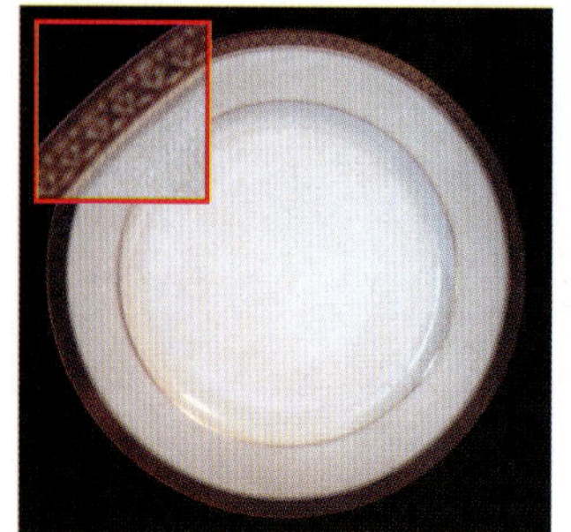
9445
Gold Trim

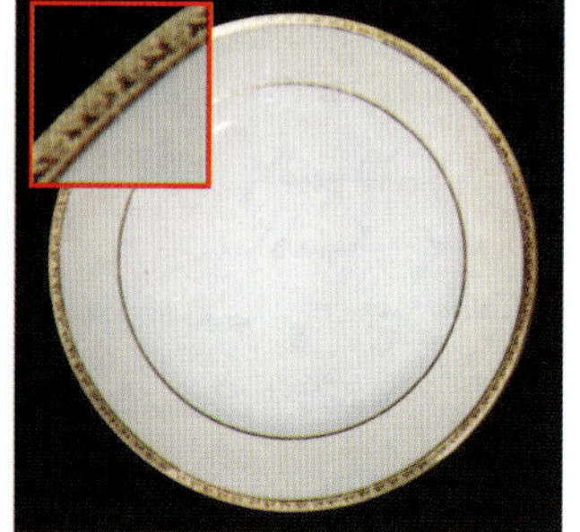
TRV 244
Gold Trim

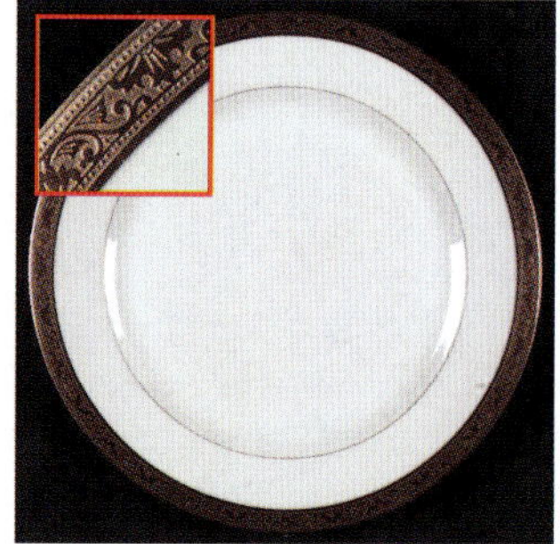
TRV 15
Gold Trim

Smooth — Rim Shape, Gold Encrusted (continued)

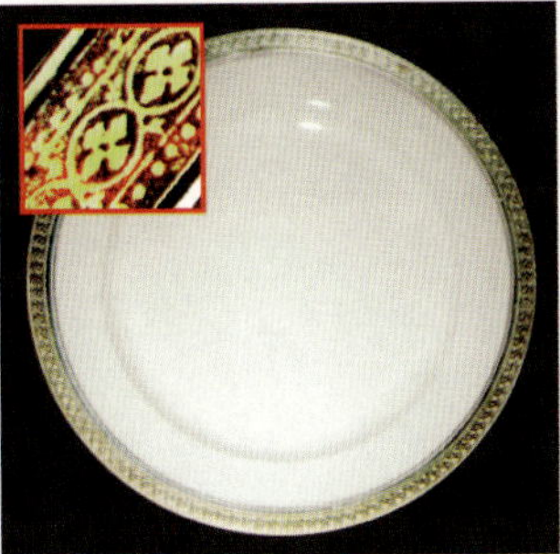

TRV 121
Gold Trim

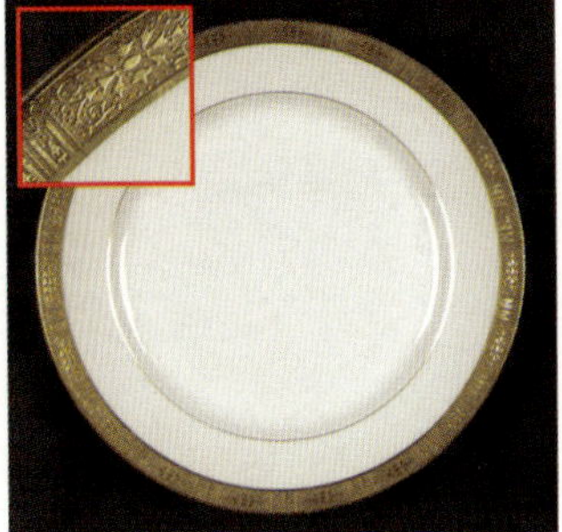

9333
Bread & Butter Plate Shown
Gold Trim

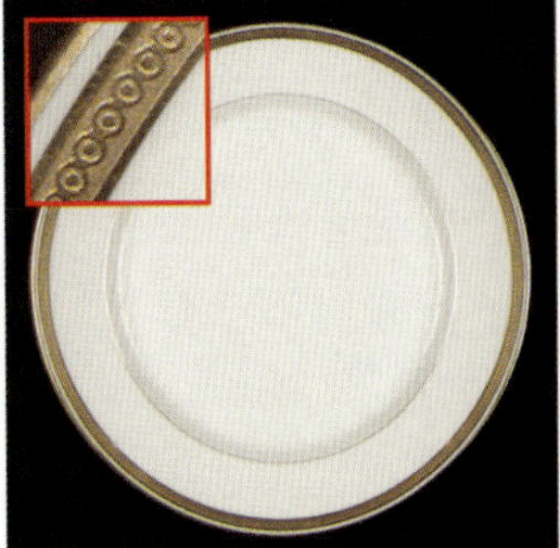

6001
Gold Trim

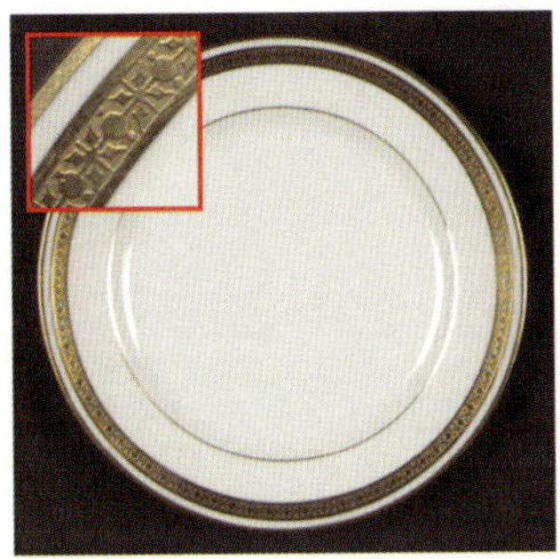

TRV 39
Bread & Butter Plate Shown
Gold Trim

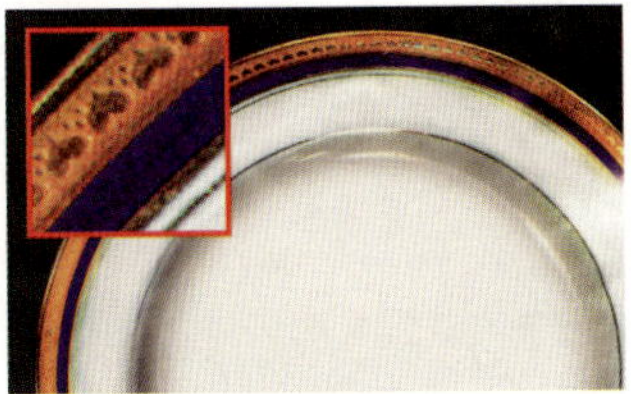

TRV 143
Luncheon Plate Shown
Gold Trim

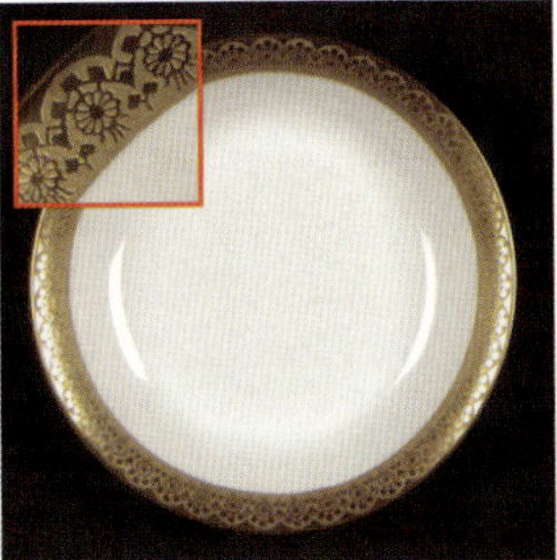

TRV 35
Fruit Bowl Shown
Gold Trim

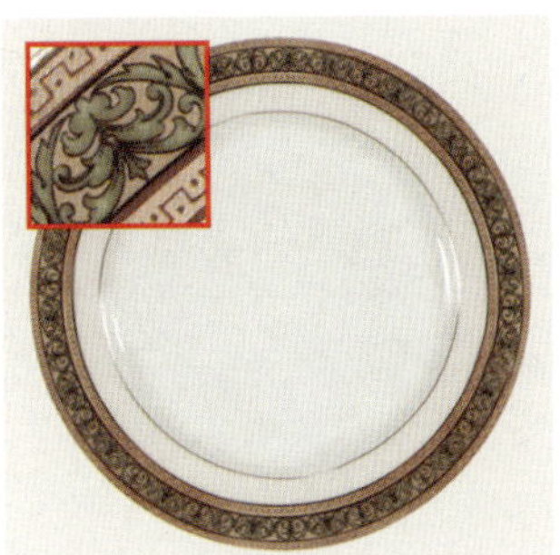

TRV 181
Salad Plate Shown
Gold Trim

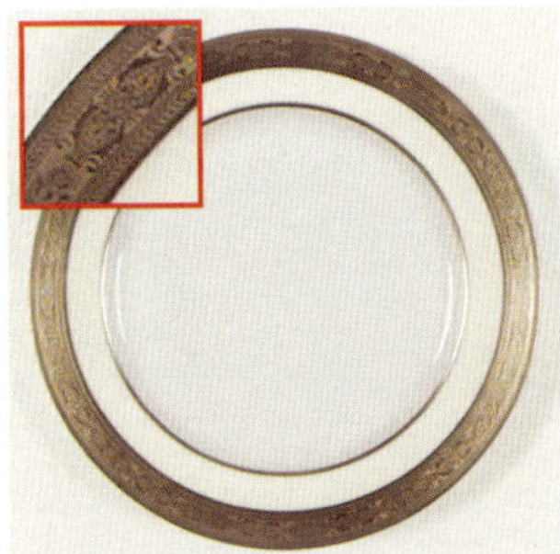

TRV 198
Gold Trim

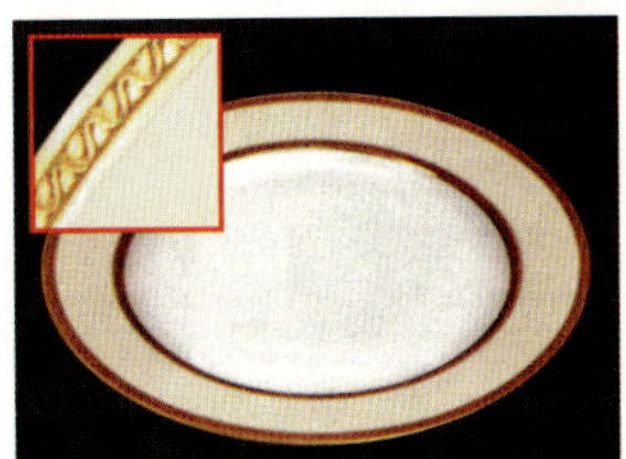

TRV 120
Gold Trim

Smooth — Rim Shape, Gold Encrusted (continued)

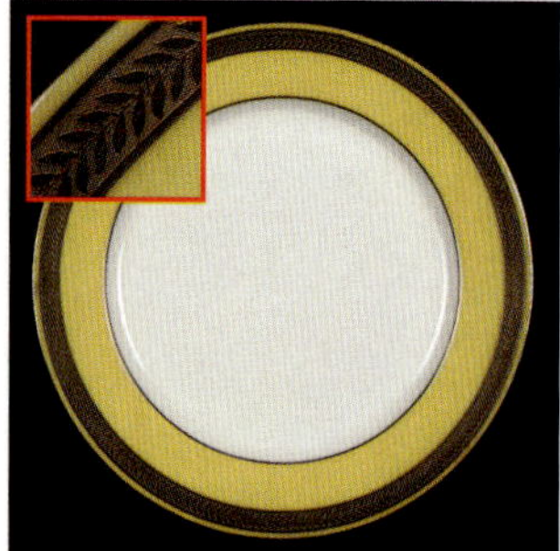
TRV 36
Gold Trim

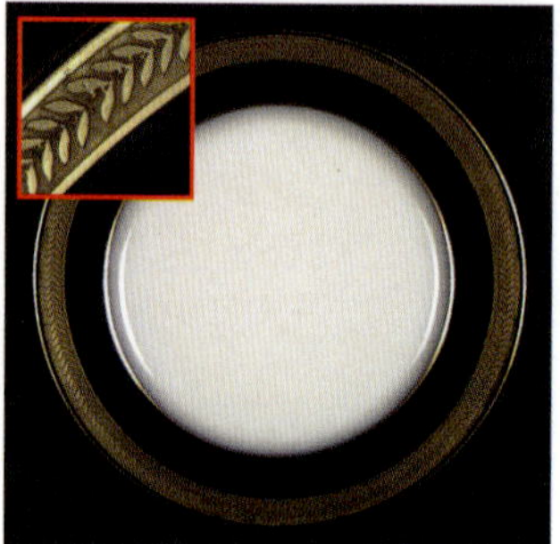
TRV 26
Cobalt Band
Gold Trim

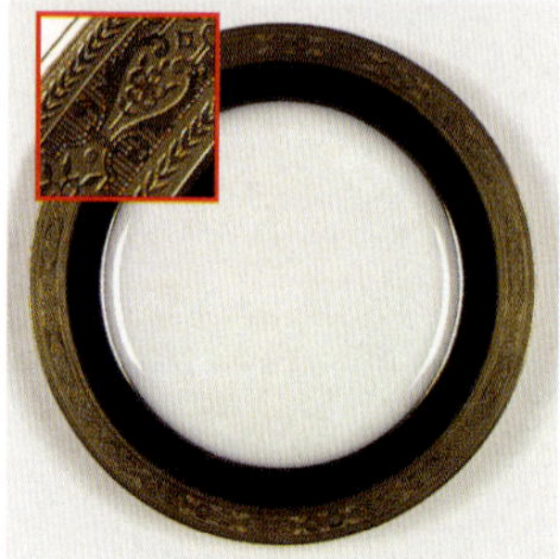
TRV 19
Cobalt Band
Gold Trim

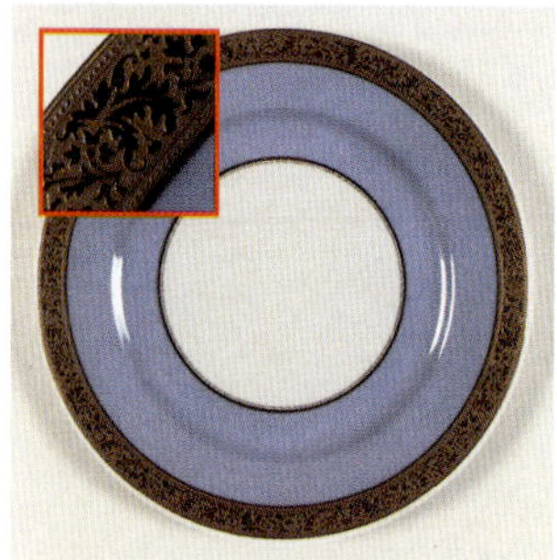
TRV 214
Service Plate Shown
Gold Trim

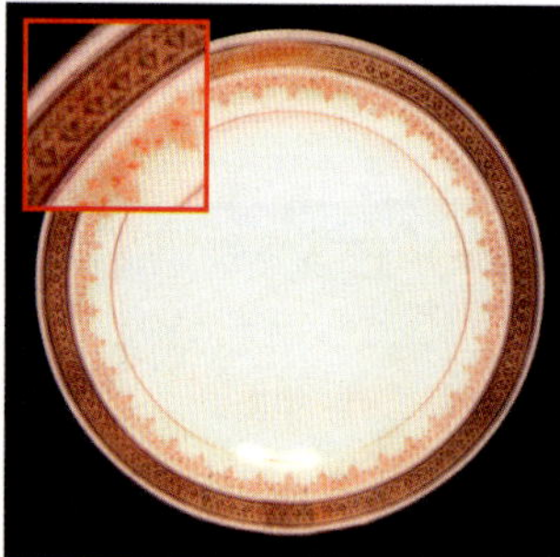
TRV 86
Gold Trim

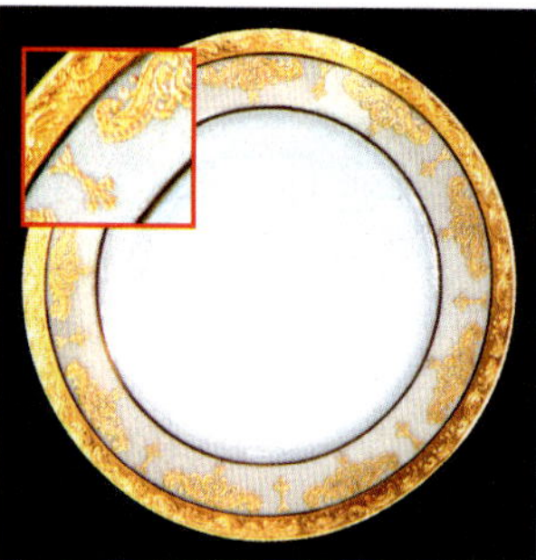
TRV 85
Gold Trim

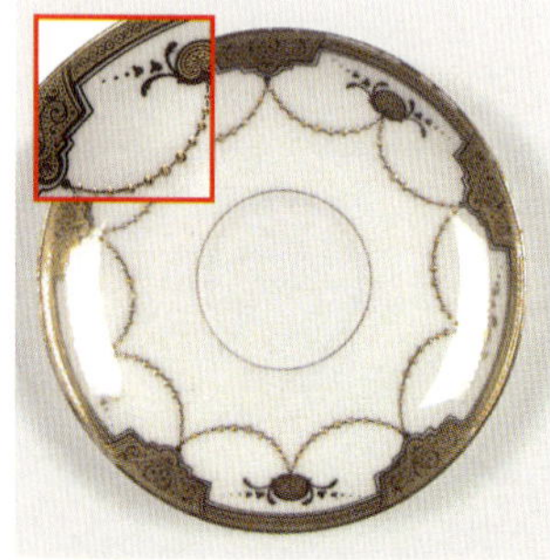
4917
Saucer Shown
Gold Trim

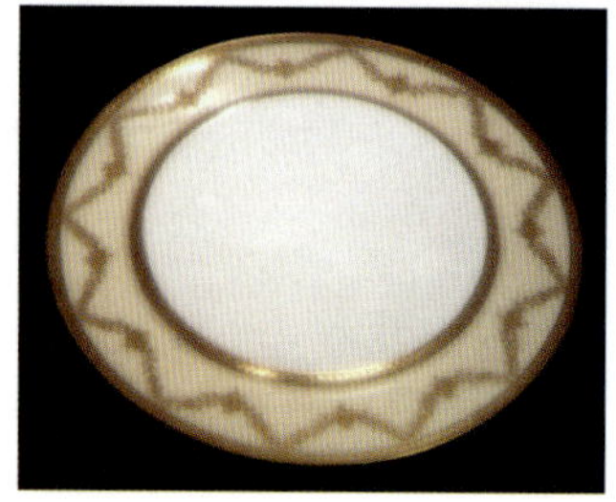
TRV 235
Gold Trim

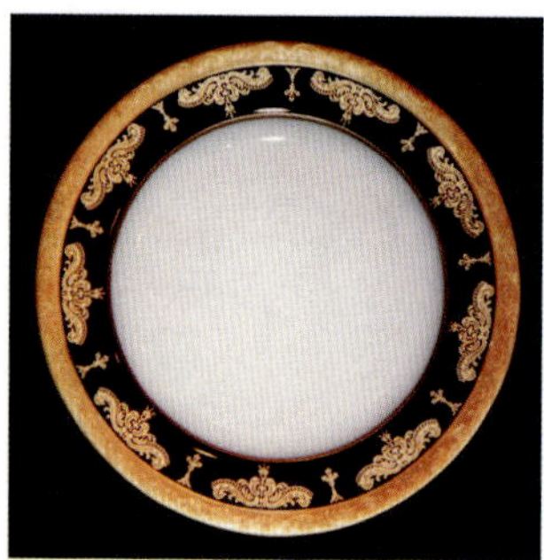
TRV 231
Cobalt Band
Gold Trim

Smooth — Rim Shape, Gold Encrusted (continued)

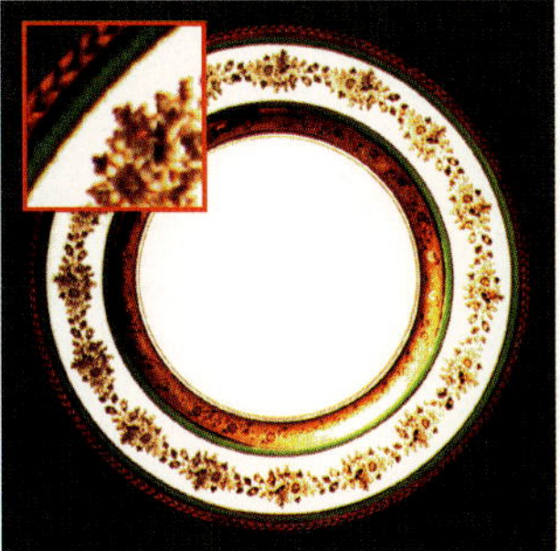
TRV 93
Green Band
Gold Trim

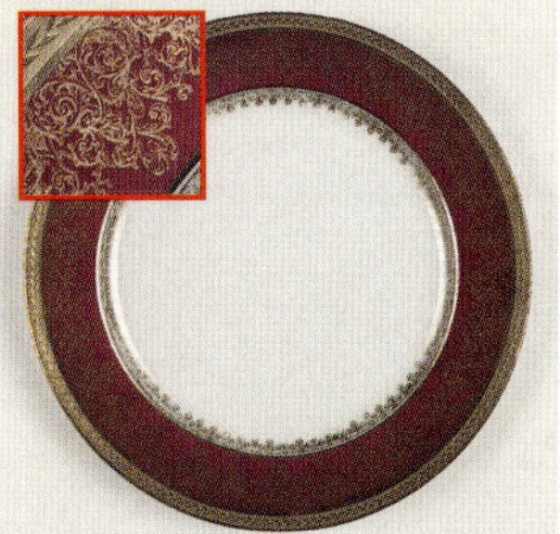
TRV 195
Gold Trim

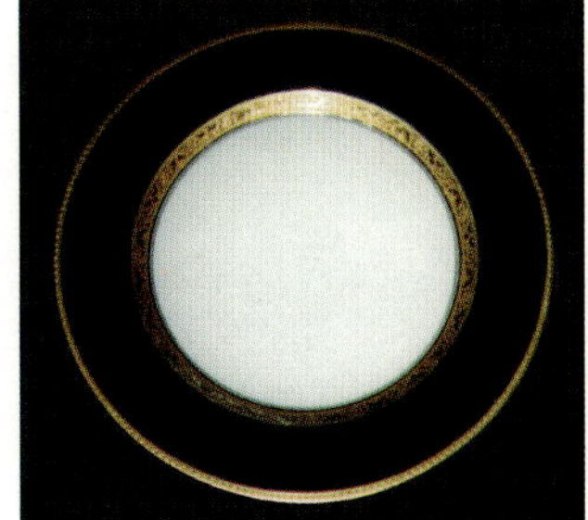
TRV 53
Cobalt Band
Gold Trim

Smooth — Rim Shape, Gold Trim

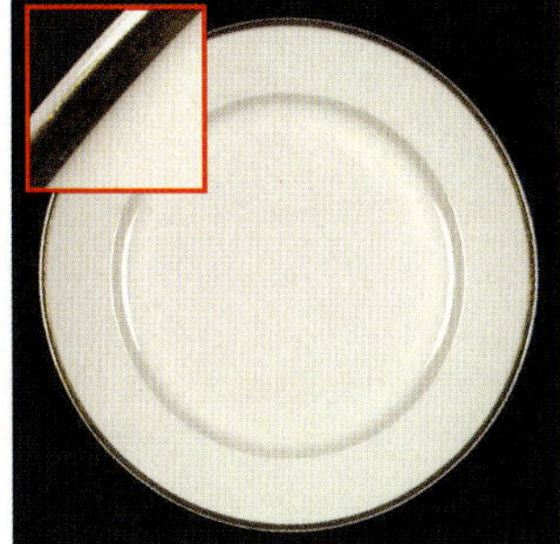
5886
Gold Trim

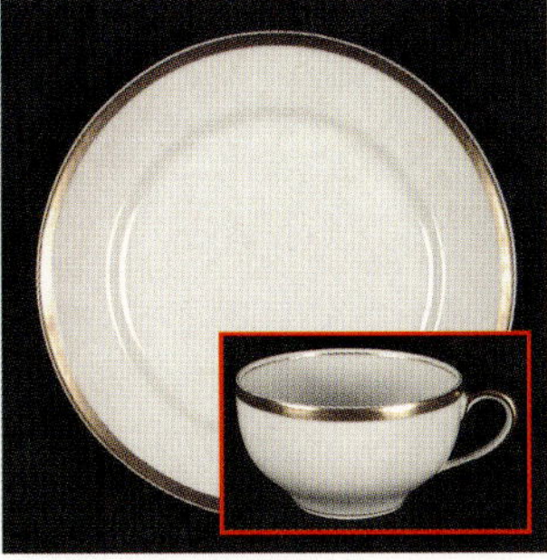
7223
Salad Plate Shown
Gold Trim

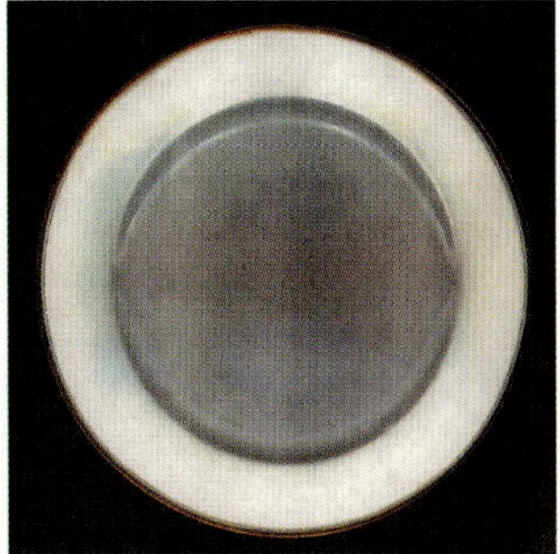
TRV 253
Gold Trim

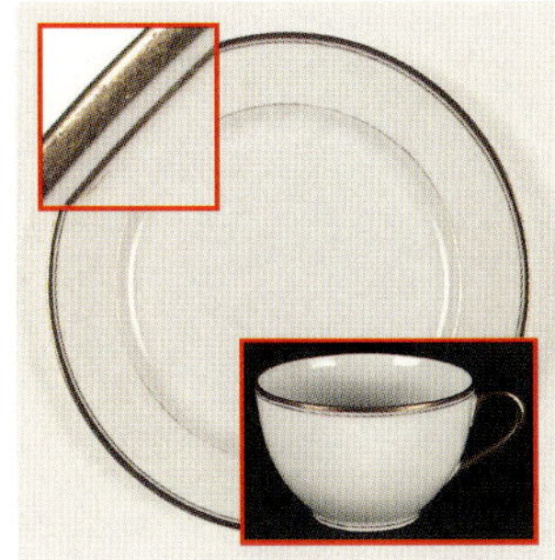
5649
White Background
Gold Trim

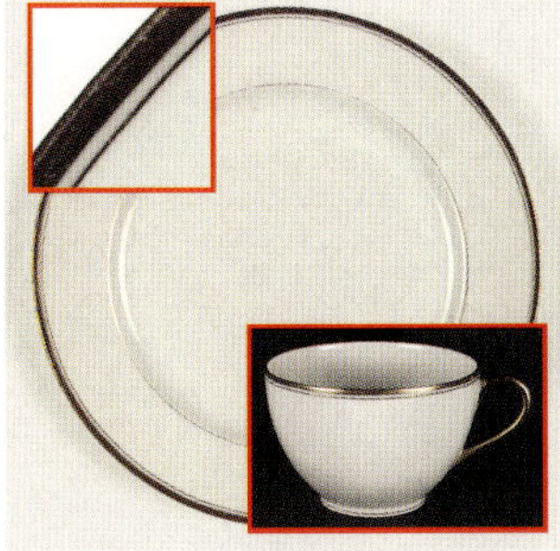
TRV 49
Off-White Background
Gold Trim

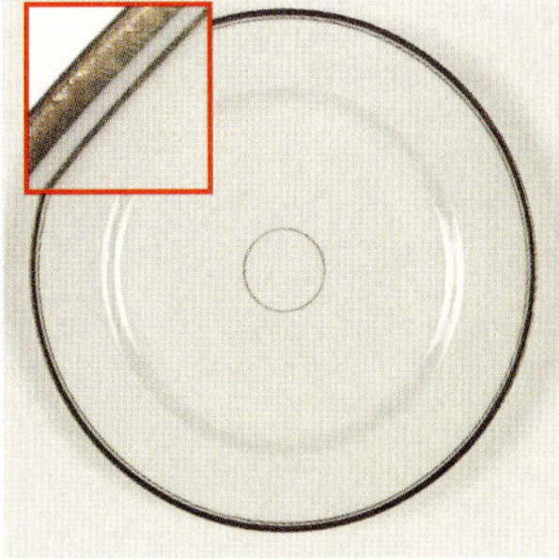
TRV 178
Gold Trim

Smooth — Rim Shape, Gold Trim (continued)

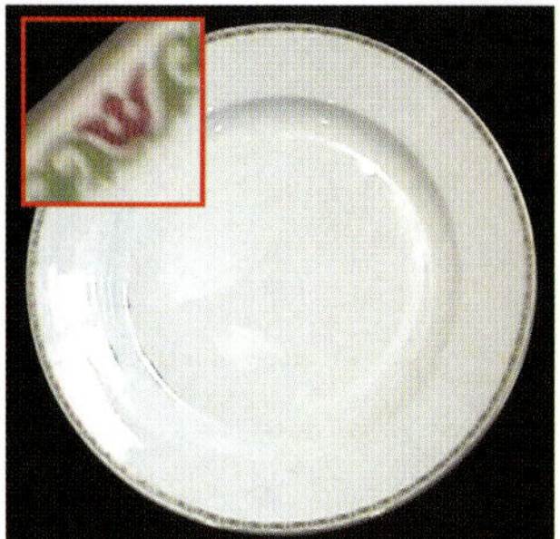

TRV 224
Gold Trim

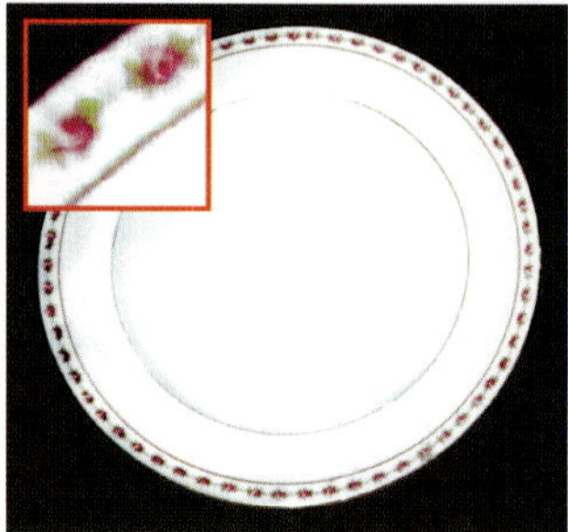

TRV 89
Gold Trim

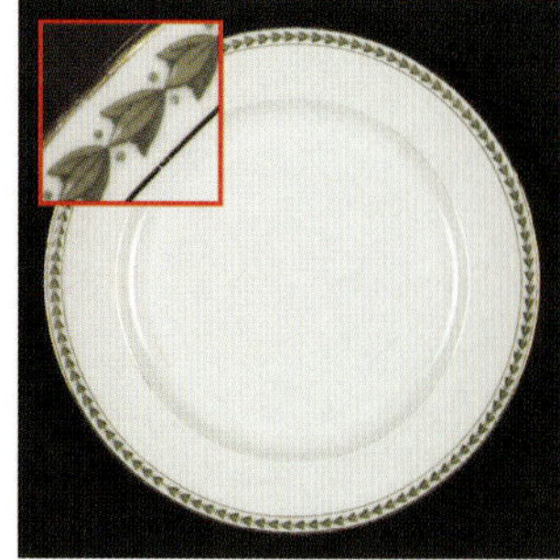

5856
Gold Trim

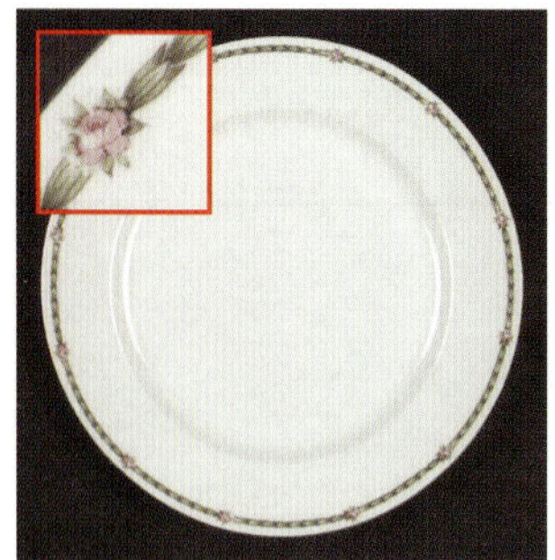

6439
Gold Trim

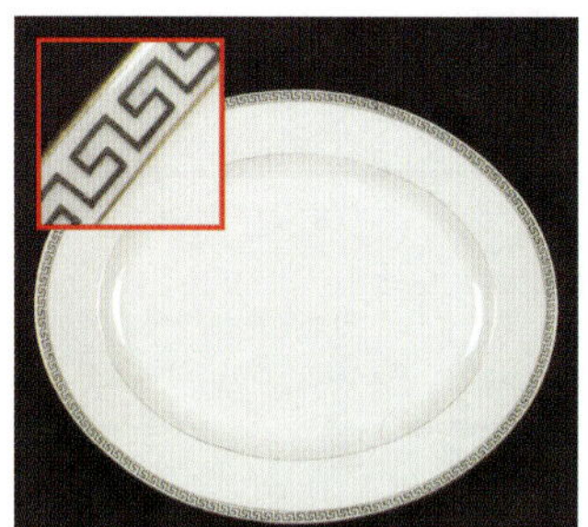

4157
Platter Shown
Black Greek Key
Gold Trim

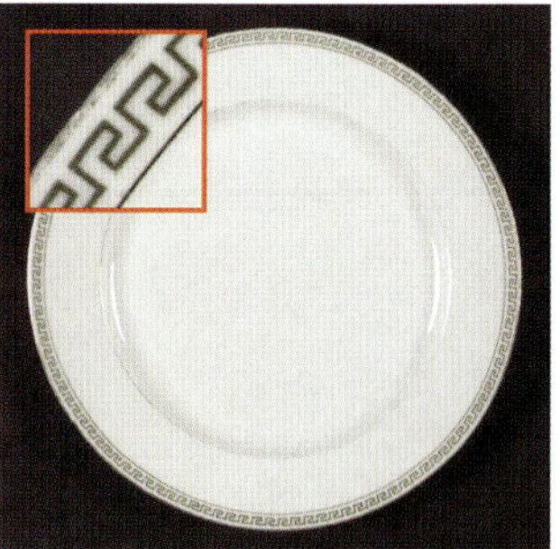

5828
Green Greek Key
Gold Trim

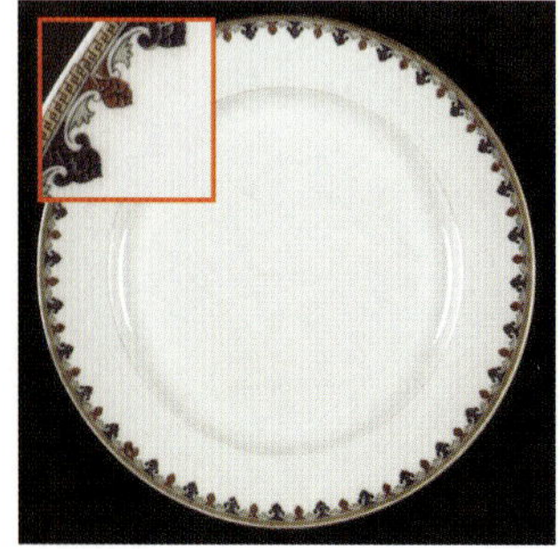

6044
Gold Trim

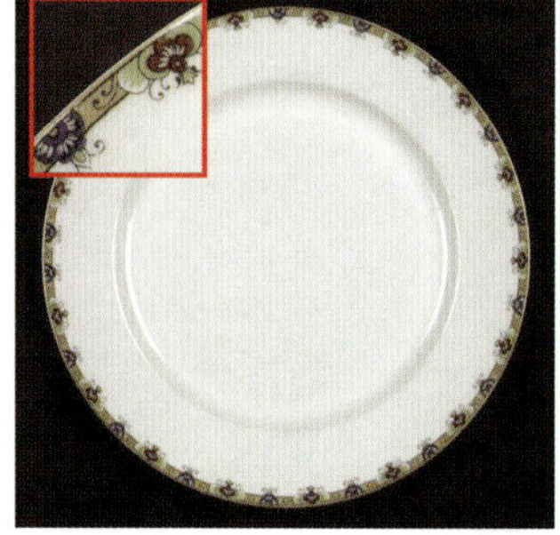

Longchamps
Gold Trim

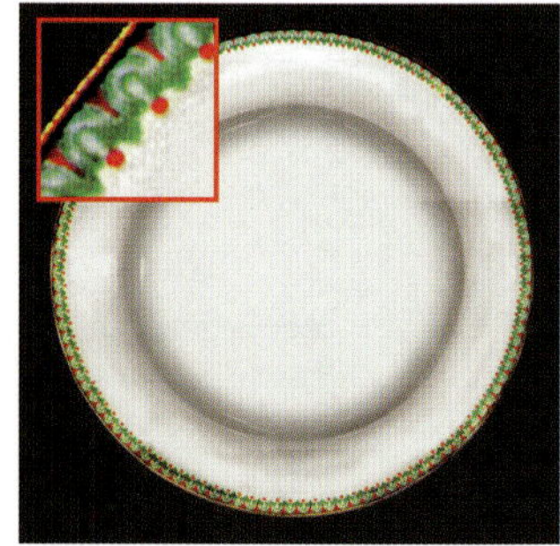

TRV 139
Gold Trim

Smooth — Rim Shape, Gold Trim (continued)

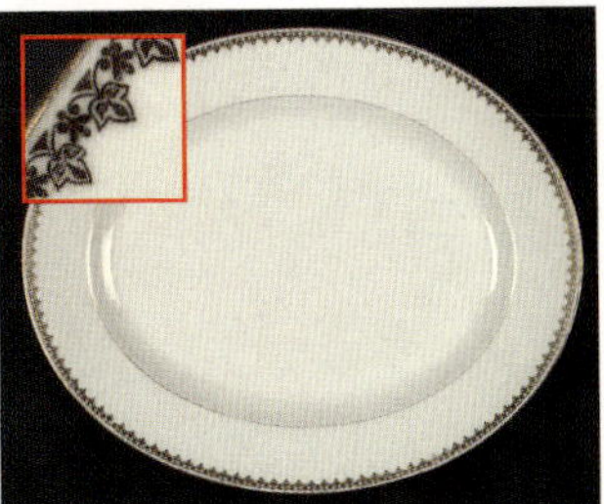

TRV 149
Platter Shown
Gold Trim

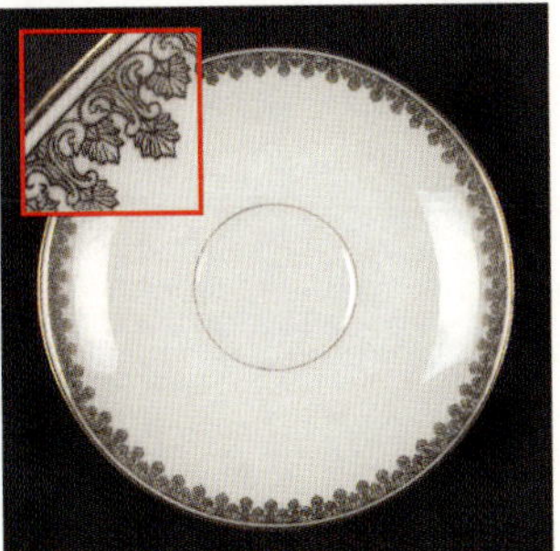

8414
Saucer Shown
Gold Trim

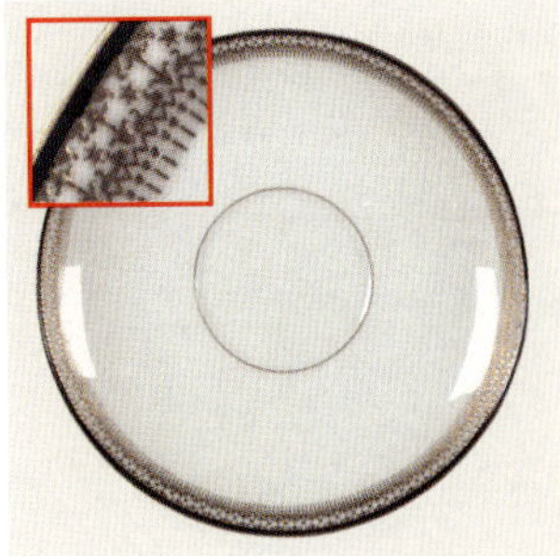

5224
Saucer Shown
Thin Black Band
Gold Trim

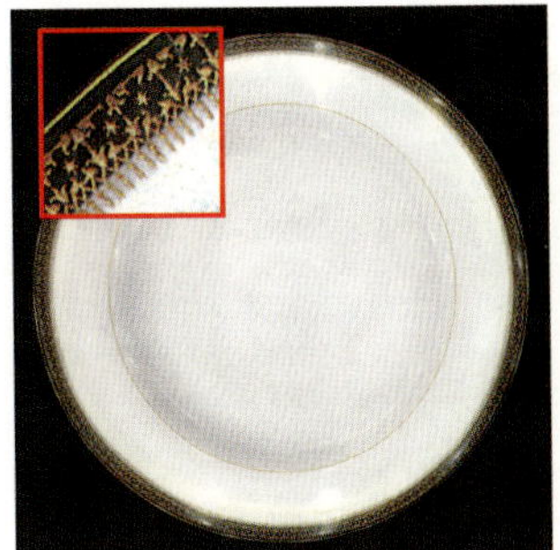

TRV 154
Green Band
Gold Trim

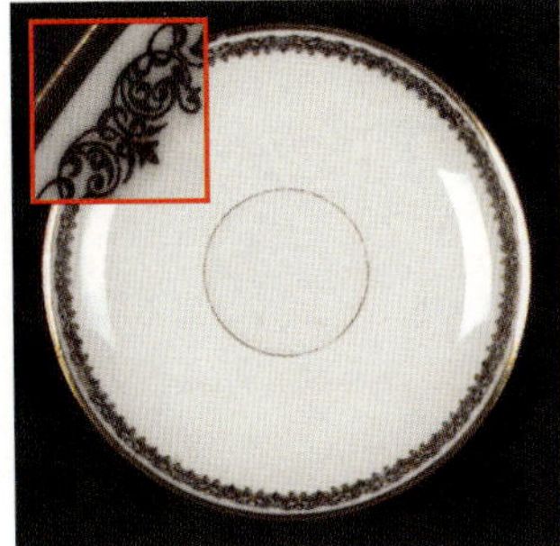

TRV 37
Saucer Shown
Gold Trim

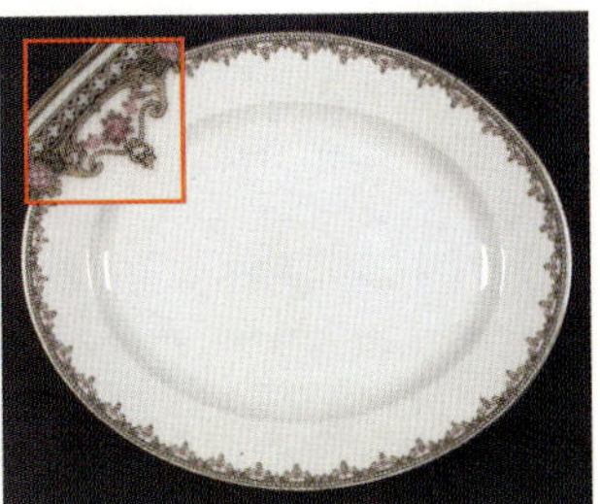

The Lille
7074
Platter Shown
Gold Trim

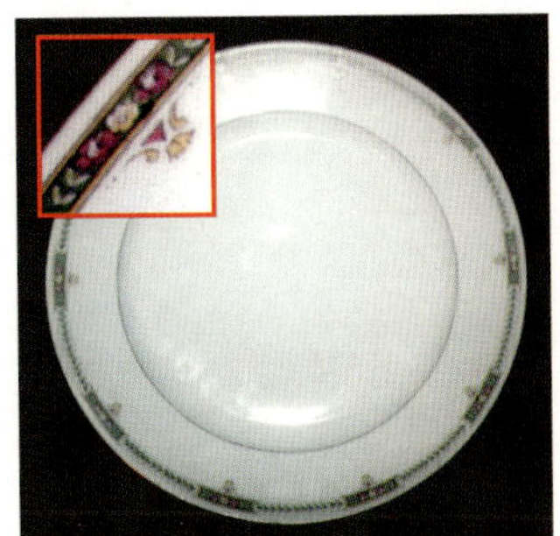

TRV 57
Gold Trim

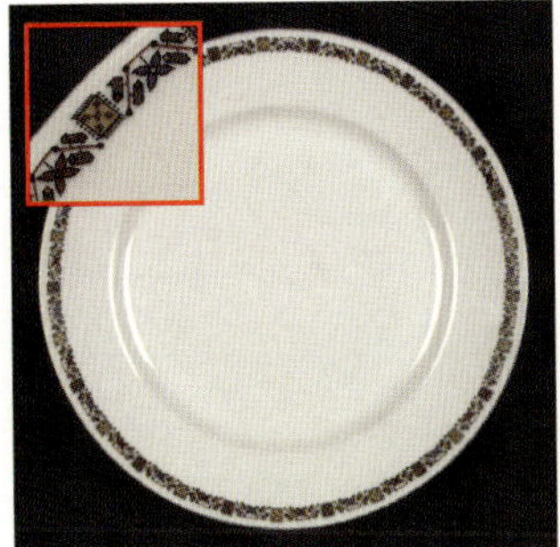

TRV 27
Gold Trim

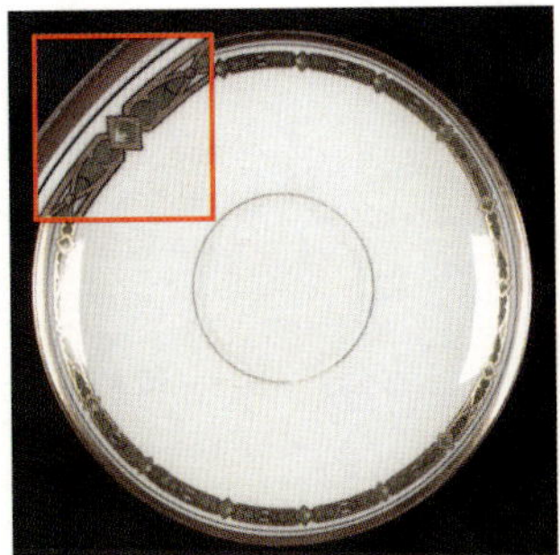

6377
Saucer Shown
Gold Trim

Smooth — Rim Shape, Gold Trim (continued)

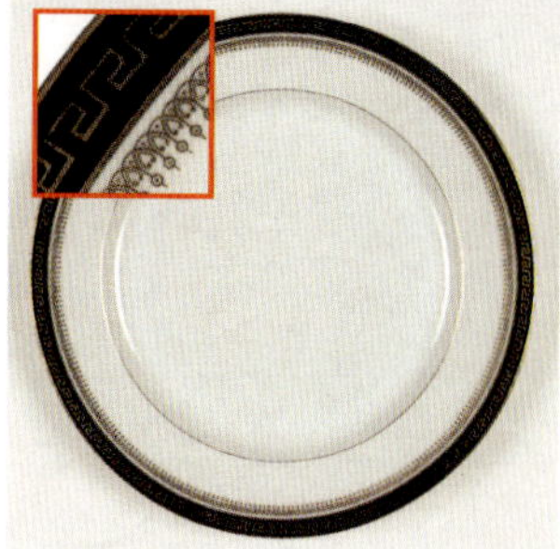

2680
Black Band
Gold Trim

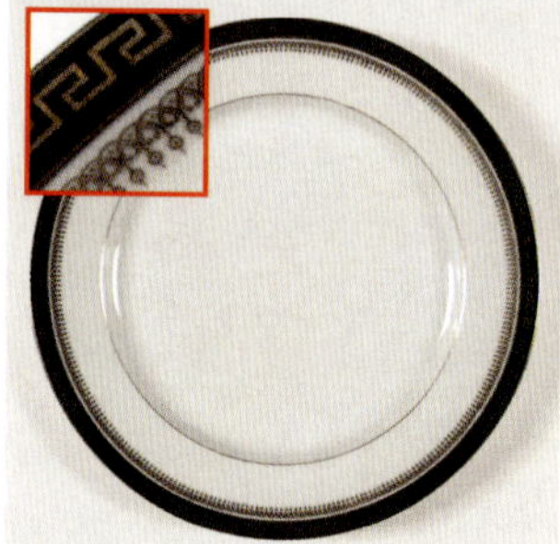

868
Green Band
Gold Trim

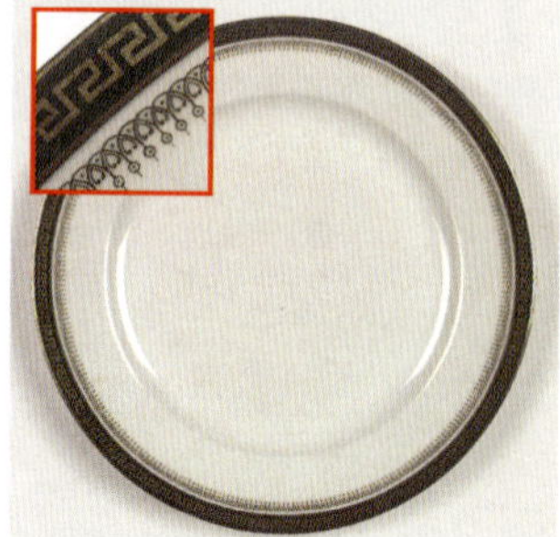

TRV 32
Green Band
No Verge
Gold Trim

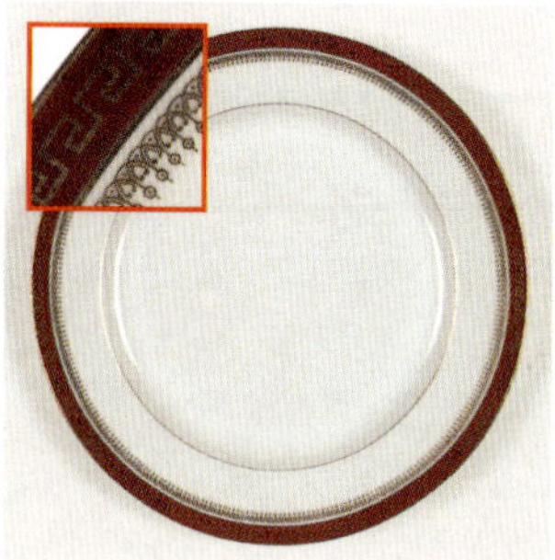

TRV 118
Red Band
Gold Trim

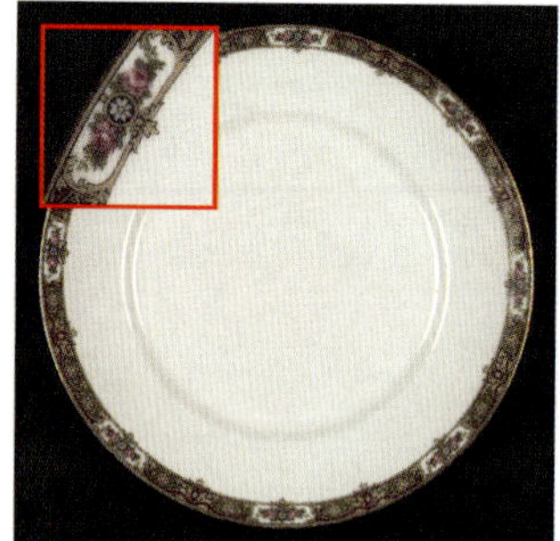

TRV 4
Gold Trim

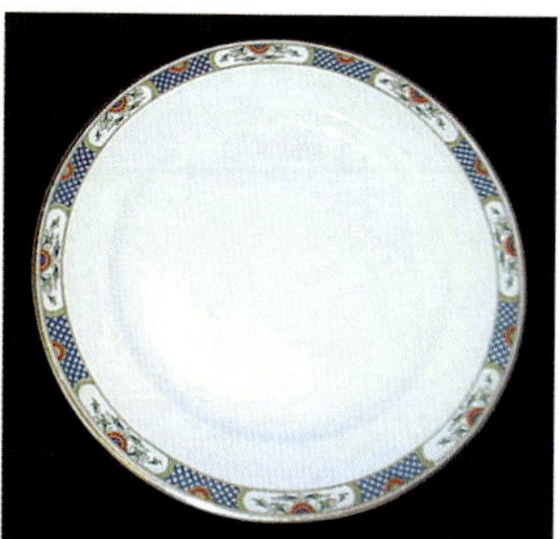

TRV 158
Gold Trim

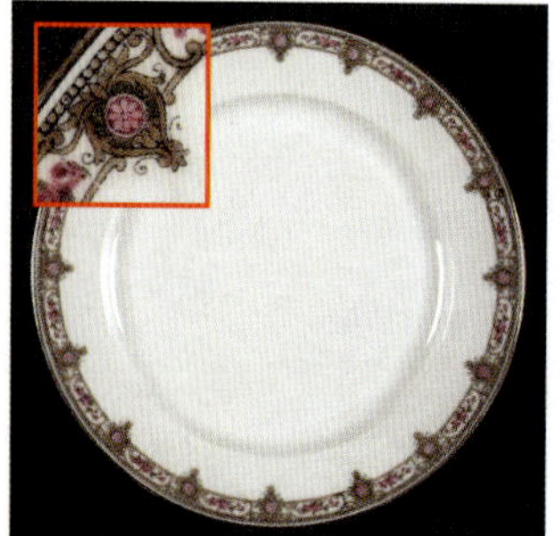

6892
Gold Trim

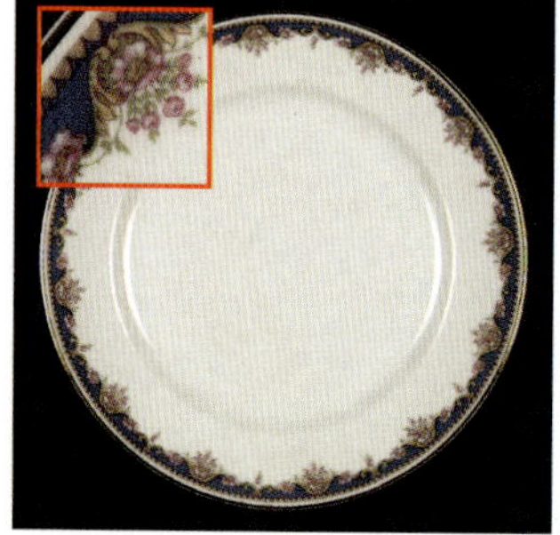

TRV 98
Gold Trim

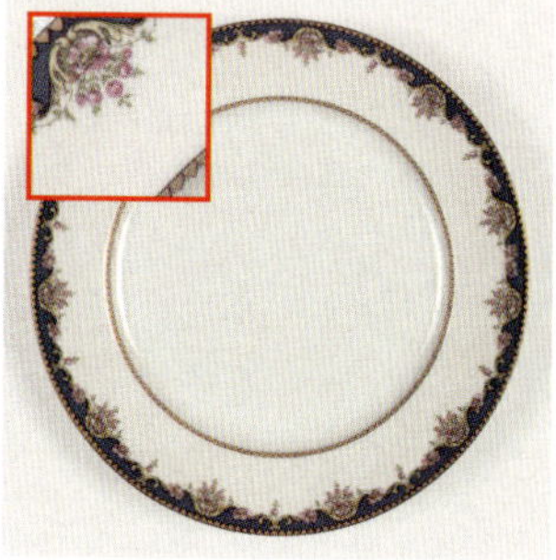

TRV 14
Luncheon Plate Shown
Gold Trim

Smooth — Rim Shape, Gold Trim (continued)

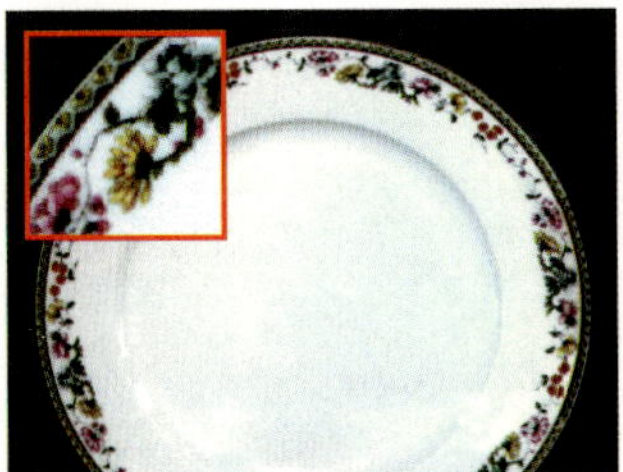
TRV 74
Gold Trim

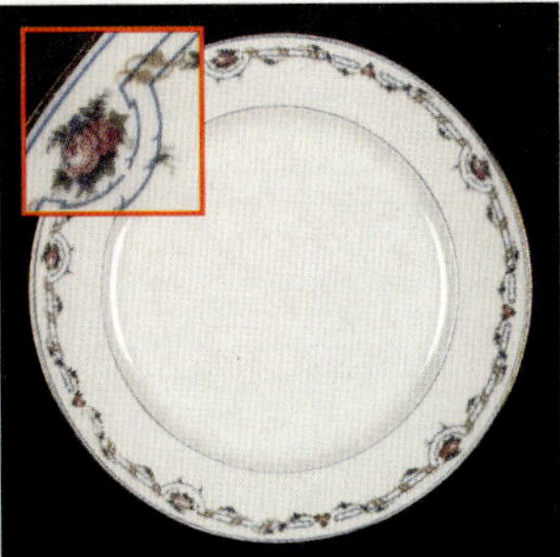
TRV 100
Gold Trim

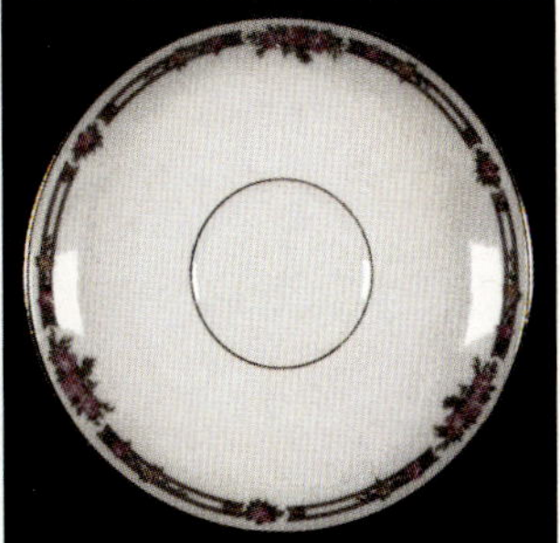
TRV 43
Saucer Shown
Gold Trim

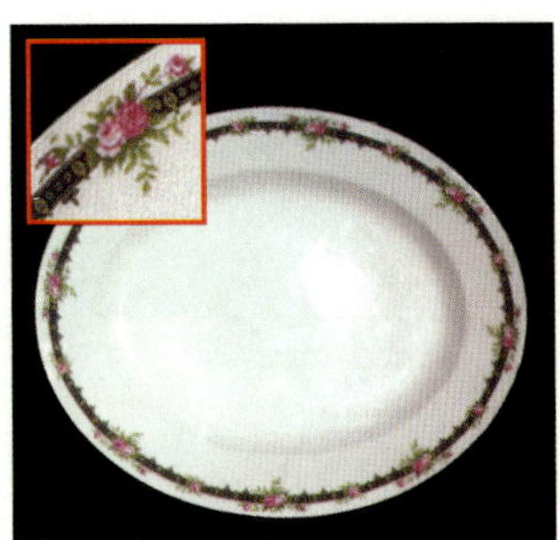
TRV 249
Platter Shown
Gold Trim

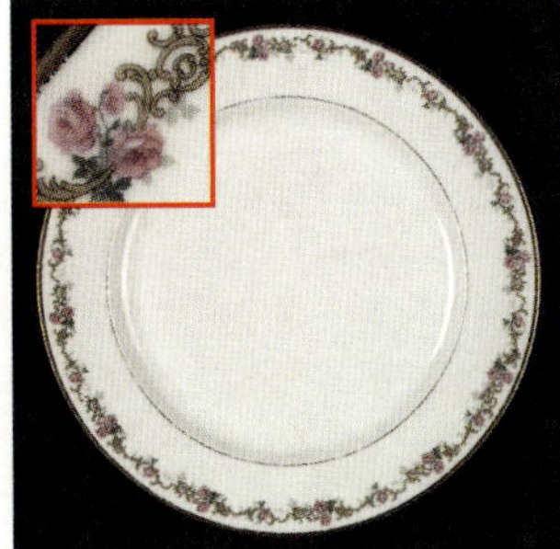
7339
Gold Trim

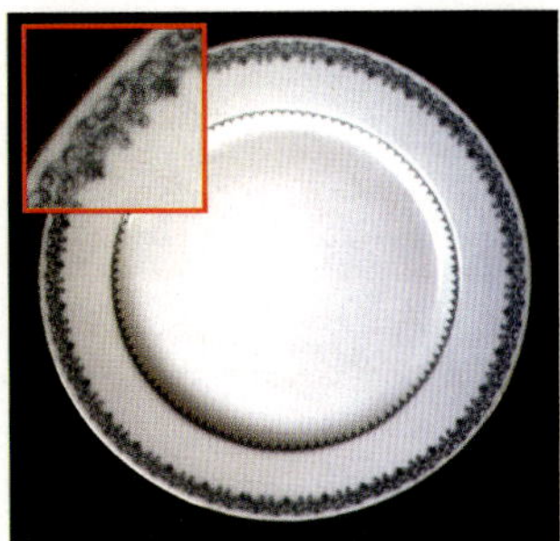
TRV 206
Blue/Gray Scroll
Gold Trim

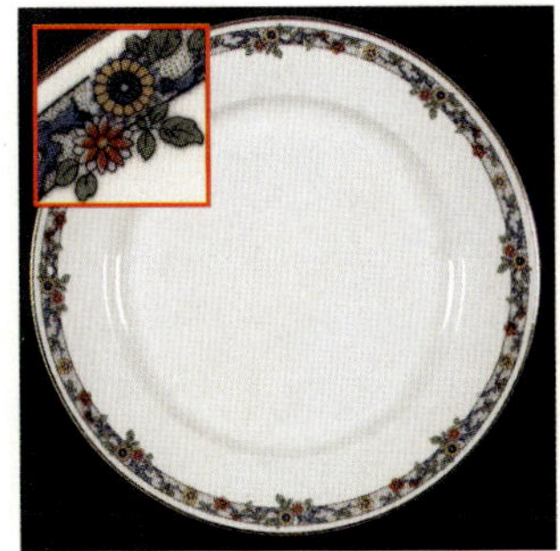
TRV 12
Gold Trim

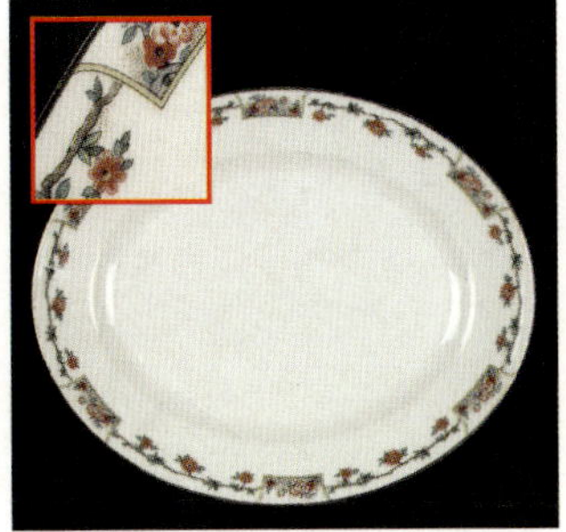
TRV 182
Platter Shown
Gold Trim

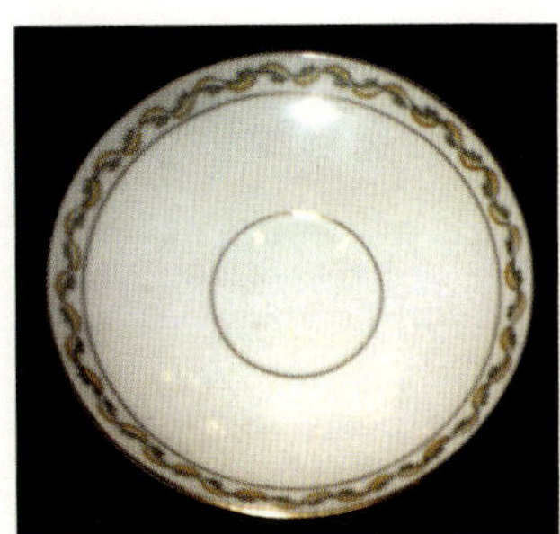
TRV 238
Saucer Shown
Gold Trim

Smooth — Rim Shape, Gold Trim (continued)

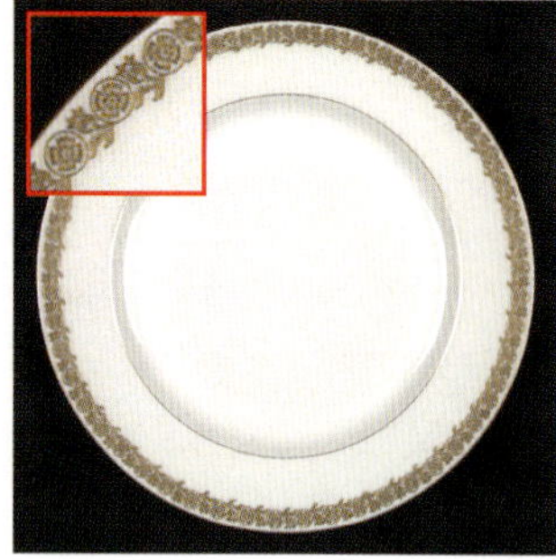

9322
Gold Trim

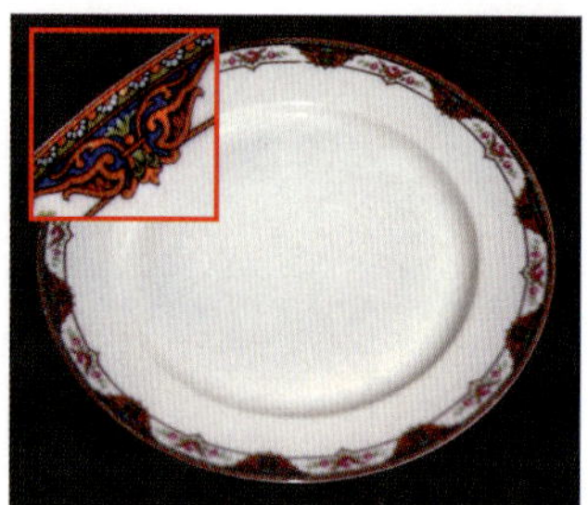

TRV 140
Gold Trim

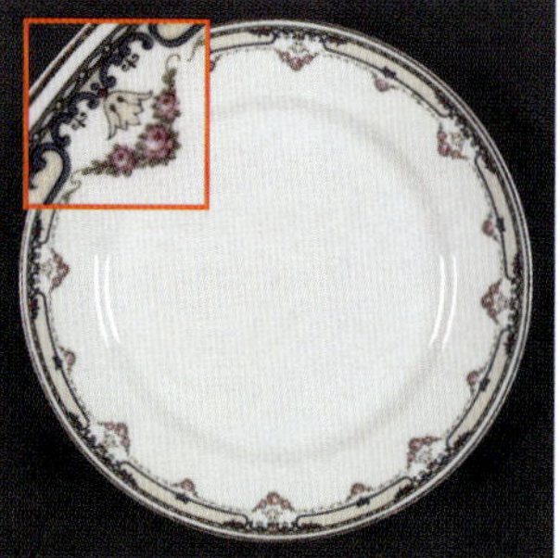

TRV 78
Gold Trim

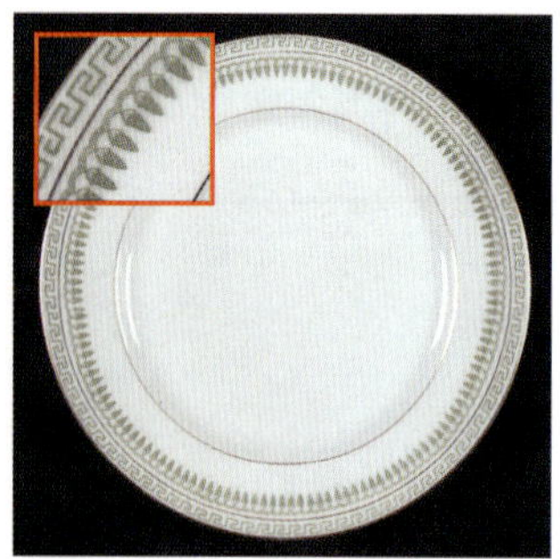

TRV 169
Salad Plate Shown
Gold Trim

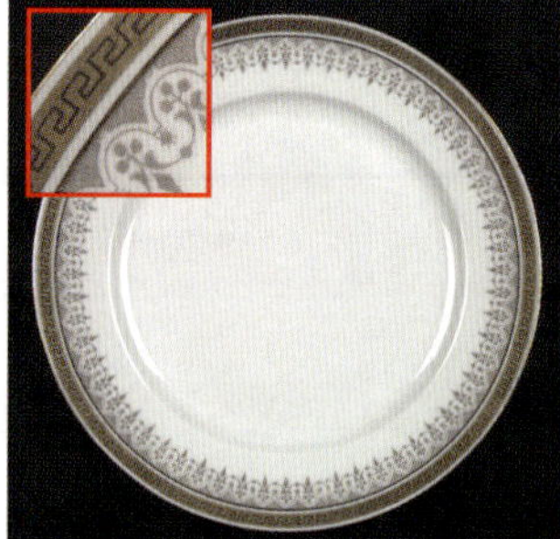

TRV 34
Gold Trim

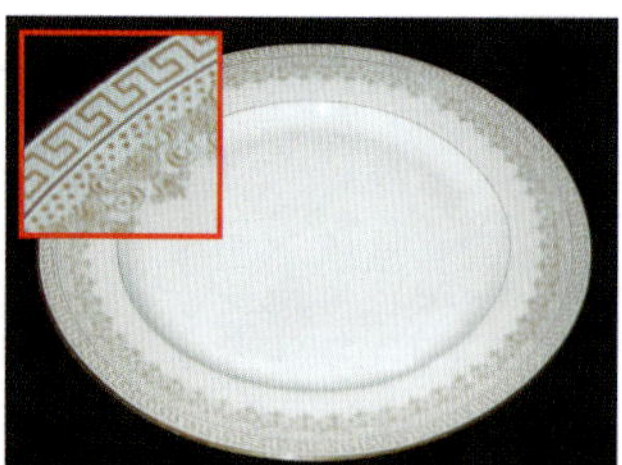

TRV 250
Gold Trim

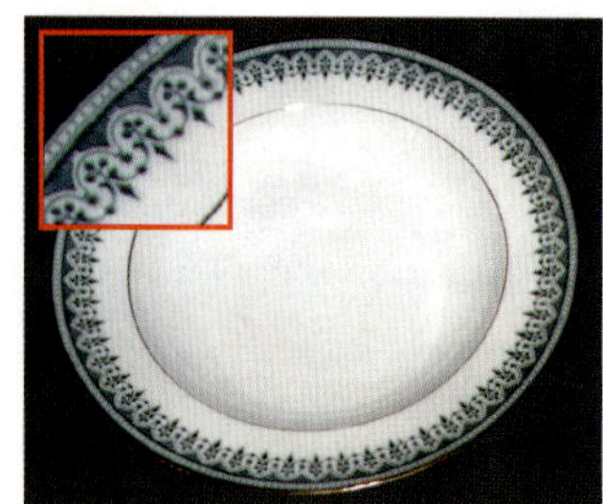

TRV 3
Green Design
Gold Trim

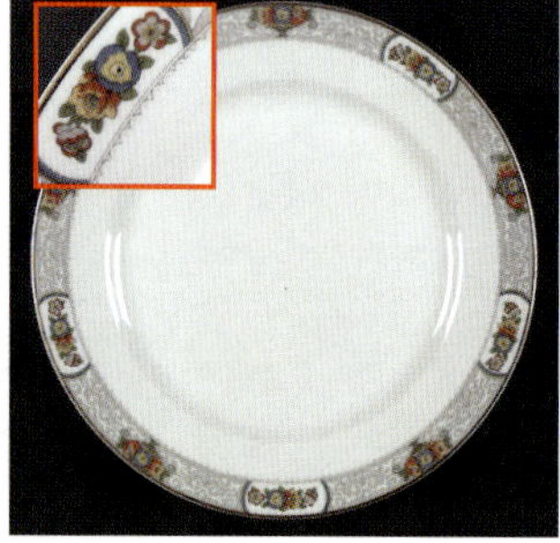

TRV 65
Gold Trim

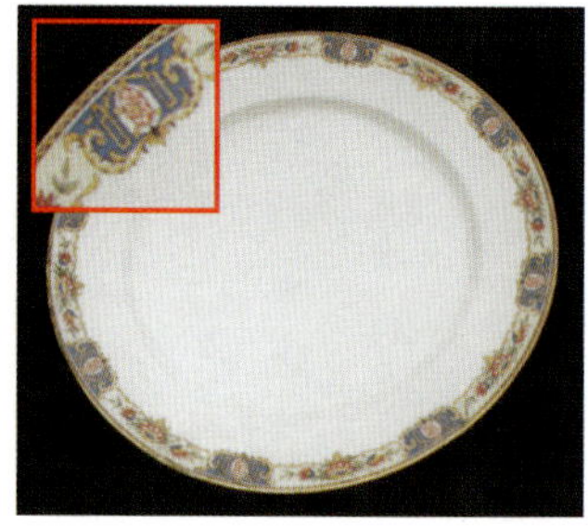

TRV 30
Gold Trim

Smooth — Rim Shape, Gold Trim (continued)

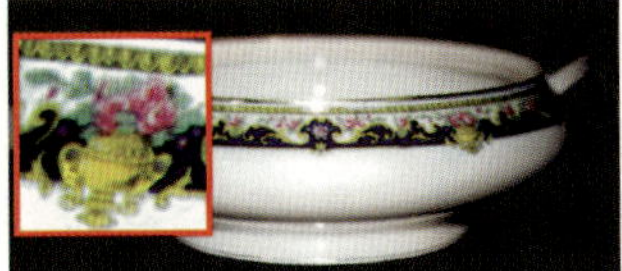
TRV 114
Vegetable Bowl Shown
Gold Trim

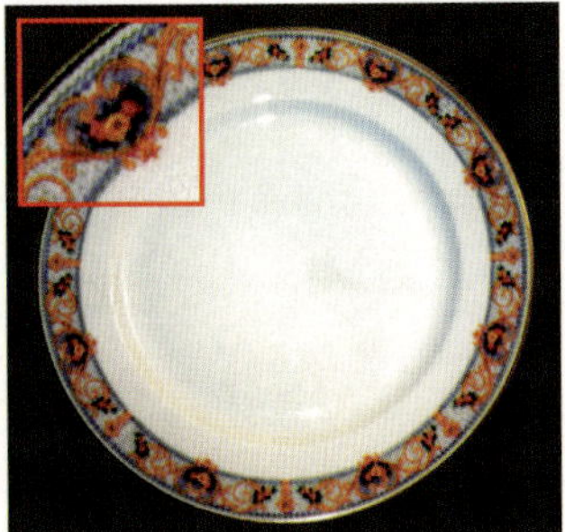
TRV 58
Gold Trim

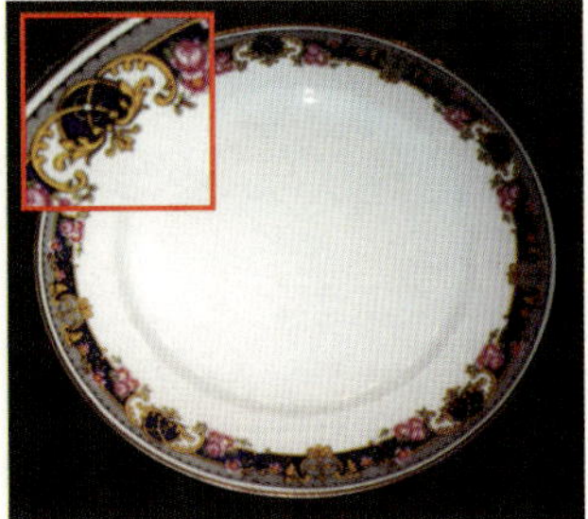
TRV 248
Gold Trim

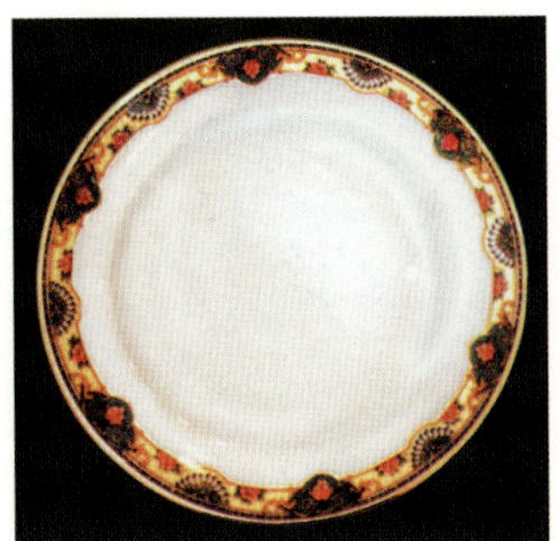
TRV 129
Gold Trim

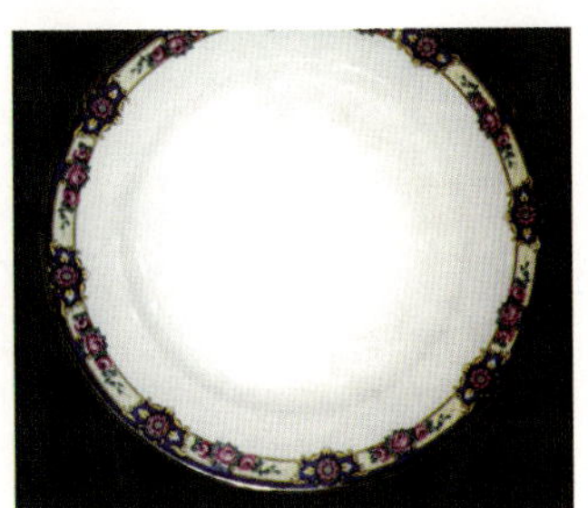
TRV 184
Gold Trim

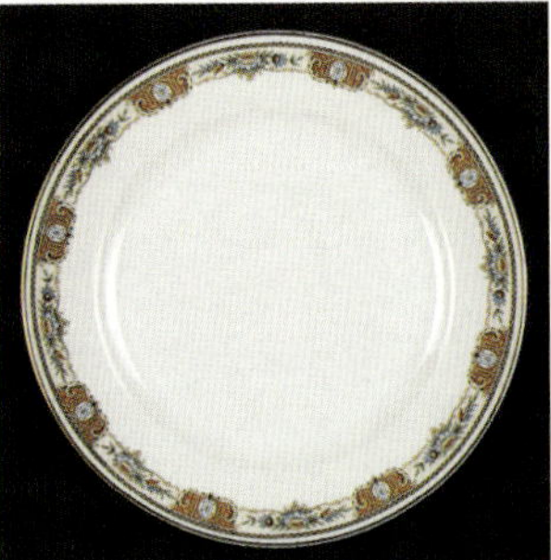
TRV 152
Gold Trim

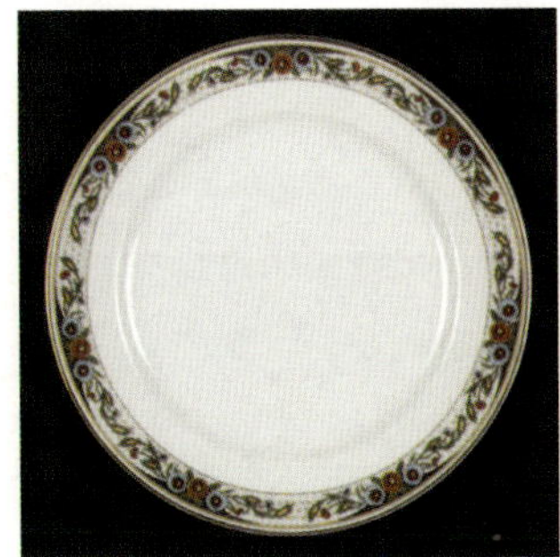
TRV 7
Gold Trim

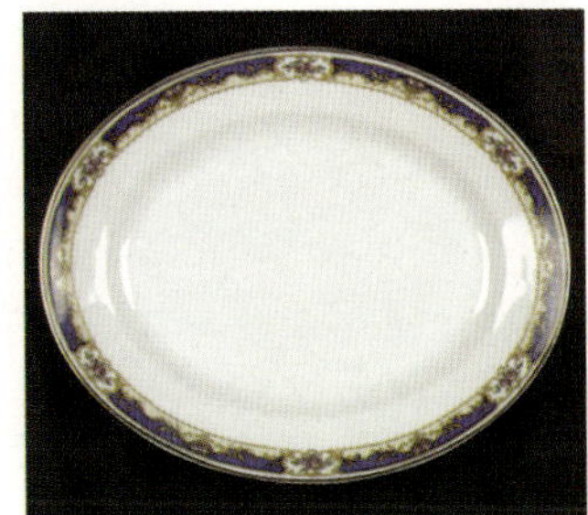
TRV 16
Platter Shown
Gold Trim

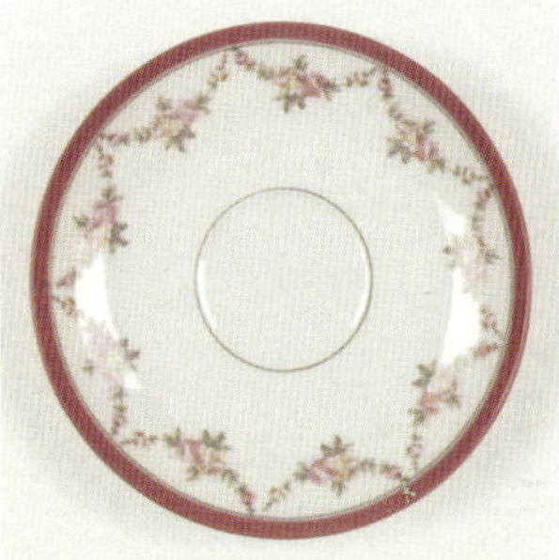
TRV 42
Saucer Shown
Gold Trim

Smooth — Rim Shape, Gold Trim (continued)

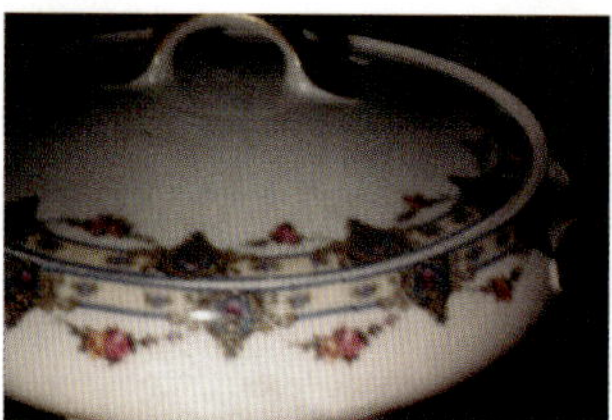

TRV 209
Covered Vegetable Bowl Shown
Gold Trim

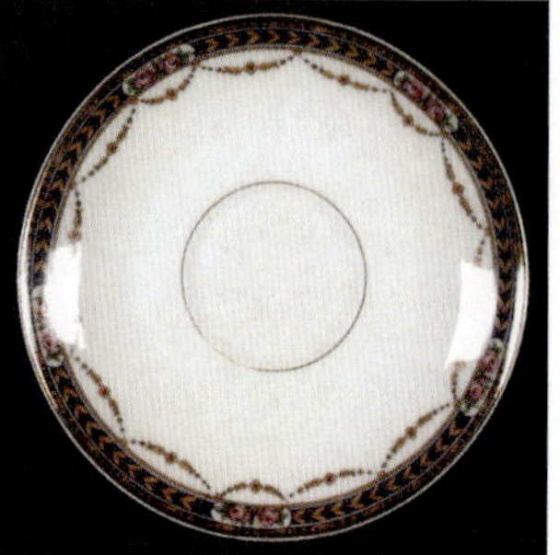

TRV 21
Saucer Shown
Gold Trim

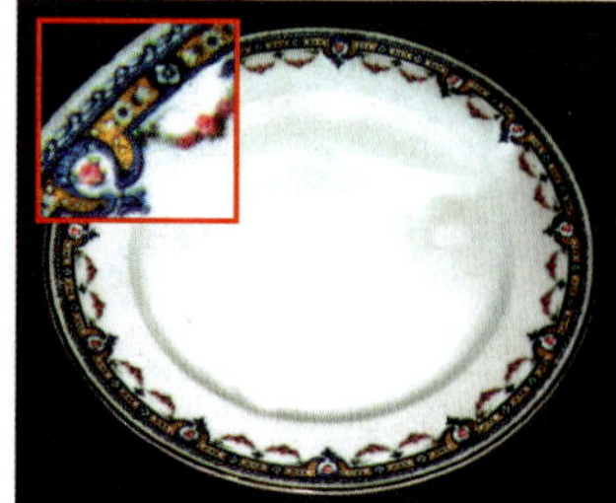

TRV 83
Gold Trim

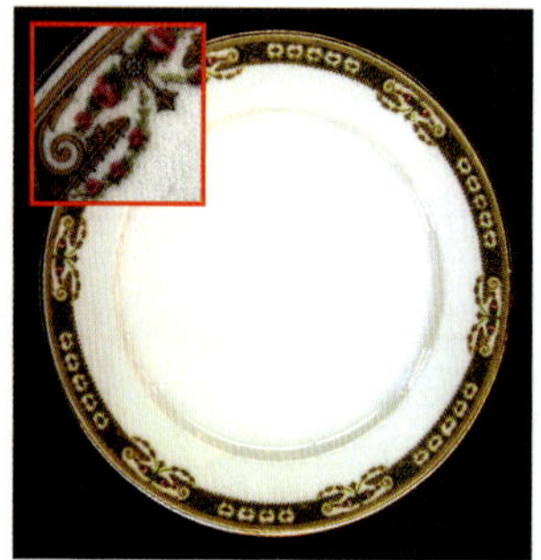

TRV 223
Gold Trim

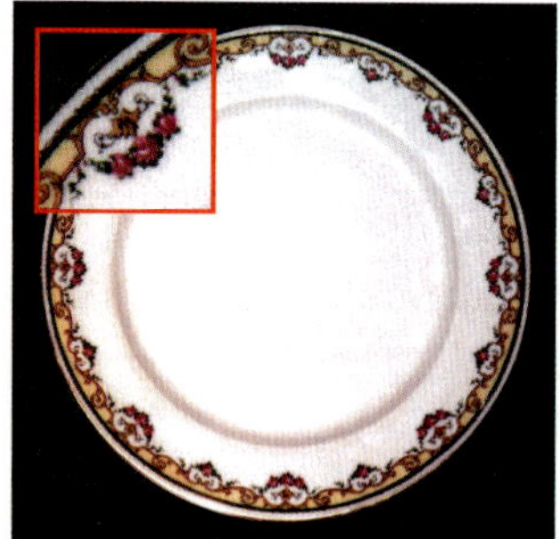

TRV 77
Gold Trim

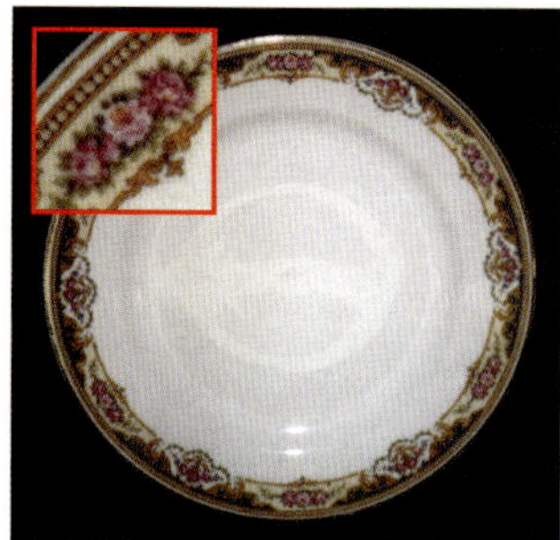

TRV 127
Gold Trim

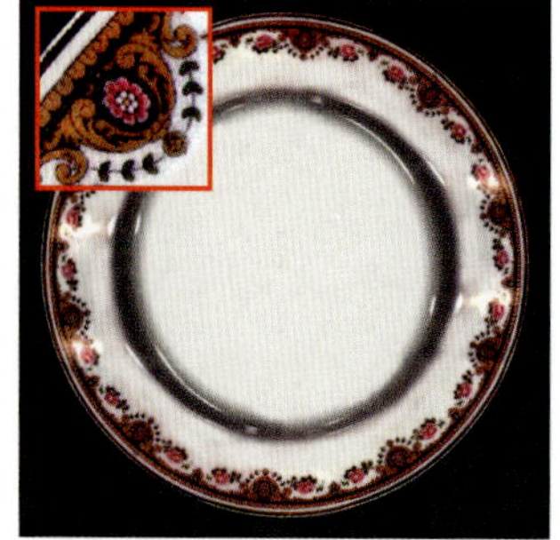

TRV 141
Gold Trim

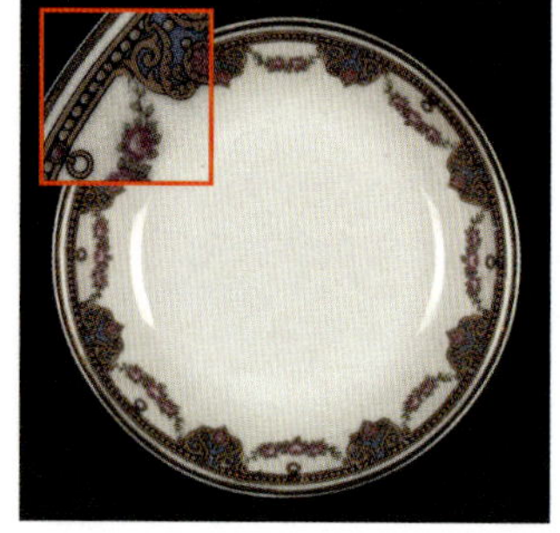

TRV 99
Fruit Bowl Shown
Gold Trim

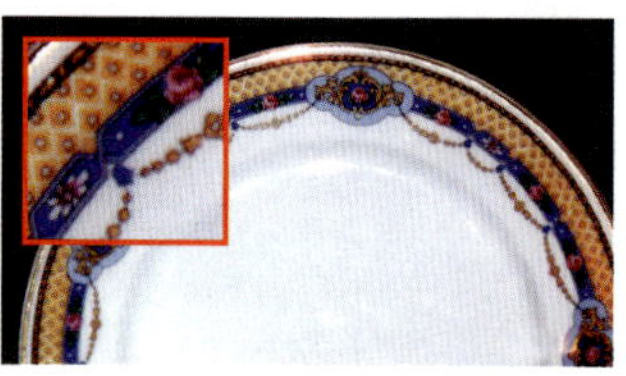

TRV 116
Gold Trim

Smooth — Rim Shape, Gold Trim (continued)

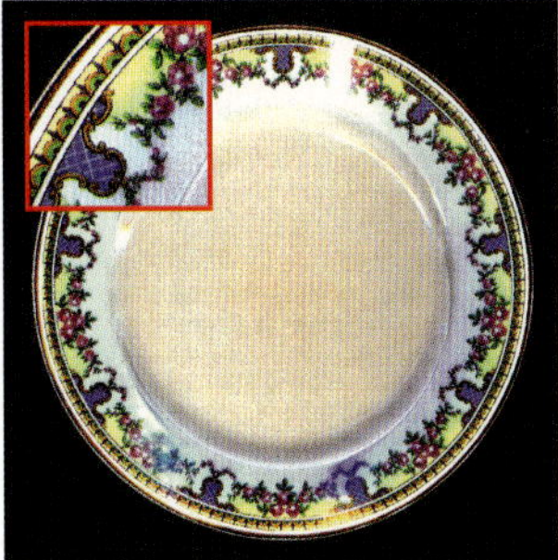

TRV 75
Salad Plate Shown
Gold Trim

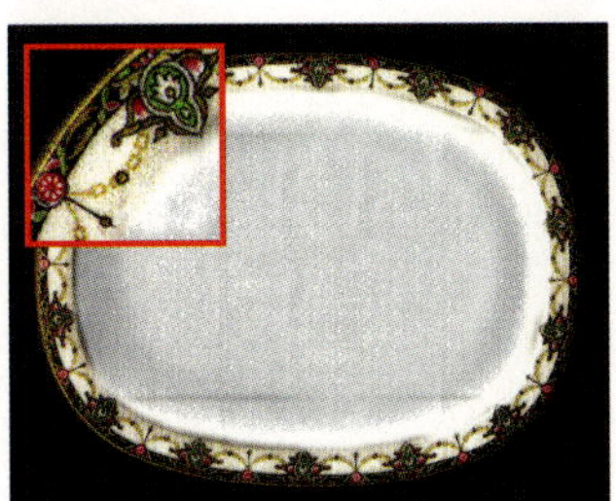

TRV 67
Oval Vegetable Bowl Shown
Gold Trim

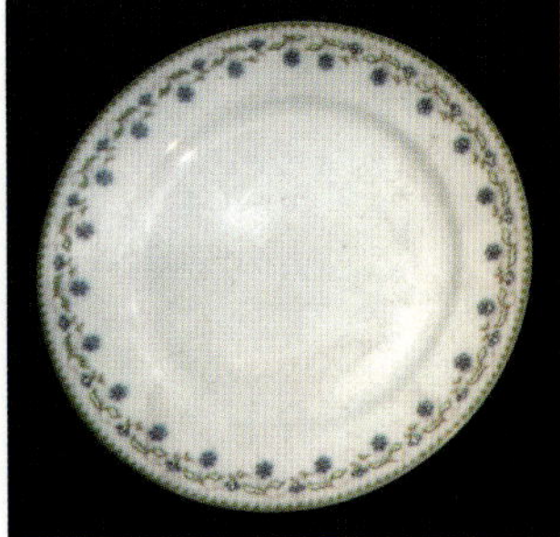

TRV 55
Blue and Green Floral
Gold Trim

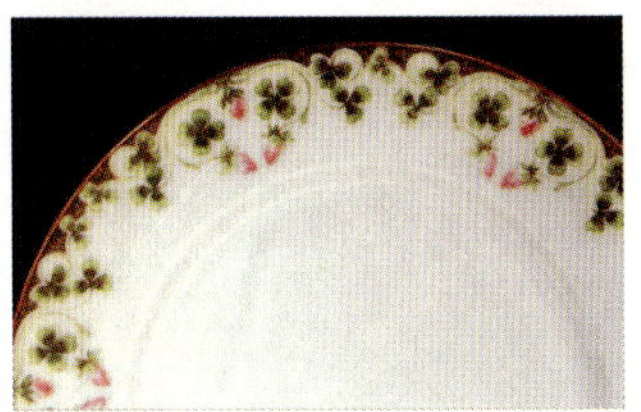

TRV 236
Gold Trim

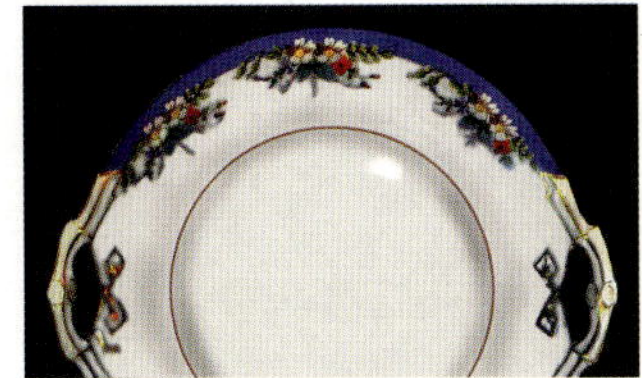

TRV 138
Cake Plate Shown
Gold Trim

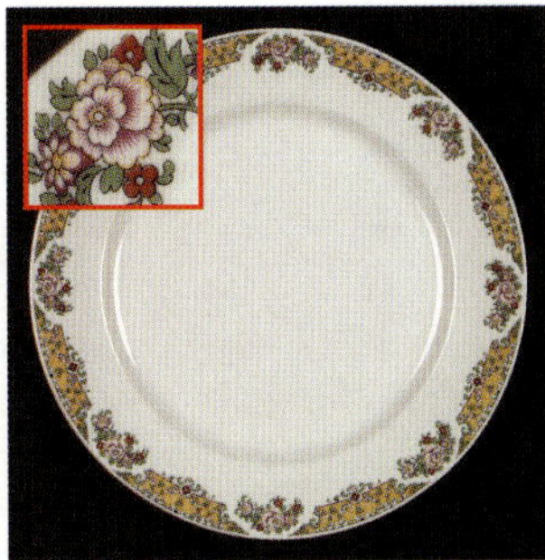

TRV 69
Gold Trim

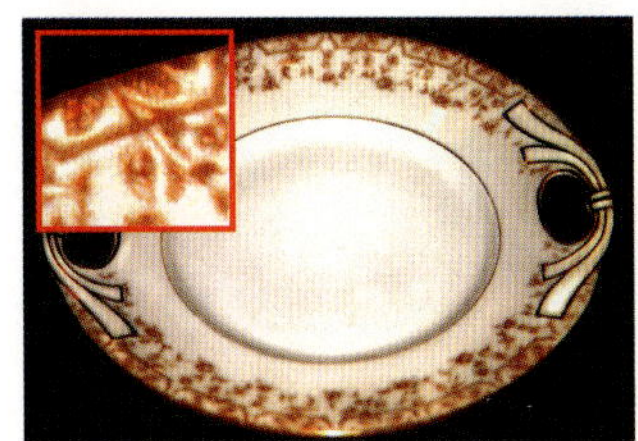

TRV 101
Cake Plate Shown
Tan Floral Swags
Gold Trim

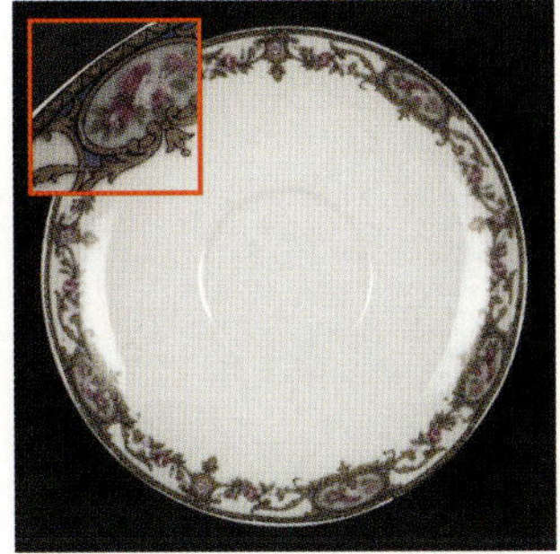

TRV 38
Saucer Shown
Gold Trim

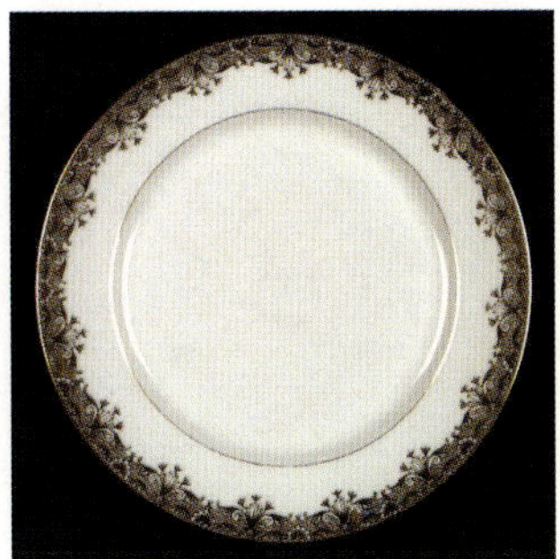

TRV 10
Salad Plate Shown
Gold Trim

Smooth — Rim Shape, Gold Trim (continued)

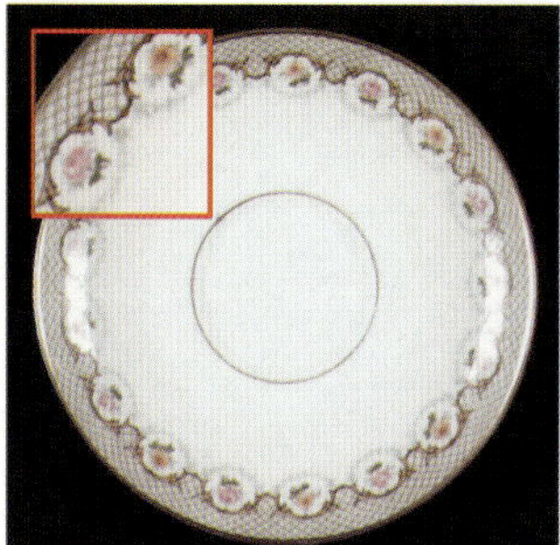

TRV 142
Saucer Shown
Gold Trim

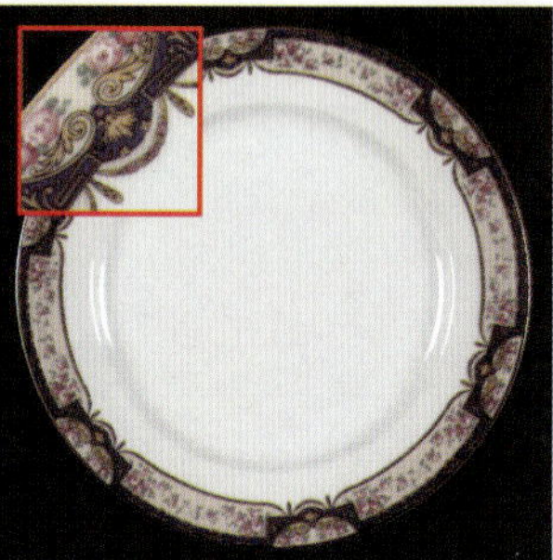

TRV 179
Gold Trim

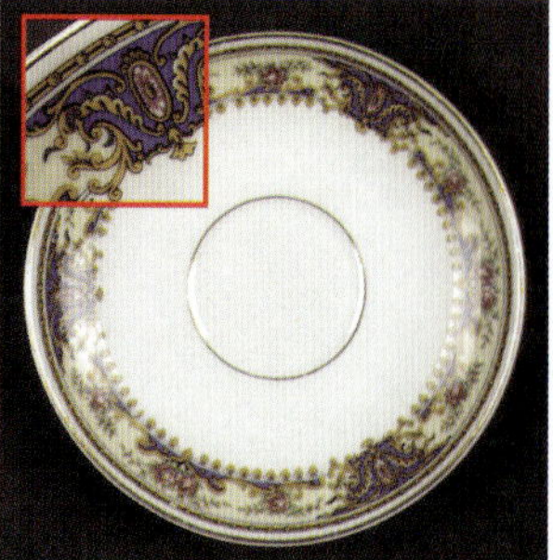

TRV 25
Saucer Shown
Gold Trim

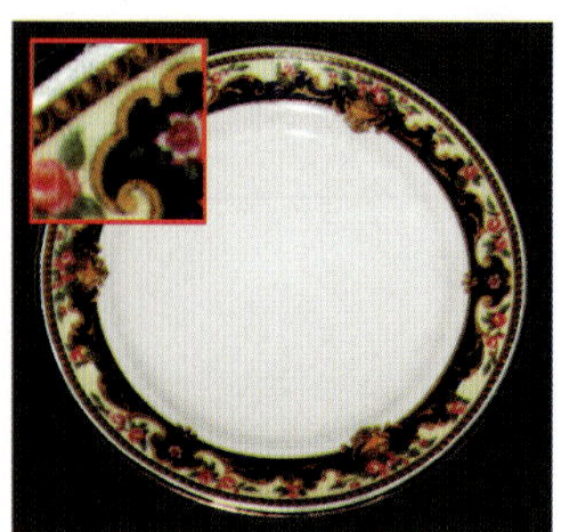

TRV 125
Gold Trim

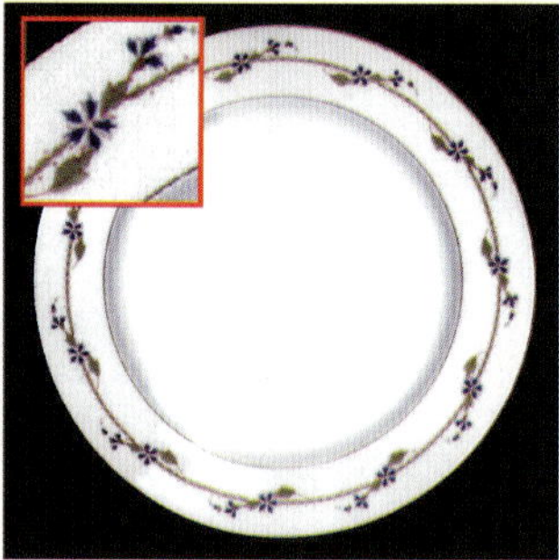

TRV 82
Gold Trim

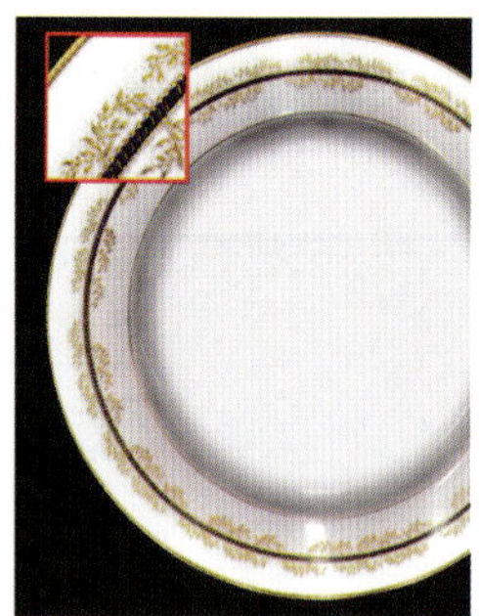

Di Vinci
6051
Gold Trim

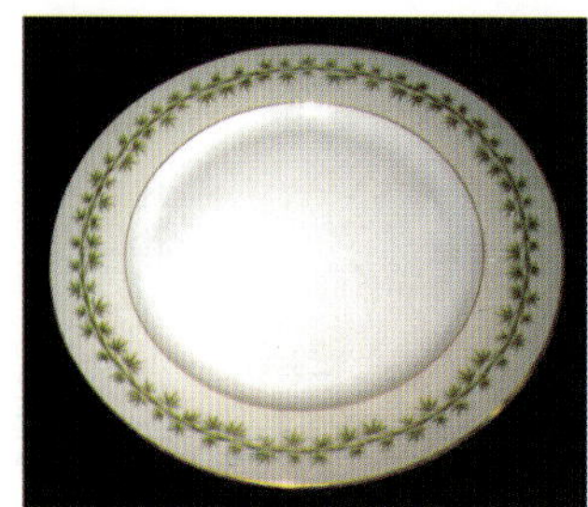

TRV 218
Gold Trim

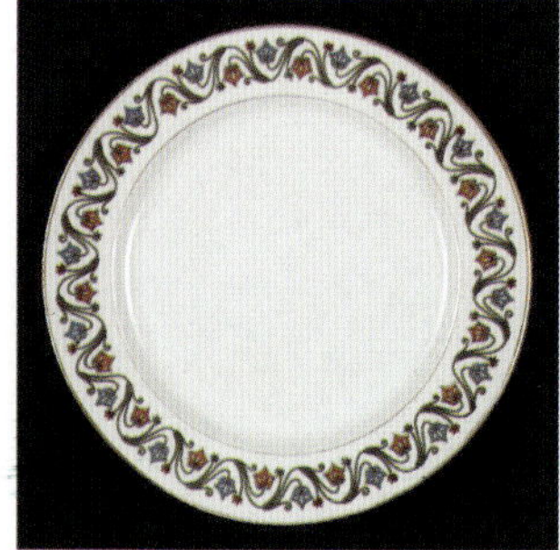

9110
Gold Trim

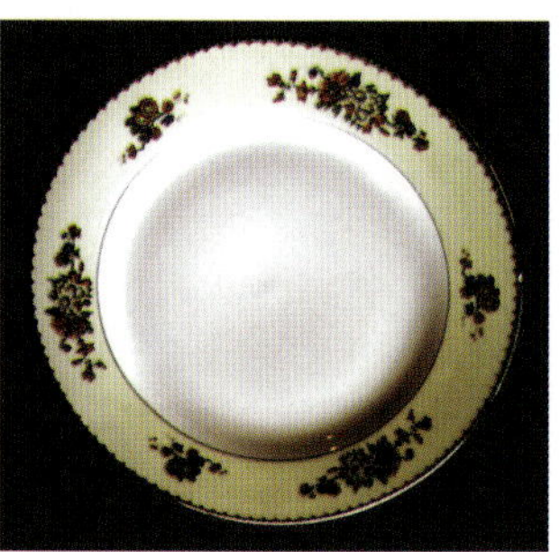

TRV 207
Gold Trim

Smooth — Rim Shape, Gold Trim (continued)

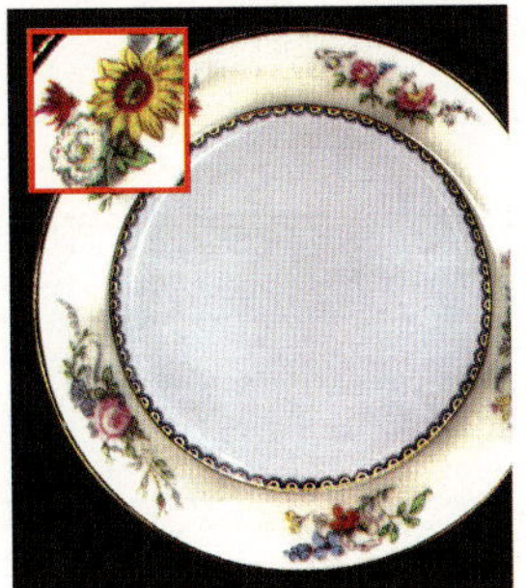

TRV 95
Gold Trim

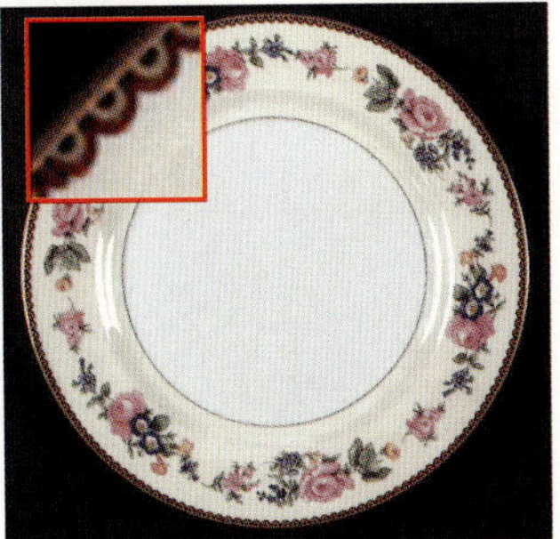

TRV 147
Gold Trim

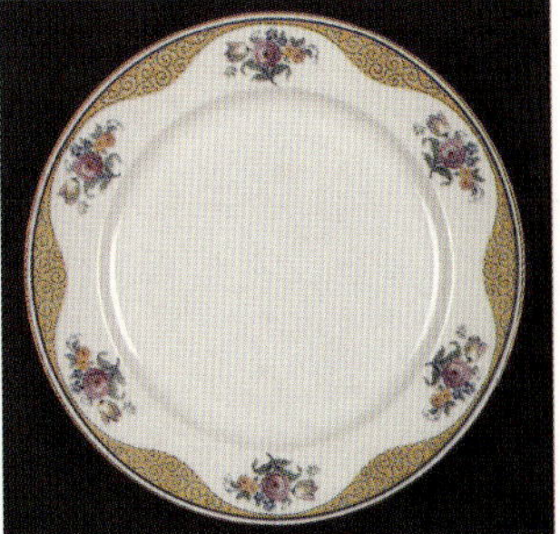

TRV 70
Gold Trim

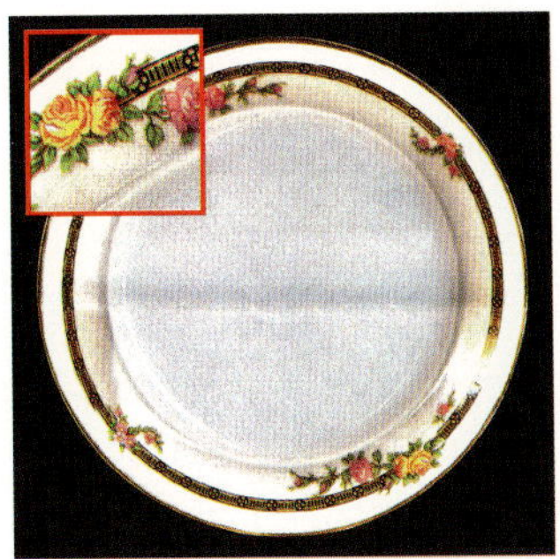

6928
Bread & Butter Plate Shown
Gold Trim

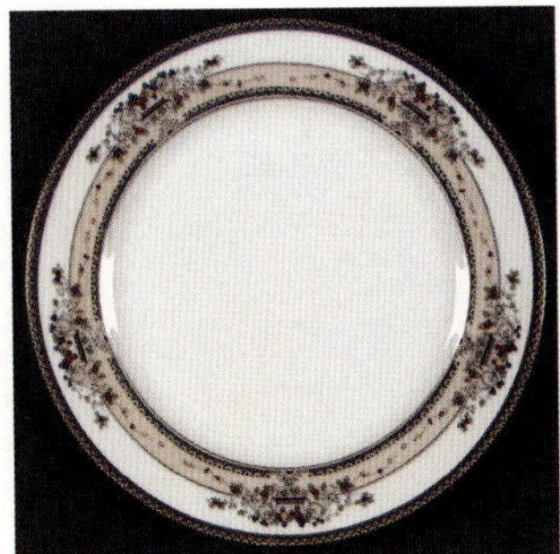

TRV 20
Gold Trim

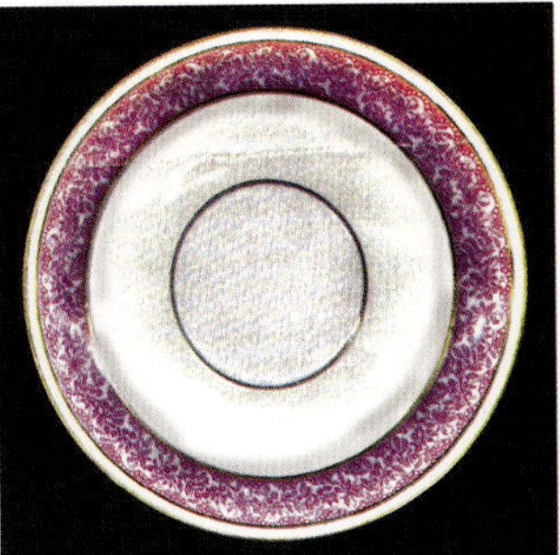

TRV 115
Saucer Shown
Gold Trim

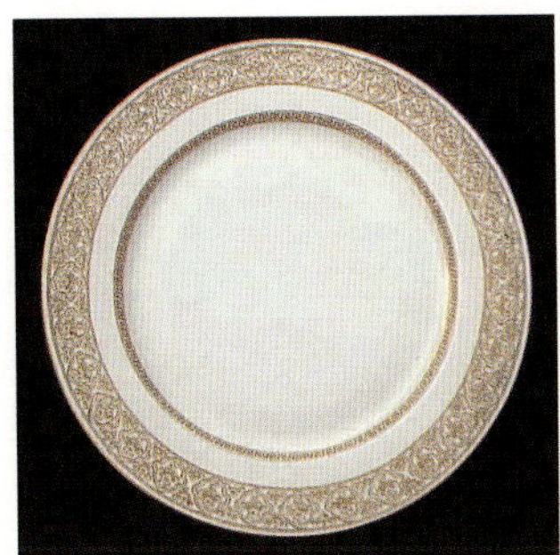

4722
Gold Trim

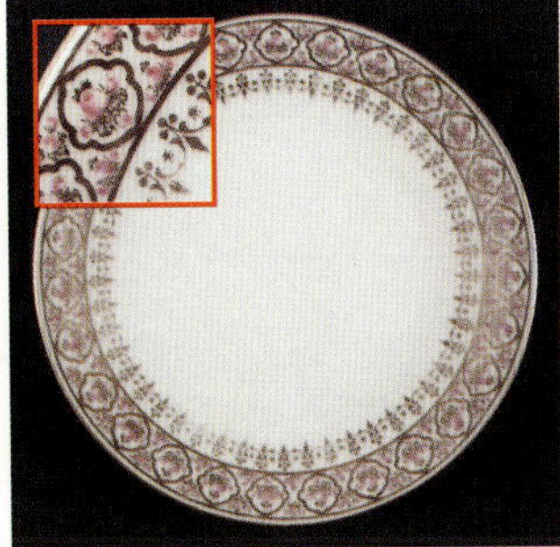

TRV 187
Salad Plate Shown
Gold Trim

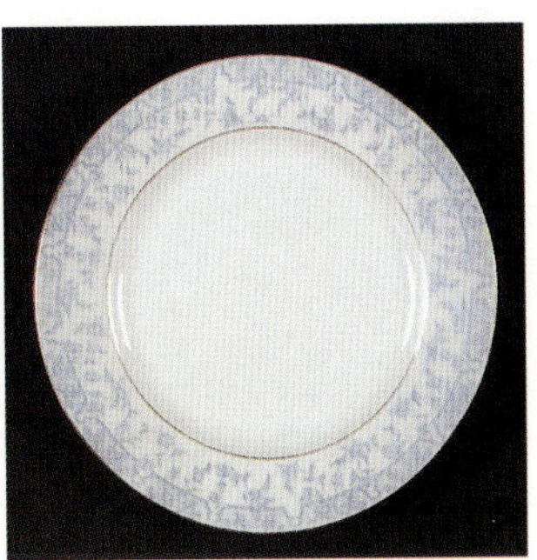

TRV 227
Salad Plate Shown
Gold Trim

Smooth — Rim Shape, Gold Trim (continued)

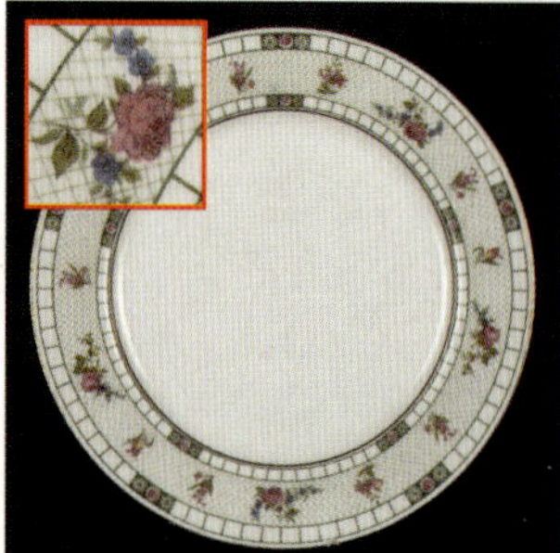

Villeroy
7564
Gold Trim

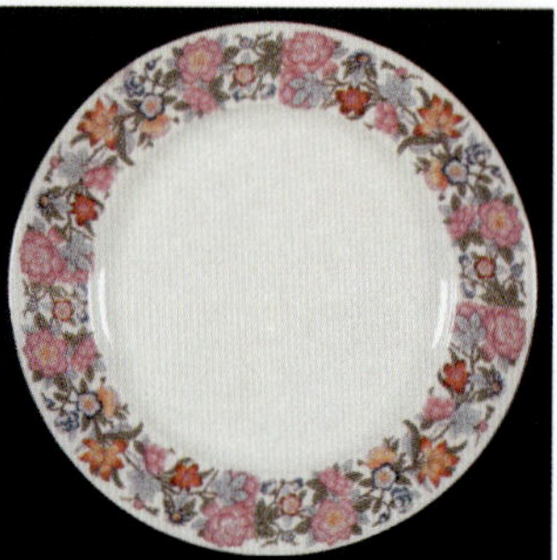

TRV 40
Gold Trim

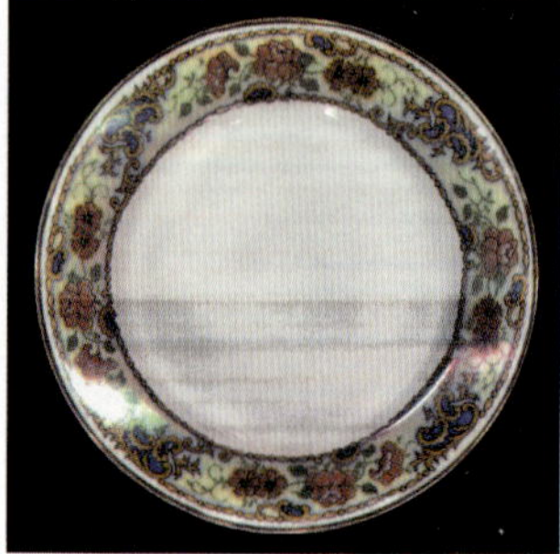

TRV 222
Salad Plate Shown
Gold Trim

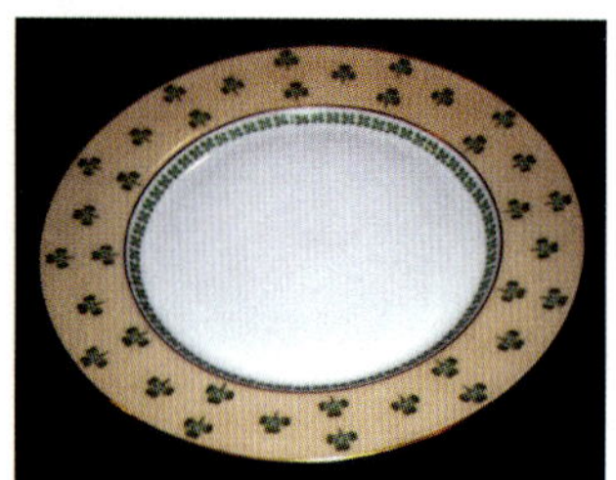

TRV 232
Gold Trim

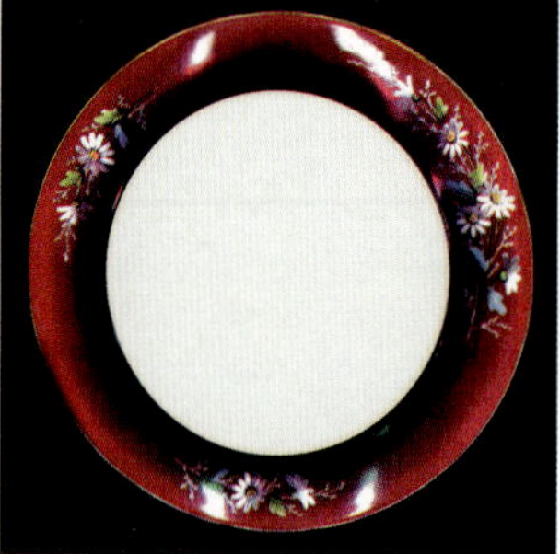

TRV 112
Luncheon Plate Shown
Gold Trim

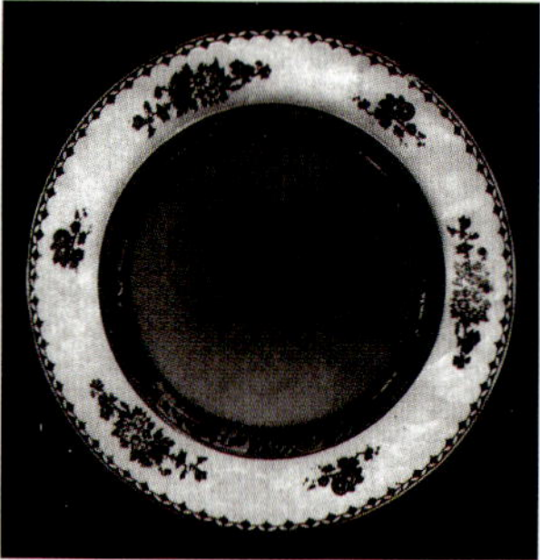

TRV 175
Cream/White Background; Red/Black Edge Design; Multifloral; Blue Band with White Design and Flowers; Gold Trim

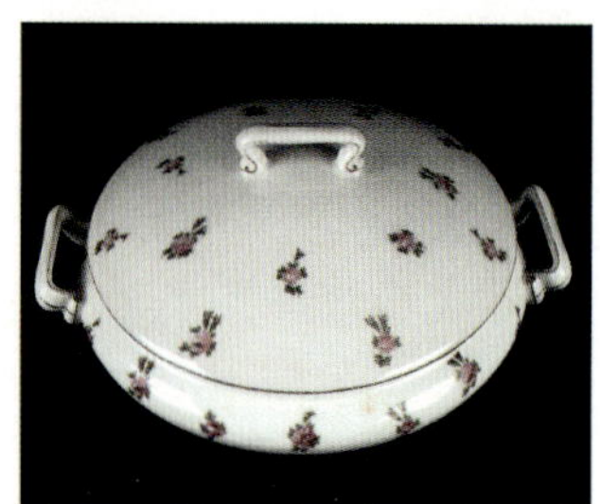

TRV 177
Covered Vegetable Bowl Shown
Gold Trim

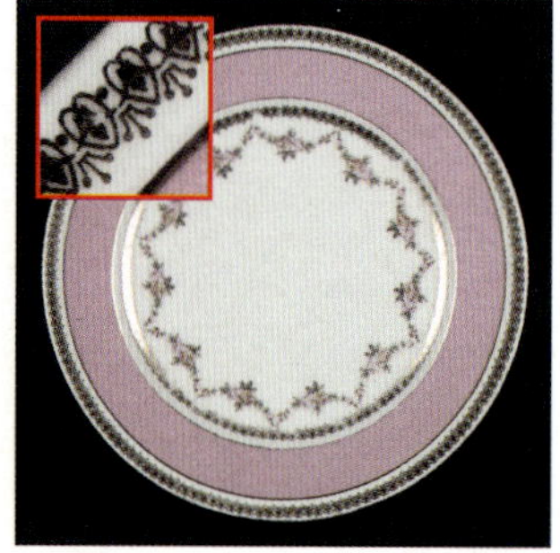

TRV 197
Gold Trim

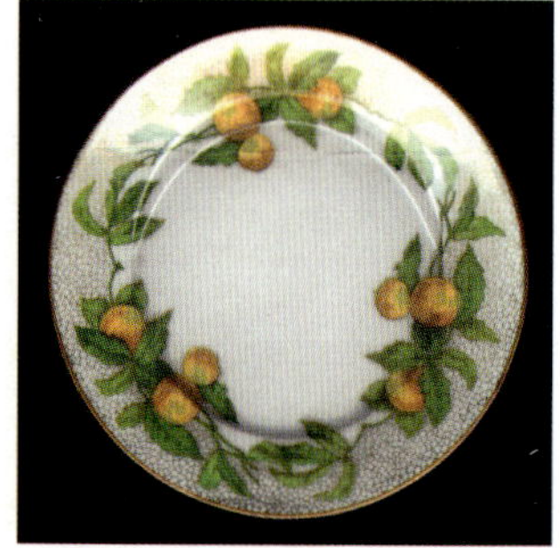

TRV 208
Bread & Butter Plate Shown
Gold Trim

Smooth — Rim Shape, Gold Trim (continued)

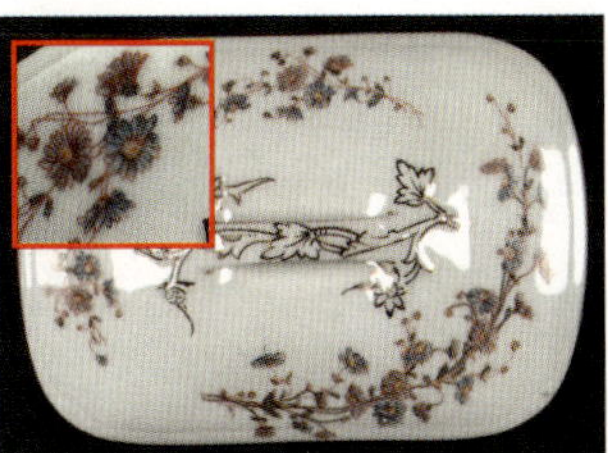

Marguerite
Vegetable Bowl Lid Shown
Gold Trim

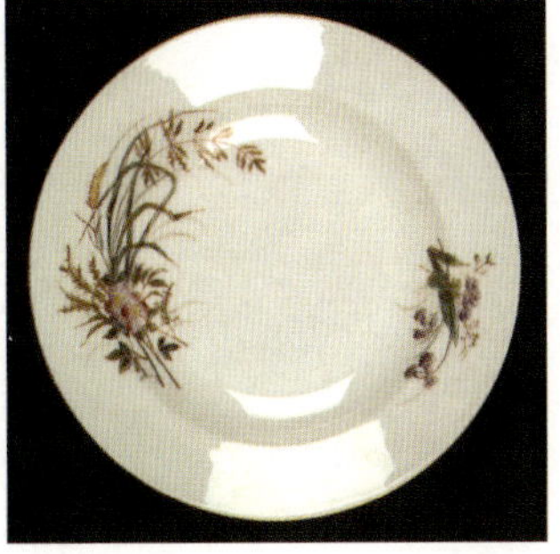

TRV 62
Soup Bowl Shown
Gold Trim

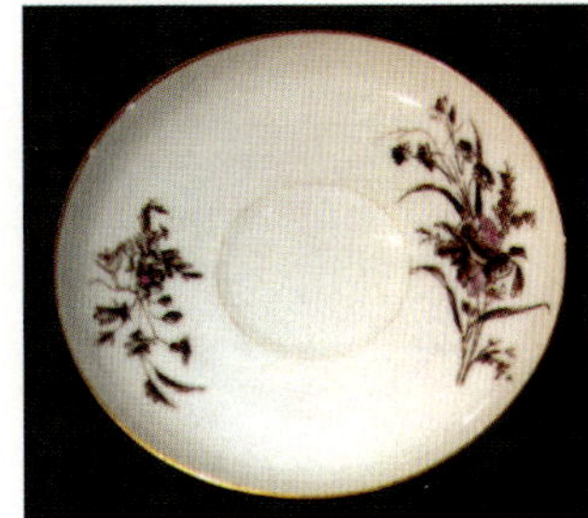

TRV 168
Saucer Shown
Gold Trim

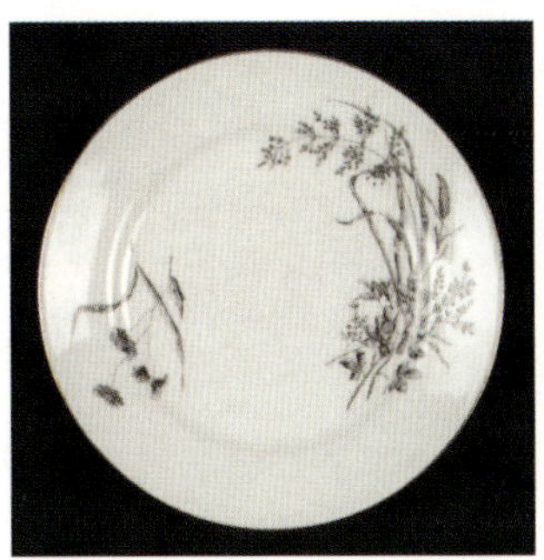

TRV 201
Salad Plate Shown
Gold Trim

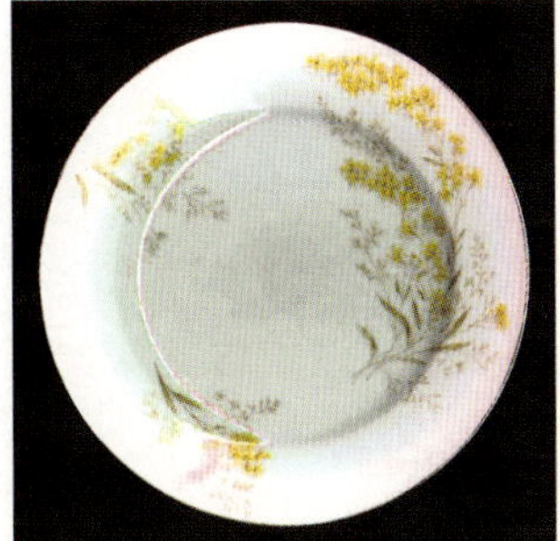

TRV 204
Gold Trim

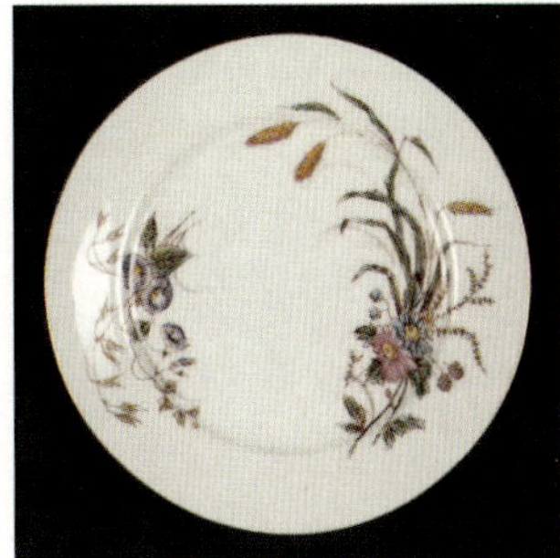

TRV 96
Salad Plate Shown
Gold Trim

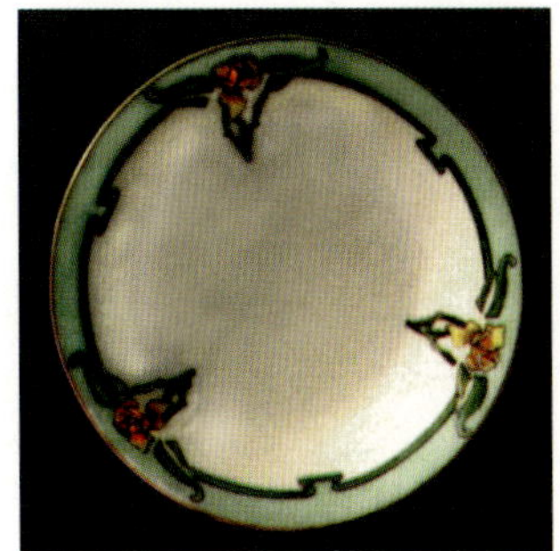

TRV 113
Soup Bowl Shown
Gold Trim

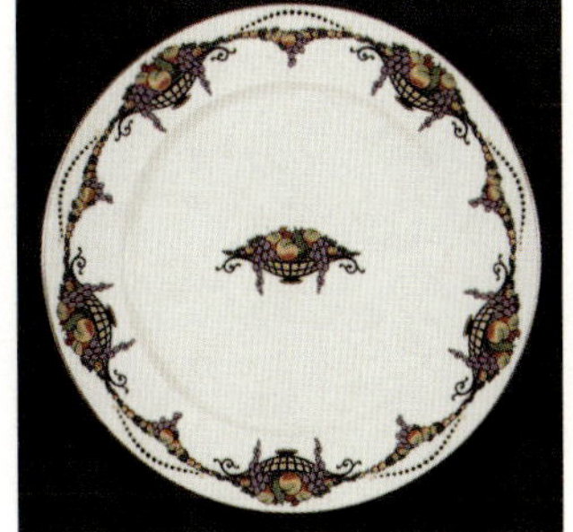

TRV 23
Gold Trim

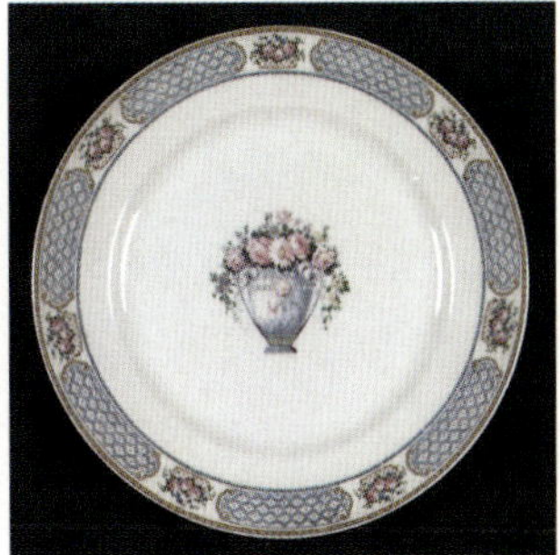

TRV 2
Gold Trim

Smooth — Rim Shape, Gold Trim (continued)

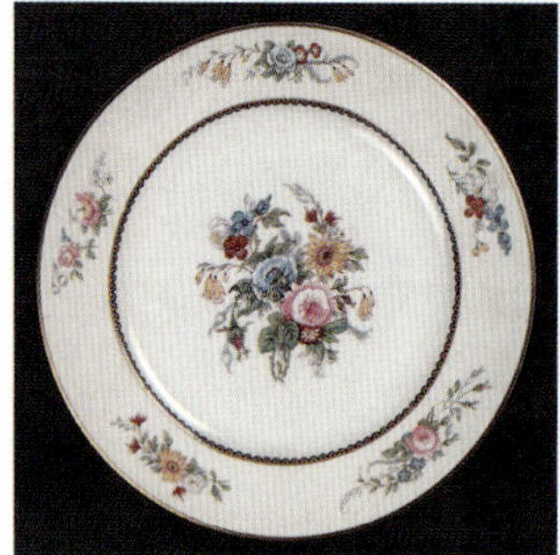
TRV 80
Gold Trim

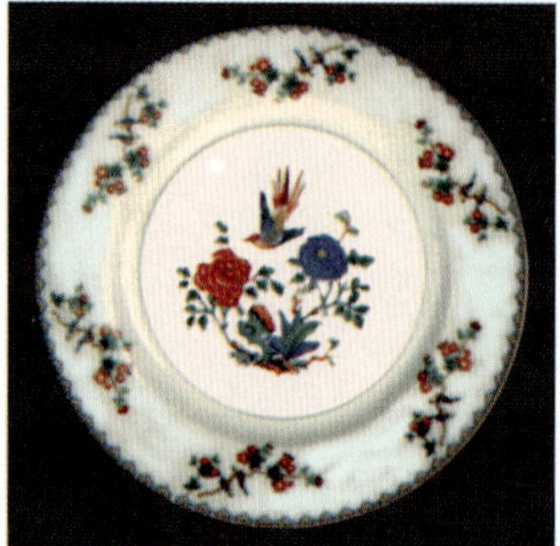
TRV 109
Gold Trim

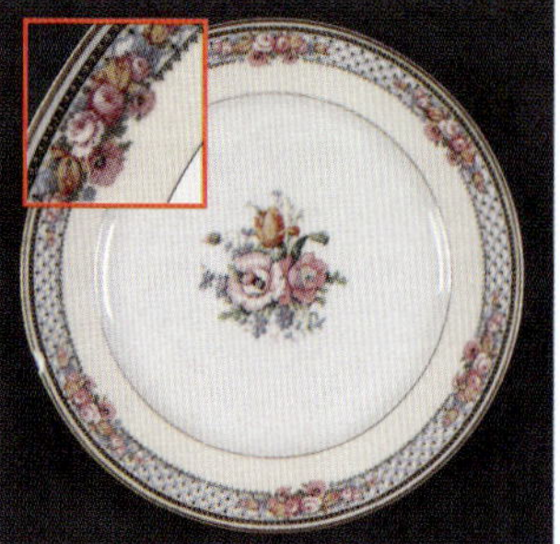
TRV 219
Gold Trim

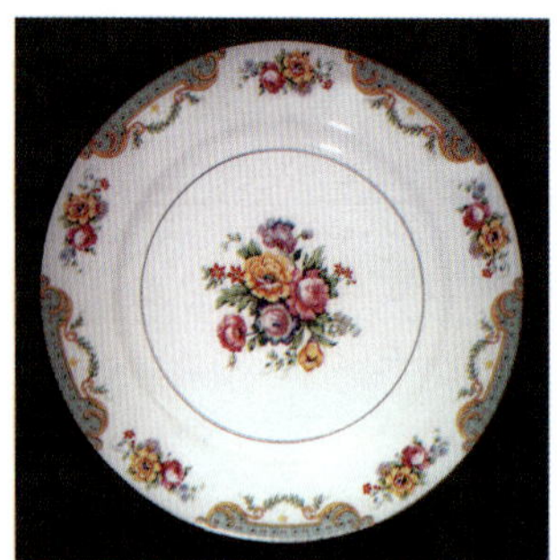
TRV 193
Gold Trim

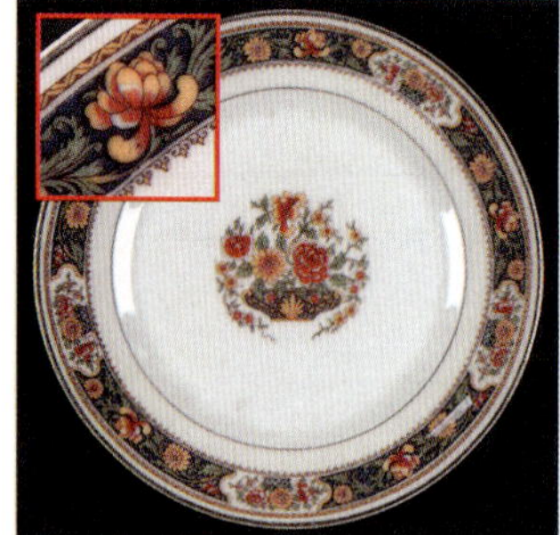
TRV 76
Salad Plate Shown
Gold Trim

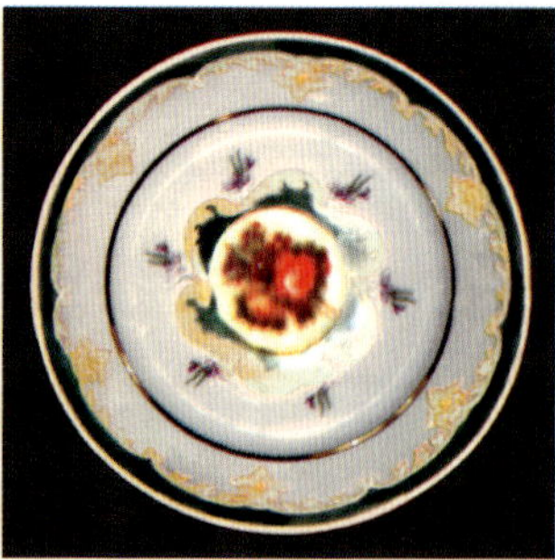
TRV 105
Gold Trim

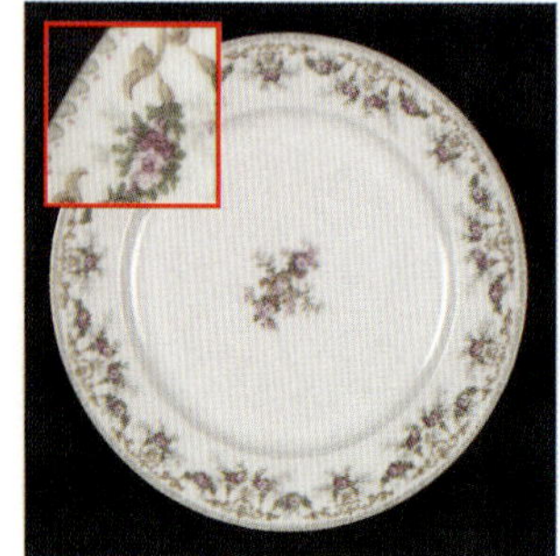
4711
Gold Trim

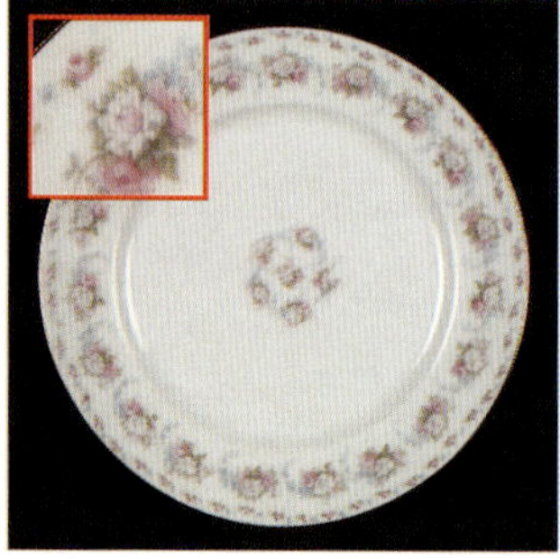
TRV 91
Gold Trim

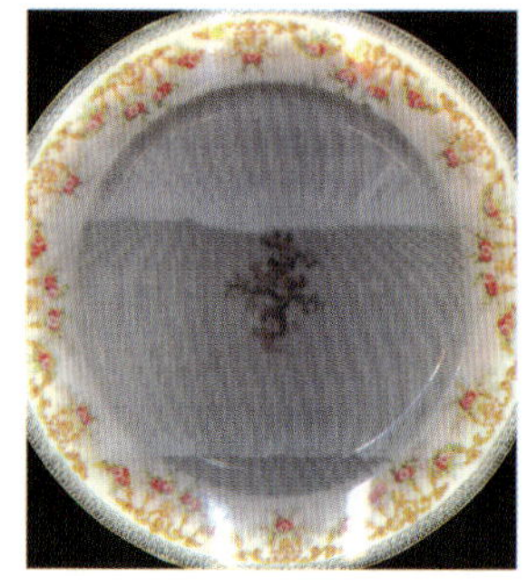
TRV 213
Gold Trim

Smooth — Rim Shape, Gold Trim (continued)

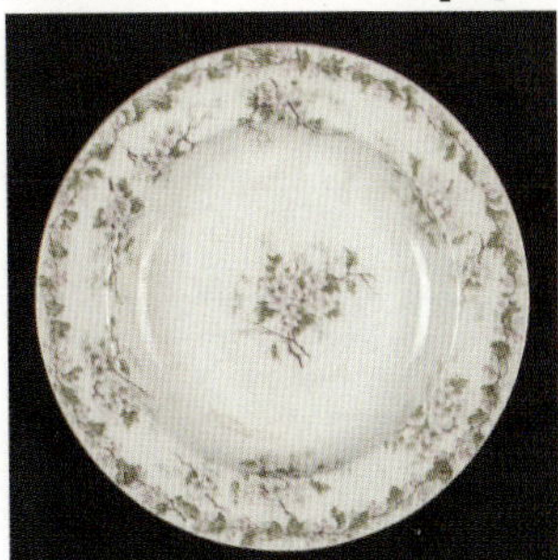

TRV 202
Soup Bowl Shown
Gold Trim

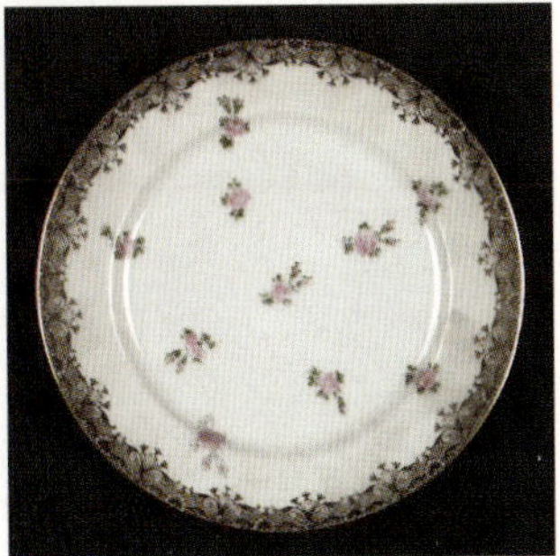

TRV 186
Salad Plate Shown
Gold Trim

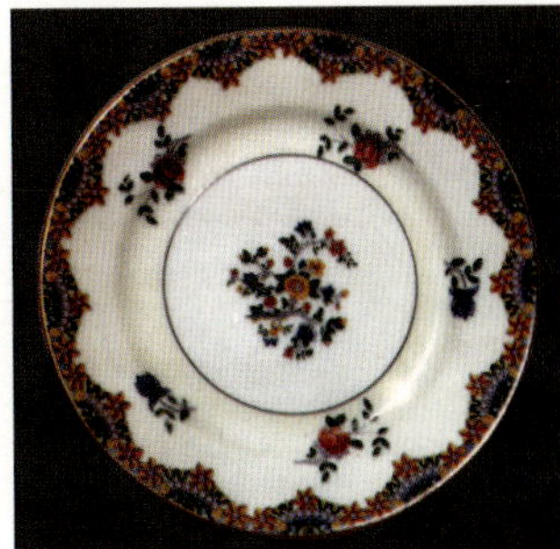

TRV 239
Gold Trim

Smooth — Rim Shape, Colored Trim or No Trim

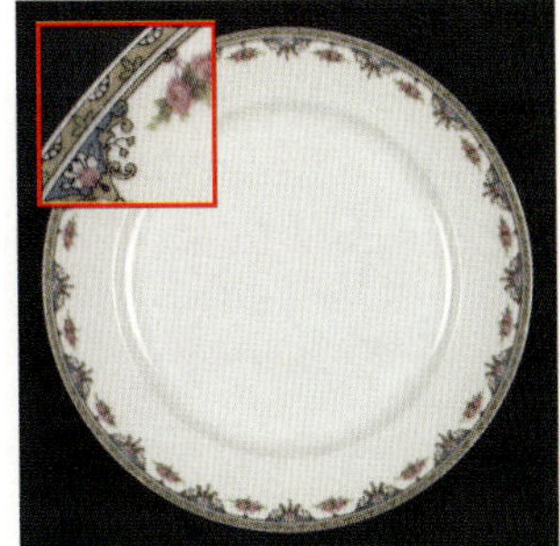

TRV 6
No Trim

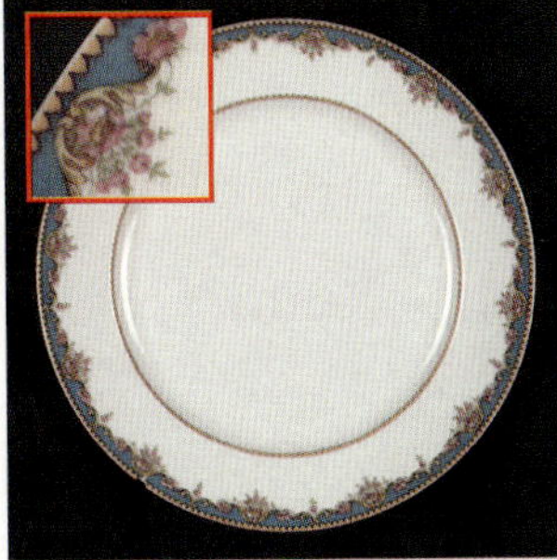

Le Trianon
No Trim

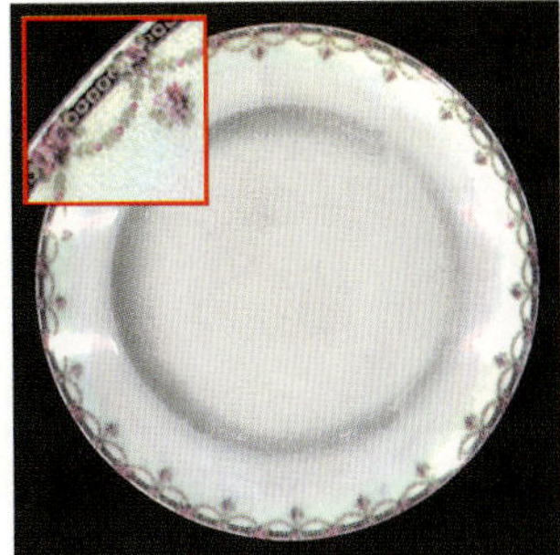

TRV 258
No Trim

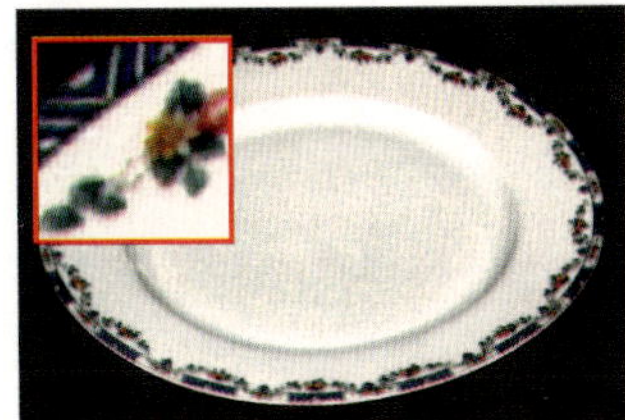

TRV 111
No Trim

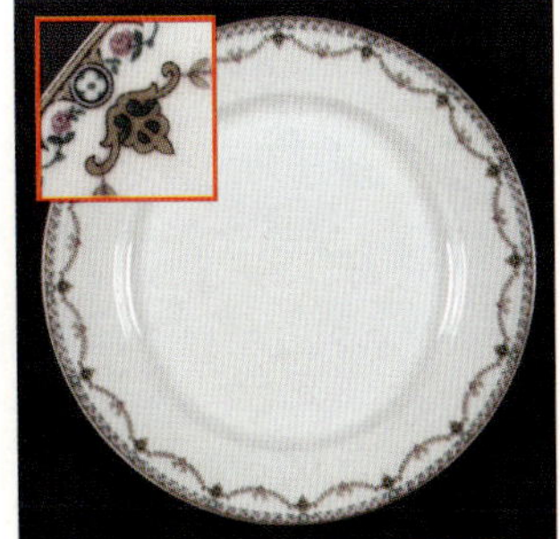

7220
Tan Trim

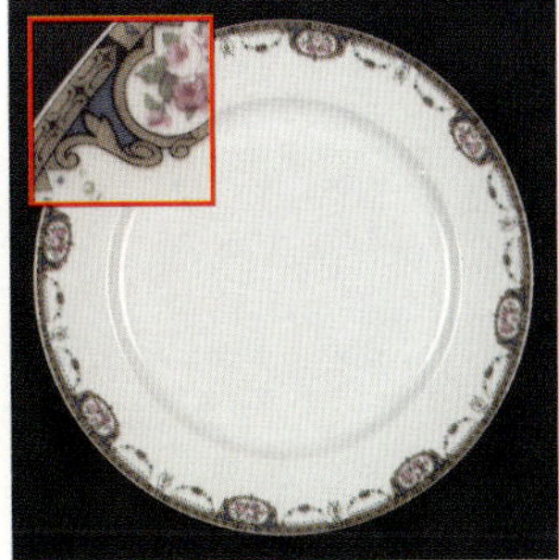

TRV 44
No Trim

Smooth — Rim Shape, Colored Trim or No Trim (continued)

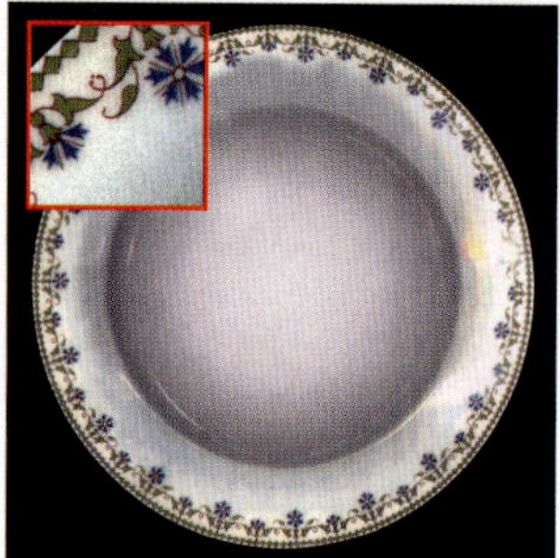
TRV 221
No Trim

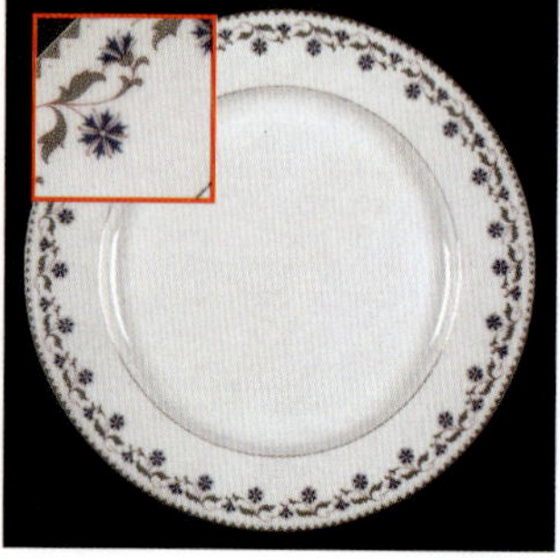
5865
No Trim

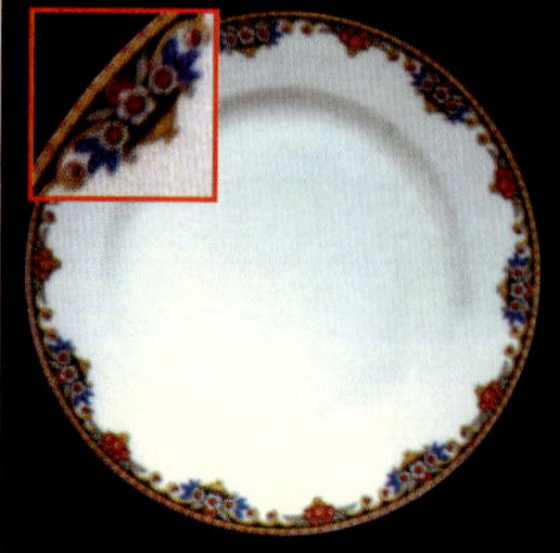
TRV 229
No Trim

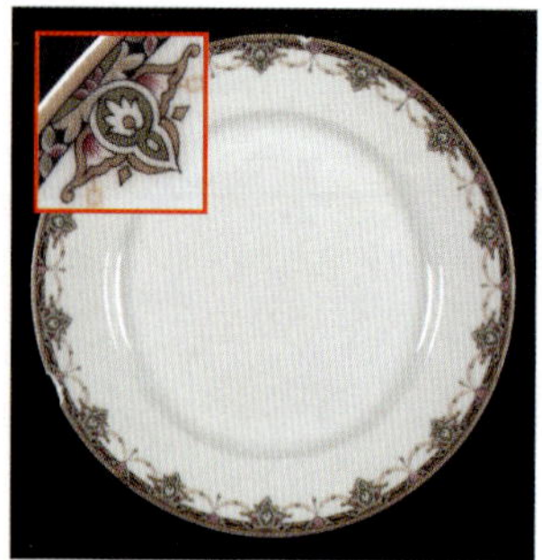
TRV 183
Salad Plate Shown
Mustard Trim

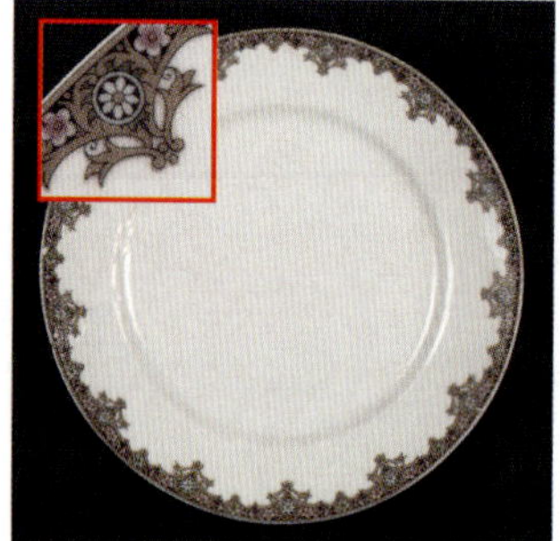
TRV 241
Salad Plate Shown
Mustard Trim

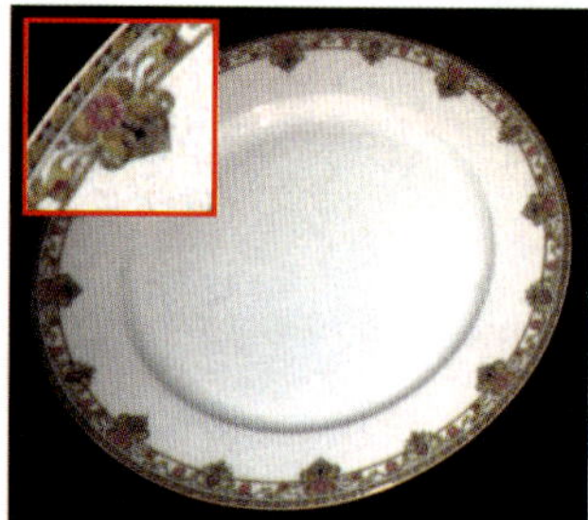
TRV 254
No Trim

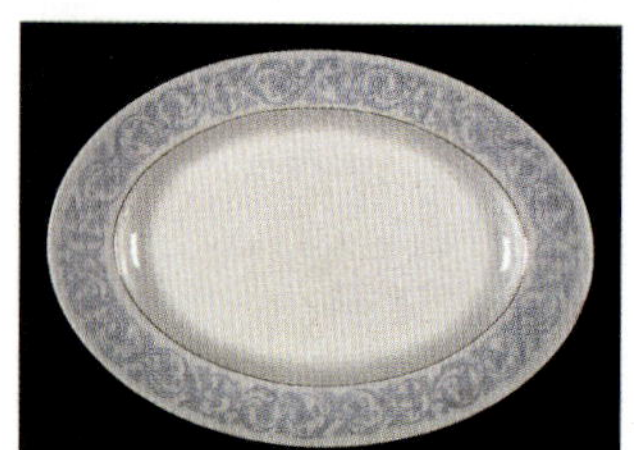
TRV 228
Platter Shown
No Trim

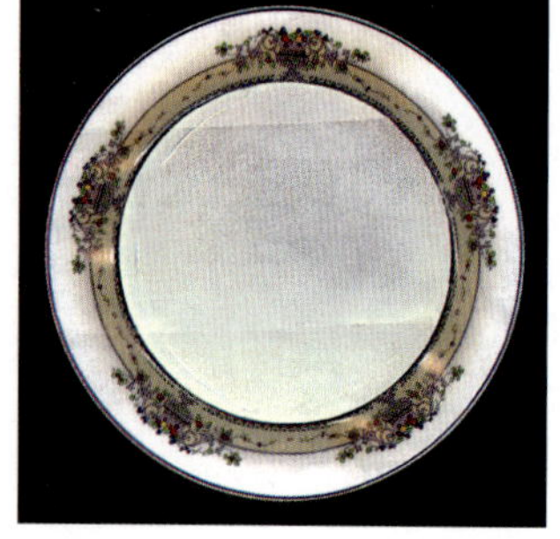
TRV 176
Blue Trim

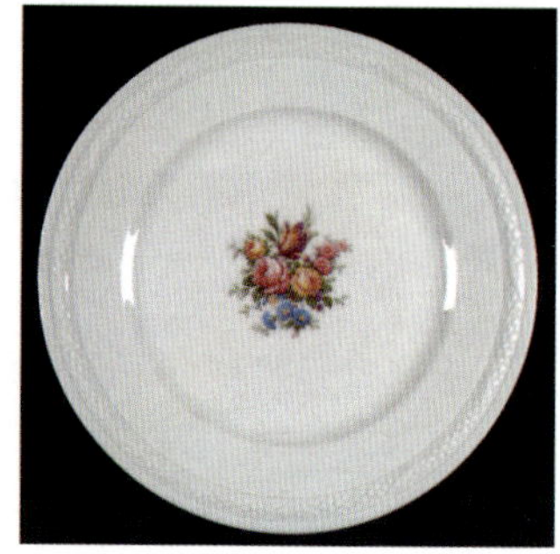
TRV 8
No Trim

Smooth — Rim Shape, Colored Trim or No Trim (continued)

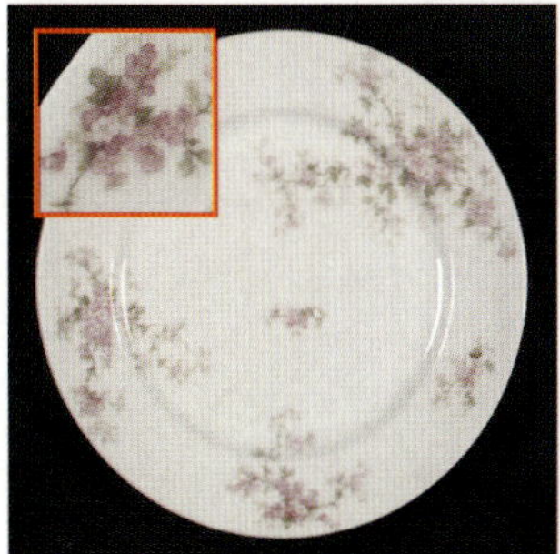
5906
Salad Plate Shown
No Trim

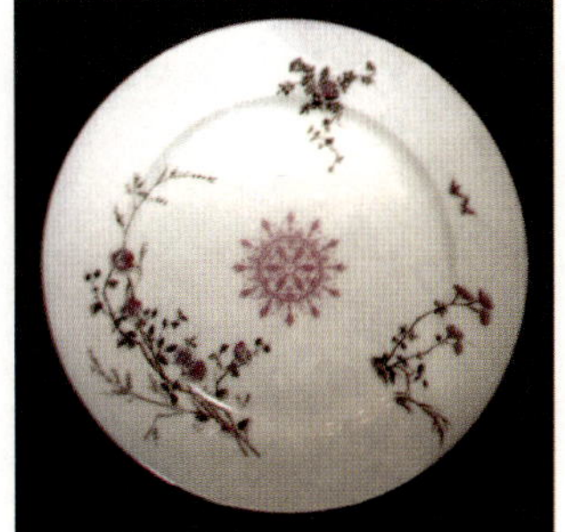
4014
Red Trim

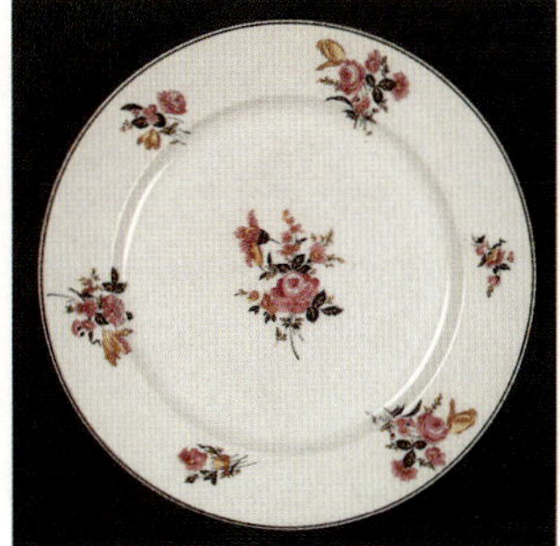
TRV 71
Black Trim

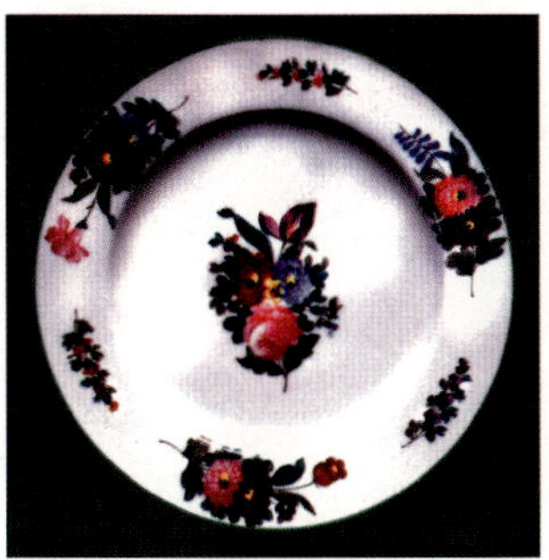
2377
Green Trim

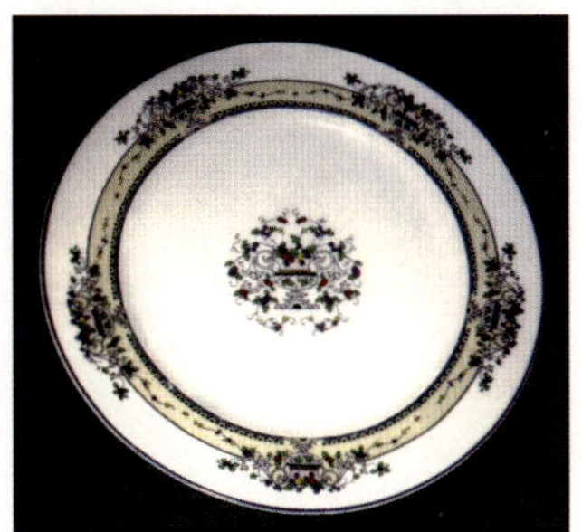
TRV 160
Blue Trim

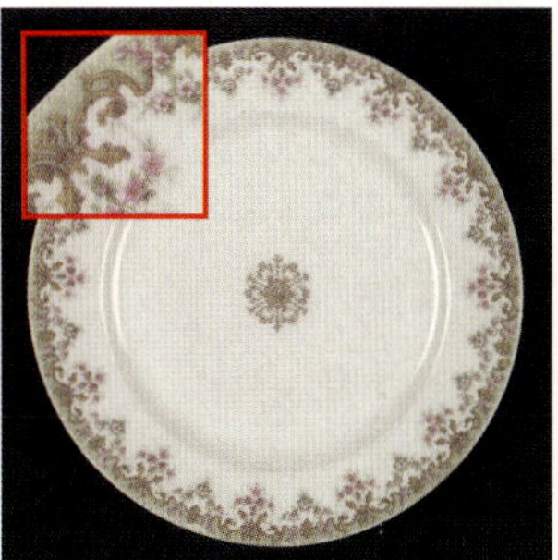
TRV 212
No Trim

Scalloped — Rim Shape, Gold Trim

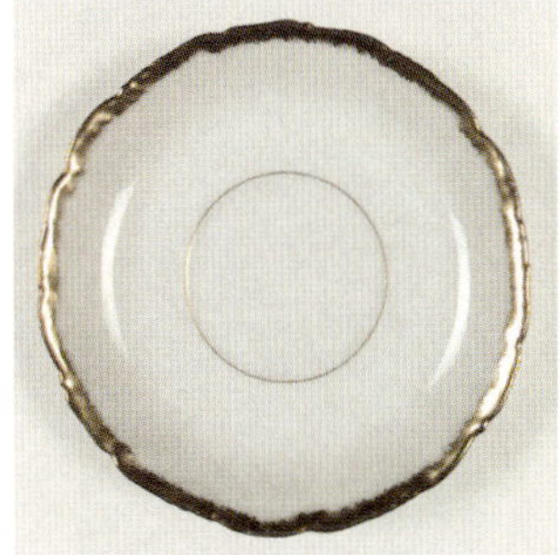
Wilmington
Saucer Shown
Gold Trim

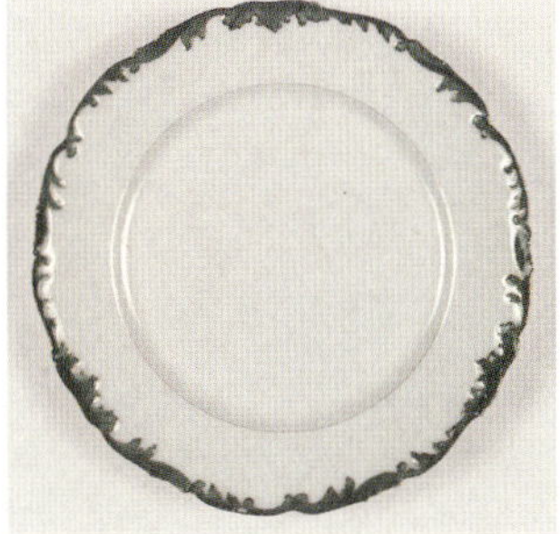
TRV 255
Gold Trim

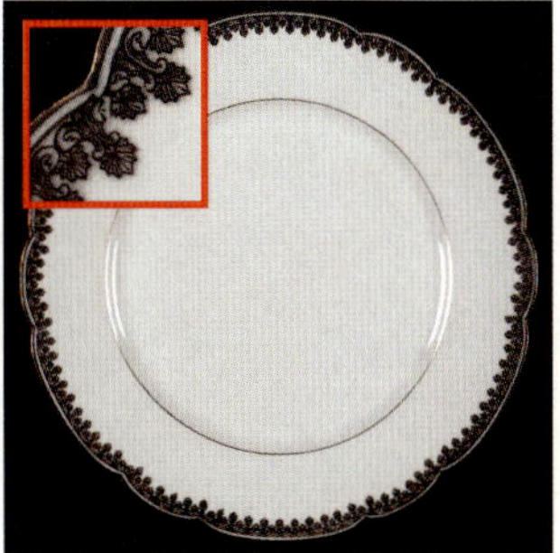
8414
Gold Trim

Scalloped — Rim Shape, Gold Trim (continued)

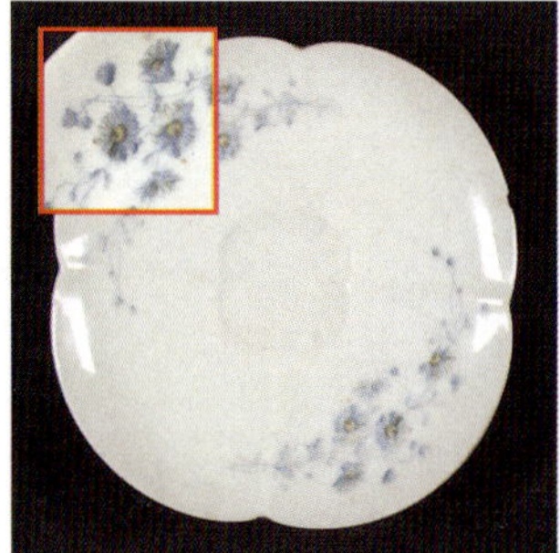

TRV 226
Saucer Shown
Gold Trim

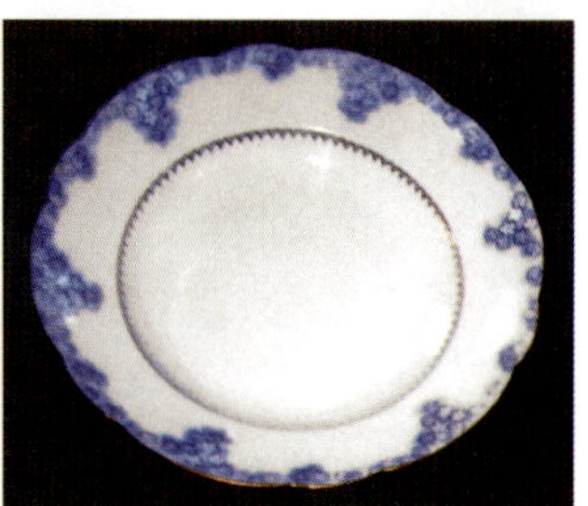

TRV 103
Gold Trim

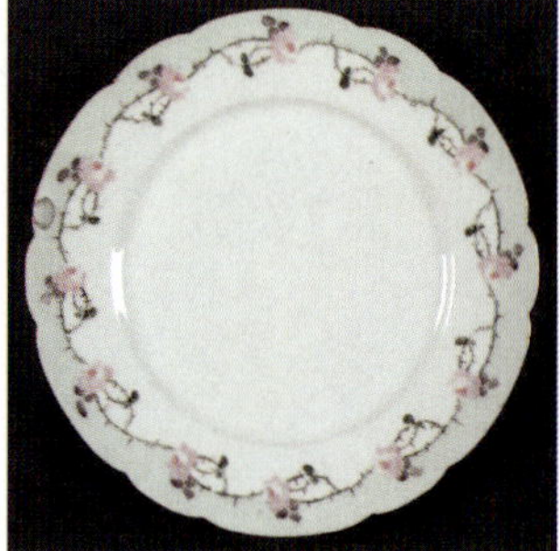

TRV 45
Gold Trim

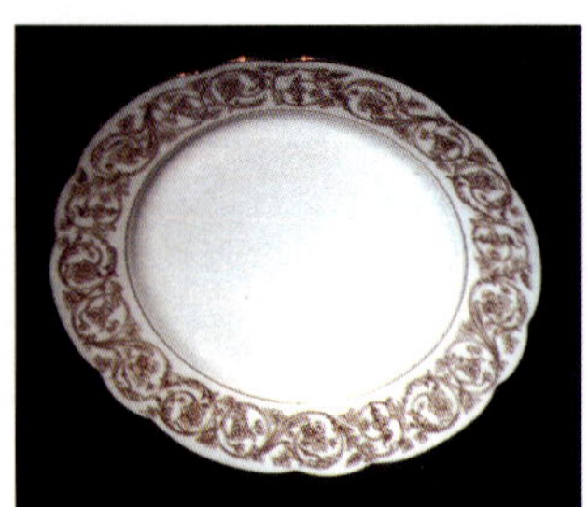

TRV 157
Gold Trim

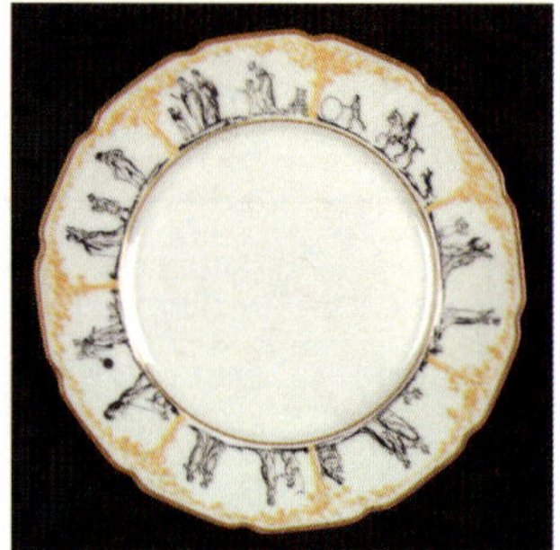

TRV 60
Salad Plate Shown
Gold Trim

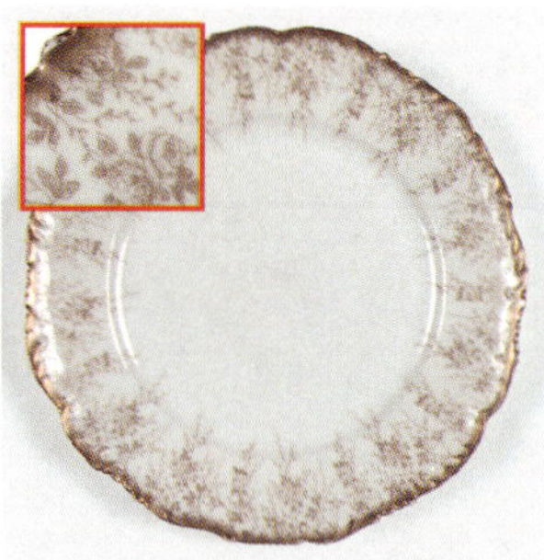

TRV 73
Gold Trim

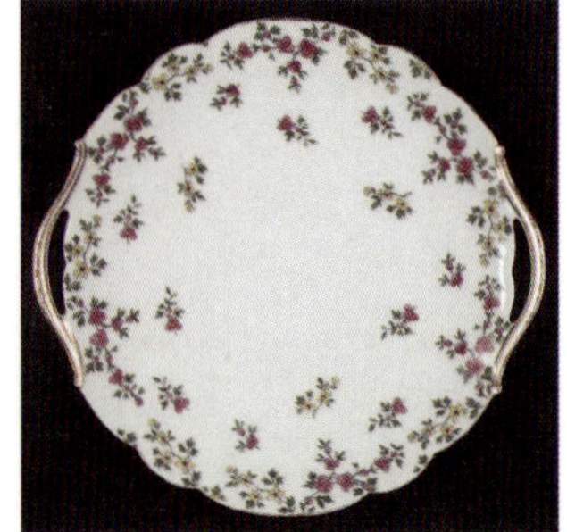

TRV 41
Cake Plate Shown
Gold Trim

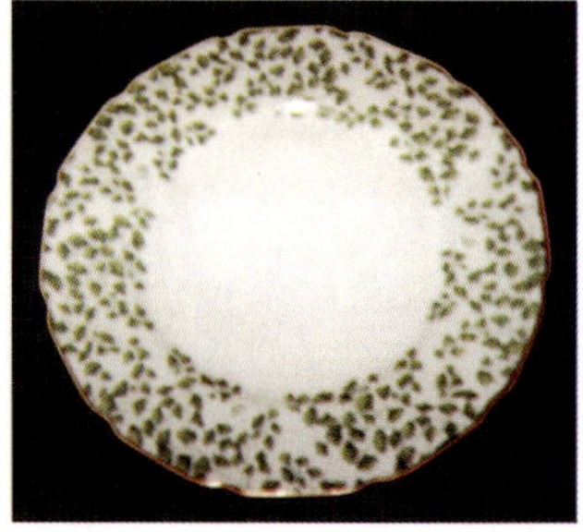

La Cloche
Gold Trim

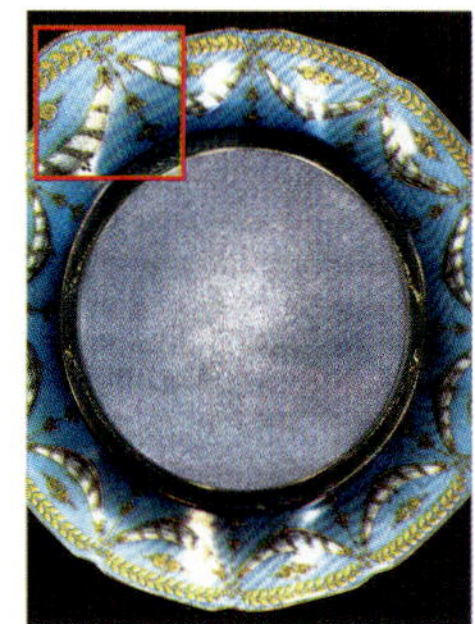

TRV 84
Gold Trim

Scalloped — Rim Shape, Gold Trim (continued)

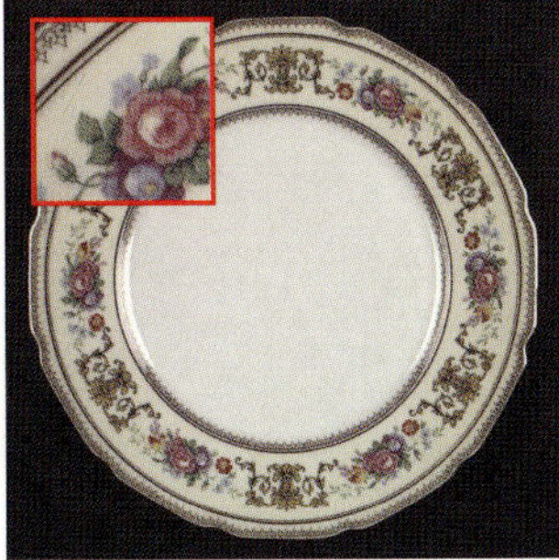
TRV 31
Gold Trim

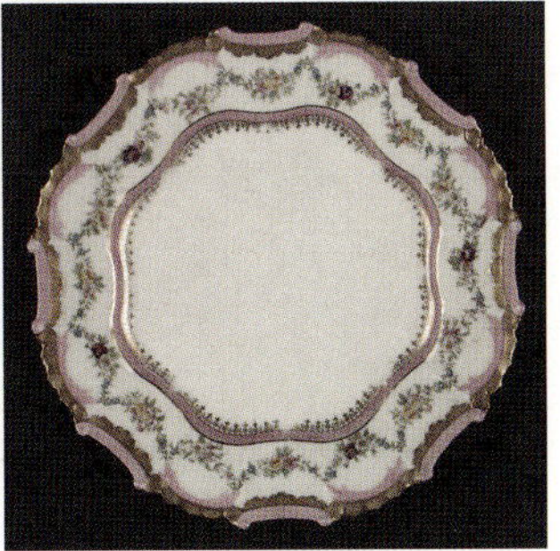
TRV 189P–Pink
Gold Daubs

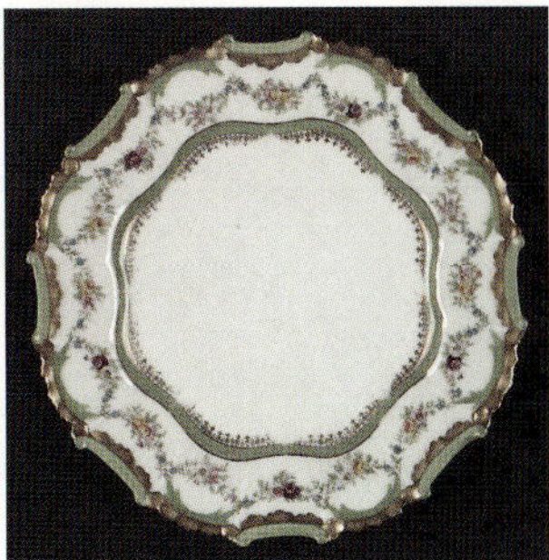
TRV 189G-Green
Gold Daubs

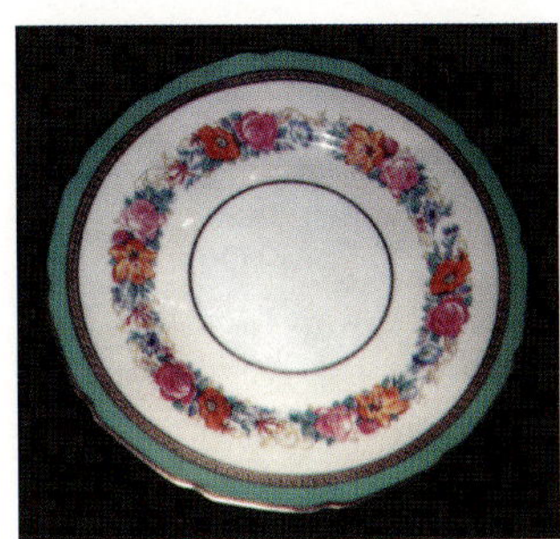
TRV 54
Gold Trim

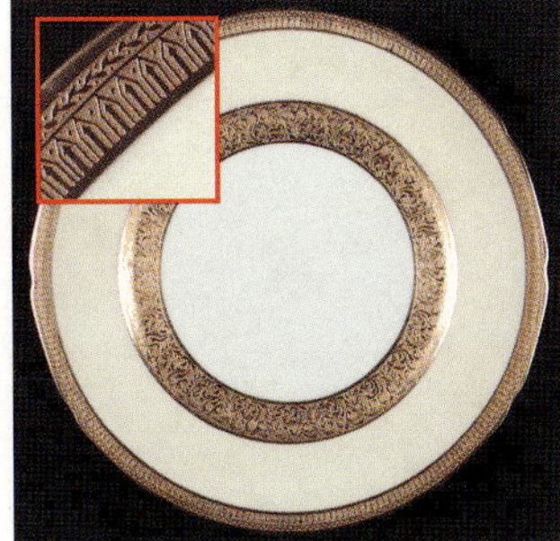
TRV 135
Service Plate Shown
Gold Trim

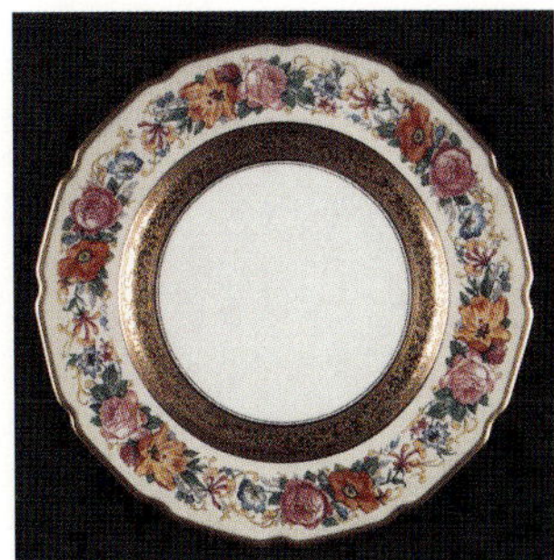
TRV 171
Gold Trim

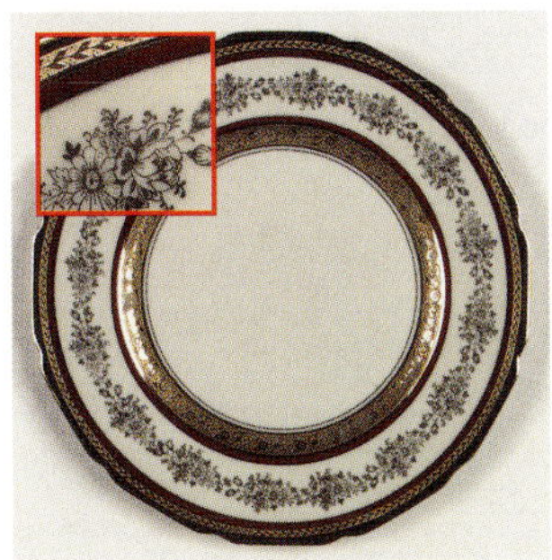
TRV 24
Gold Trim

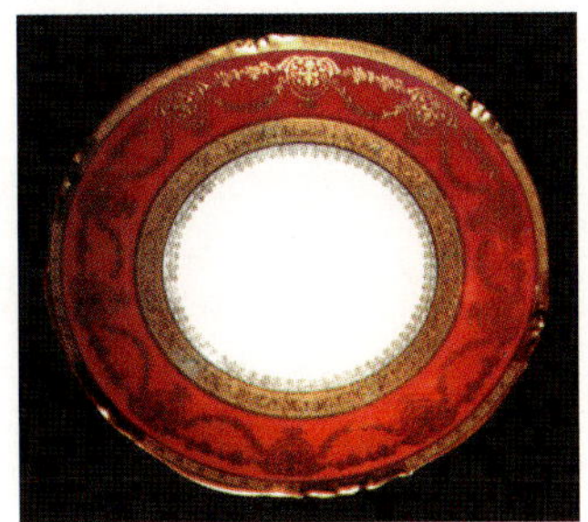
TRV 51
Gold Trim

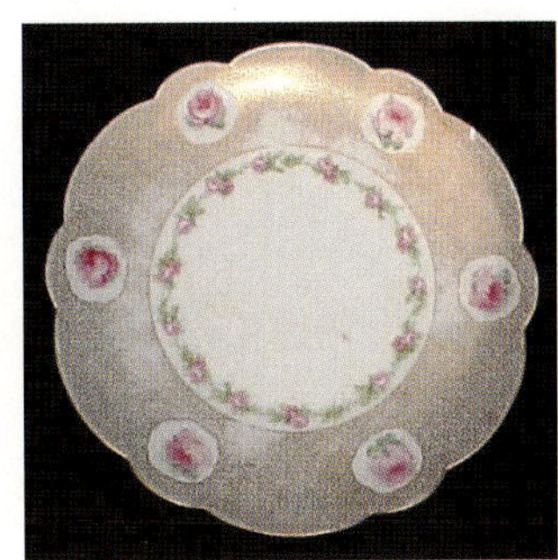
TRV 242
Salad Plate Shown
Gold Trim

Scalloped — Rim Shape, Gold Trim (continued)

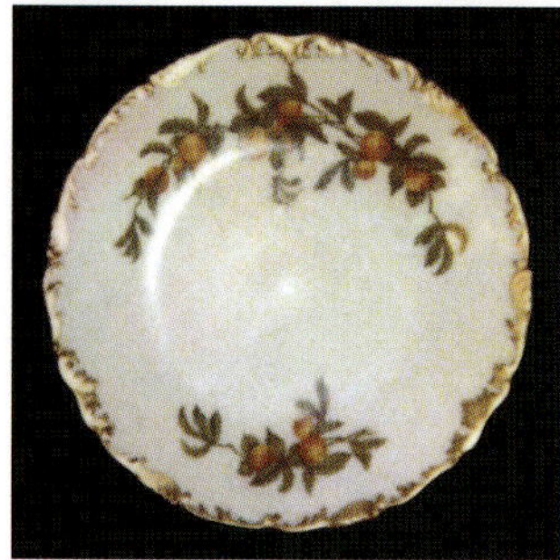

TRV 233
Gold Trim

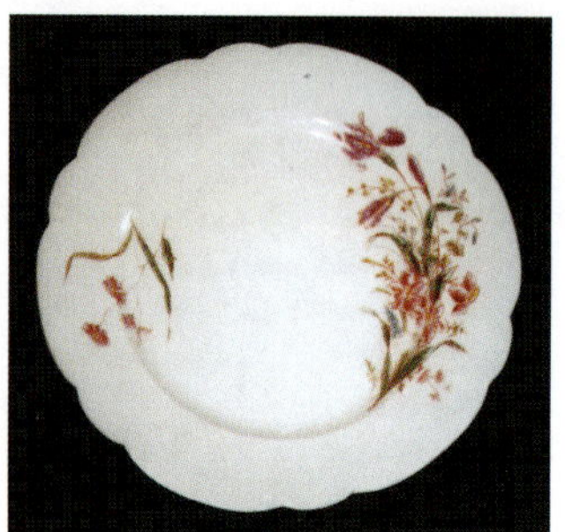

TRV 162
Gold Trim

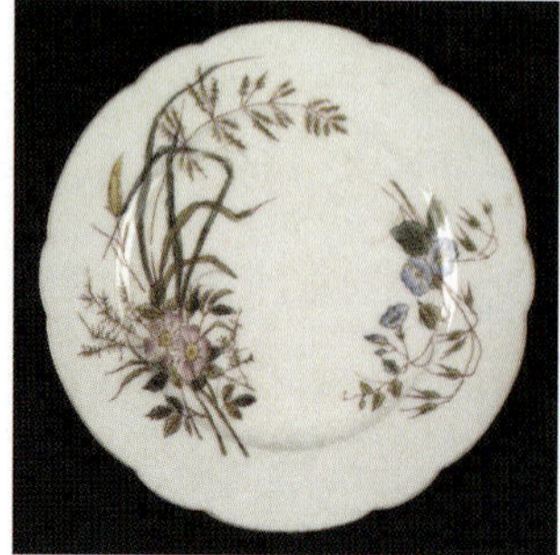

TRV 28
Salad Plate Shown
Gold Trim

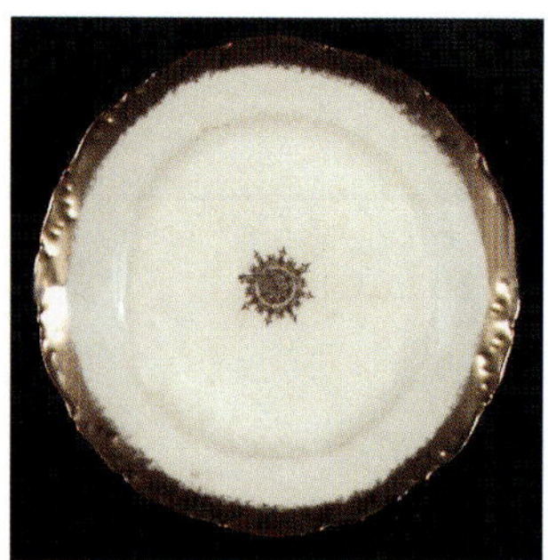

TRV 130
Salad Plate Shown
Gold Trim

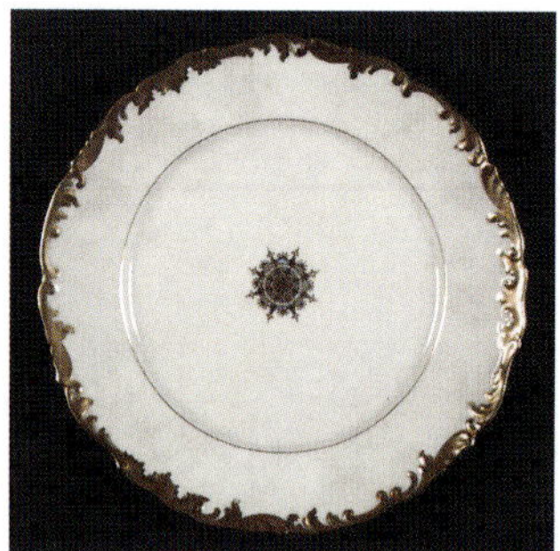

6537
Salad Plate Shown
Gold Trim

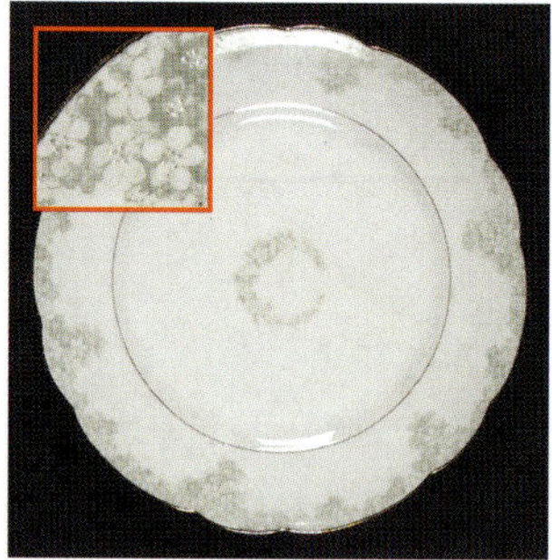

TRV 225
Gold Trim

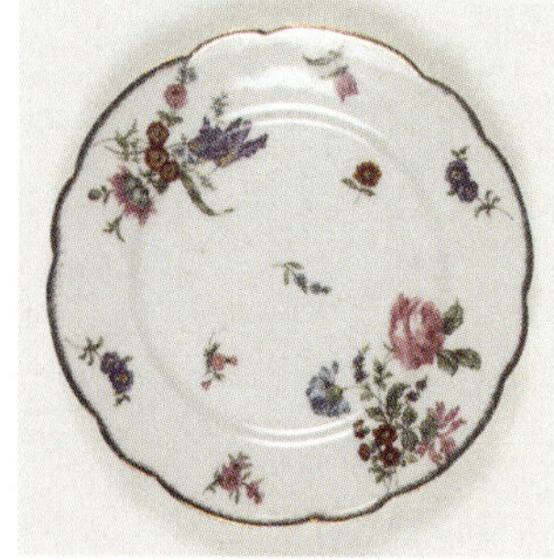

TRV 68
Bread & Butter Plate Shown
Gold Trim

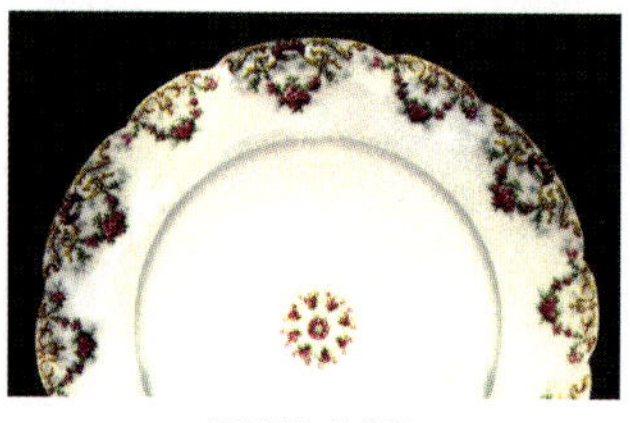

TRV 102
Gold Trim

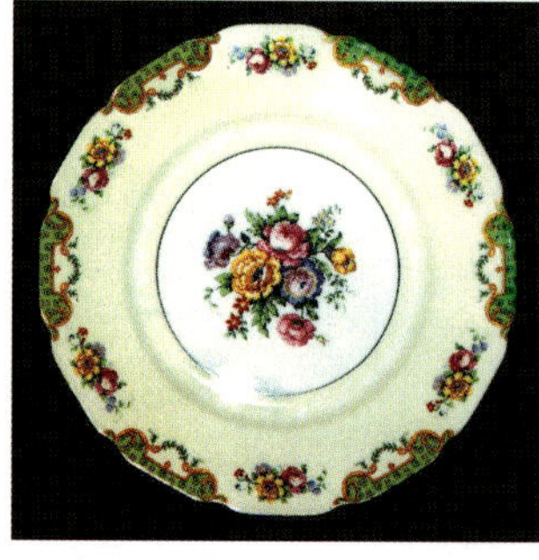

TRV 79
Gold Trim

Scalloped — Rim Shape, Gold Trim (continued)

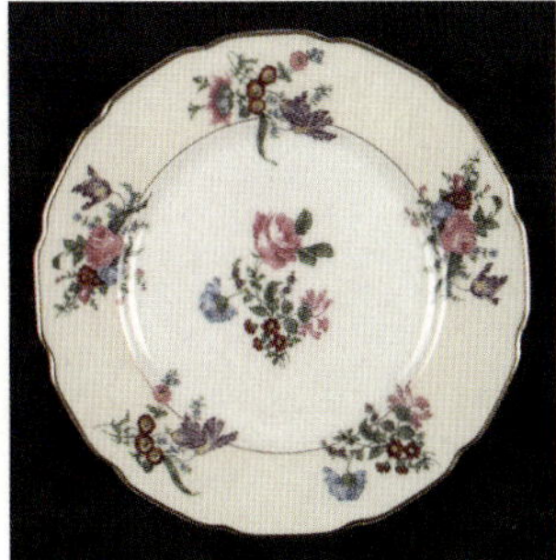
TRV 81
Salad Plate Shown
Gold Trim

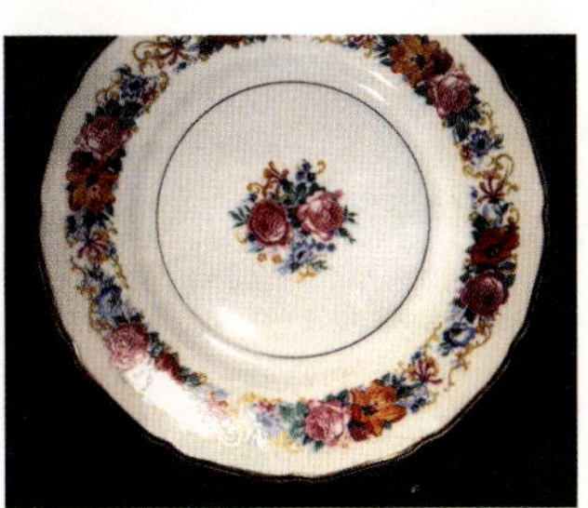
TRV 188
Gold Trim

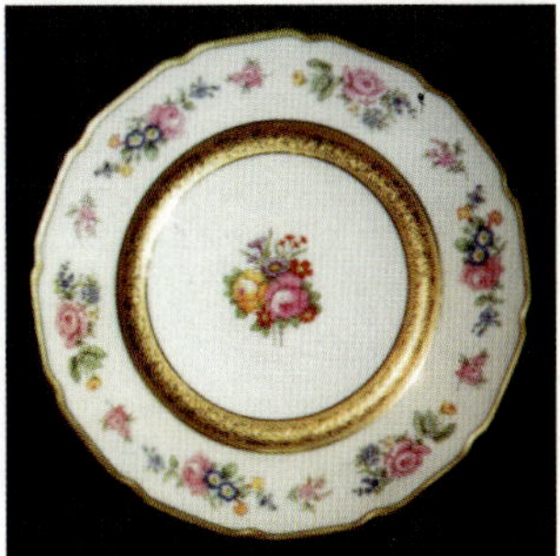
TRV 50
Gold Trim

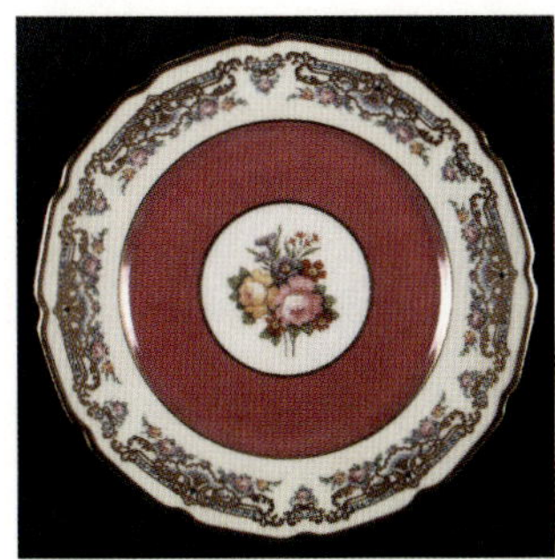
TRV 191
Gold Trim

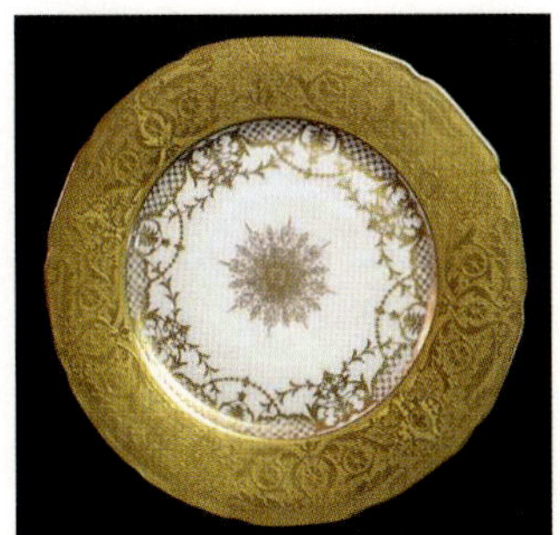
TRV 215
Gold Trim

Scalloped — Rim Shape, Platinum or No Trim

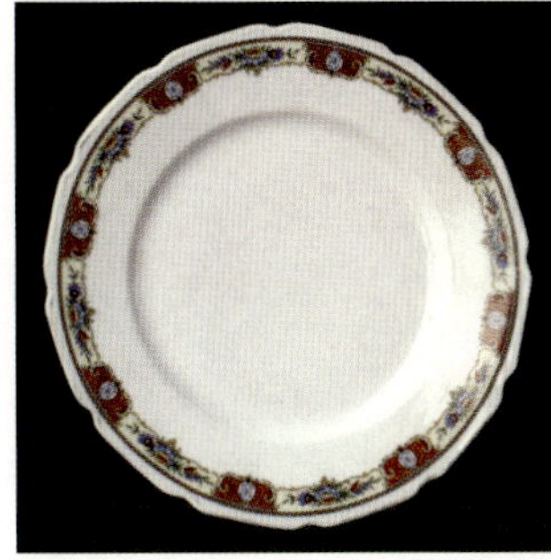
TRV 56
No Trim

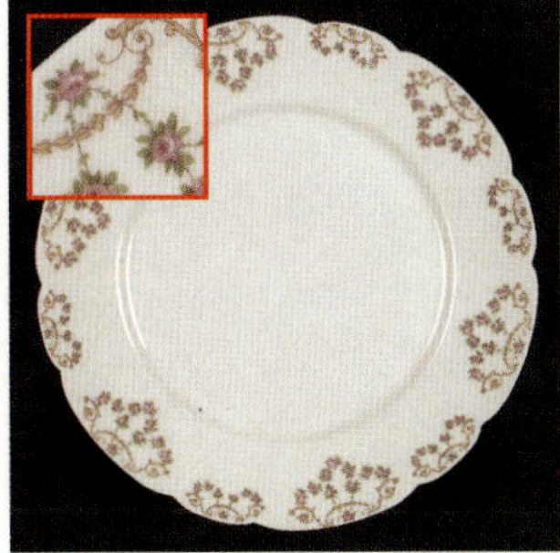
TRV 87
No Trim

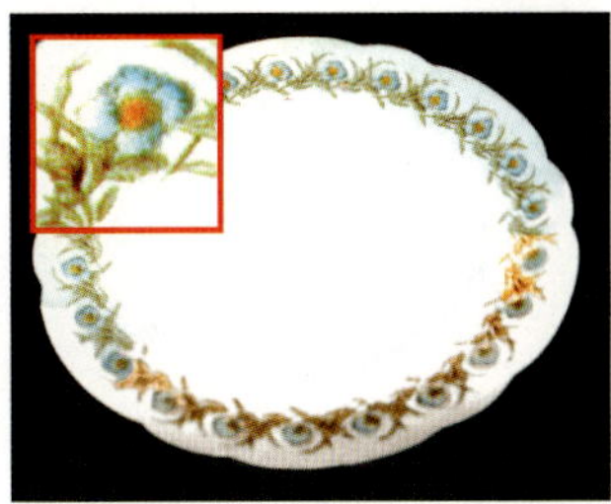
TRV 106
No Trim

Scalloped — Rim Shape, Platinum or No Trim (continued)

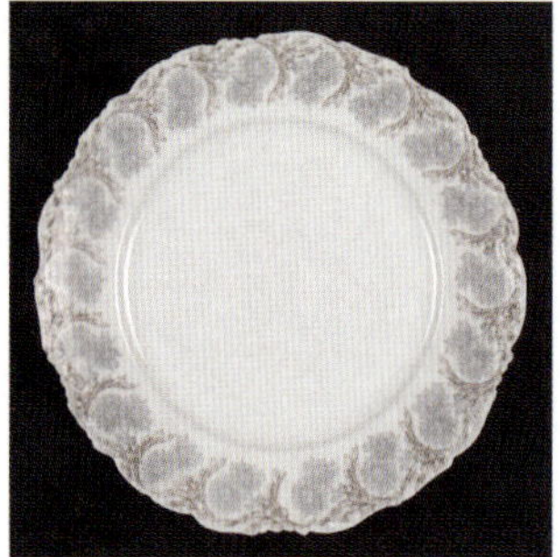

TRV 203
No Trim

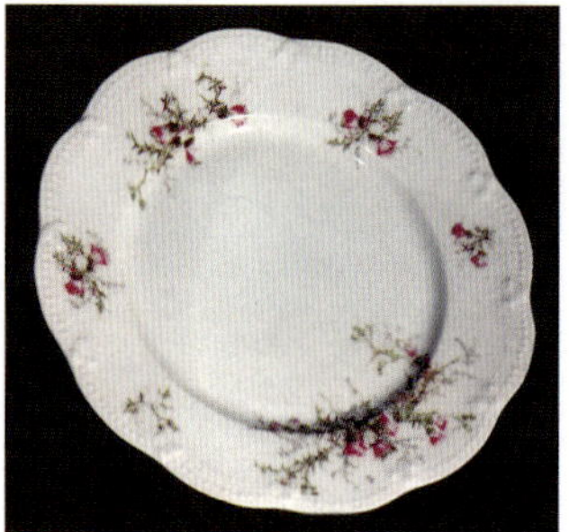

TRV 185
No Trim

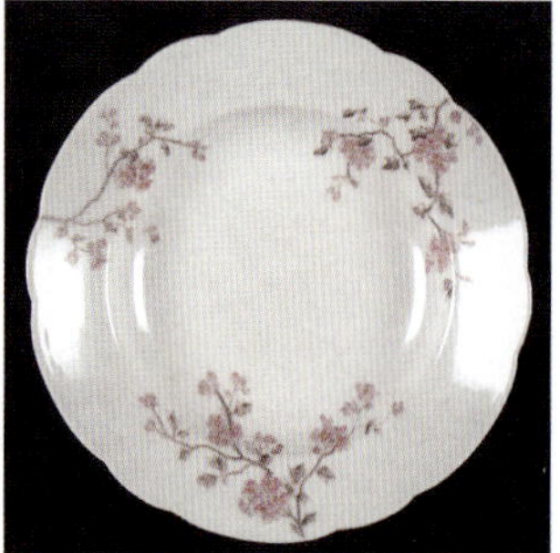

TRV 144
Soup Bowl Shown
No Trim

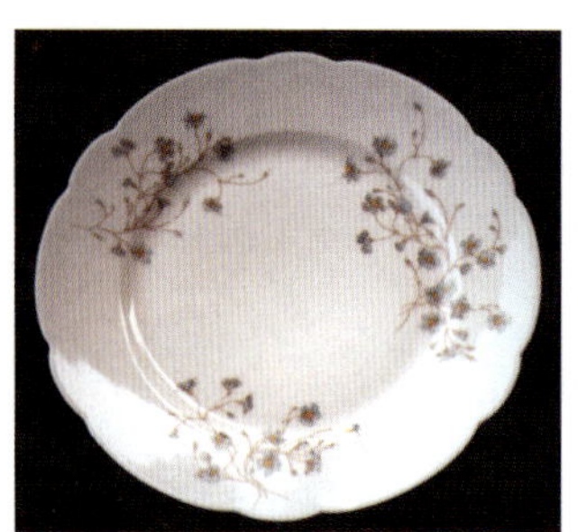

Surprise
No Trim

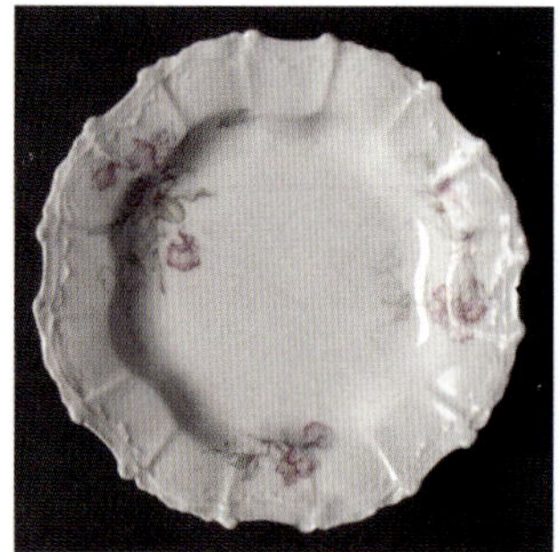

TRV 243
Fruit Bowl Shown
No Trim

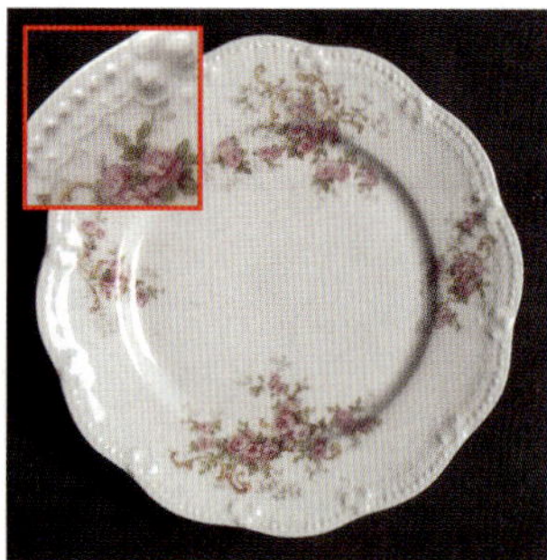

TRV 72
Salad Plate Shown
No Trim

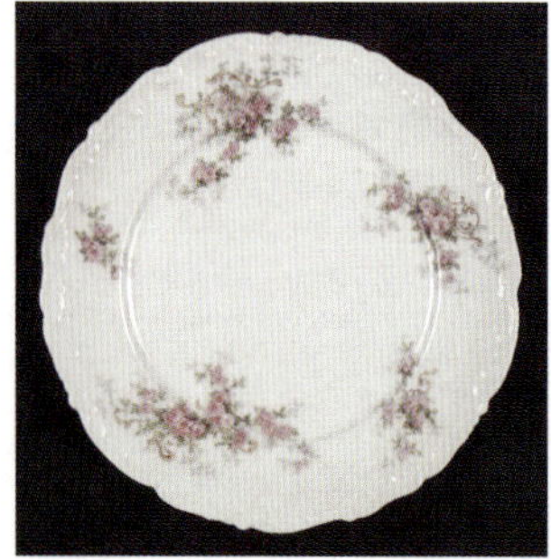

TRV 156
Salad Plate Shown
No Trim

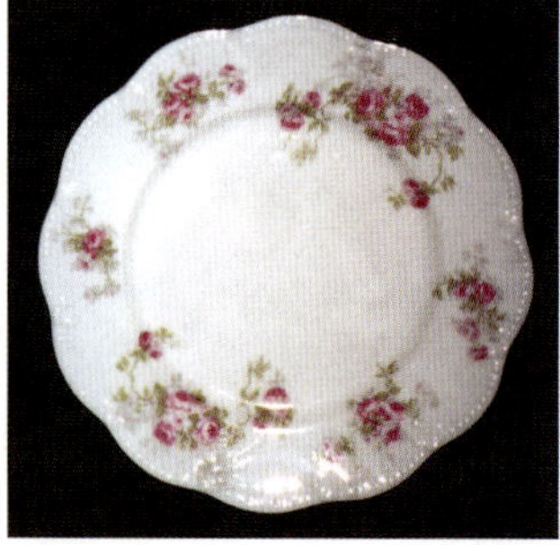

TRV 252
Platinum Trim

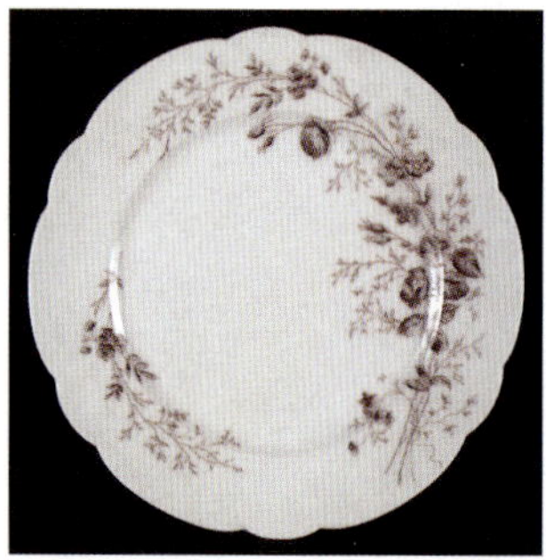

Marguerite
Salad Plate Shown
No Trim

Scalloped — Rim Shape, Platinum or No Trim (continued)

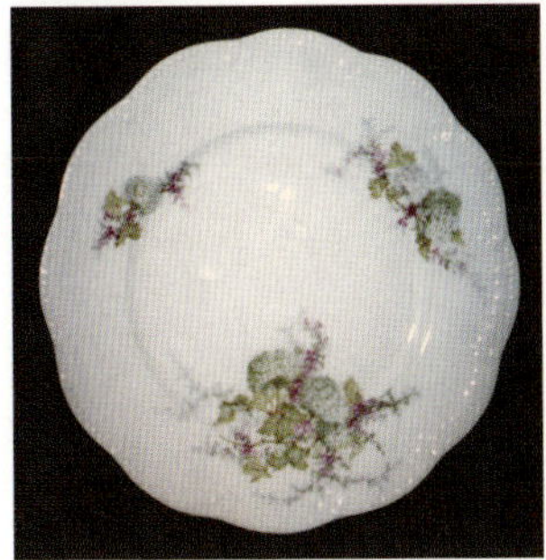

TRV 240
No Trim

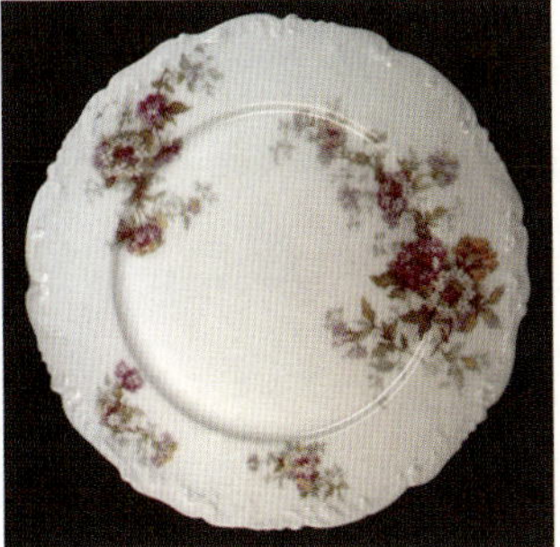

TRV 246
No Trim

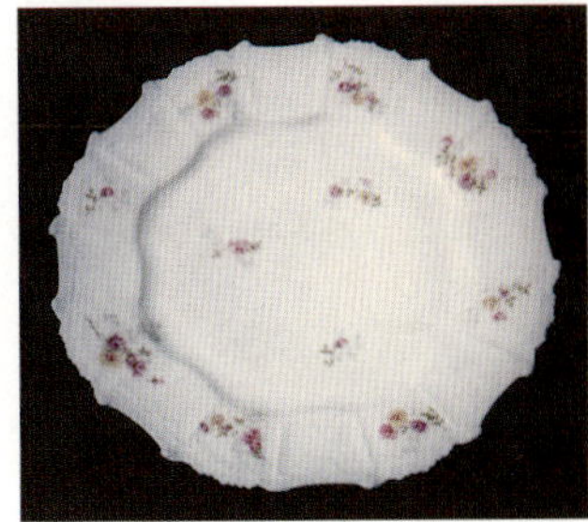

TRV 220
No Trim

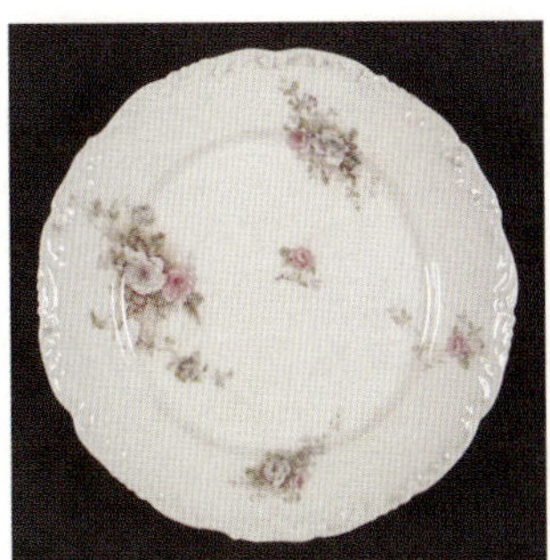

TRV 217
No Trim

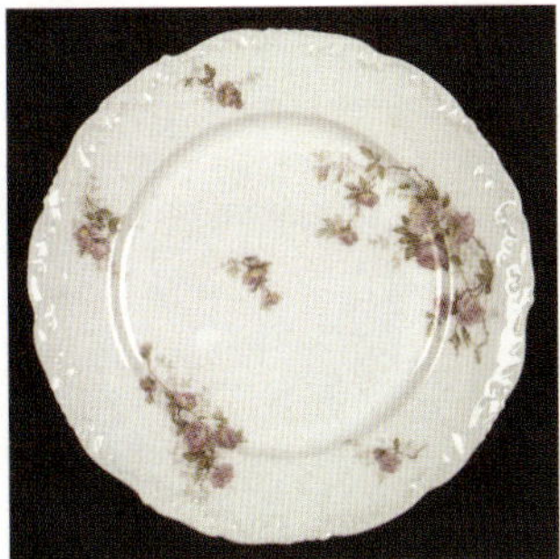

TRV 11
Salad Plate Shown
No Trim

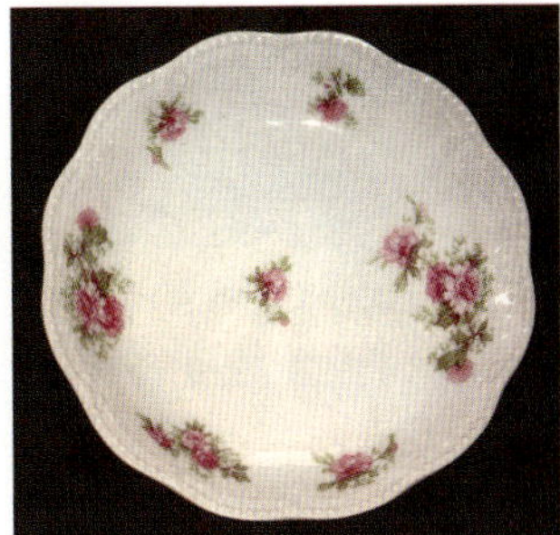

TRV 155
Vegetable Bowl Shown
No Trim

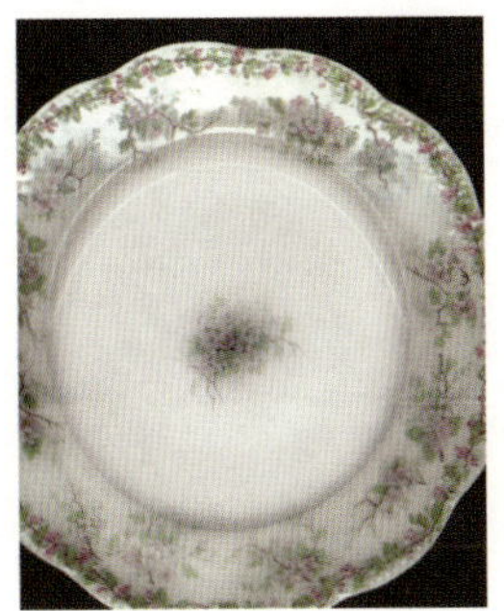

2381
No Trim

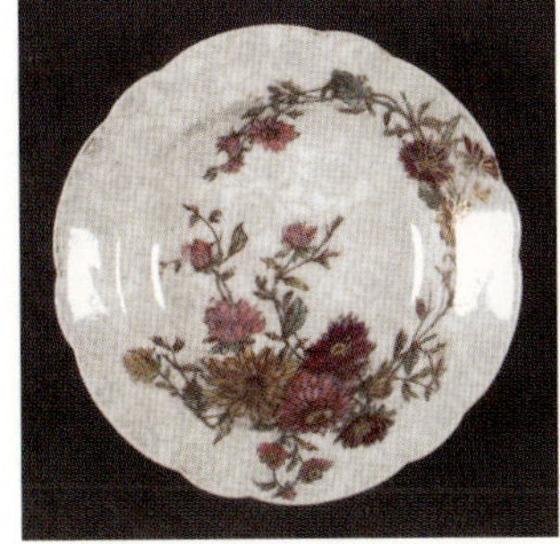

TRV 257
Fruit Bowl Shown
No Trim

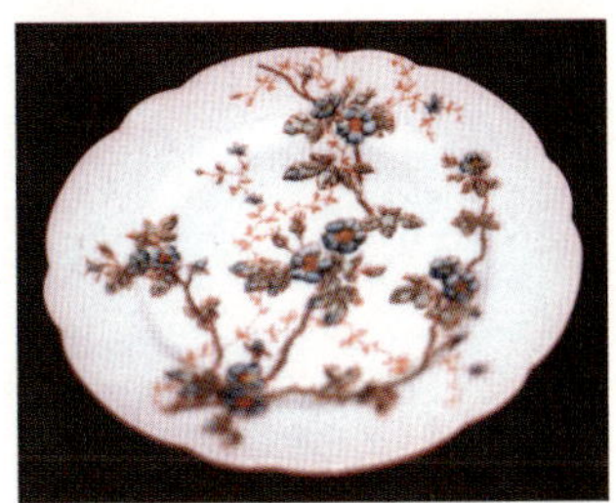

TRV 245
Salad Plate Shown
No Trim

Scalloped — Rim Shape, Platinum or No Trim (continued)

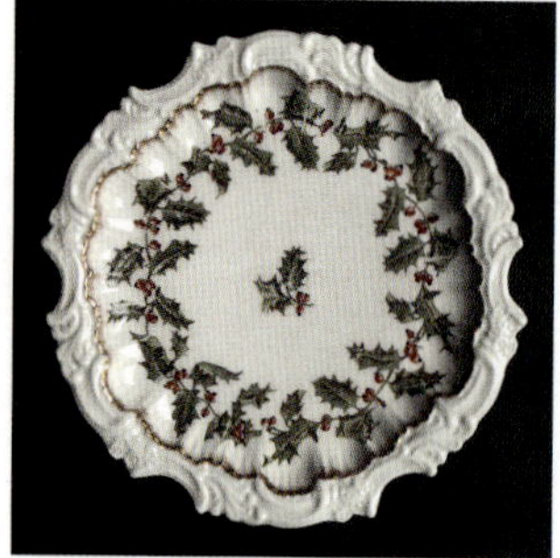

TRV 131
Luncheon Plate Shown
No Trim

Multisided — Rim Shape

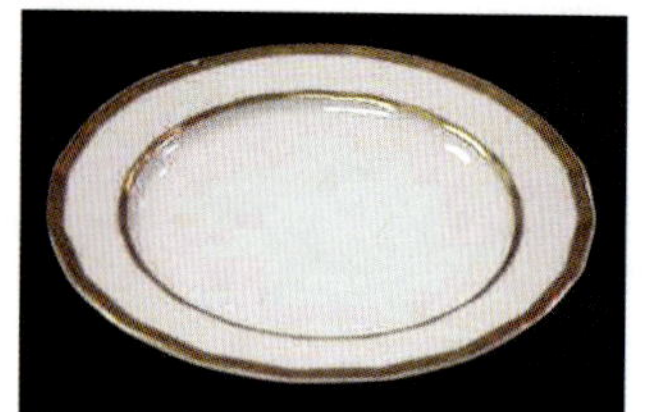

TRV 180
Gold Trim

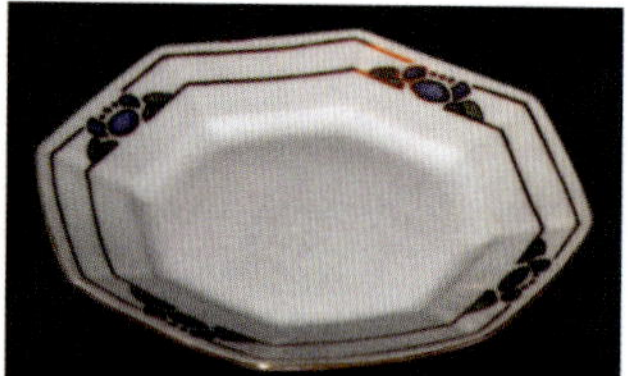

TRV 63
Salad Plate Shown
Gold Trim

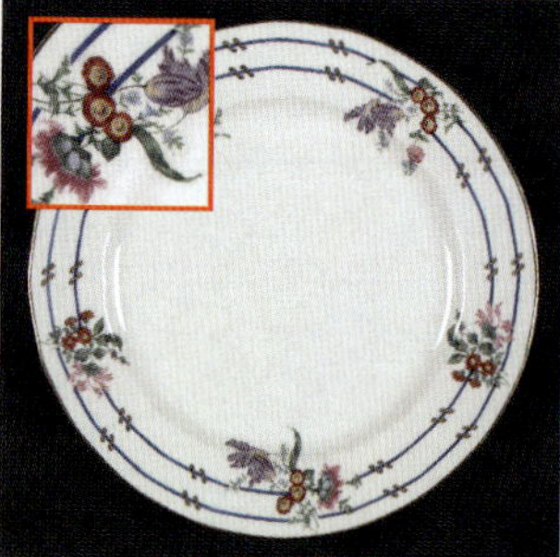

TRV 205
Salad Plate Shown
Gold Trim

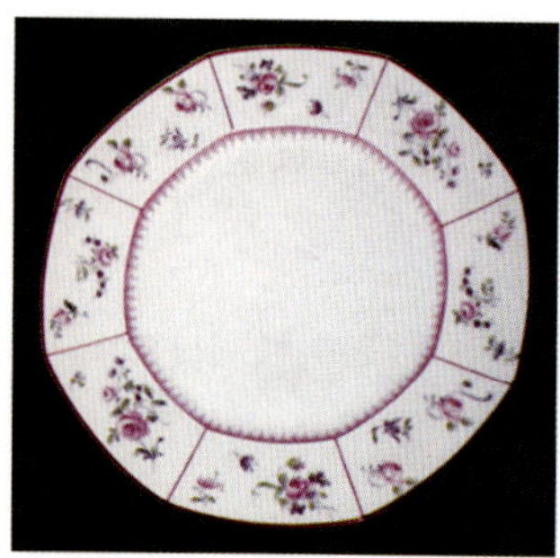

TRV 172
Pink Trim

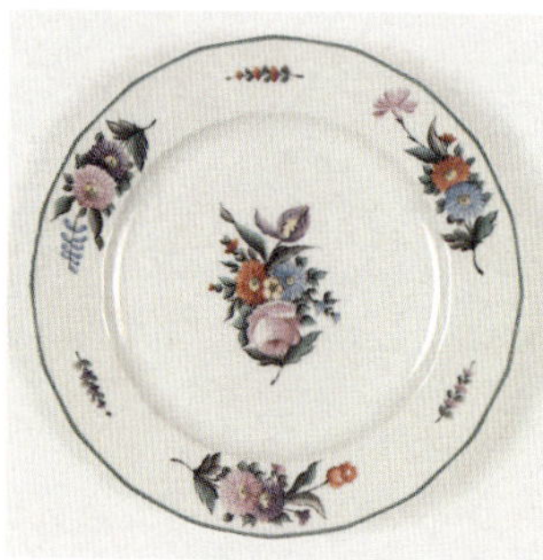

TRV 174
Green Trim

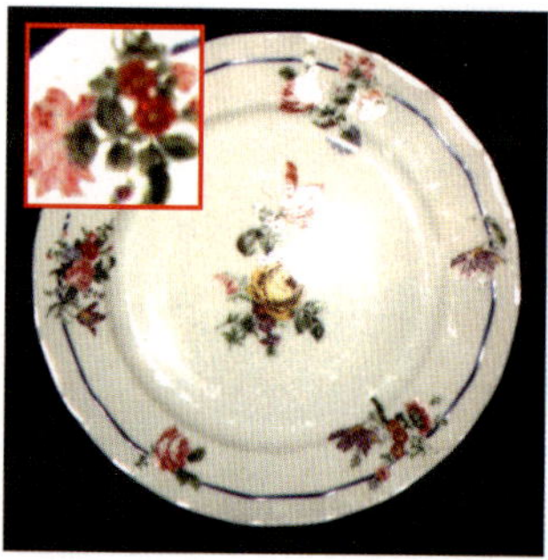

TRV 97
Blue Trim

Multisided — Rim Shape (continued)

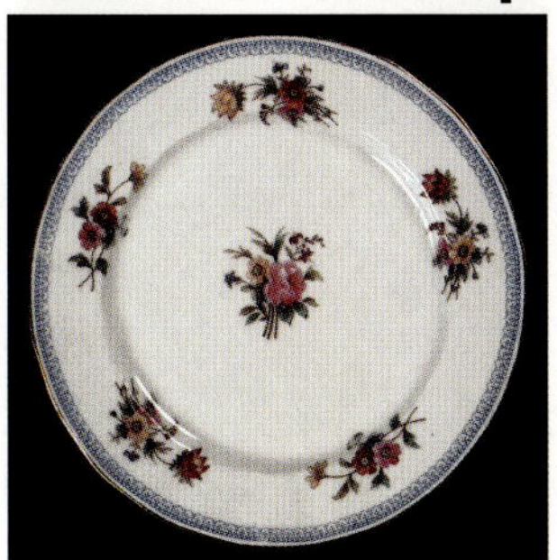

TRV 92
Salad Plate Shown
Gold Trim

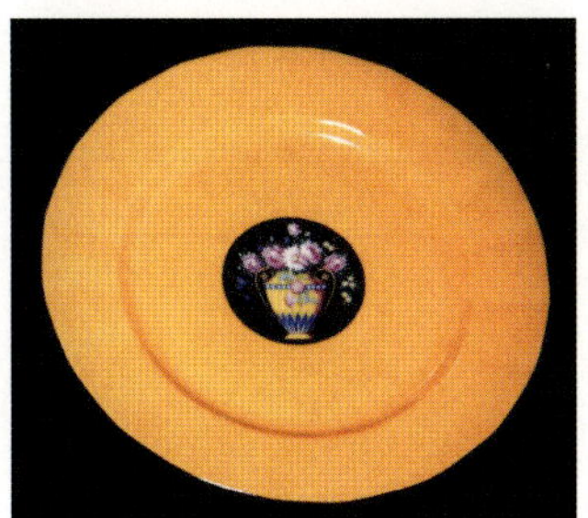

TRV 234
No Trim

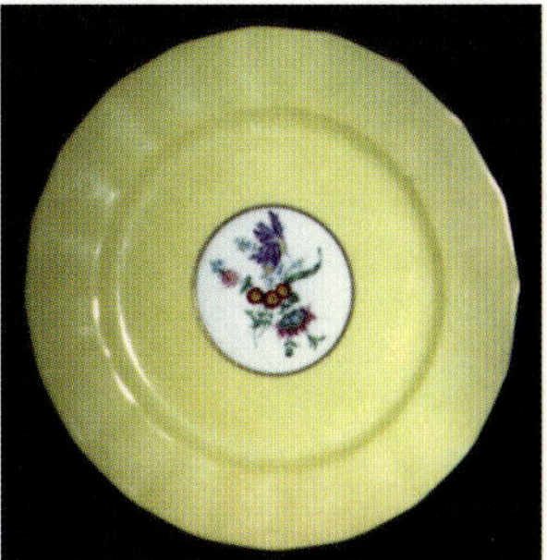

TRV 247
Salad Plate Shown
Gold Trim

Coupe — Smooth

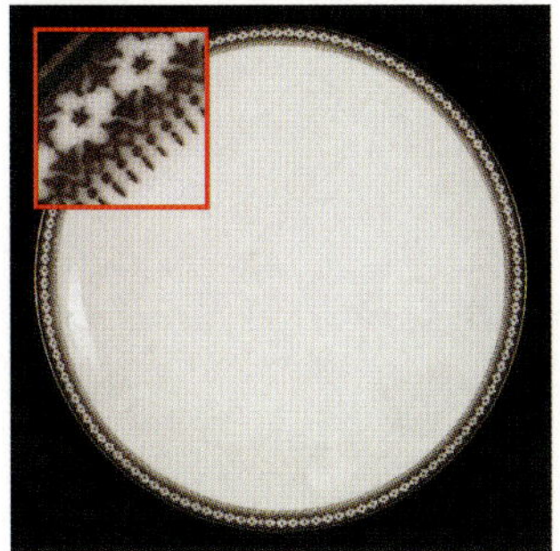

TRV 190
Salad Plate Shown
Thin Green Band
Gold Trim

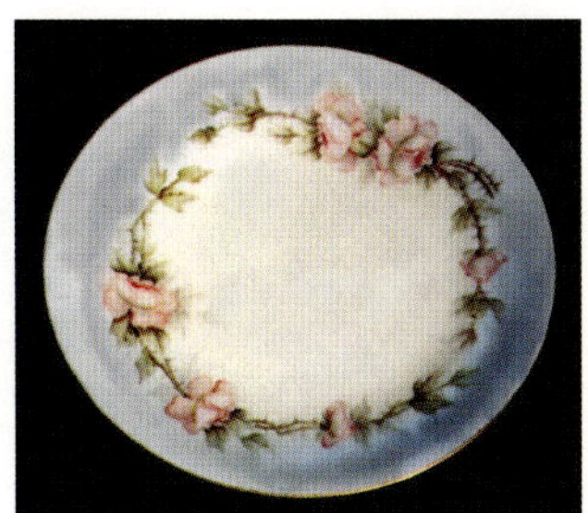

TRV 145
Gold Trim

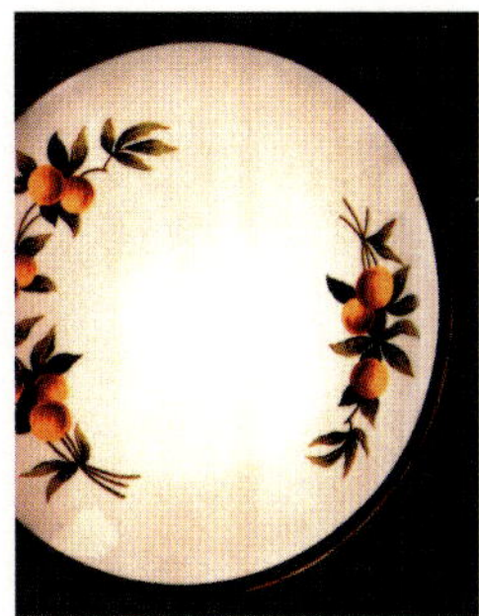

TRV 66
Bread & Butter Plate Shown
Gold Trim

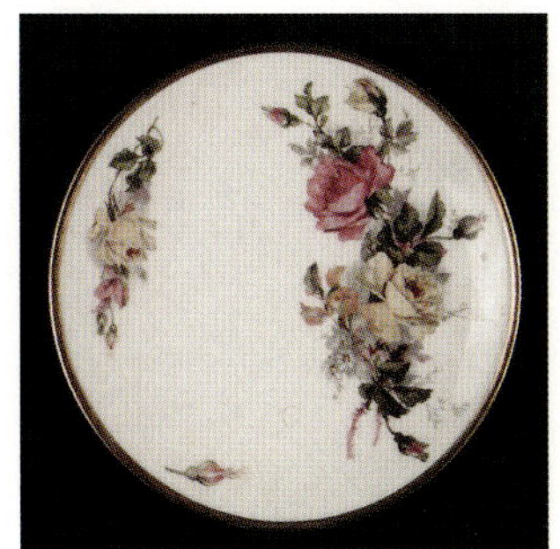

6433
Salad Plate Shown
Gold Trim

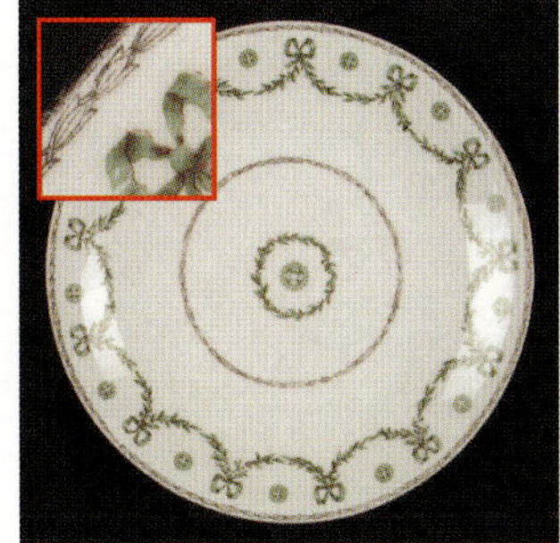

TRV 90
Luncheon Plate Shown
Gold Trim

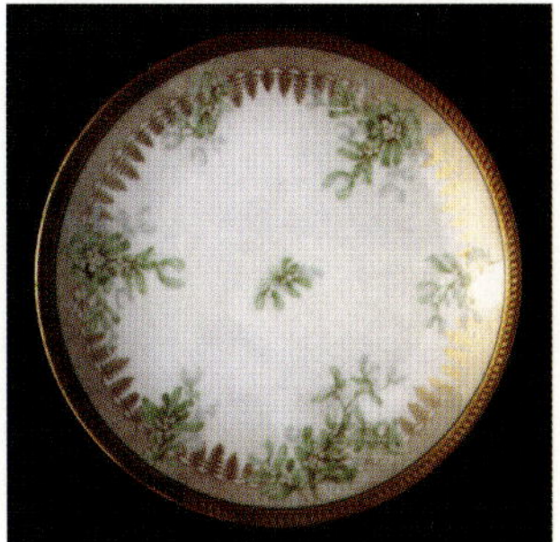

TRV 52
Gold Trim

Coupe — Scalloped

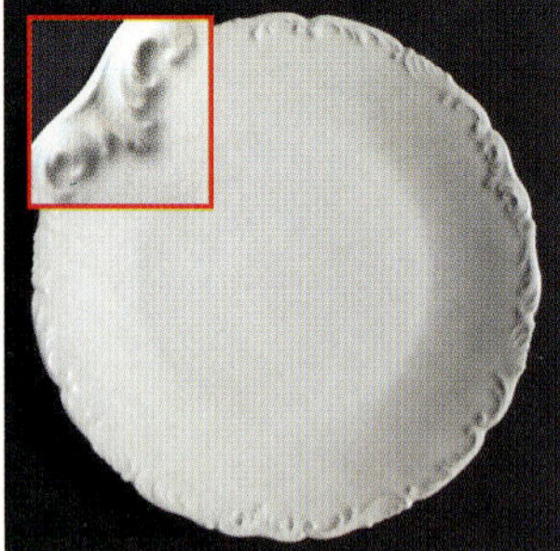

TRV 194
Luncheon Plate Shown
No Trim

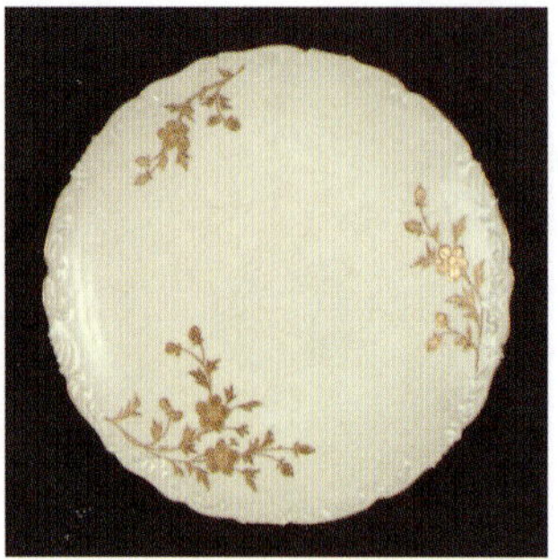

TRV 128
Luncheon Plate Shown
Gold Trim

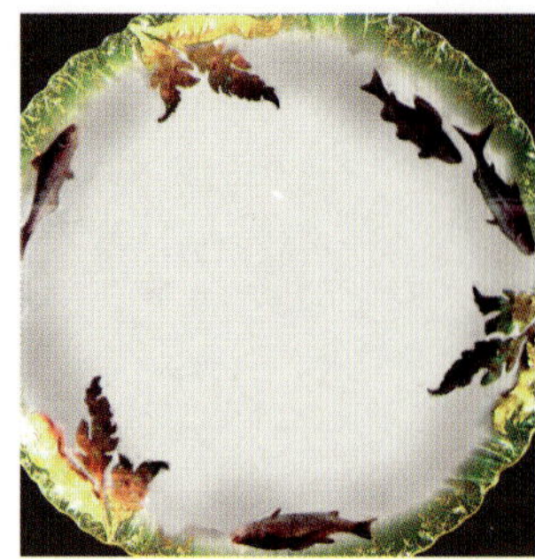

TRV 146
Luncheon Plate Shown
Gold Trim

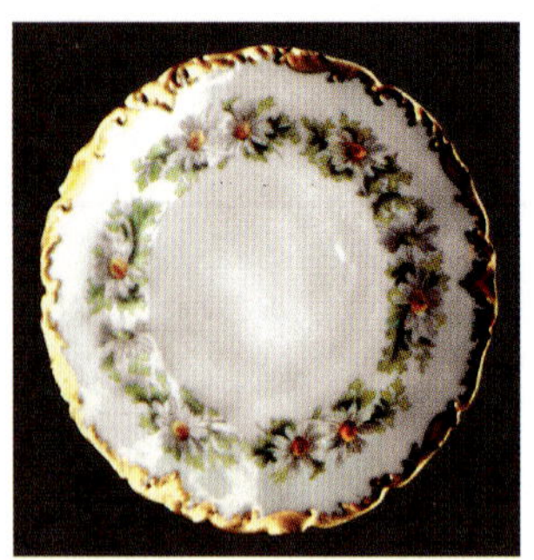

TRV 117
Gold Trim

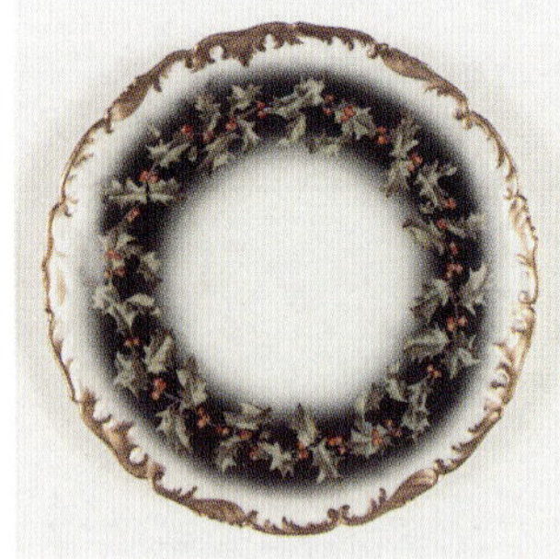

TRV 133
Luncheon Plate Shown
Gold Trim

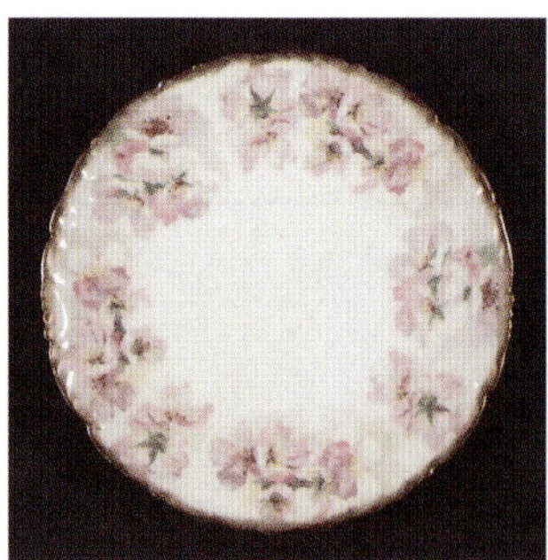

TRV 260
Salad Plate Shown
Gold Trim

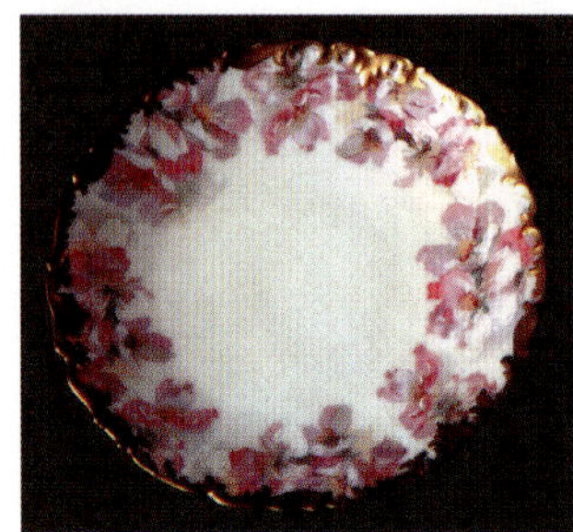

TRV 61
Gold Trim

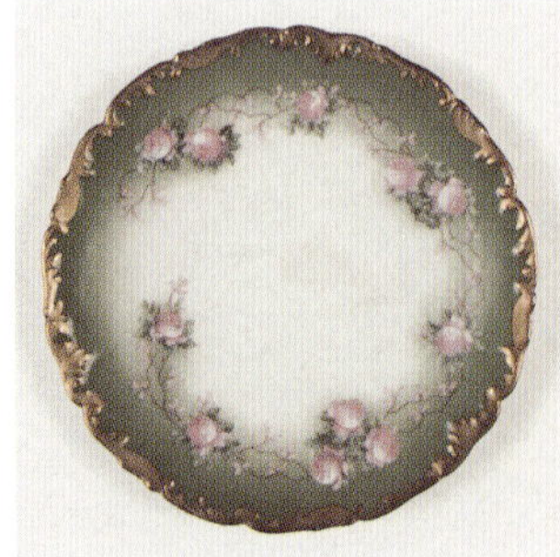

TRV 150
Salad Plate Shown
Gold Trim

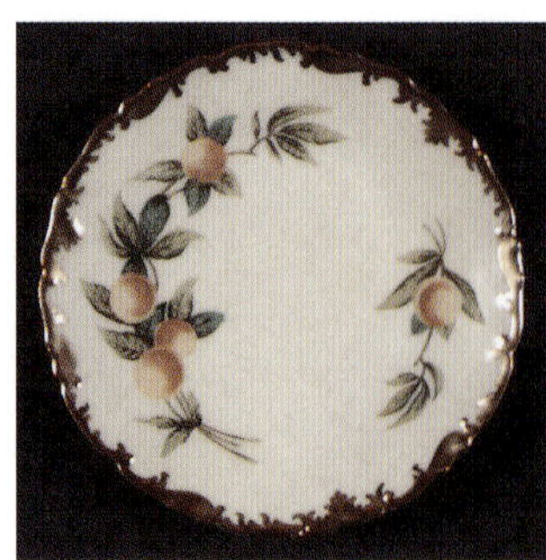

TRV 46
Gold Trim

Coupe — Scalloped (continued)

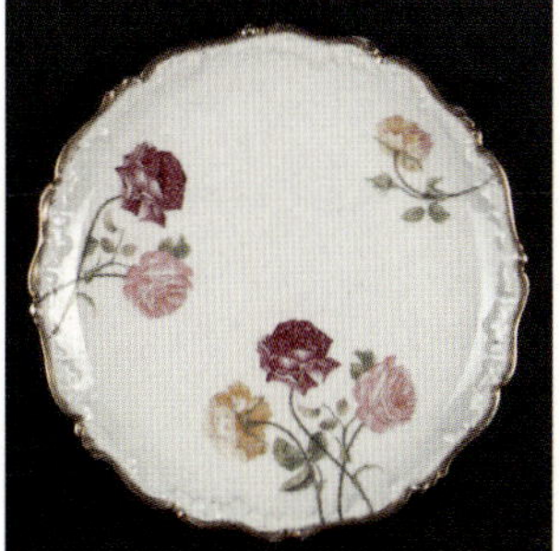

8512
Chop Plate Shown
Gold Trim

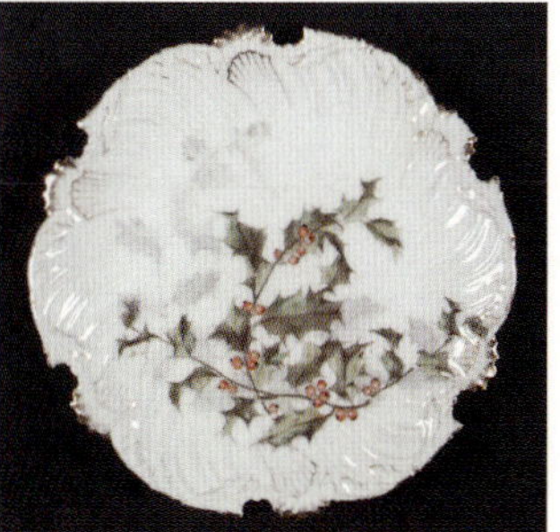

TRV 200
Bread & Butter Plate Shown
Gold Trim

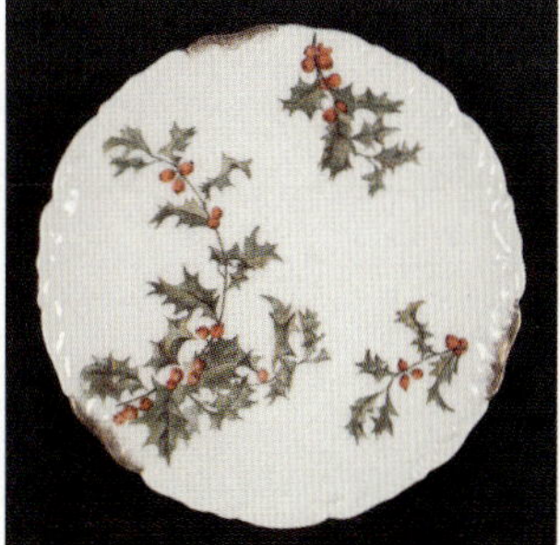

TRV 132
Salad Plate Shown
Gold Daubs

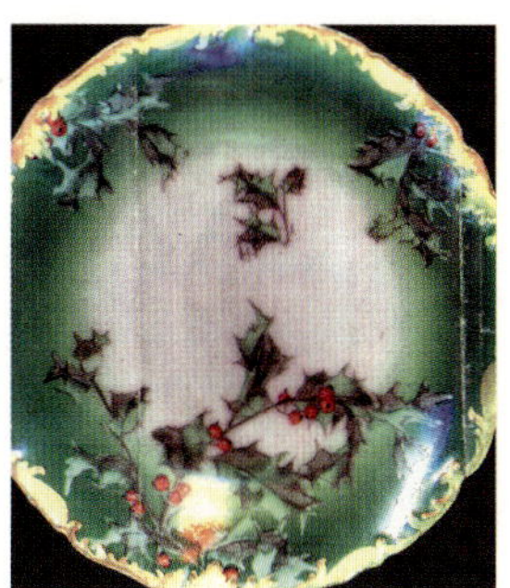

TRV 64
Salad Plate Shown
Gold Trim

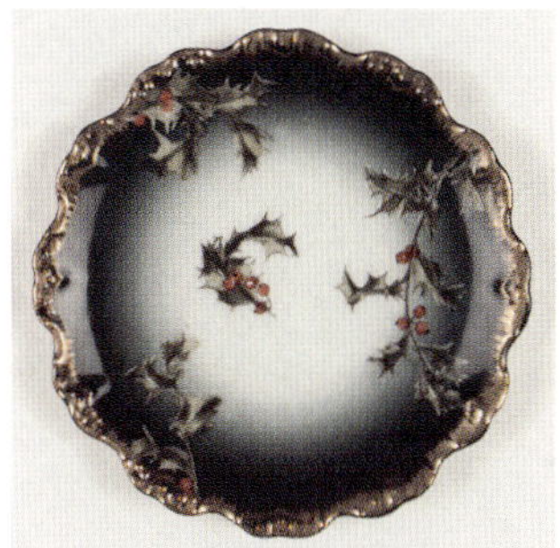

TRV 134
Salad Plate Shown
Gold Trim

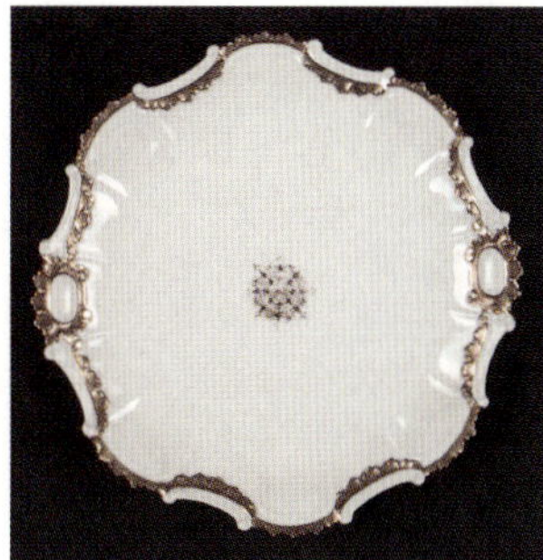

TRV 210
Salad Plate Shown
Gold Daubs

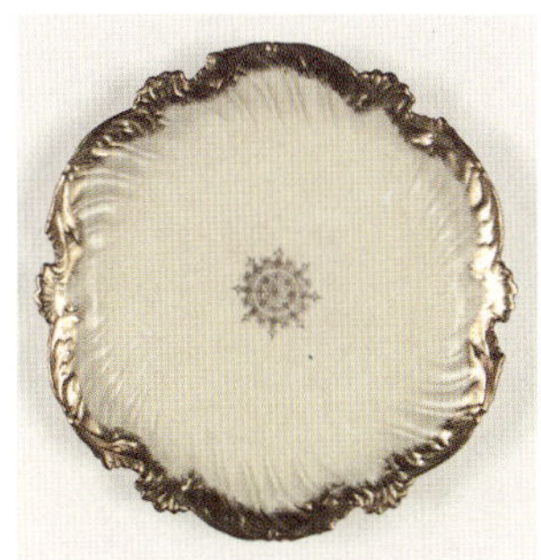

TRV 119
Luncheon Plate Shown
Gold Trim

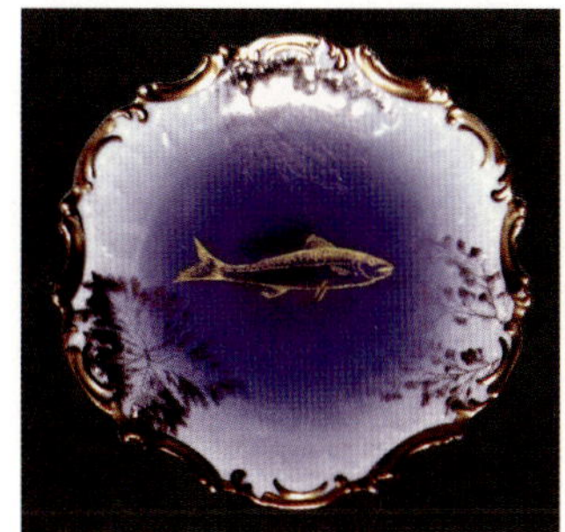

TRV 107
Gold Trim

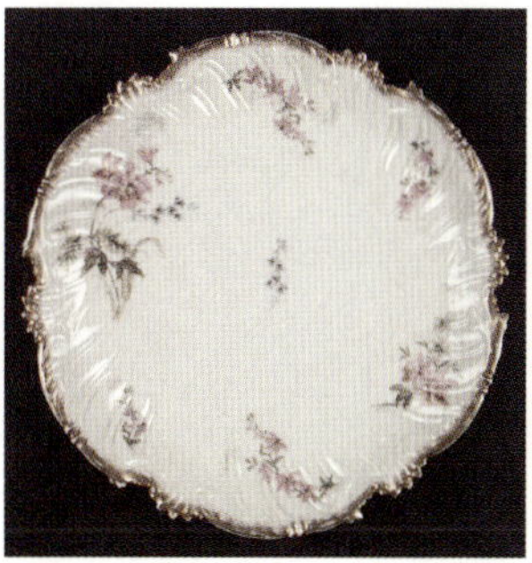

TRV 237
Cake Plate Shown
Gold Trim

Coupe — Scalloped (continued)

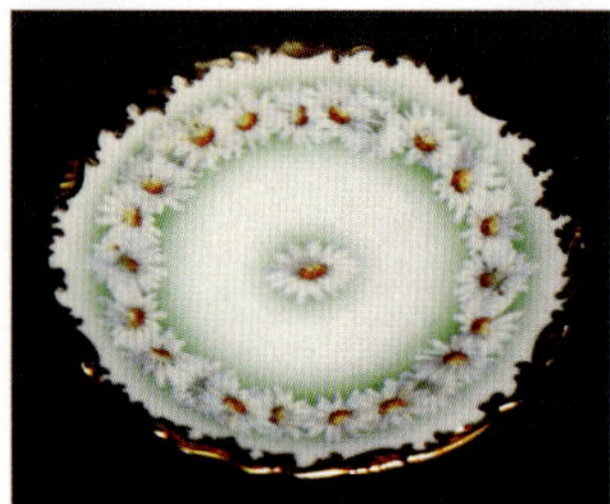

TRV 122
Gold Trim

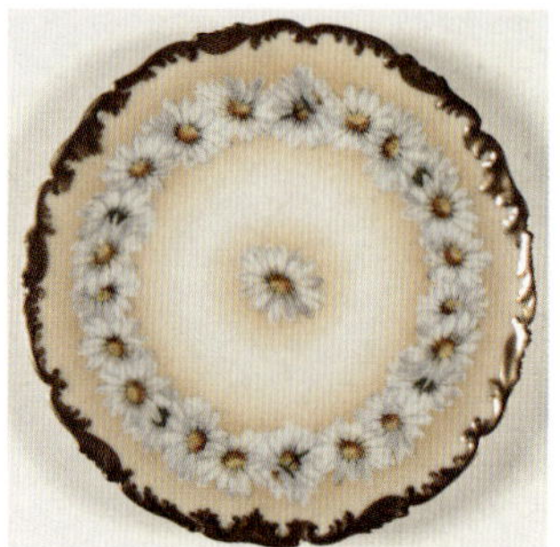

TRV 18
Gold Trim

Shapes

Named Patterns

Unidentified Patterns

BAWO & DOTTER INDEX

CHARLES AHRENFELDT INDEX

Shapes

Numbered Patterns

Unidentified Patterns

CHARLES AHRENFELDT INDEX

CHARLES AHRENFELDT INDEX

TIRSCHENREUTH INDEX

Unidentified Patterns

TIRSCHENREUTH INDEX

Shapes

Numbered Patterns

D

L

M

S

V

W

Unidentified Patterns

TRESSEMANN & VOGT INDEX

REPLACEMENTS, LTD®

The World's Largest Retailer of Old and New China, Crystal, Silver and Collectibles.

In 1981, Bob Page, an accountant-turned-flea-marketer, founded Replacements, Ltd. Since then, the company's growth and success can only be described as phenomenal.

Today, Replacements, Ltd. locates hard-to-find pieces in over 125,000 patterns — some of which have not been produced for more than 100 years. Now serving more than 3 million customers, with an inventory of 6 million pieces, they mail and e-mail up to 600,000 inventory listings weekly to customers seeking additional pieces in their patterns.

The concept for Replacements, Ltd. originated in the late 1970's when Page, then an auditor for the State of North Carolina, started spending his weekends combing flea markets buying china and crystal. Before long, he was filling requests from customers to find pieces they could not locate.

"I was buying and selling pieces primarily as a diversion," Page explains. "Back when I was an auditor, no one was ever happy to see me. And, quite frankly, I wasn't thrilled about being there either."

Page began placing small ads in shelter publications and started building a file of potential customers. Soon, his inventory outgrew his attic, where he had been storing the pieces, and it was time to make a change. "I reached the point where I was spending more time with dishes than auditing," Page says. "I'd be up until one or two o'clock in the morning. Finally, I took the big step: I quit my auditing job and hired one part-time assistant. Today I'm having so much fun, I often have to remind myself what day of the week it is!"

Replacements, Ltd. continued to grow quickly. In fact, in 1986, *Inc.* magazine ranked Replacements, Ltd. 81st on its list of fastest-growing independently-owned companies in the U.S. "Our growth has been incredible," says Page, who was named 1991 North Carolina Entrepreneur of the Year. "I had no idea of the potential when I started out."

Providing high quality merchandise and the highest possible levels of customer service are the cornerstones of the business, resulting in a shopping experience unparalleled in today's marketplace. Page also attributes much of the success of Replacements, Ltd. to a network of about 1,200 dedicated suppliers from all around the U.S. The company currently employs more than 700 people in an expanded 225,000 square foot facility (the size of four football fields).

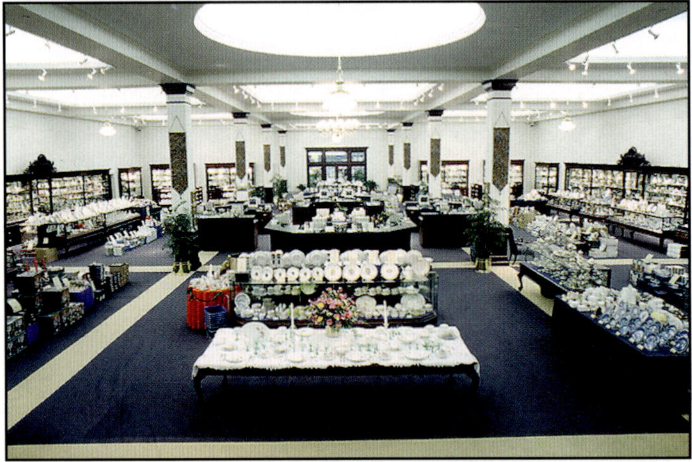

A view of Replacements' 12,000 square foot Showroom.

Another major contributor to the company's fast growth and top-level customer service is the extensive computer system used to keep track of the

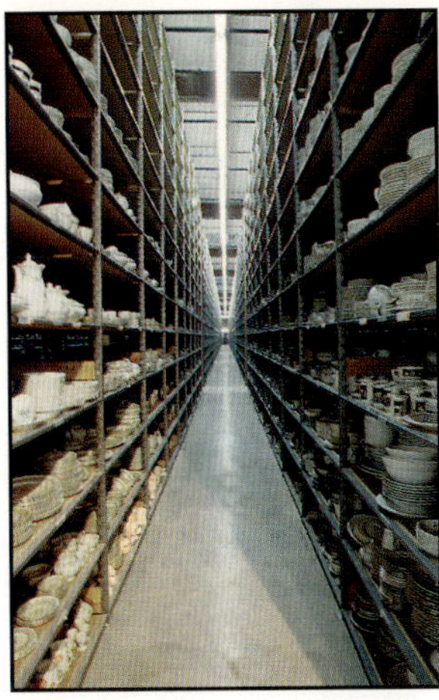

Some of the 50,000 shelves in the 225,000 square foot warehouse.

inventory. This state-of-the-art system also stores customer files, including requests for specific pieces in their patterns. It is maintained by a full-time staff of 20 people and is constantly upgraded to ensure customers receive the information they desire quickly and accurately.

For those who are unsure of the name and/or manufacturer of their patterns, Replacements, Ltd. also offers a free pattern identification service. In addition, numerous books and publications focusing on pattern identification have been published by Replacements, Ltd. for both suppliers and individuals.

Replacements, Ltd. receives countless phone calls and letters from its many satisfied customers. Some need to replace broken or lost items while others want to supplement the sets they have had for years. Customers write to us about various subjects but a constant is their long and fruitless search — a search which ended when they learned what Replacements, Ltd. could offer. "Since many patterns are family heirlooms that have been handed down from generation to generation, most customers are sentimental about replacing broken or missing pieces," Page says. "It's a great feeling to help our customers replace pieces in their patterns and to be able to see their satisfaction. Like our logo says — *We Replace The Irreplaceable.*"

Another growing area that Replacements, Ltd. has developed for its customers is the collectibles market. The company now offers a wide range of collectibles from companies such as Bing and Grondahl, Royal Copenhagen, Boehm, Hummel, Lladro and many more. "It was a natural progression of our business," says Page, "and something our customers had been requesting."

The Replacements, Ltd. Showroom and Museum in Greensboro, NC is a 12,000 square-foot retail facility located in front of the massive warehouse. It is decorated with turn of the century hand-carved showcases, 20-foot ceilings and classic chandeliers. Inside, one can view an incredibly varied selection of merchandise — from figurines, mugs and ornaments to the china, crystal and silver that made the company famous.

The fascinating Replacements, Ltd. Museum, adjacent to the retail Showroom, is the home for over 2,000 rare and unusual pieces that Page has collected over the years. It includes a special section dedicated to one of Page's first loves — early 20th century glass from companies such as Tiffin, Fostoria, Heisey, Imperial and Cambridge.

For More Information

- Call **1-800-REPLACE** (1-800-737-5223 from 8 am to midnight Eastern Time, 7 days a week).
- **Write to:** 1089 Knox Road
  PO Box 26029
  Greensboro, NC 27420
- **Fax:** 336-697-3100
- **Internet:** *www.replacements.com*
- Visit the Replacements, Ltd. Showroom and Museum, at exit 132 off I-85/40 in Greensboro, NC. The Showroom and Museum are open 7 days a week, from 8 am to 9 pm.

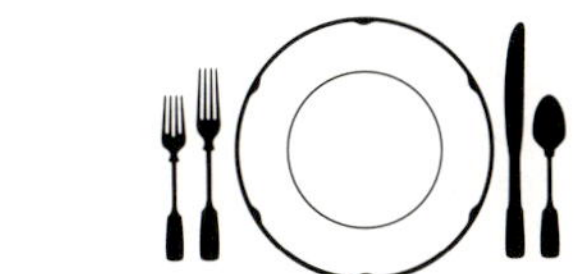

REPLACEMENTS, LTD.®

China, Crystal & Silver • Old & New

"We Replace The Irreplaceable."

1-800-REPLACE (1-800-737-5223)

www.replacements.com

Publication Pricing

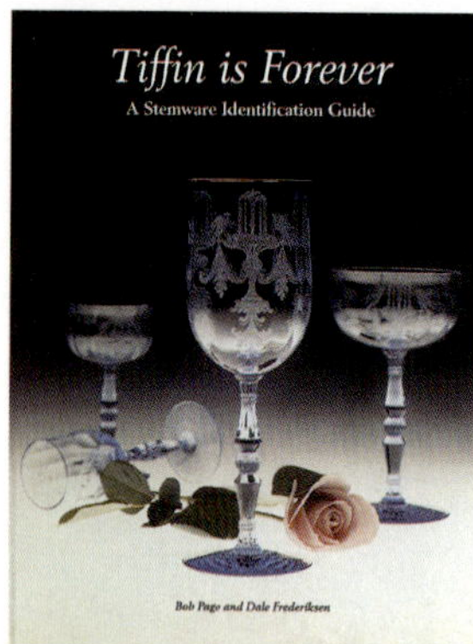

"Tiffin Is Forever" Guide to Tiffin Crystal

This helpful guide includes comprehensive, detailed illustrations of over 2,700 stems and patterns of Tiffin Glass. A must for the glass enthusiast or collector. Hardbound, 175 pages.

Retail **$29.95**
Our Price **$27.95**

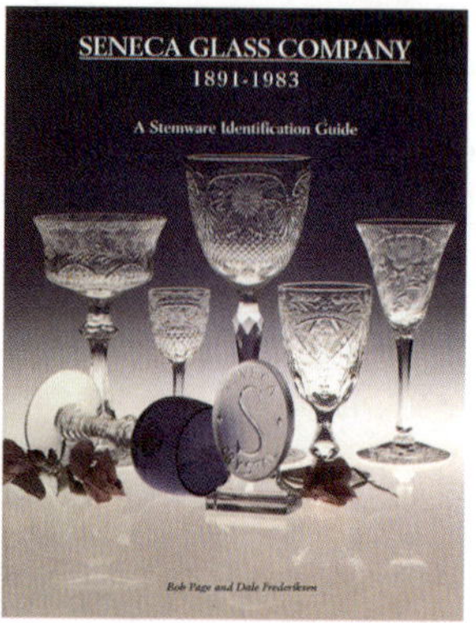

"Seneca Glass Company: 1891-1983"

Includes information on over 1,200 different stems and patterns, along with a history of the Seneca Glass Company by West Virginia glass authority Dean Six. Hardbound, 132 pages.

Retail **$24.95**
Our Price **$22.95**

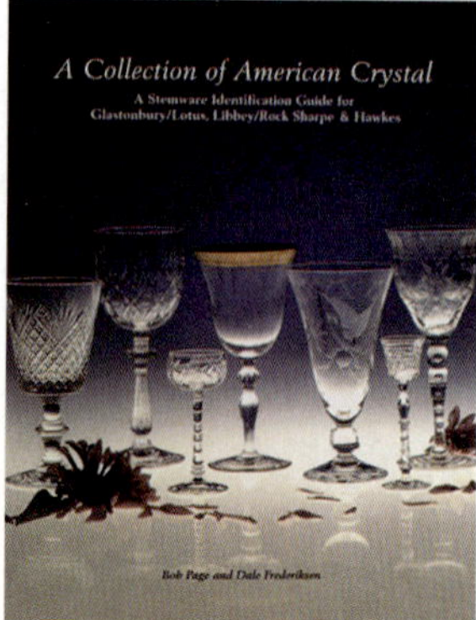

"A Collection Of American Crystal"

Includes descriptions of crystal by Glastonbury/Lotus, Libbey/Rock Sharpe, and the TG Hawkes glass companies. Over 1,000 patterns and 200 stems. Hardbound, 140 pages.

Retail **$24.95**
Our Price **$22.95**

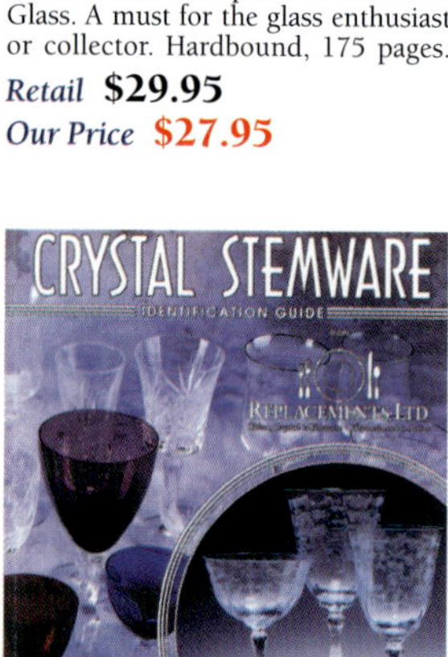

Crystal Stemware Identification Guide

The most extensive guide to crystal stemware ever published. Covers over 200 manufacturers with more than 4,000 illustrations of today's most popular crystal patterns. Softbound, 372 pages.

Retail **$18.95**
Our Price **$12.95**

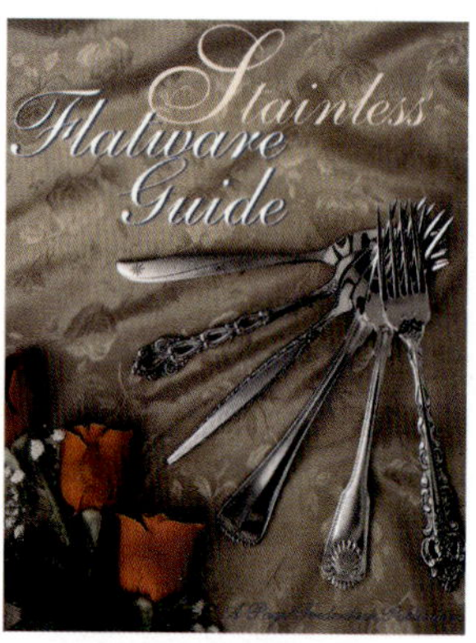

Stainless Flatware Guide

More than 5,000 stainless patterns from over 100 manufacturers. Over 700 pages of highly detailed, digitally-captured images organized by shape and style. Softbound, 798 pages.

Retail **$39.95**
Our Price **$27.95**

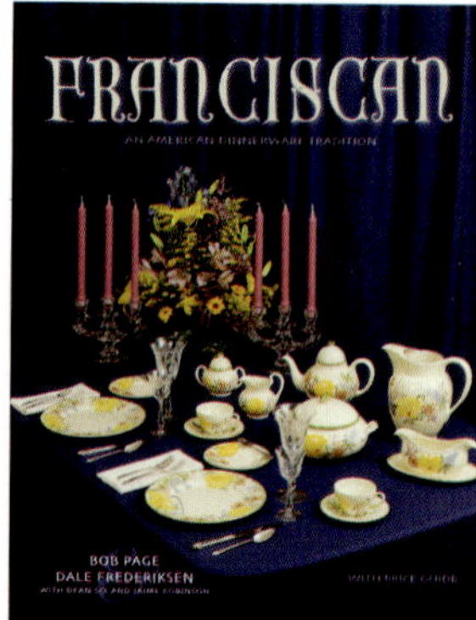

Franciscan–An American Dinnerware Tradition

The foremost comprehensive book on Franciscan Dinnerware. Full-color, beautifully designed for identification. Includes company history and price guide! Hardcover, 272 pages.

Retail **$29.95**
Our Price **$27.95**

To Order: Call 1-800-REPLACE (1-800-737-5223) Outside USA: (1-336-697-3000)

REPLACEMENTS, LTD.
China, Crystal & Silver • Old & New

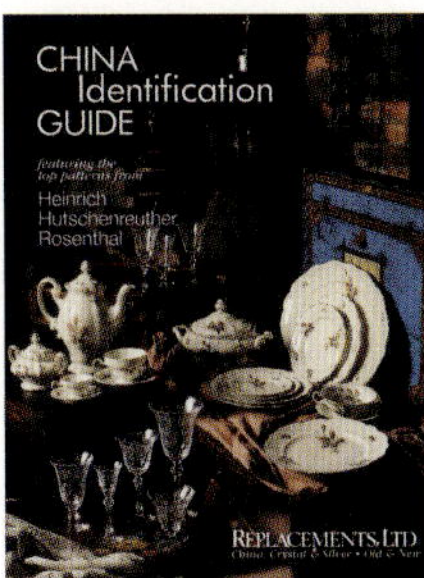

China ID Guide
(Heinrich, Hutschenreuther, Rosenthal)

Featuring over 900 of the top patterns of these manufacturers. Digitally-captured images are organized by shape and style. Softbound, 120 pages.

Retail **$59.95** *Our Price* **$39.95**

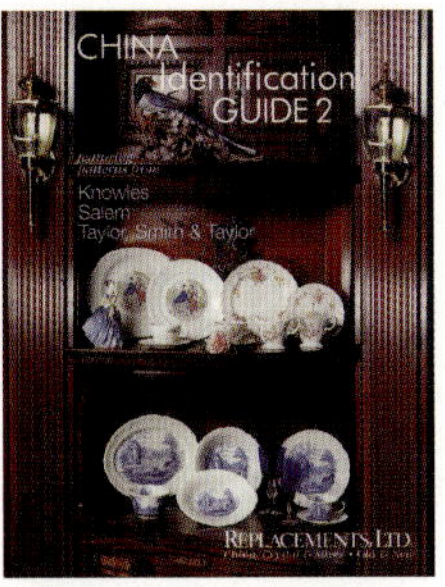

China ID Guide 2
(Knowles, Salem, Taylor, Smith & Taylor)

Featuring over 1,100 digitally captured images of the most popular patterns produced by Edwin M. Knowles, Salem, and Taylor, Smith & Taylor.
Softbound, 144 pages.

Retail **$59.95** *Our Price* **$39.95**

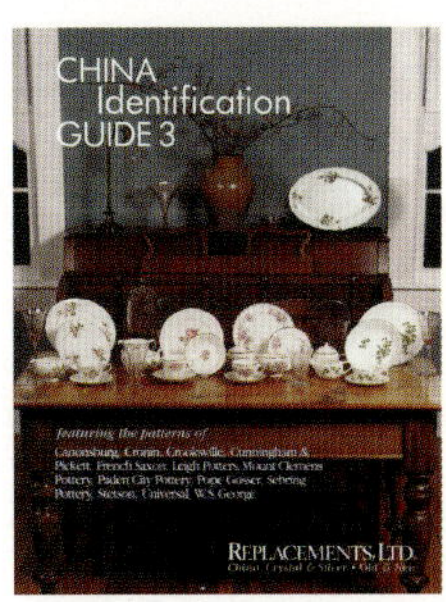

China ID Guide 3
(Canonsburg, Cronin, Crooksville, Cunningham & Pickett, French Saxon, Leigh Potters, Mount Clemens Pottery, Paden City Pottery, Pope Gosser, Sebring Pottery, Stetson, Universal, W.S. George)

Over 1,400 digitally captured images arranged by shape and style.
Softbound, 213 pages.

Retail **$59.95** *Our Price* **$39.95**

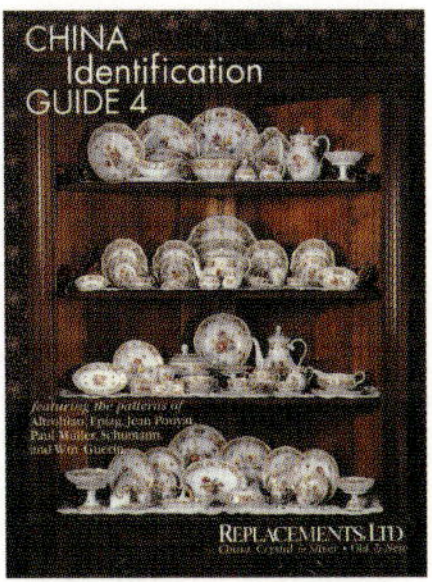

China ID Guide 4
(Altrohlau, Epiag, Jean Pouyat, Paul Müller, Schumann and Wm. Guerin)

Over 1,200 digitally captured images of these European manufacturers arranged by shape and style.
Softbound, 165 pages.

Retail **$59.95** *Our Price* **$39.95**

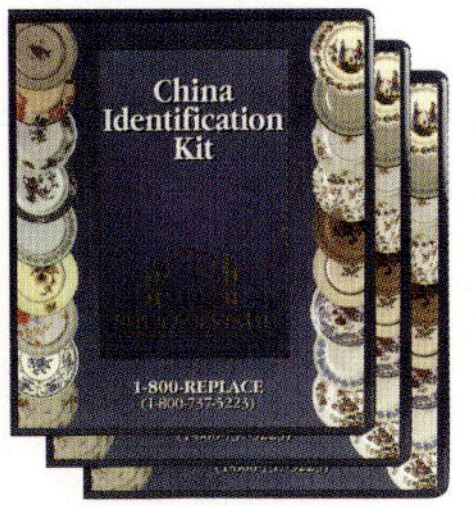

China ID Kits
Retail each **$59.95** *Our Price* **$49.95**

Various companies featured in each kit. Quickly identify patterns with full-color and black & white images and easy to use tabs. Looseleaf, page count varies by each kit.

KIT #1: Denby, Easterling, Flintridge, Gorham, Johann Haviland, Longchamp, Royal Jackson, Royal Tettau and Syracuse.

KIT #2: Adams, Arabia, Crown Ducal, Franconia, Gold Castle, Midwinter, Pfaltzgraff and Winfield.

KIT #3: Corning, Dansk, Independence, Iroquois, Lefton and Nikko.

In cooperation with **Replacements, Ltd.**
Tableware Reference Guides by Harry L. Rinker

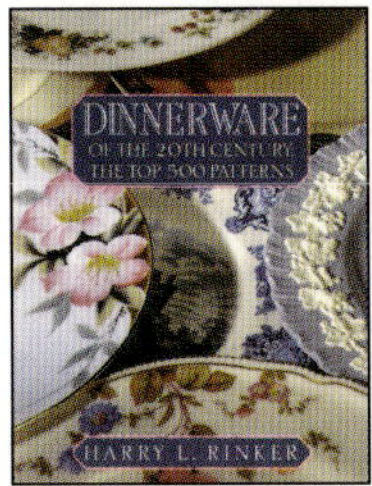

Dinnerware of the 20th Century
A full-color pictorial tour of the top 500 dinnerware patterns of the 20th century. Softbound, 307 pages.
Retail **$24.95**

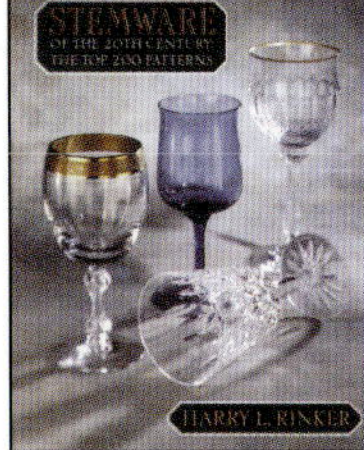

Stemware of the 20th Century
Features the top 200 stemware patterns displayed in detailed photographs. Softbound, 196 pages.
Retail **$19.95**

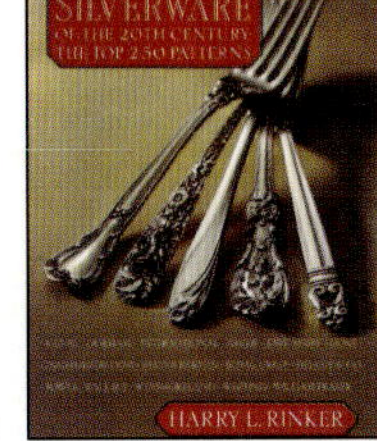

Silverware of the 20th Century
From elegant to affordable, this book highlights the top 250 patterns of sterling, silverplate and stainless. Softbound, 223 pages.
Retail **$19.95**